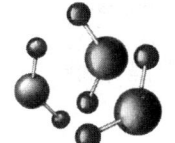

学生科学百科

刘光达 ◎ 主编

图书在版编目（CIP）数据

学生科学百科：耀世典藏版/刘光达主编. -- 天津：天津科学技术出版社：天津人民出版社，2015.2（2022.1重印）

（悦读坊/刘光远主编）

ISBN 978-7-5308-9600-6

Ⅰ.①学… Ⅱ.①刘… Ⅲ.①科学知识—青少年读物 Ⅳ.①Z228.2

中国版本图书馆CIP数据核字(2015)第037912号

责任编辑：房 芳

责任印制：兰 毅

天津出版传媒集团 出版
天津科学技术出版社
天津人民出版社

天津市西康路35号 邮编：300051
电话：（022）23332435（编辑室）
网址：www.tjkjcbs.com.cn
新华书店经销
三河市同力彩印有限公司

开本 787×1092 1/16 印张 27.5 字数 600 000
2022年1月第1版第2次印刷
定价：89.00元

前言 PREFACE

科学包含了世界的全部奥妙,是揭开自然之谜的钥匙,是通向未来世界的桥梁,它的不断进步给世界带来了翻天覆地的变化。掌握了科学的人,就像搭上了一列高速列车,向着美好的未来飞奔而去。科学是青少年的主要功课,而且,当今的世界对他们的要求也越来越高,因此,广大的青少年朋友需要一条获得科学知识的捷径。对于广大青少年来说,虽然未必人人成为科学家,但作为一个21世纪的现代人,不了解基本的科学知识,是难以想象的。

基于此,我们精心编写了这本彩图版的《学生科学百科》,它专为中国青少年量身打造,就像一片神奇的帆,能将你轻松带进浩瀚的科学海洋,让你开开心心地爱上科学,成为有科学头脑的人。

本书按照学科种类组织编写,并考虑到读者的阅读习惯,将纷繁复杂的科学内容归纳为基础科学、天文学、地球地理、人体科学、生命医学、生物天地、科技发明与应用科学、军事科学、交通与通信、科学未解之谜10大部分,从浩瀚的知识海洋中精心选取最有了解价值的内容,具体而直观地介绍当今主要学科领域的基础知识、历史进展、核心概念、主要成就、科学趣谈和最新应用等,帮助读者系统全面地架构起科学知识体系的框架,开阔视野,启迪思维,一步步进入神秘而有趣的科学王国。全书以探索精神和人文关怀贯穿始终,为读者展示了一个丰富多彩、奥妙无穷的科学世界,是一本融知识性和趣味性于一体的理想科普读物。书中的每一节都独立成篇,以通俗生动的语言阐述一个个科学专题,结构完整,讲解准确清晰,能使读者于趣味盎然中轻松受益,且便于随时翻阅,可从任一页读起。

全书配有1000余幅精美插图,有珍贵的实物照片、现场照片、手绘插图,也有大量原理示意图和结构清晰、解释详尽的分解图等,再配以简洁、准确的图注,与文字相辅相成,帮助读者形象、直观地理解各学科知识,激发读者热爱科学、学习知识的兴趣,拓展其想象空间,使他们能在充满趣味的阅读中,轻松增长知识,并启发其思维与创造能力。另外,本书还设置了"知识档案"栏目作为知识链接,或对专业术语进行通俗解释,或对相关知识进行补充延伸,或为实用性较强的提示说明,或为与之相关的历史档案,让读者有豁然开朗、触类旁通之感,并留下深刻印象。

厚厚一大本,却不感到沉重枯燥,带领读者步入轻松、有趣、绚烂的彩色读书之旅;对科学知识的讲述既简明通俗,但在专家眼里,又达到了准确的要求;内容编排上既注重各章节间的内在联系和逻辑顺序,又符合一般读者的认知规律;既可以作为青少年学科学的起步读物,随时随地"充电",又适合父母与孩子一起在知识的海洋里遨游,相互学习、共同提高,还便于在急需查找某些信息时,迅速而准确地获取相关的知识;既图文并茂,又与现代审美有机结合,用新颖科学的体例、版式和装帧设计,全面打造一个融汇文字、图片等元素的全新视读世界,彰显其欣赏价值与艺术价值。这些就是本书的突出特点。

今天,"科学技术是第一生产力"的观念已深入人心,崇尚科学的精神正成为时代的主旋律。现代社会要求每个劳动者对博大精深的科学知识体系有个概貌的了解,形成与之相匹配的知识结构,以便能够与时俱进地进行知识更新。这样,才会理解和应对自然界的各种现象和社会上有关科学的各种问题。愿每位读者都能确立科学的观点、科学的方法和科学的精神,具备较为丰富的科学素养。

目录

基础科学

源于古希腊人的自然科学萌芽……2
阿基米德的发明与发现……4
黄金分割律的发现……6
人类对圆周率的探索历程……7
数学的进展……9
万有引力定律的诞生……11
无所不在的电……12
热能的隐秘生活……16
光的性质……19
红外线与紫外线的发现……20
赫兹捕捉电磁波……21
光速是如何测出来的……23
门捷列夫与元素周期表……25
伦琴发现X射线……26
绝对零度的神奇世界……28
爱因斯坦与相对论……29
亚原子粒子……30
原子核裂变……32
量子力学……33
神秘的电子……35
新化学元素……36
金属为何有"记忆"……37

天文学

古巴比伦的天文学……40
古希腊的天文学……41
哥白尼和日心说……44
开普勒探究天体运行的规律……46
伽利略发明天文望远镜……47
行星的早期发现者……48
赫罗图的发明……51
属于爱因斯坦的宇宙……52
宇宙是怎样产生的……54
宇宙为什么在不断地膨胀……55
什么是黑洞……57
银河系的结构是什么样的……58
恒星的光度和亮度……59
恒星的运动和特点……62
太阳的结构……63
太阳系中最大的行星——木星……65
土星与神奇的土星光环……66
揭开月球的秘密……68
发现海王星与冥王星……70
水星上有什么……73
金星探奇……75

陨石来自何处……………………………76
探寻彗星活动的周期……………………78
小行星会不会撞击地球…………………80
射电望远镜………………………………81
行星探测器………………………………83
绘制月球与火星地图……………………84
阿波罗计划………………………………86
航天飞机…………………………………87
哈勃太空望远镜…………………………89

地球地理

地球是怎样诞生的………………………92
蓝色的行星——地球……………………93
地球的转动………………………………94
地球气候带………………………………95
大陆漂移…………………………………96
地震………………………………………97
陆地水资源………………………………98
如何测定地球的年龄……………………100
地理大发现………………………………102
青藏高原从海底到世界屋脊的变迁……103
南极冰盖下的秘密………………………104
煤是怎样形成的…………………………107
石油来源于动物遗体吗…………………108
闪电是怎样形成的………………………109

彩虹中隐藏的秘密………………………110
雾的种类与成因…………………………112
极光形成之谜……………………………113
飓风的成因与危害………………………114
揭开海市蜃楼的奥秘……………………116
造福人类的洋流…………………………117
美丽的海底"花园"……………………118
探寻夏威夷群岛的成因…………………120
冰川运动对地理环境的影响……………122
冰雹是怎样形成的………………………124
关于地球是否存在"温室效应"的争论…125
如何保护臭氧层…………………………129
"厄尔尼诺"现象………………………132

人体科学

人体组织和器官…………………………136
骨骼是身体的支架………………………137
人体的发动机……………………………138
人体的信息网……………………………139
心脏怎样为你"努力工作"……………140
体内的物质运输系统……………………141
我们是怎样呼吸的………………………142
食物是怎样被消化的……………………143
食物的加工厂……………………………145
肾脏是怎样制造尿液的…………………146
什么是内分泌系统………………………147
生命从哪里来……………………………148
胎儿在母腹中的生活……………………149
大脑的构造是怎样的……………………151
大脑怎样工作……………………………152
你睡得好吗………………………………153
你是怎样看到图像的……………………154
视错觉是怎样产生的……………………155
你怎样听到声音…………………………156
嗅觉、味觉和触觉面面观………………157
头发中的学问……………………………158
一专多能的舌头…………………………159

如何塑造优美体形	160
威胁健康的因素	162
人体中的生物钟	163
人体血型的发现	163
常见的无意识反应	164
人体的两大杀手	165
人体的防御战	166
人体的创伤与自我修复	167

生命医学

医学的诞生	170
亚里士多德和盖仑	172
解剖科学	174
哈维发现血液循环的机理	175
对患病原因的探究	177
疾病预防科学	180
巴斯德与巴氏消毒法	182
色盲与遗传	183
班廷与胰岛素的发现	184
细菌与病毒	186
青霉素和抗生素	187
仍未解开的疾病难题	188
合成药物的发明与应用	190
营养和新陈代谢	191
癌症	193
麻醉剂是怎样发明的	196
药物疗法和自然疗法	197
运动损伤及其治疗	198
遗传学和DNA的发现	199
人类基因组	203
激素的作用	205
对精神疾病的治疗策略	207
聆听大脑的声音	209
常见呼吸问题的急救	211
诸种伤后处理方法	212
肌肉和骨头受伤的处理	214
动物咬伤和蜇伤的处理	215

生物天地

狮子为什么要吼叫	218
猎豹的领地保护策略	220
猴类与人类相似性的局限	222
蝙蝠与昆虫的"斗法"	224
吸血蝙蝠间的"利他行为"研究	225
大群有蹄类动物定期迁徙之谜	227
取食与植物性防御	229
吼猴的能量保存策略	231
非洲森林中的跨种关联	233
梳理毛发与家族生活	234
当首领要付出的代价	236
小鼠基于气味的沟通方式	238
蝾螈的反捕食武器	240
蝌蚪的顽强生存之道	242
黇鹿群集展示的交配体系	244
马鹿对性别比例的控制	245
猴类和猿类中的"杀婴行为"	247
橄榄狒狒两性之间的"友谊"	249
在生育后代上的"投资策略"	251
加州海狮的繁殖策略	253
弱势雄性的选择性交配策略	255
无微不至的亲代照料	257
虎鲸的狩猎策略	260
红大马哈鱼惊人的远程洄游	261
毛虫的防御措施	263

对孔雀炫耀行为的研究……………	264
艰难的繁殖赛跑…………………	266
大型企鹅的极地生存策略…………	268
植物也有语言吗…………………	269
森林是怎样调节气候的……………	271
根据年轮可判断树木的年龄………	272
没有根的花中之王…………………	272
秋天树叶为什么发红………………	273
胡杨为什么不怕干旱和盐碱地……	274
能吃虫的植物……………………	275
有益微生物群的神奇作用…………	277

科技发明与应用科学

纸张的生产及应用…………………	280
毕昇和他的活字印刷术……………	281
风车的改进与推广…………………	283
水车的广泛应用……………………	284
改变世界的指南针…………………	286
钟和表的发明与改进………………	287
气压计与真空………………………	288
改变世界的望远镜…………………	290
炼铁的历史与进展…………………	291
加速工业革命的纺织机……………	293
农业机械的发明与应用……………	294
富兰克林与避雷针…………………	295
摄影的诞生…………………………	296
留声机、电灯、蓄电池的发明……	298
内燃机的发明与改进………………	299
诺贝尔和安全炸药…………………	301
电冰箱的发明………………………	302
人造纤维的发明与普及……………	303
第一台计算机………………………	305
激光的诞生…………………………	306
半导体的应用与推广………………	308
超导体的发现与应用………………	309
如何让海水变成淡水………………	311
神通广大的微型机器人……………	313
巧用海浪发电………………………	314

军事科学

枪和火药……………………………	316
改变战争面貌的机枪………………	317
无声枪为什么"没有"声音………	319
枪之最………………………………	320
炮之最………………………………	322
地雷和防御工事……………………	323
穿着铠甲的坦克……………………	324
反坦克武器…………………………	326
战时通讯……………………………	327
空降部队……………………………	328

战时运输	329
间谍武器	330
性能各异的水雷家族	331
潜水艇的改进与应用	332
"海上巨无霸"——航空母舰	333
战时侦察	335
防毒面具的研制	336
隐身军服的发明	336
隐形飞机为什么能隐形	338
改变世界的火箭	338
能追踪敌机的"响尾蛇"导弹	340
"长着眼睛"的巡航导弹	341
导弹之最	342
化学武器和原子弹	344
太空"间谍"——侦察卫星	345

交通与通信

铁路运输	348
公路运输	349
水上运输	350
空中运输	352
运河的开凿与作用	353
蒸汽机车的诞生	354
海上航行	355
蒸汽船的发明与应用	357
改变世界的电报	358
用电来传递声音——电话的发明	360
第一辆汽车	361
改变世界的飞机	362
第一台电视机	364
个人电脑的发明与普及	365
磁悬浮铁路及其应用前景	367
通讯方式	368
光导纤维的发明与信息高速公路	369
移动电话的发明	370
大众传媒	371
神通广大的全球定位系统	372
传真技术的发明与进步	374
种类繁多的人造卫星	376
改变世界的万维网	377

科学未解之谜

宇宙中真的存在反物质吗	380
地球生命来自何处	383
暗物质之谜	386
外星人之谜	388
寻找消失的大西洲	390
太阳系地外生命探疑	393
金星上的城墟之谜	395
恐龙灭绝之谜	396
尼斯湖怪兽到底是什么	399
是否存在"野人"	400
神秘冰人奥兹之谜	402
人类起源之谜	404
法老陵墓的造访者离奇死亡之谜	407
人类为何会得癌症	410
艾滋病从何而来	412
人为什么会做梦	414
破译人体辉光之谜	416
肉身不腐之谜	418
球形闪电之谜	420
水存在着一种新的形态吗	422
神秘巨石阵的含义	424

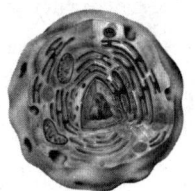

基础科学
Basic Science

源于古希腊人的自然科学萌芽

与古希腊人最早在几何学、代数学和天文学等领域取得成就一样，对自然进行研究的科学（即物理学）同样起源于古希腊。早期的自然哲学家对物质世界提出了质疑。物质世界是如何形成的？宇宙的主要物质是什么？是气、水、火还是一些由它们组合而成的物质形态？物质能够无中生有吗？究竟有没有一个造物主？生命是故意被创造出来的，还是所有的事物都是一种偶然机遇的产物？由物质组成的宇宙是一成不变的，还是会经常发生变化？在很多人看来，这些疑问都属于形而上学的问题，因此无法找到像数学一样精确的答案。

公元前7～前6世纪，一些早期的哲学家提出了他们的宇宙理论，主要是通过一种或者是几种重要的元素对宇宙的组成进行阐释。物质的形态是如此变化多端，既包括非生命形态，也包括生命形态，这就意味着这些元素必然处于持续不断的变化之中。然而，我们可以找到一个平衡点，而且这种平衡点介乎于将要形成和诞生以及即将消灭和死亡之间，如此循环往复。公元前5世纪之前，这些概念一直是理论争辩的核心。从那个时候开始，这个争论才开始分化为两个方向。

公元前515年出生的巴门尼德认为，物质不断形成和消亡的过程意味着在某一个时间点上必然存在着一种"非存在"的状态。既然存在是可能的，那么"非存在"应该是不可能的；而如果"非存在"确实存在，那么其本身就是一种客观存在。正如巴门尼德在他的一首诗《真理之路》中所描述的那样："不要让不是真理的东西引导你，你要让自己的思想跳出那种思维方式。"

与巴门尼德同处于一个时代的恩培多克勒（可能还是巴门尼德的学生）认为，从诞生之日起，宇宙就不能发生变化，它始终保持着一种不变的状态。同时，他也认为我们生活于其中的世界的改变是有可能的，这些变化主要通过土、水、气和火这四种物质的"根"元素之间发生错综复杂的互相作用。那些"根"可以通过相爱与相恨的力量被拉开或者牵到一起，如此循环往复——相爱与相恨是他为吸引力和排斥力所起的另外一种名字。每一种"根"都有其独特性，而所有的物质都是由这些"根"的不同组合形成的，因此不久之后，这些"根"便被称为基本元素。

德谟克利特在这一争论中却持另外一种完全不同的观点。出生于公元前460年左右的德谟克利特因为对人类生存条件所持的乐观态度而被人们称为一位笑容可掬的哲学家。据传闻所说，他足足活了100岁。

德谟克利特找不到任何理由来解释为什么存在和非存在两者可以共存。"任何事物的存在都归于零。"他斥责了巴门尼德的所有信徒和拥护者。他把世界想象成一个莫大的虚空，在这个虚空中，持续不断地下着细微到根本无法察觉更无法辨认其形状和大小的原子雨。各个原子之间出于巧合的碰撞可以形成各种物体，而当原子分崩离析的时候，物体又开始分解。

在柏拉图指导其弟子去寻找那些潜藏在世界完美

⊙ 德谟克利特

古希腊哲学家德谟克利特认为，时空和物质都由一种在数量上无穷无尽但却不能被分割，而且可以在瞬间消失的、被称为"原子"的微小物质组成。他认为，原子一直保持着不断运动的状态，并且原子可以组成从表面上看属于固体形式的物质。

⊙ 1653年，伦勃朗在他的油画作品中对古代哲学家、科学家亚里士多德进行了描绘。画中的亚里士多德正在凝视着竖立在他对面的古代诗人荷马的半身像。

外表之后的永恒物质的时候，他最出名的弟子亚里士多德却对自然世界的直接观察给予了极大的关注和重视。亚里士多德不仅竭力研究那些在当时被柏拉图主义者和毕达哥拉斯学派奉为尊贵高尚的天体运动，而且也关注和考察那些从小毛虫到海洋生物等自然世界中极为平凡的具体事件。

从逻辑的角度出发，亚里士多德拒绝接受原子理论，而是采用了恩培多克勒的火、水、土和气四元素论，并且创立了一个非常详细的物质理论。按照亚里士多德的观点，这些元素同时塑造了生命物质和非生命物质。然而，他在根本信仰上与恩培多克勒有所不同，因为他认为元素是可以变动的。在亚里士多德看来，元素可以放弃或者获取潮湿与干燥、热与冷等属性，而且它们也能够从一种存在方式自动转变为另外一种存在方式。

对自然世界进行的观察使亚里士多德了解到，自然中的每一个事物都存在着某种设计原理或创造功能。他认为，生命体实际上都是按照从低级向高级进化的目的进行组织的：从最初开始的无生命物体上升到各种在生长发育机制上近乎完美的植物，然后是在觅食功能上几近完美的动物，最后是思考功能和幸福感相当完美的人类。

在亚里士多德看来，世界是运动着的，变化和运动是世界的基本特征。同时，他还认为在每一个物体背后存在着4种被他称之为"因子"的元素。一旦这些因子被人们所了解和掌握，那么物体本身就完全被人们所了解和掌握了。第1个因子是物质或者物质动因，即所有物体的组成元素。第2个是形式或者形式动因，即上述物质所呈现的外部形式。第3个是动力或者动力动因，也就是使这个物体成为可能的原因。第4个是亚里士多德世界观中最为重要的一个因子，这个因子被称为目的动因，它指出了一个事物的目的、目的的内容以及目的存在的原因等。

所有的自然事物（与人类双手所创造的人造物品有所不同）在其内部都存在着一种动力法则，而且就是这种法则推动着它们朝着自己的目的动因推进。

比如，橡树的果实不需要外界刺激就可以朝着其目的（生根发芽，从而茁壮成长为一颗成熟的橡树）前进。因此，在亚里士多德看来，物质一直处于变动之中，即从一种存在状态转变成另外一种存在状态，其驱动力要么是基于内在法则使它们朝着正当的目标变动，要么在外力作用下朝着其他目标变动。

在德谟克利特时代之后的一个多世纪，伊壁鸠鲁重新回归到他的原子理论，并开始思索由在一个没有灵魂、诸神和造物主的虚空世界里运动着的原子组成的唯物主义世界。伊壁鸠鲁的原子论与德谟克利特的原子论之间存在着区别：他的原子是有质量的，而且可以突然被转移和发生碰撞。此外，在它们被赋予某种形状的时候，它们能够唤起感官刺

⊙ 按照这幅1496年出品的意大利木刻画所演示的，土、气、火和水这四大元素互相联系在一起。

激。在伊壁鸠鲁看来，自然事件是没有任何目的的，所有的事情都是由原子的随机运动决定的。即使是人的思想也与源自原子结构的身体没有什么两样。当死亡降临的时候，思想和身体的原子都将散播到空气中去。

古希腊人留下了最基本的物理学概念：元素、原子或者其他物质是所有物质的基本构成要素；物质都有产生、成长、衰退和消亡的过程；由于物质都将经历转变的过程，因此物质的形态经常是暂时性的。这便是古希腊物理学思想的基本内容（在某些情况下，这些思想又是一个个的问题），这些思想一直激励着2500多年以后的科学家和哲学家。

阿基米德的发明与发现

一直以来，阿基米德都被认为是历史上最伟大的数学家之一，他提出的定理和哲学思想被世界各地的人们所熟知，而他的发明则使他至今仍为人们所景仰。

阿基米德（约公元前287~前212年）是古代世界最伟大的数学家和物理学家，他出生于今意大利西西里岛东部的锡拉库扎，是天文学家费迪亚斯的儿子。阿基米德家族与锡拉库扎国王希伦二世关系甚好，甚至可能是亲戚。阿基米德在埃及的亚历山大学习，他的导师是著名数学家欧几里得（约公元前300年在世）的学生。当学业完成后，他回到了锡拉库扎，并在那里度过余生。

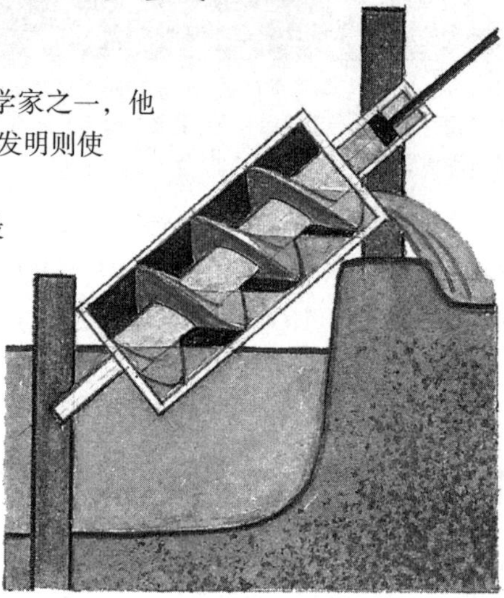

尽管阿基米德并不是第一个使用杠杆的人，但他是第一个发现杠杆定理的人。他宣称，如果给他一个合适的地点，一个长度与强度足够的杠杆，他可以撬起地球。该"妄言"激起了希伦国王强烈的好奇心，他于是要求阿基米德移动非常沉重的物体。据说阿基米德用相互关连的一系列杠杆和几个滑轮做成了一个装置，让希伦国王自己一个人将载满乘客和货物的皇家轮船"锡拉库扎"放入海湾之中——该船从存放新制船的干船坞中被吊起，穿过陆地，拖至港口！

⊙ 阿基米德螺杆泵需要像如图所示那样倾斜，以便螺杆泵的下端没入水中。随着手柄每转动一圈，水就会顺着螺杆螺纹升至上部螺纹水平线，直到从上端出口涌出。

传说，阿基米德还独立设计了行星仪和灌溉庄稼的螺杆泵（尽管埃及人的螺杆泵可能早于他的发明）。这种螺杆泵是将一个螺杆装入一个圆柱体之中，当螺旋杆转动时，水就会上升。螺杆泵一直沿用至今。

阿基米德还发明了许多武器。据说在公元前215年，罗马人围攻锡拉库扎城时被阿基米德发明的新型武器打得落荒而逃。由于顾忌罗马人的进攻，于是国王任命阿基米德建造城市防卫系统。工程包括重建城墙以安放强力弹射器以及吊车，用以吊起大石块装入弹射器，将城下进攻的敌军砸死。此外，还有几样新式的武器。他的武器让罗马的军队束手无策，久攻不下，双方僵持了3年之久。罗马对锡拉库扎城的围攻到最后竟然演变成了罗马军队与阿基米德个人的较量。

"阿基米德之爪"也是阿基米德发明的令人心惊胆寒的众多武器之一。它可以从高处放下至任何攻击范围内的船只上，扣住船身后剧烈摇晃，将船高举到空中，然后猛烈地来回旋转摇动，一直到所有士兵被甩出船身，最后将船砸向岩石毁掉。没有人知道这个爪钩的工作原理，有人猜想这装置可能是由一台吊车牵引一个爪形大吊钩而成,大吊钩将船身举起,然后就在船几乎要垂直之前忽然将其释放。

还有传说描述了他将聚焦的镜子作为"打火玻璃"的事情。据说任何足够靠近"打火玻璃"的船只都会着火——它的打火弧度范围在锡拉库扎城墙之内。但是这种武器是否真正存在至今查无实证。

阿基米德被大众和他自己所接受的身份主要还是一个数学家。他计算的圆周率π已经相当接近于现在的值。它总结的计算一个有曲面的物体体积和表面积的方法也是两千年后出现的积分学的起源。

罗马人最后于公元前212年攻陷锡拉库扎城,马塞勒斯将军下令不要伤害阿基米德及其住宅。一个罗马士兵发现阿基米德时,他还在解决一个数学难题。当该士兵命令阿基米德跟他走时,阿基米德叫这个士兵不要弄坏了他画在沙上的圆,士兵很不耐烦,便杀死了阿基米德。

知识档案

阿基米德原理的发现

希伦国王要求金匠用纯金制作一顶新皇冠。但是当皇冠做成之后,国王对它的纯度表示怀疑。于是他请阿基米德在不损坏皇冠的前提下检验皇冠是否被掺入了较廉价的银。这个难题困扰了阿基米德很久,直到有一天他跳进装满水的浴缸,发现水漫溢而出才来了灵感。他意识到当一个物体没入水中时,它排开与物体等体积的水,而它的重量等于该物体原来的重量减去等体积水的重量。得出结论的他异常兴奋,甚至从浴缸跳出后全裸着满大街乱跑,嘴里高呼:"我懂了!!"他通过将皇冠没入水中计算出皇冠的精确体积,然后借用了一块重量与皇冠相等的纯金块,也用同样的方法计算出金块的精确体积。纯银的密度小于纯金,故而掺了银的同等质量的皇冠体积要比纯金大一些,所以当阿基米德发现皇冠排水体积大于同质量的纯金制作的皇冠时,他就肯定地告诉国王金匠私吞了纯金。

⊙ 阿基米德是一个天才数学家,然而,传说正是由于他对数学的热爱最终导致了他的死亡。

⊙ 在许多阿基米德发明(包括"阿基米德之爪")的帮助下,锡拉库扎城在古罗马军队的猛烈进攻下坚守了3年之久。

黄金分割律的发现

黄金分割律很早就被人们发现了。公元前6世纪古希腊数学家毕达哥拉斯对"如何在线段 AB 上选一点 C，使得 AB：AC = AC：CB"这样一个问题进行过深入细致的研究，最终发现了世界上赫赫有名的黄金分割律。

然而 C 点应设在何处呢？要解决这个问题，我们可以先设定线段 AB 的长度是1，C 点到 A 点的长度是 x，则 C 点到 B 点的长度是（1–x），于是

$$1 : x = x : (1-x)$$

解得 $x = \pm \left(\dfrac{\sqrt{5}}{2} - \dfrac{1}{2} \right)$

去掉负值，得

$$x = \dfrac{\sqrt{5}}{2} - \dfrac{1}{2} = 0.618。$$

"0.618"就是唯一满足黄金分割律的点，叫做黄金分割点。

后来，人们慢慢地发现了更多黄金分割点深层而有趣的秘密。

100多年前，一位心理学家做了一个非常有趣的实验。他别出心裁地设计了许多不同的矩形，并邀请许多朋友前来参观，请他们从中挑选一个自认为最美的矩形。最后，592位来宾选出了4个公认为最美的矩形。

这4个矩形个个都协调、匀称，让人看了倍感舒适，确实能给人一种美的享受。大家不禁要问，这些矩形的美是从何而来的呢？

该心理学家亲自对矩形的边长进行了测量，结果发现它们的宽和长分别是：5, 8；8, 13；13, 21；21, 34。其比值，又都非常接近0.618。

5：8 = 0.625；8：13 = 0.615；
13：21 = 0.619；21：34 = 0.618。

这太令人惊讶了！

难道这些纯粹是一种巧合吗？

只要你留心观察，就不难发现"0.618"的美丽身影。一扇看上去匀称和谐的窗户、一册装帧精美的图书，它们宽与长的比值都接近0.618。经验丰富的报幕员，决不会走到舞台的正中央亮相，而是站在近乎舞台长度的0.618倍处，给观众一个美的享受。

哪里有"0.618"，哪里就有美的影子。我们如果去测量一下女神维纳斯雕像其躯干与身长的长度，就会发现二者的比值也接近0.618，难怪我们会觉得维

⊙ 只要你留心，就会发现生活中有很多符合黄金分割律的例子，例如芭蕾舞演员的优美动作、女神维纳斯像。可以说，在生活中哪里有黄金分割，哪里就有美。

纳斯奇美无比呢!

一般人的躯干与身长之比大约只有0.58,芭蕾舞演员在翩翩起舞时,不时地踮起脚尖,他们在人为地改变那个比值,以期接近那个完美的0.618。

所有这些都不是偶然的巧合,因为它们都在有意无意地遵循着数学上的黄金分割律。

人们珍视这一定律,故在其名上冠以"黄金"二字。黄金分割律在生活中的应用极为广泛。艺术家们发现,如果在设计人体形象时遵循黄金分割律,人体的身段就会达到最优美的效果;音乐家们发现,如果将手指放在琴弦的黄金分割点处,乐声就变得格外洪亮,音色就变得更加和谐;建筑师们发现,如果在设计殿堂时遵循黄金分割律,殿堂就显得更加雄伟壮观,在设计别墅时遵循黄金分割律,别墅将变得更加舒适;科学家们发现,如果在生产实践和科学实验中运用黄金分割律,就能够取得显著的经济效益……

黄金分割律的应用极为广泛,给人们的生产、生活带来了无穷的好处。

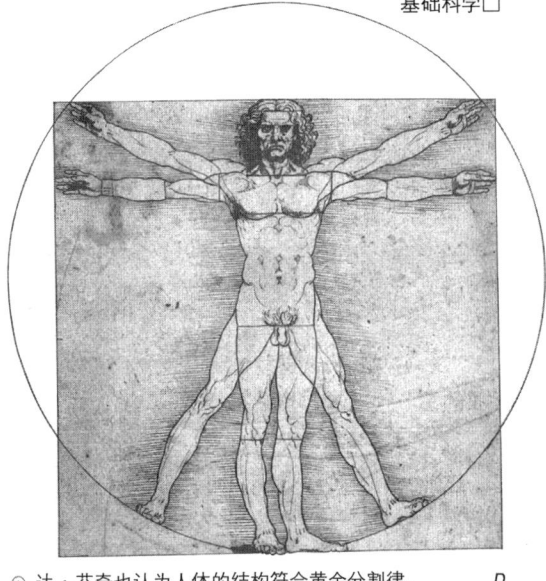

⊙ 达·芬奇也认为人体的结构符合黄金分割律。

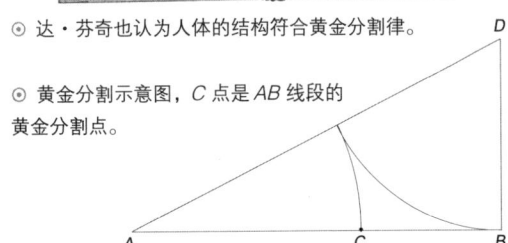

⊙ 黄金分割示意图,C点是AB线段的黄金分割点。

人类对圆周率的探索历程

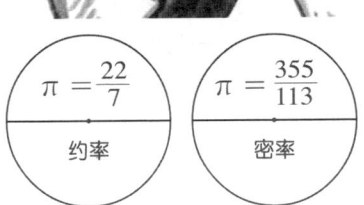

在所有的几何图形中,圆是我们人类最早认识的几何图形之一,在这个简单而美丽的几何图形中却包含着一个神秘的数值,那就是圆周率 π。为了探索这个奥秘,人类历经了数千年的努力。

圆周率指的就是圆的周长与其直径的比值,通常以"π"来表示。古人关于这个比值的看法莫衷一是:古埃及人认为这个比值应该是3.16,而古罗马人则认为是3.12……

公元前3世纪时,古希腊著名数学家阿基米德第一个研究圆周率。首先,他画了一个内接于圆的正三角形,然后又画了一个外切于圆的正三角形。众所周知,正多边形的边数越多,其周长就越接近于圆的周长,为此他不断地增加多边形的边数。

当阿基米德将正多边形的边数增加到96时,这样就得出 π 的近似值为22/7,取其值为3.14,这样将 π 值精确到小数

⊙ 中国南朝数学家祖冲之将圆周率精确到小数点后7位。他还创立"约率"和"密率"2个相当精确的分数来使用。

点后2位,是世界上首次计算出来的圆周率值。为纪念阿基米德的这一伟大贡献,人们将3.14叫做"阿基米德数"。

在我国最早的几部数学著作中,凡涉及到圆周率的时候,一概采用了"径一周三"的方法,即认为圆的周长是直径的3倍,相当于π等于3。这一圆周率的数值是非常粗略的,后人遂将其称为"古率"。

公元3世纪时,我国数学家刘徽创造性地提出了"割圆术",开启了我国古代圆周率研究史上的一个新纪元。刘徽最后计算出π的近似值为3927/1250,相当于取π等于3.1416。这个π的近似值在当时的世界上是处于领先地位的,后人称其为"徽率"。

刘徽之后200多年,我国著名数学家祖冲之立足于前人的研究成果,更进一步,从圆内接正六边形算起,一直算到圆内接正24567边形。

为了完成这项复杂的计算工程,并力求做到计算准确,祖冲之对至少9位数字反复进行了多达130次以上的运算,其中的开方运算和乘方运算就有近50次之多,有效数字多达18位,第一次将π值精确到了小数点后6位,并确定出圆周率值在3.1415926和3.1415927之间。

祖冲之用"约率"22/7和"密率"355/113这2个分数来表示圆周率。直到1573年,德国数学家奥托才重新得到355/113这个分数值,祖冲之为数学的发展作出了杰出的贡献,人们为了纪念他,便特意将355/113命名为"祖率"。

在西方,对圆周率的研究主要建立在阿基米德的研究成果之上。若干年来,许多数学家经过艰苦计算,使圆周率的数值越来越精确。

1596年,德国数学家鲁道夫将π的精确值推进到小数点后15位,从而创造了圆周率研究史上的一个奇迹。然而他并未就此罢手,后来又把π值精确到小数点后的35位。鲁道夫差不多将其生命都投入到了对圆周率的计算当中。鲁道夫去世后,人们为了纪念他,便将他呕心沥血算出的这一π值称为"鲁道夫数",并铭刻在他的墓碑上。

1767年,德国数学家兰伯特提出"π是无理数"的假想,并对其进行了研究证明。他明确指出:π的小数部分一定是无限而又不循环的,这从理论上宣告了彻底解决π的精确值问题的所有努力的破产。

然而人们的积极性并未因兰伯特的断言而受到影响,反而更加热衷于对π的计算。1841年,英国的卢瑟福将π算到小数点后208位,其中正确的有152位。9年之后,他又重新计算π值,将π值推进到了小数点后第400位。

英国学者威廉·欣克采用无穷级数的方法,耗尽30年心血,终于在1873年将π算到小数点后的707位,这是在电子计算机问世之前人类计算π值的最高历史记录。

颇具戏剧性的是,76年后有人却发现欣克的π值因计算疏漏,将第528位小数5写成了4。这就意味着他后面的计算结果全部作废。

改写这一历史的是美国的几个年轻人。

1949年,世界上第一台计算机问世,这几个小伙子用它来计算π值,连续奋战了几十个小时,把π值计算到小数点后2037位。从此以后,由于计算机技术的飞速发展,在先进的计算手段的辅助下,人们求出了更加精确的圆周率。1984年,日本的计算机专家在超级电子计算机上连续工作一天一夜,将π值算到了1000万位小数。人类对π值的计算还将继续进行下去。

⊙ 随着电子计算机的发展,人类对π的计算越来越精确。日本科学家已经将π计算到小数点后的2.0132亿位。

数学的进展

中世纪的欧洲学者们游历四方,其中的一部分人掌握了阿拉伯语。英国巴斯的哲学家阿德里亚地(约1080~1160年)就是诸多将阿拉伯语作品译为拉丁语的高产的翻译家中的一个。在1142年,他完成了古希腊数学家欧几里得《几何原本》的翻译,第一次把这部欧几里得的传世著作介绍给了欧洲人。他也翻译了阿拉伯数学家阿布·扎法·伊本缪萨·阿尔科瓦利兹米(约780~850年)绘制的天文图,复制了其使用的阿拉伯数字。在1145年,来自英国切斯特的学者罗伯特首次翻译了阿尔科瓦利兹米的《利用还原与对消运算的简明算书》,用音译法引入了"代数学"和"运算法则"这两个词语。

尽管阿德里亚地和罗伯特都使用新的数字,但真正对它们着迷的当数意大利数学家莱奥纳多·斐波纳契(约1170~1250年),斐波纳契出生在意大利中部的一个重要商业中心城市——比萨,致力于研究商业应用数学,在1202年发表的《算经》一书中,他解释了数字的使用规则。斐波纳契还概述了在数字体系中应用位值概念的优越性。正是他首先使用了分数线(用一斜杠来区分分子与分母,如1/4)。他也研究几何和数列,其中包括现在以他名字命名的斐波纳契数列:1,1,2,3,5,8,13,21(在这个数列中,每个数值都等于它前面2个数字之和)。 在1494年,被誉为会计学奠基人的意大利教士卢卡·帕西欧利发明了复式簿记的登记方法,并在其出版的《算法、几何及比率等运算中部分细节的探讨》一书中对该方法进行了介绍。

知识档案

1142年 欧几里得的《几何原本》被翻译成拉丁文
1145年 阿尔科瓦利兹米(约公元780~850年)的《利用还原与对消运算的简明算书》被翻译成拉丁文
1202年 斐波纳契在《算经》一书中解释了阿拉伯数字的使用规则
1494年 出现复式簿记
1543年 英文版《艺术的基石》出版,这是第一本关于数学的普及读物
1585年 出现小数
1591年 使用字母来表示代数等式中的量
1594年 发明自然对数
1614年 自然对数表被发表
1617年 内皮尔发明"内皮尔骨"
1619年 小数点被发明
1622年 计算尺被发明
1624年 常用对数表被发明

所有早期的数学作品都是面向学者或者商人的。第一本关于数学的英文普及读物是英国学者罗伯特·瑞克德(约1510~1558年)撰写的《艺术的基石》,这本书于1543年完稿及出版,并在此后的150年间被不断重印出版。1557年,罗伯特·瑞克德成为第一个使用等号("=")的人;加号和减号则是由德国学者首先使用的。数学家们使用代数等式。在拉丁文中未知数被称为"cosa",德语则是"Coss"。到了1591年,法国政治家兼律师弗朗斯瓦·维耶特撰写了《分析的艺术》一书,他用元音字母表示未知量,用辅音字母表示已知量,写出了现代数学家也能理解的

⊙ 这幅1495年的肖像画表现了意大利传道士卢卡·帕西欧利(左)站在一张桌前,桌子上放满了几何工具,包括圆规和一个15面体模型。他一边观察着一个玻璃多面体,一边图示欧几里得提出的某个定理。

○ 约翰·内皮尔苦心研究 20 年，终于在 1614 年发表了他的对数表。

第一个方程式，因此被称做"代数之父"。然而数学对维耶特而言不过是一项兴趣爱好，他最辉煌的成就是在法国与西班牙战争期间作为法国国王亨利四世的侍臣破译了西班牙菲利浦二世使用的密码。

与此同时，苏格兰莫切斯顿的男爵约翰·内皮尔正在紧张地发明一种骇人的武器，以保卫苏格兰免受西班牙的袭击。然而袭击事件并没有发生，许多人都因此认定内皮尔神经不正常。但不论其正常与否，内皮尔仍是杰出的数学家。在 1594 年，内皮尔发明了一种运算方法——所有数字都用指数函数表示，譬如 $4=2^2$。乘法因此成了一项关于指数相加的运算，如 $2^2 \times 2^3 = 2^5$，而除法也仅需要将指数相减。他称指数表达式为"对数"，意指成比例的数字，并于 1614 年公布了以 e（自然对数，是个无限小数——2.71828……）为底数的对数表。

内皮尔对数（又称自然对数）沿用至今。然而一位牛津大学的几何学教授，也是内皮尔的仰慕者——亨利·布瑞格斯指出，取 10 而不是 e 作底数will使运算更简便，因为这样 $\log 10=1$，而 $\log 1=0$。布瑞格斯发明了"常用"对数。在 1624 年，他公布了从 1 到 100000 的对数表。他还发明了应用于长除法的现代计算方法。

西蒙·史蒂文（约 1548 ~ 1620 年）是一位佛兰德物理学家、工程师和数学家。1585 年，他首次提出了十进制记数法，但内容上并不完整。直至 30 年后约翰·内皮尔引入小数点这一符号，才使小数得到充分应用。

内皮尔极渴望能加快计算速率，1617 年他带来了个人的第三个创新——"内皮尔骨"。它们是些笔直的棍子，每支都相应刻有乘法表。使用者按一定规则将它们排列组合后，任何繁冗的乘法计算即成为简单的加法。改进后的工具可旋转，其内部安放了 12 个圆柱体"骨头"。

大约在 1622 年，英国数学家威廉·奥特瑞德（1574 ~ 1660 年）发明了"计算尺"。在 20 世纪后叶电子计算器被发明以前，数学家和工程师们一直使用计算尺来计算对数。奥特瑞德在两把尺身上标记了对数刻度，凭借另一把尺在计算时的机械移动来获取结果。在一本 1631 年出版的书中，奥特瑞德还引入"×"符号来标记乘法，用"："标记比例。

知 识 档 案

算盘

"算盘"也称"计数盘"，一般认为起源于约 16 世纪的中国，是一直沿用至今的最古老的算盘形式。它不但能用来加、减、乘、除，还可以进行更为复杂的数学演算，例如计算分数和开平方根。它是由 9 根棍子固定在一个方形的木框中构成的，一根横木条将木框分为不相等的两部分。每根棍子上都有 5 颗珠子在下半框，2 颗在上半框。任意取一根串珠棍作为个位，它的左边的棍子就依次是十位、百位、千位等等，在它右边的棍子依次就是十分位、百分位、千分位等等。0~4 的数字用下半框的珠子表示，其余的 5 个数字就需要上半框的珠子来表示了（注：上半框的一个珠子代表 5），例如数字 8 就用上半格 1 个珠子和下半格 3 个珠子来表示。

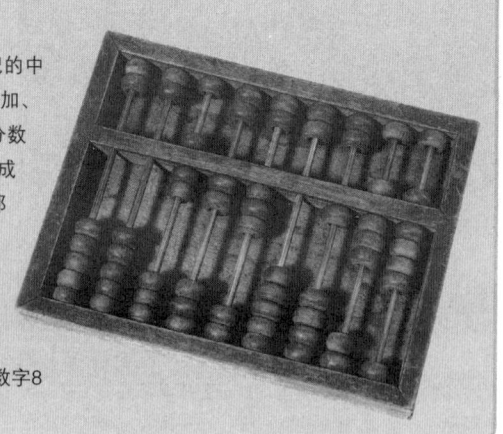

万有引力定律的诞生

在英国北部林肯郡,有一个名叫乌尔斯索普的村庄。1642年12月25日清晨,艾撒克·牛顿就诞生在这个村庄里。牛顿从小就非常喜欢数学,并且注意观察周围的事物,他还喜欢动手制作各种各样的机械玩具。

牛顿勤奋好学,当他以优异的成绩考入著名的剑桥大学三一学院时,刚好19岁。学校强大的师资力量、浓厚的学术氛围及优良的硬件设施,为他提供了一个绝好的学习环境,使他受益匪浅。他在大学期间学习更加刻苦,悉心钻研数学、光学和天文学,这为他将来在物理学领域取得举世瞩目的成就奠定了坚实的基础。

⊙《数学原理》一书被评价为科学史上最伟大的著作,在这本书中,牛顿为以后300年的力学研究打下了基础。

牛顿于1665年毕业后,被剑桥大学的研究室留用,他的科研生涯也从此开始了。不久以后,为了躲避一场传染病,牛顿回到了家乡——林肯郡乌尔斯索普。一天,牛顿在一棵苹果树下专心思考问题,忽然一个苹果从树上掉下来,刚巧落在牛顿的脑袋上。苹果落地本来属于一种平常的自然现象,千百年来人们视为理所当然,从未想过其中的原因。而牛顿看着已滚落到一旁的苹果却陷入了深思。他想,苹果为什么不是向上飞去而是往下掉呢?如果说苹果往下掉是因为它有重量,那么重量又是如何产生的呢?他认为,也许有某种力量存在于地球上,能把一切东西都吸向它。每一件物体的重量,也许就是受这种地球引力而产生的。这说明地球和苹果之间互有引力,进一步来看,整个宇宙空间都可能存在这种引力。就这样,牛顿将思考的问题由一个落地的苹果引向了星体的运行。

此后,牛顿继续对这个问题进行深入的探索和思考,他进一步推测:太阳对各个行星必定也有吸引作用,不然各个行星不会围绕着太阳运转。

⊙ **现代科学之父牛顿**
艾撒克·牛顿是世界杰出的自然科学家,17世纪自然科学革命的首要人物。他在物理学、天文学、数学等领域都作出了卓越的贡献。他也因此而成为第一位被英王授予爵士头衔的自然科学家。

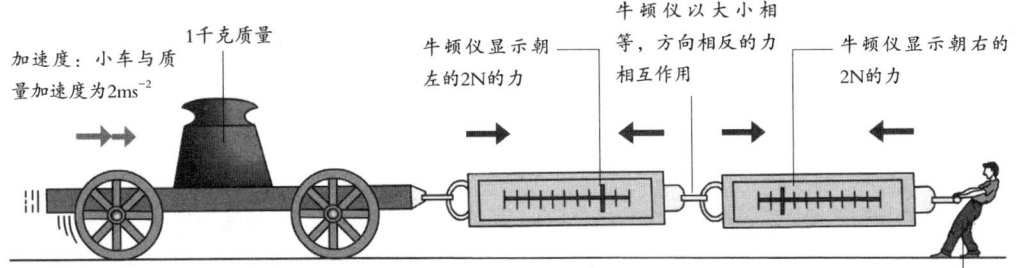

⊙ 牛顿运动第三定律:作用与反作用

如果一个物体向另一个物体施加一个作用力,那么第二个物体就向第一个物体施加一个大小相等、方向相反的力,称为反作用力。

知识档案

落体

引力作用于两个物体之间,并且把它们拉往一处。如果这两个物体的质量不相同,那么,这个不均衡的"拉力"会将较轻的物体拉向较重的物体。在地球上,我们会注意到,当物体往下掉的时候,总是朝向地球的方向落下来。大约在400年以前,意大利物理及天文学家伽利略对落体做了一项实验。最后,他发现地心引力使得任何物体落下来的速度几乎是一样的(之所以稍有不同,是因为不同物体所受空气阻力不同),即轻的物体和重的物体下落的速度相等。因此,在一个真空环境下,一片羽毛落下来的速度和一个苹果落下来的速度是一样的。

牛顿在经过反复思考和探索后,得出结论:宇宙的定律就是质量与质量间的相互吸引。从恒星到恒星,从行星到行星,这样相互吸引的交互作用遍及整个宇宙,使宇宙间的任何一种事物都在既定的时间,依照它既定的轨道,向着既定的位置运动。这种存在于整个宇宙空间的相互吸引作用,牛顿将其称为"万有引力"。

自1665年开始,牛顿就用严密的数学手段对物体运动的规律和理论来进行进一步的研究和论证。牛顿从力学的角度分析后认为,开普勒所提出的行星运动的3个定律的基础都在于万有引力的作用。于是,牛顿决定从这些定律入手,通过一系列严格的数学推论,用微积分证明:开普勒第一定律所表明的是,太阳作用于某一行星的力是吸引力,吸引力的大小与太阳中心到行星的距离的平方成反比;而开普勒第二定律则表明,作用于行星的力是沿着太阳和行星的连线方向,这个力只能起源于太阳;然而,太阳对于不同行星的吸引力都遵循平方反比关系,这则是开普勒第三定律要表明的。在这些论证的基础上,牛顿进一步分析研究天体运动,最终得出了万有引力定律。

无所不在的电

威廉·吉尔伯特把"电"这个字与一块摩擦过的琥珀所产生的磁效应联系起来,从而提出了大胆的设想。事实证明,这个设想是颇具预言性的。对吉尔伯特的研究颇感兴趣,并予以进一步提升的科学家之一就是德国人奥托·冯·格里克,他是在吉尔伯特公开出版其巨著《论磁》两年之后(1602年)出生的。格里克虽然是一位业余爱好者,但是却不乏创造才能。

冯·格里克对空间的本质表现出了深厚的兴趣。他曾经怀疑是否确实存在真空,即一个没有任何物质的空间。他之前的亚里士多德和笛卡儿对这一问题都持否定性的态度。

还有两个相关的问题是,行星如何在它们的运行轨道上运行?行星之间如何互相作用以及相互影响?针对这些问题,开普勒和吉尔伯特曾经提出了磁力动因说,而冯·格里克则开始对这一学说的真实性进行研究。在研究过程中,他研制出了一种能够创造出部分真空的办法。1650年,冯·格里克成功地发明了一种能够用来把容器中大量空气抽出的、非常具有实用意义的抽气泵。与此同时,冯·格里克还对真空的各种物理属性进行了研究。他曾经作出了如下的推断:在真空里不会发生燃烧现象,但是真空中的磁铁依然能够对金属物质产生吸附作用。

在1657年进行的马德堡实验中,冯·格里克把两个铜制的半球形物体合在一起从而形成了一个圆球体,然后证明在把该球体中的空气抽出之后,周围空气所形成的气压会使这个球体处于密封的状态。为了对气压所产生的强大力量进行进一步的证实,冯·格里克让两组各有8匹骏马组成的小队试图把这个圆球拉开,但是始终无法完成。另外,冯·格里克在维也纳和柏林的宫廷里也进行了这个非常生动的实验。

在证明了磁力可以穿越真空之后,冯·格里克开始试图了解天体是否也会受到这种力量的作用。

在对吉尔伯特的实验进行考察之后，格里克对这一实验进行了模仿，并研制出了一个由很多物质材料（如硫磺）构成的更大的圆球体。

格里克发现，在把这颗圆球旋转起来，并用他的一只手对其进行摩擦之后，同样能够显现出那种被吉尔伯特认为是电的物理效应。这个圆球就这样获得了吸附属性，并会放出火花，而且即使在圆球不再转动之后，这种效应仍然能够持续下去。这激起了格里克的极大兴趣，他接着制造出了一部机器，并通过这部机器的一个转动的曲柄来转动圆球体；在此之后，他还设计出了一个能够使圆球转得更快的用皮带驱动的机器。最终，他还能够使这个硫磺圆球发热。格里克通过他所进行的第一个试验证明了"电引起的发光"现象的存在。作为一种娱乐方式，冯·格里克实验机器的复制品的受欢迎程度不亚于其严肃的科学研究。18世纪的上半期，静电机器几乎无处不在，同时还存在着很多由玻璃圆球或圆盘甚至是啤酒瓶制成的各种静电机器。

在英国，斯蒂芬·格雷发现了与静电有关的两件事情：第一，静电的无声放电或者无声倾泻能够沿着一条丝线被传播出去；第二，被带到"电源"附近的物体本身也会由于被电化而带电。

在法国，查理·弗朗索瓦·西斯特尼·杜菲发现，带电体能够互相吸引或者排斥，这个现象使他认为存在着两种形式的无声放电，并将它们命名为玻璃质的和树脂质的。

这些机器越来越成熟，并能够制造出大量的静电。然而如何把这些电能存储下来成为最大的难题。最后，这个问题由德国发明家埃瓦尔德·G.冯·克莱斯特和荷兰科学家皮埃特·凡·穆申布鲁克分别于1745年和1746年解决。这两位科学家分别发明了各自的设备，从而实现了对电能的储存。

此外，这两位科学家还发明了第一个电容器。他们首先用一个软木塞把装了半瓶水的瓶罐封闭起来，将一根金属丝线穿过软木塞并使其能够伸到瓶内的水里。然后，通过把金属丝线靠近一个静电发电机的方式来使其通电。当这个瓶罐从这个静电发电机旁挪开的时候，那些电被留在了瓶罐内，这是任何碰到金属丝线的人都能感觉到的。1745年2月，一封信被公开刊登在《皇家学会哲学汇刊》上。这封信描述了那个碰到金属丝线的人的惨状："他在开始的一瞬间完全没有了呼吸；然后，他感觉到右胳膊上剧痛，并就此落下了病根。"

冯·克莱斯特对这个系统进行了改善和提高。他在玻璃上涂了一层金属层，从而使静电可以直接穿越玻璃，进而直接抵达瓶罐内的水面。在这场早期的、显示谁的技术更高一筹的较量中，穆申布鲁克索性把这个简陋的玻璃装置的里里外外都涂满了金属层，从而使外部的金属可以给内部的金属直接施加电荷。在按照这个思路进行实验之后，他发现位于金属层中间的玻璃层越薄，瓶罐内所放射出的电火花就越剧烈。这个实验结果似乎说明，电流是一股流体而不是两股，而这个假设是被美国的发明家本杰明·富兰克林所证明的。穆申布鲁克的这个蓄电装置被命名为"莱顿瓶"，这个发明的某些版本一直沿用至今。

到了18世纪中期，电学已经逐渐成为了最流行的学科。人们发明了一连串带有电枢的设备。这种电枢围绕电负荷旋转，但是在通电的情况下则被排斥出去。"电不再是只属于知识分子的专利，也不再是一个神秘得让人神不守舍的新鲜事物，它很快便成为社会大众谈话中的一个话题。"科学历史学家帕特丽夏·法拉如是写道："很多有钱人购进了他们自用的蓄电设备，而贵妇们则专心于制作能够握在她们手中从而照亮她们的鲸骨裙的小型照明手电，或者用一道很有感觉的（如有点痛）电流之吻使她们的仰慕者心潮澎湃。"本杰明·富兰克林发明了一口只要接触到静电就会鸣响的钟，而乱夸海口的吹牛家则吹嘘说静电荷可以起到治愈从头疼脚热到大病小灾在内的所有病痛。

随着更大量的电荷被莱顿瓶储存起来，以及许多莱顿瓶被连接起来用于储存实验研究中的大量电荷，人们越来越清楚地了解到了电的危险性。1750年，富兰克林证明，他能够在雷电交加的天气中通过放飞一只装有一个金属头和一根丝绸长线的风筝给莱顿瓶充电。由此，富兰克林证明闪电也是一种静电形式。另一个试图用闪电为蓄电池充电的人则因雷击身亡，这一惨烈的场面证明，地球上的电和天空中的电肯定都属于同一种无声放电现象。

1765年，启蒙运动中的自由主义者约瑟夫·普利斯特里与本杰明·富兰克林进行会面。在对政治问题进行讨论时，他们也就彼此的电力学研究成果与心得进行了交流。富兰克林积极鼓励普利斯特里将其研究成果公开发表。1767年，普利斯特里终于公开发表了《电学的古与今：以原创实验为视角》这部著作。除其他观点之外，他着重指出：两个电荷之间的吸引力和排斥力与两者之间的距离依照平方反比定律发生变化。这也正好是牛顿对万有引力问题的重要发现之一。

1785年，法国物理学家查尔斯·库仑发明了一种极为敏感的力学设备，从而对普利斯特里的假设性学说进行了证明。后来，这个证明被称为"库仑定律"，它的内容是：两个电荷之间所存在的作用力与这两个电荷所带的电量成正比，而与两个电荷之间的距离的平方成反比。同时，库仑发现，他的定律也适用于磁吸引现象中的作用力。

电究竟是什么东西呢？由于每个莱顿瓶都只能放一次电，因此这使所有的研究都变得相当困难。19世纪初期，这些不利条件发生了转变，

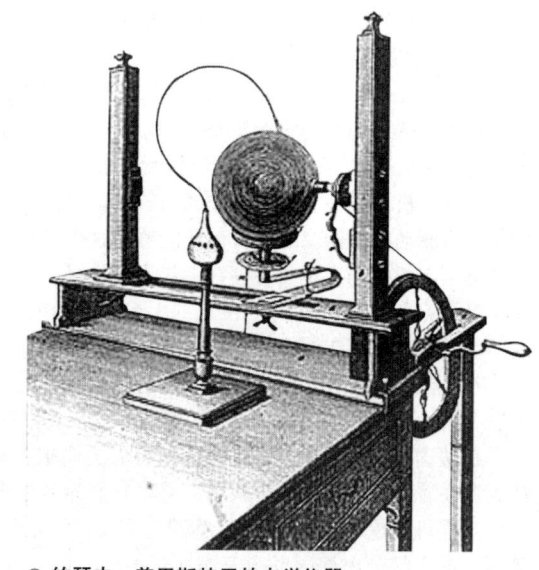

⊙ 约瑟夫·普里斯特里的电学仪器

而这一切都归功于意大利物理学家阿雷桑德罗·伏打的研究成果。伏打早就对电这种被冠以"动物之电"的神秘力量持一种无神论的客观立场。伏打的发现是他的朋友和同乡吕基·加法尼对外公开宣布的。加法尼早已用金属实验工具对青蛙的大腿进行过深入的研究，并在试验中发现青蛙的腿部肌肉在被触碰的时候会发生一阵自然抽动。于是，加法尼便猜想，这是因为金属工具把某种电流释放了出来。在重复进行了加法尼的实验之后，伏打便开始确信电并不是由青蛙的肌肉组织产生的，而是由潮湿的环境以及研究试验中不同的金属工具同时导致的。

为了找到答案，伏打实施了另外一个更为直截了当的实验：他把不同种类的金属的合金（如银和锡、铜和铁等）放在自己的舌头上，它们带来了一些苦苦的感觉。于是，伏特猜想这种感觉应该是电由一种金属通过舌头上的唾液流到另一种金属时所产生的。根据伏打所进行的详细记录，不同的金属合金会带来强度不一的苦味感觉。此后，他还设计出了他原来进行的实验的人造版模式，即把银盘和锌盘叠加在一起，然后在中间放一张浸泡过盐水的纸，从而把两个金属盘隔开。这个实验的结果是一股连续性电流的产生。

⊙ 伏打向拿破仑展示电池

1800年，伏特向拿破仑·波拿巴和其他科学家们演示了他发明的电池，即银和锌金属层交替缠在一起的"电池组"。拿破仑对这个发明产生了非常深刻的印象，以至于他为伏打颁发了一枚法国荣誉军团勋章，并授予伏打伯爵爵位。

最早运用伏打的研究成果的科学家之一是英国化学家汉弗莱·戴维。戴维以其颇具创造性的气体实验闻名遐迩，而电堆的可能性研究激起了他极大的兴趣——如果化学反应能够发电，那么电本身能否与物质发生反应，从而把它们分离成这些物质的组成元素？

戴维建成了一个巨大无比的电堆，并为多种化合物（如碳酸钾）通上电流。他发现，在被连上电池电线的一块碳酸钾中，有很多发亮的金属滴状物开始形成，并爆向空气。他已经发现了一种新的化学元素——钾。同时，戴维也把其他化学元素分离出来，如钠、钙、锶、钡、镁、硼和硅等。他开始确信自己所说的："化学和电力吸引现象是由同一

个原因造成的。"

在戴维的众多科学遗产中，还有另外一个观点，即化合物中的原子是通过某种电力作用而结合在一起的。这个观点得到了法拉第的拥护和支持。在戴维因一次实验事故炸伤了脸从而造成暂时性失明之后，法拉第受聘担任其助手。

诞生于1791年的迈克尔·法拉第是一名铁匠的儿子。法拉第自幼体弱多病，13岁的时候被迫退学，成为一名装订商的学徒。在那个时候，他阅读了很多科学书籍。与此同时，他继续聆听由戴维主讲的一系列化学讲座。在整个讲座过程中，法拉第总是一直保持着全神贯注的状态，并做了非常详细和全面的笔记。

当戴维在实验事故中受伤而需要一名助手的时候，法拉第便被推荐去担任这一职务。考虑到法拉第所记的笔记颇能反映出他的机敏，戴维雇用了他。当时，戴维正要去欧洲大陆进行一次为期18个月的巡回演讲。于是，只有22岁的法拉第被他带了身边。对于能够听到戴维的演讲以及对戴维的实验进行观察，法拉第感到非常荣幸。此外，他还能够与当时欧洲最伟大的科学家进行面对面的接触。

其间，法拉第开始着手对自己的研究项目进行研究，尤其是对电和磁之间的关联性的研究。1820年，汉斯·克里斯蒂安·奥斯特发表了一篇关于在磁铁旁的电流可以使磁铁与电流方向形成直角的论文。法国物理学家安德烈·玛丽·安培继续进行奥斯特的研究项目，并在1821～1825年期间的实验研究中发现了电与磁之间的基本关系原理。安培在实验中发现，两根通着同一方向电流的电线之间发生了磁力吸引，而当电流变成相反的方向时，两根电线则互相排斥。在把电线缠绕成线圈，并再次使其通电时，安培发现他已经做成了一个电磁铁，因为缠成线圈之后的磁力增加了很多。同时，把线圈缠在一块铁条上同样可以使这个磁体的磁性变得更强。于是，安培认为磁力来源于把所有原子在电线和铁块上排列起来的电流。

在奥斯特旋转罗盘的基础上，法拉第不由得提出了这样一个问题：既然电能够引起磁效应，那么磁能否用来发电呢？在给一根铁棒缠上电线线圈之后，法拉第把一对磁力很强的磁铁在电线线圈方向上进行移动。一个专门用来检测电流的检流计显示，电线圈中已经产生了电流。此后，法拉第对这个模型进行了改进，他把两块磁铁固定下来静止不动，在两块磁铁之间放置一个铜制圆盘，通过转动磁铁之间的铜制圆盘就能够产生电流。产生的电流被连到一端固定在离旋转圆盘边缘较近的地方，另一端则连接到圆盘旋转的轴心上的电线上。

于是，法拉第研制出了第一部电磁发电机。在19世纪的整个历史进程中，人们利用电磁感应原理发明

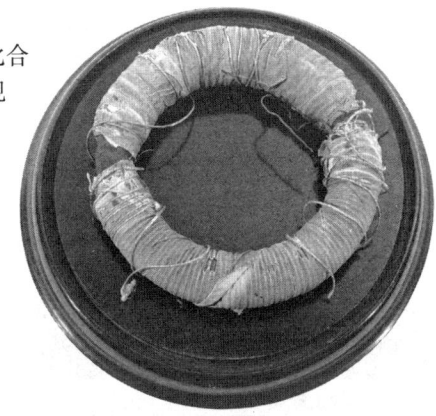

⊙ 变压器

法拉第认为：既然电流能够产生磁效应，那么磁场必然也能够产生电流。1831年，他通过图中这个简易装置证明了磁能够发电的原理，而这个装置就是世界上第一台变压器。

⊙ 电与磁

1820年，汉斯·克里斯蒂安·奥斯特意外发现，当一根磁针被带到电流场附近的时候，它竟然转向与电流形成直角的方向。然而，他只是注意到了这个现象，并没有对其进行进一步的解释。

⊙ 法拉第的发电机

1831年，英国物理学家迈克尔·法拉第在自己的实验室里发现，当把磁铁沿着一个金属线圈移动的时候，金属线圈会产生电流。在这个发现的帮助下，他发明了第一台磁力发电机。

了许多新的引擎和机器，而这些新发明给运输和通讯领域带来了革命性的变化。

那么，发电机是如何运作的呢？法拉第对这个问题进行了长达数年的研究。他当时并不知道电子的概念，而正是电子微粒的运动组成了电流本身。法拉第曾经进行了如下的猜想：当电流通过某种物体的时候，会使这些原子作用力场处于一种紧绷的压力状态；而在原子把电流传给下一个群簇之后，这种紧绷的压力状态就可以解除。电沿着紧绷的线路通过导电物质的道理，就好像水波纹在通过水面的时候总会保持其高峰状态一样，移向岸边的不是水本身，而是能量。因此，法拉第认为这种方式可能就是闪电发生的原理和静电产生的真实方式，同时也是电流通过电堆时的唯一方式。尽管法拉第对于电的本质没有一个非常清楚的概念，但是他的回答已经非常接近正确答案了。

热能的隐秘生活

当电磁辐射的科学研究和众多新发现悄然登上科学杂志的头版头条时，对另一种能量形式的研究也在向前迈进，这种能量形式就是热能。或许就是因为司空见惯，因此关于它的研究通常被人们认为没有什么新闻价值。毕竟，每个人都知道火是热的，要把水煮沸或者煮菜烧饭都需要耗费热能，想要烧出水蒸气也必须通过大量的热能才能实现。到了18世纪中期，热能使引擎转了起来，而且在不久之后，火车、轮船和许多机器也都是通过热能来推动了。

然而，在科学家看来，热能与电一样，也是一种神秘的能量。基于物质材料在变热之后会相应膨胀的事实，伽利略成功地设计出了一种温度计。他把一个装满水的瓶子颠倒过来，然后再把一些空气注入这个瓶子中。随着温度的高低变化，瓶子里面的空气也会发生膨胀或收缩，而这些变化带动了瓶中液体的上下变动。由于没有任何刻度来测量液体运动的精确变动值，这个简陋装置只能展示出相对粗略的温度变化。

设计出一种有固定值的温度计最终是在18世纪初期完成的。当时，曾经于1675年首次计算出光速的丹麦天文学家奥勒·雷默发明了一种以酒精为液体的温度计。他设定了零度作为水结冰的温度点，而60度被作为水煮沸时的温度点。

1708年，荷兰工具设备制造商丹尼尔·加布里埃尔·华伦海特造访了雷默。回到荷兰之后，华伦海特便开始制造自己的温度计。他把零度作为啤酒结冰时的温度点，而100度作为人体体温的温度点。按照这个刻度系统，水在32度的时候结冰，在212度的时候沸腾。这与雷默所设定的温度点相对数值相差很大。最后，瑞典天文学家安德斯·摄尔修斯发明了一种水的冰冻点和沸点正好相差100度的温度计。摄尔修斯最初把0度作为水的沸点，而把100度作为水的冰点，但是在摄尔修斯于1744年离别人世之后，瑞典生物学家卡尔·林耐把这个刻度颠倒过来，成为今天我们所用的摄氏温度。但是，各式各样的温度计真正测量出的是什么呢？一些人认为，热能来源于某种物质所引起的振动现象，其他人则认为热能是一种没有重量的流体，它包含于物质内部，却可以从一个地方流向另外一个地方。18世纪末期，美国人本杰明·汤普森也加入到这个争论中。

美国独立战争初期，汤普森曾担任英国军队的指挥官和间谍。1779年，他被提名为英国皇家学会成员。

在他致力于慕尼黑军需用品研究的时候，汤普森注意到加农大炮发射之后，其金属层会变得非常烫手。于是，他作出推断：大炮所产生的热量要比金属本身所含有的热量大一些，否则，金属层自身所含有的热量就会使其熔化。这说明，把热能视为包含于金属之中的能量流体的观点是不能成立的。同时，他也注意到，摩擦是热能产生的原动力，因此运动才是热能产生的关键所在。汤普森甚至预测出某种数量的运动能够产生多少的热量。1798年，他把《受摩擦激励的热源的一个试验调查》提交给英国皇家学会。

> **知识档案**
>
> **能量守恒定律**
>
> 能量既不会凭空产生，也不会凭空消失，它只能从一种形式转化为另一种形式，或者从一个物体转移到另一个物体，且在转化或转移的过程中，总量不变。

汤普森是一位充满戏剧色彩的人物。在法国和英国爆发战争的时候，双方都把其视为间谍，而且双方都有可能是对的。他曾租下英国皇家研究院，并聘任汉弗莱·戴维担任这个研究院的讲师。他重新设计出能够更好地保存热量的壁炉和火炉；发明了中央加热系统，即一种无烟的烟囱以及一种灶式烘烤器；对丝绸物质和保暖内衣裤进行了很多实验。他曾经一夜暴富，也曾经倾家荡产，并与非常富有的法国著名化学家安托万·拉瓦锡的遗孀结婚。

汤普森的研究成果最终被英国曼彻斯特酿酒商的儿子詹姆斯·普雷斯科特·焦耳所吸收和继承。思想保守、信奉神明的焦耳认为，能量的所有形式都具有同一性，而且能够实现相互之间的转化。对于一个酿酒专家而言，要证明这样一个假设命题存在着一定难度，但是焦耳却始终坚持着。

以电为切入点，焦耳于1840年发现了这样一个比例关系，即一个电路所产生的热量与电流和电阻之间的乘积的平方成正比。然后，他试图找出电流和机械运动之间是否能够依照可以预测的数量关系来产生热能（汤姆逊曾设想过的这种数量关系只是一种粗略的估计）。和汤姆逊一样，焦耳也认为能量从一种形式向另一种形式转化，可以在不借助能量流体理论的条件下进行解释和说明。

由于所接受的数学教育和培训非常有限，焦耳很难通过数学公式把他的理论和思想表达出来。然而，其他研究者能够对他精细的实验进行复制，尤其是他于1847年发现需要多少机械力量才能使桨板把水的温度提高1度（以华氏温度为准）以后。焦耳证明，热引擎所做的功的总量与在把能量转化为功的过程中所丧失的热能数量成正比。如今，功的标准单位便被称为"焦耳"。

焦耳曾经与威廉·汤姆逊（后来的开尔文勋爵）开展合作，原因在于威廉·汤姆逊也认为热能学和电磁学的研究将会通往一个统一的能量理论形式。威廉·汤姆逊和焦耳对各自的研究成果进行交流，最终，汤姆逊重新考虑他对于热能理论的看法，并在热能、电力和磁力的数学研究上完成了大量的工作。

在焦耳还忙碌于他的实验研究时，由生理学家转行而来的德国物理学家赫尔

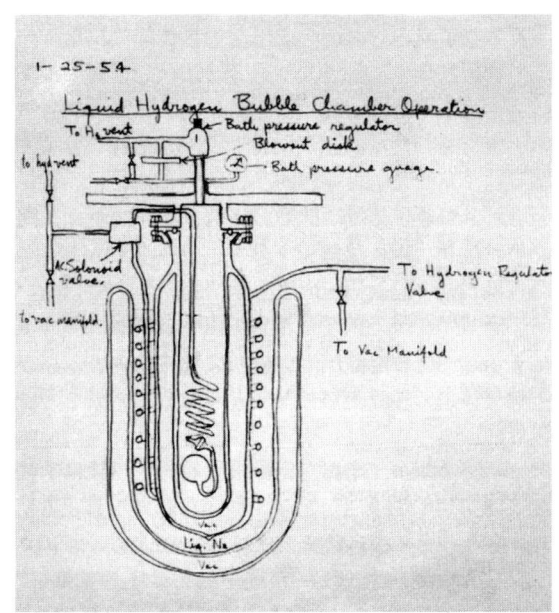

⊙ 冷却氢气示意图

1954年，为了有效地把氢气冷却下来，从而使其处于液体状态，工程师约翰·伍德和A.J.舒威明共同创建了一个泡沫室。他们通过气压冷却法使氢气的温度降到 $-423°F$（即 $-252°C$），从而使这种气体变成了液体形态。

⊙ 赫尔姆霍茨
基于自己对人类生理学的研究，德国医学家和物理学家赫尔曼·冯·赫尔姆霍茨得出了能量守恒定律：从任何系统中释放出来的能量等于进入这个系统的能量。

曼·冯·赫尔姆霍茨已经开始形成一种最为深刻和有用的物理学理论，即能量守恒定律。能量守恒定律的内容是：自然界中包含的存在着固定值的能量不能被增加也不能被减少。这个定律适用于能量从一种形式转化为另一种形式的过程，即从热能转化为机械能、化学能转化为电能、动能转化为其他潜在能量等过程。同时，这个定律也适用于通过风车、水流以及燃烧燃料产生能量的过程。除此之外，能量守恒定律也适用于身体所产生的能量形式，以及重力能量、辐射能和核能等。

事实上，焦耳和德国医学家、物理学家裘力斯·梅耶早已表达过类似的说法，但是这个能量守恒定律在赫尔姆霍茨于1847年发表的著作《论力的守恒》中找到了最有价值的表述方式。他所提出的关于能量守恒的观点对于热力学的出现和诞生起到了关键性的作用，并成为其第一定律。由于对能量有了从一种形式转化为另一种形式的认识，很多无法解释的现象终于得到了合理的解释。

法国物理学家尼科拉斯·萨迪·卡诺也发现，蒸汽机的效率与其最高温度和最低温度之间的差值存在着极大的关联性。换句话说，一部热力引擎为你提供的做功总量依赖于热源（比如锅炉中的蒸汽）和冷源（热能最终被转至的地区）之间的温度差。这种关系后来被人们所了解和接受，但是仍然没有人真正知道其中的原因。卡诺通过热能理论作出了如下的假设：所有经过引擎的热能是不会发生变化的。德国物理学家鲁道夫·克劳修斯认为，如果确实是这样，那么热能便可以循环再使用，而且引擎也会永远不停地转动着。

克劳修斯想要得出的结论是，热能在本质上总是会自发地单向性流动，即从热到冷的单向流动，而且这个路径是不可逆转的。如果确实如此，那么一杯咖啡一整天都是热乎乎的，而咖啡周边的空气也会被其吸收了热量。此外，克劳修斯还观测到，随着时间的推移，一个系统中热能的某些部分总是会被发散掉，因此无法用于做功。这种无秩序现象在系统中逐渐积累起来，最终被称为"熵"。这些公理堆积到一起就构筑成热力学的第二大定律，而这个定律是由英国的开尔文勋爵独立发现和创建的。

通过一个灵巧的反向推理，开尔文勋爵对这个热力学第二定律进行了彻底的研究。最后他发现，如果炽热的气体能够产生机械动力和热的挥发，那么反过来也应该是完全可行的，即通过机械动力对一种气体进行压缩能够使热量从低温转变到高温状态。这一理论推动了19世纪早期冷藏工业的迅速发展。

对热力学第二定律进行寻根究底的，是维也纳物理学家路德维希·爱德华·玻耳兹曼。他做出了如下的猜想：如果能量是基于原子的运动，那么热力学应该能够通过数学来进行分析和论证。于是，玻耳兹曼创立了很多数学公式。这些数学公式既有关于分子中能量分布的，也有关于熵效应的。

玻耳兹曼认为，任一系统中的无秩序现象都可以被测量出来，即使不是最精确的，也是八九不离十的。通过在物质原子结构和能量的所有形式之间建立数学统计关系的研究成果，与麦克斯韦并肩作战的玻耳兹曼成为19世纪晚期阐释物质与能量的关系以及把这些研究整合起来的关键性人物。那段历史时期也见证了对物质原子理论的反对声。作为这一理论最为积极的提倡者和鼓吹者，玻耳兹曼发现自己也被卷入到这场学术激战之中。最终，筋疲力尽、悲观失望的玻尔兹曼在1906年上吊自杀。

光的性质

早期的科学家通过不断的研究逐步揭示了光的各种特点：光是如何被透镜折射的？光是如何投下阴影的？光的传播速度有多快？然而对于自然光本身的了解则是理解以上所有光学特性的基础。尤其是：光是由微小的粒子流——像机枪射出的子弹那样——组成的，还是由波纹——像涟漪一般穿过无限的真空——组成的？

我们可以明显地看到平行光线经过透镜后汇聚于一点，而集中的光线可以使得焦点处温度陡然升高，从而使得放大镜成为"取火镜"。放大镜的这一用途在古希腊时代便为人们所知晓。据说公元前212年，希腊科学家阿基米德使用取火镜击退来犯的罗马战船，保卫锡拉库扎。但是在这种情况下光线的光路是如何改变的？在其偏转的角度之间又存在着什么性质？这些问题一直没人能够解答，直到1621年，荷兰数学家威尔布罗德·斯奈尔(1580～1626年)才成为首位研究并测量光线偏转角度的科学家。他发现光线由空气进入玻璃中时，入射角(光线进入玻璃时的角度)与折射角(光线被扭曲偏转后的角度)的关系同玻璃的属性有关，称之为"折射率"。

⊙ 艾萨克·牛顿是最早对光进行科学研究的人之一，他坚信光是由微小粒子组成的，并以极大的速度运动。

另一位数学家、法国人皮埃尔·德·费马(1601～1665年)揭示光能投影的原理。1640年，费马指出由于光沿直线传播，因此不可能"绕过障碍物"照亮阴影，这就是"费马原理"。同时，费马也观察到光线在较为稠密的介质中传播速度较慢。

1675年，英国科学家牛顿认为光是以微小粒子流的方式传播的，因此提出了光的"粒子"理论。数年间，多位科学家均不同程度地质疑过这一理论，而罗伯特·胡克(1635～1703年)于1665年提出的光的"波"理论就直接挑战着"粒子"理论。胡克根据光线被玻璃折射的现象以及光在密度较大的介质中传播速度较慢的现象等，推断光必然以波的形式传播。1801年，英国物理学家托马斯·杨(1773～1829年)发现光的干涉现象，这对"粒子"理论是最致命的一击。干涉现象即为白光透过狭缝时，被分成由各种色彩组成的虹，而在当时，只有"波"理论能够解释这一现象。1804，托马斯·杨将这一成果发表。

但是"粒子"理论与"波"理论的争论仍未停止，直至20世纪初德国物理学家普朗克提出量子理论之后，才最终将这场争论画上句号。量子理论认为包括光在内的所有形式的能量，在空间中均以有限"量子"(普朗克又称其为"小微粒")的形式传

知识档案

1621年 斯奈尔定律(光的折射定律)提出
1640年 费马原理提出
1665年 胡克提出光的波理论
1675年 牛顿提出光的粒子理论
1676年 罗默测定光速
1801年 托马斯·杨发现光的干涉现象
1900年 普朗克提出量子理论
1924年 证明波粒二象性

□ 学生科学百科

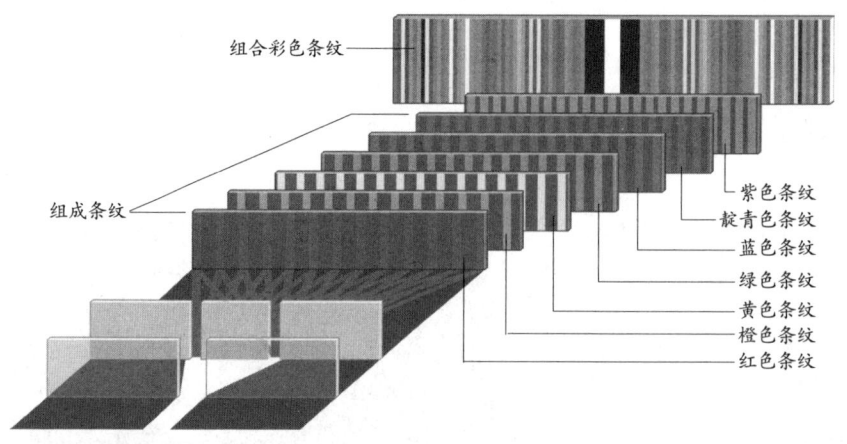

⊙ 干涉现象证明了光拥有"波"的性质。左图展示了白光通过两条平行的狭缝后，被分为其成分色，又组合产生彩色条纹图案的过程。

播，这同牛顿的"粒子"理论非常接近。但随着现代物理的发展，1924年，路易斯·德·波尔(1892～1987)提出波尔量子理论，认为所有移动的微粒亦同时表现出"波"的性质，即"波粒二象性"，并证明了这一理论的正确性。因此，牛顿、胡克等人的理论均是正确的，科学上一个伟大的争议话题也最终画上了句号。

红外线与紫外线的发现

著名的大科学家牛顿曾做过一个实验，发现太阳的"白光"通过三棱镜可以被分解为红、橙、黄、绿、蓝、靛、紫7种有色光。在相当长的一段时间内，人们一直认为太阳光只能分解成这7种颜色。然而，英国物理学家、天文学家赫歇耳对此却提出了质疑：在这7种可见光的"外"面，也就是在那些看不见的领域中，果真什么"东西"都没有吗？为了证实这个疑问，1800年，赫歇耳做了下面这个实验：

他让阳光通过三棱镜折射到侧面的白色纸屏上，由此得到了七色彩带，这同牛顿的发现是一样的。不同的是，赫歇耳不仅在每种色区内都放了1支温度计，还在红光以"外"和紫光以"外"的附近区域各放了1支完全相同的温度计。

温度计显示：在七彩光的照射下，7个可见光区的温度都升高了；而紫光外区域的温度却没变。奇怪的是，红光外区域的温度不仅升高了，而且还略高于红光区的温度。

实验结果令赫歇耳大为吃惊，因为并没有光线照射在红光外区域，它的温度为什么也会升高呢？赫歇耳不禁联想到，在离红光区更远的区域，温度会不会升得更高呢？他又做了一个实验，将温度计移到离红光区更远的区域。令人不解的是，这时的温度非但没有增加，反而降到了室温。赫歇耳被搞迷糊了，他又做了许多实验，最终确认，在红光外附近区域确实存在红外线或者"红外辐射"，而且红外线也和可见光一样遵守反射、折射定律，但与可见光不同的是，红外线更容易被空气吸收。所以，红外线在刚发现时被称作"不可见辐射"。

赫歇耳发现红外线后，科学家们又开始了更深入的探索，以期发现紫光以外区域中的秘密。他们在想，紫光以外区域的温度计示值为何没有升高呢？这里会不会存在不可见光呢？许多科学家采用物理方法做了大量实验，可仍一无所获。而德国物理学家里特尔却独辟蹊径，他舍弃物理方法，采用化学方法来探测紫光外区域的情况。1810年，他将一张浸有氯化银溶液的纸片放在七色彩带的紫光区以外附近的区域。没过多久，里特尔就发现纸片上的物质明显地变黑了。他又做了许多研究，最后确定纸片之所以变黑一定是受到一种看不见的射线的照射。他称这种射线为"去氧射线"，就是我们现在所熟知的"紫外线"。此外，他还研究了各种辐射对氧化银分解作用的大小，也就是各种辐射所产生的能量的大小，并据此判断出紫外线的能量比紫光的能量大。

任何一种科学发现，都要以造福人类为其最终目的，否则它就失去了存在的意义。红外线和紫外线的发现，同样也给人类带来了极大的福音。

和太阳一样，宇宙中的很多天体都会辐射出大量的红外线。科学家们发明了红外望远镜，利用此种望远镜

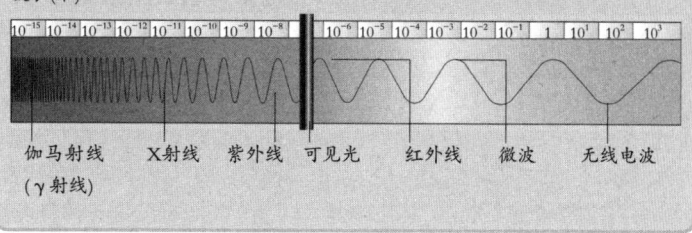

知识档案

1873年詹姆士·克拉克·麦克斯韦提出他的理论，认为可见光是一种电磁辐射。现在我们知道光仅仅是辐射大家族中的一部分，辐射包括从波长最短的伽马射线到波长最长的无线电波，以及在这二者之间的诸多不同波长的电磁波。可见光的波长约为600纳米（6×10^{-7}米），而医用X射线的波长为10^{-10}米。麦克斯韦的工作包括从数学角度描述电磁辐射现象，例如预言无线电波的存在（尽管在此后25年内没人能够证明无线电波的存在）。波长同频率相关，波长最短的辐射具有最高的频率。

对外层空间进行探测，从而更准确地探测到这些天体发出的红外线。红外线在人类生产和生活实践中的应用不胜枚举，如监视森林火情、估计农作物长势和收成、寻找地热和水源，以及金属探测、遥感、烘干、加热和"红外显微镜"等。

紫外线的主要应用在其化学作用方面。紫外线的荧光效应可用在照明的日光灯和能杀虫的黑光灯上。它的照射具有明察秋毫的能力，可以轻易地辨别出极其细微的差别来，比如紫外线能够清晰地分辨出留在纸上的指纹。另外，紫外线在治病和消毒方面也得到了广泛的应用。不过，人体吸收过多的紫外线会给身体带来伤害，因此，应该避免日光的强烈照射，避免在不穿戴防护用具的情况下进行电弧焊接等操作。

赫兹捕捉电磁波

电磁理论的建立是一项系统而又繁复的工程，它的完善几乎耗尽了几代科学家的心血。法拉第为其奠定了坚实的基础，麦克斯韦（英国物理学家，1831～1879年）最早预言世界上有电磁波的存在，而赫兹则是向世界推广麦克斯韦的理论并使其得到世界公认的科学家。

1857年2月，亨利希·赫兹诞生于德国汉堡一个中产阶级家庭里。中学毕业后，他继续在德累斯顿高等技术学校学习工程学。当时，他的理想是成为一名建筑工程师。1877年秋天，赫兹在柏林铁道兵团服役满一年退伍后，进入慕尼黑大学，继续攻读工程学。在此期间，赫兹选修了著名物理学家菲利浦·冯·约里的物理课和数学课。教授授课深入浅出，非常生动，使赫兹获益匪浅。从此以后，赫兹对物理和自然科学产生了浓厚的兴趣。

◎ 赫兹

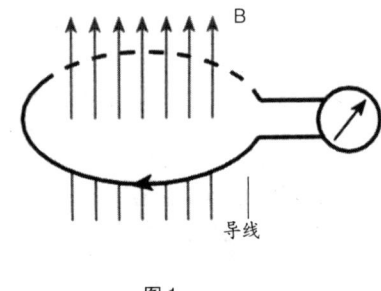

图1

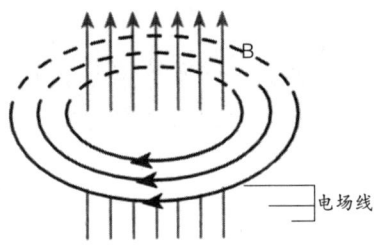

图2 变化的磁场产生电场
（磁场增强时）

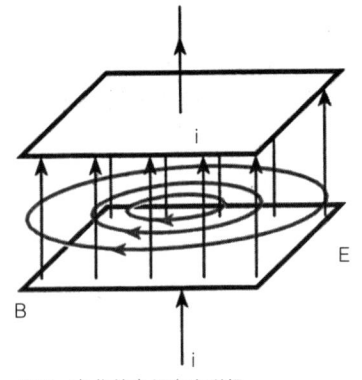

图3 变化的电场产生磁场

为了能听到著名的数学家亥姆霍兹和物理学家基尔霍夫的课，赫兹申请转入柏林大学学习。很快，这两位老师就将赫兹视为自己的得意门生，并决定从各方面对其进行培养。

1880年3月，赫兹获得了柏林大学博士学位，随后在亥姆霍兹研究所做了两年半助手。此时正值麦克斯韦发表了电磁场理论，下面介绍麦克斯韦的电磁场理论的主要内容。

1. 变化的磁场产生电场。在变化的磁场中放一个闭合电路，电路里将会产生感应电流（图1），这就是我们所说的电磁感应现象。麦克斯韦从场的观点研究了电磁感应现象，认为电路里能产生感应电流，是因为变化的磁场产生了一个电场，这个电场驱使导体中的自由电荷做定向的移动。麦克斯韦还把这种用场来描述电磁感应现象的观点，推广到不存在闭合电路的情形。他认为，在变化的磁场周围产生电场，是一种普遍存在的现象，跟闭合电路是否存在无关（图2）。

2. 变化的电场产生磁场。既然变化的磁场可以产生电场，那么变化的电场是否也可以产生磁场呢？一个静止的电荷，它产生的是静电场，即空间各点的电场强度将随着时间而变化。另一方面，运动的电荷在空间要产生磁场。用场的观点来分析这个问题，就可以说：这个磁场是由变化的电场产生的。例如在电容器充放电的时候，不仅导体中的电流产生磁场，而且在电容器两极板间周期性变化着的电场也产生磁场（图3）。

变化的磁场产生电场，变化的电场产生磁场，这是麦克斯韦理论的两大支柱。按照这个理论，变化的电场和磁场总是相互联系的，形成一个不可分离的统一的场，这就是电磁场。电场和磁场只是这个统一的电磁场的两种具体表现。

遗憾的是，该理论在当时并没有得到社会的承认，甚至遭到了一些人的公开非难。1879年，亥姆霍兹以"用实验建立电磁力和绝缘体介质极化的关系"为题，设置柏林科学院悬赏奖金，希望通过实验证明麦克斯韦的理论。

赫兹参与了这一课题，花费了几年的时间，对有关电磁波的各种不同的观点进行了深入研究与分析。为了深入研究"电火花实验"，赫兹做了大量的比较和鉴别工作，在此基础上他精心设计了一个电磁波发生器，想通过一系列实验证实麦克斯韦曲高和寡的电磁场理论。

赫兹首先在2块边长为0.4米的正方形锌板上分别接上2个0.3米长的铜棒，然后在铜棒的一端又焊上一个金属球，让铜棒与感应圈的电极相连。通上电后，只要2根铜棒的金属球相互靠近，就会有电火花产生，并从一个球跳到另一个球。这些火花说明电流是循环不止的，在金属球之间产生的高频电火花便是电磁波。根据麦克斯韦的理论，电磁波由此就能被送到空间去。

赫兹为证明该理论，又制作了一个电波环，以捕捉这些电波，确定它能否被送到空间。顾名思义，电波环是一个环状物，是用粗铜线弯成的，环的两端有2个小金属球，球的间距可以调整。赫兹就是用这个装置来接收莱顿瓶辐射的电磁波的。小金属球之间一旦产生火花，就表明接收到了电磁波。

在实验中，只要改变金属球的间距，就可以调整接收天线的谐振波片，而谐振的时候，火花就产生了。赫兹把这个电波环放到离莱顿瓶 10 米远的地方，当莱顿瓶放电时，果然不出所料，铜丝线圈两端的铜球上产生了电火花。赫兹解释道，电磁波从莱顿瓶发出后，被电波环捕捉住，也就是说，电磁波不仅产生了，还传播了 10 米远。

1887 年，赫兹完成了一篇题为《论在绝缘体中电过程引起的感应现象》的论文。他在论文中对以往有关电磁波的研究成果进行了总结，并以实验的方法证明了麦克斯韦的电磁场理论。这篇论文很好地解答了亥姆霍兹提出的悬赏难题，并因此而荣获柏林学院的科学奖。赫兹用自制的简易仪器有力地证实了麦克斯韦深奥的电磁场理论。从此以后，再也没有人质疑麦克斯韦的电磁场理论和电磁波的存在。

自此以后，赫兹开始专门研究电磁波，还对电磁波的传播速度作了测量。实验时，他选择了一个特殊的教室，该教室长 15 米、高 6 米、宽 14 米。赫兹把一块 4(米)×2(米) 的锌板安装在了离波源 13 米处的墙面上，当电磁波从波源发射出来，经锌板反射后，便在空间形成了驻波。赫兹首先用检波器对电磁波的波长进行检测，接着根据直线振荡器的尺寸计算出电磁波的频率，最后通过驻波法计算出了电磁波的传播速度。赫兹于 1888 年发表《论电动效应的传播速度》一文，文中提出了电磁波在真空中的传播速度同光一样快。

接下来，赫兹又进行了电磁波的折射、反射、偏振等一系列实验。实验证明，同光波一样，电磁波同样具有折射、反射和偏振等物理性质。

赫兹不仅是一位严谨的科学家，还是一位极负责任感的老师。1893 年 12 月，作为波恩大学的教授，赫兹抱病坚持上完了他一生中的最后一堂课。第二年元旦，年仅 37 岁的赫兹便因病去世了。

为了纪念这位年轻的科学家为人类作出的贡献，人们以他的名字来命名"赫兹矢量"、"赫兹波"、"赫兹函数"等物理学概念，并以"赫兹"作为频率的单位。

⊙ **赫兹的电磁波实验装置复制品**
赫兹通过这个装置发现了电磁波。在此基础上，人们利用电磁波推动社会的发展与进步。

光速是如何测出来的

光与人类的生活息息相关。一直以来，科学家们都在致力于研究光的特性，探索光的奥秘，以期利用光来更好地为人类服务。

我们都知道，光是自然界中传播速度最快的一种物质，其速度可达 30 万千米 / 秒。那么，人类是如何测出这么快的光速的呢？从 17 世纪初开始，就有许许多多的科学家在努力寻找一种测量光速的有效方法，并为此做了大量实验。

第一个想出测量光速的方法的人是意大利科学家伽利略。1607 年，他从光走直线的特性中受到启发，做了这样一个实验：他先让两个人手提一盏前面有盖的信号灯，分别站在两个山头上，两山相

⊙ **伽利略像**
伽利略是第一个想出测量光速方法的人，但因光速太快，他的实验以失败告终。

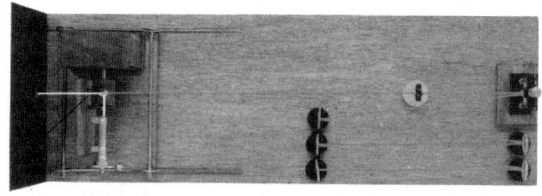

◉ 因为较为准确地测出了光的速度,斐索被称为世界上"第一个捕捉住光的人。"

◉ 斐索测定光速的装置

距 1.5 千米。然后,伽利略让第一个人先打开灯盖,让第二个人一看到灯光就立即打开自己的灯盖,将光作为信号传出来。伽利略原以为只要测出这段时间,就能计算出光速了。然而在实验中,此二人的动作衔接时间过长,因此测量出来的数据很不准确,不尽如人意,又加上光的传播速度实在太快,所以这一实验最后以失败而告终。

两个多世纪以后,30 岁的法国物理学家斐索对伽利略测光速的实验进行了仔细的分析、研究,终于发现了这个实验失败的原因。

大家对镜子的反光现象一定都很熟悉吧!光一照射到镜面上便会立即被镜面反射,这样一来,一条光线从发射到返回就是一次连续的运动。这一现象启发了斐索。斐索认为只要能够准确地测量出光从发射到返回的时间差,就可以准确地计算出光的速度了。

斐索对实验装置做了一番改进。为了减少误差,他把伽利略实验中的第二个人换成了一面镜子,并用一只旋转的齿轮代替钟表计时。斐索改变了两山之间的间距,选择了两个相距 7 千米的山头,把旋转的齿轮和一面镜子分别放在山头上面。实验开始后,斐索首先让光通过齿轮的两个齿之间,照到另一个山头的镜子上;光线经过镜子反射后,又从齿轮的另外两个齿之间传回来。这样只要算出齿轮旋转的速度,那么光往返所用的时间就可以据此得到计算。斐索的试验得出的结果是,光的速度为每秒钟 315 000 千米。为了纪念斐索的这一伟大贡献,人们称誉他为"第一个捕捉住光的人"。

人们探索光速的脚步并没有停止在斐索这里,到了 19 世纪,人们对光速的探求获得了更准确的结果。

美国历史上第一个获得诺贝尔奖的人是物理学家麦克尔逊。他在精密光学仪器改进以及利用这些光学仪器进行计量学和光谱学的研究等方面作出了卓越的贡献。麦克尔逊也曾测量过光速,并且,他的测量结果也是历史上最精确的。

麦克尔逊于 1873 年毕业于美国海军军官学校,因为学习成绩优异,他被留校工作。由于航海上的实际应用和理论研究方面的需要,麦克尔逊对测定光速也非常感兴趣。1879 年,麦克尔逊得到岳父大人 2000 美元的资助,他用这笔钱对旋镜装置进行了改进。恰巧当时美国的航海历书局局长纽科姆对这项工作也很感兴趣,于是二人开始携手合作,幸运的是,该工作还得到了政府的援助。在此后整整 50 年的时间里,麦克尔逊和纽科姆对实验结果不断地进行改进和重复测量,终于确定光速为(299764 ± 4)千米 / 秒。不幸的是,在一次光速测量中,麦克尔逊由于突发中风而去世,享年 79 岁。

知识档案

光速的测定在光学的发展史上具有非常特殊而重要的意义。它不仅推动了光学实验,也打破了光速无限的传统观念;在物理学理论研究的发展里程中,它不仅为粒子说和波动说的争论提供了判定的依据,而且最终推动了爱因斯坦相对论理论的发展。

1676 年,丹麦天文学家罗默第一次提出了有效的光速测量方法。他在观测木星的卫星的隐食周期时发现:在一年的不同时期,它们的周期有所不同;在地球处于太阳和木星之间时的周期与太阳处于地球和木星之间时的周期相差十四五天。他认为这种现象是由于光具有速度造成的,而且他还推断出光跨越地球轨道所需要的时间是 22 分钟。

1676 年 9 月,罗默预言预计 11 月 9 日上午 5 点 25 分 45 秒发生的木卫食将推迟 10 分钟。巴黎天文台的科学家们怀着将信将疑的态度,观测并最终证实了罗麦的预言。

门捷列夫与元素周期表

随着电解技术的发展以及光谱技术的应用，一大批新的化学元素被逐一发现，到1869年共发现63种化学元素。同年，德米特里·门捷列夫在此基础上制作了著名的元素周期表。

德米特里·门捷列夫(1834～1907年)出生于西伯利亚的托波尔斯克市的一个中产阶级家庭，是兄弟中最小的一个，父亲为小学教师，晚年失明，母亲不得不操持其家族开办的玻璃加工厂养家糊口。门捷列夫在13岁时，父亲去世，随后家族的玻璃加工厂也毁于一场大火。但是母亲毅然决定供门捷列夫继续读书，接受良好的教育。门捷列夫不负众望，进入圣彼得堡教育学院进修，并于1855年成为一名教师。不久，他又先后进入圣彼得堡大学以及德国海德堡大学学习化学，学成回国，在圣彼得堡大学谋得职位后，1869年开始专心编写化学(当时其研究无机化学)教科书。

⊙ 德米特里·门捷列夫的元素周期表使无机化学研究领域发生重大变革，为研究原子内部结构奠定了基础。

为了从杂乱的化学元素中找到一些秩序，门捷列夫将每一种化学元素写在一张小纸片上，并写上元素符号、原子量、元素性质等，然后将它们进行排列，如同玩扑克牌一般。他按照原子量(该元素原子的平均质量)递增的顺序将这些元素排列后发现，如果每8个元素另起一行，则恰能将具有相似属性的元素排在同一列内。在每一行中，元素属性都会重复出现，由此他称这些属性为"周期性的"，于是将这一幅纵横排列的表格称之为"周期表"，也就是元素周期表。完成周期表后，门捷列夫甚至预见到元素周期表中"失踪"的元素还有待发现，同时预言了这些化学

⊙ **化学元素周期表**

所有已知的元素都在元素周期表中排列出来。该元素周期表是根据元素的特性和质量进行排列的。最轻的元素位于左上方，而最重的元素位于右下方。不同的颜色代表不同类型的元素。例如，所有惰性气体都显示为青绿色(右边第1列)，这一列的每一种元素都是极为稳定的，这意味着它们极难和其他元素发生反应。

知识档案

1869年 门捷列夫完成化学元素周期表
1875年 勒科克·德·布瓦博德朗发现化学元素"镓"
1879年 尼尔森发现化学元素"钪"
1886年 温克勒发现化学元素"锗"
1955年 门捷列夫发现放射性元素"钔"

元素的化学性质与物理性质,如它们的原子量、熔点等。

1875年,法国化学家保罗·勒科克·德·布瓦博德朗发现"类铝"元素(位于元素周期表铝元素的下方),并将其命名为"镓"(元素符号"Ga")。1879年,瑞典化学家拉尔斯·尼尔森发现"类硼"元素,其被命名为"钪"(元素符号"Sc")。1886年,德国化学家克莱门斯·温克勒发现"类硅"元素(位于元素周期表硅元素的下方),并将其命名为"锗"(元素符号"Ge")。门捷列夫的预言一一实现。到1914年,在92号元素之前只有7个位置空缺着。

原子序数为元素原子中的质子数量,现代元素周期表也采用按原子序数排列的方式进行排版。化学家引入中子数的概念(即原子核中的中子数量),并采用原子量作为原子相对质量表征原子属性。门捷列夫创造元素周期表后却无法解释元素性质的周期性排列问题,这仍有待于科学技术的发展,只有在科学家们理解原子结构,特别是理解了围绕原子核运行的电子的排列方式之后,才能解答这个问题。在20世纪中前期,化学家们逐渐意识到元素周期表事实上反映了元素的原子结构,以及电子是如何填充原子核外轨道的,因为所有的化学反应均有电子参与,特别是元素外层电子。于是元素周期表使得化学家们可以更加准确地预测哪些化学反应是可能存在的,而哪些化学反应是在实验室常态下根本就不存在的,哪些化学反应需要额外的条件例如高压、高温、催化剂等才能发生等。1955年,门捷列夫获得科学界最高荣誉,科学家将发现的第101号元素命名为"钔"(元素符号"Md"),以纪念门捷列夫为科学界所作出的伟大贡献。

伦琴发现X射线

⊙ 这是1896年的威廉·伦琴。这位发现用X射线"拍照"的人,却不喜欢被人拍照。他留下的照片不多,其姿势都是昂首挺胸,表情严肃。

提起X射线,人们都很熟悉。去医院看病、体检,常常要去照"X光",也就是"拍片子"。"X光"又叫"X射线",是一种电磁辐射,它的波长短,但具有极强的穿透能力,能穿透木头、纸张、硬橡胶、玻璃,以及各种金属薄片(铂、铅除外),并具有使照相底片感光、荧光物质发光、气体电离等特性。

100多年前,X射线被发现。如今,这种射线已经被人类充分应用,像金属探伤、晶体结构研究、医学和透视等。尤其值得一提的是,X射线在医学领域的应用,使诊断和治疗疾病有了突破性进展,为病患者带来了福音。此外,X射线摄影也被用于生物科学中,以帮助人们找寻生物界的新规律,对医学等科学和工业的发展起到了很好的促进作用。

那么,这种奇妙无比、多用途的X射线是由谁发现的?又是如何被发现的呢?

1895年,德国符茨堡大学的校长伦琴,开始着手研究一个物理课题——阴极射线,却意外地发现有一包用黑纸包得很好的照相底片全部感光了。这令他百思不得其解,于是,他反复实验,但结果却是一样的。伦琴想:为什么以前从未发生过这

基础科学

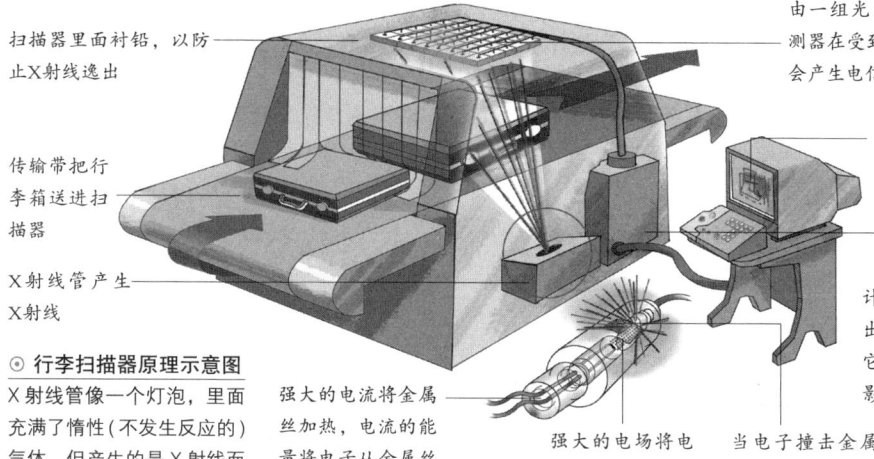

扫描器里面衬铅,以防止X射线逸出

由一组光电管构成的电子探测器在受到X射线撞击时,就会产生电信号

传输带把行李箱送进扫描器

监视器的屏幕向安检人员显示行李箱中的内容

X射线管产生X射线

计算机接收光电管发出的电子信号,并将它们转化成行李箱的影像

⊙ **行李扫描器原理示意图**
X射线管像一个灯泡,里面充满了惰性(不发生反应的)气体,但产生的是X射线而不是光。

强大的电流将金属丝加热,电流的能量将电子从金属丝的原子中击出

强大的电场将电子以极高的速度拉向金属板

当电子撞击金属板时,该金属板原子就会产生X射线束

⊙ 1901年,伦琴因发现X射线被授予首届诺贝尔物理学奖,图为获奖证书。

知识档案

克鲁克斯观察到X射线

早在1876年,英国科学家克鲁克斯(1832~1919年)在用放电管进行实验时发现,放在实验装置附近的没有打开的照相底片由于某种原因变得模糊不清了。克鲁克斯还以底片的质量问题,去生产厂家退了货。克鲁克斯是一个研究阴极射线的专家,他最早使阴极射线管的真空度达到百万分之一大气压,制成"克鲁克斯管",他首先发现阴极射线有动量,有热效应,认为阴极射线是带负电的粒子流,当时,他制作的阴极射线管被许多实验室普遍使用。

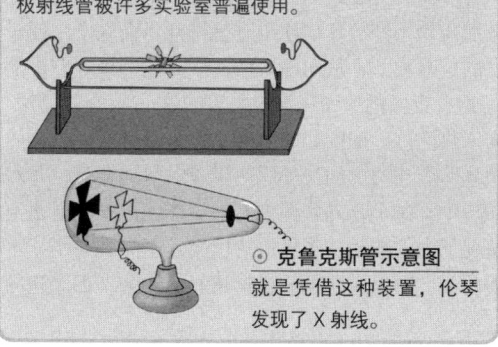

⊙ **克鲁克斯管示意图**
就是凭借这种装置,伦琴发现了X射线。

种情况?问题是不是出在刚装在实验室内的阴极射线上呢?

为了揭开这个谜底,年过五旬的伦琴决定将全部精力投入到阴极射线的实验中来。同年11月8日傍晚,伦琴像平时一样,独自来到实验室,接着,他紧闭起实验室里所有的门窗,然后接通电源,检验黑纸是否漏光。忽然,在伦琴眼前闪烁出一道绿色的荧光。伦琴打开电灯一看,发现光源是离放电管2米远处的一个工作台上的氰化钡荧光屏。当他关掉阴极射线管的电源后,荧光屏就暗淡下来;当再次接通阴极射线管电源时,荧光屏又发出了荧荧的绿光。

伦琴兴奋极了,那天夜里,他不知反复实验了多少次,答案都是相同的。但令他感到奇怪的是:为什么阴极射线在空气中只能通过几厘米,而将其包裹在厚厚的黑纸包里时却能使2米外的荧光屏发光呢?伦琴一边琢磨,一边自言自语道:"通电的是射线管,为什么荧光屏能发光呢?难道有某种未知的射线,射到荧光屏上,使荧光屏发光吗?"

于是,伦琴将手边的一本书挡在射线管和荧光屏之间,想看看这时的荧光屏会是什么样子。他往远一些的地方移动荧光屏,荧光屏依然光亮如前。看来,这种射线有能穿透固体物质的神奇本领。

当伦琴把手伸到射线管和荧光屏之间时,竟然看到自己的手影清晰地印在荧光屏上,更

准确地说,是一只手的骨骼的黑影像。这是人类首次看到活人身体内部骨骼的影像。

一连6周,伦琴都独自在实验室里研究这种新的射线,夜以继日,废寝忘食。

他拿来了木头、玻璃、瓷器、硬橡胶等物体放在这种射线前进行实验,发现这种神秘的射线都能穿透这些物体。接着,伦琴又对各种金属进行实验,得出的结论是除了铅和铂以外,其他金属都能被这种射线穿透。他还把照相底片放在射线管和荧光屏之间,发现底片可以感光。

最后,伦琴得出一个结论:这种奇异的射线是一种极具穿透力的新射线。由于伦琴在当时还没有能完全解释清楚这种射线,所以就将它命名为"X射线"。

绝对零度的神奇世界

◎ 开尔文勋爵

随着热能的本质问题得到解释,并被带入与电能和化学能交叉重合的学科之中,关于物质状态在什么时候才能被称为寒冷的问题不断地被提了出来。开尔文勋爵提出了绝对零度的概念(大约 –470° F 或者 –273° C),即任何事物都无法继续变冷的温度临界点。此外,他还作出如下的预测:在接近这个如此之低的临界点温度时,所有物质的电阻性将会提高,最终几乎丧失所有的能量。

日渐兴起的热能和热力学的研究,把开尔文的这个猜想置于备受质疑的境地。运动似乎不仅仅只会产生热量,而且也会以类似的方式对液体和气体物质产生影响。荷兰物理学家约翰尼斯·迪德里克·范·德·瓦耳斯(1837～1923年)通过实验证明,液体和气体的分子状态不仅依赖于温度,而且也依赖于气压和体积。随着温度的下降,能够产生热量的分子运动会逐渐减慢下来。

1877年,物理学家成功地把氧气冷却到90K。在这个温度点,气体可以被液化。19世纪和20世纪之交,氢气也被成功地液化,其温度点大约为20K;1908年,荷兰物理学家海克·卡末林·昂尼斯成功地对氦气进行液化,温度点为4.2K。与此同时,卡末林·昂尼斯发现了一个与开尔文的猜想完全相反的事实,即在这些温度点的物质几乎失去了所有的电阻,从而成为我们今天所谓的超导体。其他物质则失去了黏滞性,从而成为我们今天所知道的超流体。比如,在2.19K的温度点,氦液体可以流向玻璃杯的一边,从而越过杯顶,也可以顺利地通过极为细小的裂缝。

为什么这种状态被称为"超导电性"呢?20世纪50年代晚期,美国的3位物理学家约翰·巴丁、约翰·施里弗和利昂·库珀认为,在非常低的温度下,原子会按照与众不同的几何序列进行排列,而电子(原子的主要组成元素)则形成了能够平等地发射和吸收能量的成对模式,从而没有任何事物能够破坏它们的运动。比如,在2.19K的状态下,原子都具有同样的动量。这有点像把参加赛跑的人都放到一起,也就是说,如果任何一个人跑动起来,那么其他人也会跟着动起来。热的传导速度如此之快,以至于其在通过物质时会形成一个波形。如果任何磁场接近一个超导体,超导体会在物质的最外层产生漩涡状的电流,并对这个磁场进行排斥。超导物质实际上能够使磁场漂浮在空中,这个物理属性被用来支撑飘浮于轨道之上的列车,从而使它们能够在没有轮子和轨道摩擦力的情况下向前移动。超导电性也激发了另外一个技术竞赛,那就是制造出能够在高温下获得超导电性的物质材料。如果这些物质材料被开发出来,那么超导现象就可以应用于各种日常设备和机器。

爱因斯坦与相对论

爱因斯坦提出的相对论是20世纪理论物理的顶峰。爱因斯坦曾就相对论解释说：狭义相对论适用于引力之外的物理现象，广义相对论则提供了引力定律以及它与自然界其他力之间的关系。

爱因斯坦是一位将怀疑权威同"相信世界在本质上是有秩序的和可认识的"这一信念结合在一起的科学工作者。他不盲目相信权威，只是充分利用前人的经验积累，然后再加上自己的独立研究，才得以迈向一个又一个的科学高峰。

爱因斯坦的相对论便是在牛顿力学的基础上提出来的。自17世纪以来，牛顿力学一直被人类视作全部物理学，甚至整个自然科学的基础，它可以被用来研究任何物体的运动。进入20世纪后，人们发现传统的理论体系无法解释在一些新的物理实验中产生的现象。对牛顿力学坚信不疑的科学家们陷入了迷茫，尽管他们无力调和旧理论和新发现

⊙ 爱因斯坦目光炯炯，透射出智者的神情。

之间的矛盾，但他们仍然不敢怀疑牛顿力学。就在这场物理学革命中，爱因斯坦选择了一条与其他科学家不同的道路，终于成功提出了狭义相对论。

爱因斯坦的狭义相对论包括两条基本原理：相对性原理和光速不变原理。

狭义相对论可以推导出物体的质量与运动速度有着密切的关系，质量会随着运动速度的增加而增加，还推论出质量和能量可以互换。爱因斯坦得出的质能关系式为：$E=mc^2$，其中m表示物体的质量，c表示光速，E是同m相当的能量。爱因斯坦的这个方程式对原子内部隐藏着巨大能量的秘密作了揭示，为原子能应用的主要理论基础，为原子核物理学家和高能物理学家的科学研究提供了便利。

根据狭义相对论的两条基本原理，还可以推导出前人无法想象的结论。比如，飞船上的一切过程都会比在地球上慢。假如飞船以每秒钟30000千米的速度飞行，那么飞船上的人过了1年，地球上的人就过了1.01年；假如飞船以每秒钟2999000千米的速度飞行，那么飞船上的人过了1年，地

⊙ 1933年爱因斯坦提出能量聚集的新理论。

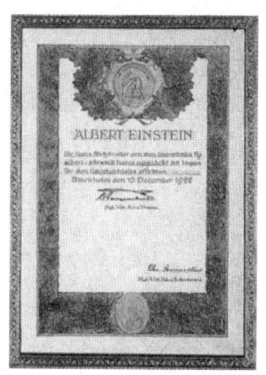

⊙ 爱因斯坦于1921年获得的诺贝尔物理学奖证书

球上的人就过了50年。这是多么神奇啊！

有一点需要说明，相对论的效应在低速运动时非常微小，很难被察觉，因此牛顿力学与相对论的结果非常接近。只有当速度大到能够和光速相比时，才可以改用相对论力学。因而，我们日常生活中所能接触到的各个领域，还必须都应用牛顿力学的原理和公式。

1912年10月，爱因斯坦在苏黎世大学任教。在此期间，他继续钻研，不断对狭义相对论的思想进行丰富和充实。1913年，爱因斯坦和他的老同学——数学教授格罗斯曼合作，写了一篇重要的论文《广义相对论和引力理论纲要》，为广义相对论的建立扫清了障碍。

1915年，爱因斯坦终于完成了创建广义相对论的工作。次年，他发表了自己的总结性论文《广义相对论的基础》。在这篇论文中，他提出了新的引力方程，这与200年来在科学界占垄断地位的牛顿引力方程不同。人们将这篇论文称为20世纪理论物理学的巅峰。

爱因斯坦后来又在广义相对论的基础上导出了一些重要结论，如光线在太阳引力场中发生弯曲；水星近日点的旋进规律；引力场中的光谱线向红端移动等。

1919年5月29日发生了一次日全食，由英国派出的两支天文考察队分别在两个地点进行了独立观测，并拍摄到清晰的日食方向的星光照片。观测结果证明爱因斯坦的预言是正确的。光线不但呈现弯曲，就连弯曲的程度和数值也同于爱因斯坦的计算结果。其他两项预言也在后来相继得到证实。

爱因斯坦被人们誉为"20世纪的牛顿"。他的广义相对论如今已成为现代物理学最主要的理论基础，标志着原子理论时代的到来。

亚原子粒子

到1920年，科学家已经知道每一个原子都是由原子核和电子组成，且带正电的原子核被带负电的电子云所包围。原子并不是"基本粒子"——构成物质的最基本的材料，不可再拆分成更小的微粒。不久，科学家们不断地发现了比原子更小的粒子，使人们对微观世界的认识更加深入。

新西兰裔英国物理学家欧内斯特·卢瑟福（1871～1937年）用α粒子（氦核）轰击氮原子时，发现氢核被释放出来，也就是说，氮核中必定含有氢原子核。1920年，卢瑟福建议将释放出的氢原子核命名为"质子"（源自希腊语中的"protos"，意思是"第一"）。质子的质量是电子的1836.12倍。原子绝大部分的质量都被原子核占据。同年，卢瑟福提出了比氢原子质量大得多的原子核还包含了不带电荷的微粒。

自1919年起，卢瑟福一直担任剑桥大学的物理教授和卡文迪许实验室的主任。卢瑟福研究的重点仍然是用α粒子（氦核）轰击不同种类的原子核。1925年，英国物理学家帕特里克·布莱克特（1897～1974年）在卢瑟福的指导下，将云室——1911年苏格兰物理学家威尔森（1869～1959年）发明——改进为一种能记录原子的瓦解的装置。但是α粒子所具有的能量还不足以将质量较大的原子核轰击成碎片，因此，对质量较大的原子核需要用能量更强的粒子轰击。1932年，英国物理学家约翰·考

⊙ 安装在卡文迪许实验室的一台电压放大器，在1937年，它作为菲利浦百万伏加速器的部件，其百万伏电场用于加速粒子。

知 识 档 案

1920年 命名质子
1925年 1911年发明的云室得到了进一步的发展
1932年 发现了第一种反物质粒子，证实了中子的存在
1934年 中微子被确定并命名
1937年 发现μ子

克劳夫特(1897～1967年)和爱尔兰物理学家欧内斯特·沃尔顿(1903～1995年)在卡文迪许实验室建造了世界上第一台粒子加速器，利用电磁铁产生的强大磁场加速质子，然后直接轰击目标。

20世纪20年代，德国物理学家瓦尔特·波特(1891～1957年)在柏林领导一个科学家小组进行了一系列的科学实验，他们用α粒子轰击几种较轻元素的原子核，这些元素包括铍、硼和锂。1930年，他们发现轰击原子核时会产生高能穿透辐射，起初，这些科学家认为这是一种γ射线辐射，但是这种辐射的穿透力比任何见过的γ射线辐射都要强。

1932年，法国物理学家约里奥·居里夫妇——伊伦·约里奥·居里(1897～1956年)和弗雷德瑞克·约里奥·居里(1900～1958年)——发现用α粒子轰击石蜡或其他类似的碳氢化合物(由氢和碳元素组成)时，会发射出能量很高的质子。对这一现象的进一步研究使科学家对波特观察到的所谓γ射线推论产生了越来越多的质疑。英国物理学家詹姆斯·查德威克(1891～1974年)在卡文迪许实验室证实了轰击原子核所产生的射线不可能是γ射线，他还指出该辐射所含的粒子的质量与质子质量一样，但是不带电荷。查德威克认为这种新粒子是被束缚在一个电子(氢原子)内的质子，当他用α粒子轰击已知原子量的硼原子时，就能计算出这种粒子的质量——该粒子为1.0087原子质量单位，略大于质子(1.007276质量单位)。因为该粒子不带电荷，所以被称为中子。在原子核内，中子很稳定，但到了原子核外，中子会衰变成一个质子、一个电子，以及一个反中微子。质子和中子构成了原子核，一起被称做核子。

沃尔夫冈·泡利(1900～1958年)是20世纪最伟大的物理学家之一，1930年，泡利对β射线进行研究——由不稳定的原子发射的电子流，这些电子看起来失去了一些能量，但是没有人能找出电子失去能量的原因，这与基础的物理定律之一——能量不能凭空创造和失去——是矛盾的。为了解开这个谜团，泡利提出β辐射还包含了一种以前不为人知的粒子，具有在静止时既不带电也没有质量的特性。意大利物理学家恩里克·费米(1901～1954年)在1934年证实了这种粒子的存在，并把它叫做中微子。

英国理论物理学家保罗·狄拉克(1902～1984年)对量子电动力学的发展作出了重要的贡献。19世纪20年代后期，理论物理学家对电子的研究非常感兴趣，狄拉克对德国物理学家沃纳·海森堡(1901～1976年)对电子作出的描述很不满意，于是提出了自己关于电子的表述——狄拉克方程，并提出电子有带上正电荷的可能性。1932年，美国物理学家卡尔·安德森(1805～1991年)发现了这种粒子的存在。1933年，帕特里克·布莱克特也独立地发现了该粒子。后来，这种粒子被称为正电子。正电子是第一种被发现的反物质粒子。

1937年，安德森与研究生塞恩·尼德梅耶(1907～1988年)合作发现了μ子——与电子相似的极不稳定的粒子，但质量是电子的200多倍。

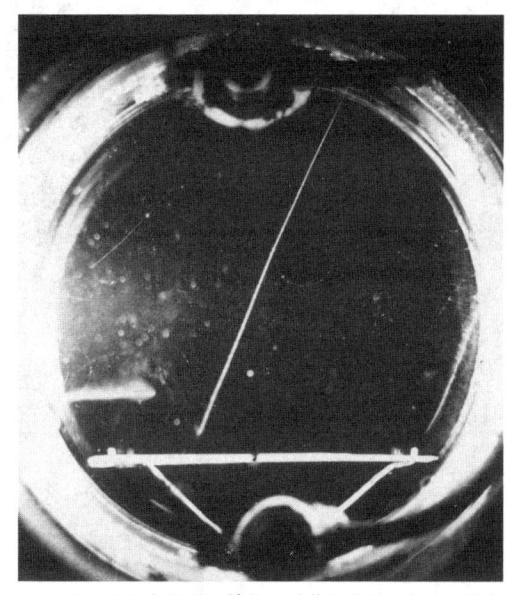

⊙ 一个云室包含水和酒精的一种蒸汽化混合物，当带电粒子从中穿过时，该混合物会浓缩。混合液滴的一道踪迹路径会产生标示着粒子运动的轨迹。这张摄于1937年的照片显示了一个α粒子(氦核)的运动轨迹。

原子核裂变

20世纪早期,物理学家们一直致力于研究当原子受到亚原子粒子轰击后将会发生什么样的变化。一系列的实验使科学家认识到,在某些情况下,这种轰击能在核反应堆中通过原子核裂变释放出大量的能量,并可以用来发电。到2005年1月,已有439座可控原子核反应堆分布在世界各地,核电量已占总发电量的16%。

1932年,英国物理学家约翰·考克劳夫特和爱尔兰物理学家欧内斯特·沃尔顿开始在英国剑桥大学的粒子加速器中进行高能质子实验。1934年,法国物理学家伊伦·约里奥·居里和弗雷德瑞克·约里奥·居里发现质子轰击有时会产生靶原子的放射性同位素。两年后,意大利裔美国物理学家恩里科·费米在罗马发现用中子——1932年由英国物理学家查德威克发现——在撞击原子时,比质子更有效。

中子轰击通常会通过中子吸收产生更重的原子。但是,当费米轰击一些重元素——尤其是铀原子时,他发现会有更轻的原子核产生。1939年,德国物理学家奥托·哈恩和弗里兹·斯特拉斯曼确定铀轰击后的产物是只有原来一半质量的铀元素,他们由此证实了铀原子核已被打破,原子核裂变已经发生了。

⊙ 图为1942年,科学家在芝加哥大学观察原子核反应堆中的可控裂变链式反应情况。因为辐射的原因,无法拍下当时的情景照,这是一位画家描绘的当初的情景。

知 识 档 案

1932年 考克劳夫特和沃尔顿建造了粒子加速器
1934年 约里奥·居里夫妇通过核轰击发现了放射性同位素
1936年 费米利用中子轰击各种原子核
1939年 哈恩和斯特拉斯曼鉴定出铀核裂变的产物
1942年 建成第一座原子核反应堆
1945年 第一颗原子弹爆炸成功
1951年 核反应堆发电

同一年,瑞典斯德哥尔摩大学的奥地利女物理学家赖斯·梅特纳(1878~1968年)和她远在丹麦哥本哈根大学(当时与丹麦物理学家玻尔一起工作)的侄子奥托·弗瑞士(1904~1979年)共同解释了原子核裂变问题——铀原子核吸收了一个中子后发生剧烈摆动,然后分裂成两部分并释放出$2×10^8$电子伏($3.204×10^{-11}$焦耳)的能量。哈恩和斯特拉斯曼后来发现,除了产生大量能量之外,铀原子核裂变释放的中子会引发其他铀原子核裂变,由此引起的可能的链式反应将会释放出异常巨大的能量。这一结论后来被约里奥·居里夫妇和利奥·西拉德通过实验证明了。西拉德(1898~1964年)是匈牙利裔美国物理学家,当时和恩里科·费米一起研究可控核裂变反应,后来进入纽约哥伦比亚大学工作。

铀会自然产生3种同位素,并且总是占相同的比例:铀-238(238U)占99.28%,铀-235占0.71%,铀-234占0.006%。玻尔经过计算得出铀-235(235U)比其他两种同位素更易发生核裂变。这就意味着必须用一种方法分离出铀-235(235U)同位素,这种方法就是如今所知的"铀浓缩"技术。玻尔还指出,如果中子被减慢,核裂变效应会

基础科学

◉ 这是考克劳夫特 1932 年在剑桥大学卡文迪许实验室粒子加速器（与沃尔顿共同建造）旁的照片。为了表彰他们的杰出研究，1951 年考克劳夫特和沃尔顿一起获得了诺贝尔物理学奖。

更显著。西拉德和恩里科·费米建议用一种"减速剂"，如重水或石墨物质围绕铀，用来减缓中子速度。

1939 年第二次世界大战爆发前两天，玻尔和美国理论物理学家约翰·惠勒发表了一篇描述整个核裂变过程的论文。同样在 1939 年，法国物理学家弗朗西斯·佩兰提出，通过确保释放出足够多的中子撞击其他的铀核维持一个链式反应，就需要确定铀的"临界质量"。佩兰还认为，可以通过添加一种吸收中子（非减慢中子）的物质的方式来控制裂变的反应率。在英国工作的德裔物理学家鲁道夫·佩尔斯 (1907～1995 年) 进一步发展了这些观点。1942 年，恩里科·费米在芝加哥大学设计了世界上第一座原子核反应堆，12 月 2 日开始运作。1951 年，美国在爱达荷州瀑布附近的国家工程实验室建立了一座实验性增殖反应堆，并成为首座发电的核反应堆。

科学家已经意识到持续的核裂变反应可用于制造拥有巨大能量的炸弹。研制这种原子弹的工作已经在英国和美国悄然进行。1942 年 8 月，这两个计划合并成著名的曼哈顿计划。1945 年 7 月 16 日美国研制的第一颗原子弹在新墨西哥州试爆成功。

1940 年，前苏联科学家也已认识了核裂变原理并认识到链式反应的可能性。直到 1942 年，前苏联一项由核物理学家伊格尔·库恰托夫领导的原子弹制造计划才正式启动。1948 年，前苏联第一座核反应堆开始运行，1949 年 8 月，前苏联第一颗原子弹试爆成功。

量子力学

早在 20 世纪 20 年代，美国化学家莱纳斯·鲍林已经发现，正如原子没有固定的结构一样，在化学合成物质中，原子的结合也存在于一种结构形式和另外一种结构形式之间的中间状态，这种现象被称为"共振"。1929 年，鲍林终于制定出了一些规则，而通过这些规则，我们可以了解化学键中电子之间的相互关系。凭借着这些研究成果，鲍林也能够更好地了解它们所组成的各种化合物的属性。

最值得称道的，是鲍林所具有的把理论化学和实践化学结合到一起的独特能力，以及他对于化学键既稳定又多变的双重属性的透彻理解。这也促使他进一步考察和研究镰

◉ 开启所有秘密的钥匙

两次获得诺贝尔奖的美国化学家莱纳斯·鲍林用一个木制的模型展示了蛋白质分子的复杂结构。

刀型细胞贫血病,并最终发现这种疾病源自于血色素分子的一个变种。他的论文《镰刀型细胞血红蛋白:一种分子疾病》极大地促进了人们对于疾病基因的诱因的兴趣。

鲍林曾经尝试构建一个DNA(脱氧核糖核酸)的分子结构模型。1953年,他和晶体学专家罗伯特·柯瑞共同发表了带有3条螺旋扭链的三维DNA的模型图以及相关的理论。1954年,鲍林由于在化学键课题上的研究成果而获得了当年的诺贝尔奖。1963年,因为在裁减军备方面所进行的不懈努力,他再度获得了诺贝尔奖——诺贝尔和平奖。假如鲍林的DNA分子螺旋扭链中只有2条,那么他很有可能获得第3座诺贝尔奖杯。但是,这座诺贝尔奖杯却落入了佛朗西斯·克里克和詹姆斯·沃森的怀抱,原因在于他们最终发现了双链(而不是3链)螺旋才是DNA分子的结构模式。

美国物理学家理查德·费曼是另外一位被量子物理学所深深吸引的科学研究者。量子物理学的不可预测性似乎激发了他与生俱来的独立思考能力。在对量子力学的数学难题进行研究之后,费曼勾画出了存在于电磁辐射之中的各种亚原子作用力的相互关系,以及在原子的不确定结构之中,光子如何与电子以及恰好与它们相反的、带有正电荷的粒子(即正电子)发生互动关系。此外,费曼还阐释了作用力的兑换过程以及粒子的碰撞现象,他所用的就是后来被称为"费曼图"的图像手段。由于在量子电动力学领域所取得的具有地震效应的研究成果,费曼获得了诺贝尔物理学奖。

同时,理查德·费曼和物理学家默里·盖尔曼成功地描述出了在放射性衰变过程中,各种作用力的发生和作用机制。这种被称为"弱相互作用力"的现象的发现,使我们可以窥探到理论上属于原子结构中最小的粒子,即费密子、玻色子、W粒子和Z粒子。由于这些粒子经常只会做出非常缓慢的反应,因此它们能够在极为炽热和压力极高的环境下引发大规模的反应。

这两位物理学家发现,这些粒子就位于核聚变的核心位置。费曼用他那令人惊叹的天赋把自己塑造成一个故事演说家,他运用逻辑缜密的描述并以深入浅出的话语对高深物理研究娓娓道来,从而成功地吸引了科学家和公众的眼球。

英国物理学家史蒂芬·霍金致力于把量子物理学与爱因斯坦的广义相对论结合起来进行研究。霍金把这两个概念联系到了一起,首先所针对的是亚原子的科学领域,其次则针对具有庞大质量的物体,并且以这种智力整合方法对诸如宇宙的产生方式、强大到足以使光无法逃脱的黑洞之类的深不可测的难题进行探究。霍金对黑洞做出了这样的描述:一个原先具有几十亿吨重量的物质最后被

⊙ **核裂变**
由核裂变所产生的中子帮助研究者进一步探索物质和生命科学的奥秘。

压缩成只有单个光子体积大小的微粒。在这种状态下,粒子都会遵循量子理论的原理进行运作,也就是说,粒子会释放出辐射,然后逐渐消散,直到消失。

后来,霍金与来自欧洲粒子物理研究所的托马斯·赫尔泰格做出了一个异常大胆的假设。虽然我们不知道任何一个粒子在特定时刻的确切去向和位置,然而,如果早期宇宙的粒子遵循量子理论,那么宇宙本身必然也是量子理论的产物。如果事实果真如此,那么正如赫尔泰格所说的那样:"宇宙并不仅仅只有一种历史,而是存在着各种可能的历史,而且每一种历史都存在着属于其自身的高度可能性。"

当古代先人们抬头仰望天空的时候,他们总会对物质和能量充满了各种疑问。如今,即便有了广义相对论这一能够自圆其说的理论和量子力学高深莫测的原理,我们依然迷失在一个颇为熟悉的问号中。

神秘的电子

100 多年前,一位英国物理学家发现了构成物质的极小粒子,从那时起,人们对微观世界的认识进一步加深了。学过现代科学的人都知道什么是电子,以及电子对我们理解电的本质和原子物理的重要性。

到 19 世纪末,随着物理学各种各样的发现的增多,许多无法解释的问题也随之出现了,比如:物体可以带上静电电荷,但是电荷是以何种方式存在的?沿着导体流动的电流电荷究竟是什么,与静电电荷不同吗?如果物质是由原子构成的,那么原子是由什么组成的?

德国吹玻璃工及实验室仪器制造商海因里希·盖斯勒(1815 ~ 1879 年)首次在实验中使用了真空泵。大约 1850 年,盖斯勒将金属板密封在只含有痕量惰性气体(氖气或氩气)的真空玻璃管中,他将高压电连接到金属板上,结果产生了漂亮的闪光,就像管中的气体在发光一样。6 年后,法国物理学家让·佩林(1870 ~ 1942 年)用磁场和电场将产生闪光的阴极射线偏转,证明了射线是由带负电荷的粒子组成的。

英国物理学家约瑟夫·约翰·汤姆生(1856 ~ 1940 年)揭开了电子的神秘面纱。汤姆生出生于英国曼彻斯特郊区,1880 年,汤姆生进入剑桥大学三一学院,毕业后,进入卡文迪许实验室,在约翰·斯特列特和瑞利爵士(1842 ~ 1919 年)的指导下进行电磁场理论的实验研究工作。

汤姆生通过阴极射线在电场和磁场中的偏转,测得它们的速度(比光速慢得多)。他进一步测定了这种粒子的荷质比(e/m),与当时已知的电解中生成的氢离子荷质比相比较,得出其约比氢离子荷质比小 1 000 倍的结论。于是汤姆生推测阴极射线是由微小的带负电的粒子构成的。1897 年,汤姆生宣布了对这些首批亚原子粒子的发现,称之为"微粒"。两年后,汤姆生发现这些微粒的质量是氢原子质量的 1/2 000,将这些微小的粒子被命名为"电子"。电子成为了科学家们追寻已久的电的基本单位。由于电子是从不带电的真空管的阴极金属板激发产生的,所以电子必然是所有原子最基本的组成部分。

汤姆生继阴极射线的研究之后,开始对阳极射线(由不带电的真空管中的阳极激发产生的)进行实验研究。这项研究成果的重大意义就是借助电荷性质的差异,可以分离带有不同电荷的微粒。1919 年,弗朗西斯·阿斯顿(1877 ~ 1945 年)应用此原理发明了质谱仪。1919 年,汤姆生退休后,由他的前任助手、新西兰裔英国物理学家欧内斯特·卢瑟福接替了他的位置。卢瑟福最后提出了包含原子核的原子结构。1906 年,汤姆生获得了诺贝尔物理学奖,他的助手中有 7 位也获得了诺贝尔物理学奖。

新化学元素

直到1937年,在铀元素之前,在元素周期表中只有四个空缺的元素位置。这四个空缺的元素原子序数为43、61、85和87。于是化学家和物理学家开始利用粒子加速器——如美国科学家欧内斯特·劳伦斯(1901～1958年)在1932年发明的粒子回旋加速器——进行新元素的探测。

起初,科学家利用粒子加速器作为"原子对撞机",将元素分成更小的组成部分。例如,在1937年,美国科学家在加利福尼亚利用粒子回旋加速器用氘核轰击金属钼原子。氘核是氘(重氢)原子的原子核,质量是中子的2倍,是质量最大的亚原子粒子。他们把轰击后的钼原子样品交给意大利巴勒莫大学的两位意裔美国物理学家艾米利奥·塞格雷(1905～1989年)和卡尔·皮埃尔(1886～1948年)进行分析。两位科学家发现,样品中包含有一种新的放射性元素,也就是空缺的43号元素。起初,他们将之命名为"钨",后来将之更名为"锝"(源自希腊词technetos,意为"人工制造")。

西博格手持装有钚元素样品的烟盒。1974年,西博格成为第一位以自己的名字命名新元素(𨭎)的科学家。

两年以后,也就是1939年,法国化学家玛格丽特·波里(1909～1975年)分析了锕同位素——锕-227的放射衰变产物,结果发现了另一种新的放射性元素,也就是空缺的第87号元素。起初她将其命名为锕-K,但为了纪念她的祖国,后来又更名为"钫"。

在1940年,塞格雷和他的同事在用α粒子(氦核)轰击铋原子时有了再一次的新发现,1947年,他们将新发现的非放射性元素称为"砹",该名称源自希腊语"astatos",意为"不稳定"。后来其他科学家发现了天然产生的质量更大的砹同位素,但是砹的同位素仍是地球上最少的天然产生的元素。直到1945年,化学元素周期表中最后一个空缺的元素,即61号元素,才被美国化学家雅各布·马里奥(1918～2005年)及同事在用中子轰击钕原子时发现。1949年,他们将之命名为"钷",该名称源自希腊神话中的盗火者普罗米修斯的名字。粒子轰击原子不仅能够"击碎"原子,而且能够将轰击产生的碎片重组成新的原子。这个现象在1940年发生了两次。第一次是由美国物理化学学家埃德温·麦克米伦(1907～1991年)和菲利浦·艾贝尔森(1913～2004年)利用慢中子轰击铀-238得到了镎元素(名称源自海王星的英文单词),在元素周期表中,镎元素紧随铀元素之后。在加利福尼亚大学伯克利工厂实验室,格伦·西博格(1912～1999年)和麦克米伦领导的一个研究小组用用氘核轰击铀-238得到了钚元素,该名称源自冥王星的英文单词,在周期表中紧随镎元素之后。

镎和钚元素属于最先发现的超铀元素(比铀元素的原子序数大),在接下来的几年中,其他的超铀元素也很快相继产生,如镅元素(1944年)、锔元素(1944年)、锫元素(1949年)、锎元素(1950年)等。1974年得到的第106号元素以西博格的名字命名为"𨭎"。1982年,德国物理学家安布斯特(1931年～)和他的研究小组在达姆施塔特重离子研究所用铁-58原子核轰击铋-209发现了第109号元素。1997年,他们将之命名为䥑,以纪念

知识档案

1937年 发现锝元素
1939年 发现钫元素
1940年 发现砹、镎、钚元素
1944年 发现镅、锔元素
1945年 发现钷元素
1982年 发现䥑元素
1984年 发现𨨏元素

⊙ 回旋粒子加速器是最早的粒子加速器之一。由回旋粒子加速器截面图(右上)可以看到,两个D形中空磁铁放置在一个真空室内,在D形中空磁铁中加高压电,加速从两磁铁间的间隙处穿过的带电粒子,并使它们从中心附近的粒子源沿螺旋形轨道向外射出,能量可达几十兆电子伏,可以"击碎"原子。上图中是1932年由劳伦斯和同事在加利福尼亚伯克利大学实验室一起建造的直径1.5米的回旋粒子加速器。

奥地利裔瑞典物理学家莉泽·迈特纳(1878～1968年)——最早将原子分裂开的科学家之一。1984年,该研究小组用铁-58原子核轰击铅-208又得到了第108号元素——𨭎。俄国科学家在莫斯科市郊外的杜布纳利用同样的方法也得到了𨭎元素。一年后,即1985年,一个俄-美联合研究小组在杜布纳用硫-34轰击铀-238时得到了𨭎的一种不同的同位素。𨭎元素是以德国达姆施塔特所在的黑森州命名的。

到现在为止,元素周期表中总共有116种化学元素,至少在目前,元素周期表中的元素没有继续增加。科学家只是制得了最重元素的少量原子,即使更重元素在理论上可能存在,但120号元素后面的任何元素都极不稳定,而且存在的时间十分短暂。

金属为何有"记忆"

金属没有大脑却有记忆,真是令人不可思议。这是为什么呢?

1963年的一天,由于实验的需要,一群工程技术人员正在美国海军的某个研究机构中为加工一批镍钛合金丝而紧张地忙碌着。由于他们手中的合金丝是弯曲的,使用起来很不方便,所以在做实验之前得先拉直它们。实验开始后,当实验温度升到一定值时,工程技术员发现他们费了不少工夫才拉直的合金丝竟然又全部变回了原来那种

⊙ 用镍钛合金制成的伸缩自如的眼镜

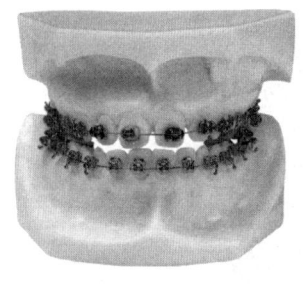

⊙ 利用记忆合金的抗腐蚀性,牙医可用其为牙齿患者做纠齿手术。

弯曲的形状。后来又多次做了这个实验,得到的结果都完全相同。

经过多次细致而深入的研究,人们终于发现,这些合金之所以具有恢复原有形状的特性,是因为随着环境的变化,这些合金内部原子的排列也会出现变化。如果温度回到原来的数值,合金内部原子的排列也会回到原来的排列方式,其晶体结构也会随之改变。这种具有记忆形状能力的合金被人们称作"形状记忆合金"。记忆合金不仅能重复恢复原态达几百万次,而且不会产生疲劳和断裂。这样的"记忆力"让人感到震惊。

让我们以镍钛合金为例,来看看形状记忆合金具有"记忆"的秘密吧。40℃是镍钛合金的"记忆温度",也就是说,镍钛合金的晶体结构在40℃上下是不一样的,它的转变温度便是40℃。在转变温度以上,其晶体结构处于稳定状态;在转变温度以下,则处于不稳定状态。假如人们想让在转变温度以下、改变了形状的晶体结构再恢复到稳定状态,那么只要将其加热到转变温度以上,它的稳定状态就会得到恢复,它的形状也会随之恢复到原态。除此之外,镍钛合金的拉伸强度也非常惊人,可达1000兆帕,也就是说,即使在每平方毫米那么小的断面上,你也需要用1000多牛顿的力才能够把它拉断。

除了镍钛合金,人们还开发出了铜系合金和铁系合金等一系列的多种记忆合金。人们充分利用记忆合金的这种神奇的本领解决了航天、工业生产、医疗、电子器具等方面的诸多难题。如阿波罗登月舱的宇航员的形象和声音能通过电磁波从38万千米外的月球传送到地球上来,就是利用了记忆合金这种神奇的功能。阿波罗登月舱要在月亮上设置月面天线,而月面天线的直径便长达数米,科研人员就先用记忆合金制成半球形天线,然后降低温度将其压成一小团装入小巧的登月舱中。当天线随着登月舱到达月球表面时,由于太阳光的照射,其温度就会升到转变温度,天线便恢复了本来的形状。

耐腐蚀性也是记忆合金的一大特点,因此牙医便利用镍钛合金制成一种矫齿丝,借助于人的口腔温度,来为患者做牙齿矫正手术。在使用口腔矫齿丝之前,医生会先为准备矫正的牙齿做一个石膏模型,然后把口腔矫齿丝按照模型弯成牙齿的形状,并将其固定在牙齿上。为了让矫齿丝更加趋向于其原来的形状,每过一段时间便更换一次。牙齿就是在这个变形过程中慢慢得到矫正的。

我们在工业生产中进行铆接工作时,一般是从一边插入铆钉,再用气锤锤打铆钉另一边的头,但如果碰到开口很窄或封闭的容器,就会很难办。这时记忆合金便派上用场了,我们可以事先把铆钉做成两头都是扁的,然后在低温下将其中一端硬压成插孔大小的圆柱状。在铆接时,将铆钉从低温箱中取出来,迅速地插进插孔中,然后把铆钉加热到转变温度以上。这样,原来被压圆的一端就会自动恢复成扁平的形状,容器也就被牢牢地铆住了。

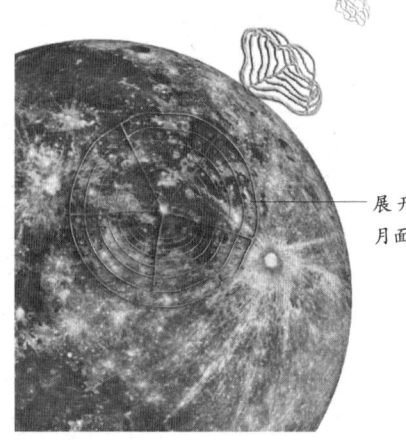

压缩成小球团的月面天线

展开后的月面天线

⊙ 形状记忆合金制成的月面天线示意图

用形状记忆合金制成的月面天线,先压缩使之变成便于装运的小球团,装在航天飞机上;当把它发送到月球表面后,天线小球受阳光照射被加热而恢复记忆,这时它就又恢复到正常工作时的扁平状。

天文学
Astronomy

古巴比伦的天文学

最早的占星师大多是牧人。当他们彻夜看守兽群时,需要不时盯着天空,以便发觉天气变化的迹象,进而知道把兽群赶到新牧场的最佳时机。当他们凝望天空时,把点点繁星想象成各式各样的图像,比如熊和蛇、国王和王后等。此外,他们还为这些想象出来的人物编造了一些动人的故事。不久之后,他们的神灵和英雄也被纳入到关于天空的文化传说中。

早先对星空的幻想最终被后来的天文观察和天文记录所取代。世界上最早的天文记载源于中国。古代中国人记录了发生在公元前2679年的一颗特别耀眼星星(或新星)的出现,以及发生在公元前2316年的一颗彗星划过天空的情景。在公元前11世纪的时候,中国的天文学家也曾记载了某个冬至时太阳靠近宝瓶座 β 星的景象。从今天该星座所在位置来看,其观测仰角约为40度。

巴比伦人将太阳、月亮和行星的日常运动轨迹描绘成图,而这些天体在他们的创世神话中扮演着非常重要的角色。自古巴比伦时期开始,很多史诗都有关于创世的故事和传说,《埃努马·埃里什》便是其中之一。根据这部史诗的描述,月亮与其他36颗星星的运动轨迹和出没都是随着时间变化而变化的。根据史诗《马杜克》的说法,是马杜克神"为众神灵指定星位",并"分别为他们创立对应的星座";他还"设立了纪年制和一年的时间分界线",并"指定由3颗星星分别司掌12个月份"。

大约在同一个历史时期,天文学家首次观测到了金星。这次观测的信息最终被载入当时的楔形文字和阿米萨杜卡的金星纪念泥板中。虽然这些观测和记载具有非常重要的历史意义,但是其精确性并不是特别高。实际上,一些记载只是基于粗浅的计算来推测金星的出没时间,而不是基于实际的观测结果。当时,巴比伦人开始研究金星在天空中的运行轨迹理论,并用这一理论来预测行星早晨和傍晚在地平线上出现和消失的时间和位置。

尽管这些预测的精确性欠佳,但是古巴比伦人对科学的发展仍然作出了杰出的贡献。天文观测在当时成为古巴比伦的社会体系中一个不可缺少的部分,它不但具有实际意义,而且还具有宗教意义。即使在个别观测记录出现错误的情况下,我们也可以通过对一系列长期观测数据的考察找到固定的模式,并绘制出目标星体运动轨迹的图像。这种大规模的考察已经由来已久,它曾促进了很多天体运行理论的诞生,甚至还为关于天体目标对象如何诞生的理论奠定了基础。

古代的科学家还把地球上的一些重大事件与天空中的变化联系起来。在这一历史时期,天文学家的天文观测与占星师的预言和猜想之间并没有任何实质性的区别。如果恰好在木星的光亮比正常时候更加耀眼的同时发了洪水,那么当人们看到木星的光亮再次出现异常的时候,就会把这种现象视为一场洪水即将暴发的前兆。

⊙ 巴比伦界石

图中这一尊古巴比伦的黑石灰石雕刻被称为库杜如,用于标识财产的所有权。这块界石记载了公元前12世纪梅里希舒二世将其女儿(图中抱着竖琴的人物)贡献给掌管健康和医药的女神娜娜伊的情景。石碑上有太阳、月亮和星星的图形。

在喀西特王朝长达 400 多年的统治时期内，当时的文士雕刻了近 70 块泥板。这些泥板被统称为"洪荒世界、天空和中空"，它们以文字形式保存和记载了人们对天空中数以千计的不同征兆的解读。神庙里的占星师也会进行一些天文观测，但是他们会以这些泥板作为参考工具，然后把得出的预测上报给当时的国王。

古巴比伦的天文学记载被收集到被称为"Mul Apin"（Mul 是"星星"的意思，而 Apin 则是"犁"）的几个黏土书写板上。这些记载均以某部史诗的开头两个字命名。

"Mul Apin"泥板成为最重要的天文历书应归功于古巴比伦人。这些历

⊙ **古代雕刻**
在古巴比伦人对天体、天空和地球表达观点和立场的背后，就是他们的神话传说。在这些神话传说中，风和大气之神恩利尔被看做是天神安和地神祺的后代。

书包含了一系列的列表，列表首先从各个星体和星座的名字开始，然后是这些星座和星体在地平线上出现的具体时间、一些星体和星座同时出现或消失的时间，以及某些星座夜晚在天空中相继出现的时间间隔。

这些天文历书现存最早的复制品可以追溯到公元前 700 年，但是历书本身只是天文资料的简单编辑册（包括了金星泥板的内容和"洪荒世界、天空和中空"系列的内容），因此其初始版本的出现时间可能要早得多。人们对"Mul Apin"历书的复制一直延续到古希腊时代。然而，保存下来的各个版本之间也存在着细微的出入。

古希腊的天文学

考古学者认为，"Mul Apin"最早的复制品的制作时间应当与希腊文学巨著《伊利亚特》和《奥德赛》中口头史诗出现的时间大体上一致。在对星座及其相关的神话传说进行对照和研究之后，荷马认为希腊的天文知识并不像古巴比伦的天文知识那样复杂和精深。在公元前 7 世纪的晚期，赫西奥德所著的作品《田功农时》也指出，古希腊仅仅找到了关于天体运转与季节变化之间的规律而已。"当昂宿星团和毕宿星团及强大的猎户星座同时落下时，"赫西奥德写道，"一定别忘了播种的季节即将到来。"

希腊人关于天空变化的知识均来源于埃及人。公元前 5 世纪，希腊历史学家希罗多德以一种钦佩和羡慕的口吻写道："埃及人聪明地把一年分为 12 个月，每个月分为 30 天。"他还写道："据说埃及人最早发明了纪年，并把一年中的四个季度分成 12 个组成部分。""在这里，依照我的看法，埃及人的计算能力要比希腊人更加敏锐。就此而言，在

知 识 档 案

月亮与月相

月亮围绕地球一周所需时间是 27.322 天。月亮的形状发生变化，正是月亮所经历的几个不同的月相，即：满月、盈凸月、上弦月、蛾眉月、新月、蛾眉月、下弦月和残月。月亮的轨道公转周期与其自身的自转周期相同，因此其展现给地球的总是同一个侧面。

希腊人知道每过 3 年便要增加一个闰月来保持四季不出现差错的时候，埃及人已经将他们的 12 个月都拆分成 30 天，再给每年都额外增加 5 天的时间。"

埃及人在当时也发明了日晷和水钟。在公元前 13 世纪的时候，埃及人已经确认了 43 个星座和水星、金星、火星、木星、土星五大行星。埃及人对这些星座和行星都进行了神话般的解说。火星是"若隐若现的何露斯（古代埃及的太阳神）"，它经常与被描述成能像像猎鹰一样变形的神灵联系在一起。在刚开始的时候，金星被认为是掌管阴曹地府的神灵奥西里斯的化身。后来，金星被正式称为启明星或者长庚星，但这是埃及人开始认识到行星在天空中的运行规律之后的事情了。

罗马作家西塞罗在公元前 1 世纪时曾经写道，埃及人把金星和水星称为"太阳的两个好伙伴"。如今，我们已经知道这只是一种拟人化的说法。与地球相比，金星和水星离太阳要近得多。而且在我们的早期观察中，这两颗行星绝不会远离太阳一步。

在公元前 1 世纪的时候，古希腊的历史学家狄奥多罗斯·西库路斯写道，在古埃及最为宏伟的城市之一底比斯，牧师们有预测日、月食何时发生的能力，而这种能力是一种智力技能，需要高深的数学计算能力和丰富的天文知识。

古希腊的思想家不但吸收了古巴比伦人的思想，而且还引进了古埃及人的智慧结晶。他们通过这种方式最终形成了现在被称为天文学最早版本的学科。米利都人泰勒斯据说曾预测过一次日全食，它发生于公元前 585 年 5 月 28 日。根据希罗多德的说法，当时，正如预测的那样，在两个敌对城邦对阵的过程中发生了日食。白天与黑夜的突然交错，使那场战争得以停止。泰勒斯惊人的预知能力，使他能够在希罗多德和柏拉图以及亚里士多德的著作中占有一席之地。

泰勒斯更倾向于把他在天文学上的敏锐洞察力归功于古巴比伦人，因为是他们在公元前 8 世纪纳巴那沙统治时期大大提高了天文观测技术。他们详细记载和揭示了日食及月食的各种可能形式，特别是得出了周期约为 18 年的伟大结论。古巴比伦人的方法在预测月食上已经相当精确，但是他们对日食还不是非常精确。

作为大哲学家柏拉图最有名而且最有成就的学生，亚里士多德坚持认为观测手段必须作为自然科学研究的指导原则。在他的两大巨著《天文学》和《气象学》中，亚里士多德对恒星、行星与月球各自不同的运行轨迹规律进行了解释。

亚里士多德的研究模式始于公元前 4 世纪。同时，他也提出了被后来的科学家证明是错误的许多假设：亚氏学说属于宇宙地心说或以地球为中心学说；该学说认为宇宙中每个物体都沿着正圆形轨迹以匀速运行；该学说忽略了在众多物体互动时客观存在的物理作用。

按亚里士多德的观测方法所得出的是一种复杂的宇宙论模式，即 56 个星体圆球以静止不动的地球为中心不停地运转。根据亚里士多德的逻辑推理，如果地球是旋转的，那么向上抛出的物体是不会落回到其被抛出的原点的。亚里士多德还继续进行这样的逻辑推理：如果地球围绕太阳旋转，那么恒星每年都会发生位置上的变化。就人类的肉眼而言，这个变化根本不明显，因为恒星离我们太遥远了。然而，现在的天文学家实际上可以测算出这一细微的位置变化，并把其称为"恒星视差"。他们还通过这种位置变化来计算地球与很多离地球相对不远的天体之间的距离。

亚里士多德完成了很多详尽细致的天文学观测记录。在运用这些观测数据构建一个不甚精确的宇宙论学说的时候，他也确实得出过很多准确无误而且对科学的未来发展颇有助益的科学理论。

亚里士多德曾认识到，地球必然是一个圆形球体。之所以得出这一结论，是因为除其他证据之外，他曾在一次月食的过程中发现，地球在月球上的投影是曲线形的。从这一假设出发，他继续计算地球的直径长度，并得出了地球直径为 5100 千米的计算结果。

相对亚里士多德的这一计算结果，公元前 3 世纪希腊人埃拉托色尼所得出的计算结果，更精确一些。埃拉托色尼发现了仲夏正午时分的太阳在埃及赛印和在亚历山大地区所投射影子的长度差，在已知亚历山大和赛印两个地区之间的距离的条件下，埃拉托色尼计算出地球直径约为 13400 千米，这一结果数值已经相当接近今天 12752 千米的精确测量结果了。

另外一位古希腊伟大的天文学家阿利斯塔克大约生活在公元前310～前230年，因估算出了地球与太阳和月亮之间的距离而闻名于世。他罗列出了大约675颗恒星，并进行了大胆的假设：地球以一条倾斜的轴线为中心进行自转。同时，阿里斯塔克斯被认为是主张以太阳为宇宙中心（即宇宙日心说）的思想家。根据他的宇宙观，恒星和太阳都是固定不动的星体，他们同处于一个

◉ **喜帕恰斯**
古希腊天文学家，伟大的天文观测者。他根据亮度将恒星划为几个等级，这在天文学史上还是第一次。目前，天文学界仍沿用他的这种排列体系。

庞大的巨型圆球之内，而太阳则位于这个圆球的中心，地球在其中沿着一个圆形的轨道运行。但是，当时很少有人认同这种宇宙观，甚至有些人把这种宇宙观看做是一种对神灵的不敬。经过了1700年的漫长历史时期，日心说才重新回到西方科学的前沿，而这一切都要归功于波兰天文学家尼古拉斯·哥白尼。

公元前2世纪，在阿利斯塔克的研究成果的基础上，喜帕恰斯绘制出地球沿着自转轴线缓慢运行的轨迹图案，并根据太阳和月亮的运动规律创建了数学模型。但是，喜帕恰斯最值得称道的却是他发现了对恒星的视觉亮度进行准确推算的计算方法。此外，喜帕恰斯把所有恒星分为6大类，并授予亮度最高的恒星一级恒星或者一等星的特殊称号。以此类推，亮度最暗的恒星是六级恒星或者六等星，仅凭人的肉眼几乎是看不到这种级别的恒星的。根据这种亮度等级划分模式，喜帕恰斯对大约850颗恒星进行了分类。

如今，天文学家仍然沿用这种星体等级划分法，但是较原来所针对的范围已经有所扩展，不仅把其他各种天体（如太阳）也吸收进来，而且把那些喜帕恰斯肉眼从未见到过的天体也吸收了进来。根据喜帕恰斯原先的星球等级划分体制，一等星的亮度大约是六等星亮度的100倍左右。现代的星球等级制还把每个星球等级数之间的亮度差值定义为绝对数100，但这种制度最后只能采用负数来表示亮度极高的物体。比如说，天狼星的对应星球等级为–1.42，太阳的对应星球等级则为–26.5。像哈勃望远镜这样的天文学工具可以观测到比绝对数为28的星球还要暗淡的物体，相当于比没有任何辅助工具的肉眼能够看到的物体要暗440倍。

克劳迪亚斯·托勒密是最后一位伟大的古希腊天文学家，他生活于公元100～170年。托勒密提出了与亚里士多德太阳系地心说非常相近的模型论，即将地球视为宇宙的中心。然而，与亚里士多德不同的是，托勒密可以对月亮、太阳和行星的运行轨迹做出相当精确的预测和测算，但是这种预测和测算必须在1弧度的范围之内。在公元前3世纪时，阿波罗尼奥斯也曾提出过类似的模型论。喜帕恰斯对这种模型论做了进一步的拓展，而托勒密则使其趋于完善。

按照托勒密的宇宙观，所有的行星都是沿着被称为本轮的小圆轨迹运行，而本轮的中心又是以地球为中心的、呈均轮状的大圆运行。然而，这些简单的圆形轨迹与天空中所见到的实际运行轨迹之间并非完全吻合。此外，托勒密把地球从中心位置中稍微地移了出去。他也引入了一个被称为"对应点"的概念，从而使每个行星本轮的中心可以绕对应点做匀速的运动。

◉ 托勒密

公元2世纪,托勒密创立了一种太阳系地心说的模型论。他根据这一模型来预测行星、太阳和月亮在1弧度范围内的运动规律。

最终,托勒密的模型成为一个错综复杂的系统,几十个大小不一的圆圈以各自不同的速度不停运转。这个模型系统成为以后几个世纪里天体运行的标准图案。但是,随着时间的推移,特别是当天文学家把以主观猜想为基础的模型论与实际观测结果进行比较的时候,越来越多的错误与误差被揭示出来,托勒密的模型逐渐被认为是一种不太精确的理论学说。虽然存在着这样或那样的错误和误差,但是那个时候还没有比这一模型能够更好地预测行星运行轨迹的模型。因此,在天文学界,托勒密的模型思想在长达1500年的时间内占据了统治地位。

托勒密最伟大的贡献便是其名为《天文学大成》的旷世巨著。这部著作的拉丁文书名源于阿拉伯,为"宏伟巨著"的意思。撰写于公元150年的《天文学大成》是古希腊天文学的完善版本和集大成者,这也使古希腊的天文学成果得以保存至今。除此之外,古代许多大天文学家(包括亚里士多德和喜帕恰斯)的原创作品都已经遗失殆尽,幸亏有了托勒密的《天文学大成》,我们才可以了解到这些古代天文学家的研究成果以及托勒密本人的天文学成就。

哥白尼和日心说

"最终我们将把太阳置于宇宙的中心。所有这一切都是出于万事万物的次序以及整个宇宙的和谐,只要我们像一些人所说的那样,'睁开双眼',我们就能面对这一事实。"(哥白尼《天体运行论》)

1473年,哥白尼出生于波兰,1491~1494年在克拉科夫(波兰城市)大学求学期间,他把自己的名字改成了拉丁化名尼古拉斯·哥白尼,这是当时用拉丁语做研究的欧洲学者的惯例。哥白尼早期在克拉科夫大学和意大利博洛尼亚学习天文学、拉丁语、数学、地理、哲学、希腊语和教会法典,最后一项的学习使他被任命为德国佛洛堡教堂的牧师,在他的余生一直保留了这一职业,但他并未真正做过牧师。16世纪早期,他被准予赴意大利帕多瓦大学学习医学,但天文学一直是他最大的兴趣所在。

那时期,欧洲大学所教授的天文学知识依然是基于古希腊哲学家亚里士多德和天文学家托勒密的观察和教条,以及英国数学家约翰纳斯·德萨克罗博斯科的著作,而后者的《宇宙天体》(出版于1240年)在作者去世400年后依然是天文

◉ 哥白尼

16世纪,尼古拉斯·哥白尼对当时的宇宙观进行了革命性的批判。他指出,太阳才是太阳系的中心,地球围绕太阳公转。

学方面的权威教材。他们都认为地球是宇宙的中心,而太阳、月亮和其他行星全都围绕着它旋转。托勒密相信宇宙是完美的,因而所有天体必然是在圆形轨道上运行的。但事实上观测到的天体的运行轨道是椭圆形的,所以为了解释他的理论与实际观测值的偏差,他想出了"本轮"这个概念,即那些星体在围绕地球做大圆周运动的同时自身还在做着小圆周运动。尽管托勒密关于宇宙的理论存在着基础性的缺陷,但他还是基本完成了关于自己理论的数学证明。

然而哥白尼发现,如果接受地球围绕太阳运转的观点而不是其他什么方式的话,那么托勒密系统中固有的许多数学问题就将迎刃而解。更令人惊奇的是,教会并没有反对哥白尼研究天文学,相反,教皇里奥十世接受了他修订教历的建议,并最终导致了季节的重新划分。

1514年,哥白尼开始分发一些小的手抄本,在其中他阐述了关于日心说的一些基本观点:宇宙的中心不是地球,而是靠近太阳的一个点;宇宙有无法想象的大;那些观测到的恒星旋转和太阳季节性的运动是由地球绕地轴与绕太阳的运动所引起的;我们自己所在行星的运动干扰了我们对其他行星运动的观测。这本书被称为《要释》,里面并没有包含详细的数学论证,哥白尼甚至没有将自己的名字署上。他把细节全留在了被他称为"大部头"的著作中,而这本书直到多年以后才面世。

哥白尼大约从1506年开始撰写他的巨著《天体运行论》,并且直到1530年才得以完成。但由于教会一直宣扬地球是上帝创造的中心的观点,出于对教会的深深顾忌,他迟迟不敢将他的著作出版,而且只允许他的手稿在少数几个志同道合的科学家中间传阅。

最终,哥白尼的学生赖蒂库斯说服哥白尼出版了《天体运行论》。事实上,赖蒂库斯于1539年发表的《首次报告》已为哥白尼的《天体运行论》的出版铺了路,在其中他阐述了哥白尼的一些观点。哥白尼完成了手稿,由赖蒂库斯拿到纽伦堡印刷,并在一个叫做安德里斯·奥西安德尔的人的监督下出版。但是奥西安德尔是教会的人,他对太阳中心说的公开出版感到不满,所以他替换了哥白尼原版的前言,肯定了地球是静止不动的,而哥白尼原著中关于地球绕太阳运转的说法只是纯粹为了计算方便而作的假设。哥白尼几乎是不可能接受这种添改的,但他或许从没有机会读到过它——他的书在他临终之前才得以出版。而赖蒂库斯,毫无疑问,对这一新观点的出版感到欣喜异常。

⊙ 这张太阳系星图是由安德里亚·塞拉里乌斯于1661年绘制的。那时,哥白尼的观点已经广泛地被世人所接受。图中右下角的人物是哥白尼,而坐在左下角的是阿利斯塔克,一位古希腊天文学家,出生于萨摩斯岛,最先提出地球绕太阳运转的观点。

开普勒探究天体运行的规律

◉ 开普勒

最初人们认为地球是宇宙的中心,日月星辰都是围绕着地球运转的。16世纪哥白尼提出的"日心说"标志着在人类探究天体运行规律的道路上迈出了革命性的一步。然而受当时欧洲流行的哲学思想的影响,哥白尼认为行星是沿着圆形轨道围绕太阳运动的。半个世纪之后,德国天文学家开普勒才对哥白尼学说的这一错误观点进行了纠正。

1571年开普勒生于德国南部的一个小镇威尔,中学毕业后进入了蒂宾根学院。在那里,他接受了一位名叫麦斯特林的教授的观点。麦斯特林是一个秘密的哥白尼主义者,他时常为开普勒详细讲述行星绕太阳运行方面的知识,使他渐渐成了"日心说"的拥护者。

从蒂宾根学院毕业后,开普勒移居奥地利的格拉茨城,在那里,他教授数学和天文学。他曾寄给第谷一本自己写的天文书,第谷看后非常重视,邀请他一起从事研究工作。1601年,第谷去世后,开普勒利用老师留下的大量观测资料,继续研究火星的运动。

匀速圆周运动是按照传统哲学定义的最为完美和理想的运动。开普勒根据这一点来计算火星在其轨道上的运动位置,经过多次反复计算,其结果总是与第谷的观测结果不一致。开普勒深知第谷一丝不苟的态度,所以,老师的观测数据必定没有问题,误差肯定在于自己的计算方式和过程。他决心找出误差产生的真正原因。

开普勒坚持不懈地潜心分析研究,终于觉察到火星并不是按圆形轨道运行的,这与哥白尼所持的观点相矛盾。他耐心、仔细地研究了火星在天球上年复一年的运动,终于发现了自己计算中的错误。原来,行星在太阳附近空间里运行的轨道是椭圆形而非圆形,事实上,圆形只是椭圆形的一个特例。太阳实际上位于椭圆即行星运行轨道的一个焦点上,所以行星在绕太阳作椭圆形运动的轨迹中,存在着离太阳近时的远焦点和离太阳远时的近焦点。这一重要发现是由开普勒首先提出来的,这也是他研究火星的第一个重要发现。后来人们用"开普勒行星运动第一定律"这个名称来称呼开普勒的这个重要发现。

开普勒受到新发现的巨大鼓舞,开始编制火星运行表,但火星的运行总是和他设计的表格有偏差。经过大约一年的辛勤分析研究工作,他发现了自己计算方法上存在着不可忽略的错误。开普勒最初以为火星的运行是匀速的,因而造成了运算上的错误,而实际上火星运行是不匀速的。火星的速度随其离太阳距离的远近而发生变化,离太阳近时,运行的速度就快,而随着它在轨道上离太阳越来越远时,其运行速

◉ 第谷·布拉赫的天文台

作为开普勒的老师,第谷是望远镜发明以前最伟大的天文学家。他在丹麦国王腓特烈二世所赐予的文岛上建立天文台,以精确地观察星际,所用观察工具是金属六分仪和四分仪。

度便随之减慢。

行星沿椭圆轨道运行的速度受行星与太阳之间的距离远近的影响,并随之发生变化;行星和太阳的连线是行星的向径,它在相等的时间内扫过相等的面积。行星运动的速度通过这一规律得到了说明,这就是著名的"运动第二定律"。此后不久,根据这一发现,开普勒完成了行星运行表的编制工作,工作进行得顺利而迅速。

开普勒于1609年出版了他的《火星之论述》,紧接着,他又对行星公转周期与行星到太阳距离的关系进行了探索。结果发现,离太阳最近的水星,88天绕太阳一周;离太阳远一些的金星公转一周所用的时间长一些;离太阳更远的火星的一年比地球的一年还约长一倍。根据这些发现,开普勒在1619年出版了《宇宙和谐论》一书,并在书中发表了行星运动的第三定律。这一定律的发现和应用,完全改变了当时天文计算的方式和过程,并沿用至今。

伽利略发明天文望远镜

自古以来,人们便喜欢仰望浩渺的苍穹。中国及其他古老民族还曾记载他们看到了太阳上的黑斑——太阳黑子。但这样来观天毕竟有很大的局限性。直到伽利略发明人类历史上第一架天文望远镜,才结束了人类用肉眼观天的历史。

荷兰眼镜匠李普希有一次在配制眼镜片的时候,偶然间把两个眼镜片排开一段距离,然后透过它们观察远处的物体,这时他惊奇地发现远处的物体被拉近,放大了。这一发现立即引起了很多人的兴趣,并迅速在欧洲传开。

伽利略是意大利的一位物理学家、数学家和天文学家。李普希的发现立即引起了伽利略浓厚的兴趣。于是,他马上着手制造这种仪器。1609年,世界上第一架天文望远镜诞生了。

这种由伽利略制造的折射望远镜的物镜口径只有4.4厘米。镜筒前头那块玻璃透镜被称为物镜,当来自天体的光线射到物镜上时,光线会被折射并被透镜集中于一个点上,这个点就是焦点,该天体的像在那里形成。在镜筒的另一端的透镜口径较小,被称为目镜。天体的像在目镜中被放大,以供观测者观察,物镜和焦点之间的距离称为焦距。一般说来,望远镜的放大倍数是望远镜的物镜的焦距与目镜的焦距之比。

伽利略首先用望远镜观测月亮,结果发现月亮并不像人们常说的那样。事实上,月球是一个崎岖多山的星球,而不是我们肉眼所见的光滑无瑕的外形。通过望远镜,伽利略还看到了处于低洼区域的灰色平原,尽管伽利略不相信那里有水,但后来,这些灰色平原还是被称为"海"。

伽利略还特别注意到,与行星

⊙ 伽利略和望远镜

1610年,伽利略通过他最新制作的望远镜观测到了围绕木星不停旋转的4个亮点。实际上,他所发现的是木星最大的4颗卫星,分别为:木卫一、木卫二、木卫三和木卫四。这幅19世纪的雕版画描述了伽利略与一群威尼斯议员一起进行天文观测的场景。

相比较，恒星在望远镜里只是一个光点，而不呈现出明显的圆面，不管怎样放大，这些恒星在望远镜中仍然是一个微小的光点。造成这种现象的原因是所有的恒星都距离我们非常遥远。

伽利略于1610年经过长达几个星期的观测，断定木星有4颗如同环绕地球运行的月亮一样的卫星。到目前为止，人们共发现了18颗木星卫星。人们至今仍把伽利略发现的那4颗木星卫星称为"伽利略卫星"，以此来纪念伽利略的伟大发现。

伽利略以前就支持哥白尼的"日心说"，发现木星卫星后，他比以前更加相信哥白尼的学说了。特别是当他发现金星也有圆缺变化时，他进一步确信"日心说"是正确的。事实上，这种圆缺变化被称为金星的相位。因此，他坚持认为托勒密的学说是错误的。

伽利略的这些发明都是借助天文望远镜观测星空而得来的结果，他的这一发明让人类具备了"千里眼"，从而开启了天文学上的新纪元。

行星的早期发现者

在牛顿逝世11年之后，弗里德里希·威廉·赫歇耳出生在德国汉诺威的一个中等富裕的音乐世家。从小时候开始，威廉就喜欢与父亲一起盯着天空看上很长的时间。天文知识使他着迷，但是他首选的未来职业仍然在音乐领域。1757年，赫歇耳到了英国。在那里，他开始向学生教授音乐课程。9年后，他开始在巴思城的八角教堂担任风琴弹奏者。

数年的音乐教学和演奏生涯，丝毫没有减少赫歇耳对夜空进行观测的兴趣。他并没有进行专门的研究，只是养成了隔三差五看星星的习惯。1773年，35岁的赫歇耳决定建造一架天文望远镜，并最终把所有的房间都变成了他的工作室。

1774年3月，赫歇耳首次通过他刚刚制成的约168厘米反射式望远镜进行天文观测，而这标志着威廉·赫歇耳天文学生涯的开端。

赫歇耳还建造了其他几部望远镜，最大的长度达12.2米，所使用的透镜直径达1.24米。1781年，他通过其中一部望远镜观测到了一个目标天体，他在笔记本上写道："在仔细观察一群在双子座附近的小恒星时，我看到一颗看起来明显比其他星星更亮的恒星。"他当时认为自己所看到的是一颗彗星。

在对这个目标进行了连续几个夜晚的观测之后，他知道那是一颗新行星。这颗新行星在离开土星的运行轨道时可以被看到。事实上，威廉·赫歇耳所发现的是天王星——在有记载的历史上，第一颗被确认出来的新行星。

他最初将这颗行星命名为"乔治之星"，以纪念英国国王乔治三世，但是在后来，他决定改换成"Uranus"（即天王星的意思），这是为了遵守依照希腊神话众神名字对行星命名的习惯。第二年，国王任命赫歇耳为皇家天文官。这个职位的薪酬不菲，因此，赫歇耳不用再继续去当乐师了，而是把精力和时间全部放在天文学的研究上。

实际上，认为在太阳系里面可能存在着6颗以上行星

⊙ 赫歇耳和卡罗琳

天文学家威廉·赫歇耳经常花很长时间透过望远镜的目镜来观测天空。而他的妹妹卡罗琳则帮助他把观测结果如实地记录下来。

的想法可以追溯到天王星发现之前的200多年。在企图找到行星运行的机械力学原理时,约翰内斯·开普勒就已经发现了火星和木星运行轨迹之间不成比例的巨大差距,只不过对像开普勒那样具有丰富宗教涵养的人而言,这个结果有点难以置信,因为上帝是不太可能留下如此之多的空间的。他对原先的想法进行了一个戏剧化的修正,也就是说,在那个空间差距中应当存在着一颗尚未被发现的行星的运行轨道。

⊙ 法国皇家天文台

法国皇家天文台是众多招募天文学家参加"搜索金星和木星之间的行星计划"的天文台之一。

在一个世纪之后,同样有着高度宗教意识的艾萨克·牛顿也接受这样一个假设,即宇宙是一个稳定的系统,其运行机制是可预测的,而且也是精心设计的。行星之间不成比例的巨大差距的发现很有可能会彻底打乱整个结构,因此万有引力理论因为"神的设计"而被束之高阁。对牛顿而言,火星和木星之间的间隔差距,反而说明了宇宙是一个稳定的系统。

在《原理》一书公开出版15年之后,即1702年,牛津大学的天文学教授大卫·格雷戈里公开出版了他的著作《天文学基础》。该书概括出了行星轨道有规则间隔的理论。1766年,约翰·丹尼尔·提丢斯对格雷戈里的数据进行了纠正。1772年,同样的想法也出现在德国天文学家约翰·埃勒特·波德的头脑中。在格雷戈里研究成果的基础之上,波德通过创立一个数学公式来演示行星之间会产生的空间间隔,我们现在将这个数学公式称为"波德定律"。

通过这一成果,波德非常确信的一点是,在火星和木星之间必然还有另一颗行星也在围绕太阳运转。9年之后,赫歇耳发现了天王星,而天王星的运行轨道完全与波德定律所预测的相吻合。从此以后,找出在火星和木星之间那颗行星的搜索工作终于展开了。哥达公爵的御用天文官巴隆·弗朗兹·沙维尔·冯·扎克把一群德国天文学家召集到了一起,并在欧洲范围内征募有关这一研究课题的天文台考察人员。

1801年1月的一个夜晚,意大利巴勒莫地区的朱塞普·皮亚齐像往常一样观测着夜空中的星星。突然,他看到了一个亮度为8星等的天体目标。这个天体在接下来的几个夜晚继续出现,并且它的运动轨迹看上去好像与其他一些星星的位置之间存在着关联。皮亚齐知道这个天体肯定不是恒星,而是太阳系的另外一个成员。对距离的测算结果显示,该天体的运行轨道介乎于火星和木星的轨道之间。皮亚齐把这个天体以收获女神和西西里岛守护神的名字命名为"克瑞斯"。

起初,"克瑞斯"被鼓吹为太阳系的第7颗行星。但是,当赫歇耳通过望远镜仔细观测它的时候,发现"克瑞斯"实际上比地球的卫星(即月球)还要小。在发现"克瑞斯"一年之后,另一个更小的天体被发现了,海因里希·威廉·马特乌斯·奥伯斯把他所发现的这个天体称为"雅典娜"。赫歇耳计算了"雅典娜"的直径长度,结果发现其直径不足179千米,也就是说,它小得连行星都算不上。

实际上,"克瑞斯"和"雅典娜"都属于小行星。正如赫歇耳把它们称做"较小的运转物体"一样,它们既不是行星也不是恒星。1804年,德国天文学家卡尔·路德维希·哈丁也发现了一颗小行星,它被称为"婚神星";在3年之后,奥伯斯发现了"灶神星"。为了合理地解释在本应找到一颗未知行星的地方发现这么多小行星的问题,奥伯斯提出了一个大胆的设想,即小行星只是那颗曾出现在这个间隔空间位置的体积完整行星的碎片而已。

在天王星被发现的60多年之后,年轻的英国天文学家约翰·柯西·亚当斯也开始分析行星的运行轨道。赫歇耳是在1781年偶然发现天王星的,但是在1个世纪以前,天文学家们就曾看到并记录下了这颗行星,只不过误称其当做恒星而已。这些天文学家的早期天文观测数据,加上自天王星被确认为行星之后的60多年记录下来的数据,却只得出一个违背牛顿运动定律的行星轨道结果。解决这个矛盾的唯一办法就是假定这是由于在天王星运行轨道之外,有一颗未被找到的行星的万有引力在作怪。亚当斯计算了这颗行星可能的轨道和位置,并于1845年10月把他的计算结果发给了格林尼治皇家天文台的天文学家们。然而,当时的皇家天文学家乔治·比德尔·艾里男爵并不重视亚当斯的预测结果,而是把他的文稿扔到了一边。奥本·尚·约瑟夫·李维里尔也得出了同样的预算结果,并请求柏林天文台的约翰·加勒帮助他对这些计算结果进行确认。就在加勒收到李维里尔预测数据的那一天,也就是1846年9月23日,他在望远镜旁边只花了30分钟便发现了海王星,就在亚当斯所预测位置的2弧度角处。

热衷于火星观测的罗威尔天文台的建造者波西瓦尔·洛韦尔,开始利用海王星运行轨道的不规则现象预测在海王星更远处的另一颗行星。他采用了亚当斯和李维里尔在寻找海王星过程中所用过的同一种数学方法,但是他的研究工作最终无果而终。在过了1/4个世纪之后,冥王星才被克莱德·威廉·汤姆勃所发现(国际天文学联合会第26届大会已将其列入"矮行星")。

汤姆勃只是一名业余的天文学家。当时只有22岁的他刚刚开始用他亲自建造的长达2.74米的望远镜在堪萨斯州的家中观测夜空。1928年的秋天,汤姆勃一边观测,一边将火星和木星的天文草图绘制出来。他后来回忆说:"我记得我那天晚上并没有睡觉,而是一直在对木星进行观测。然后,在不到一个小时的时间内,我发现有一个亮闪闪的发光体正在绕着一个圆盘形的轨道漂移。那可真让我感到吃惊,我竟然看到了一颗以特定轴心进行旋转的新行星。"

就在同一年稍晚一些的时候,汤姆勃将他的天文观测图发给了罗威尔天文台,希望那里的专家能给他指点迷津。但是,他所得到的回答与他原本所想要的有点不太一样:他获得了在那个天文台进行研究的工作机会。在那里,他可以使用最新的照相望远镜来进行天文观测。很快,他已经在用照相望远镜进行专业的天文观测了。天文台的台长让汤姆勃专门负责预测中冥王星所在天空位置地区的图像工作。夜复一夜,汤姆勃总会坐在望远镜前面,用望远镜配置的照相机在14英寸×17英寸(约35厘米×43厘米)规格的照相用玻璃板上将天体图案拍摄出来。白天,他会把几天以来拍摄的一对对玻璃板凑在一起。这些板子被安置到一台机器上面,从而查看到板子上面很小的成像,然后将它与另一张板子上的同一位置点进行比对。通过这种替换比对,较远的目标天体如恒星和太阳系等,都会保持静止不变的状态,但是有一颗行星则在几天以来的板子图

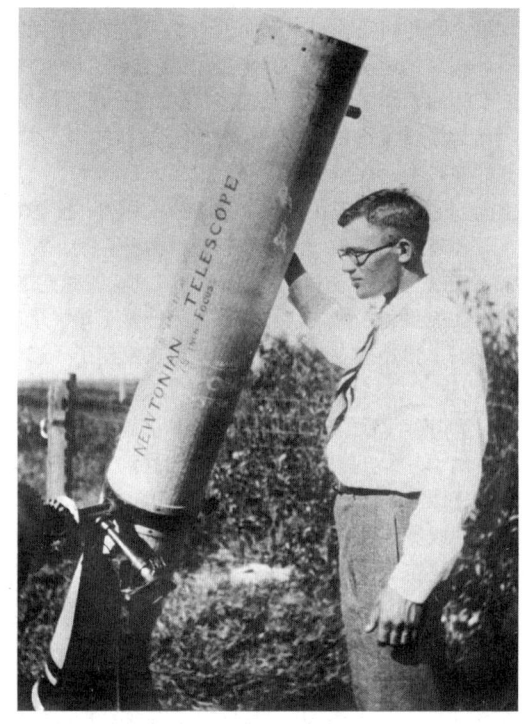

⊙ 冥王星的发现

24岁的克莱德·威廉·汤姆勃非常自豪地向别人展示他近3米长、建造于家中的牛顿式天文望远镜。在拍摄这张照片的一个月前,汤姆勃发现了冥王星。

像上出现了一个位移的路线。为了寻找到光亮有所变化或者在位置上发生变化跳跃的任何迹象，汤姆勃不停地把这些板子进行抽调比对。

在1930年2月的一个阴云密布的早晨，汤姆勃照常将几个星期以前拍下的两块板子进行抽调比对。一块是1月23号的，另一块则是1月29号的。在汤姆勃将两块板子进行抽闪对照的时候，他终于看到了一个发生了移动变化的亮点。当时，他想：肯定就是它了！在刚刚开始专业研究的10个月之后，汤姆勃便找到了冥王星。冥王星的位置就在帕西瓦尔·罗威尔曾预测的位置的6弧度角处。但是，后来的进一步分析表明，由于冥王星的体积过小，以至于无法在海王星的轨道上引起容易被发现的异常现象。所以，罗威尔曾用来预测冥王星位置的数据只是观测过程中偶然性误差的结果。汤姆勃所发现的冥王星的位置与罗威尔对这颗行星所预测的位置之间非常接近。

2006年，美国国家航空和宇宙航行局首次启动了一个对冥王星的探测计划。重量约478千克、体积只有一架钢琴大小的"新视野"号宇宙飞船，按现在的预算要先飞行超过48亿千米的航程，于2015年7月左右开始给冥王星及其数个卫星拍下特写镜头，以便作为研究的素材。这艘宇宙飞船的有效载荷还包括克莱德·威廉·汤姆勃先生的一部分骨灰。

今天，多数的行星搜寻者都将研究重点放到了太阳系以外的行星上。到目前为止，大约有200颗行星已经被发现，它们都位于其他恒星的周围或者旁边。

赫罗图的发明

赫罗图——反映恒星亮度对应其温度的标注图表——让我们对恒星的理解发生了深刻的变化。一个多世纪过去了，赫罗图仍是现代天文学家认识和研究恒星及太空的重要工具。

到19世纪末，天文学家已经收集总结了成千上万颗恒星的丰富数据资料。天文观测一直在持续，恒星资料数据库不断被扩充，并且随着更先进的天文研究工具的应用，各种信息也更为细化翔实。

到了20世纪初，天文学家可以精确地测量出一个恒星的视星等。视星等用来表示恒星在天空中的亮度，也就是人类肉眼所看到的恒星亮度。视星等的大小决定于恒星真实的发光度（恒星发出光的强度）以及离地球的距离。如此远的距离很难测量，但天文学家仍着手对天文距离进行可靠的数学计算。丹麦天文学家埃希纳·赫茨普隆和美国天文学家亨利·罗素（1877～1967年）利用这些测量数据将恒星的亮度与其另一个特征——颜色联系起来。恒星的颜色取决于表面温度和恒星的电磁辐射的范围，即恒星的光谱。

美国天文学家爱德华·皮克林（1846～1919年）在担任哈佛天文台台长期间，观测并绘制了上万颗恒星的光谱。将恒星分类的工作落在了天文学家安妮·坎农（1863～1941年）的身上，依据恒星表面的温度和颜色，坎农将恒星分成7类，每一类用一个英文字母表示，分别为O、B、A、F、G、K、M。其中蓝色热恒星类用"O"表示，红色冷恒星类用"M"表示。太阳是一颗中等冷的恒星，即黄色"G"恒星。

当埃希纳·赫茨普隆还是一名正在接受培训的化学工程师的时候，发现亮的蓝白恒星似乎符合这样的规律：越亮意味着越热，但那些颜色更红、温度更低的恒星可以被分成高亮度和低亮度两组。因为这些恒星的温度是相同的，那么亮度的差异就和恒星的大小有关。赫茨普隆的观点挑战了当时的主导观点：恒星的演化只是从O到M的系列光谱简单的变冷。赫茨普隆将更大的冷恒星叫做"巨星"，因为这类恒星数目要比更小的恒星少，他将这些恒星比喻成"小鱼群中的鲨鱼"。1905年和1907年，他在一本模糊摄影技术期刊上发表了自己的理论，但是没有得到大多数天文学家的认同。

同期，在不了解赫茨普隆的理论的情况下，在普林斯顿大学工作的亨利·罗素得出了与赫茨普隆相似的结论。1913 年,罗素设计了一种恒星光度对应表面温度的图表。后来,罗素很严谨地将之归功于赫茨普隆早期的思想理论。赫罗图的命名就是为了纪念两位天文学家作出的杰出贡献。从赫罗图的发明到现在,科学家们一直利用它研究恒星是如何演化的。

属于爱因斯坦的宇宙

⊙ 阿尔伯特·爱因斯坦最著名的不光是他辉煌的科学理论,还有他的幽默感。上图是他喜形于色地骑着一辆自行车的情形。

早在 20 世纪初,阿尔伯特·爱因斯坦便开始思考宇宙空间和时间的本质属性,以及牛顿的运动定律和万有引力定律之间是如何互相作用和影响的。1902 年,爱因斯坦在瑞士专利局担任初级专利审查员的职务。在认真和仔细地审查每个专利申请的时候,爱因斯坦开始对那些属于不同物理框架的、作为参照物的观察者进行思考。当一个人在移动而另一个人静止的时候,为什么这两个人所看到的效果是一样的呢?

1905 年,爱因斯坦向世人宣布他创立了狭义相对论。依照他的狭义相对论的观点,在假定所有观察者的运动是匀速而且是速度相同的前提下,适用于他们的物理定律是完全相同的。而假如你现在刚刚坐上一辆火车,然后就睡着了,当你醒来的时候,如果往窗外看,那么你将会看到旁边的另一辆火车在缓慢地移动。在那种情况下,你无法判断究竟是自己所乘坐的火车启动了还是另外一辆正在运行。根据狭义相对论的原理,你无法找到证据来证明究竟是你所乘坐的火车在动还是另外一辆在动。

所有的运动现象都是相对而言的。我们不可能通过测算物体运动情况的手段来判断另一辆火车究竟是处于静止状态还是以固定的速度进行运动。实际上,这种狭义相对论使静止的概念失去了原有的意义。按照同样的意思,就任何一个观测者而言,对于光速的测量结果肯定会是一模一样的,而不论观测者本身相对于光源做何种形式的运动。

对于在较短距离范围内做低速运动的物体而言,爱因斯坦的理论得出了与牛顿运动定律同样的预测结果。只有在对处于相当高速(接近光速)的运动状态,而且进行远距离运动的物体进行解释时,这两种理论才会得出不同的预测结果。牛顿的理论将空间和时间这两个问题分开来进行处理,但是却将运动和万有引力统一了起来。爱因斯坦的理论(指狭义相对论)则将三维空间和属于第四维的时间统一在一起。

爱因斯坦的狭义相对论还得出了一个把能量、质量以及光速联系在一起的公式,即 $E = mc2$。在这个公式当中,E 代表能量,其测量单位为焦耳;m 代表质量,单位为千克;c 代表光速,单位为米/秒。根据这一公式,宇宙中所有物质都是一种能量形式,而且所有能量都有质量。

1915 年,爱因斯坦提出了广义相对论。这一新的相对论解决了处于加速状态下的物体的运动情形,并对万有引力作出了新的描述和定义。他对牛顿就万有引力概念的描述提出了质疑,并提出了另一种定义方法,即万有引力可以使时空发生弯曲。这种弯曲现象统治着宇宙空间中所有物体的自然运动。

先将整个时空想象成一个铺在某个框架内的橡胶板,然后在这片橡胶板的中心位置放上一个保龄球,再将时空橡胶板折弯、拉紧再弯曲,使之可以包住整颗保龄球。

再想象一下将一颗高尔夫球在这块塑胶板外的层面上沿一条直线方向滚动的情形。如果滚动的速度足够快,那么这颗球可能会挣脱保龄球对它所存在的吸引作用。如果球速较慢,这颗高尔夫球则一直在这颗保龄球上滚动,当然这是因为受到了其所产生的约束。如果高尔夫球的速度介乎两者之间,则可能会对这个保龄球形成弹弓效应,并以与原有运动线路形成90度角(或者其他介乎其间的角度)的轨道继续运行。就是说,物质使时空弯曲,但是时空决定了物质的运动方式。

爱因斯坦作出了如下的推测:一颗遥远的恒星所发出的光,会在其经过太阳这个庞大球体的时候发生弯曲。天体物理学家亚瑟·斯坦利·爱丁顿爵士决定要证明这一推测。1919年5月,在西非地区发生了一次日全食现象。在太阳逐渐变暗下来的过程中,所有的恒星都进入了人们的视线。爱丁顿将在太阳侧翼附近的所有恒星迅速拍摄下来。接着他对这些图像进行了仔细的观察,并对每颗恒星的位置进行了测量,而所有这些都是为了找到哪怕是一弧秒的位置变化。为了得出有用的结果,爱丁顿需要一张既包括离太阳较近的恒星,也包括离太阳较远的恒星的图像。他的运气非常好:那次日全食所发生的天空区域正好可以看到遥远的毕宿星团。在爱丁顿提起这件事的时候,他说:"那是到那个时候为止所能遇到的最好不过的星域了。"如果不是这样,可能还需要数年的时间才能证明爱因斯坦的推论是正确的。

爱因斯坦的广义相对论恰好能够在他计算水星轨道的细小偏差时派上用场。约翰内斯·开普勒只知道水星的运转轨道是椭圆形的,但是他并没有猜想过天体轨道的轴心也会发生一种轻微到不易察觉的小幅度运动,即"地轴运动"。天文学家早就发现水星的轨道运行速度要比依照牛顿定律所预测的要快一些。

爱因斯坦解决了这个问题,他所使用的方法就是计算出太阳质量对于水星所在区域所产生的曲化结果值,并且计算出水星通过该区域的精确轨道。爱因斯坦发现,水星因为时空弯曲而发生了向前滑动的现象。我们现在知道,其实所有的球体(如金星、地球和小行星伊卡鲁斯等)都会因为在接近太阳时发生时空弯曲而发生向前滑行的现象。爱因斯坦的广义相对论的另外一个推论就是万有引力波(或重力波)。爱因斯坦推断说,以光速发射出来的万有引力在发生作用时是极其微弱的,轻如波浪般的推动。万有引力在时空结构中亦犹如波浪般波动着,它会在物质开始加速、振荡或剧烈颠簸的时候产生一种波纹。作为自然界最为微弱的力量之一,唯一能被探测到的万有引力波就是那些由极度庞大的球体所引发的那种,如巨型中子星、黑洞和超新星等近双子星星系。

⊙ 爱因斯坦与记者

爱因斯坦曾经说:"如果没有特别的问题占据我的思想,我喜欢对我早已熟知的数学和自然定理进行论据重建。这种事情没有终点,只是一个沉迷于职业性思考的机会。"

宇宙是怎样产生的

浩渺无边的宇宙充满了无限神秘。宇宙究竟是怎样产生的呢？这个问题一直萦绕在科学家的脑海中。为了解开宇宙起源的奥秘，科学家们从未曾停止过探索的脚步。

美籍俄国科学家伽莫夫于20世纪中叶提出了"宇宙大爆炸"学说。他为什么会有如此的"奇思异想"呢？这得从1929年说起，美国天文学家哈勃在一次研究中偶然发现，河外星系中的绝大多数星系都会逐渐远离地球所在的银河系。由此可以进一步推断，宇宙正在发生变化，它在逐渐膨胀，宇宙间的各星系彼此之间已越来越远。伽莫夫由此逆向推理，得出这样一个结论：如果时间倒流，那么在某个很早的时间，这些星系有可能是"挤成一团"的状态。然而，这些挤成一团的物质怎么会演变成许多"碎片"呢？最合理的解释就是宇宙曾经发生过大爆炸。

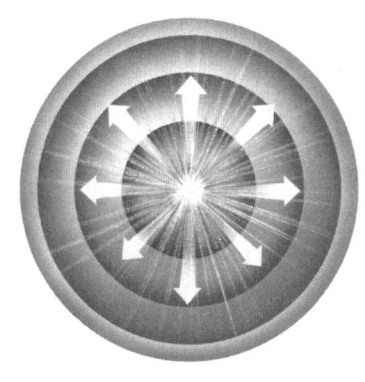

⊙ 随着150亿年前宇宙大爆炸的发生，物质形成了，同时也诞生了时空。

1948年4月，伽莫夫与天体物理学家阿尔弗、贝特共同撰写了一篇关于宇宙起源的文章，并刊登在美国《物理评论》杂志上。文章说，在200亿年前，"我们的宇宙"的空间极其微小，其中所有的物质都紧紧地挤在"宇宙蛋"或"原始火球"内，其温度高逾10^{12}℃。突然有一天，这个"原始火球"发生了大爆炸。一个新的宇宙就从这一刻起开始孕育。在大爆炸后的10^{-43}秒内，宇宙温度有10^{12}℃。这个时候的宇宙中还没有太阳、地球和月亮等天体，只有高能量的粒子，但宇宙这种状态存在的时间连1秒钟都不到。爆炸之后的宇宙，其温度开始骤然下降。当温度下降到大约100亿℃时，宇宙演化就进入了另一个阶段。随着温度的继续降低，开始出现了原子、分子。之后这些原子、分子又演化成气体云。行星、恒星等多种天体都是气体云长期演化的产物。直到51亿年前，太阳系才真正形成了。

伽莫夫的这篇文章一经发表，就极大程度地影响了科学界，成为现代宇宙学中的经典文献之一，并引起了世界性的轰动。所以后来人们就把最初那次爆炸性的宇宙开端称为"大爆炸"。

伽莫夫还预言，宇宙大爆炸后随之而来的反应使宇宙存在一种微波辐射。在这个过程中，辐射的波长逐渐地由短到长，强度也由强变弱，直到变成微波辐射。据专家估计，目前这种辐射的强度相当于5开（开尔文的简称。1开是水的三相点热力学温度的1/273.16）左右的温度。

世界各地的科学家们为了证实伽莫夫的预言，开始在茫茫宇宙中探寻大爆炸的遗迹。射电天文学家们还运用雷达技术

⊙ 宇宙的演化

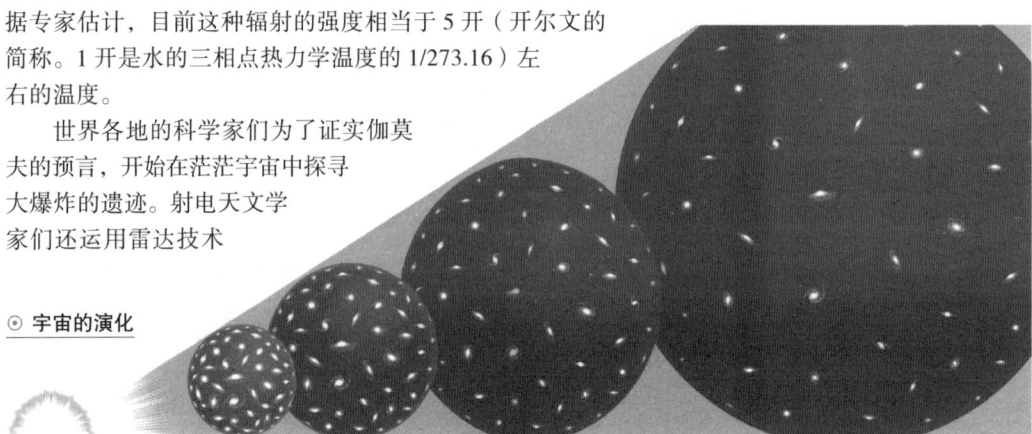

宇宙大收缩消失在单个巨大的黑洞内　　昔日宇宙　　当代的宇宙

探测来自宇宙的这种微波辐射，但是仍没有获得实质性的进展。直到 1965 年，"宇宙大爆炸的余烬"终于被美国的彭齐亚斯和威尔逊这两位工程师发现了。

彭齐亚斯和威尔逊刚开始时是在研究如何改进人造卫星通讯。为了避免干扰卫星通讯的一切因素，特别是无线电噪声源，他们架起了一个喇叭形的高灵敏度的定向接收天线系统。在一一估计了所有噪声源之后，他们意外地发现一个相当于 3.5 开的噪声温度。他们无法消除这种噪声，更难以解释这种噪声的来源。更令他们困惑的是，噪声的变化没有方向性，也没有周期性，它并不随季节交替而变化。这就说明它与太阳毫无关系。两位工程师百思不得其解，把天线拆装了好几遍，却依然能够接收到那种奇怪的噪声。

噪声引起了彭齐亚斯和威尔逊的兴趣。他们反复实验，最后得出一个结论：这种噪声在微波波段，其实际有效温度为 3.5 开。有一点可以肯定，这种噪声绝不是来自人造卫星。正在这时，美国普林斯顿大学的一篇论文引起了彭齐亚斯的注意。文中提到，在我们的太空中充满了早期宇宙大爆炸后的残余辐射，即宇宙背景辐射。这种辐射大约在 3 厘米波长处会产生微波噪声，其温度相当于 10 开。

⊙ 彭齐亚斯（左）、威尔逊（右）和他们用以测量宇宙温度的接收天线

1965 年，美国物理学专家阿诺·彭齐亚斯和罗伯特·威尔逊发现了天空中来自四面八方的弱射电信号。这就是我们讲到的宇宙大爆炸后的残余辐射，即宇宙背景辐射。究其本质，它是随宇宙的膨胀，来自"最后的分离面"的辐射继续冷却消失的热量和光转变成的射电波。

彭齐亚斯看过这篇论文后，立刻与负责该论文研究课题的迪克教授通了电话。迪克马上意识到彭齐亚斯的发现可能正是自己长期以来想要探求的结果。

迪克的研究小组在半年之后使用了更先进的仪器，开始在 3.2 厘米波长段上观测宇宙微波背景辐射，并很快取得了进展。目前，科学家们已成功地测算出宇宙微波背景辐射的实际辐射温度是 2.73 开。大多数科学家们认为，当年宇宙大爆炸的"余烬"就是彭齐亚斯和威尔逊探测到的微波背景辐射。这一极具科学价值的意外发现被天文学界命名为"3 开宇宙微波背景辐射"。"3 开宇宙微波背景辐射"的发现被科学界列为 20 世纪 60 年代天文学的四大发现之一。1978 年，彭齐亚斯和威尔逊这两位工程师也因此而获得了诺贝尔物理学奖。

宇宙为什么在不断地膨胀

中国古代有盘古开天的神话故事，古代西方国家有上帝创造世界的传说，这些都是人们关于宇宙诞生的想象。在科学界，科学家们把观测所及的宇宙称为"我们的宇宙"。科学家们通过观测发现了一个惊人的情况：我们的宇宙正在不断地膨胀。

美国天文学家斯莱弗早在 1912～1917 年期间用口径 60 厘米的望远镜在洛韦尔天文台观测天体时，就出乎意料地发现，除了仙女座大星云和另一个星系正奔向我们之外，在他研究的 15 个星系中有 13 个星系都在离开我们，因为这 13 个星系的光谱中都发现了红移。这些星系退行的速度平均每秒达 600 多千米。

知 识 档 案

哈勃定律

1929 年，美国天文学家哈勃发现，河外星系的视向退行速度 V 与距离 D 成正比。也就是说，星系与我们的距离越远，它的退行速度越大。这个速度－距离关系被称为哈勃定律，也即哈勃效应。

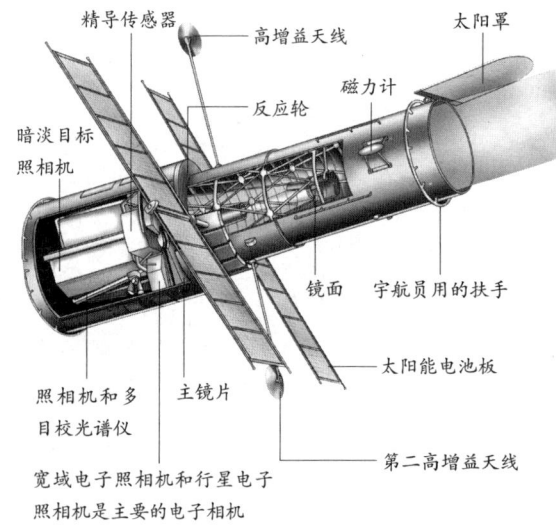

◉ 1990年发射的哈勃太空望远镜是目前太空中最高程望远镜。

哈勃在几年后用2.5米口径的望远镜观测天体,证明了许多星云属于银河系以外的天体系统。在这之后,哈勃在1929年又发现了"哈勃定律",这一定律的提出震惊了世界,并迅速为世人所熟知。

作为验证宇宙膨胀工作的开始阶段,"哈勃定律"所涉及的星系的数目、视向速度和距离都很有限,还必须做更多的观测工作来进一步核实"哈勃定律"。哈勃与他的同事哈马逊密切合作,开始了研究观测工作。哈勃和哈马逊于1931年联名发表了一篇文章,这篇文章扩充了观测资料,并进一步肯定了"哈勃定律"。

对于"哈勃定律"的含义以及星系都在退行的问题,人们一直都迷惑不解。星系愈远退行速度愈快,这一奇怪现象也让科学家们难以理解。宇宙学家们回顾了历史,并对自爱因斯坦相对论问世以来的这段时期进行了认真分析,终于找到了问题的答案。

人们注意到,荷兰天文学家德西特早在1917年就证明了一项由爱因斯坦在1915年发表的广义相对论得出的推论,即宇宙的某种基本结构可能正在膨胀,其膨胀速率恒定。

在弗里德曼宇宙模型的基础上,比利时天体物理学家勒梅特对哈勃观测到的河外星系红移作了解释,认为红移是宇宙爆炸的结果,因而得出了宇宙膨胀的结论。勒梅特对宇宙膨胀进行了详细的研究,认为膨胀总是从一个特殊的端点开始的。于是,他进一步提出宇宙起源的设想,认为宇宙起源于一个"原初原子",后来人们常常称其为"宇宙蛋"。由于这个宇宙蛋很不稳定,结果在一场大爆炸中,宇宙蛋碎裂成无数碎片,逐渐演变成为千千万万个星系。在最初这场宇宙大爆炸发生200多亿年后,就留下了现在的星系退行现象。

那时,勒梅特的这种宇宙膨胀理论还没有经观测证实,科学家们都非常吃惊和怀疑,并对他的理论不屑一顾。后来,英国著名的天文学家爱丁顿提请科学家们注意勒梅特的宇宙膨胀理论,并为此专门写了一篇文章。直到这时,人们才开始关注勒梅特的理论。

1930年,根据勒梅特的"宇宙蛋"理论,爱丁顿开始对河外星系普遍退行进行解释。他认为星系的退行是由于宇宙的膨胀效应,而"哈勃定律"的发现恰好揭示了宇宙正在膨胀,为人们理解宇宙膨胀效应提供了理论基础。

宇宙膨胀现象的发现可以帮助我们弄清许多问题,比如"夜晚天空为什么是黑的"。我们的宇宙和它所有的恒星星系等都是有限的,由于这些有限的天体距离地球十分遥远,它们发出的光线十分微弱,所以夜晚的天空是黑的。简单地说,夜黑是宇宙膨胀造成的结果。

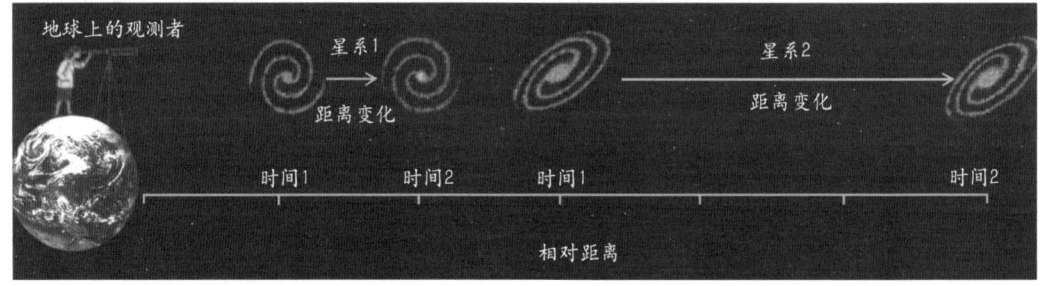

◉ 哈勃定律:星系越远,它逃逸得越快。

什么是黑洞

长久以来,人们对宇宙中是否存在"黑洞"进行了多方面的研究和探索,猜想"黑洞"是一种引力巨大的物质,具有吞噬一切的力量。最早进行这方面研究的是法国天文学家普拉斯,他于1796年曾推测:宇宙中存在着一个密度如地球大小而直径为太阳的250倍的发光恒星,它能产生巨大的引力,将任何光线吸入其中。这就证实了爱因斯坦创立的广义相对论的预言,即大质量的恒星演化的结果将是一类十分特殊只吸收而不辐射的黑体。后来,德国天文学家史瓦西在求解广义相对论中引力场方程时提出,在宇宙中存在着一种不旋转、不带电、球对称的黑暗天体。其实,这两位科学家所说的黑暗天体指的就是"黑洞"。

"黑洞",又称"坟星",是天文学名词。按照现代恒星演化理论,当一颗大质量的恒星在核燃烧的燃料耗尽时,逐渐转入收缩(超新星爆发之后恒星就会急剧坍缩),当恒星迅速坍缩时,物体快速向中心坠落。随着星体坍缩,星体本身的引力会变得越来越强。据测算,从1.5倍引力半径开始坍缩算起,星体百分之一秒后就完全消失了,最终变成一个连光线也无法逃逸的黑洞。这是因为它那极其强大的引力场所致。不仅如此,黑洞强大的引力场能使其内部一切物质坍缩,迅速趋向于一种稳定状态,这在科学界被戏称为"黑洞无毛定理"。正因如此,人们将它戏称为宇宙中"最自私"的天体。

天文学家经过研究,认为宇宙中的黑洞具有不同的质量和大小。如果从半径70万千米的太阳表面发射一艘宇宙飞船,它要想彻底"逃离"太阳的引力,其发射的初速至少要达到每秒618千米。如果太阳不断地收缩,它的物质密度会随之变得越来越大,其半径则不断变小。这时,太阳表面有越来越强的引力场,其逃逸速度也必须变得越来越快。倘若太阳缩成一个半径仅为3千米的球体,随着引力强度增大,其逃逸速度就会达到甚至超过每秒30万千米的光速。这样,太阳也就变成了一个黑洞,连光也无法从其中逃离。

此外,"黑洞"还有一个基本特征,那就是它具有一个封闭的"视界"。外界的物质和辐射可以进入视界,而这些物质和辐射一旦进入视界,就再也无法跑出来。英国剑桥大学的著名物理学家霍金提出:黑洞在形成之初,其视界的形状既不稳定,又无规则,零点几秒过后,视界就成为一种恒定不变的规则形状。如果黑洞是不旋转的球对称形,则视面为球面;若是旋转轴对称形,则视面的两极较扁,形似地球,黑洞的角动量和质量决定其扁的程度。科学家指出,角动量、质量和电荷这三个量可用来描述"黑洞"的所有性质。

虽然科学家们无法直接观测到黑洞,但他们根据自己对"黑洞"的理论分析,都可以通过其附近天体的运动变化,推测前者是否有存在的可能。另外,当物质在接近而尚未抵达黑洞的视界时,它们会形似喇叭状或盘状,在黑洞外围高速旋转,并因摩擦而产生高温,会有强大的高能X射线从其中释放出来。所以,人类可以通过探测X射线来获得黑洞存在的重要线索。在一次探测实验中,有一种奇特的强X射线源被天文学家在天鹅座附近发现,后来这种射线源被命名为"天鹅X-1射线源"。一颗大小是太阳20倍的亮星与之彼此围绕着

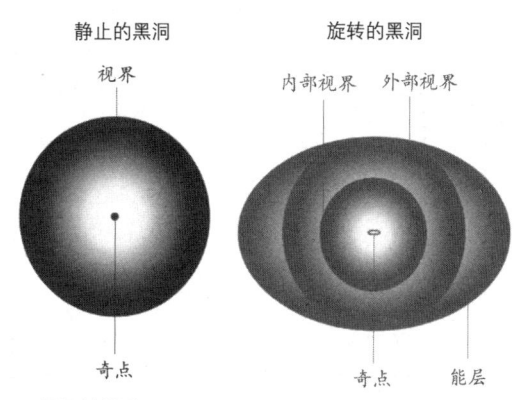

◎ 黑洞的构造

所有的黑洞基本结构相同,中心的奇点部分被一个不可见的边界围着,我们称它为"视界",没有东西可以从里面逃出来。视界的尺码叫史瓦西半径,它的名字得自于一个认识到它重要性的物理学家。旋转的黑洞就更复杂了。

旋转,所以由此可估计这个黑洞的质量要比太阳大8倍。另外,一个名叫M87的椭圆星系也被科学家观测到,其附近很有可能有一个更加巨大的黑洞,质量大约是太阳的90亿倍。"黑洞"很有可能存在于宇宙中的关键天体,这种观点得到了许多天文学家的认同。一些天文学家推断,在我们的银河系中存在一个质量相当于500万个太阳质量的巨大"黑洞",引力足以吸引成千上万颗恒星,这些在银河系周围飞速旋转的恒星和气体,形成一个庞大的整体,从而构成了浩瀚无边的银河系。

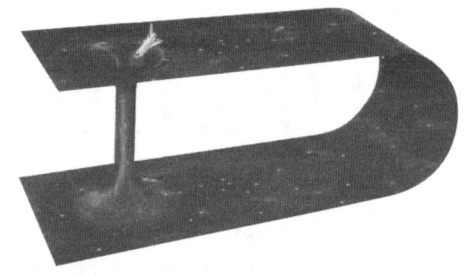
◉ 科学家理论设想中的时空隧道——蠕虫洞

因此弄清宇宙的结构、天体的起源等一系列大问题,对深入研究"黑洞"非常有必要。

虽然神秘莫测的"黑洞"至今仍然是一个难解之谜,但是,随着科学技术的进步,人类终将在不久的将来解开这一宇宙之谜。

银河系的结构是什么样的

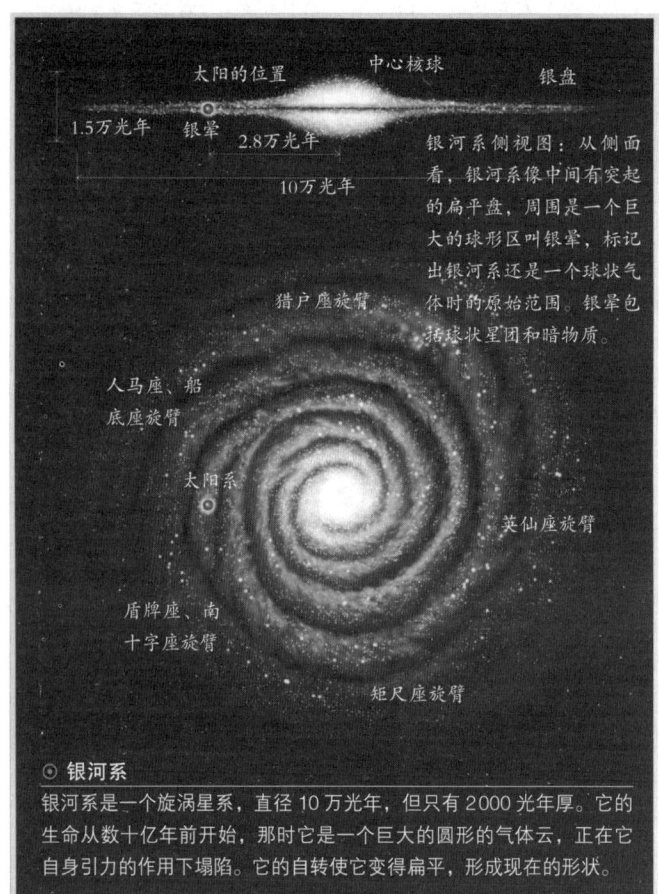

◉ 银河系

银河系是一个旋涡星系,直径10万光年,但只有2000光年厚。它的生命从数十亿年前开始,那时它是一个巨大的圆形的气体云,正在它自身引力的作用下塌陷。它的自转使它变得扁平,形成现在的形状。

自银河系被赫歇耳发现之后,人们一直没有停止过对银河系的探索,至今已把银河系的空间范围扩大了约10倍。不过,在赫歇耳之后一个多世纪的时间里,人们对银河系结构、轮廓的研究并没有取得太大的进展。直到1914年,在美国威尔逊天文台工作的天文学家沙普利才在这方面取得了重大的突破。

当时威尔逊天文台有世界上最大的反射式天文望远镜,即"胡克望远镜",其口径为2.54米。沙普利用它探寻球状星团,并且以一种被称为"造父变星"的脉动变星作为研究对象。

沙普利先后对大约100个球状星团进行了观测。他的统计显示,人马座以内有1/3球状星团;以人马座为中心的半个天球分布了90%以上的球状星团。沙普利根据这一结果推测,在银河系内,球状星团与恒星一样对称分布。但如果太阳是银河系的中心,那

知识档案

小问答：银河有多大？

太空广阔无垠，不可想象。天文学家一般用光速来计算距离。在真空空间中，光速为3.0×10^5千米/秒。也就是说，阳光要8分钟才能穿过1.5×10^8千米的空间而抵达地球表面。

在天文学上，这样的距离实在是微不足道。天文学家以光年为单位来计算太空距离。光年也就是光在一年内所走的距离，大约为9.46×10^{12}千米。用这个单位来计算，银河系中最接近太阳的恒星与太阳之间的距离为4.22光年，整个银河系的直径大约为10万光年。此外，在银河以外的空间里，还有数不尽的其他星系在宇宙中运行。

◉ 沙普利

么，地球上人们看到的天空中的球状星团就应该是对称分布，可是观测结果并不与之一致。沙普利猜想可能存在另一种可能，即太阳实际上处于远离银河系中心的地方，这样，地球上人们看到的球状星团才呈现出不对称分布的现象。

沙普利依据上述想法，大胆地把太阳放在偏离银河系中心的地方，那么由球状星团组成的天体系统的中心就是银河系的中心，此中心距太阳约15 000秒差距（1秒差距等于3.26光年），位于人马座方向。

沙普利利用周光关系推测，距离太阳较近的球状星团为12 000秒差距，由它组成的天体系统范围实际上就是银河系的范围，而著名的武仙座球状星团距太阳为30 000秒差距。随后50多年的天文观测大体上印证了沙普利的银河系模型的正确性。

恒星的光度和亮度

在19世纪早期的时候，天文学家们都将目光聚焦于太阳系，对太阳系的所有恒星都进行了观测并予以分类汇编，一直从事前辈早就开始的研究工作。恒星爆炸分别于1572年和1604年被第谷和开普勒观测到。当时，这两位天文学家就提出恒星是一些会发生变化的星体的猜想，但是数个世纪以来，天文学家对恒星仍然知之甚少。

1814年，住在慕尼黑的一名光学仪器制造者约瑟夫·冯·弗劳恩霍夫发明了第一部简单的分光镜。这种分光镜设备可以将光分离出来。太阳光先是进入分光镜狭小的切口，然后穿过一个棱镜，而这个棱镜则把阳光折射成一个有着近600条较暗光线的太阳光谱。弗劳恩霍夫的这个发明引起了物理学家、化学家以及天文学家的广泛关注。

1859年，德国物理学家古斯塔夫·基尔霍夫和他的化学家同事罗伯特·本生发现，每一种暗线都与特定的化学元素相对应。于是，他们确定了这些暗线所对应的各种金属种类，并在此过程中发现了两种新的化学元素：铯和铷。这两种金属的英文名称实际上都来自拉丁文，分别为蓝灰色和蓝红色的意思。

在接下来的实验中，基尔霍夫开始知道暗线的产生原理。在他将太阳的光谱穿越黄色钠焰的时候，本以为高亮的火焰会将太阳光谱中的暗钠线突显出来，然而事实正好相反，暗钠线反而变得更加暗淡了。于是，基尔霍夫做出了如下的推断：太阳的大气层（如钠焰一般）中含有被太阳光线的黄色波段所吸收的钠蒸气。

基尔霍夫关于光线吸收的理论，需要太阳表面存在着一层炽热的大气层。试验结果已经显示，白热物体或熔化中的金属会持续产生一种被称为"谱斑"的明亮斑片。随着时间的推移,物理学家在试验中发现,高压下的炽热气体也会产生一种持续性的光谱。

随着天文学家将越来越丰富的天文观测设备都指向太阳,人们对于所知恒星的本质问题也产生了越来越多的疑问。在一次日全食的过程中,很多人都惊呆了,因为他们发现了在黯淡的月面外环周围有一个明亮的、白色的、薄如丝线的冠状物。与此同时,巨型天文设备也探测到了日珥。日珥是在离太阳侧翼较远处由气体喷发而产生的如羽毛般的、明亮的突出物。这些特征(指日珥和前述月亮周围的冠状物)是否属于太阳或月亮大气层

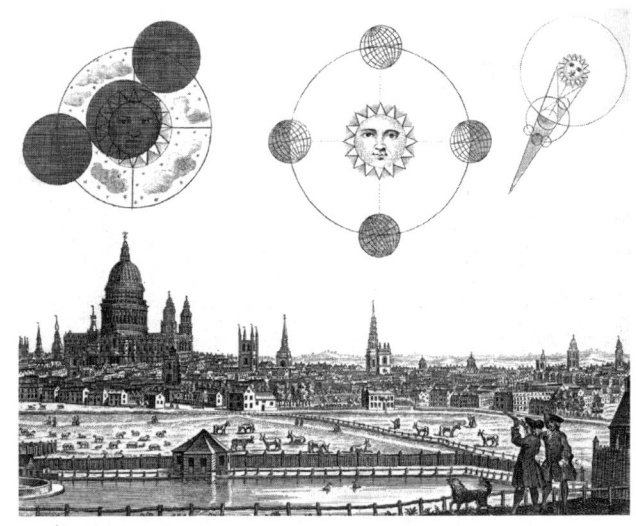
⊙ **日食过程图解**
当时的阐释图解释了1748年出现在伦敦上空的日全食的整个过程。

的一部分呢?通过分光镜的进一步观测以及物理学的最新成果,人们逐渐找到了答案。实际上,它们是发生在太阳不同表层的物理过程所造成的。

1866年,英国的业余天文爱好者约瑟夫·诺曼·洛基尔发现了一个可以仔细观测太阳的简单方法。他将太阳的远视图像投射到位于分光镜前面、有一个狭小的切口面(可以移动)的屏幕上。这样一来,太阳的不同部位所发出的光线就会穿过这里。此时,他观察到太阳黑子的光谱线强度要比黑子外区域的光谱线强度弱一些。根据此变化,洛基尔得出了太阳黑子发生区域是温度相对较低地区的结论。

他还扫视了太阳侧翼的日珥部分。洛基尔得出的理论是:这些外观明显的红色火焰实际上是炽热的气体形式,它们可以发出属于不同光谱范围的明亮光线。在一次对天体进行观测的时候,他找到了自己一直苦苦寻找的东西。他回忆道:"我看到了一道明亮的光线闪过那个地方。"他对这条光线的各种特征进行了分析,从而做出了如下的推断:日珥基本上是由氢气组成的。

1868年8月,法国天文学家皮埃尔·朱尔斯·恺撒在一次日食中发现了属于太阳光谱的一道亮黄色光线。两个月之后,洛基尔也探测到了这道光线。因为以前从来没有人发现过这种形式的光线,所以洛基尔推定其必然是由一种尚未被发现或确认过的地球元素发射的。英国化学家爱德华·弗兰克兰德后来将这一新的元素命名为氦气——这种气体以太阳神赫利俄斯的名字命名。

在19世纪的后半期,许多新的天文台得以建立,许多新的摄影技术在天文学中被广泛应用。月球的第一张照片是当时银板照相技术的作品,它是1840年由英国天文学家约翰·威廉·德雷珀亲手拍下的。他的儿子、美国天文学家亨利·德雷珀于1872年拍下了位于天琴座中光亮夺目的恒星,即织女星的光谱图。随着越来越多的恒星光谱的收集,科学家们开始拼凑出一张有关不同门类恒星的一般结构和温度统计的宏观布局图。在意大利天文学家皮埃特罗·安杰洛·塞奇的研究成果的基础上,

⊙ 图为位于美国加利福尼亚州洛杉矶市好莱坞山的葛瑞菲斯天文台,以及纪念世界历史上伟大天文学家的纪念碑。

德雷珀发明了一种可以将恒星光谱分成 16 个种类的系统统计方法。1882 年,德雷珀英年早逝,他的遗孀在哈佛大学天文台成立了专门基金以继续完成其未完成的研究事业。当时哈佛大学天文台的台长爱德华·查尔斯·皮克林开始借助分光镜对整个太空进行大扫查。皮克林还雇用了很多助手来帮助进行这项研究工程,在这些助手中,多数都是女性。虽然报酬不是很高,但是她们却要分析数以千计的恒星和恒星光谱的摄影图像,还要通过复杂的数学计算来确定每一颗恒星的准确位置和结构。

在皮克林台长去世之后,一位名叫安妮·詹普·坎农的女助手继续留下来检查这些含有恒星光谱的照相板。她的工作是先分析光谱图,然后把这颗恒星的分类告诉另一位专门负责记录的助手。她的工作速度快得出人意料,而且还很少出错——她可以在 1 分钟之内完成 3 颗恒星的分类工作。在 1915 ~ 1924 年间,坎农一直负责着"亨利·德雷珀星表"的项目。她对总数大约为 225 300 颗恒星的光谱进行了汇编和分类。她的分类法(即"O,B,A,F,G,K,M"分类法)令人感到振奋和鼓舞。这种分类法至今仍然被天文学学生所使用。它来自于让人过目不忘的"Oh, Be A Fine Girl/Guy, Kiss Me!"(哦,亲爱的姑娘 / 小伙,亲我一下吧!)的首字母缩写。

到 1910 年,坎农的分类法得到了广泛接受和应用。天文学家也开始思考恒星的固有亮度与其所述光谱类型的关联性。1911 年,天文学家埃希纳·赫茨普龙和汉斯·路兹伯格开始用图形方式表示出金牛座中昂宿星团和毕宿星团的恒星成员之间的关系。普林斯顿天文学家亨利·诺利斯·罗素在不久之后也进行了相同的研究工作。

这些天文学家的共同成果便是赫罗图的诞生。赫罗图展示了恒星光谱类型(该恒星温度的标志)与恒星亮度(发光度)之间的相互关系。

发光度被列在赫罗图的垂直轴上,温度则被列在水平轴上。位于赫罗图左上方的恒星属于炽热的、初期的、巨型蓝星,而在右上方的则是即将寿终正寝的、温度低一些的巨型红星或超巨型红星。位于左下方的恒星属于白矮星;在赫罗图正中央,从左上方一直到右下方,全部都是主序星,大约 90% 的恒星都处于这个地带。

但是,天文学家对恒星如何发光的问题仍然知之甚少。1917 年,爱丁顿开始研究一种关于恒星能量产生和转化的理论。凭借着在天文学、物理学和数学领域非常深厚的知识背景,以及对原子物理学和狭义相对论理论的先知先觉,爱丁顿有足够的能力来证明热能是通过源自恒星的辐射来传递的。此外,他还进行了如下的推论:在恒星内部达到非常高的温度时,电子会从它们所属的核身边逃离,由此形成所谓的离子。

最终,爱丁顿悟出了恒星质量和恒星发光度之间的关系。他认为,恒星的质量完全按照爱因斯坦的公式即 $E=mc^2$ 被转换成能量。他将自己的研究成果加以概括和总结,并于 1926 年写成《恒星的内在结构》一书。爱丁顿认为,虽然恒星将氢气转换成氦气,但是当时的亚原子物理学理论尚未能够对这一转化机制给出一个令人满意的解答。

一直到 1939 年底,也就是汉斯·亚布勒希特·贝特公开发表了他的论文《恒星的能量生产》的时候,科学家们才知道了恒星能量的源泉。贝特认为,98% 以上的太阳能量都是来自氢气转换成氦气的反应过程。他的这个观点是正确无误的:在每 1 秒钟之内,太阳都要把 7 亿吨氢气转化为 6.95 亿吨氦气,余下的 500 万吨物质(约为尼亚加拉大瀑布 1 秒钟倾泻的水流质量的 600 倍)全部转化成纯能量的形式。

⊙ 安妮·詹普·坎农专门负责 30 万张照相板的编纂工作。她通过这些照相板对大概 225300 颗恒星的光谱进行了详细的分类。

恒星的运动和特点

在很长的一段时间内人们认为恒星是不动的。所以,千百年来,我们仍能辨认出它们的星座图形。

但是,据现代学者考证,中国早在公元8世纪初的张遂就对天文学很有研究,他把自己测量的恒星位置与汉代星图比较,发现恒星有位移。著名英国天文学家哈雷在1000年后,比较古代记载的恒星位置时,发现恒星的位置有明显的变化。哈雷在1717年用自己观测到的南天星表,对比1000多年前的托勒密星表,得出结论:恒星是在移动的。

观测表明,恒星是运动的。科学家们进一步证实所有的恒星都在运动。它们有的向东,有的向西,有的远离太阳,有的接近太阳。恒星的空间运动速度分2个分量:视向速度Vr和切向速度Vt。前者在人们视线方向,后者在与视线方向垂直的方向。恒星在切面方向的运动表现为在天球上位移,就是所谓的自转。

◉ 由无数恒星构成的星系

恒星本身、恒星相互之间都处在永不停息的运动之中,构成了我们目前所认识的宇宙。实际上,宇宙中的绝大部分天体都是恒星。

奥地利物理学家多普勒在1842年提出了"多普勒效应"。主要内容是,当声源和听者间发生相对运动时,声音会随着运动方向的不同发生变化,声源接近时声音的频率会变高,声音就变尖了;远离时声音的频率减小,声音就变钝。

天文学家根据物理学中的多普勒效应来判定恒星的运动。1848年,法国物理学家菲佐根据多普勒效应提出了移动光源的光谱特性:光谱线向红端移动,简称"红移",代表光源在远离;而光谱线向紫端移动简称"紫移",代表光源在靠近。20年后,天文学家运用先进的测量仪器发现,许多恒星的同一条谱线的位置并不相同,是因为它们在运动。

英国天文学家哈金斯1868年首先测出天狼星在远离我们。美国天文学家基勒在1890年测出大角星在接近我们时的速度是6千米/秒,现在更正为5千米/秒。通过观测恒星的自转可以求得恒星的切向速度。

太阳是颗普通的恒星,体积中等大小,愈靠近中心温度愈高。表面温度约6000开,到了日核处,温度则在1500万~2000万开以上。我们能观测到的90%的恒星都和太阳差不多,我们将这类恒星称为"主序星"。

英国天文学家威廉·赫歇耳在1783年对当时几颗有自转的恒星运动进行测定时,发现它们有一致的倾向。他认为这是太阳在空间运动的表现,并指出太阳的运动有目标性,目标是武仙座。天文学家进行大量的观

知识档案

公元前130年 尼西亚的喜帕恰斯发明了用星等来衡量恒星亮度的方法。

1718年 埃德蒙·哈雷注意到公元前129年喜帕恰斯所记录的恒星发生了迁移,从而发现了恒星的固有运动性。

1814年 夫琅和费用分光镜对太阳光分析后发现,太阳的光谱被许多条暗条吸收线穿过。

1868年 哈金斯利用多普勒效应发现了天狼星以47千米/秒的速度远离太阳。

测后，指出太阳运动的目标是在天琴座，而天琴座在武仙座旁边。在赫歇耳当年确定的位置的附近，太阳运动速度约为 20 千米 / 秒。

我们所说的恒星的温度是指恒星的表面温度。恒星的温度各不相同，尽管大部分的恒星和太阳差不多。有的高达几万度，有的表面温度只有 2500 开左右。质量比太阳小的恒星表面温度要比太阳小，质量比太阳大的恒星表面温度要比太阳高，可达 10000～20000 开。最高的恒星的表面温度可以达到 80000 开。

在恒星的世界中，恒星一般是成双成对出现的，很少有像太阳这样单个的恒星。把天文望远镜对准星空，可看到许多彼此靠得很近的恒星，这就是双星。有的恒星之间还存在吸引力，经过仔细观察，在双星中，可看出有的恒星在围绕另一颗恒星运行，故称为"物理双星"。还有一种光学双星，看上去很靠近，其实相距遥远。

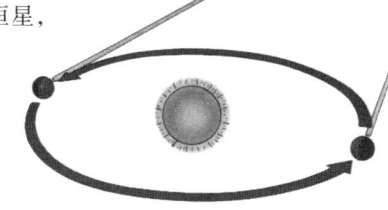

⊙ 地球绕太阳运动时，一颗恒星看上去就会在遥远的恒星背景上发生微小的移动，这产生了视差角，视角差可用以测算恒星与地球之间的距离。

双星的质量通过观测和研究，可以很容易推算出来，单个恒星的质量却很不容易求出。根据双星的运动情况，利用牛顿万有引力定律、开普勒定律可以求出双星的质量，然后通过对比的方法估算出单个恒星的质量。

通常把三四颗以上直到一二十颗星聚集在一起的叫做聚星。原来我们一直认为半人马座 a 星离我们很近，后来发现它是三合星，比邻星是其中距离地球最近的一颗恒星。

恒星在太空的分布除了单个恒星、各种双星和聚星外，还有一种奇特的现象，就是它们喜欢"群居"。星团就是许多聚集在一起的恒星集团。

太阳的结构

太阳是地球上一切生物的能量源泉。它是一颗炽热的发光的恒星，由于太耀眼了，根本无法用肉眼观测其庐山真面目。随着先进的观测仪器的问世，人们才开始慢慢地认识太阳。

太阳被分为几个层次来研究。从太阳中心向外依次为日核、辐射层、对流层和太阳大气。太阳大气包括光球、色球和日冕 3 部分，太阳半径的 15% 是由日核构成的，是热核反应区。热核反应发生时，释放出巨大能量的主要形式是氢聚变成氦。日核部分的物质密度是 1.6×10^5 千克 / 米^3，中心压力达 3300 亿大气压，温度也很高，达 1500 万～2000 万开。

日核外面就是辐射层，从 0.15 个太阳半径到 0.86 个太阳半径都是辐射层。这里的温度和密度已急剧下降。密度为 18 千克 / 米^3，温度为 70 万开。辐射层最先接收到日核传来的能量，通过吸收和再辐射来自日核的能量极高的光子而实现能量传递，每进行一次吸收和再辐射，

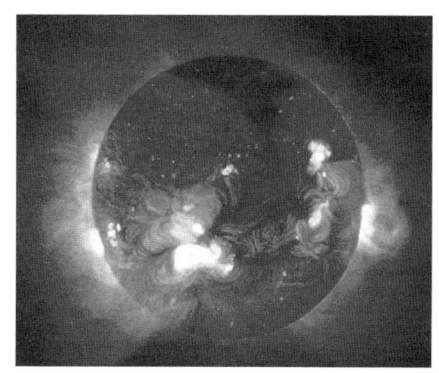

⊙ 高倍太空望远镜下拍摄到的太阳

高能光子的波长会变长,频率降低,这种再吸收、再辐射的过程反复地进行多次,逐渐将高能光子变为可见光和其他形式的辐射,经过对流层后,再向太阳的表面传播。

对流层厚度约14万千米,其起点在距离太阳中心0.86个太阳半径处。这里的物质内部的温度、压力和密度的梯度特别大,处于对流状态。对流运动的特性是非均匀性,这样会产生噪音,机械能就是这样通过对流层上面的光球层传输到太阳的外层大气的。

光球是人们平时看到的光彩夺目的太阳表面,厚度约500千米。光球层温度约6000℃。光球面上有黑暗斑点,这是太阳黑子,它的温度约4500℃,是日面上温度较低的区域,由于温度相对较低,看上去会比较暗。通过观察日面上的黑子的位置变化,可知太阳平均自转周期是27天。

英国天文爱好者卡林顿在从1853年起的8年间通过观察记录日面黑子数目的变化发现,太阳各不同纬度日面旋转周期各不相同,并不像人们想象中那样整块运动。观测表明,太阳平均自转周期是27天,自转速度最快的是太阳赤道附近。

通过对太阳黑子数的长期观测和计数,我们可以知道,太阳黑子有一定的周期规律性,其平均周期约为11年。德国业余天文学家、药剂师施瓦贝是最早发现太阳黑子周期的人,他连续15年对太阳黑子进行观察和记录,获得了这一重要的科学发现。现在,人们把黑子出现少的期间称为"太阳活动谷年",把黑子大量出现的期间称为"太阳活动峰年"。

从1755年开始的那个11年黑子周被现代国际天文界看作是第一个太阳黑子周,人们还规定往后依次排列序号。

除了光球以外,太阳表层还有色球层和月亮。通过专门的仪器,可以清晰地看到太阳的色球层,这是一圈环绕太阳光球的厚度为2000千米的红色大气。观测表明,常有巨大的太阳火舌在日轮边缘升起,这就是日珥。在太空,宇宙飞船拍摄到了巨大的高达40多万千米的日珥。

我们经常看到一些暗黑的长条出现

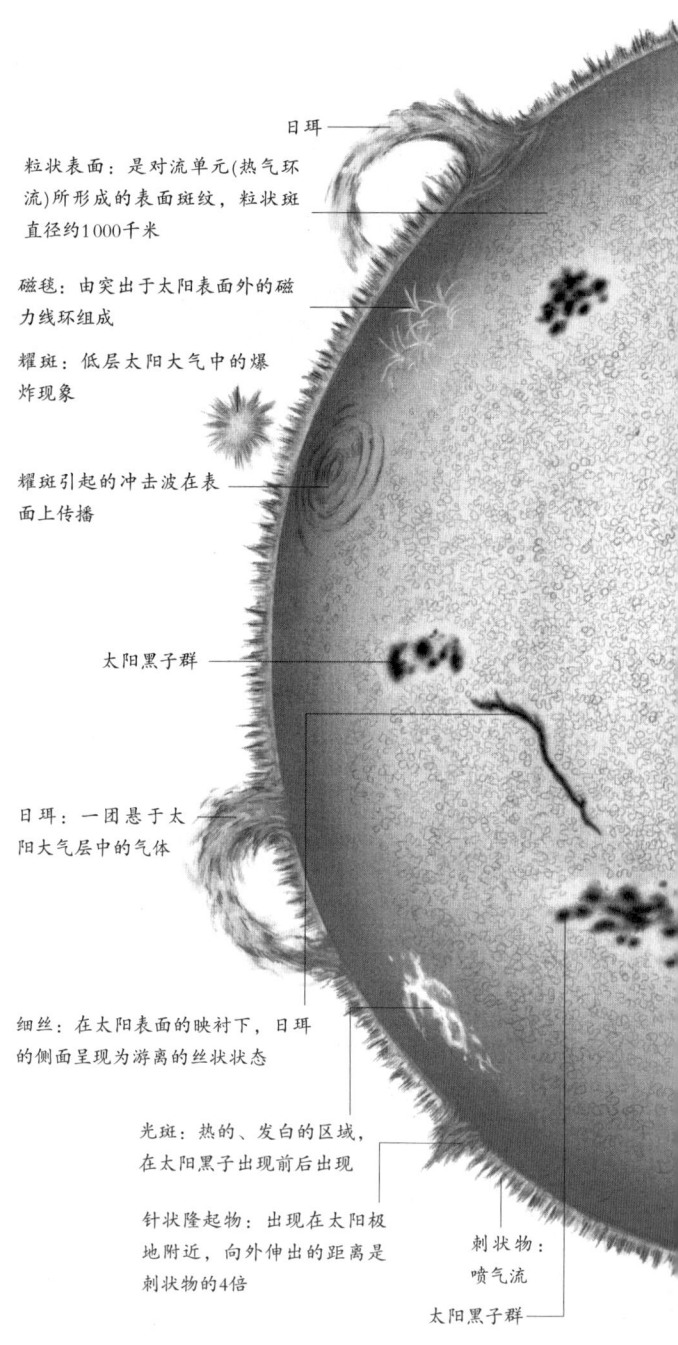

日珥

粒状表面:是对流单元(热气环流)所形成的表面斑纹,粒状斑直径约1000千米

磁毯:由突出于太阳表面外的磁力线环组成

耀斑:低层太阳大气中的爆炸现象

耀斑引起的冲击波在表面上传播

太阳黑子群

日珥:一团悬于太阳大气层中的气体

细丝:在太阳表面的映衬下,日珥的侧面呈现为游离的丝状状态

光斑:热的、发白的区域,在太阳黑子出现前后出现

针状隆起物:出现在太阳极地附近,向外伸出的距离是刺状物的4倍

刺状物:喷气流

太阳黑子群

⊙ 太阳的表面是厚达500千米的热气沸腾的"海洋",而不像地球那样坚固。太阳中心核反应释放出的能量,经过几千年缓慢而费力的旅途,最后突破光球层,发出耀眼的光芒。在光球层上,气体开始变得透明,使光线可以射向宇宙空间。

在太阳单色光照片上,这是日珥在日面上的投影,称为"暗条"。此外,色球上更多、更普遍的被称为"针状物"的许多细小的"火舌",其高度在 6000～17000 千米之间,宽度约几百千米,景色非常壮观,被喻为"燃烧的草原"。

色球层中有时会出现"太阳耀斑",这是一种突然增亮的太阳爆发现象。耀斑是迄今为止我们发现的太阳上最剧烈的爆发现象,强烈影响到日地空间环境。

日冕是日轮周围的青白色光区,它是太阳大气的最外层。日冕的温度非常高,甚至高达 100～200 万摄氏度,因此有许多不断地向外膨胀的日冕气体,它们会产生连续微粒辐射。这种沿太阳磁力线的粒子流被称为"太阳风"。

太阳系中最大的行星——木星

太阳系里有 8 颗大行星,其中木星的体积是最大的,被称为"行星巨人"。

木星的直径是地球的 11.2 倍,达 14.38 万千米,这样算起来,它的体积是地球的 1300 倍以上。此外,它所含物质的量也是所有行星中最大的,相当于 300 多个地球。其余 7 大行星质量的总和,还不到木星质量的一半。正因为如此,木星的英文为"Jupiter",传说 Jupiter 是罗马神话中最大的神。

木星上的大气绝大部分是氢,然后是氦、氨和甲烷,而地球主要的大气成分是氮和氧。

美国在 20 世纪 70 年代先后发射了 4 艘宇宙飞船探测木星、土星等大行星,成绩斐然。飞船的探测结果告诉我们,木星的大气层下是一片沸腾着的海洋,海洋里充斥着液态氢。氢在高温和高压下成为液体,像水一样地流动,而且具有金属的某些特征。

像地球一样,木星也在不停地自转,它的自转周期在赤道上是 9 小时 50 分 30 秒。它的表面呈液体状,而不是像地球那样是固态的,故星体在快速自转时,呈扁圆形。木星的公转周期为 12 年。意大利天文学家卡西尼早在 1665 年就发现木星上有一块椭圆状大红斑,而且非常惹人注意。到现在为止大红斑一直存在了 300 多年,只是大小、形状和颜色等略有变化。用望远镜看木星,只见其表面呈

⊙ **太阳系八大行星比较图**

从这幅图中我们可以看出木星的个头明显要比其他 7 大行星大得多。

注:各行星下面的数字分别表示行星的直径(假设地球直径=1)及它包括的卫星个数。

现为一条条平行于赤道的明暗相间的云带。

意大利科学家伽利略早在1610年初就惊奇地发现,有4颗卫星在长达十几天的时间里徘徊在木星附近。现在,这4颗卫星被称为"伽利略卫星"。后来对木星的卫星、大红斑照片进行观察发现,木星上还有一些小红斑。现在科学家们已证实大红斑实际上是木星上空的一个大气旋,长约2万多千米,宽约1万多千米。

后来,"旅行者号"飞船又发现了3颗小卫星。现在我们已经知道木星有16颗小卫星,它们与木星好像构成了一个小小的"太阳系"。其中,最大的卫星是木卫3,其直径达5150千米。许多木卫(即木星的卫星)上有环形山,但是地势非常凹凸不平。有的卫星表面还有一层冰冻层。

飞船还探测到木星存在一个比较小而且暗的光环,不太壮观。科学家研究后认为,它主要由反射阳光能力很差的黑色石块组成,其直径从数十米到数百米不等。探测表明,木卫1上有数百个火山口。飞船还拍到了一张木卫1上火山在喷发的照片。

"伽利略号"宇宙飞船自1995年以来,一直绕木星飞行。它发现,木卫1和木卫3具有磁场。据推断,可能有金属内核存在于木卫1和木卫3上。

美国的"旅行者2号"曾在木卫1上发现了一座火山,"伽利略号"发现其周围4万平方千米范围内,都覆盖了新的火山堆积物,还有蓝色的喷烟在它的上空。新发现表明,存在于木卫1上的二氧化硫气体伴随着喷烟上升,气体冷却、凝聚,形成雪。但是,1979年"旅行者号"观测到的那些非常活跃的火山,现在已停止了活动。距离木星最远的是木卫9,其直径仅6.4千米,距木星中心有2370万千米;木卫16是距木星最近的卫星,其直径约40千米,距木星中心12.7万千米。

观测和研究表明,木星具有很强的内部热源,因为它向太空发出的热量是它从太阳接收到的热量的2.5倍。据估计其中心温度可能达30 000℃。

⊙ 木卫图
木星有16颗小卫星,其中最大的为木卫3。

木卫3 直径为5150千米
木卫4 直径为4800千米
木卫1 直径为3630千米
木卫2 直径为3140千米

土星与神奇的土星光环

大家知道,土星有一个美丽的光环。早在300多年前,意大利科学家伽利略首次用望远镜观测土星,他发现土星两边好像"长着"什么附着物,可是用那架简陋的小望远镜无法看清楚。伽利略所发现的东西其实就是土星的光环。环绕土星的稀薄的美丽光环,不仅使土星本身变得漂亮,也把整个太阳系装饰得更美观了。当一个人第一次用望远镜观测宇宙的时候,对他来说,除了月亮,土星光环也许就是最奇妙的景色了。人类对土星及其光环的探索,是一个漫长而又艰辛的过程。随着世界航空航天技术的发展,人类对土星的了解逐步深入。

知识档案

土星概况

土星是太阳系中第二大的行星。它是以罗马神话中的农神——萨图努斯的名字命名的,主要由氢和氦构成,包含有至少31个卫星。其直径很大,是地球直径的9倍,中间是岩石,外层由液体和气体包裹着。有美丽的星环环绕在星体的赤道附近,因此是太阳系中最容易辨认的一颗行星。和木星一样,它也是一个由气体和液体组成的巨大球体,顶部有云层,温度比较低,星体表面呈土黄色,同时有一些或明或暗的地带环绕其间。

尘埃在宽广的B环上盘旋,使得轮辐好像被黑烟熏过一样

环在星体上的投影

C环是透明的

从卡西尼缝中可以看到土星

D环离土星近得几乎可以接上

⊙ **土星环的结构**

土星漂亮的环由多层结构形成,中间有缝。土星环的平均厚度只有 10 米。同土星的直径相比,它简直比纸还薄。土星的环由厚厚的冰块和岩石组成。

太空船"先驱者 11 号"、"旅行者" 1 号和 2 号自 1979 年以来先后探测了土星。飞船从太空深处向地球发回了大量有关土星本体、光环、卫星的彩色照片和多种信息。飞船拍摄的照片显示,土星本体呈淡黄色,彩色的带状云环绕着赤道部,云上有一些美丽的斑点及漩涡状动态结构,北极区呈浅蓝色。

另外,"先驱者 11 号"还探测出土星高层大气存在着主要由电离氢组成的电离层。土星上存在很强的跨度达 6 万千米的雷暴闪电(木星上也发现过这种情况)。在距土星 128 万千米处,飞船发现土星有磁场以及磁层结构。土星磁场强度比木星磁场强度弱得多,其强度只有木星磁场的 1/20,但比地磁场要大上千倍。从整体上看,土星磁层像一头头部圆钝、尾部粗壮的"巨鲸"。位于磁层内的土星辐射带强度弱于地球,但其辐射带范围却是地球辐射带的 10 倍。空间探测还证实,土星所发出的能量是从太阳得到能量的 2.5 倍,这一点与木星一样,表明其也有内在能源。

天文学家经过研究发现,土星的光环不是地面看到的 3 个、5 个或 7 个,而是成千上万个。从飞船发回的照片看上去,土星光环与一张密纹唱片很相似,可谓"环中有环"。让人更为眼花缭乱的是,光环呈螺旋转动的波浪状,还有的环呈不对称的锯齿状、辐射状,有的光环甚至像辫子一样互相绞缠着。科学家对此现象十分惊异。土星光环在土星表面上空伸展 13.7 万千米远,其厚度仅有 1.6 ~ 3.2 千米。事实上,无数大小不等的物质颗粒组成了土星光环,所有的物质颗粒都是直径几米到几微米的石块、冰块或尘埃。构成土星光环的这些物质快速围绕土星运动,在太阳光的映照下,绚丽多姿,土星因此被装扮得异常漂亮。

众多科学家不仅对美丽的土星本身有极大的兴趣,而且也很重视土星的庞大家族。后来,太空船在以前的基础上又发现了 13 颗土星的卫星,由此使土星卫星的数目达到 23 颗。土星卫星体积大多很小,有的卫星直径仅二三十千米,直径超过 100 千米的卫星只有 5 颗。

土卫 6 是土星的卫星中最大的一颗,仅次于太阳系最大的卫星——木卫 3(半径为 2634 千米)。土卫 6 的半径为 2414 千米,土卫 6 上存有浓密的大气层,氮(约占 98% ~ 99%)为其主要成分,其余是甲烷(即天然气)以及微量的丙烷、乙烷和其他碳氢化合物,厚度约 2700 千米。一些科学家认为,可能有原始生命在土卫 6 上存在过。由于它和太阳相距遥远,高层大气的温度在 -100℃左右,低层大气温度约 -180℃。

1997 年,美国的"大力神 4B"运载着"卡西尼号"宇宙飞船,从肯尼迪宇航中心顺利升空,开始了为期7年的奔向土星的航行。根据计划，"卡西尼号"飞船抵达目标后，对土星和土星的卫星——土卫6进行探测是其主要任务。这次航行的目的是为了探寻土卫6是否有生命以及获取地球生命进化的线索。

这个项目由欧洲航天局、美国航空航天局和意大利航天局携手合作开发。由"大力神"火箭运载的"卡西尼号"宇宙飞船被送往土星轨道，2004年7月1日两层楼高的探险机器人在土卫6登陆。"卡西尼号"完成了有史以来的首次环绕土星轨道运行，从2004～2008年将绕行74圈。"卡西尼号"将45次扫过土星最大的卫星土卫6，它与火星的大小相近，比水星和冥王星都大。2005年11月6日，它在轨道上向土卫6分离释放出"惠更斯号"子探测器（由欧洲空间局制造）。它通过降落伞降落在泰坦卫星上，从而成为在另外一个星球的卫星表面着陆的第一个外空探测器。人类能够依据其反馈的资料更好地了解土星。

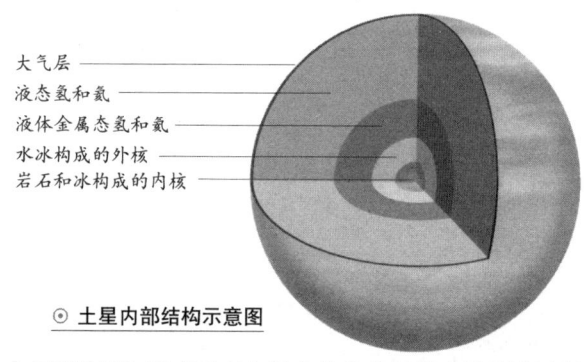

⊙ 土星内部结构示意图

"旅行者1号"飞船在飞越土星时，对土卫1、土卫4和土卫5的探测取得了很大的成功。在卫星运动方向的半个球面上，发现有很多由撞击形成的环形山，而另外半个球面上却很少有这样的环形山。土卫1的直径约390千米，而其最大的环形山直径竟达128千米，在环形山的底部有一座高达9 000米的山峰。

土卫3的直径超过1 000千米，在其表面，也有许多几十亿年前因陨星撞击而留下的陨石坑，其中一个坑的直径达400千米，底深约16千米，在它的另一侧有一条长达800千米的既深又宽的大峡谷。土卫2直径约500千米，它有十分"光滑"的表面，即"星疤"很少，这实在是一个奇怪的现象。土星卫星可能由一半水冰一半岩石构成，其密度都在每立方厘米1.1～1.4克之间，且有厚厚的冰层覆盖在岩石核的周围。

目前，土星在很多方面仍存在着许多未彻底揭开的谜。科学家们正以严肃认真的态度，努力深入探索和研究这个谜。我们相信，随着现代科学技术的突飞猛进，这些谜总有一天会水落石出的。

揭开月球的秘密

古时候，关于月球的神话传说有很多很多，人们幻想着有朝一日能登上月球。但那时人们对月球是一无所知的，人类对月球的探索始于伽利略第一次把望远镜对准月球。自此，人类为揭开月球的神秘面纱而不懈努力着。

起初，人们受技术条件限制，只能用天文望远镜在地面上观测月球，但也收集了不少关于月球的资料。直到20世纪，由于航天技术飞速发展，人类才实现了近距离研究月球的梦想。在这方面，美国和前苏联两国走

知识档案

月球上的"文明痕迹"

由"阿波罗号"和美苏太空站传回来的上千幅月球照片和视频资料，向科学家们揭示月球上有某种不明文明活动的痕迹。照片上，月球表面的城市废墟绵延长达几千米。大面积地基上有巨大圆弯形建筑遗迹、数不清的地穴遗迹以及其他一些不明建筑。科学家们认为它们不可能是自然的地质现象。到现在，不同的人造物体在月球上44个区域被发现，美国宇航局戈达德太空飞行中心和休斯敦行星协会的专家们目前正在研究这些地区。

在世界前列。

前苏联是最早对月球进行探测的国家。1959年1月，前苏联发射了第一个月球探测器——直径约1米、重约1.5吨的"月球1号"，拍下了世界上第一批月球背面的照片。通过这些照片，人类首次见到月球背面的情况。同年9月，"月球1号"进入日心轨道，世界上第一个人造行星就此诞生了。

1969年7月，美国"阿波罗11号"登月飞船的船长阿姆斯特朗第一次踏上月球，这是人类与月球的第一次亲密接触。

在考虑探索宇宙奥秘的时候，世界各国的航天专家和有识之士们总是想着荒凉而美丽的月球。当然，月球的珍稀矿产、能源物质以及月球能作为人类飞往火星中继站的有利地位等优势也在深深地吸引着人类。因此，一轮新的"月球热"在20世纪晚期逐渐形成。

⊙ 月球表面图

这是一幅较为详细的月球表面图，它能使人们清晰地看到月球表面的样子。

美国仍然走在新一轮"月球热"前头。"阿波罗"登月计划胜利结束后，美国又向月球发射了一个探测器"克莱门丁号"。本来它的主要任务是试验美国在执行"星球大战"计划中研制的新仪器，但这些仪器都用在探月方面。"克莱门丁号"重425千克，携带着8千克重的科学仪器。专家们通过对探测器所拍的照片和探测的数据进行分析，发现在月球南极的低洼地区，以冰的形式存在着水，估计有1.1～11亿吨的存贮量。专家们认为是36亿年前一颗彗星的撞击产生了这些水。人类开发和利用月球的效益和前景的关键是看月球上是否有水，所以，科学家和航天专家都很关注月球的水源问题。

因此，1998年1月，美国发射了肩负着揭示月球水冰之谜重任的"月球勘探者"探测器。它所带的仪器中有一个用于探测氢的中子光谱仪，通过确认氢的存在，证明月球表面有水。在宇宙射线的轰击下，月球表面不断从岩石和土壤成分中逸出中子。这些中子如果具有特定的能级，那么它们一定与氢(水的主要成分)相互作用过。所以，如果测到月球上存在这类中子，那也就相当于探测到了氢，就证明月球存在水。

⊙ "阿波罗15号"的宇航员吉姆·埃尔登上月球。

"阿波罗15号"的吉姆·埃尔

在月球上，登月舱就是宇航员的家。图为登月舱的上部

月球车是一个类似吉普车的电动车。"阿波罗"15号、16号、17号宇航员都曾经使用过月球车

月球背面图

月球一直以同一面朝向地球,人们无法直接观测月球背面。这张宇宙飞船拍摄的月球背面图,使我们看到:月球的背面与正面一样,都有坑洞和海。

1998年3月,美国公布了初步探测结果:月球上除南极地区有水冰外,在北极地区也存在着数量为南极两倍的水冰。另外,除两极地区,对大量环形山的谷地也进行了进一步勘测,因为它们也反映出了较弱的水的信号。按照目前可达到月面深度为0.5米的中子光谱仪的测量估算,月球上大约有1100万吨到3.3亿吨的水存贮量。与根据"克莱门丁号"的探测结果所作的估计数相比较,这个估计数要小得多,但因为这是2种仪器采用2种机理探测的结果,现在还很难说哪一种探测结果更准确。

但月球上有水是确定无疑的,这一重大发现必将激发人们再次探测月球的热情。

目前,长期的月球开发计划已在各航天大国轰轰烈烈地展开了。目前,各国的探月计划都是为建立月球基地做准备,主要是无人探测。俄罗斯展开了新的月球探测计划,其最终目的是开采新能源物质"3氦",因此,他们也打算在月球上建立基地,研究月球采矿工艺。欧洲航天局月球计划中,建立小型月球基地的第四阶段从2015年起。2017年,日本也有可能在月球上建立有人系统,包括建造居住舱、食品加工厂和能源生产厂,他们也提出了5年计划。

虽然各国都有建立月球基地的计划,但由于此项技术复杂、投入资金非常多,所以单个国家靠自己的力量难以完成。鉴于此,各国开展了合作,希望能联合开发月球,并且人们也从"阿尔法"国际空间站的成功中看到了这种希望。

发现海王星与冥王星

我们都知道,太阳系包括八大行星(注:根据2006年8月召开的国际天文学联合会大会的决议,冥王星被视为是太阳系的"矮行星",不再被视为行星,因此"太阳系有九大行星"的说法不复存在),另外还有许多彗星、流星和小行星。可是,在望远镜没发明之前,由于科技水平有限,人们用肉眼只能看见5颗行星,因此一直认为太阳系中只有5大行星,加上地球一共是6颗行星,以为太阳系的范围就只有这么大。1781年3月,人们发现了天王星。而海王星和冥王星的发现,就与天王星有关。

自从牛顿提出了万有引力定律之后,天文学家根据万有引力定律,就能更加准确地计算行星的运动,预报水星、金星、火星、木星和土星在天空中的位置。不过,这时出现了一个奇怪的现象,人们用万有引力定律来预报天王星的位置时却总是不成功,即天王星的实际运行轨道总是与星历表不相符合。到1845年间,天王星运动出现更为"失常"的现象,它出现的位置常常与星历表有很大的误差。

当时许多天文工作者对天王星的这种怪现象束手无策。是万有引力定律失去了作用,还是观测出错了呢?人们反复核校有关天王星的观测数据,并没有发现什么错误。后来,有人猜想,可能在天王星轨道之外有一颗未被发现的大行星,由于受到这颗行星的强大引力,所以天王星的运行出现了偏差。可是,这颗未知的行星真的存在吗?怎样找到它呢?

19世纪中叶,欧洲两位年轻的天文学家几乎同时攻克了这个难题。他们分别是法国的勒维耶(1811~1877年)和英国的亚当斯(1819~1892年)。

在天文学史上流传着一个在"笔尖上"发现海王星的故事。英国剑桥大学的学生亚当斯于1845年10月就计算出海王星的轨道和位置,遗憾的是,剑桥天文台和格林尼治天文台并不十分重视他的

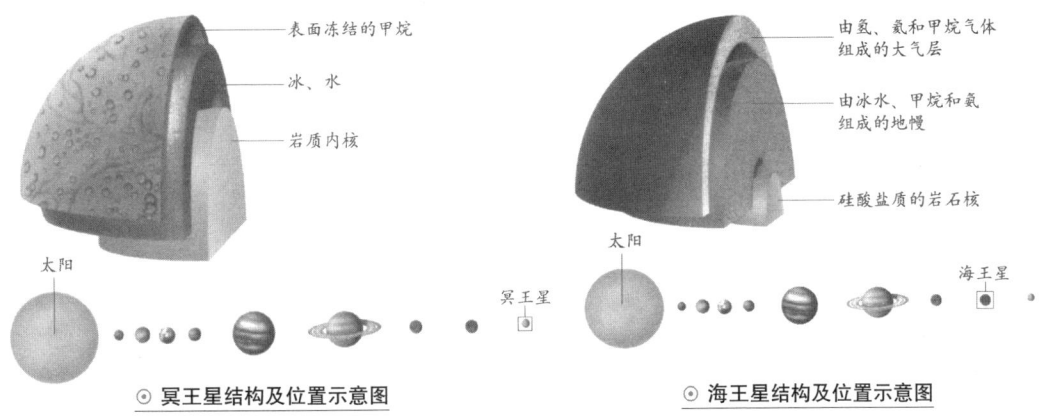

◉ 冥王星结构及位置示意图　　　　　◉ 海王星结构及位置示意图

相关报告。

法国天文学家勒维耶于1846年8月底,也独立计算出了"未知行星"的质量、轨道和位置数据。勒维耶将他的计算结果整理出来,并对那颗未知行星的位置作出了预告。勒维耶一方面向科学院写研究报告,另一方面,他还给欧洲一些国家的天文台写信,请求他们用天文望远镜帮助寻找新行星。这一次,天文学界对勒维耶的研究十分重视。当年的9月23日,柏林天文台的加勒先生在看到勒维耶来信的当天晚上就按信中指出的位置,用望远镜进行了认真的搜寻。第二天晚上,加勒发现这颗小星星在恒星背景上的位置发生了一点点移动。由此表明,确实有一颗行星存在。以后其他天文学家经过进一步观测研究,终于证明这颗行星是太阳系的第八颗大行星。这项新发现,给天文学的发展增添了新的一页,人类对太阳系及其范围的认识又进了一步。

自从发现海王星后,一些天文学家曾认为天王星的运动轨道发生异常现象是能够解释的。但海王星的引力真的大到能干扰天王星运行的地步吗?会不会还有其他星体对天王星起着扰动作用?不断有人提出诸如此类的疑问。出身于美国马萨诸塞州波士顿名门望族的波西瓦尔·洛韦尔就坚信,除了海王星,对天王星有吸引作用的其他未知星体一定存在。抱着这一信念,他和其他天文学家从1905年起,在亚利桑那州西南角的天文台开始进行太空观测,希望找到第九颗行星。

他们首先用数学方法将这个未知行星的大体位置计算出来,然后通过天文望远镜拍摄大量夜空照片,根据照片细细地搜寻。他们先在某个夜晚对夜空中某个特定位置进行拍照,几天后再拍下同一位置的另一张照片,接着详细比较这两张照片,以发现任何移动的星体。但每一次的结果都令他们大失所望。

后来,一位名叫克莱德·汤姆勃的年轻人在洛韦尔天文台利用闪视比较镜考察了大量星空的底片。从底片中寻找未知星体并不比大海捞针轻松。然而,耐力极高的汤姆勃居然有所收获。经过5年的艰苦努力,终于完成了对金牛座40万颗星的核查工作。这颗神秘的行星终于在1930年2月,被他发现了。它就是冥王星。

洛韦尔天文台用了将近一个月的时间对其追踪观测,于3月13日,也就是在波西瓦尔·洛韦尔诞辰75周年的纪念日宣布了克莱德·汤姆勃的发现。经认真讨论,天文学家们给这颗新行星取名为Pluto。Pluto的前两个字母PL取自波西瓦尔·洛韦尔名字的前2个字母。另外,它还有地狱之神的含义。

现在人们已经知道,长期的"离群索居",使冥王星与其他行星显得格格不入。

首先,在太阳系所有的行星里,八大行星的轨道比较规则,冥王星的轨道偏心率则最大。这就是说,只有它是在拉长的椭圆形的轨道上运

◉ 从海卫1上看,海王星很大。海卫1的表面是冰冻的氮和甲烷,大约有 −235℃,是太阳系中最冷的星球表面。

行,其他外层行星几乎都是在正圆形的轨道上围绕太阳旋转的。冥王星的轨道的倾斜度要比其他行星大得多,其轨道对地球轨道的倾斜角约为17°2′,而海王星的倾斜角要小得多,所以,当它和海王星的轨道相交时,虽然两者与太阳之间的距离相等,一个却远在另一个的下方,它们之间永远不会出现距离小于24亿千米的情况。

其次,它与太阳的距离与洛韦尔和其他天文学家的设想差距很大。冥王星离太阳最近时为43.44亿千米,最远时为74亿千米。它离太阳的平均距离为 5.9×10.9 千米,只比海王星远30%。其近日点较海王星实际近了1600万千米,即比海王星更接近太阳。它的公转周期是247.7年,其中有20年比海王星更靠近太阳。从1979~1999年间,即在20世纪的最后20年中,冥王星实际已跑进了海王星轨道之内。

另外,人们一直想知道冥王星的体积到底是多少。由于它看上去非常暗淡,天文学家们推测它不会是一个气体巨行星,如果其体积接近天王星和海王星的话,冥王星应该远远比现在亮。

天文学家们对此进行了新的探索。最初,他们推测冥王星与地球差不多大。1950年,天文学家柯伊伯提出,冥王星的直径为5800千米。一些人对这种说法提出了质疑。后来,天文学家们于1965年4月观测到,冥王星十分接近一颗微弱的恒星,却并没有使其变得模糊,人们遂意识到冥王星的体积要比他们想象的小得多。天文学家们还发现,冥王星的亮度的变化很有规律,每6.4天反复一次,说明它每6.4天自转一周——自转周期特别长。

⊙ 1979~1989年,两个"旅行者"航天探测器先后造访木星、土星、天王星和海王星,不仅证实了一系列科学理论,而且还有一些意外的发现。

1978年7月,美国海军天文台的克里斯蒂在观察冥王星照片时,发现在冥王星上有个隆起。于是,他又对自1970年以来所有的冥王星照片重新观察了一遍,结果发现这个隆起在有规律地围着冥王星旋转。这个隆起物就是冥王星的卫星。后来这个冥王星的卫星被命名为"卡罗",取专门把亡灵渡过冥河进入冥府的艄公之意。

人类对太阳系范围的认识随着科学的发展逐步扩大。如果将来有一天发现了冥外行星,那将与发现海王星和冥王星一样,载入天文学发展的史册,人类对太阳系及其范围的认识又会向前迈进一步。

冥王星的表面有冰冻的氮和甲烷

陨石坑给冥王星带来了坑洼的表面

在接近太阳时,冥王星形成了一层薄薄的大气层

水和冰覆盖着表面,而撞击的坑使其伤痕累累

太阳

⊙ **最远的行星**

冥王星离太阳太远,在冥王星上看太阳,太阳就像一个小亮点。

⊙ **冥王星及冥王星卫星**

水星上有什么

在太阳系八大行星中，水星是离太阳最近的一颗行星。水星其实名不副实，因为它上面一滴水也没有，是一个完全干涸的星球，这是由它的特殊条件决定的。由于水星经常隐没在太阳的光线中，所以很难对它进行研究。因此，人们对水星的早期看法，在很多方面是不正确的。随着科技的发展，水星的真面目逐渐被人们认识。

人们平常很难看到水星，这主要跟水星与太阳之间的角度有关。水星距太阳最近时约4500万千米，最远时达6900万千米。从地球上看去，其距太阳的角距离最大不超过28°，仿佛总在太阳两边摆动。因此，水星几乎经常被"淹没"在黄昏或黎明的太阳光辉里，只有在28°附近时才能见到它。据说，哥白尼去世前抱憾终生的一件事就是未曾见到水星。

在中国古代，水星被称为"辰星"。水星的英文名字是Mercury，它绕太阳运行的速度的确很快，每秒约48千米，只需要88天就能绕太阳公转一周。同那些绕太阳缓慢行进的遥远行星相比，水星简直在疯狂地绕着太阳跑。在很长一段时期里，天文学家一直认为它的自转周期跟公转周期一样长，也是88天。

有些人不相信水星的自转周期为88天，但由于受仪器、技术等方面的限制，人们还无法确知水星的自转周期。随着天文学观测水平和仪器精密程度的提高，天文学家终于测出了水星的自转周期。1965年，美国天文学家用一架世界上最大的射电望远镜（口径305米）——阿雷西博天文台射电望远镜，向水星发射了雷达波进行探测，终于测出了水星精确的自转周期为58.646天。原来，水星绕太阳公转2圈的同时，绕其轴自转3周。据此进行推算，水星的自转周期刚好是公转周期的2/3。

科学家此后对水星进行

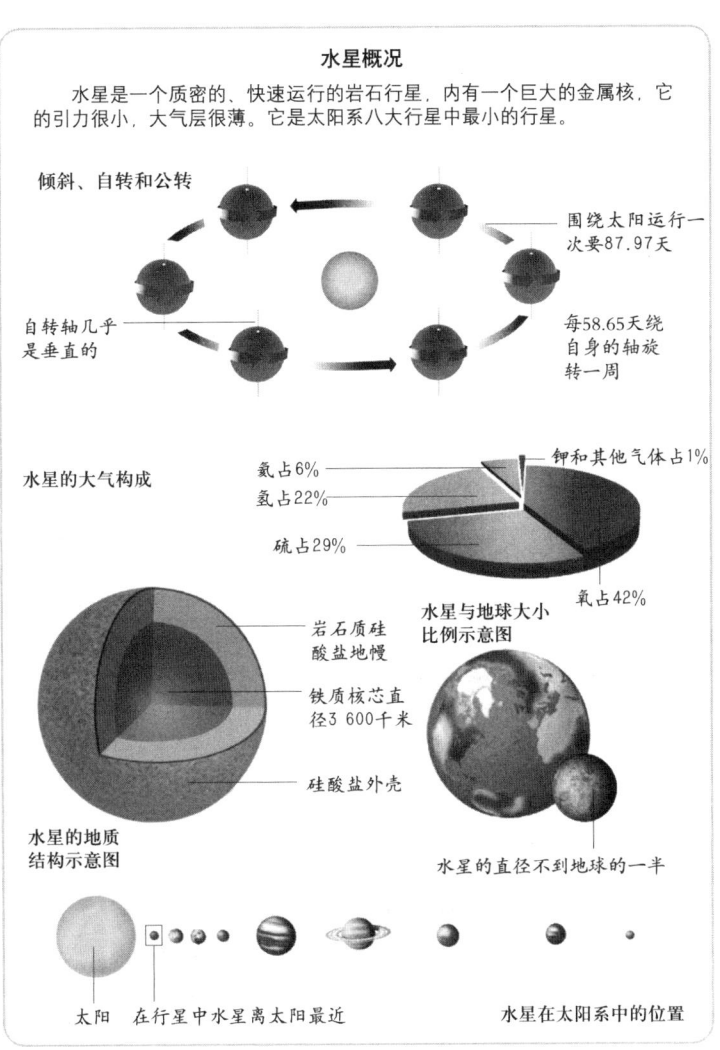

水星概况

水星是一个质密的、快速运行的岩石行星，内有一个巨大的金属核，它的引力很小，大气层很薄。它是太阳系八大行星中最小的行星。

倾斜、自转和公转
自转轴几乎是垂直的
围绕太阳运行一次要87.97天
每58.65天绕自身的轴旋转一周

水星的大气构成
钾和其他气体占1%
氦占6%
氢占22%
硫占29%
氧占42%

水星的地质结构示意图
岩石质硅酸盐地幔
铁质核芯直径3 600千米
硅酸盐外壳

水星与地球大小比例示意图
水星的直径不到地球的一半

太阳　在行星中水星离太阳最近　　水星在太阳系中的位置

了更深入的探测和研究，但即使是当时地球上最好的望远镜也很难让人们看清水星里面的情况，于是，科学家们采用了一种高精度的工具——行星探测器。美国于1973年11月发射了"水手10号"行星探测器，这次发射的主要任务是探测水星，顺便考察一下金星。它的总重量约528千克，从磁强计杆顶端到抛物面天线外缘的宽度达9.8米。宇宙飞船飞行了3个多月后，于1974年2月飞越金星，离金星最近时有5000千米。飞船在对金星考察的同时，借助于金星的引力"支援"，使其改变了运动的速度和方向，进入了一条飞向水星的轨道，3月，宇宙飞船终于到达水星上空。

航天科学家对这艘飞船的运行轨道做了极其精心的设计。当它到达水星上空并进行观测之后，就成为一颗绕太阳运行的人造行星了，绕太阳公转的周期设计为176天，也就是水星公转周期的2倍。这样，当水星刚好绕过2周时，飞船就遇到水星1次。"水手10号"飞船先后遇见水星3次。在最后一次(1975年3月)离水星仅326千米，拍摄了一批高质量的照片，其摄影镜头甚至能清楚分辨出水星表面一二百米范围的地面结构细节。

⊙ 由于大部分水星表面的信息都是由"水手10号"探测器提供的。"水手10号"始终飞经水星的同一侧，所以至今只有水星的部分图像。

科学家们通过对飞船的反馈资料进行分析，发现水星表面到处都是大小不一的环形山和凹凸不平的盆地以及坑穴等。一些坑穴显示出陨星曾对同一地点撞击过多次，这与月球表面很像。然而，水星表面有一点不同于月面，直径在20～50千米的环形山不多，而月面上的直径超过100千米的环形山很多。水星表面上到处都有一些被称为"舌状悬崖"的不深的扇形峭壁，类似梯形斜坡，其高度1～2千米，长约数百千米。科学家们认为，这种细小轮廓的产生，同早年由于行星内核状态改变产生收缩，外壳大面积出现裂纹和移动有关。水星上有一条大峡谷，长达100多千米，宽约7千米，科学家为了纪念美国阿雷西博天文台测出水星自转周期一事，将其命名为"阿雷西博峡谷"。

另外，科学家们还发现水星向阳面和背阳面温差很大。由于水星上的大气很稀薄，阳光的热力长驱直入，在太阳的烘烤下，其向阳面温度高达427℃，而背阳面温度却冷到-170℃。水星表面一滴水都没有。水星质量比地球小，它的地心引力只是地球的3/8，所以其表面上的物体，只要速度达到4.2千米/秒就可以逃之夭夭。

"水手10号"飞船探测到水星有一个强度约为地磁场1/100的全球性的磁场。水星具有磁场，这说明它很可能有一个高温液态的金属核。科学家根据水星的质量和密度数值，推算应有一个直径约为水星直径2/3的既重又大的铁镍内核在其内部。

有关水星，人类至今仍有许多不明之处。我们坚信，水星的谜底在不久的将来一定会被彻底揭开。

⊙ 飞越水星上空的"水手10号"行星探测器

知识档案

水星的自转与公转

水星绕自己的轴运转，速度很缓慢，每58.65天才能完成一次自转，但它却能围绕太阳作高速运转，因此完成一次公转仅需88天。若一个人站在水星上，他会在176天的间隔之后看到第二次日出。一个在1号地点看日出的人，要等到再次回到1号地点才能再一次看到日出。这时，水星已围绕太阳公转了两周。

金星探奇

金星作为离地球最近的一颗大行星，同我们地球相比，体积和质量只稍微小一些。肉眼看上去它是一颗美丽的星星，有时在黎明，有时在黄昏，它都沐浴着霞光。自古以来，就有许多有关金星的神话传说。在中国的神话传说中，就有一个叫"太白金星"的神仙。人们最早发现的是它的大气层，这是密密的云层，好像古代东方美女披戴的面纱，不让我们见其真容。现在，随着科技的进步，金星的秘密渐渐地被披露出来。

⊙ 在1990～1994年间，"麦哲伦号"探测器扫描了金星98%的表面。

金星是天空中十分明亮的一颗星。古代人们误认为它是两颗星。早晨金星在东方天空出现时，被叫做"启明星"；晚间在西方天空出现时，被叫做"长庚星"。它距太阳的平均距离为1.08亿千米。人们之所以能时常看到它，与金星大部分时间同太阳的角距离较大有关。夜空中除了月亮以外，其他所有的星体都没有它亮。由于常有银白色的闪光从金星发出，所以中国古代常以"太白"来称呼它。

金星的最显著特征是看起来特别明亮。科学家们后来知道，金星之所以非常明亮，与其周围有浓密的大气层有关，大气反射了照在它上面的75%左右的太阳光。金星离地球最近的时候，平均为4000多万千米。由于它大小、质量和密度与地球差不多，也有一层稠密的大气，所以人们常将金星视为地球的孪生姊妹。金星绕太阳公转一周大约需要225天。20世纪60年代初，通过用雷达反复测量，天文学家得知其自转周期为243天，竟然比它的公转周期还要长！另外，金星的自转方向是逆向的，确切地说，它的自转方向是自东向西，从金星上看，会看到"旭日西升"。金星上不仅太阳西升，而且一天的时间远远长于地球，在那里看到的太阳约是我们所见到太阳大小的1.5倍。

天文学家很早就知道金星有厚厚的大气层。用望远镜观看，金星只是一个模糊不清的淡黄色圆面，在金星大气的笼罩下，根本无法看清它的真实面目。人们现在通过空间飞行探测掌握了许多金星表面及其大气的知识。

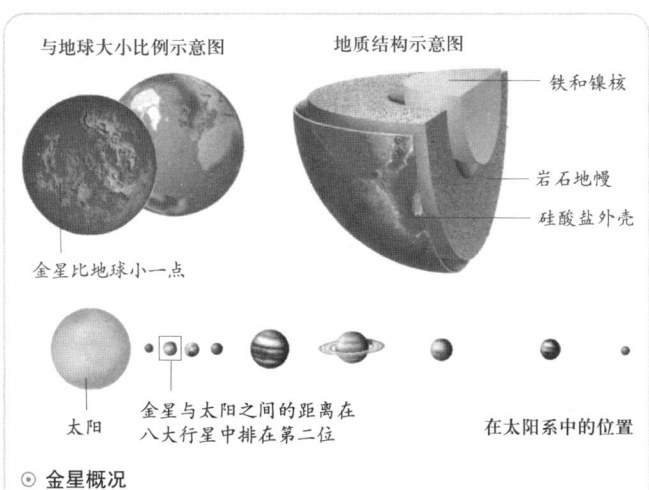

⊙ 金星概况
金星是一个岩石行星，其结构和大小都与地球相近。它在所有行星中是最热的一个。它自转很慢，与大多数行星的自转方向相反。

前苏联和美国自1961年以来先后向金星发射了30多个探测器（虽然有几个发射失败），获得了大量的研究成果。例如，1962年8月和1967年6月美国发射的"水手"2号、5号对金星作了初步考察；前苏联的"金星7号"无人探测器于1970年8月成功地实现了在金星表面着陆探测，在着陆地点记录到的金星温度高达480℃，表面为100个大气压，此后还有多个前苏联的探测器都在金星表面实现了成功着陆。1989年5月，美国发射了"麦哲伦号"探测器，对金星进行为期5年的空间探测，取得了大量的研究成果。

从对金星的探测结果来看，它那厚厚的大气层几乎全部由二氧化碳组成，因此，它具有巨大的温室效应。其低层大气中的二氧化碳的含量可达到99%，而高层处可达97%。从许多宇宙飞船发回的照片来看，金星的天空带有橙色，大气中存在激烈的湍流，还有强烈的雷电现象，有人推算金星上的风速约达100米/秒。更让人难以想象的是，金星表面30～70千米左右的高空都被厚厚的浓云笼罩着，云中有具有强腐蚀作用的、浓度很大的硫酸雾滴。

金星大气从总体上看，仿佛一个巨大的温室或蒸笼。尽管金星大气将约3/4的入射太阳光反射掉了，其余那部分阳光仍能到达金星表面并对其进行加热。大气中的水汽、二氧化碳和臭氧好似温室玻璃，不允许反射的热量透过并散发到太空中去，正是由于金星大气的这种特性，使金星蓄积了大量接受到的太阳能，因而使那里的温度高达485℃左右。

金星表面与水星表面很不一样，它上面很少有环形山，这是由于其浓密的大气起了保护作用。金星表面比较平坦，但也有高山、悬崖、陨石坑和火山口。金星上的凹地很像月面上的"海"（平原），其"海"上有火山。金星的地质活动很活跃，例如其表面有众多的火山、许多地层断裂的痕迹以及涌流的熔岩。

位于金星北半球的麦克斯韦山是金星表面最高的山峰，高达几千米，比地球上的珠穆朗玛峰还要高很多；在南半球赤道附近并与赤道平行的地方，是阿芙洛德高原。金星上有一处横跨赤道的大高原竟有3200多千米宽，近1万千米长。有些探测器成功地完成了在金星上的自动钻探、取样和分析任务，人们因此知道玄武岩是金星上面分布最多的一种岩石。

当然，人们对金星的探索还在继续进行，上面介绍的仅是金星知识的一部分。随科学技术的进步，人类对金星的认识将越来越深刻。

陨石来自何处

我们经常会看到有关某地又发现新的陨石的报道，这些神秘的外来客曾经让地球人恐慌不已。现在随着人类的研究领域已跨向星际空间，陨石的神秘面纱也渐渐被人类揭开了。

科学家在对陨石的不断研究中发现，陨石是坠落地面的流星体残余。在对其物质成分进行分析后，科学家们认为可以把它们分为三大类：

陨铁，或称铁陨石，其主要成分为铁和镍等金属元素，如铁占90%左右，镍占5%～8%，或更多些。已知世界最大的陨铁质量约60吨，现仍位于非洲纳米比亚南部的原降落地。中国的"新疆大陨铁"，质量约30吨，在世界上名列第三。

陨石，是各类陨石的统称，有时为了加以区别，将其称为石陨石。多数石陨石中到处可见的是直径从零点几毫米到几毫米的很小的球状颗粒。由于它们形成于特殊的条件下，其结构也是前所未见的，在地球上的岩石内还没有见到过这种球状颗粒结构。含球状颗粒结构的石陨石中，球粒陨石约占84%。1976年3月，世界最大的石陨石降落在中国吉林省，在已收集到的100多块陨石碎片中，一块约1770千克的陨石碎片最为重要。

⊙ 在火星和木星的轨道中间有一个小行星带，那里是陨石的故乡，当小行星沿轨道运行靠近地球时，有些便离开故乡，在地球上安家落户。

陨铁石，或称石铁陨石，一般比较少见，基本上由铁、镍等金属和硅酸盐各一半组成，是介于陨石和陨铁之间的一种陨石。

据估计，每年降落到地球上来的陨石大约有几千万颗，其中只有很少一部分被人们找到，其余的大部分都落到了荒无人烟的地方或江河湖海里去了。人们在见到这些"宇宙来客"之时，常常想弄清楚：这些神秘的天外来客究竟来自何处？科学界对此意见不一。

有人认为，陨石来自彗星。因为有些彗星没有彗发和彗尾，只有彗核，这就与小行星难以分别了。日本东京大学的古在山秀博士就认为，最早发现的小行星伊卡鲁斯，很可能就是由彗星转变而来的。有人还分析了小行星和陨石的结构，发现它们具有相同的物质构成。

但更多的人认为，太阳系的小行星带是陨石的故乡。小行星沿着椭圆形的轨道围绕太阳运行，当它们接近地球时，有些便离开了家乡，到地球上安家落户。

1947年2月，在符拉迪沃斯托克北面的锡霍特·阿林山脉，一块巨大的陨石坠落了。根据陨石坠落的方向和角度，考察队员推测出了这颗陨石进入地球大气层时的轨道是细长的椭圆形，远日点在地球内侧，近日点在火星和木星的轨道之间。所有这一切都说明这颗陨石与小行星具有一致的轨道。由此可知，这颗陨石的前身是小行星。1959年4月，科学家根据落在捷克斯洛伐克布拉格市附近菲拉布拉姆镇的那颗陨石的坠落方向和速度，也推测出它的前身是小行星。1970年，科学家根据降落在美国俄克拉荷马州北部的罗斯特西底的一颗陨石的运行轨道，也证明它曾是一颗小行星。

知识档案

吉林陨石雨

1976年3月8日下午，中国吉林市北郊降落了一次世界上罕见的陨石雨：一个大火球，拖着长长的尾迹，划破白昼的天空，从天而降。伴随爆炸和滚滚闷雷声，刹那间大火球分裂成许多小火球，逐渐变暗；紧接着许多石头纷纷落地。前面较大的火球消失后，一块大石头猛烈冲击地面，溅起一束蘑菇云状烟尘，大石头穿透冻土层，砸出一个深6.5米、直径2米多的坑。这块陨石重1770千克，是至今世界上最大的石陨石，连同收集到的其他陨石，总重量达2吨以上。这就是著名的"吉林陨石雨"天文事件。

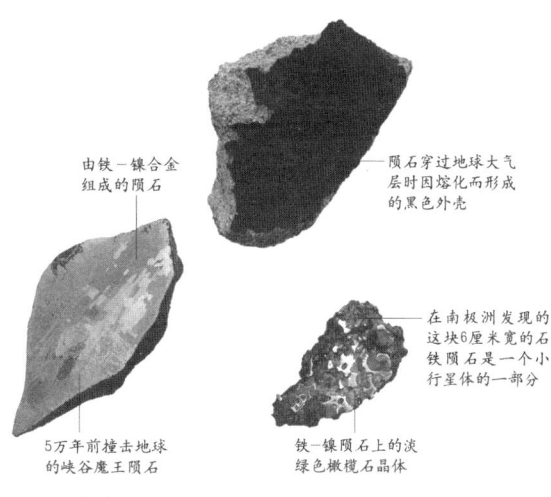

⊙ 陨石标本

就在人们寻找陨石的故乡的同时，在陨石当中又发现了金刚石。作为一种比较坚硬的矿物，金刚石若没有高气压是难以形成的。那么，为什么金刚石会出现于陨石里呢？

前苏联地质学家尤里·波尔卡诺夫认为，陨石的母体要达到月亮那么大才可能形成金刚石。因为至少需要$2×10^6$～$3×10^6$千帕，才能使碳元素变成金刚石。月亮的半径是1700千米，它的中心部位的压力可达$4×10^6$～$5×10^6$千帕。所以，陨石母体如果比月亮的一半还小，金刚石是难以形成的。

另一种说法谈到陨石中金刚石的成因时，认为金刚石是在陨石与地球相撞时形成的。在美国西部亚利桑那州科科尼诺县，有个世界闻名的巴林杰陨石坑。在这个陨石坑的边缘，人们找到了含金刚石的陨石。有人认为，可能是在陨石与地球相撞时所产生的冲击力的压力下形成了这种含金刚石的陨石。只要有足够大的冲击力，就可能形成金刚石。在这种情况下，陨石母体可以不必像月亮那么大。此外，还有一种观点认为，陨石在空间飘荡的时候，撞到了其他陨石。在足够的冲击力下，金刚石才得以产生。

探寻彗星活动的周期

在宁静的夜晚,当我们抬头仰望广阔的天空时,会看见点点星光。如果你有幸看见一颗特别耀眼的星星发着白光、拖着长长的尾巴划过夜空,那么你是否认识它呢?它就是哈雷彗星,也就是中国古人常说的大"扫帚星",古人将它视为不祥之兆。其实能看见哈雷彗星实在是一个人的幸运,因为它好几十年才出现一次,并不是每个人都能有机会看到的。

据说在1682年的一天夜里,突然有一颗明亮的大彗星划过欧洲的夜空。许多人被这一奇特的自然现象吓坏了,以为世界末日就要来到,每天心惊胆战地过日子。当时英国有一位天文学家也看到了这颗彗星,他就是哈雷,当然他没有像世人那样惊慌失措。

哈雷从小就对天文现象感兴趣,他曾亲眼目睹过1664年和1665年出现的彗星。当时的人都十分迷信,大多数人认为这两颗彗星的出现是不祥之兆,因为当年欧洲发生了黑死病瘟疫和伦敦大火。在父亲的帮助下,哈雷自己买了一架望远镜来观测天象。17岁时,他进入牛津大学王后学院学习。入学的第二年,哈雷就写信给格林尼治天文台台长、皇家天文学家弗兰提斯德,指出了他绘制的木星图和土星图中的计算错误。弗兰提斯德并没有不高兴,而是虚心接受了哈雷的观测记录。哈雷20岁的时候,依靠印度公司的资助前往圣赫勒拿岛,在那里建立了南半球第一座天文台。通过长时间的观测,他编制出了第一个包含341颗南天恒星黄道坐标的南天星表。

哈雷具有良好的科学素养,他不仅勤于观测,而且还善于思考,这些良好品质为他后来研究彗星奠定了坚实的基础。

著名的天文学家开普勒当年曾不辞辛苦地研究火星运动,终于发现了行星运动的三大定律。这件事给了哈雷很大启发。他想,既然行星都按照一定的轨道有规律地运行,那么,彗星运行是否也有什么轨道呢,其中是不是也有某种规律性呢?一想到这些,哈雷就决心解开这个难题。他花了大量时间搜集有关彗星出现的历史记载,并且编制了一张表,把彗星出现的时间、运行路线和在天空中的位置详细地列在表中。由于种种原因,搜集到的资料都很不完整,所以哈雷对每一颗星的记录都要加以整理计算,以便分析研究。

经过反复计算和分析,哈雷发现1682年的彗星的轨道很像1607年、1531年出现的彗星的轨道,而且前后出现的时间间隔也比较接近,大约都是76年。他根据自己的研究分析,认为这3颗彗星很可能是同一颗彗星在不同时间里出现了3次。1704年,哈雷升任为牛津大学教授,第二年他就发表了《彗

⊙ 埃德蒙·哈雷

英国著名天文学家,第一个计算出了哈雷彗星的轨道,并阐明了有些彗星会沿着固定轨道反复绕太阳旋转。

知识档案

哈雷彗星小档案

哈雷彗星在其被证实以后,一直受到人们的关注。近些年来,随着彗星探测器的使用,人们了解到了更多关于哈雷彗星的资料。

哈雷彗星与其他彗星相比,大且活跃,轨道有明确规律:其轨道为逆行,与黄道面有18度夹角,平均公转周期为76年,近日距为8800万千米,远日距为53亿千米,轨道偏心率为0.967。该彗星的彗核大约为16千米×8千米×8千米,而且较暗。其反照率为0.03,甚至比煤还暗些,堪称太阳系中最暗的星体之一。哈雷彗星的彗核密度为0.1克/厘米^3,呈蜂窝状,估计是由冰升华后尘埃滞留所致。

据测算,哈雷彗星将于2061年返回内层太阳系,到时地球上的人类将能再一次目睹它的尊容。

星天文学论说》，书中详细记述了 1337～1698 年间天文学家观测到的 24 颗彗星及其轨道。他在书中指出 1531 年、1607 年、1682 年出现的 3 颗大彗星的轨道十分相似，由此推断它们是同一颗彗星每隔 75～76 年飞临地球一次。他甚至预言：1758 年底或 1759 年初这颗彗星将再度回归近日点。令人遗憾的是，哈雷没有能够亲眼目睹这一天文奇观。1742 年，哈雷病逝于格林尼治，享年 86 岁。

哈雷虽然去世了，但他的研究事业还在继续，哈雷彗星开始向世人展示它的秘密。

1743 年，一位名叫克雷洛的法国数学家根据哈雷的预言，运用万有引力定律，进一步计算了遥远的木星和土星对这颗彗星的引力效应。最后他得出结论，说该彗星届时会在土星和木星的引力作用下，稍微偏离原来的轨道，这样它回归时出现的时间要迟于哈雷原先预测的时间——它很有可能是在 1759 年 4 月出现。

1759 年 3 月，这颗人们期待已久的明亮的大彗星终于如期而至。它比哈雷所预报的时间晚了一些。牛顿万有引力定律的可靠性也再一次得到有力证明。后人为了纪念哈雷在彗星轨道计算方面的伟大贡献，就把这颗彗星以他的名字命名。

彗星的中心部分是彗核，呈固体状，构成彗核的冰冻团块、尘埃在彗星绕太阳运动时都有一部分物质会损失掉。因为在彗星高速行进中，从彗核蒸发出来的气体、尘埃等被吹离彗核，进入到行星际空间，这样一来，彗星总有一天也会"寿终正寝"。彗核中所有的尘埃、气体一次次地蒸发，彗核的结构越来越松散，直到有一天它支离破碎，整个地被瓦解，彗星的生命也就终结了。

彗星的外观很庞大，但其实它徒有其表，它的密度极小，整个就是"虚空"的。据说 1000 亿颗彗星的质量合起来才等于地球的质量，由此可见，它是多么"轻"了。彗核瓦解崩溃后，一部分物质可能成为很小的小行星；另一部分物质变成流星群，游荡在太阳系中。观测表明，地球上常见的流星雨现象和彗星有着十分密切的关系。由于彗星经常游荡在远离太阳的太空中，太阳很少影响到它的活动，许多早期太阳系的信息都保留在它身上，因此彗星在研究天体演化方面具有非常重要的作用。

据史料记载，中国人最早观测到哈雷彗星。中国有一部古书名叫《春秋》，里面清楚地记载着，鲁文公十四年（即公元前 613 年）"秋七月，有星孛入于北斗"，这里的"星孛"就是指哈雷彗星。这是世界上关于哈雷彗星的第一次确切文字记载。中国的另一部史书——西汉的《淮南子》中也有对哈雷彗星的文字记载："武王伐纣……彗星出，而授殷人其柄。"中国现代著名天文学家张钰哲先生经过推算指出，自公元前 240 年起，中国的史书记载了每次哈雷彗星的出现，无论是次数还是详细程度，在世界上都是最完备的。

哈雷彗星最近的一次回归是在 1986 年。现在历史已经跨进了 21 世纪，我们期待着哈雷彗星再次回归。

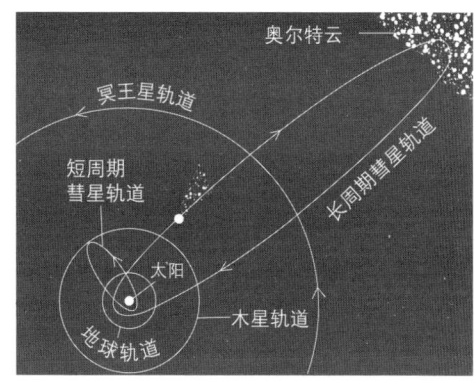

⊙ 彗星的周期及环绕太阳运行图

我们只能在彗星离开奥尔特云飞向太阳的时候看到它们。其中一些如周期性彗星，它们定期返回到天空中来。有大约 135 个短周期彗星，它们在绕太阳的轨道上运行还不足 200 年。长周期彗星返回来可能需要上千年的时间。

⊙ 1986 年拍摄到的哈雷彗星

这是时隔 76 年，也就是哈雷彗星在一个周期内两次重返地球上空时人们拍摄的照片，它又一次证实了周期的正确性。

小行星会不会撞击地球

1908年6月,一个来自太空的火球拖着长达800千米的尾巴在通古斯河谷上空爆炸。这一事件被称为"通古斯事件",它被认为是行星撞击地球引起的。

事实上地球从诞生伊始,便在漫长的年代里不断受到撞击。说起来人类应感谢这些撞击,因为正是由于这些撞击,地球才会有水和其他生命出现所需的有机物质,从而使地球生命的产生和进化成为可能。然而,这些不速之客的光临也造成了像恐龙这种庞然大物的灭绝。

偌大的宇宙太空,天体运行中的"交通事故"经常发生。经研究,彗星和小行星对地球的威胁最大。太阳系的外部边缘是彗星的活动范围,这种活动范围急剧地倾向地球的轨道。不过与彗星相比,太阳系小行星对地球人类的威胁要大得多,毕竟彗星的物质构成还很稀薄。

小行星的构成成分通常是石头、金属或石头与金属的结合物。按所在的空间区域分,主要有以下3类:1.位于火星与木星之间的小行星带。在该区域中,小行星围绕太阳运行,轨迹近似圆形。多数小行星,尤其是最大的小行星都位于这一区域。2.特洛伊小行星群,包括2个小行星群。它们与木星在同一轨道上运行,其中一个小行星群在木星之前60度,另一个小行星群在木星之后60度。这些小行星被以特洛伊战争中的英雄的名字而命名。3.绕太阳运行时穿过地球轨道且自身轨道明显伸长的一群小行星,它们的轨道不规则。这类小行星以古希腊与古罗马神话中的阿波罗太阳神命名。

在上述小行星中,只有阿波罗型的小行星对地球构成危险。这些小行星通常每隔若干年穿越地球轨道一次,它们穿过地球运行轨道时,虽说距离地球相对比较远,但少数的近地小行星仍有可能与地球碰撞。迄今已发现近200颗阿波罗型小行星,而且这个数字还在继续增长。它们主要是平均直径略超过0.8千米的石质小行星,直径从6米到约39千米不等。

天文学家认为,可以排除直径数十米的近地小行星对地球构成的威胁,因为它们往往在与大气摩擦时产生巨大热量,在到达地面之前已经被燃烧殆尽。直径超过100米甚至1千米以上的小行星对地球构成了较大的威胁。直径1千米以上的中等小行星对地球的威胁最大。情况如果发生,会释放出极其巨大的能量。假定一颗小行星撞上地球,它的密度为3克/厘米^3、平均速度为每秒20千米、直径为1千米,那么它所造成的冲击相当于数十亿吨炸药的爆炸力。

100年间,天文学家发现过许多次近地小行星与地球近距离"照面"的情形,真是"险象环生"。1932年首次发现阿波罗型小行星离地球最近时只有2200万千米。1989年,在"1989FC"小行星远

 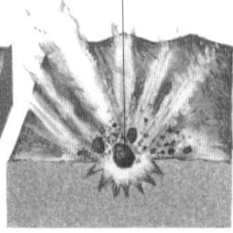 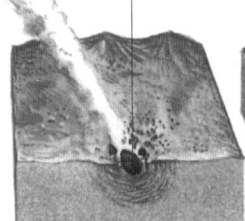 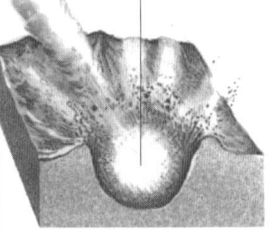

1.陨星爆裂并在与大气层的摩擦中燃烧　2.在撞到地球的时候,陨星外层的岩石粉碎　3.在陨星撞入地球时,冲击波沿地球表面传播开来　4.由高温和高压引起的爆炸将地球表面炸开一个坑

⊙ 陨星撞击地球示意图

小行星撞击地球会产生巨大的能量。如果这种撞击发生在人口稠密区,则产生的破坏力甚至比一颗小型原子弹爆炸产生的威力还要大。人们正加紧科学研究,力争想办法避开体积较大的小行星撞击地球的可能。

离地球半年之后，曾引起一场轰动世界的风波。人人都认为小行星可能会撞击地球，后来证实这只不过是新闻报道的失误，让人虚惊一场。1991年1月，人们发现"1991BA"小行星离地球的距离只是月球到地球距离的一半，仅17万千米，堪称"近地之冠"。"1997BR"是中国天文学家发现的一颗距地球距离小于7.5万千米的近地小行星，其运行轨道与地球轨道相切。像这样与地球轨道相切的近地小行星，是已知的对地球潜在威胁最大的小行星。据科学家预测，在21世纪里小行星与地球"照面"的机会将有7次，这7次都发生在距离小于300万千米的情况下。

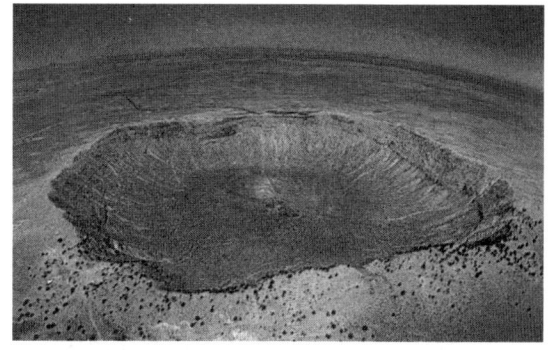

⊙ 美国亚利桑那陨星坑

这是小行星撞击地球的最好例子。从理论上说，会有许多小行星可能撞击地球，但能对地球造成灾难性影响的并不多。

我们只有提前探测到潜在的有巨大杀伤力的小行星并对之进行拦截，或使其偏离原来的轨道从而远离地球，才能避免悲剧的发生。各种各样的方案随之被提了出来。如利用太阳能让小行星"光荣妥协"：安置一面巨大的由超薄片制成的凹面镜在小行星活动区域附近来搜集太阳能，然后利用第二面镜子将能量聚集到小行星上的某个区域，使其发热，在受热不均匀的情况下，小行星会自动转向。甚至有人提出，干脆利用地球上发射的超高能激光，直接推动小行星偏离其轨道。

射电望远镜

1931年，美国无线电工程师卡尔·央斯基第一次探测到了来自外太空(银河系)的无线电波。他用的是类似当时常规无线电天线的由木材和导线构成的自制天线。6年后，另一位美国工程师建造了第一架可控向射电望远镜，并开始搜索来自浩渺宇宙中的无线电信号。

1937年，美国工程师格罗特·雷伯在自家后院建造了一台射电望远镜，由此成为了世界上第一位射电天文学家。雷伯的射电望远镜有一个碟形天线(常被称做抛物面型天线)，天线的直径为9.46米，可接收波长为1.9米的无线电信号。因为无线电波长比光波长得多，所以射电望远镜只有比反射望远镜镜面相应大很多才能达到相似的解析度。到1942年，雷伯利用更短的波长——60厘米——绘制了一幅宇宙射电图。

1946年，英国研究天鹅星座的科学家定位了一个强大的波动射电源，并称之为天鹅座A。到这时，天文学家已经拥有第二次世界大战中研发的雷达微波无线电设备，但是研究射电星系需要性能更强的望远镜。1948年，英国天文学家马丁·赖尔建造了一台射电干涉仪(由两台隔开较远的射电望远镜组成)，赖尔用它探测到了几百个外太空射电源，包括著名的仙后座A。他继续建造了更大型的射电干涉仪，包括1955年建造的由四架天线构成的射电干涉仪。

1957年，世界上第一台大型单座射电望远镜于曼彻斯特大学的焦德雷尔班克实验站并在英国射电天文学家贝纳德·洛弗尔监督

知识档案

1931年	央斯基第一次探测到来自太空的射电信号
1937年	雷伯建造了第一台可控向的射电望远镜
1955年	赖尔建造了一台大型射电干涉仪
1957年	焦德雷尔班克射电望远镜建成
1963年	阿雷西博射电望远镜建成
1980年	新墨西哥州索科罗的VLA(甚大天线阵)建成

◉ 1957年，英国焦德雷尔班克实验站建造了当时世界上最大的可控向射电望远镜。它由电动机驱动，并且能够抵消掉地球自转效应，自动跟踪行星、恒星或地球卫星。

下建造完成。这台抛物面型射电望远镜直径达76.5米。由于跟踪到了前苏联制造的第一颗人造地球卫星"旅伴1号"，这架射电望远镜很快享誉四方。其他大型可控望远镜也在各国相继被建造，包括1961年澳大利亚建造的柏克斯无线电望远镜（直径64米）以及德国埃菲尔斯堡和美国西弗吉尼亚州格林·班克的直径100米的回转式射电望远镜。美国康奈尔大学管理的位于波多黎各西北部的阿雷西博射电望远镜是此类射电望远镜中最大的，为固定在山谷当中的由铝片组成的单口径球面天线，直径为305米，并且在球面的焦点上部用导线悬挂了一台射电接收器。这台天文望远镜从1963年开始启用，期间在1974年和1997年对其进行了改建。

即使再大的碟形天线，它的解析度也是有限的，所以为了得到解析度更高的射电信号，天文学家又把目光转回干涉仪。他们将两台或更多的射电望远镜安装在铁轨上，这样可以容易地变化它们之间的距离。通讯电缆将射电望远镜接收到的信号传输到计算机上来分析和表征（或控制射电望远镜的靶向，尤其是在恶劣天气里显得格外重要）。射电天文学家利用多台相互距离较远的射电望远镜组成一个甚大天线阵（VLA）。1980年，美国在新墨西哥州索科罗国家射电天文台建成了一个甚大天线阵，它由27面直径25米的抛物面天线组成，呈Y型排列，Y型的每臂长32千米，可在6个波段工作，并可作圆偏振（左旋和右旋）和线偏振测量。在厘米波段，最高空间分辨率达角秒量级，与地面光学望远镜的分辨率相当，灵敏度比世界上其他射电望远镜高一个数量级，相当于一台单口径36千米的射电望远镜。美国的甚长基线天线阵（VLBA，1993年建成）由10架射电望远镜天线组成，天线分布在从夏威夷大岛的莫纳克亚山到美属维尔京群岛的圣克鲁斯这一跨度超过8000千米的区域内。VLBA收集到的信号反馈回圣索科罗主基地并进行分析。这样，当初雷伯制作的直径9.6米的碟形天线已经扩展成为一台直径有数千千米长的射电天文望远镜，探测的触角可以延伸到浩渺宇宙中更加隐蔽的角落。

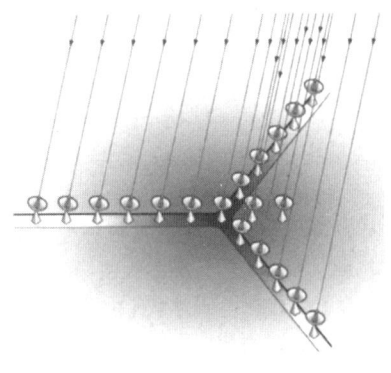

◉ 左图主画面显示了在美国新墨西哥州索科罗圣阿古斯丁平原上的甚大天线阵（VLA）部分景象。上图显示了射电望远镜如何在Y型铁轨上实现移动换位的。

行星探测器

几个世纪以来,伴随着地球围绕太阳旋转的行星一直蒙着一层神秘的面纱,最多也只能从天文望远镜中看到这些行星模糊的轮廓。进入太空时代,天文学家终于迎来了新的契机:人类可以发射各种仪器到其他行星上,并向地球反馈相关数据。

20世纪60年代,前苏联和美国都向火星和金星发射了无人驾驶探测器,这也是登陆其他行星的第一次尝试。美国太空总署在1962年发射的"水手2号"探测卫星飞过金星,首先取得成功。接着,1967年,前苏联"金星4号"空间探测器飞抵金星,在坠毁前向地球发回了一些关于金星大气层的数据。尽管发回的数据比较混乱,但是"金星4号"表明空间探测器摄影技术已经开始走向成熟。"金星7号"探测器于1970年安全着陆于金星,并且成为第一个从其他行星表面向地球传送数据的空间探测器。5年后,"金星9号"探测器进入环绕金星的轨道,然后向金星发射了一台登陆车,向地球发回了金星岩石质表面的照片。"金星15号"和"金星16号"绘制了金星表面的雷达探测地图。1985年,前苏联双子太空船"维加1号"和"维加2号"向金星投放了装在气球上的探测仪,探测仪缓缓穿过金星大气层降落到金星表面。

⊙ 这是一幅艺术家想象的画面:"伽利略号"轨道探测器正在接近土星,它距土星的卫星艾奥的表面只有965千米。艾奥环绕木星的运动受到木星火山活动的影响。

知识档案

1962年 美国太空总署发射的"水手2号"探测器抵达金星
1964年 美国太空总署发射的"水手4号"拍摄了火星照片
1970年 前苏联发射的"金星7号"登陆金星表面
1971年 美国太空总署发射的"水手9号"进入绕火星轨道
1972年 前苏联"金星8号"软着陆于金星
1973年 美国太空总署发射的"先锋10号"掠过木星
1975年 前苏联发射的"金星9号"进入绕金星轨道
1976年 美国太空总署发射的"海盗1号"和"海盗2号"软着陆于火星
1989年 美国太空总署发射的"旅行者2号"抵达海王星

就在前苏联关注金星探测的同时,美国太空总署则更关注火星以及更外层的行星的探测。"水手4号"于1964年、"水手6号"和"水手7号"于1969年分别拍下了火星表面的照片。1971年,"水手9号"探测器环绕火星轨道运行,利用电视摄像机拍摄了关于火星表面景观的细节照片并拍摄了火星的两颗卫星——火卫1和火卫2。火星表面类似贫瘠的红石岩沙漠。1974年,前苏联的"火星5号"进入火星轨道运行了几天,并在电视摄像机损坏之前向地球发回了图像。美国太空总署的"海盗任务"雄心勃勃,"海盗1号"和"海盗2号"在1976年飞抵火星。这两艘探测器均由绕火星运行的轨道飞行器和能够软着陆于火星表面并分析其土壤的登陆车组成。

美国太空总署发射的"先锋10号"探测器是首个飞出太阳系的探测器,1973年,它掠过木星。1973年发射的"先锋11号"探测器在1979年实现了绕土星环的运行。两个探测器都发回了关于木星和土星奇观的照片。1977年,美国发射的"旅行者1号"和"旅行者2号"也把木星和土星作为探测对象,1979年,它们到达木星。"旅行者1号"在1980年到达土星;一年后,"旅行者2号"掠过土星并于 1986 年"访问"了天王星,接着在 1989 年飞抵海王星,发现了围绕海王星的一个环状系统和 6 颗卫星。

不久,美国太空总署在 1989 年利用"亚特兰蒂斯号"宇宙飞船发射了包括"麦哲伦号"在内的多个行星探测器。"麦哲伦号"探测器于 1990 年进入绕金星轨道,"伽利略号"则在 1995 年拍摄了关于木星的照片。来自"麦哲伦号"探测器的数据表明,金星表面遍布陨石坑和火山喷发后的熔岩流平原。但"麦哲伦号"在 1994 年与美国太空总署失去了无线电联系。"伽利略号"是第一个绕木星运行的空间探测器,并探测了木星的多个卫星。1992 年,美国发射的"火星观察者号"在即将抵达火星时没能进入轨道,并在 1993 年与地球失去了联系。但在 1997 年,"火星探路者号"成功登陆了火星,并放出一台小型的火星漫游车,拍摄了 1.65 万张照片,同时向地球发回了火星的地质数据。

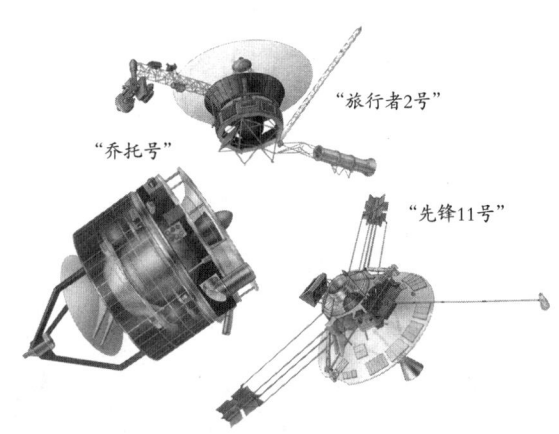

⊙ 1985 年 7 月欧洲太空局用"阿里亚娜 1 号"火箭将空间飞行器"乔托号"送入太空,并于 1986 年 3 月到哈雷彗星内核附近。接着,在 1992 年,它又与周期彗星格利格－斯科耶勒鲁普彗星相遇。"旅行者 2 号"在 1981 年掠过土星并"访问"了太阳系外层的四颗行星。"先锋 11 号"在 1979 年也到达过土星。

绘制月球与火星地图

从 1610 年伽利略将望远镜对准月球开始,天文学家们便绘制了一张张月球地图。随着天文望远镜性能的不断提升,火星也逐渐引起了天文学家的兴趣。其中,最值得注意的是意大利天文学家乔瓦尼·夏帕雷利,他绘制的火星地表图清楚地显示了火星上的"运河",这引起了天文学家们激烈的争论。

伽利略所制造的性能最佳的望远镜也只能够将月球的影像放大至肉眼视觉的 6 倍。尽管如此,他依然绘制了数张月球地表细节图,并且证实月面之所以看起来斑驳不平是由陨坑与山脉造成的。1645 年,佛兰德制图师迈克尔·朗格尔努斯出版发行首张月球地表细节图,并首次使用著名天文学家、科学家的名字命名月球山脉及其他地表特征。例如,他用古希腊著名天文学家喜帕恰斯的名字将月球表面最为显著的陨石坑命名为喜帕恰斯坑。与同一时代的其他科学家一样,他也认为月球表面暗的区域是广阔的海洋,因此将其命名为"海"。尽管如此,科学家们对于月球表面坑的起源仍存在争议,不清楚它们是由古代月球地表火山爆发形成的,还是由彗星撞击月球表面形成的。

1836 年,英国天文学家弗朗西斯·贝利通过描绘并分析"贝利珠"现象得出结论:月球表面存在大型山脉。日食发生时,贝利注意到,尽管月球遮住了太阳,但是在月球边缘却存在一些明亮的小点,如同一串晶盈透亮的水珠,这就是"贝利珠"现象。贝利正确解释了这一现象的成因,即太阳光线穿过月球表面高山之间的峡谷时,产生了"贝

知识档案

1610 年 伽利略绘制月球地表图
1645 年 朗格尔努斯出版发行首张月球地表细节图
1704 年 马拉尔蒂手绘月球冰冠图
1877 年 夏帕雷利火星地表图,显示火星"运河"
1878 年 施密特出版最后一版手绘月面图

⊙ 伽利略于1610年绘制了这张布满陨石坑的月球地表图，并将该图收于其所著的《星际信使》一书中。

利珠"。

1839年，法国绘画及摄影艺术先驱者路易斯·达盖尔使用银板照相法拍摄月球照片。随后，美籍英裔科学家约翰·德雷珀利用银板照相法正式拍摄了几组月球照片。随着科技的进步，更快更好的照相用感光乳液问世，使得拍摄月球更容易。不过在19世纪末之前，根据观测手工绘制月球地表细节图的工作一直没有停止过，这其中包括德国天文学家威廉·罗曼绘制的月球地图，以及于1878年出版的由德国天文学家约翰·施密特绘制的月球地图等。20世纪，科学家们才可以近距离拍摄月球。1945年，美国国家信号公司使用雷达反射绘制月球地图，而更细节化的照片则分别由20世纪50年代前苏联发射的"月球探测器号"以及20世纪60年代美国太空总署发射的"月神号"探测仪发回地球。

火星始终令人着迷，特别是这颗红色星球可能存在生命的说法更吸引着人们。1666年，意大利天文学家乔瓦尼·卡西尼首次指出：火星的南北两极存在冰盖。随后意大利制图师、天文学家吉亚克莫·马拉尔蒂于1704年证实了卡西尼的结论，并手绘了火星冰盖随着火星季节的不同而变化的一系列地图。卡西尼也曾根据自己8年的观测绘制了一张月球地图，并在此后一个多世纪内被奉为标准参照图。火星表面的暗区域也第一次被认为是"海"以及干涸后的"海床"。

1877年，科学家的注意力再次转向火星这颗巨大的红色星球。意大利天文学家乔瓦尼·夏帕雷利绘制了一张火星地表图，并用暗线着重标明了他称之为"沟壑"的区域，不过，翻译成英文后竟变成了"运河"。这使美国业余天文学家波西瓦尔·洛韦尔由此认为这些"河床"是"火星人"开凿的灌溉系统，用于将冰盖融化后的水运送至火星赤道附近的区域。洛韦尔于1905年在亚利桑那州天文台拍摄了首张火星照片。现代天文学家认为火星"运河"仅仅是历史的误会，从美国于1965年发射的"水手四号"以及1971年发射的"火星号"探测器得知：火星"运河"不过是光学幻像而已。而火星两极的冰盖则主要是由处于冰冻状态的二氧化碳组成。

⊙ 这幅绘制于1850年的月球地图较之以前的版本已有很大改进，已经能够将浅色的陨坑以及月球表面的阴暗区（又被称为"海"）——区分并命名。该图出现在由伦敦教育出版机构出版的教学卡片上。

阿波罗计划

1961年,美国总统约翰·肯尼迪宣称在接下来的10年内美国要将一名宇航员送上月球。1969年7月,两名美国宇航员登陆月球,实现了总统的承诺。登陆月球是阿波罗计划的最顶点。

将"阿波罗11号"宇航员载到月球上的宇宙飞船主要由四部分构成:第一部分是巨型多级"土星V"火箭——将整座装置送入太空;然后是"哥伦比亚号"指挥舱,三名宇航员在飞往月球的旅程中将呆在里面;服务舱安装在指挥舱的下面,包括为整个航程提供动力的主推进火箭;在服务舱的下面就是"鹰号"登月舱。宇宙飞船进入地球轨道后,后面"捆绑在一起"的三个舱与火箭脱离,然后飞向月球。进入月球轨道时,登月舱分离并搭载三名中的两名宇航员在月球表面的静海着陆。完成预定的任务后,两名宇航员进入"鹰号"登月舱,登月舱则重返月球轨道与指挥舱对接。在离开地球8天后,指令舱返回地球,利用降落伞缓冲降落进太平洋。

在最终登陆月球前,早期阿波罗计划的任务主要是测试各种发射步骤、火箭和舱体性能,起初在地球轨道,后来在月球轨道测试。1967年1月,第一次阿波罗计划的飞行因发射台起火以失败告终,三名宇航员在火灾中罹难。1968年,美国太空总署进行了三次无人驾驶宇宙飞船的试验发射,然后在1968年10月,"阿波罗7号"搭载3名宇航员绕地球飞行了163圈,以测试指令舱的性能。2个月后,"阿波罗8号"搭载3名宇航员进入月球轨道并绕月球飞行了10圈。1969年3月,"阿波罗9号"在地球轨道测试了登月舱。同年5月,"阿波罗10号"宇航员在绕月球的低轨道测试了登月舱。

最终迎来了"阿波罗11号"。"阿波罗11号"于1969年7月发射,搭载

知识档案

1967年1月 3名宇航员在地面发射台火灾中丧生
1968年10月 "阿波罗7号"进入地球轨道
1968年12月 "阿波罗8号"进入月球轨道
1969年3月 "阿波罗9号"在地球轨道测试登月舱
1969年5月 "阿波罗10号"在月球轨道测试登月舱
1969年7月 "阿波罗11号"着陆月球

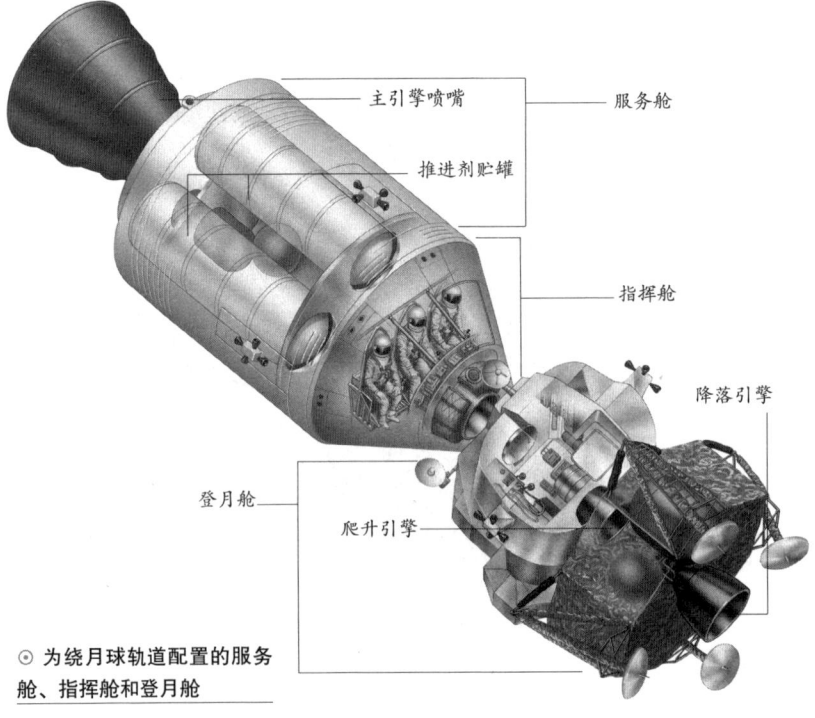

⊙ 为绕月球轨道配置的服务舱、指挥舱和登月舱

◉ 这是一张 1969 年"阿波罗 10 号"宇宙飞船登月舱与指挥舱在月球轨道上分离后从登月舱拍摄到的指挥舱照片。登月舱没有登陆月球,因为这次的任务是测试两个舱体的对接程序。

成员由阿姆斯特朗、埃德温·奥尔德林和迈克尔·柯林斯三名宇航员组成,他们很顺利地抵达了月球。7 月 20 号,阿姆斯特朗和奥尔德林两位宇航员在登月舱内登陆月球,并在月球上度过了 2 个小时,拍摄了大量月球表面的照片并收集了月球岩石样品。他们将美国的国旗插在了月球上,并留下了一块纪念他们具有历史意义的登陆壮举的徽章。

在后来的阿波罗任务中则利用更多的先进设备完成更多更细致的研究,收集更多的月球样品并带回地球研究。1971 年 7 月,"阿波罗 15 号"将一辆月球车送到月球表面。1972 年,美国太空总署最后一次将载人宇宙飞船"阿波罗 17 号"送到月球。

整个阿波罗计划耗资约 250 亿美元,并从月球带回各种岩石样品共计 328 千克,每盎司样品价值 180 万美元。

航天飞机

航天飞机的发展过程是一段喜与悲共存的历史。在这段历史中,既包括美国太空总署取得的举世瞩目的成就,也包括两次最惨痛的灾难事故。

1972 年 1 月,美国正式把包含研制航天飞机的空间运输系统列入计划。美国太空总署想建造一种运载火箭,利用它既可以完成航天任务,还可以自己返回地球上的发射基地。火箭只能使用一次,代价昂贵,而具备上述特点的航天飞机却可以重复使用。科学家起初认为航天飞机一年可以执行 50 次任务,但实际上每年只能重复使用 8 次。

航天飞机主要由三部分组成:外形像飞机的轨道飞行器机身长 37.2 米,装有 3 台以液氧和液氢为燃料的主引擎。巨大的外挂燃料箱内装有补给燃料。两台长 45 米的固体燃料火箭推进器连接在外挂燃料箱两侧。航天飞机的前段是航天员座舱,分上、中、下三层。上层为主舱,可容纳 7 人;中层为中舱,也是供航天员工作和休息的地方,有卧室、洗浴室、厨房、健身房兼贮物室;下层为底舱,是设置冷气管道、风扇、水泵、油泵和存放废弃物等的地方。航天飞机的货舱长 18 米,最大有效载荷可达 27.6 吨,是放置人造地球卫星、探测器和大型实验设备的地方。与货舱相连的还有遥控机械臂,用于施放、回收人造地球卫星和探测器等航天器,还可以作为宇航员太空行走的"阶梯"。

航天飞机发射升空后,所有的五枚火箭(安装在轨道飞行器上的三枚火箭以及两枚固体燃料火箭推进器)全部点燃。两分钟后,外置的两枚火箭推进器脱离机身并借助降落伞落入大海,回收修复后还可以重复利用 20 次。当轨道飞行器进入地球轨道 6 分钟后,机组航天员将外挂的燃料箱脱离机身,燃料箱重新进入地球大气层后烧毁。在任务完成返航阶段,机组航天员将机动火箭点燃使航天飞机减速,然后航天飞机在海拔高度 120 千米处

◉ 航天飞机进入地球轨道后,以 28 160 千米/小时的速度历时 90 分钟环绕地球一周。

⊙ "挑战者号"航天飞机由波音747运输机从德来顿飞行研究中心运送到佛罗里达州的肯尼迪航天中心,准备它的第一次发射任务。"挑战者号"航天飞机在1981年实现了首次太空飞行。截至2005年,"挑战者号"共执行了114次飞行任务。

重新进入地球大气层,距离发射基地8000千米远——发射基地通常是肯尼迪航天中心。轨道飞行器经历滑翔减速,与大气摩擦产生的热量使机翼上的耐热片以及机身迅速达到红热状态。航天飞机经历整个降落减速过程后,在其着陆阶段,减速降落伞使航天飞机进一步减速,速度约为320千米/小时。

美国太空总署已经建造了六架航天飞机。他们利用第一架航天飞机,即1977年的"企业号",做大气层滑翔测试,但从来没发射入太空。1981年,"哥伦比亚号"成为第一架进入地球轨道飞行的航天飞机,接下来就是1983年的"挑战者号"、1984年的"发现号"和1985年的"亚特兰蒂斯号"航天飞机。1986年1月,美国"挑战者号"航天飞机在第10次发射升空后,因助推火箭发生事故而爆炸,舱内7名宇航员(包括一名女教师)全部遇难,使全世界对征服太空的艰巨性有了一个明确的认识。美国太空总署建造了"奋进号"取代了"挑战者号"航天飞机,并在1992年成功发射。2003年2月,载有7名宇航员的美国"哥伦比亚号"航天飞机返回地球时,在着陆前16分钟时发生了意外,航天飞机解体坠毁。事故调查委员会指出哥伦比亚号航天飞机升空80秒后,一块从外挂油箱脱落的泡末损伤了左翼,并最终酿成大祸。经过缜密的修理之后,"发现号"航天飞机于2005年又发射升空。14天后,它返回地球基地,由于天气的原因没能降落到肯尼迪航天中心,而是降落在了爱德华空军基地。

⊙ 发射后(1),航天飞机向上加速(2),2分钟后,两侧的火箭推进器(3)脱离机身,借助降落伞落回地球并回收,以重复使用。约8分钟后,航天飞机进入飞行阶段(4),进入地球轨道并抛离外挂燃料箱(5),燃料箱再进入大气层时烧毁。在航天飞机完成预定任务(6)后开始转向(7),点燃火箭以减速(8),并重新进入大气层(9)。重新调头之后(10),机翼侧转(11、12)以减速,然后进入着陆阶段(13),并滑翔下降(14)至机轮着陆(15),借助减速伞停在预定地点。波音运输机(16)则将航天飞机运回爱德华空军基地,为下一次飞行做准备。

哈勃太空望远镜

自从 1610 年伽利略第一次用自制的望远镜观测月球以来,天文学家就发现地球的大气层限制了观测的范围和清晰度。于是,他们选择在空气稀薄又纯净的高山顶建造天文观测台。1990 年,美国太空总署向太空发射了天文望远镜,天文观测因此不再受大气的干扰。

哈勃太空望远镜以美国天文学家埃德温·哈勃(1889～1953 年)的名字命名,以纪念哈勃在 50 多年的天文学研究中的重要贡献。哈勃太空望远镜由美国国会于 1977 年提出建造,1985 年建造完成,并于 1990 年 4 月由"发现号"航天飞机运载升空。该项目耗资 30 亿美元。哈勃太空望远镜沿着一个距地面 607 千米近乎圆形的轨道在地球上空飞行。在望远镜工作期间,可以通过航天飞机上的航天员进行维修或更换部件,必要时也可以用航天飞机将望远镜载回地面大修,然后再送回轨道。

哈勃太空望远镜为铝制圆柱形,长 13 米,直径为 4.3 米,两块长 12 米的太阳能板为望远镜提供电能。两支高增益的天线将信号发送给位于美国戈达德太空飞行中心的地面控制中心。望远镜的光学部分是整个仪器的心脏,它采用卡塞格伦式反射系统,由两个双曲面反射镜组成,一个是口径 2.4 米的主镜,另一个是装在主镜前约 4.5 米处的副镜,口径 0.3 米。投射到主镜上的光线首先反射到副镜上,然后再由副镜射向主镜的中心孔,穿过中心孔到达主镜的焦面上形成高质量的图像,供各种科学仪器进行精密处理,得出来的数据通过中继卫星系统发回地面。这些经"智能折叠"的光通路尽管只有 6.4 米,但所观测到的效果和具有 57.6 米长光通路的望远镜观测到的效果是相

⊙ 在第二次服务任务(1999 年)中,哈勃太空望远镜从"发现号"的货舱中升起,被送回原来的作业轨道。

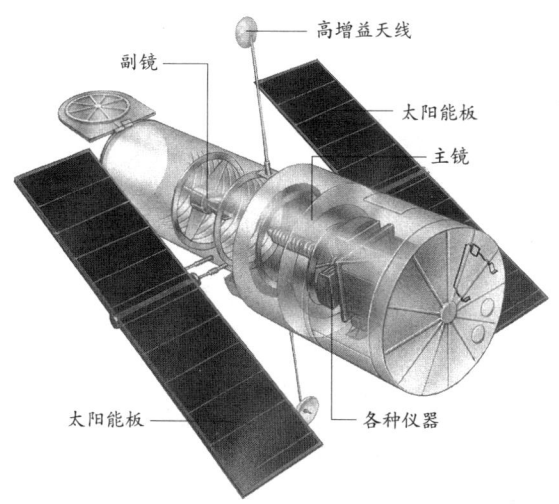

⊙ 光从图中左边的位置进入哈勃望远镜,在主镜与副镜间被反射后,进入位于右侧的各种仪器中,包括用于拍摄行星和恒星的照相机、测量光的亮度的光度计。

知 识 档 案

1977 年　美国国会提议建造哈勃太空望远镜

1990 年　"发现号"航天飞机将哈勃太空望远镜送入地球轨道

1993 年　"奋进号"上的宇航员修正了望远镜的光学系统

1997 年　完成第一次服务任务;安装新设备

1999 年　完成第二次服务任务;安装新陀螺仪

2002 年　"哥伦比亚号"上的宇航员升级哈勃太空望远镜

⊙ 1999年"发现号"航天飞机的宇航员进行了太空行走，对哈勃太空望远镜进行修复。

等的。另外，望远镜上安装了5台不同种类的检测器。

由于在制造过程中人为原因造成的主镜光学系统的球差，哈勃望远镜所拍摄的第一张照片效果很差，所以不得不在1993年12月进行了规模浩大的修复工作。"奋进号"航天飞机上的宇航员用空间望远镜轴向光学修正辅助设备取代了哈勃望远镜上的高速光度计，另外还用新的广视域行星摄影机-2拍摄替代了原来的行星摄影机。成功的修复使哈勃太空望远镜性能达到甚至超过了原先设计的目标，观测结果显示，它的分辨率比地面的大型望远镜高出50倍。

1994年7月，苏梅克-列维9号彗星碎片与木星相撞，这被哈勃太空望远镜拍摄下来并发回了十分壮观的照片。望远镜上装配的光谱仪收集了有关木星大气组成的新数据。到1995年底，哈勃太空望远镜已经可以拍摄(10天可曝光)到宇宙空间中距离地球十分遥远的天体，比如距离120亿光年的昏暗星系。因为地球年龄只有大约45亿年，这意味着所拍摄到的这些遥远的天体是在地球形成之前的样子。

1997年，"发现号"航天飞机宇航员为哈勃太空望远镜修复了一些"心脏"部位的绝热系统，并安装了一些新设备。1999年12月为哈勃望远镜更换了陀螺仪和新的计算机——安装了6个陀螺仪和一台比原来的处理速度快20倍的计算机，还安装了第三代仪器——高级普查摄像仪，提高哈勃望远镜在紫外-光学-近红外的灵敏度和成像的性能。1998年，哈勃天文望远镜在金牛座星系中直接拍摄到了一颗太阳系外行星沿一颗恒星轨道运行；2000年，它所携带的仪器在另外一个与木星大小相仿的太阳系外行星的大气层里检测到了钠元素。

天文学家正在计划建造价值20亿美元的新一代空间望远镜，届时将有口径8米的设备把可见光与红外光天文观测技术联合在一起。这台天文望远镜将会在距地球150万千米的高空轨道上作业。

知识档案

哈勃太空望远镜的最近一次维护

在美国东部时间2009年5月11日14点01分，美国"阿特兰蒂斯"号航天飞机从佛罗里达州肯尼迪航天中心发射升空。在此次太空之旅中，机上的7名宇航员通过5次太空行走对哈勃太空望远镜进行了最后一次维护，为其更换了大量设备和辅助仪器，这些更新主要包括：用第三代广域照相机取代之前的照相机；安装新的宇宙起源频谱仪（COS），取回该处的COSTAR光学矫正系统；修复损坏的先进巡天照相机（ACS）；修复损坏的空间望远镜摄谱仪（STIS）；替换损坏的精细导星传感器（FGS）；更换科学仪器指令和数据处理系统（SIC&DH）；更换全部的电池模组；更换所有的6个陀螺仪和3组定位传感器（RSU）；更换对接环，安装全新的绝热毯（NBOL），补充制冷剂，等等。而这将会是哈勃空间望远镜最后一次的维护任务，会将哈勃空间望远镜的寿命延长至2013年后。届时发射的詹姆斯·韦伯空间望远镜能接续哈勃空间望远镜的天文任务。

地球地理
Earth Geography

地球是怎样诞生的

地球是目前人类所知道的唯一有生命存在的星球，也是目前人类生存的唯一家园。人类在自身不断发展和演化的过程中对其所生存的星球从来就没停止过探索。在浩渺的宇宙中，为何只有小小地球能适合人类居住？地球到底是如何形成的？人们一直在思索着这些问题。

早在远古时代，人类就对地球充满了好奇。那时的人们认为大自然里存在的一切都是由上天创造的，一切都是与生俱来的。西方的"上帝创世说"曾经在相当长一段时间内占据统治地位，人们都相信有一个超乎人力之上的上帝创造了一切。然而，随着人们认识水平的提高和科学技术的发展，人们已经远远不满足于"上帝创世说"那样的答案了。

历史在前进，人类探索的脚步也从来没有停止过。在关于地球起源的各种理论中，比较普遍被人接受且较早就产生的是星云说。科学家们认为在距今约50亿年前，宇宙大爆炸后，太阳系星云收缩，形成了以太阳为中心的太阳系。约4亿年后，地球开始形成。

另外，法国生物学家布丰提出的"彗星碰撞说"曾一度引起人们的注意。法国生物学家布丰在18世纪就创造了"彗星碰撞说"。他认为彗星落到太阳上，把太阳打下一块碎片，碎片冷却以后形成

知识档案

地球之最

最高的山	珠穆朗玛峰(中国与尼泊尔境内)	海拔高度8 844.43米
最大的岛	格陵兰岛(丹麦)	面积217.56万平方千米
最大的沙漠	撒哈拉沙漠(非洲)	面积777万平方千米
最大的洋	太平洋	面积17 968万平方千米
最大的湖	里海(亚洲西部)	面积37.1万平方千米
最高的湖	的喀喀湖(秘鲁与玻利维亚)	海拔高度3 812米
最低的湖	死海(以色列与约旦)	海拔最低-392米
最深的湖	贝加尔湖(俄罗斯)	深度1 620米
最长的河	尼罗河(非洲)	长度6 670千米

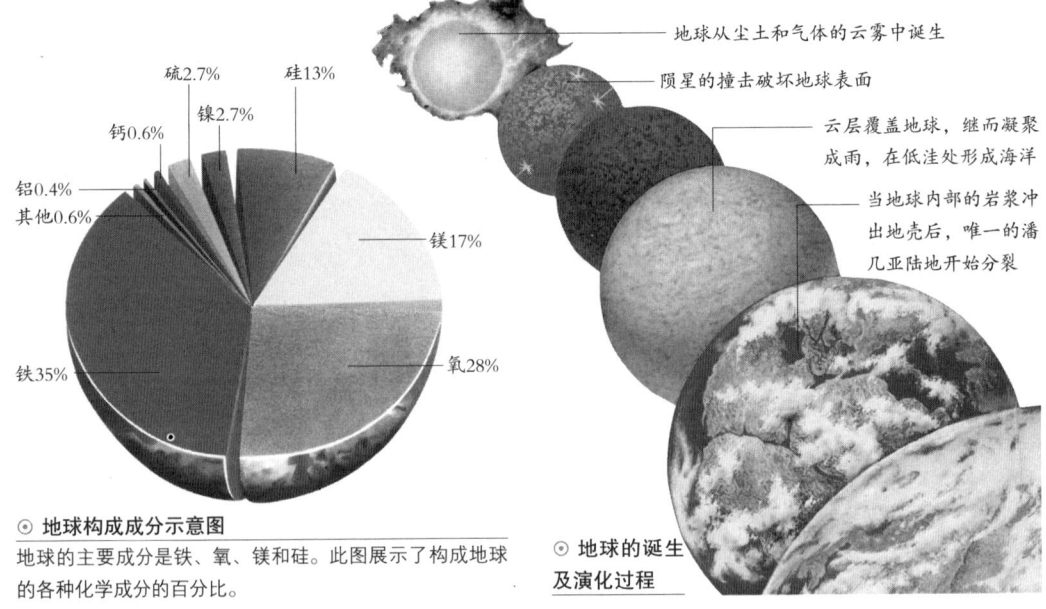

◉ 地球构成成分示意图
地球的主要成分是铁、氧、镁和硅。此图展示了构成地球的各种化学成分的百分比。

◉ 地球的诞生及演化过程

了地球，即地球是由彗星碰撞太阳所形成的。这一学说打破了神学的禁锢。

此后，其他科学家继承和发展了布丰的学说，将地球形成原因的研究又向前推进了一步。

然而，1920年，英国天文学家阿瑟·斯坦莱·爱丁顿却指出，从太阳或其他恒星上分离下来的物质都很热，以至于它们扩散到宇宙空间前还来不及冷却。美国天文学家莱曼·斯皮特泽在1936年证实了这一理论。

1944年，德国科学家卡尔·夫兰垂·克·冯·韦茨萨克对以往的"星云假说"进行了进一步发展，他认为，是旋转的星云逐渐收缩形成了行星。如果把星云中的电磁作用考虑进去，可以解释角动量是以什么形式由太阳转移到行星上去的。

随着人们在该领域研究的不断深入，目前科学家们提出的有关地球起源的学说已多达十余种。除以上两种外，主要还有以下一些学说：

1. 陨星说。1755年，康德在《宇宙发展史概论》中提出了该学说。他认为，陨星的积聚形成了太阳和行星。2. 双星说。此学说认为行星都是由除太阳之外的另一颗恒星产生的。3. 行星平面说。该学说认为所有的行星都在一个平面上绕太阳转，原始的星云盘产生了太阳系。4. 卫星说。该学说认为可能存在着数百个同月球一样大的天体，如海王星、土星的卫星等，它们共同构成了太阳系。

随着人们认识水平的提高和科技水平的进步，人类对地球的形成的认识将越来越深入和趋向统一。我们有理由相信，揭开地球起源之谜并不是一件遥远的事情。

蓝色的行星——地球

地球是太阳系八大行星之一。与水星、金星、火星等他行星类似，地球也是一个大的岩石星球，外面由一层很薄的气体包裹着，这个气体圈层叫做大气层。地球与其他行星也有很多不同之处：从太空中俯瞰地球，地球就像是一颗蓝绿色的宝石挂在空中。地球表面的大部分都覆盖着蓝色的海洋，这使得地球呈现蓝色。地球也是太阳系中唯一一颗在表面有液态水的行星，这种自然环境很适合生物生存，包括动物、植物和微生物，因而地球又能呈现绿色。

从遥远的太空看地球，可以发现地球大约有3/4的部分被海洋覆盖。地球表面高出海平面、由陆壳组成的面积广大的区域为陆地。地球上陆地分为七大洲，依次是北美洲、南美洲、大洋洲、非洲、亚洲、欧洲、南极洲以及许多各种形状的岛屿。

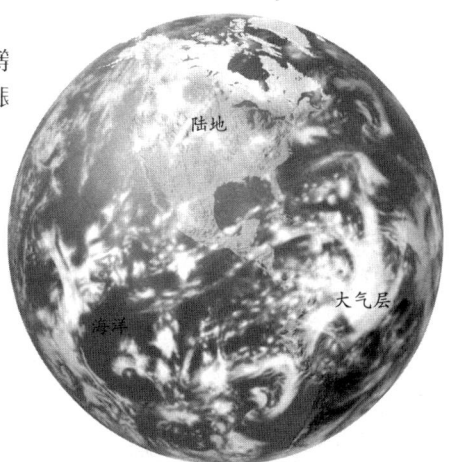

⊙ 从太空看地球，地球上旋涡状的云层、海洋和大陆都可以被观察到。

地球是什么时候形成的？又是怎样形成的？放射性物质发现以后，物理学家们利用物质中放射性同位素的含量来测定年代的方法，测出地球的年龄大约为45亿年。由于在地球上尚未发现早于45亿年的岩石，科学家们据此认为地球是在距今大约45亿年以前的某个时候形成的。陨石的成分是岩石和铁，与地球的成分相同，并且陨石出现的年代与地球几乎是相同的，因而认为地球可能是由大量的陨石碰撞形成的。

地球并不是完全固态的，地震波和火山喷发都反映了地球复杂的内部结构。地球的表面为一薄层的岩石壳所覆盖，地壳是地球最外面的一层，一般厚度为6～40千米。介于地壳和地核之间的部分是地幔，平均厚度为2 900千米。在地幔上分布着一个呈部分熔融状态的软流层，是液态岩浆的发源地，这部分岩浆非常黏稠，因而流动速度非常缓慢。地球的中心部分为地核，外核可能是液态物质，内核的温度虽然高达7 000℃，但由于压力较大，所以仍为固态物质。地核的物质成分同铁陨石相似，所以有时又被称为"铁镍核心"。

构成地球的主要成分是铁、氧、硅和镁等。地壳主要由硅和氧的化合物（硅酸盐）构成，还有其他微量元素，如铝和钙等。就整体而言，所有这些元素按不同的方式结合在一起形成的各种不同的物质就组成了地球。

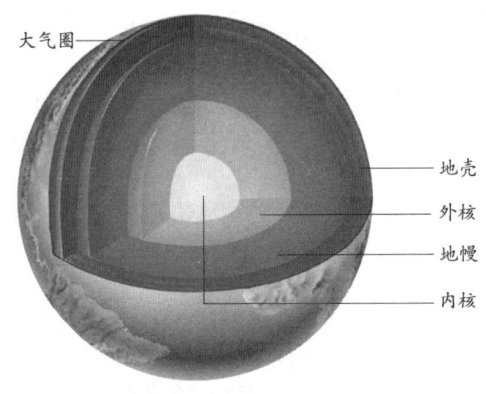

⊙ 地球内部结构示意图

地球的转动

地球不是静止地悬挂在空中，而是一刻不停地转动着，地球自转的平均时速为1 600千米，同时地球还绕着太阳公转，其时速为10万千米。由于万有引力的作用，人们被牢牢吸在地球上，因此无法感知到地球的这种运动，但是人们可以在地球上观测到太阳的位置是不断变化的。正是地球的这种运动

> **知 识 档 案**
>
> 地球自转一周的时间是24小时，极地地区的转动几乎为零，赤道的转动时速可达1 600千米。
>
> 地球绕太阳公转一周叫做1年，1年长365日5时48分46秒。而公历1年长365日，比地球公转周期短0.242日，故每4年增加1日，把这1日加在这一年2月的最后一天，这一年有366日，称为闰年。

产生了昼夜更替和四季变化的现象。

地球绕太阳一周需要365天，而地球自转一周仅需1天。这样就使得地球上总有一面向着太阳而另一面背着太阳：向着太阳的一面是白天，背着太阳的一面是黑夜。由于地球绕着相对静止的太阳转动，因此世界各地都在进行着昼夜的更替，每个地方都有白天和黑夜。地球自西向东转动，由于相对运动的结果，人们看到的太阳是东升西落的。地球自转一周所需要的时间是24小时，因而我们平时所说的一天也是指24小时。

由于地球自转轴不是垂直的，而是与地球绕太阳公转的黄道面有一个夹角，叫做地球自转倾角。太阳在地球绕其公转的一年中会直射地球的不同地方，相应地造成南北半

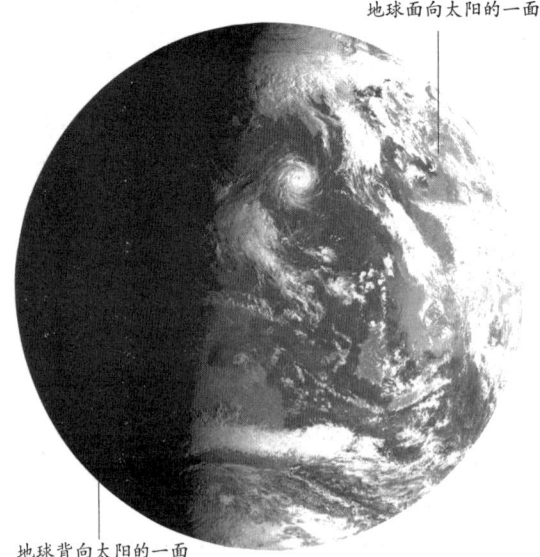

⊙ 这张卫星图片显示：在任何时候总有一半的地球表面是暴露在太阳下的。太阳的辐射能是地球主要的能量来源，为地球提供了充足的光和热，没有太阳就不会有地球上的生命存在。

球接受的太阳辐射不同,所以在这两个区域就会出现四季。当地球的北半球(赤道以北的区域)面向太阳时,北半球接受的太阳辐射增加,就逐渐进入夏季;此时南半球是背向太阳的,所受太阳辐射减少,就逐渐进入冬季。相反,当地球位于太阳的另一侧、北半球背向太阳时,北半球就会逐渐进入冬季,南半球则逐渐进入夏季。地球在绕太阳转动过程中,当两个半球都不能获得更多的太阳辐射时,就产生了春季和秋季。

地球总是自西向东自转,因而东边总比西边先看到日出,东边的时间也总比西边的早。为了克服时间上的混乱,人们将全球划分为24个时区。每个时区正好是一小时。出国旅行的人,必须随时调整自己的手表,才能和当地时间相一致。凡向西走,每过一个时区,就要把表拨慢1小时;凡向东走,每过一个时区,就要把表拨快1小时。伦敦正午12点时,正是纽约上午7点或东京晚上9点。

⊙ 24时区划分示意图

地球气候带

离赤道越近的地方,气候越炎热;离赤道越远的地方,气候越寒冷。赤道地区获得太阳的光热最多,因此赤道地区温度非常高;远离赤道的地区,获得太阳的光热较少,因此比赤道地区温度要低;南北两极接收的太阳光照特别少,因此这些地区非常寒冷。根据这个影响因素,以赤道为界把地球分为3个类型的气候带:热带、温带和寒带。

不同地区的气候取决于这个地区离赤道距离的远近,同时还受到当地海洋、山脉等因素的影响,因此气候类型的划分是一项很复杂的工程。例如,海洋地区比较温暖湿润,而远离海洋的内陆地区则夏天炎热、冬天寒冷。世界上最冷的地方在南极洲,那里只有很少的生物生活,没有人类长期居住。

太阳是地球热量的主要来源。太阳的热量通过辐射的方式传到地球上,在穿过厚厚的大气层时,会损失大量的热。来自太阳辐射的短波可以轻易地穿过大气层,而地球反射出来的长波辐射则大

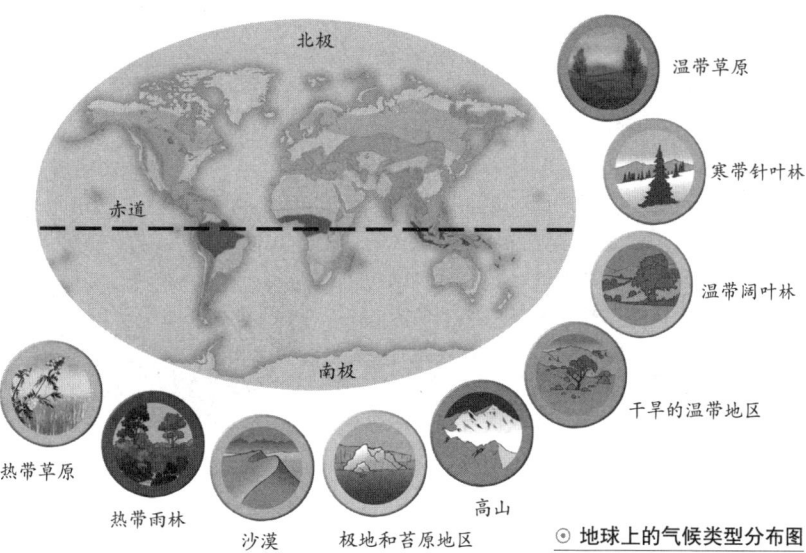

⊙ 地球上的气候类型分布图

95

知识档案

热带

热带地区全年皆夏，年平均气温在27℃左右。热带气候多种多样：热带沙漠地带，常年干旱少雨，日照强烈，气温极高，撒哈拉沙漠就属于热带沙漠气候；有的热带地区，高温多雨；有些热带地区既有闷热多雨的雨季，又有干旱少雨的旱季。在热带雨林地带，年降雨量特别大，热空气中夹杂着大量的水汽在早上聚积并上升形成雷雨云，午后时分，雷雨云越积越多，最终形成降雨。热带地区的植被茂盛，树的蒸腾作用强，空气非常潮湿。

○ 在南美洲亚马孙河流域的热带雨林里，存在着世界上最多的热带植物种类。

部分被大气中的二氧化碳等气体吸收，这就是人们常说的"温室效应"。过去，这种"温室效应"在一定程度上使地球上的温度升高，可以起到一些正面作用。然而，由于工厂和汽车在利用煤和石油燃烧时释放出的温室气体越来越多，气体吸收了越来越多的热量，使得"温室效应"大大增强。科学家们认为温室气体是引起全球气候变暖的最主要原因，与正面作用相比，全球变暖对人类活动的负面影响将更大、更深。

最近一段时间以来，人们生产活动的规模越来越大，对脆弱的地球造成的危害也越来越多，既破坏了大气层又威胁着动植物的生存。汽车和工业装置排放的尾气使空气的质量急剧下降，并且形成酸雨等降水；超音速飞行器和冰箱里释放的气体进入大气层，会使具有调节气候作用的臭氧层受到破坏；农业上使用的农药进入河流；许多种类的稀有动植物已经灭绝；森林锐减；大面积风景如画的乡村随着海平面的上升也逐渐被淹没。

大陆漂移

地球时刻不停地在我们的脚下移动着。仔细观察地图，你会发现，南美洲与非洲本来是连在一起的，南美洲东海岸与非洲西海岸之间的大西洋像是它们之间的一道裂痕。据此，德国气象学家瓦格纳于1924年提出"大陆漂移说"。这一理论认为，在2.2亿年以前地球上只有一块无边无际的泛古洋所包围的超级大陆，称为泛古陆，由较轻的固态硅铝层组成。到古生代以后，泛古陆由于地震的影响开始破碎，碎块在地球自转和日月潮汐力的作用下，逐渐漂移开来，形成了今天的陆海分布格局，并且还一直处于漂移状态。

各板块在其交接部分做相对运动时，有时会做相互分离的运动，即板块分离。炽热的熔岩沿着地壳巨大裂缝溢出地表，冷凝后形成覆盖面广阔的熔岩地带。太平洋正以每年20厘米的速度扩张着。

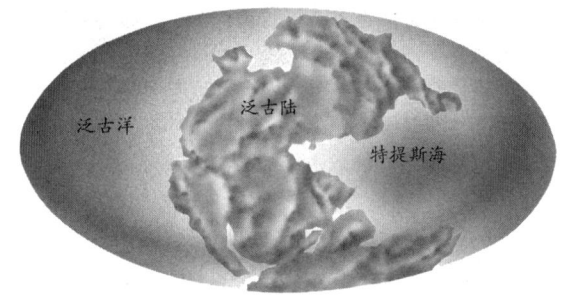

1. 大约2.2亿年前，地球上只有一块超级大陆称为泛古陆，被无边无际的泛古洋所包围。这时泛古洋中一个巨大古海——特提斯海开始向泛古陆扩展。

2. 大约2亿年前，泛古陆以特提斯海为界，分裂为两部分。北面是劳亚古陆，包括亚、欧、北美的古大陆；南面是由南美洲、非洲、大洋洲、南极洲以及印度次大陆拼合而成的冈瓦纳古陆。

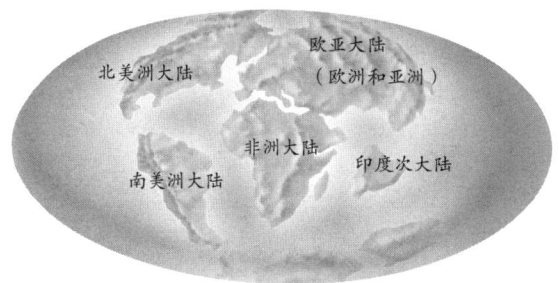

3. 大约 1.35 亿年前,在非洲和南美洲之间开始出现南大西洋,印度次大陆脱离非洲大陆,向亚洲大陆方向漂移,欧洲大陆和北美洲大陆这时仍然是连在一起的。

4. 大约 6000 万年以前,北美洲大陆和欧洲大陆分离,印度次大陆也投入了亚洲大陆的怀抱,大洋洲与南极洲最后分离。经过逐渐漂移,南极洲大陆最后移到了南极地带。

　　板块包括地壳和地幔上部,各板块在其交接部分做相对运动,其中一种是一个板块向另一个板块做俯冲运动,即板块聚合。板块聚合多发生在环太平洋带及地中海—喜马拉雅带。当一个板块俯冲到另一个板块下面时,会在海底形成一道很深的沟。

　　新全球构造理论认为:不论是大陆地壳或是海洋地壳都曾发生并还在继续发生大规模的平移运动。理论认为地球表面的岩石圈的构造单元是板块,全球被划分为 20 个板块地带,其中包括 9 个大板块,还有 11 个较小的板块。各个板块之间相互滑动着,其中大陆板块就像漂浮在水中的木筏一样。

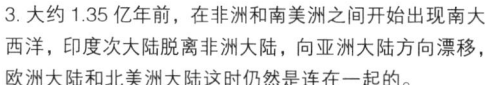

地震

　　当一辆大卡车经过时,人们会感觉到地面在震动。大部分地震都是由于运动引起岩层断裂错位而产生的地壳震动,称为构造地震。地震是地壳岩石的突然变化,地质运动会引起地壳岩层变形而产生应力,岩层变形的不断累积会使应力增大。当岩层应力大于岩层强度时,岩层就会突然断裂错位,并以振动的方式急剧释放长期积累的能量,从而产生地震波。地震波向四面八方传播出去,当达到一定强度时,引起地面震动,即地震。地震可以摧毁一座山,也可以使一座城市顷刻间成为废墟。

　　地震发生较多又比较强烈的地带,称为地震带。欧洲东南部地震带和环太平洋地震带都是著名的地震多发区。通常这些区域小震频繁,每经过一段时间都会爆发一场大的地震。居住在美国加利福尼亚州的人们经常处于地震的威胁中,因为加州处于太平洋板块和北美洲板块的结合处,太平洋板块一直缓缓地向东北方向移动,不断挤压北美洲板块,造成加州地区地质活动频繁。著名的圣安德利亚斯断层是加州地震的最大"肇事者"。1906 年,由于此断层而引发了旧金山大地震,引起的大火烧毁了整个旧金山市区。

　　地震波是指从震源产生的向四处辐射的弹性波。由于地震介质的连续性,这种波就向地球内部及表层各处传播开去。沿地球表面传播的弹性波,是造成建筑物强烈破坏的主要因素。而震中(从震源垂直向上到地表的地方叫做震中)处的弹性波是最强烈的,可以造成更严重的破坏,但是由于这些波向外传播会消耗一定的能量,因此其破坏程度随着距离的增大而得以减弱。

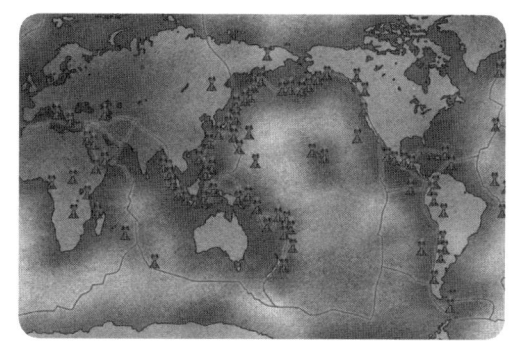

◉ 构造板块的交接地带,极易引起地震和火山爆发。

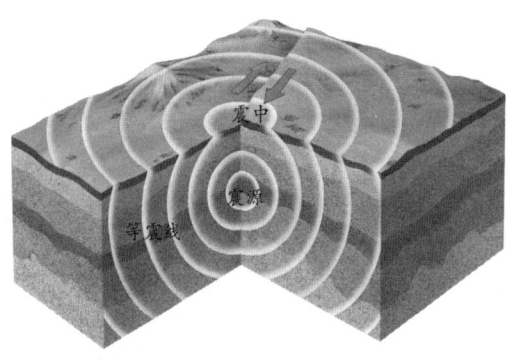

◎ 地震波向四面八方传播，达到一定程度时，就引起地面震动，称为地震。

震级作为一个观测项目，是美国地震学家C.F.里克特于1935年首先提出的。地震有强有弱，用以衡量地震本身强度的"尺子"叫做震级（由于震级标准是里克特提出来的，所以又称"里氏震级"），最低为1级（轻微的小震），最高为大于9级（巨大地震）。"里氏震级"只是一个量级，不能描述地面遭到地震影响的程度，因而地震学家又定义了"麦氏震级"，即烈度。用地震烈度来描述地面遭到地震影响和破坏的程度，用罗马数字Ⅰ～Ⅻ表示，最低为Ⅰ级（Ⅰ级时人几乎感觉不到），最高为Ⅻ级（Ⅻ级时可造成毁灭性的破坏）。

当地震发生于海底时，海底底层发生断裂，部分地层猛然上升或者下沉，使得从海底到海面的整个水层发生剧烈"抖动"，形成巨大的海浪，向前推进，从而造成将沿海地带——淹没的重大灾害。

陆地水资源

地球上水的总量是不变的，水在太阳辐射和重力作用下，以蒸发、降水和径流等方式进行的周而复始的运动过程，称为水循环。雨水降落到河流、湖泊和海洋中，太阳辐射使水分从海洋和陆地表面蒸发（变成水蒸气），从植物表面散发变成水汽，成为大气组成的一部分；水汽随着气流从一个地区到另一地区，或从低空到高空；大气中的水汽在适当条件下凝结，并在重力作用下以雨、雪和冰雹等形式降落；降水在下落过程中，除一部分蒸发返回大气外，另一部分经植物截流、填注等形式滞留地面，并通过不同途径形成地表径流和地下径流，汇入江河湖海。

地球的水储量相当丰富，共有5.25亿立方千米之多，不过淡水资源仅占3%。而在这极少的淡水资源中，又有绝

1. 太阳辐射使水分从海洋和陆地表面蒸发，变成水蒸气，成为大气组成的一部分；
2. 水分从植物表面散发变成水汽，成为大气组成的一部分；
3. 水汽随着气流从一个地区到另一地区，或从低空到高空，变成云；
4. 云承载的重量太大时，大气中的水汽在适当条件下凝结，并在重力作用下以雨、雪和冰雹等形式降落；
5. 降水在下落过程中，除一部分蒸发返回大气外，另一部分经植物截流、填注等形式滞留地面，并通过不同途径形成地表径流和地下径流，汇入江河湖海。

大部分被冻结在南北两极的冰盖中，加上难以利用的高山冰川、永冻积雪和深层地下水，真正能被人类利用的淡水资源是江河湖泊和地下水中的一部分，这些淡水资源被广泛应用于工业、农业、植被以及生活等方面。

大部分河流的源头都是高山上的小溪，溪水在岩石间急速奔流

河水继续奔流向前，小河进一步拓宽变成大河，将上游的沉积物冲刷携带到下游，沉积物沉积下来，形成蜿蜒曲折的河道

小溪从山上急流而下，途中不断有其他的溪流与之汇合，因为有了这些支流汇入其间，小溪变成了小河

⊙ 江河的形成过程示意图

北美洲和欧洲的许多大湖都是约1万年前的冰川活动的产物。它们位于当年被冰川活动反复扩大的河谷中，湖盆主要由冰川刨蚀而成。当大陆冰川消退后，冰水聚积于冰蚀洼地中，形成了冰川湖。包括苏必利尔湖在内的许多大湖都是通过这种方式形成的。

地球的储水量相当丰富，共有5.25亿立方千米之多，其中降水和高山融雪可以有效地补给河流，随河水流入海洋或湖泊中。事实上，河流的补给不仅仅来自降水，在一些比较湿润的地方，即使年降水量非常少，当地的河流依靠地下水的补给，仍然不会干涸。降雨时雨水不仅仅在地表上向四处流淌，同时也会渗入地下补给地下水，地下水遇到岩石阻挡，压力增大，水位逐渐升高，最终涌出地面，形成泉水。

河流流入海洋或者湖泊时，水流开始向外扩散，因流速降低，动能显著减弱，所携带泥沙开始大量沉积，逐渐冲刷成一片向海或向湖深处的平地，从平面上看，外形呈三角形或者扇形，所以称为三角洲，水流在此处发生分叉，形成很多支流。在海水浅波浪作用较强，能将深处河口的沙嘴冲刷夷平的地区，常形成扇形三角洲。非洲尼罗河的入海口就有面积很大的扇形三角洲。在波浪作用较弱的河口区，河流分为几股同时入海，各支流的泥沙量均超过波浪的侵蚀量，泥沙沿各叉道堆积延伸，形成长条形大沙嘴深入海中，使三角洲外形呈鸟状。美国密西西比河三角洲就是一个典型的鸟足形三角洲。

⊙ 分布在每个大洲的最长的河流。（关于河流的长度，不同的资料有不同的说法，主要差异在于如何确定河流的发源地。）

大洋洲最长的河——墨累河

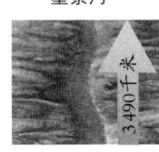
3490千米

欧洲最长的河——伏尔加河

3690千米

北美洲最长的河——密西西比河

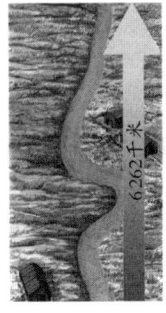
6262千米

亚洲最长的河——长江

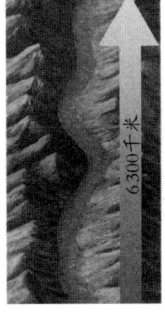
6300千米

南美洲最长的河——亚马孙河

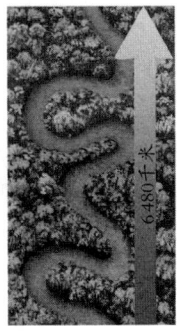
6480千米

非洲最长的河——尼罗河

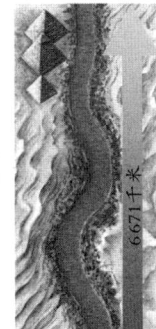
6671千米

如何测定地球的年龄

你知道地球有多少岁了吗？今天的科学家会告诉你，地球至少有46.5亿岁了。可是人类的祖先——猿人，也不过是200万～300万年前才出现的。在人类出现之前，是谁记载了地球的历史，今天的科学家又是怎么知道地球年龄的呢？

我们知道，树有年轮，一棵树生长的年数会在树干横切面上的圆圈数上显示出来，层与层之间的界线非常清晰。与此类似，地球也有"年轮"。科学家测定地球年龄的一个方法就是对地球上岩层的性质和变化进行研究。通过各种不同的岩层，人们可以追溯那些过去年代的情形，也可以追溯一些地方的地质历史。

在20世纪发现放射性元素和它蜕变成的同位素后，人们终于找到了一个比较精确计算岩石年龄的方法。

根据科学方法鉴定出的地球上最古老的岩石是阿米佐克片麻岩，这种岩石是在格陵兰岛西部戈特哈布地区发现的。英国牛津大学的研究人员测定它约有38亿岁，测定时所使用的方法是铷-锶放射性同位素法。不久前，科学家把放射性年代测定法运用到对陨星碎块年龄的测定中，发现太阳系碎屑的年龄大都在45亿～47亿岁间。他们认为，在同一时期，太阳系的成员大多形成了，从而也可以证明地球大约有多少岁了。

澳大利亚地质学家最近发现了一种岩石晶粒，这种岩石晶粒具有41亿～42亿年的历史，它比格陵兰西部岩石至少要早3亿年。地质学家们根据这一发现认为，地球早在46.5亿年前，就同太阳系的其他行星和月亮一起形成了，而且地球在它起源以后遭受到了陨石的重力冲击，时间至少长达5亿年。陨石猛烈的袭击毁坏了地球原始表壳的全部形迹。

在发展过程中，地壳形成了各个不同年代的地层，还有各种岩石保存在各种地层中，它们从低等走向高等，从简单走向复杂。它们留下的痕迹记录并展示着地球不断变化和发展的历史。

地质学家把地球的历史分成太古代、元古代、古生代、中生代和新生代五个时期：

太古代 从地球诞生到25亿年前。那时，地球上是一片广阔的海洋，散布着一些火山岛，狭小的陆地上尽是些秃山。地球上的生命刚刚孕育发生，原始细菌开始繁衍发展。

元古代 距今24亿～6亿年前。这个时候大片陆地出现，海洋藻类和无脊椎动物开始繁衍。

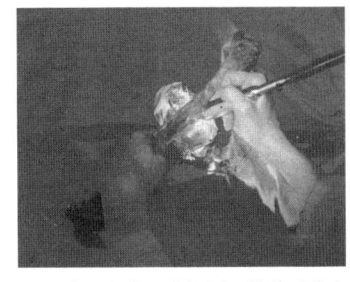

⊙ 一位研究者正在探测一份地质遗迹的岩石样本，以便确定其年代。

古生代 距今6亿～2.5亿年前。地壳剧烈变动，亚欧和北美大陆已形成雏形。最早出现的三叶虫兴盛一时，随后大批鱼类繁殖起来。两栖动物作为陆上脊椎动物之一，已成为当时最高级的动物，爬行类动物和有翅昆虫也出现了。

中生代 距今2.5亿～1亿年前。已基本形成了大陆轮廓，太平洋地带地壳运动剧烈，大山系和丰富矿藏开始形成。这时是爬行动物时代，爬行动物中的霸主是恐龙。原始的哺乳动物和鸟类也在此时出现了。

新生代 1亿年前到现在。一次规模巨大的喜马拉雅造山运动在地球上出现，地球上海陆面貌同现在基本相似了。哺乳动物开始繁殖的时代是新生代的第三纪，第四纪则是人类起源和发展的时代。

随着科技的进步，人类对地球的年龄一定能作出更加准确的测定。

9. 小型哺乳动物（如鼠类）出现
10. 鸟类的祖先——始祖鸟出现（约2.13亿年前）
11. 恐龙大量繁衍，成为地球的主宰
12. 海洋爬行动物出现（如鱼龙和蠕虫等）
13. 地球早期沙漠化出现
14. 针叶树作为高大的乔木取代蕨类植物
15. 开花植物出现（约40万年前）
16. 石油、天然气等矿藏开始形成
17. 喜马拉雅山脉开始形成
18. 大型哺乳动物出现（如黑犀牛）
19. 森林茂盛，是地下煤矿资源的主原料
25. 山脉开始隆起
26. 现代人头骨，表明人类已开始存活于地球上
27. 第四纪冰期出现
30. 白垩纪
31. 侏罗纪
32. 三叠纪
33. 二叠纪
35. 泥盆纪

⊙ **地球的演化**

地理大发现

文艺复兴时期带来了艺术与科学的复苏，同时也见证了欧洲航海家的探险之旅。欧洲的航海家们不再局限于地中海狭小的海域，一方面，他们开始寻找穿越印度洋抵达印度的新航路；另一方面，他们向西穿越大西洋去发现新大陆。

知识档案

1488年 迪亚士航行绕过好望角
1492年 哥伦布抵达美洲
1498年 瓦斯科·达·伽马抵达印度
1519~1522年 麦哲伦率船队完成环球之旅

一直以来，欧洲与印度和中国往来的唯一途径就是陆上的"丝绸之路"——开路先锋是13世纪后叶的意大利旅行家马可·波罗。海上通道未开辟并不是由于人们缺乏好奇心或者胆量，而是受制于当时落后的技术——他们挂着方帆的船只不适合在风向多变的海洋里航行。阿拉伯人似乎有更好的办法，他们的独桅帆或双桅三角帆船能够远航至非洲大陆的东岸。大约在1445年，葡萄牙的造船师制造出了一种多桅快帆船（最早的发明可追溯到1200年），这种船有2~3个桅杆，有一个方形帆及一系列三角帆。这种能抗风浪、易于操控的新型船使得远洋航行成为可能。

海外探险第一人是葡萄牙航海家迪亚士。1487年，他率领一支小型船队从葡萄牙出发，沿着非洲西海岸向南航行。在风暴的推动下，他的船队抵达了大陆最南端的尖角，并绕过尖角，于1488年在非洲东海岸登陆。迪亚士称这个尖角为"风暴角"，以纪念自己这段不寻常的经历，后来被葡萄牙国王多姆·乔奥二世改名为"好望角"。1498年，另一位航海家瓦斯科·达·伽马重复了迪亚士的这条航线，并在绕过好望角后继续北上到达东非沿岸，在穿越印度洋后最终在印度靠岸。达·伽马开辟了一条通向印度和亚洲的新路线，并最终到达了香料岛（摩鹿加群岛）。

在此期间，确切地说是1492年，一位来自热那亚的意大利航海家说服了西班牙国王和皇后，资

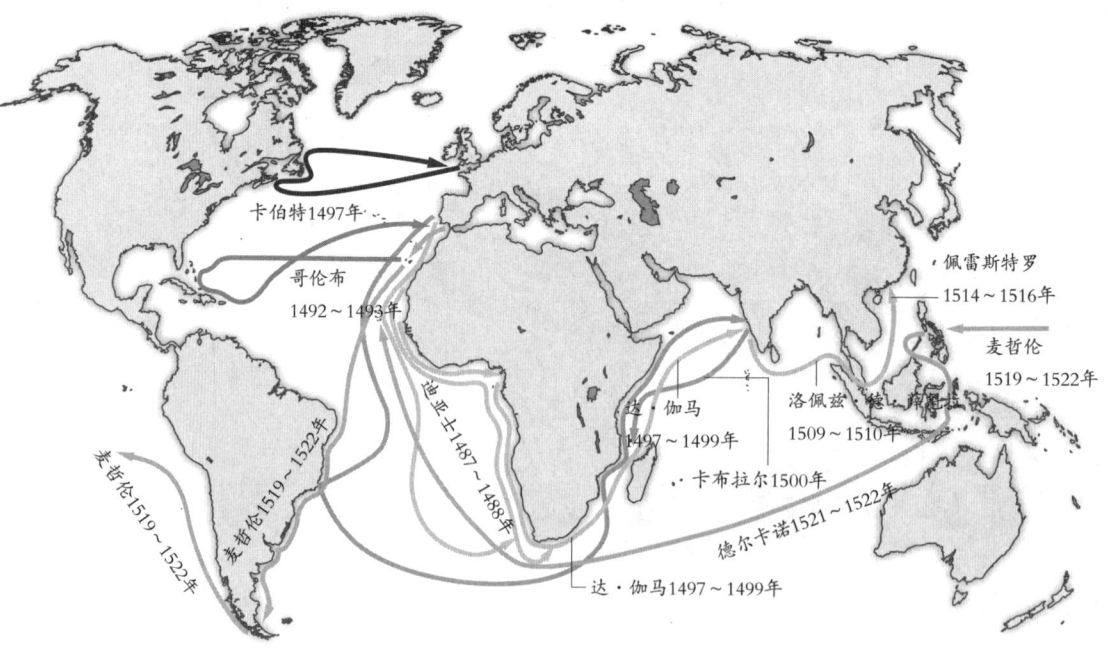

⊙ 大多数早期的探险航行是在1492~1522年这30年间完成的。

助他去寻找一条向西穿越大西洋通往印度的新航线。这位航海家就是哥伦布。与哥伦布同样闻名于世的有3条航船——"圣·玛利亚号"、"尼娜号"以及"品塔号",这些船与葡萄牙的船同属于多桅快帆船。但他到达的地方并不是预期中的亚洲,而是美洲东海岸附近的巴哈马群岛。在1493年哥伦布返航的时候,39人留住在了那里,也就是现在的海地(当时哥伦布称之为伊斯帕尼奥拉岛)。此后他又进行过两次航海:一次是1493~1495年,船队共有17艘船1500人;另一次是1498~1500年。他的第二次旅行到达了中美洲,同时还发现了许多加勒比地区的小岛。第三次远航时,他先后抵达了特立尼达和南美大陆。在他的第四次也是最后一次航海中,他抵达了墨西哥湾。据说哥伦布常依靠恒星,结合德国天文学家雷纪奥蒙塔拉斯在1474年绘制的天文星座表判断航行方向。

⊙ 这是一艘14世纪后叶的轻快小型帆船,与克里斯托弗·哥伦布的旗舰"圣·玛利亚号"属于同一类型。

当向东航行抵达印度成为可能时,人们产生了西行绕过美洲南部前往印度的设想。第一个尝试这个想法的人是另一位葡萄牙航海家费迪南德·麦哲伦,在西班牙国王的资助下,他率领由265名水手及5艘航船组成的探险队伍,在1519年秋季扬帆起航,穿过大西洋南部海域,并成功越过了南美洲南端那个多风暴与湍流的合恩角。为了纪念他,合恩角附近的海峡被命名为麦哲伦海峡。在穿越太平洋时,船队遭遇了恶劣风暴天气,损失了4艘船只。麦哲伦在1521年登上菲律宾某小岛时被当地居民杀死。1522年,船队仅剩下1艘船载着二十几名水手返回西班牙,但他们完成了人类历史上首次环球航行。

随后的一次环球航行发生在1577~1580年,英国探险家弗朗西斯·德雷克驾驶"金鹿号"完成了环球航行。他发动了对西班牙舰队的袭击,同时还援助在弗吉尼亚的殖民者。在一次前往西印度群岛的航行途中,弗朗西斯·德雷克死在了自己的船上。

青藏高原从海底到世界屋脊的变迁

青藏高原被誉为"世界屋脊",然而,你可能不知道,若干年前,青藏高原并不是现在这个样子,而是一片汪洋大海。

青藏高原不仅是世界上最高的高原,同时也是最年轻的高原,它的面积约为250万平方千米,平均高度超过4000米。青藏高原的西南部是巍峨的喜马拉雅山,中间是喀喇昆仑山—唐古拉山、冈底斯山—念青唐古拉山,北面是广阔的昆仑山、阿尔金山和祁连山。

这些高山大都覆盖着厚厚的冰雪,银练似的冰川点缀在群山之间,顺着山坡缓慢地移动。这些冰川正是大江、大河的"母亲",著名的长江、黄河、印度河和恒河等,都发源于此。柴达木盆地是青藏高原地势较低的地方,但海拔也有二三千米。雅鲁藏布江谷地位于高原最低处,但谷地里的拉萨城比五岳之首的泰山还高一倍多。高原上景色优美,广阔的草原上点缀着无数蔚蓝色的湖泊,雪峰倒映在湖中,美丽迷人。岩石缝里喷出许多热气腾腾的喷泉,

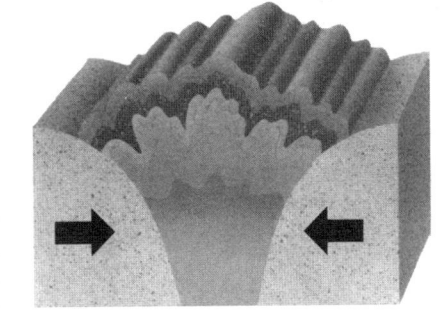
⊙ 褶皱山形成示意图
喜马拉雅山就是地壳上升形成的褶皱山。

⊙ **青藏高原风光**
青藏高原上的冰川是长江、黄河等大江、大河的源头。同时,青藏高原以美丽的风光成为中外游人向往的地方。

附近的雪峰、湖泊在喷泉的映衬下显得格外耀眼。

有意思的是,地质学家在青藏高原层层叠叠的砂岩和石灰岩层中发掘出大量恐龙化石、植物化石、三趾马化石,以及许多古海洋动植物的化石,如三叶虫、鹦鹉螺、笔石、珊瑚、菊石、海百合、百孔虫、苔藓虫、海藻和海胆等。这些古代生物化石的出现,标志着早在 2.3 亿年前,青藏高原曾经是一片汪洋大海,它呈长条状,与太平洋、大西洋相通。后来,由于强烈的地壳运动,形成了古生代的褶皱山系。海洋随之消失了,产生了古祁连山、古昆仑山,而原来的柴达木古陆地相对下陷,成为大型的内陆湖盆地。经过 1.5 亿年漫长的中生代,长期风化剥蚀使这些高山逐渐变矮,而被侵蚀下来的大量泥沙,全部都沉积到湖盆内。

地壳运动在新生代以后再次活跃起来,那些古老山脉因此而重新变成高峻的大山。现今最高的山脉喜马拉雅山就是这样形成的。

难以想象,如今世界上最高的地方曾经被埋在深深的海底。科学家还发现,喜马拉雅山始终没有停止过上升。现在,喜马拉雅山的许多地方以平均每年 18.2 毫米的速度在上升。如果喜马拉雅山始终按照这个速度上升,那么 1 万年以后,它将比现在还要高 182 米。

南极冰盖下的秘密

地球上最冷的地方非南极莫属,这里的平均气温为 -79℃。地球上有记录的最低温度就是在这里产生的——俄罗斯科学考察队员曾测到一个令人吃惊的低温:-89.2℃。

如此低的气温是南极大陆终年为冰雪所覆盖的主要原因。南极大陆总面积约为 1 400 万平方千米,裸露山岩的地方还不到整个南极大陆的 7%,其余超过 93% 的地方全都覆盖厚厚的冰雪。从高空俯瞰,南极大陆是一个高原,它中部隆起,向四周逐渐倾斜,巨大而深厚的冰层就像一个银铸的大锅盖,将南极罩得严严实实。因此,南极大陆上的冰层又被人们形象地称为冰盖。南极冰盖最厚的地方甚至达到了 4 800 米,平均厚度也有 2 000 米。当南极处于冬季时,海洋中的海水全部都冻成了海冰,大陆冰盖与海冰连为一体,形成一个巨大的白色水源,面积超过了非洲大陆,达 3 300 万平方千米。

⊙ 科学家正在取出钻取的"南极冰核"。

南极冰盖及其地下矿藏

南极洲虽几乎全被冰雪覆盖,但矿产资源异常丰富,有黄金、铜、铀和镍等。不过,开采它们比较困难,而且会对极地环境造成较大的破坏。

由于南极大陆的真面目被严严实实地掩藏在冰盖之下,人类想要了解它就更加困难了。但人类的探索欲望是非常强烈的,许多国家都投入了大量的人力和物力组织实施南极科考活动,并取得了一些具有重要科学意义的成果。

经过考察,人们发现南极大陆蕴藏着很多宝贵的资源。如1973年,美国在罗斯海大陆架上发现了石油和天然气。据说南极石油储量十分惊人,仅南极大陆西半部所蕴藏的石油就可能是目前世界年产量的2~3倍。此外,人们还陆续在这里发现了200余种矿物,包括金、铜、铂、铅、镍、钼、锰等金属和钴、铀等放射性矿物。

科学家们认为,既然南极有如此丰富的资源,那么南极大陆在地球早期肯定不会是如此寒冷,那时的气候肯定非常温暖。对于此种推测,科学家们是这样解释的:在1亿年前,地球上存在着一块更大的陆地——冈瓦纳大陆,这块大陆包括现在的南极洲等许多地方。这里气候温暖,成片茂密的热带雨林随处可见。后来,海底扩张,大陆漂移,一部分大陆变成了今日的非洲、南美洲、大洋洲、印度次大陆;而另一部分则继续向南漂移,成为现在的冰雪世界——南极大陆。

人们发现,在南极冰层中还隐藏着无数的秘密。各国的科学家们每次到南极考察都有不少的收获。他们曾在冰层里发现了来自宇宙的类似于宇宙尘埃的宇宙空间物质、实验原子弹时的人工反射性降落物、陨石以及各个时期人类留下的垃圾等。为了弄清楚这些物质的分布状态,人们对冰层的各部分进行垂直取样。通过分析,发现了许多极具研究价值的信息,为人类研究地球和宇宙的关系,以及近年来地球的污染程度提供了科学依据。此外,科学家们还可以通过分析冰层中所含的气体成分,了解地球古代和现代空气的成分及其变化等情况。

我们常常可以看到媒体对科学家赴南极考察的报道会用到这么一个词——"钻取冰核"。为什么要在南极冰原上钻取冰核呢?原来,各个"冰期"以及火山喷发、风雨变化都会在冰原中留下痕迹。科学家认为,如果能充分地了解这些信息,那么人类就可以预测以后的命运了。南极冰盖是在低温环境下经过千百万年的日积月累形成的,因此,人们在这里可以发现大量的地球演变信息,这里就像是一个珍贵的地球档案馆,成为各国科学家向往的"天然研究室"。他们通过对从南极冰盖2083米深处取出的冰芯进行分析,得出了其中的氧同位素、二氧化碳、尘埃以及微量元素等信息,揭示了最近16万年中地球气候变化的情况。

更为神奇的是,科学家在冰层中居然找到了细菌的影踪。美国科学家宣布,他们在南极腹地很深的冰层下找到了细菌生存和繁衍的证据。这种类似于放线菌的菌种是在南极孚斯多克湖上面的冰层里被发现的,这里也是俄罗斯科考人员测量到地球上最低气温的地方。科学家认为,这种细菌通常生活

● **南极冰山形成示意图**

南极大陆的冰原,大体呈一盾形,中部高四周低。在重力作用下,每年有大量的冰滑入海中,在周围的海面上集结成广阔的陆缘冰。这些冰山随风和洋流向北漂移,在寒冷的季节甚至可漂到南纬40°。

在土壤里,可能是随着小块土壤被风刮到湖泊里并被埋在了那里,或者它们原本就长在湖里,后来被冰冻结在那里,永远也出不来了。据介绍,这些细菌可能已在湖里呆了50万年以上了。

冰雪的覆盖给人类了解南极造成了很大的困难,那么,如果冰减少或消失是否就会改变这种情况呢?如果真的发生了这种情况,那对人类来说将是一场巨大灾难。根据科学家的计算,如果南极冰盖完全融化,那么海平面将平均升高50~60米。如此一来,地球上许多沿海的低海拔地区将会成为一片泽国。

近年来,地球变暖的问题引起了人们的关注。人们对此进行了各方面的探讨,南极——地球的冰库自然也在人们的考虑范围之内。人们担心南极冰层是否会因大气变暖而融化消失。科学研究表明,现在南极大陆与2万年前的冰川活动极大期相比,西部的冰层减少了约2/3,全球海平面因此升高了11米;而在南极大陆的东部冰层厚度则没有多大变化,既没增多,也没减少。

尽管导致冰层减少的因素很多,但有一个重要因素几乎已经为全世界所公认,那就是全球变暖。在整个20世纪,地球的平均气温上升了0.6~1.2℃。南极大部分地区的温度升高得更快,变暖情况更为严重。其中,温度升高最快的是与南美洲毗邻的南极半岛。这片向南美洲方向延伸、长度超过1500千米的狭长陆地,气温竟然上升了约10℃,是地球平均水平的10倍!南极变暖的情况在过去的50年里尤为严重,南极半岛上至少有7个大冰架已消失了,其中包括一个存在了2000多年的冰架。对此,一些科学家发出了严重警告:南极洲一些地区的冰层正在飞快地消失,人类从事的过度的工业活动违背了自然规律,导致地球气候变暖的情况越来越严重,这样下去后果将不堪设想。

目前,全世界的海平面每年都以2毫米的速度上升,各国科学家纷纷对此进行了研究。美国哥伦比亚大学拉蒙特多然蒂地球观测站的斯坦·雅各布认为,导致海平面上升的一个重要原因就是南极冰层的融化。如果真像这些科学家所断定的那样,气候变暖造成了海平面的大幅度上升,那么,南极西部冰原终将受此影响而坍塌。

美国地球物理学家罗伯特·宾德斯查德勒多年来一直在研究冰川。据他猜测,南极西部冰原数千年来一直处于坍塌的过程中。同时他还承认,南极西部冰原的坍塌并非杂乱无章,而是呈有序性;他还预测,西部冰原会在一千年后完全坍塌。

冰原坍塌的过程早已开始的观点也得到很多研究人员的认同。美国科罗拉多州博尔德国家冰雪研究中心的研究人员泰勒·斯坎姆分析了卫星图像后说:"我看到一个冰原正在坍塌。"不过,他认为造成冰原坍塌还有许多未知因素,各种变化只有经历数千年的时间才会显现出来。以上各种论断孰是孰非,目前科学界尚无权威定论。

在研究了过去150年的气候资料之后,科学家说:"气候是头愤怒的野兽,我们正在惹它发火。"这绝对不是危言耸听。因此,人类不仅要开发南极,更要致力于保护南极。

煤是怎样形成的

长久以来,煤一直被人们用做主要的燃料。较之人类一开始使用的燃料比如木头、柴草,煤的耐久性要好得多。那么,煤是怎样形成的呢?

其实煤并非石头,煤是由远古时代的植物转化形成的。人们曾发现过保存相当完好的植物化石,竟埋藏在煤层附近的岩石中,也曾在煤层中发现过保存完好、已经煤炭化的大树干。如果在显微镜下观察切成薄片的煤,就能清楚地看到某些植物组织就在煤的薄片中。有人对于煤炭燃烧放热的原因进行化学分析得到这样的结果:煤之所以可以燃烧放热,是因为它含有氢、碳等化学元素,而这些都是易燃物质。而且化学分析也证实了煤是由植物演变而来的这一事实。

可以这么说,煤燃烧时放出的能量,是亿万年前蓄积起来的植物所固定的太阳能。

煤的形成时间大约在3亿年前,那时候在炎热和多沼泽的潮湿地带生长着大片茂密的蕨类植物。在大约1亿多年的时间里,这种蕨类植物繁茂生长的状况一直持续着。当然,植物到一定年龄就会死亡。而死亡的原因也是多种多样的,有由于风暴和雷电造成的树木死亡,也有由于野兽的袭击造成的树木死亡,也可能成片的森林在火灾中毁于一旦,更多的是因为衰老而死。日积月累,死去的植物被埋藏在土壤之下,经过细菌和微生物的分解作用,形成有机物质,成为一层厚厚的黑色或褐色的泥炭或腐泥。随后新生成的泥炭或其他沉积物又覆盖了先前生成的腐泥,随着频繁的地质

①史前沼泽
煤形成于3亿年前的沼泽地。枯死的树和其他植物倒在水里,被泥覆盖。

②泥炭
植物残骸埋于地下,长年累月慢慢变干,形成泥炭层。这是一种能从地下挖到的燃料。

③褐煤
泥炭层被盖住后被热量和压力变成了褐煤。这是一种能在露天煤矿开采到的燃料。

④黑煤
黑煤包括烟煤和无烟煤两种。地表下的高热和巨大的压力使埋藏于较深层的泥炭变成了较软的黑煤。

◉ **煤的形成及种类**
煤主要是亿万年前植物的残骸,由于埋在地下深浅的不同,形成了泥炭、褐煤、烟煤及无烟煤等多种。

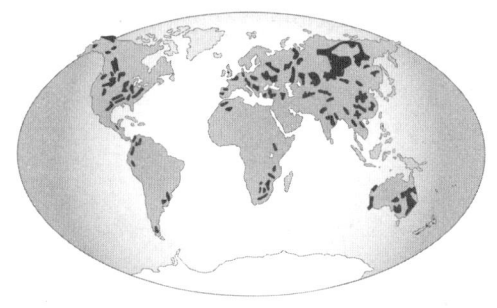

⊙ 煤在全球分布图

煤是由植物或其残骸埋在地下经历千百万年高温高压后形成的。图中棕色部分是煤的分布区域，其中俄罗斯和北美洲等地区煤的分布最集中。

运动，这些泥炭被深深地埋在地下，并和空气完全隔绝开来。在缺氧的情况下，微生物是无法生存的，于是分解作用停止了。经过漫长的年代，在高温高压的环境下，泥炭便慢慢变成又硬又黑、看起来像石块的固体。此时，它已经和原来的木头形状完全不同了，但它的燃烧性没有改变。人们重新给它命名叫煤。

这就是煤的形成过程。远古时代的绿色植物，进行光合作用聚积了大量的太阳能。沧桑巨变，经过了亿万年，这些植物在地质作用下变成了煤。煤炭燃烧的时候，亿万年前储存的巨大能量就又被释放出来了。

石油来源于动物遗体吗

石油是当今世界最主要的能源和化工原料。人类使用石油的历史可追溯到2 300多年前。据史料记载，早在公元前3世纪，中国四川省就已经有人使用石油和天然气做燃料来烧烤食物、取暖和照明了。但是当时人们对石油的认识十分有限，大规模地开采石油并用于工业生产始于19世纪。现在，人类的衣食住行都离不开石油，人类已进入了"石油时代"。自美国开凿了世界上第一口油井至今，开采出来的石油已经有数千亿吨。

长期以来，在有关石油成因的问题上形成了两大派别：无机起源说和有机起源说。无机起源说的代表人物是德国地理学家洪堡和俄国化学家罗蒙诺索夫，他们都认为石油源于无机物。然而，由于化学家无法用无机起源说解释石油的复杂化学成分以及油田的实际地质分布，所以现在支持这一观点的科学家越来越少。

有机起源说形成于19世纪中叶。该理论认为，在远古时期，海洋中主要是低等生物，这些单细胞生物的主要成分是碳、氢、氧。这些海洋生物死后，其遗体沉入海底，被泥沙覆盖，空气被隔绝，在细菌的作用下发生着各种化学变化。经过漫长的演变，这些低等生物变成了石油。随着油田地质和石油化学研究的深入，这种观点为越来越多的证据所证实。例如，石油具有成因于生物的有机物质才具有的旋光性；石油中含有的"卟啉"与植物的叶绿素和动物的血红素相似；植物的光合作用可以解释石油中碳-12的含量高于碳-13的原因……尤其

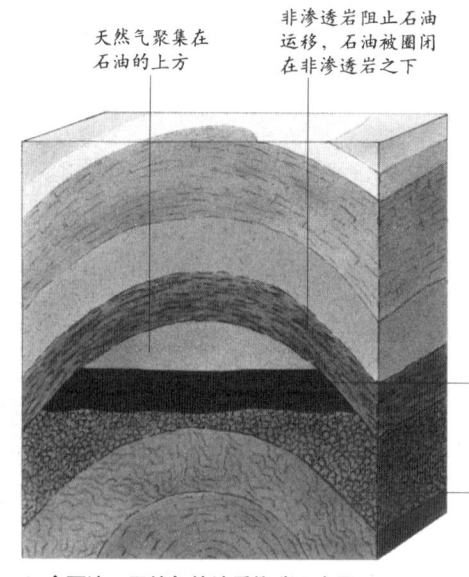

⊙ 含石油、天然气的地质构造示意图

有力的证据是,世界上99%以上的油田都产在与生物作用关系密切的沉积岩中。因此,从20世纪50年代起,有机起源说已被学术界公认。当然,在有机起源说内部仍存在着许多分歧,有待科学家的进一步探索。

需要特别指出的是,由于宇航事业的发展,近年来在无生命存在的星体上确实发现了类似石油和可燃气的物质,石油地质勘探水平的提高也使人们认识到地壳深处存在油气补给源,所以"无机成因说"又对"有机成因说"提出了严重的挑战,受到越来越多的科学家的重视。

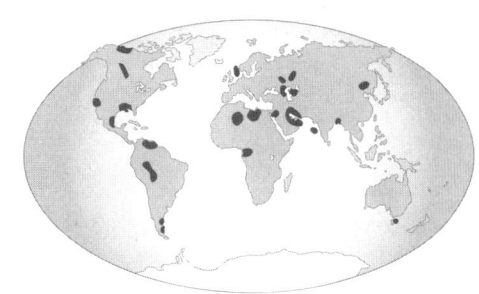

⊙ 石油在全球的分布图

和煤一样,石油也是亿万年前葬身海底的植物及小动物的遗体腐烂以后被深埋地下,经过千万年的高温高压才形成的。图中黑色部分是石油的分布区域,其中亚洲和非洲地区石油的分布最集中。

两大派别两种学说对峙至今,而且愈演愈烈。我们期待着科学家能早日解开石油成因之谜,给人们一个准确的答案,在能源日益紧张的今天,这无疑将会是一个好消息。

闪电是怎样形成的

雷电在古人的眼中是超自然力量的象征,他们不明白其中的原因,因此对电闪雷鸣十分恐惧,认为那是"上帝"、"天神"对人类不满、发怒而形成的。到了近代,人们才真正开始了解雷电产生的原因,许多人孜孜不倦地探索试验,有的甚至为此丢掉了性命。

19世纪美国科学家富兰克林所做的那个著名的风筝试验,证实天上的电与地上的电实质相同,从而使人类在对雷电的认识上迈出了关键性的一步。人们这样解释:携带正电荷与负电荷的两种高电压云团在空中相撞,产生电火花,这就是闪电。这种碰撞可以释放出很大的能量,声光俱备,撼人心魄。如果碰巧的话,闪电会导向地面,对人、畜、树木以及建筑物构成危害。可是云层本来是中性的,怎么会产生大量的正、负电荷呢?

弄清楚正、负电荷分离的原因是了解闪电成因的第一步。科学家们发现,在一般情况下,只有在达到0.6米以上的厚度时,雷电云层才会产生闪电。带负电荷的往往是温度很高的下部云层,而带正电荷的往往是温度很低的上部云层。当正、负电荷之间的电场足够强时,绝缘层就会被击穿,于是就产生了闪电。但是,是什么力量使正、负电荷分开的呢?

起初,不少科学家认为这可能与降雨有关。他们认为降雨时,以大雨滴或是以冰粒形成的倾泻而下的雨水,往往带负电荷。而云层上面则会积聚带正电荷的小尘粒和冰晶的微粒,形成了足以引起闪电的电场。美国一些科学家为了检验这种说法是否正确,用雷达来测试闪电之后降雨

⊙ 一般情况下,像空气这样的气体并不导电,因为空气中没有带电荷的原子和分子。不过,气体受热或遇到强电场时就会导电,这种情况下,中子从中性原子和分子上被剥离下来,形成等离子体。等离子体是由不带电的离子、中子和正离子组成的高温混合物,等离子体中带电荷的离子可以导电。

⊙ 叉状闪电

叉状闪电开始于"先导闪电"，采取最容易的通路以每秒100千米的速度呈锯齿状伸向地面，为带电的空气开辟了一条立即回复放电的通路，这种回复放电亦称主体闪电。

速度是否有变化。但是试验并没有朝着他们所想的那样发展，于是这一说法被彻底否定了。

也有人提出，充电过程最初是在冰雹与冰晶或极冷水滴撞击时产生的。冰雹块被撞裂开后，便在云层的上部集中了带正电的轻冰粒，而较重的带负电的冰粒下降，在云层下方形成负电荷。这种说法不全面。因为，如果单用降雨来解释闪电，那么，闪电为什么经常发生于降雨之前，而不是在降雨之后或降雨过程中呢？另外，火山爆发时也会产生闪电，这又是为什么呢？

有人认为电荷产生在雷电云层之外。大气中过量的正电荷被吸附到上面的云层中，在这个过程中云层本身又吸附了自身上方大气中的负电荷，但由于气流的作用，负电荷又被裹挟而下。正是由于这种上下的剧烈运动，使得正电荷在上，负电荷在下，正、负电荷分开，最终形成闪电。然而，这一假说只是猜测而已，并未得到证实。

闪电这种自然现象虽然很平常，但要真正解释清楚它还真不容易。一些科学家指出，要解释闪电现象，必须更多地了解雷电云的内部作用过程。

彩虹中隐藏的秘密

炎热的夏季，一场大雨过后，天空中常常会出现一条瑰丽多彩的长虹，勾起人们无穷的遐想。那么你知道这美丽的彩虹是怎么形成的吗？

最早尝试以科学的方法解释虹的形成原因的是意大利学者多明尼斯主教。1624年，他用自然科学的知识解释虹形成的原因。后来，法国科学家笛卡尔也做过这个尝试。他在水池旁边看到水池上面出现的人造虹，受到启发，使用装有水的玻璃球进行了实验，并在1637年发表了关于虹的形成原因的文章。他的结论已经较为科学，即虹是由于太阳光射入空中的水滴内发生反射和折射的结果。但是，他依然没有弄清虹的颜色是怎样形成的。直到17世纪60年代，牛顿发现太阳光通过三棱镜的色散现象后，虹的秘密才被彻底揭开了。

300多年前，捷克斯洛伐克的一位科学家将3块大小、形状相同的玻璃组合成三角柱形，放在一扇窗户的对面，当透过关闭的百叶窗上的缝让太阳光从中间射向三棱镜时，一条红、橙、黄、绿、蓝、靛、紫的彩色光带出现在对面墙上，这条光带同自然界产生的虹的光带一模一样。这一现象引起了英国科学家牛顿的兴趣，为了弄清这个问题，牛顿曾多次做过光的实验。他发现阳光透过三棱镜时，由于发生了折射，光

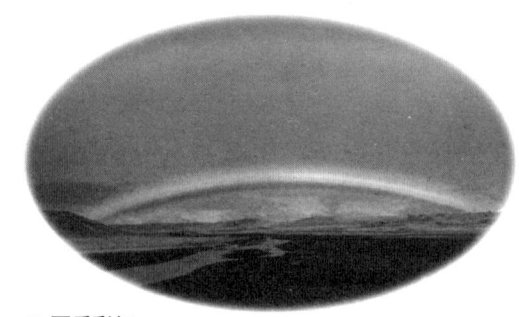

⊙ 雨后彩虹

的方向便发生了改变。同时，由于各色光的折射程度不一样，紫光最大，红光最小，所以白光就在三棱镜的折射作用下分解成7种颜色的光带了。

有些时候，天空中会出现一些很奇特的虹。如1948年9月，在列宁格勒涅瓦河上空出现了一个奇特的现象：4条美丽的彩虹同时挂在空中。刚开始的时候，天空中突然出现了一条长虹，与此同时，在它上方不远处又出现了一条色彩排列相反的虹。几分钟后，一条细窄的虹在主虹内侧出现，接着第4条虹又出现了。后两条的宽度约为主虹的1/4，除深红色带较鲜艳外，其余的色彩都较淡。15～20分钟后，4条虹便先后消失了。

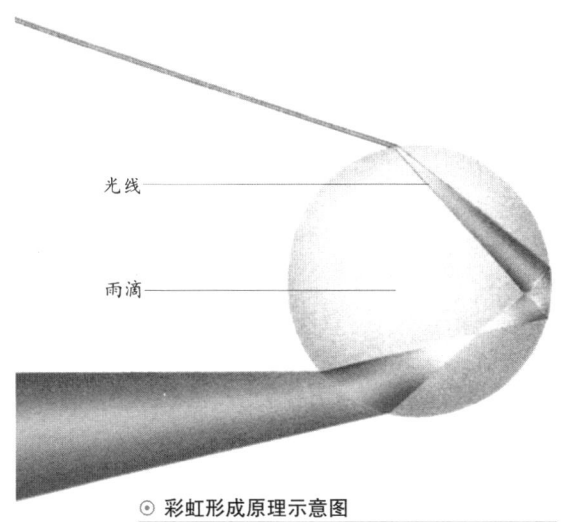
⊙ 彩虹形成原理示意图
穿过雨滴的光线在进出雨滴或水滴时发生了折射。

这种奇异的景象引起了气象学家的关注，因为它很难用普通的原理加以解释。科学家们在考察之后，终于明白了其中的缘由。原来列宁格勒涅瓦河上的4条虹同时出现，是因为最初形成的虹在河湖的反光作用下，经过层层的反射和折射，形成了反光虹。

除此之外，还有一种绚丽的彩虹也很奇特，它飞架在峭壁之间，经久不散，十分美丽壮观。这种彩虹通常只出现在飞流直泻的瀑布边，瀑布隆隆作响，水沫飞溅，烟雾蒙蒙，每到日出或日落时分，在太阳光照射下，一条彩虹便会挂在半空中，这种虹也是由于太阳光照射到瀑布飞溅出的水滴上，经过反射和折射而形成的。

不仅太阳光能形成虹，月光也会形成虹。要想看到月虹，最好是在海边，选择一个满月的夜晚。在月光照射下，海风吹来的大量水汽，会反射和折射月光，形成夜空中的彩虹。这也是一种美丽的自然现象。

知识档案

光的反射和折射定律

光的反射定律：1.反射光线和入射光线、界面的法线在同一个平面内，反射光线和入射光线分别位于法线的两侧；2.反射角等于入射角。

光的折射定律：1.折射光线跟入射光线和界面的法线在同一个平面内，折射光线和入射光线分别位于法线的两侧；2.入射角的正弦跟折射角的正弦之比是一个常量，即

$$\frac{\sin i}{\sin r} = 常数（i为入射角，r为折射角）$$

⊙ 晴天出现的彩虹

雾的种类与成因

雾与云、雨、风、雪一样,是气体运动、温度变化等因素共同造就的天气状况的一种。雾能形成朦胧迷幻的美景,也可能造成意外事故,影响人的正常生活。

重庆是世界上雾日最多的城市,全年平均有 103 天是雾日,最多达 206 天,平均算起来二三天就有一天是雾天。尤其是冬春两季总是雾霭蒙蒙。整个山城早晨雨雾茫茫,到中午才渐渐消散,露出本来的面貌;常常接连数日都被迷雾笼罩着。

北美洲东部的纽芬兰岛附近,也是世界上雾特别多的地方,最多的月份,每月平均有 20 多天是雾天。

曾有"世界雾都"之称的英国伦敦,过去平均每 5 天就有 1 个雾天。一旦大雾

⊙ 平流雾

雾和薄雾常常在河面或海面形成。在寒冷的清晨,从河面或海面蒸发的水汽会凝结形成薄雾。有时暖空气吹过寒冷的海面或河面,便会生成一种称作平流雾的雾,这种雾紧贴水面,夹在海面和暖空气之间。如果周围地势低平,平流雾就会沿地面推进。

发生,常常连续数天也不见消散,严重的"雾害"就是这样造成的。这时就算有光,10 米之外还是看不清东西,能见度很低。汽车像蜗牛般爬行,船不鸣笛就不敢前进。满眼迷雾,街灯也失去了作用。近年来,伦敦政府采取了一系列环保措施,伦敦上空的灰黄色的浓雾和滚滚的黑烟已经很少见了,城市面貌有了很大的改善。

在我国,峨眉山是雾日最多的地方。峨眉山的雾,景观奇异。因为山顶山麓少,云雾只缭绕山腰,动如烟,静如练,阔如海,轻如絮,白如棉,人们置身山顶,眺望脚下雨雾弥漫、云飞雾罩的胜景,仿佛身处仙境,奇幻缥缈。据统计,1953~1970 年间,峨眉山平均雾日达每年 323.4 天,最多的一年达 334 天,最少的一年也有 309 个雾日。说峨眉山几乎天天有雾是不过分的。

那么雾是怎样形成的呢?雾大多发生在冬、春两季。雾的形成一般是这样的:大气中所含的水汽遇冷,冷却到一定温度,就会形成露点,露点凝聚便会形成雾。

我们通常把雾分成 3 种:辐射雾、平流雾和蒸发雾。先说辐射雾,它多在大陆上发生,秋、冬天晴朗的早晨易形成这种雾。范围一般不大,厚度也较小,日出后就逐渐上升消失了。再说平流雾,又叫海雾,大多发生在海上或海岸附近,春夏两季和寒、暖流交汇的地方较容易产生。其范围和厚度一般较大,在一天里任何时间都可形成,终日不散的情况常常发生。蒸发雾多形成在冬季的河湖上空和北冰洋上,是由于地面冷空气移动到温度较高的水面时,水面强烈蒸发的水汽遇冷而形成的。

⊙ 黄色浓雾

1952 年 12 月,发生了震惊世界的伦敦烟雾事件,这种烟雾是由工业和家用燃煤造成的。这种烟雾可不能等闲视之。它会引起人咽喉、眼睛和呼吸道的疾病,许多人因此而丧命。直到 5 天以后的傍晚,浓雾才逐渐散去,整个伦敦笼罩在浓雾中,交警被迫点燃火把照明。

平流雾是航海中的一个大敌,同海雾有关的海难事件占了所有类型海难事件的1/4。发生在1955年5月日本"紫云丸号"事件,造成了168人死亡,就是由于海雾的影响使其与另一艘船相撞的一个大悲剧。

我国海雾多发的地区是山东半岛成山角外海。在这里,太阳在浓雾的掩盖之下不能露脸,一年之中有海雾的天气多达80天以上。

要了解成山角多发海雾的原因,要从成山角的地理位置入手。成山角海岸位于渤海出海口,作为渤海冷气团南下的通道,海面上空的暖气流与这里南下的冷气团之间温差悬殊,致使低空水汽凝结积聚,小的雾滴在贴近海面的空气中形成。雾滴聚积,并且随风扩散飘荡,海面上空很快也充满了雾气。而贴近水面的雾气还在不断地形成,不断扩展,雾的范围就越来越广,浓度越来越大,就形成了连绵几百千米的浓重雾区。成山角海岸也有中国的"雾窟"这样一个称号。

海雾在我国漫长的海岸线上时有发生。从南往北,我国沿海各地每年2～8月是全年雾最多的季节。福建沿海最先出现海雾,长江口附近、黄海沿岸也相继出现海雾。

掌握了海雾的成因和多发时间,有助于人类的航海事业。随着科学的发展和人类认识水平的提高,也许有一天雾这一自然现象也可以造福人类。

⊙ 辐射雾

辐射雾是最常见的雾。在晴朗的夜晚,天上没有云层保温保热,地面辐射散热迅速,因而很快冷却,近地面的空气也因此而冷却,当气温降到一定程度时,空气中的水汽就凝结形成地面的雾。

极光形成之谜

在地球的南极和北极区域,虽然十分寒冷,却经常会出现神奇而绚丽的极光现象。1950年的一个夜晚,北极夜空上方出现淡红和淡绿色的光弧,时而像在空中舞动的彩带,时而像在空中燃烧的火焰,时而像悬在天边的巨伞。它轻盈地飘荡,不断变化着自己的形状,持续了几个小时。它多彩多姿,一会儿红,一会儿蓝,一会儿绿,一会儿紫,变幻莫测。这就是美丽的极光。

极光在很多地方出现过,但"极光之源"到底在哪里呢?极光是如何形成的呢?科学家们一直试图回答这些问题,但至今也没有一个令人信服的答案。

科学家研究认为,太阳活动是极光之源。太阳是一颗恒星,不断放出光和热。其表面和内部进行各种化学元素的核反应,产生出强大的、内含大量带电粒子的带电微粒流。这些带电微粒射向空间,和地球外80～1 200千米高空的稀薄气体的分子碰撞时,由于速度快而产生发光现象。太阳活动是周期性的,其周期大约11年。在太阳活动的高潮期,太阳黑子出现得最多。有人发现当一个"大黑子"经过太阳中心的子午线20～40小时后,地球上一定会发生极光。也就是说,极光出现的频率与太阳活动有很大关系,极光就像太阳发出的电。

⊙ 出现在北极地区的极光

极光是由太阳活动引起的。它是太阳风将带电离子吹到地球两极上空被地磁俘获而产生的一种特殊光学现象。

那为什么极光现象多出现在南北两极呢？原来，地球本身是个近似以南北极为地磁两极的大磁石，太阳送来的粒子流接近地球时，以螺旋形的运动方式分别飞向两个磁极。事实上，磁极不能完全控制所有的带电粒子流，在太阳喷发的带电粒子流非常强烈的年份，也能在两极地区以外的一些地方观察到极光。因为空气成分非常混杂，不同气体成分如氧、氮、氦、氖等在带电微粒流作用下，会发出不同的光，所以极光看上去多彩绚丽。有人从地球磁层的角度考虑，认为地球磁层包裹着地球，就像地球的"保护网"，使之避免遭受太阳风辐射粒子的侵袭。但在南北极的上空，这张"网"并不结实，有较大的"间隙"。通过"间隙"，部分太阳风便会侵入地球磁层。由于南北极上空有"间隙"，因此极光现象多发生在两极地区的上空。但是，上述观点虽较好地解释了极地地区的极光现象，却无法解释近地面附近出现的极光现象。一些人认为这些极光是由于地面附近的静电放电所致。据史料记载，离地面1.2～3.0米都出现过极光，有时人们在出现近地极光的地方，还能闻到臭氧的味道。

⊙ 出现在瑞典基鲁那市上空的极光

⊙ 极光爆发虽然十分绚丽，但会破坏无线电信号的传播。

因为许多极光现象与彗星明亮的尾巴有相似之处，使得有人把极光现象与彗星联系起来，这对认识极光是有一定好处的。尽管极光之谜还没有完全揭开，但人类对它已经有了较科学的认识，也许很快科学家们就能告诉我们"极光"真正的奥秘。

飓风的成因与危害

飓风的意思是"风暴之神"，是根据印第安人的"雷神"来命名的。每当人们提起飓风，脑海中定会浮现出这样的画面：来势汹汹的飓风所到之处屋倒房塌，它就像一个脾气暴躁的魔王顷刻间给人类带来巨大的灾害。那么，飓风除了具有危害性的一面外，对人类就一点益处也没有了吗？飓风的实质是什么？它又是怎样形成的呢？

飓风潮湿而沉闷，含带盐分，吹拂到唇上，你会感觉到似乎有点苦味。飓风开始的时候，会先有白色

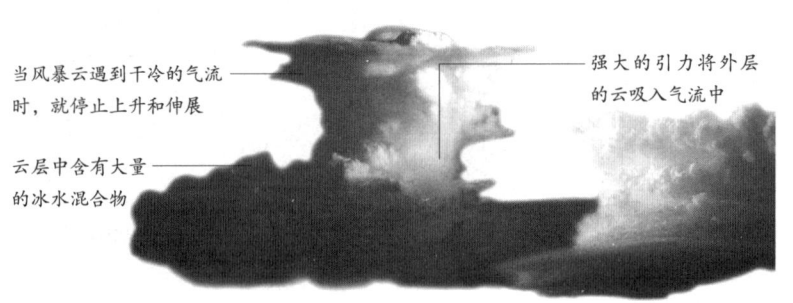

当风暴云遇到干冷的气流时，就停止上升和伸展

云层中含有大量的冰水混合物

强大的引力将外层的云吸入气流中

⊙ 超级蜂窝式云

大多数风暴开始时像上升的蜂窝，当空气流动加快时，就会产生巨大的引力将水卷入云层，飓风和龙卷风就是由这些"蜂巢"构成的。

薄雾在天空出现,然后雾越来越浓,并由白变黄,在落日的余晖映照下呈现出一片橙色和红色。随后海上空气振荡起来,大块乌云飞驰而至,大雨倾盆,狂风呼啸,雷声震耳。当风眼过境,风雨停住了,一切似乎又恢复了平静,太阳也露出了光芒。但这不过是又一场风暴前的短暂平静,用不了多久,乌云再次布满天空,狂风暴雨又开始了新一轮的袭击。

1780年9月,巴巴多斯岛遭到飓风的袭击,飓风把一艘停泊在圣卢西亚岛的大船掀刮到一所市立医院里。在这次飓风事件中,葬身海底的船有40多艘,共有400艘以上的船只受损,很短的时间内乡村、城市化为乌有。

1935年9月,飓风在袭击美国佛罗里达州时,从路轨上把一列火车抛出很远,一艘轮船也被抛到了岸上。这是20世纪以来最强烈的一次飓风。

1980年8月,"艾伦"飓风——被称为20世纪第二强的飓风——在巴巴多斯登陆,以大约270千米的时速席卷而过,所达宽度约

○ 气象云图展示的飓风风眼

600千米。"艾伦"直抵大安的列斯群岛,沿途经过了向风群岛和背风群岛,在一周内将多米尼加、圣文森特、海地、古巴、牙买加和开曼等横扫了一遍。然后,穿过尤卡坦海峡,进入墨西哥湾,又在南部登陆。"艾伦"掀起了比平时高5米的汹涌海浪,大水夷平了沿海城镇,居民也有不少伤亡。狂风暴雨还毁坏了很多香蕉园,棕榈树也被连根拔起。飓风使电台广播、电讯联系和电力供应也完全中断了。

飓风最早发生在北大西洋上,当时是在西经25°以西、北纬8°~30°之间的范围上。这是由于在大西洋上,在百慕大群岛和亚速尔群岛之间,分布着一个椭圆形的高压脊,它像一座山似的阻挡着,使飓风不得不向西行进。在向西行进的途中遭遇东北信风,这又起了推波助澜的作用。飓风多发生在热带海洋上,常常会形成一种旋转速度快、影响范围大的强大的热带气旋。飓风开始时只是一股游移在热带海洋上空的低气压带。在这里,暖空气不断汇流聚集,盘旋上升,形成巨大的气柱,并在这个上升过程中不断冷凝成云雨,大量的热能被释放出来,这又加速了气流的上升。当空气由于受热而上升得越来越快时,风暴中心又有许多新的空气不断聚集,这样,飓风的能量不断增强,就变成速度、强度更猛烈的风暴了。

北半球风暴中心的移动偏右,做逆时针方向旋转,这是由地转偏向力和地球的自转造成的。飓风一般有800千米的直径,有的甚至超过1000千米。飓风中心被称作"风眼",半径5~30千米,在"风眼"内一般比较平静。"风眼"的四周,风势最猛,常被一环浓密的云包围着,这一云环就是飓风带来滂沱大雨的成因。

飓风给人类造成了严重的自然灾害,但是通过气象卫星的观测,我们发现,热带风暴的作用是驱散热量,如果没有它,热带将变得更热,两极会变得更加寒冷,而温带郁郁葱葱的景色因雨量减少也将不复存在。有这样一组数据,一股热带风暴在全速前进时,一天之内就有相当于400颗2000万吨级氢弹爆炸所释放出来的能量被放出。飓风的作用就在于它能够在地球上进行热平衡。

飓风这种热带气旋,在亚洲东部的中国、日本和朝鲜,被人们称作台风;在菲律宾被人称作碧瑶风;吹向北美洲东南部沿海时,叫做飓风。尽管飓风名称各异,但我们要认识的始终是飓风的实质和规律,这样就可以采取相应的措施,将飓风对人类的危害降至最低。

揭开海市蜃楼的奥秘

　　1988年6月，位于山东半岛上的蓬莱出现了一种奇景：宽阔的海面上，横着一条乳白色的雾带，一朵橙黄色的彩云先从大小竹山两个岛屿涌起，不断地升腾变幻，一会儿似仙女游春，一会儿像金凤摆尾。不久，南长山列岛在雾中渐渐隐去，露出一个时隐时现的新岛。新岛之上，云崖天岭、幽谷曲径都若即若离，而仙山之中，玉阙珠宫、浮屠宝鼎若隐若现，灵气袭人。矗立在悬崖峭壁之上的蓬莱仙阁被仙雾所笼罩，亭台楼榭在烟雾迷蒙中如琼楼玉宇。蓬莱阁下的登州古城，此时也神秘得宛如仙境神迹。这就是如梦似幻的"海市蜃楼"现象。

　　当然，这种奇景也不是蓬莱独有的，在其他地方也常常可以看到。如20世纪30年代出现的海上"荷兰飞船"，曾使全世界为之轰动。那年，有一艘从欧洲驶往美国的轮船，在大西洋上突然遇上一条怪船，那是一艘建于16世纪的帆船，只见它扬着巨帆，载着许多乘客迎面驶来。看到它越来越近，船长当即命令水手改变航向。但是，在两艘船即将碰上时，这艘船却从船舷旁擦了过去。这时候，几百名乘客清楚地看到这艘古代荷兰帆船上站着一些身着古装的人。

　　那么，这种美丽神奇的海市蜃楼究竟是怎么形成的呢？

　　其实，海市蜃楼只是一种自然现象，它可分为上观蜃景、下观蜃景、侧观蜃景和多变蜃景等多种。其中，上观蜃景大都发生在海面上、江面上。夏天，海上的上层空气在阳光的强烈照射下，空气密度变小，而贴近海面的空气受较冷的海水影响密度较大，出现下层空气凉而密、上层空气暖而稀的差异。从短距离内密度悬殊的两层空气穿越而过的光线，在平直的海岸或海面上，就会出现风景、岛屿、人群和帆船等平时难得一见的奇景。出现这种现象的原因是，虽然岛屿等奇景位于地平线下，但它们反射出来的光线会在从密度大的气层射向密度小的气层时发生全反射，又折回到下层密度大的空气层中。上层密度小的空气层会使远处的物体形象经过折射后投到人们的眼中，而人的视觉总是感到物象是来自直线方向的，从而出现海市蜃楼的奇景。

　　弄清了这些道理，那些曾经让人困惑不已的奇景也就不足为奇了，都可以为它们找到科学的解释。如出现于山东半岛的"蓬莱仙岛"其实就是离蓬莱县十几千米外的庙宇列岛的幻影；而"荷兰飞船"则是一家电影公司在海边拍摄有关荷兰飞船的影片时，突然被暴风吹到辽阔的海洋上而出现的幻影。

◉ **中亚戈壁沙漠内的海市蜃楼景象**
乍一看，远处像有一个大湖。事实上，"湖水"只是天空的影像而已。

⊙ 海市蜃楼景象

这是一个出现在南极的海市蜃楼,它下边的山是真山,上边的一切则是幻像。由寒冷空气形成的海市蜃楼都是正像,出现在物体上方;沙漠里的海市蜃楼,都是倒像,出现在物体下方。

⊙ 海市蜃楼示意图

造福人类的洋流

海水有涨潮、落潮,也会像河流一样有规律地朝着同一方向流动,推动海水大规模流动的就是海中"河流"——洋流。

如果你将一只瓶子放入大海,过不了多久,这只瓶子就会顺着海水流动的方向漂到另外一个地方。人类做过许多类似的实验。例如,人们于1820年10月在大西洋南部海域投放一只瓶子,经过几个月的漂流,人们于1821年8月在英吉利海峡沿岸发现了同一个瓶子。这些实验对于人类认识洋流具有十分重要的作用。

其实,海洋里的这种"洋流"早就被航海家发现了,他们还利用这些"洋流"进行航行。如哥伦布等乘帆船随着大西洋的北赤道暖流西行至西印度群岛;麦哲伦等在船只越过麦哲伦海峡后,就先在秘鲁寒流的影响下向北漂行,然后又在太平洋的南赤道暖流的吹送下,顺利到达南洋群岛。

那么洋流到底是怎么形成的呢?科学家们根据海上漂泊者的经历、海水颜色的变化、船骸的踪迹、海水的温度以及人造卫星的帮助,

⊙ 墨西哥湾暖流

海水温度高于所流经海区水温的洋流称为暖流。它对所流经地区有明显的增温增湿作用。墨西哥湾流是沿着北大西洋周围运动的一种顺时针式的表层流。它从佛罗里达海峡流到拉布拉多外海大砂堤海域。

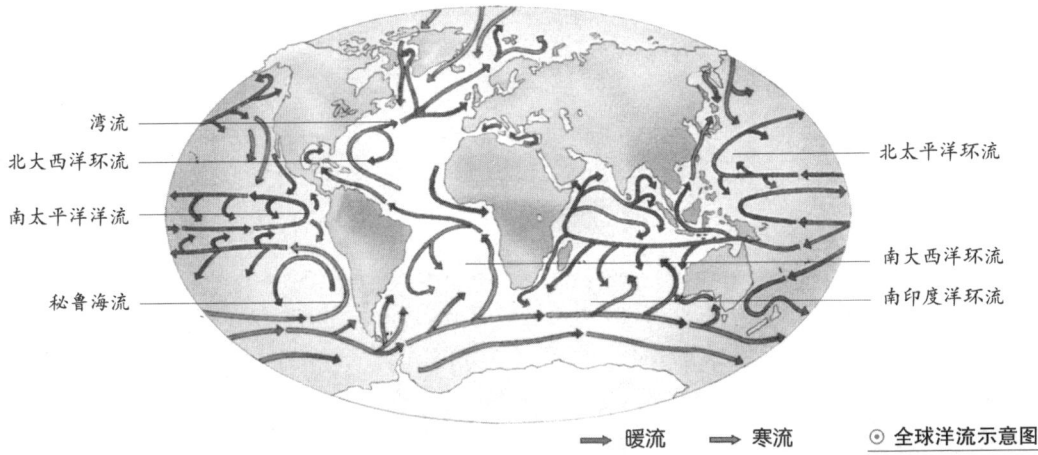

⊙ 全球洋流示意图

终于揭开了洋流之谜。

原来，洋流形成的原因复杂多样，而主要原因是由于信风和西风等定向风的吹送。在定向风的吹拂下，海水随风流动，上层海水带动下层海水便形成洋流。这种洋流的规模很大，也叫风海流，最为典型的风海流是北半球盛行的西风和信风所形成的洋流。

洋流会使当地海区的海水减少，为了补充海水，相邻海区的海水会源源不断地流过来，从而形成补偿流。补偿流分为水平流和垂直流，此外，补偿流又分下降流和上升流，最为典型的上升流是秘鲁附近海区的补偿流。

海水的流动还会因海洋中的各个海域的海水温度和盐度的不同而引起海水密度的差异而发生，这种洋流又叫密度流。例如，因蒸发旺盛，海水盐度高、密度大的地中海的水面，远低于海水盐度比地中海低的大西洋海面，于是地中海的海水会由直布罗陀海峡底层流入大西洋，大西洋表层海水则经由直布罗陀海峡流入地中海。

当然，洋流的形成往往是由于多种因素的综合影响，现实中的洋流是极其复杂的。正确地认识洋流，对航海、气象等事业具有重大的意义。

美丽的海底"花园"

海底有一个非常瑰丽奇妙的世界，科学家们给它取了一个非常浪漫、雅致的名字——"海底玫瑰园"。这个神奇的世界是20世纪80年代的一些科考工作者在格拉普高斯海岭及东太平洋海隆进行考察时发现的。他们乘坐深潜器沉到海底，打开探照灯，通过潜望镜及海底电视看到了一片生机盎然的绿洲，绿洲上生长着海葵一类的茂盛的植物。在郁郁葱葱的绿洲之中，有长达5米的鲜红色蠕虫，几十厘米长的巨型蛤、蟹、海蚌就像西瓜一样大，像菜盆似的海底蜘蛛，还有手掌大小的沙蚕。它们都在自由自在地游弋，还不时地向它们从未见过的人类投以诧异的目光。

⊙ 几千米以下的深海，是一个少有人探寻的神秘世界，那里色彩斑斓、生机盎然。

在如此深邃的"暗无天日"的海底，为什么会有这么丰富多彩的生物世界呢？

科学家们又发现，在离"海底玫瑰园"稍远的地方，有一个个粗大"烟囱"正在"咕嘟咕嘟"地冒烟，"烟囱"直径为2～6米，热水在其中上下不停地翻腾着，还不时喷射出五光十色的乳状液体。在"烟囱"的周围，凝结着一堆堆冷却了的火山熔岩，形状如同一束束巨大的花束，姿态万千。

经过测量，科考工作者发现这一海域的海水深达2 600～3 000米，"烟囱"喷出的热泉水温高达350～400℃，这里不仅含有丰富的金属物质，而且还含有气体硫。气体硫的存在导致了硫细菌的繁殖。正是这些硫细菌的繁殖，加上海底"烟囱"里独特金属物质的存在，造就了这个地方奇特的生物群落。

那么，这海底"烟囱"究竟是怎么一回事呢？它是这一海域所独存的吗？

1977年，英国地质学家乘坐"阿尔文"号深潜器，首次观察到太平洋格拉普高斯海岭正在喷溢的海底

⊙ "海底玫瑰园"示意图

海底烟囱冒出来的炽热溶液，含有丰富的铜、铁、硫、锌，还有少量的铅、银、金、钴等金属和其他一些微量元素。一个烟囱从开始喷发，到最终"死亡"，在短短几十年的时间里，可以造矿近百吨。

⊙ 在这个特殊的深海环境里，孕育出一个黑暗、高压下生存的生物群落。在"烟囱"的喷口周围，形成一个新奇的生物乐园，这里的海洋细菌，靠吞食热泉中丰富的硫化物而大量迅速地蔓延滋生，然后，海洋细菌又成了蠕虫、虾、蟹与蛤的美味。

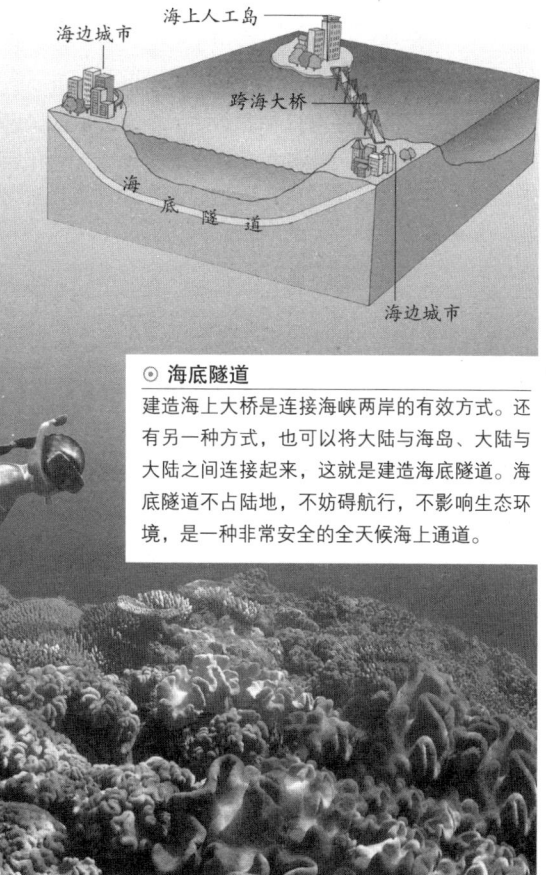

⊙ **海底隧道**

建造海上大桥是连接海峡两岸的有效方式。还有另一种方式，也可以将大陆与海岛、大陆与大陆之间连接起来，这就是建造海底隧道。海底隧道不占陆地，不妨碍航行，不影响生态环境，是一种非常安全的全天候海上通道。

"烟囱"。1979年,美国的生物学家、地质学家和化学家们再一次乘坐"阿尔文"号深潜器,对东太平洋海隆及格拉普高斯海岭进行了长时间的考察,同时还拍摄了电视纪录片。他们在第二年夏天继续考察时,又发现了许多新的含矿热泉水及气体的喷溢区。这些水下的温泉、海底火山喷发的喷孔里溢出的热泉水温度高达56℃,丰富的铁、铜、锌、锰、铪、金、钕等金属物质随着热泉水喷出海底之后,在"烟囱"周围沉积下来,形成矿泥。这些物质是人类潜在的矿物资源,也是地质学家们期待研究的对象。

其实早在20世纪60年代中期,在东亚和西亚大陆之间的红海海底,就发现了多处类似"烟囱"的"热洞"。目前,人们已在红海海底找到四处"热洞"。由于红海的鱼类有15%是其他海洋里所没有的,以往人们总是以海水的盐分、温度较高和气候干燥等原因来解释红海海域特有的海洋生物群存在的现象。现在看来,红海特殊生物群落存在的一个重要原因应该是大量特有金属物质的供应以及海底"烟囱"的存在。

在很长时间内,地质学家们对矿产的形成和地壳运动有着不同的看法,其中的一种解释是把地壳先划分成大大小小不同的板块,熔融物质在地壳以下很深的地方,

⊙ "阿尔文"号深潜器长66米、宽2.4米、排水量13吨,舱内装有许多小型电子仪器,可容纳两名乘务人员。该深潜器不仅能潜入深水,而且还可以在深水或海底附近作水平方向移动。

沿着一定方向从海底喷溢出来,为板块运动提供动力,致使海底急剧扩张,并且形成不同的矿产。海底"烟囱"的发现是对这种观点的一个直接证据,这个发现对生命科学的研究也具有重大价值。在深邃的海底,在没有阳光和光合作用的情况下,存在如此五光十色、充满魅力的生物世界,实在令人不敢相信。生活在这里的海底动物的食物是一些与地球上最早期的生命形式较为接近的菌类,这为研究生命起源提供了新的研究对象。

探寻夏威夷群岛的成因

在辽阔的太平洋上,有许多像珍珠一样的美丽小岛,其中最美的珍珠就是夏威夷群岛。这里有金色的沙滩、碧蓝的海水。这些美丽的自然风光吸引着世界各地的观光者。它是闻名世界的旅游胜地。但是你知道吗,这美丽的夏威夷群岛实际上是由一座座火山组成的。

夏威夷群岛共有100多个小岛,其中有8个是大岛。夏威夷群岛中最大的岛是夏威夷岛,它由5个小火山岛组成。

岛上的冒纳罗亚火山与基拉韦厄火山紧紧地连在一起,使它们看起来一个像在山腰,一个像在

⊙ 美丽的夏威夷海边风光

山顶。

冒纳罗亚火山海拔 4 170 米，这使它成为了世界海岛火山中最高的活火山。这座火山的山顶被一朵朵洁白的云彩围绕着，使整个山顶如雾里之花，若隐若现。这座火山多年来一直处于休眠状态，直到 1950 年，它才醒来，突然吐出一条巨大的"火龙"。"火龙"沿着山坡由高向低一直流入海洋，长达 50 多千米。滚烫的岩浆流入大海，海水一下子沸腾起来，海面上蒸汽冲天，海水里的鱼虾也被煮熟了。这次火山爆发，最终形成了一个新的岬角。

1984 年，冒纳罗亚火山再次吐出了"火龙"，但规模比 1950 年要小些，熔岩长达 27 千米。

基拉韦厄火山是座活火山，经常喷发。它的火山口很大，直径达 4 024 米，深 130 多米。在基拉韦厄火山坑底西南角还有一个直径 100 米、深 100 米的圆坑，整个火山口看起来像一只缺口的巨锅。这里面有一个巨大的岩浆湖。这样，整座火山看起来就像大锅套小锅。"锅"里充满了忽起忽落的熔岩。这些熔岩受火山活动的影响，一旦火山活动加剧，火湖中的熔岩就会很快溢出，形成异常美丽壮观的熔岩流和熔岩瀑布。熔岩瀑布下落的速度很快，可达到每小时 30 千米。

1960 年，基拉韦厄火山再次大规模喷发，炽热的熔岩直泻大海，并在海边形成了一片约 2 平方千米的新土地，这就是美丽的凯姆海滩。熔岩还有另外一种形式，俗称"火神的头发"，学名为"辟垒发"。之所以叫这个名字，是因为当火山的熔岩像喷泉似的喷向天空时，一遇到风就会变成像头发一样的细丝，四处随风飘荡。

平时，火湖湖面上会有高达 4 米的熊熊火焰。这时的岩浆温度是 1 100℃，湖面温度则高达 1 350℃。夜晚，火湖就会发出巨大的火光，如同一个发光网，不停地闪烁跳跃，起起伏伏，五彩缤纷，非常壮观。当地的人就将它称为"哈里摩摩"，也就是"永恒火焰之家"的意思。

科学家们对这一自然现象产生了浓厚的兴趣，于是就开始了实地考察。最后，他们发现了夏威夷群岛的成因，证实了这片美丽的岛屿是由海底的火山喷发形成的。以前，这片海上并没有岛，但在几千米深的海底有火山在喷发，经过积累，那些熔岩在海底越变越高，最后露出海面，形成了岛屿。

⊙ 基拉韦厄火山位于太平洋的夏威夷群岛上，海拔 1247 米，这是一座终年不息的活火山，几乎天天都有熔岩喷出，形成世界上最大的岩浆湖。

知识档案

火山的特点

在这个世界上的一些地方(最引人注目的是冰岛)，火山表面下的活动会把地面以上以及地面以下的水都加热。在那里，热气腾腾的水、泥浆和气体都从地下大量地涌现出来。

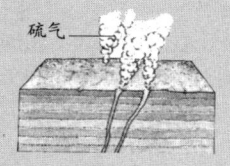

硫质喷气孔

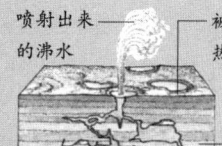

间歇泉

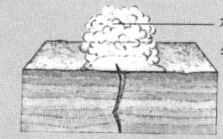

喷气孔

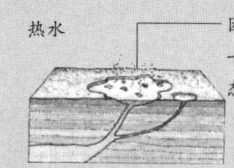

泥浆池塘

⊙ 大多玄武岩火山，分布在海洋深处，喷发的熔岩在海水中很快冷凝成块，堆积成所谓的枕状熔岩，熔岩越积越高，最终露出海面，形成岛屿。

岛北的冒纳凯阿山是全岛最高的山，海拔4 205米，是一座死火山。夏威夷岛在海底的深度是4 600米，如果这些浸在海里的部分加上海面上的山峰，那么，冒纳凯阿山和冒纳罗亚火山的高度都不亚于珠穆朗玛峰。

火山为这片美丽的地方增加了更为独特的景致。1885年，这里的火山流出了48亿多立方米的熔岩，相当于中国黄河全年流量的1/10。所以，这些火山能喷出一个高山就毫不奇怪了。岛上有一些悬崖绝壁，有的悬崖是红色，有的是黑色，大部分是由火山岩构成的，成为奇特而又美丽的景观。

夏威夷群岛的火山也给它带来了不利的一面。由于火山喷发，导致许多土地被烧焦，岩石裸露。但由于火山灰覆盖在大半个岛上，岛上土地肥沃，很适合植物生长。这里的各种花朵艳丽纷呈，大片草莓果实累累，芳香迷人的热带兰花遍布全岛，像一个美丽迷人的人间仙境。

另外，这里的火山呈盾形，坡度不大，像一个个窟窿。熔岩多含镁、铁等物质，温度高，流动性大，黏稠度小，因而火山喷发的通道都很畅通。所以，这里的火山虽然喷发次数很多，却很少有猛烈的爆发和大量水蒸气的喷射。因此，这里成为世界闻名的考察火山喷发及观赏火山奇景的绝佳去处。

冰川运动对地理环境的影响

从鱼龙化石当中，人们能了解古地理环境。而某些来历不明的石头也能反映出古代的一些地理事实。冰川运动的历史便是因这些石头而为人所知的。

大大小小的奇形怪状的花岗岩石头，从法国的侏罗山到瑞士的广阔地区都有分布。这些石头有的像用什么东西磨过一般，光滑平整；有的像是用什么东西刻划过一样，有一道道深深的痕迹。究竟是什么东西能够在质地坚硬的花岗岩上留下痕迹呢？

⊙ 法国侏罗山被冰川划过的岩石

瑞士著名的科学家阿加西斯教授注意到了这一奇特的景象，并为此作了观察研究。

1837年7月，阿加西斯教授在那沙态尔城发表了一篇演说。他在演说中描述了这一现象，并向听众提出了上述问题，可是没有一个听众能回答这个问题。接着，教授又提出了一个问题，这个问题更令人疑惑不解。因为他发现这些地区的地下是大片大片的石灰岩，根本就没有花岗岩，这意味着这些花岗岩是外来的东西，根本就不是当地的。这些地面上的花岗岩是从哪儿来的呢？是什么

地球地理

⊙ 像输送带似的冰川汇合一起。一条条黑纹构成一个图案，那就是冰川冲蚀出来的岩屑。由此可见冰川如何把大量岩屑挟带到遥远的地方。

力量把它们搬运到这儿来的呢？

对于阿加西斯教授提出的问题，很少有人去认真思考，因为这些情况都是大家日常生活中司空见惯的事实。阿加西斯教授花费了多年时间对这些来历不明的石头进行了深入的研究。他认为，是古代大规模的冰川运动从北方带来了这些石头。巨大的冰盖厚度超过 3 000 米，在冰川运动的过程中，受到巨大的压力后，石头之间的相互碰撞、摩擦和挤压造成了如今我们看到的石头上的痕迹。冰川在气候变暖后融化消失，这些石头也就被留在了当地。阿加西斯教授根据这些石头的分布和规模推测，在长达几万年的时间里，从北极到地中海，从英国到里海沿岸的整个北半球都一度被厚厚的冰川所覆盖。当然，地处北半球的全部的瑞士国境也都深埋在冰雪之下。

阿加西斯教授将他的这些研究成果公之于众，立即引起了巨大的轰动。有人赞同，有人疑惑，还有很多人表示愤怒，因为当时人们都相信上帝创造人的神话和大洪水以及挪亚方舟的传说。阿加西斯教授竟然说这些石头不是挪亚大洪水造成的，而是远古的冰川活动搬来的，这是对上帝的大不敬。但是，真理是永远不倒的。后来阿加西斯教授的结论和观点被越来越多的证据证明是正确的。

现在，我们已经知道，曾经有过多次的大规模冰川活动发生在地球上，在最近的一次大冰期中，欧洲和北美洲大部分地区都曾被冰所覆盖，这些冰的厚度超过 1 000 米。这些冰盖运动和挤压形成了这些地区的很多湖泊。

因此，在科学研究中需要仔细观察，深入思考，多想想原因，追根溯源、锲而不舍才能最终发现事实的真相。

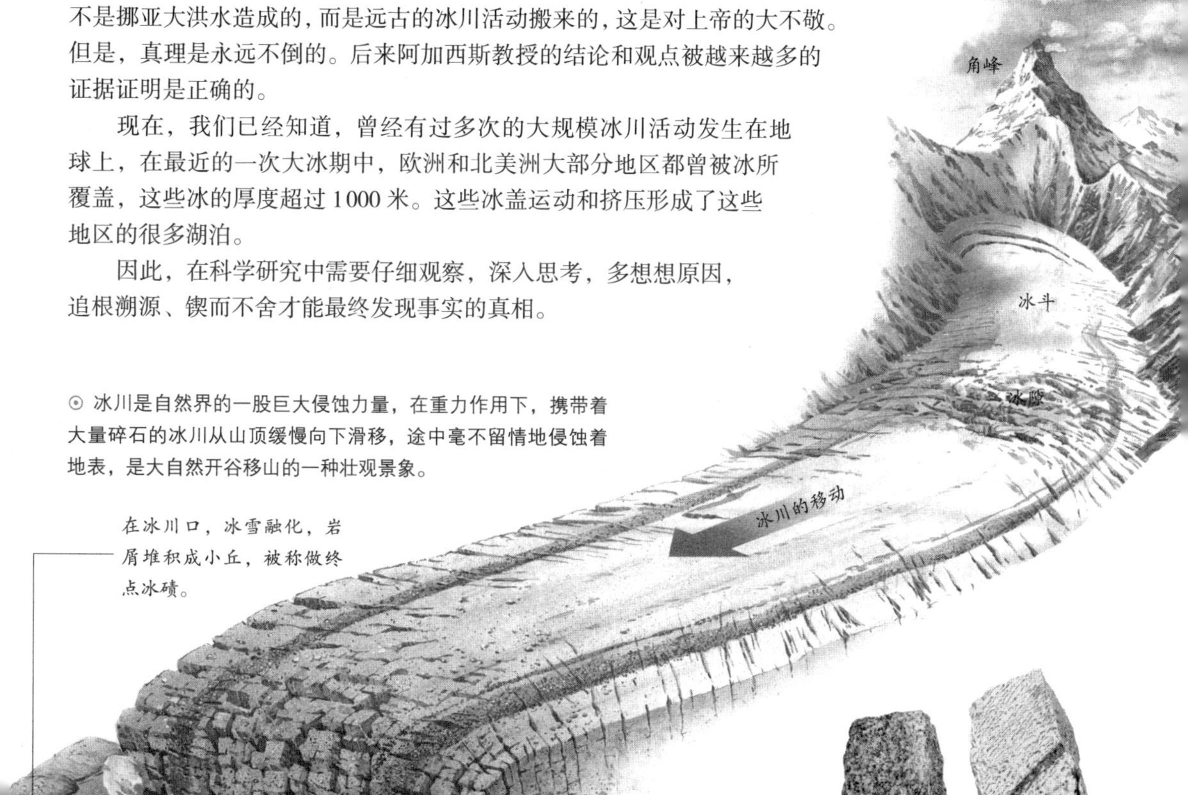

⊙ 冰川是自然界的一股巨大侵蚀力量，在重力作用下，携带着大量碎石的冰川从山顶缓慢向下滑移，途中毫不留情地侵蚀着地表，是大自然开谷移山的一种壮观景象。

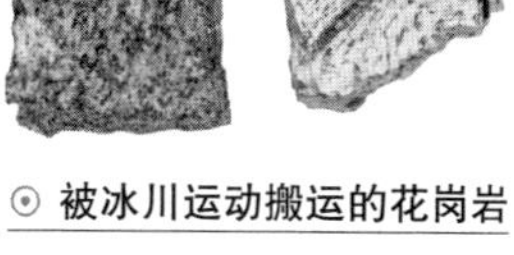

在冰川口，冰雪融化，岩屑堆积成小丘，被称做终点冰碛。

角峰

冰斗

冰碛

冰川的移动

冰川口

融化的冰水

⊙ 被冰川运动搬运的花岗岩

冰雹是怎样形成的

从春末到夏季,是冰雹经常出现的季节。按常理来说,只有在冬天那种寒冷的天气里才会结冰,为什么在炎热的夏天也能形成冰?这实在令人费解。

中国面积辽阔,各地的气候条件各具特点,有些地方就常常发生冰雹灾害。中国冰雹的分布有这样一个特点:西部多,东部少;山区多,平原少。冰雹在中国东南部地区很少见,常常几年、几十年也遇不到一次;而青藏高原则是冰雹常光顾的地区,局部地区每年下冰雹的次数超过20次,个别年份竟达50次以上。唐古拉山的黑河一带是中国冰雹出现最多的地方,平均每年下冰雹34次之多。肯尼亚的克里省和南蒂地区则是世界上下冰雹最多的地方,一年365天中有130天左右下冰雹。

1928年7月,在美国内布拉斯加州的博达,下了一次规模较大的冰雹,冰雹堆积有3~4.6米高,其中最大的一个冰雹周长431.8毫米,重680克,是当时世界上最重的冰雹块。

1958年3月,法国斯特拉斯堡下了一场冰雹,其中最重的一块达972克。

1968年3月,在印度比哈尔邦降下的冰雹中,有一块重1千克,一头小牛被当场砸死。这是人类历史上一次严重的冰雹灾害,十分罕见。

那冰雹是怎么产生的呢?它为什么会在夏天出现呢?

原来,在夏天,大量水汽在强烈的阳光照射下,急剧上升,到高空遇冷迅速凝结成小冰晶往下落,一路上碰上小水滴,掺合在一起变成雪珠。雪珠在下降过程中被新的不断上升的热气流带回高空。就这样,雪珠在云层内上下翻滚,裹上了层层冰外衣,越变越大,也越来越重,终于从空中落下,成为冰雹。冰雹小如黄豆,大如鸡蛋,最大的像砖块那么大。冰雹形状并不规则,多数呈球

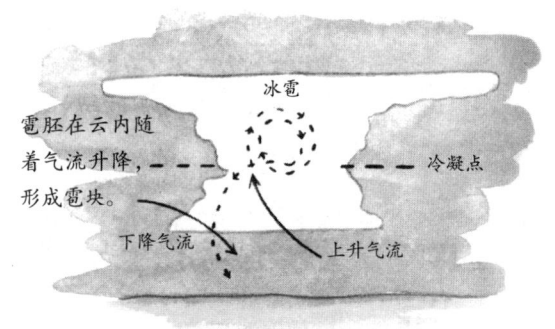

◉ 冰雹形成过程示意图

强大的上升气流循环流动,引起雹块增大。当雹块增大到气流托不住的时候,就落到地面上成为冰雹。

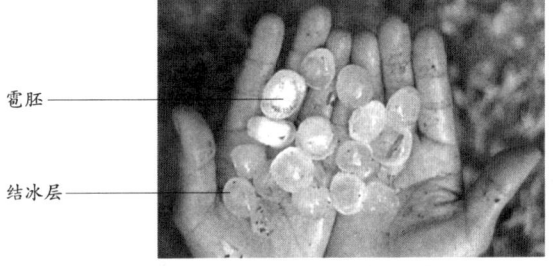

◉ 冰雹的中间是雹胚,一般是个小冰粒,外面包裹着一层透明、一层不透明的冰层,好似夹心饼干一样。这种透明与不透明的交替层,可达4~5层,最大冰雹的直径有10多厘米。

知识档案

人工消雹

冰雹由冰构成,一般发生在积雨云里。积雨云中既有大量的冰雪粒子作为雹胚,又有大量的过冷却水滴和雪花供冰雹长大。强大多变的上升气流使冰雹能在云内升降停留较长时间,这样冰雹就能长得足够大而掉落到地面成灾。于是,为减少冰雹灾害,人们发明了多种多样的消雹方法,人工消雹就是其中的一种。

人工消雹的原理,简单地说就是人为地在雹云中撒播大量的碘化银微粒,形成人工雹胚,让它和天然雹胚在云中争夺水汽,结果二者一起降到地面,形成降雨。

◉ 早期的消雹方法

状，有时呈块状或圆锥状。

1894年5月的一天下午，在美国的博文纳一带下了一场大冰雹。人们发现其中有一块冰雹直径竟然长达15.2～20.3厘米。仔细观察后发现，冰雹竟然以一只乌龟为中心，外面才是层层厚冰。原来，在博文纳，那天正刮着旋风，这只不幸的乌龟被旋风卷上天空，直上云霄，在云海里被当做核，被冰晶层层包裹，等到超过上升气流的承托力时，就降落到了地面。

冰雹从高空落下，速度很快，常能引发巨大的灾害。图中的谷物已被一场大冰雹摧毁。

有趣的是，有时一场冰雹过后，人们会发现一些特大的冰雹，有的重几十千克，足有面盆大，有的竟有汽车那么大。如1957年，中国内蒙古鄂尔多斯市伊金霍洛旗下了一场冰雹，人们在山谷中发现了一块像一辆吉普车那么大的巨雹。更令人惊奇的是，1973年6月，在中国甘肃华池县山庄桥发现的一块巨雹比房屋还高。这些出人意料的巨雹是从天上降下来的吗？上升空气是托不住一个重10千克的巨雹的，所以巨雹来自天空的可能性微乎其微。那它又来自何方呢？

由于没有足够的证据，科学家只能对巨雹之谜进行推测。他们认为，在降雹过程中，冰雹云后部受到干冷空气的侵袭，结果降落到地面的雨滴仍保持着冷却性，随风飘下的雨滴聚集在某一冷的物体侧面上，边冻结，边增厚，形成菱形的巨雹。因此，它的原料来自于天上，成品却是在地面上加工形成的。这种推测有一定的道理，但目前也只是推测。

巨雹究竟是怎么回事？我们只能寄希望于气象学家的研究。

关于地球是否存在"温室效应"的争论

近年来，地球变暖的趋势越来越明显，这也引起了许多人们意想不到的事情的发生。科学家们对这种现象进行了研究与探索。越来越多的地方提到"温室效应"这个词，越来越多的人知道了"温室效应"。但事实上，对于地球上是否存在温室效应，科学家们仍各执一词，难以达成一致。在这场争论中，主要有两种观点：一种认为地球上确实存在着"温室效应"，并且气温还将继续升高；另一种则认为地球气候变暖不是因为"温室效应"，而是人类对环境的污染所致。这两种观点截然不同，并且各有各的道理。

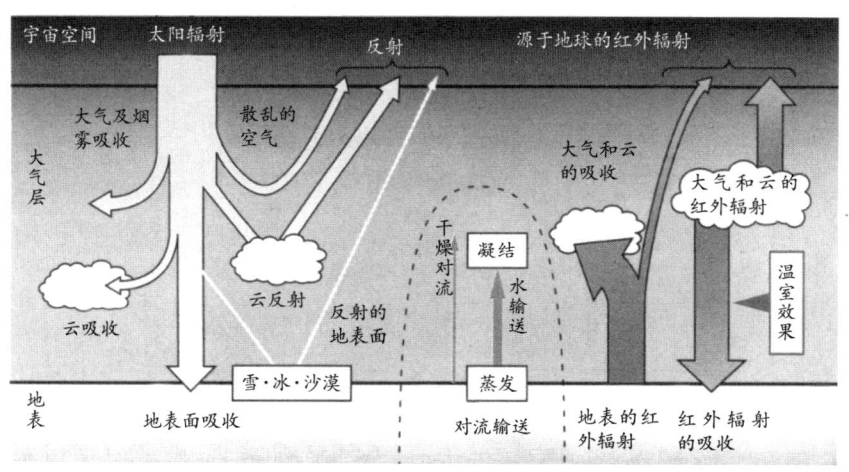

温室效应示意图

在了解这场争论之前,首先要弄明白什么是"温室效应"。玻璃棚温室是人们用来育种农作物和花卉的,它之所以能起到这个作用,是由于密闭的空间一旦有阳光射入,温度就会升高,再加上室内十分保温,植物在这种环境中便能加快生长或安全越冬。如果将地球看成一个大大的温室,那么大气层就相当于"玻璃罩"。由于大气中的二氧化碳越来越多,阳光照射到大地上以后,二氧化碳便像厚厚的屏障一样挡住地球向太空反射的热量,这样一来,地球就会越来越热。科学家形象地将这种现象称为"温室效应"。

经长期观测得到了大量数据,据此科学家们分析指出,全球气候在20世纪明显变暖,跟20世纪初相比,现在的平均气温上升了0.5℃,这种温暖期是过去600年里从未有过的。在这个气候变暖的世纪中,有两个时期气温的上升十分明显,第一个时期是1900~1950年,第二个时期是在20世纪80年代后,而在这两个时期中间则出现过波动。1999年3月,美国马萨诸塞大学和亚利桑那大学的研究人员通过对树木年轮、两极冰芯等记录气候变化的"替代标志"的测量发现,20世纪全球气温普遍升高,其中气温最高的时期是20世纪90年代,到1998年,地球表面平均温度比1961~1990年间的平均温度高0.58℃。

全球气候在整个20世纪确实一直在变暖,但气候变暖是不是因为"温室效应"呢?会不会持续变暖呢?对此,众说纷纭,莫衷一是。

有些科学家认为20世纪气候变暖是"小冰期"气温回升的延续,是自然演变的结果,跟"温室效应"无关。在地球存在的46.5亿年中,气候始终在变化,并且是以不同尺度和周期冷暖交替变化的,也就是说,20世纪气候变暖是正常的自然现象,人们不必恐慌,到了一定的时期气温自然会变冷。科学家经研究发现:第四纪也就是距今250万年前,地球上出现了多个不同尺度的冷暖变化。周期越长,气温变幅也越大。周期为10万年左右的冰期,气温变化了10℃;周期为2万年的,气温仅变化了5℃。在近1万年中,这个规律依然在起作用:10年尺度气候变化的变幅是0.3~0.5℃;100年尺度气候变化的变幅是1.0~1.5℃;1000年尺度气候变化的变幅是2~3℃。

但还有些人反对以上观点,他们认为,全球气候变暖是因为"温室效应",而人类是造成"温室效应"的罪魁祸首。近几十年来,发展迅速的工业制造业以及日益增多的汽车等,导致燃烧矿物燃料越来越多,人类向空气中排放的二氧化碳大大增加。由于绿色植物尤其是森林遭到了极大破坏,无法大量吸收人类排出的二氧化碳,因此,大气层中的二氧化碳浓度大大增加,阻碍了大气和地面的热交换,引发"温室效应"。由于大量的二氧化碳既能吸收热量,又阻止了地球散热,地球热交换因此失去了平衡,导致全球气温不断升高。

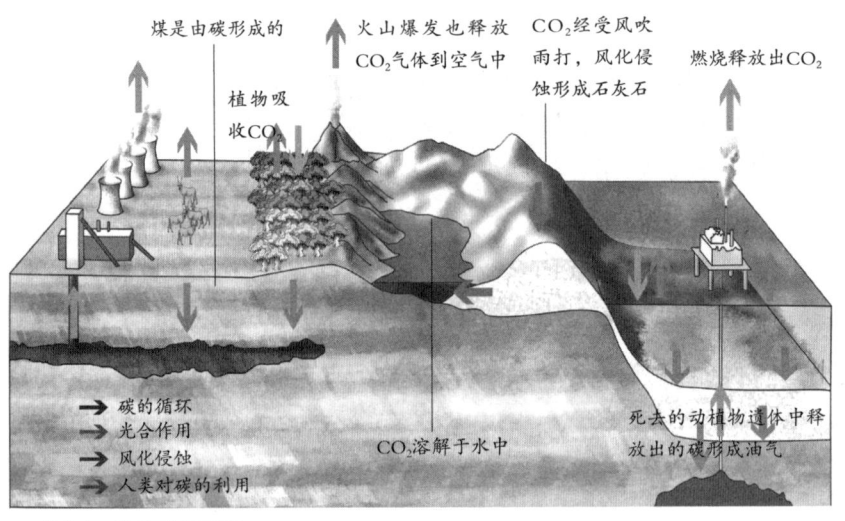

⊙ 地球上二氧化碳的循环

美国俄勒冈大学的科学家在对远古树叶化石进行了分析研究后发现,从恐龙时代起,大气中的二氧化碳浓度就能够影响地球的气温变化,二氧化碳含量的变化和全球气温升降的曲线比较吻合。一个权威性的政府组织IPCC对全球气候变暖的问题进行了大量详尽的研究，他们明确指出了大气中二氧化碳含量的增加是全球变暖的主要原因。

现在，地球变暖的现象已经十分严重。如果人类不加以控制，仍以目前的速度排放二氧化碳，据科学家估计，再过50年，全球气温至少会上升3℃。这样的高温必然导致南北两极和高山地区的部分冰川融化，全球洋面会因此至少升高30厘米。

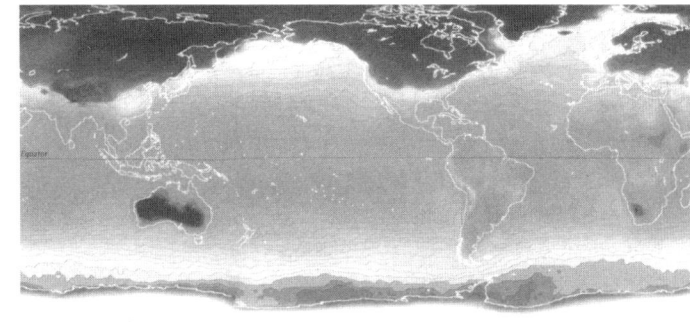

⊙ 变化的气候

人造卫星对地球大气对流层中的温度(图中红色表示较热)所作的监控图。地球每年大约变暖0.02℃，可能是因为额外的二氧化碳增强了温室效应。这些增多的二氧化碳大都来自燃烧的煤和石油。

科学家还认为，另外一个导致地球变暖的重要原因是大气中的甲烷含量增多。目前大气层中所含的甲烷总重量已达6亿吨以上，而3个世纪以前还不足3亿吨。这是由瑞士科学家提出的，他们详细分析了沉积在冰层中的降水成分，彻底弄明白了自1750年以来的大气的化学组成，由此而发现了这一事实。

气候变暖的迹象在大自然中随处可见。由于气候变暖，全球山地冰川一直在消融，雪山也不例外。20世纪上半叶，中国的天山冰川后退了100多米；在1925~1950年间，意大利境内的100多条冰川有80%处于后退状态；近20年来，普若岗日冰原退缩了50米；世界上著名的雪山乞力马扎罗山上面的雪在未来的20年内很可能完全融化，变成一座"无雪之峰"。

此外，专家预言，位于欧洲南部的阿尔卑斯山，30年后也将片雪无存。根据卫星图像，从1998年11月以来，南极的拉森陆缘冰和威尔金斯陆缘冰，分别减少了1 174平方千米和2 200平方千米，处于"全线退退"状态。20世纪，海冰也大量融化，南极地区的海冰仅在1973~1980年间就减少了250万平方千米，北极海冰减少的面积则超过了10%。

各类生物也对气候变暖做出了各种反应：1997~1998年间，生活在太平洋中的大马哈鱼，由于水温升高，种群数量大幅度下降；加拿大哈得孙湾的海冰，在春季融化的日期逐渐提前，致使北极熊产崽减少；北美洲的一种蝴蝶100年内已向北迁移了100千米；过去50年中，由于南极附近海域异常升温，一种身高可达90厘米、体重超过29千克的大企鹅，数量减少了一大半。

气候变暖更是给人类带来了灾难。1998年5月，印度有2 500人死于炎热；同年夏，美国达拉斯37.7℃的高温持续了1个月；2000年，中国西藏大部分地区气温偏高2~4℃，雪域高原的人们过春节也可以不穿棉衣；2001年6月，中国东北的哈尔滨市的最高气温达到了39.2℃。

毫无疑问，人为因素对气候的影响正日益显著，全球气温正在上升，21世纪全球变暖现象将比20世纪更加显著。科学家们利用电脑收集了大量的技术发展预测、人口增长预测、经济增长预测等相关资料，再根据对未来100年里排放到大气中的二氧化碳数量的35种估计值，做出了7种不同模型来预测全球气候，最终的结论是气温在未来100年可能增加1.4~5.8℃。如果这种预测变成现实，地球将会发生一场大灾难。20世纪，全球气温不过上升了0.5℃，就发生了许多人们意想不到的事情，如果气温再上升1.4~5.8℃，后果将更为严重。农业将遭到毁灭性打击；海平面将上升，淹没更多陆地，并导致淡水危机；各种自然灾害将轮番发生，生态平衡将遭到破坏，人类将不得不忍受疾病、贫穷、灾难的折磨。

为了防止这些恶果的发生，科学家们想方设法改善环境，应对严峻的现实和未来。

有一些科学家受大自然变化规律的启示，提出了用遮蔽或反射照射到地球上的太阳光的办法来抵消全球变暖的设想。他们从理论上推知：如果给地球造把遮阳伞，照射到地球上的太阳光就会减少，地球就会因此而降温。不仅如此，科学家还对这种方法的可行性进行了论证。按目前的发展趋势，大气层中的二氧化碳含量会大大增加，50年后，地球气温将会上升2.5℃。如果将射入地球的太阳光遮

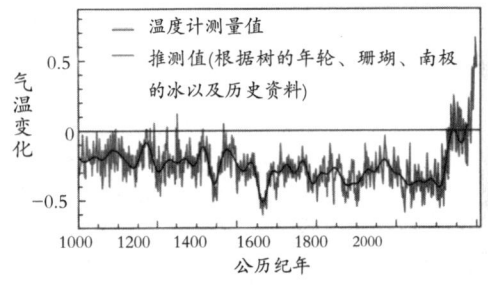

◉ 北半球的平均气温变化

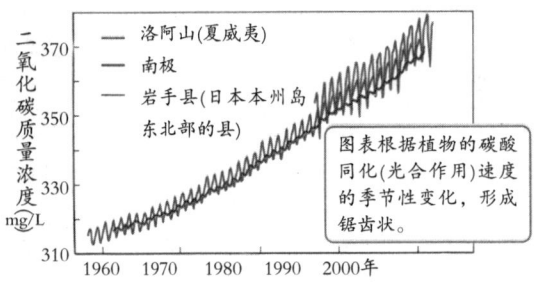

◉ 大气中的二氧化碳浓度变化

蔽掉1.8%，升高的这个温度就会被完全抵消。美国劳伦斯利弗莫尔国家实验室的科学家厄尔利等依据这种理论计算，提出了"太阳盾"方案。

"太阳盾"是一个巨型反射镜，直径2000千米，面向太阳，安放在"拉格朗日点"上——在这点太阳和地球的引力相互抵消。"太阳盾"能反射阳光，将之拒于数百万千米之外，并能改变其角度，以调节地球的温度变化。

除了"太阳盾"方案外，还有许多奇思妙想。美国国家科学院的科学家对"太阳盾"提出了改进方案，主张在地球近地轨道上安5个直径100米的小型太阳反射镜，遮蔽阳光，防止全球变暖。还有些科学家提出用涂有有机染料或镀银的小型氢气球或者小金属片代替反光镜来反射太阳光。这种方案成本很低，只需几十亿美元。

但谁会想到，"温室效应"在带来灾难的同时，也能造福人类。由于"温室效应"，大气中的二氧化碳大量增加，将会促进植物光合作用，刺激农作物产量增加。此外，科学家推算，如果今后气温升高，俄罗斯和加拿大北部土壤会解冻，耕地会大面积增加；北冰洋沿岸港口将终年不结冰，常年通航。

尽管"温室效应"论十分盛行，多数人都赞同这种观点，但也有不同的声音。不少科学家认为目前地球正朝低温湿润化方向发展。

他们认为，尽管20世纪的气温总体上呈上升趋势，但二氧化碳浓度变化与气温曲线变化并非完全一致，20世纪的40～80年代，有过降温的过程。这种看法也不无道理，他们从两个方面提出证据支持自己的观点。

首先，他们认为，气候变化受地球自身反馈机制的影响。一方面，由于大气与海水间存在着热交换，气温升高时，热交换增强，海水吸收热量升温后，对二氧化碳的溶解度也会增加。不仅如此，气温的升高还会增加地球上的生物总量，寒冷地带由于变热，生长在那里的植物生长期变长，植物带也在高温的作用下移向高纬度的地方，二氧化碳被森林吸收后，要经过更长的时间才能回到大气层。另一方面，由于空气极度湿润，植物残体在这种情况下不能充分分解，以泥炭的形式储存到地壳，这正是碳元素从生物圈到地圈的转化过程。

其次，气温上升过程中产生的水蒸气也能起到一定程度的缓解作用。气温升高导致蒸发加剧，大气含水量增加，形成一些云，大量的太阳辐射会被这些云反射、散射掉，从而缓解气温的上升。

气象系统是十分复杂的，无论地球变暖是否因为"温室效应"，我们都应该加以关注。科学家们也在努力研究，相信他们总有一天会弄明白地球变暖的来龙去脉，从而改善环境，造福人类。

◉ 科学家在南极洲研究气候。

如何保护臭氧层

现在各种各样的防晒产品充斥于货架之上，人们对日益严重的紫外线照射颇为恐惧。科学家称，太阳辐射的紫外线已越来越多地进入大气层，对人类的健康产生了危害。紫外线为何会突破重围，进入大气层呢？这与臭氧层有关。

臭氧是由3个氧原子结合而成的气体，它的化学符号是O_3。臭氧是分布在距地表13～50千米之间的一层薄纱，其浓度最大处距离地表20～25千米。它像一层过滤膜，吸收了大量太阳辐射中的紫外线，使地球上的生命体免受紫外线的杀伤，也使大气的热量状况趋于稳定状态。

20世纪80年代初，有一个重要的科学发现——南极洲上空的臭氧层出现了巨大的"空洞"，震动了科学界。科学家们于1985年证实，这个"空洞"每年9～10月份出现1次，并预测它还有扩大的趋势。1988年，经严密监测，发现南极臭氧层空洞向北"扩"到澳大利亚和新西兰上空，澳大利亚上空的臭氧层也减薄了1/10。时隔不久，这个臭氧层空洞又向北扩展到智利首都圣地亚哥和阿根廷首都布宜诺斯艾利斯。1989年，科学家透露，南极上空的臭氧层空洞大小已与北美洲面积相当。

1987年，德国科学家的发现同样令人感到不安，他们在地球北极的上空也发现了臭氧层空洞，只不过面积要小于南极的臭氧层空洞。

臭氧层出现空洞，地球就少了一道天然屏障，大量从太阳辐射来的紫外线直接照射到地球表面，使人类患皮肤癌、呼吸道传染病和白内障的可能性增加，使人体内部的免疫力下降。同样，紫外线对地球

人造卫星

在夜晚出现在天空中的极光，可能是因为来自太阳的带电粒子撞击到原子而产生的现象

航天飞机（往返于地球和太空站之间运载人和物资）

平流顶层是平流层和中间层之间的界线

声呐气球

对流顶层边缘

对流层和平流层交界处

海平面

对流层的范围大约在地面之上12千米，它是生物能够在其中自然生存的唯一大气层级。对流层包含75%的大气、水蒸气和云。对流层中的变化会引起天气情况发生相应的变化

外大气层是大气层最外面的一层，在这里漂浮着一些较轻的气体

空气在热层中变得非常稀薄，但是，这些气体能吸收来自太阳光中的紫外线，这使得该层上的气温升高到2 000℃。电离层（热层之内的一个气层）由被太阳光离子化的气体或者带电的气体组成。无线电信号还能在这些被电离化的气体中传播

陨石

在中间层，空气变得非常稀薄，因此温度迅速地下降，最高时候的温度为−110℃，不过，这里的空气仍然足够稠密，从而降低陨石下落的速度

平流层中含有19%的大气，但是没有水蒸气。这个气层非常平静，因此飞机都在这个气层中飞行

臭氧层，能够遮蔽危险的辐射，保护地球

◉ **大气层**

大气层被划分为不同的5层。气体的混合物就在这5层中发生着多样的变化。温度也是如此，在对流层，也就是大气层的最低层，温度会下降；而在平流层以上的层级中，温度则会上升。

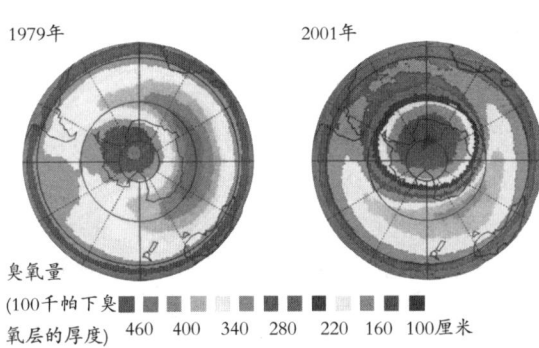

1979年　　　2001年

臭氧量
(100千帕下臭氧层的厚度)　460　400　340　280　220　160　100厘米

⊙ 臭氧洞的扩大

8月至10月相当于南极的冬天，这时在南极的上空15～20千米附近，会出现被称为"极域同温层云"的云朵。这种云的粒子和阳光中的紫外线使氯气活化，导致臭氧层急速破坏，从而生成臭氧洞。

上的生命的伤害是普遍的，地球上的某些生命甚至可能在强烈的紫外线照射下无法生存，从而威胁到地球上的生态平衡。

全世界都在关注着这一变化。1991年，第一台全球臭氧层测绘光谱仪由"气象-3"号卫星携带升空，该卫星也是美俄之间在航天领域第一次合作的产物，该卫星上的光谱仪可测量全球的臭氧含量及其分布，对大气层中出现的臭氧层空洞进行监控。

1991年9月，美国"发现号"航天飞机将1颗臭氧监测卫星送上了太空。该卫星重达7.7吨，其上装有美国、加拿大、法国和英国研制的10台高灵敏度监测仪器，目的是监测臭氧层中的臭氧在3年内减少的情况。

来自宇宙空间的新资料表明，臭氧层越来越稀薄的现象在春季和夏季也发生了，而此前，只有科学家在冬季才能观测到这一现象。最令人惊骇的是，一个更大的臭氧层空洞将笼罩在北纬50°以北的地区，这一地区包括了加拿大、俄罗斯、德国、英国和斯堪的纳维亚半岛等在内的广袤的土地。

现在有关臭氧层出现空洞的事实已被证实。地球大气的臭氧含量在急剧减少，这将导致全球环境的巨变。

造成南极上空臭氧层空洞扩大的原因很多。首先是核爆炸，其次是高空喷气式飞机的频繁飞行，人类活动中排出的大量废气，农业上大量使用化肥，杀虫气雾剂的广泛使用以及空调机和冰箱放出的氯氟碳化合物——这种物质放出的氯气会破坏臭氧层(1个氯原子可以和10万个臭氧分子发生连锁反应)，致使臭氧大量分解成氧分子。有人估算，大气层中的臭氧会因每增加100架现代超音速客机而每年减少0.7%。

在对臭氧层空洞出现的原因和可能引起的灾难的研究中，科学家也有新的见解。俄罗斯地理学家卢基亚什科的文章说，造成南极上空臭氧层空洞出现的罪魁祸首不是人类的活动，而是大自然。他说，早在40年前，就出现了介绍南极上空出现臭氧层空洞的材

知识档案

臭氧层

地球上的大气可分为几层，从地面向上，主要有下列几层：对流层、平流层、中间层、恒温层和散逸层。而平流层里有一层稀薄的空气层即臭氧层，它能吸收太阳紫外线。如果没有了臭氧层，紫外线就会直射地面，危及地球上所有的生物。污染和某些化学品的使用会毁坏臭氧层。自从20世纪70年代末期以来，科学家们便开始探测地球南北极上空的臭氧层空洞现象，发现它很可能是由空气污染所致，尤其是氟氯化碳和甲烷的污染。空洞有扩大的趋势。1987年，全世界30多个国家共同签订了《蒙特利尔议定书》，旨在限制世界范围内氟氯化碳的生产和排放。

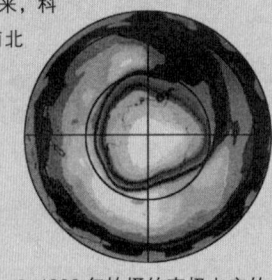

⊙ 1993年拍摄的南极上空的臭氧层图，图中白色部分是臭氧层空洞。

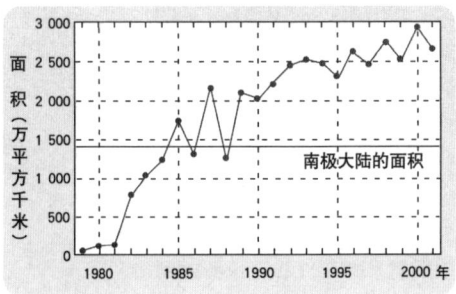

⊙ 臭氧洞的面积变化

臭氧洞的面积每年都有一定变化，20世纪90年代以后，整体呈扩大趋势。但2002年由于气温较高，极域同温层云未出现扩展，臭氧洞也没有扩大(图表中未含)。

料，那时北极和热带地区上空也出现过这种现象。他指出，如果臭氧层空洞是人类活动所致，那么北半球人口集中、工业企业多，空洞应首先出现在这一地区。而南极上空常有强大的高气压，这就使其上空的空气流动速度加快，将距离地面 9～10 千米高度处的臭氧吹离了南极洲，此外还有一部分臭氧发生衰变，致使南极上空臭氧层出现空洞，所以人类活动与臭氧层空洞并无直接关系。

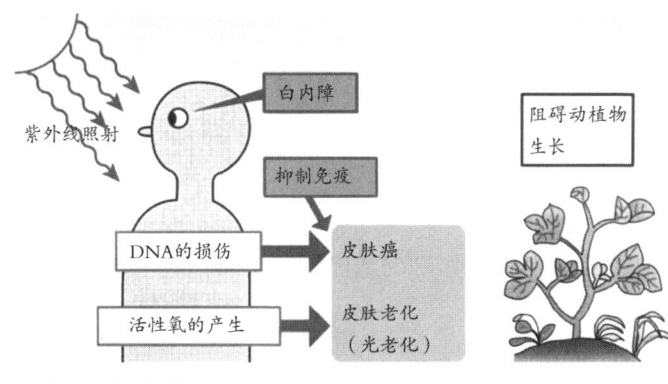

⊙ 紫外线对生物的危害

然而，不管其原因是什么，臭氧层出现空洞会带来极其严重的后果，更多的紫外线袭击地球会带来恶果是肯定的。空洞的出现能改变农作物生长的地理环境，造成农作物产量减少；还能导致地球上气候变暖，雨量增多，使大片海滨地区有被淹没的危险。当然，最大的受害者还是人类。

我们怎样应对这种自然环境的大变化呢？科学家得出的结论是：尽管臭氧层空洞是出现在高空的，但人类的活动，尤其是地面活动，却是其形成的根源。

科学家罗兰德博士于 1974 年提出了氟里昂破坏臭氧层的观点，因为氟里昂会在使用过程中散逸到空中。这些游离在空气中的氟里昂，在太阳的辐射下，会将分子中的氯原子分离出来，在这些氯原子的作用下，使臭氧分子转变为氧分子。这样就造成了臭氧层中臭氧的减少，甚至出现空洞。氟里昂是破坏臭氧层、危害人类健康和对地球生命形成威胁的特殊污染物。通过许多科学家、政治家的努力，又经过联合国环境规划署的推动，1985 年，各缔约国终于在奥地利的维也纳签署了《保护臭氧层维也纳公约》。1987 年，在加拿大的蒙特利尔，各缔约国又签署了《蒙特利尔议定书》，议定书中明确提出了限制使用氟里昂的规定，要求发达国家必须在 2000 年以前，禁止生产和使用氟里昂。

地球的臭氧层空洞已经形成一定的规模，现在补天乏力，寄希望于臭氧层自行弥合也不可能。即使从现在起全球停止生产和使用破坏臭氧的物质，要恢复本来的臭氧层面目，完全弥合臭氧层空洞，至少也需要一个世纪的时间。

已出现的臭氧层空洞已引起全世界的空前关注，各国纷纷研制氟里昂的代用品，以消除臭氧的"克星"。据报道，一个名叫"帮助臭氧"的组织打算在南极上空放飞一些气球，这些气球上悬挂有 100 个臭氧发生器。这些臭氧发生器由能产生 15 万伏以上的电压的太阳能电池板提供动力，希望借助臭氧发生器的作用把氧分子变成原子后再形成臭氧，从而增加南极上空的臭氧含量。

⊙ 在澳大利亚发起了 "3S"（SLIP, SLAP, SLOP）运动，鼓励人们穿衬衫、戴帽子和涂抹防晒霜，以防止太阳光中紫外线的伤害。

另据一些科学研究表明，臭氧层可能只吸收少量波长 280～320 纳米范围内的紫外辐射，而这部分辐射并不是对地球上的生命危害最大的。一些科学家发现，高波长的紫外辐射对植物的脱氧核糖核酸能造成严重的危害，这种危害是以前人们没有估计到的。过去的研究工作过分强调了臭氧层稀薄以后带来的紫外线辐射量的增加，而没有将研究的重点放在研究 320 纳米以上波长的紫外线对地球上动植物造成的危害上，而这种紫外线造成的破坏是比较恒定的，它不受臭氧层的变化的影响。

即使是这样，我们还是应该极力保护臭氧层，不能让臭氧层空洞继续扩大，从而使这把万物赖以生存的地球保护伞不受损害。

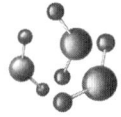"厄尔尼诺"现象

"厄尔尼诺"在 20 世纪频频光顾地球，给人类造成了极大的危害。每次发生厄尔尼诺现象时，都会造成或大或小的灾难。为了解厄尔尼诺的形成，气象学家进行了细致而广泛的研究，但是，至今仍众说纷纭，尚无定论。

1982～1983 年，在全球范围内发生了严重的厄尔尼诺事件。在这次厄尔尼诺事件中，许多地方都遭受了灾难。特大飓风袭击了夏威夷群岛，多处房倒屋塌；印度尼西亚、澳大利亚出现严重干旱和森林火灾；巴西北旱南涝；北美洲大陆热浪与暴雨交替出现，当地居民处于"水深火热"之中；欧洲酷暑难熬；非洲由于干旱发生了灾荒；中国北旱南涝，冬天到来时，以严寒著称的东北地区气候温暖，一向温暖的华南、西南地区却奇冷无比。

1986～1987 年，厄尔尼诺再次横行全球。巴西东北部、美国、南亚及非洲北部发生了严重干旱；秘鲁、苏丹、孟加拉国暴雨成灾；时速高达 320 千米的强烈飓风袭击了加勒比海。

20 世纪 90 年代，厄尔尼诺像常客一样频频光顾地球，几乎一年一次。这一时期，全世界连续发生 4 次厄尔尼诺事件，分别是 1991 年 5 月～1992 年 8 月、1993 年 4 月～1994 年 1 月、1994 年 10 月～1995 年 6 月、1997 年 4 月～1998 年 7 月。这种情况是前所未有的。其中，1997 年的厄尔尼诺现象最为强烈，危害也最大。厄尔尼诺导致澳大利亚发生了山林火灾，相当于 2 个英格兰面积的地区被烧得一干二净；非洲暴发洪水，淹死牛群，毁坏庄稼；美国南部遭到了龙卷风的猛烈袭击，海浪侵蚀了整个西海岸。这些灾害导致超过 7 000 人死亡，并造成超过 100 亿美元的经济损失。

厄尔尼诺现象最早是被南美洲秘鲁和厄瓜多尔沿岸的居民发现的。当时，每到圣诞节前后，世界著名的秘鲁渔场鱼产量就会锐减。这种奇怪的现象引起了人们的注意，经过长期观察，人们发现，原来南美西海岸附近海域的海水温度，每到圣诞节前后就会升高。生活在这一带的浮游生物和鱼类适应了冷水环境，水温升高会导致鱼类大量死亡，渔场因此而减产。由于科技的落后，当时的人不明白海面水温为什么会升高，以为是"圣婴"降临了，而"圣婴"在西班牙语中的发音刚好是"厄尔尼诺"。厄尔尼诺最初仅仅是指秘鲁沿岸海水温度异常变化的现象，而不像现在这样是灾难的代名词。

世界各国的科学家联合起来为厄尔尼诺下了一个基本一致的定义：如果赤道东段和中段一带太平洋大范围的海水水温异常升高，持续时间超过 3 个月，月平均海表温度上升 0.5℃，就称为一次"厄尔尼诺事件"。

厄尔尼诺究竟是怎样发生的呢？毫无疑问，海水异常升温即便不是引发厄尔尼诺的关键因素，也会加剧厄尔尼诺现象。这样一来，弄清海水异常升温的原因就变得非常必要了。科学家们对此进行了广泛的研究，较为成熟的有以下 3 种观点。

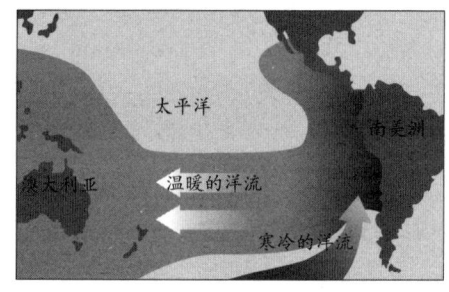

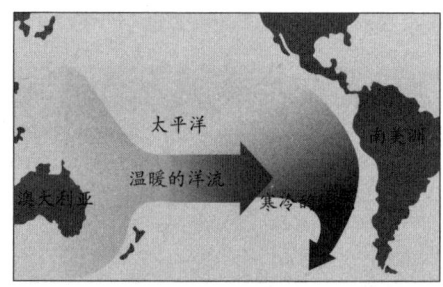

⊙ **正常年份与出现厄尔尼诺现象时的洋流对比图**

厄尔尼诺是指太平洋洋流间或出现的逆转现象。在正常情况下，表面洋流向西流动，为东南亚地区带来湿热的气候，营养丰富的海水沿秘鲁海岸南下，畅流无阻。在厄尔尼诺期间，温暖的洋流向东流动，造成美洲洪涝灾害频繁，东南亚地区干旱少雨。

第一，地球内部因子论。科学家认为，既然海底火山爆发、海底地震等都可能引发厄尔尼诺现象，那就应从地球内部找原因，是地球内部的变化导致了厄尔尼诺的发生。

第二，天文因子论。附着在地表的海水和大气随地球快速向东旋转，有时，地球自转会突然减慢，出现"刹车效应"，在惯性力的作用下，赤道地区自东向西的海水和气流减弱，于是便发生了一次厄尔尼诺事件。

第三，大气因子论。目前大多数人都持这种观点。由于信风的影响，赤道太平洋形成了海温和水位东低西高的形势，与此同时，在赤道太平洋东侧的下沉气流和西侧的上升气流的影响下，信风会加强，一旦信风减弱，太平洋西侧的海水就会向东回流，太平洋位于赤道东段和中段的水温会异常升高，这就导致了厄尔尼诺事件的发生。

⊙ 1987年，当厄尔尼诺再次横行全球时，孟加拉国暴雨成灾。20世纪90年代以后，厄尔尼诺现象越来越频繁，严重地威胁着人类的生产、生活。

除此之外，人们不禁会发出这样的疑问：厄尔尼诺现象是孤立的吗？其他地球自然灾害和它有没有关系呢？我们已经知道，它本身会对海洋渔业造成危害。而事实则更为严重，自20世纪60年代以来，全球范围内的厄尔尼诺现象已发生了11次，而且每一次都伴随着其他或大或小的自然灾害。人们由此受到启发，尽力寻找各种看似毫不相干的自然灾害与厄尔尼诺之间的联系。

为了解答上述问题，科学家们对厄尔尼诺现象进行了跟踪研究。气象学家已证实，世界上一些地区气候异常及气象灾害，如洪涝、干旱、森林大火、沙尘暴等，确实是由厄尔尼诺引起的。因为厄尔尼诺发生时，海洋表面温度大大升高，热带太平洋因此而海表热力异常，干扰了地球大气的正常环流，导致全球气候异常，自然灾害频繁，地球陆地生态系统因此受到破坏。人们最初以为厄尔尼诺只是个"小捣蛋"，但随着研究的深入，人们不得不遗憾地承认它其实是个"大元凶"，许多灾难都由它引发。因此，海洋学家和气象学家非常关注这样一个问题，那就是能否利用海洋中各种要素的变化规律，来预测厄尔尼诺的发生。

在过去的几十年中，随着科技的发展和科学家经验的积累，厄尔尼诺研究的进展十分迅速。美国国家大气和海洋管理局的科学家麦克法丹说过这么一句话："厄尔尼诺现象自从1982～1983年以后有了彻底的改变。1997～1998年的厄尔尼诺规模极大，远远超过了1982～1983年那次，可是前一次直到接近尾声时，我们才知道发生了厄尔尼诺。而在1997～1998年的厄尔尼诺现象中，每天都发生了些什么，我们一清二楚。"科学家们利用了两件新武器——装有仪器的卫星和浮标，才做到了这一点。有了这些仪器，科学家便能对海洋的"风吹草动"了如指掌。

1997年9月，科学家们依据气象监测卫星收集到的大量数据做出了图像，发现了一个异常情况：一片广阔水域的水面竟然比正常情况高出33厘米。温暖的热带海水在肆虐的贸易风的推动下剧烈运动造就了这一奇景。它是一次正在进行中的剧烈的厄尔尼诺现象的反映。果然，在随后的几个月中，全球地区几乎全都受到了厄尔尼诺的袭击。这次预测也表明，在短短10多年里，人类分析预测厄尔尼诺现象的能力已大大提高。

随着对厄尔尼诺研究的加深，科学家们力图找出过去几十年内厄尔尼诺频繁发生和破坏力加大的原因。

在20世纪的百年中，厄尔尼诺经常发生，其中有两个厄尔尼诺多发时代。第一次是在20世纪20～30年代，美国南部地区出现周期性干旱，俄克拉荷马和北得克萨斯的数百家农场毁于这场灾难。20世纪八九十年代是第二个厄尔尼诺多发期，其影响比以前更广泛，也更恶劣。

有人认为，自然界气候变化的规律性重复，导致了20世纪最后20年中厄尔尼诺现象频繁发生。但由于20世纪70年代之前一直没有关于厄尔尼诺现象的记录数据，所以无法确定这种观点是否正确，

◉ 1992年8月，飓风袭击美国佛罗里达州。从图中可以清楚地看到飓风的中心——风眼。

同时也无法确定厄尔尼诺的发生周期。

也有人认为，厄尔尼诺之所以频繁发生，是因为太平洋变暖的缘故。这种看法也有一定的道理。

科学家们为了更好地搜集厄尔尼诺的资料，以记录和预测它的发生，部署了一些强有力的新工具。1998年，美国航空航天局戈达德空间飞行中心将一台十分先进的加强型克雷超级计算机用于处理有关厄尔尼诺的资料。克雷机最大的优点是可以尽可能多地利用资料，改进预报模型，全面处理有关厄尔尼诺的浮标和卫星数据。在上海天文台，中国科学院也利用前所未有的先进空间天文学手段，预测到了即将发生的厄尔尼诺现象。

◉ 利用卫星技术，可以预测即将发生的厄尔尼诺现象。虽然到目前为止，科学家还没有发现和弄清厄尔尼诺到底是怎样形成的，但已可以科学地预测。

今天，人类利用先进的科技，越来越多地了解了厄尔尼诺现象，但大自然依然不愿对我们坦露所有真相，许多疑团还是没有解开。我们已经清楚，大洋暖水流大范围运动是厄尔尼诺现象和反厄尔尼诺现象的主因。南太平洋中有逆时针大洋环流，北太平洋则有顺时针大洋环流，但这些与暖水流运动有什么联系？厄尔尼诺带来的暖水来自何方？其热源又在哪里？

大自然给我们留下了一个又一个谜团，要解开它，只能依靠人类的聪明才智和刻苦努力。厄尔尼诺之谜总有一天会被解开，到时候，人们不再只是被动地接受，而是能反客为主，利用各种方式控制它，引导它向有利于人类的方向发展。

知 识 档 案

拉尼娜现象

拉尼娜现象是与厄尔尼诺相反的现象，即赤道中东太平洋海面温度异常降低的现象。太平洋上空的大气环流叫做沃克环流，当沃克环流变弱时，海水吹不到西部，太平洋东部海水变暖，就是厄尔尼诺现象；但当沃克环流变得异常强烈，就产生拉尼娜现象。一般拉尼娜现象会随着厄尔尼诺现象而来，出现厄尔尼诺现象的第二年，都会出现拉尼娜现象，有时拉尼娜现象会持续两三年。1988~1989年，1998~2001年都发生了强烈的拉尼娜现象。从近50年的监测资料看，厄尔尼诺出现频率多于拉尼娜，强度也大于拉尼娜。拉尼娜常发生于厄尔尼诺之后，但也不是每次都这样。厄尔尼诺与拉尼娜相互转变需要大约四年的时间。

人体科学
The Science of Human Body

人体组织和器官

许多具有相似功能的细胞构成了组织,它不仅是人体的主要结构,也是绝大多数植物和动物的主要结构。有一些组织很柔软,例如皮肤的内层、肝脏组织和肌肉组织,而骨头和指甲这样的组织却比较坚硬,多个组织联系在一起组成器官,完成人体的各项生理功能。

上皮组织覆盖在人体的内外表层上,这种组织通常位于结缔组织的上方,由许多密集的上皮细胞连接而成。最常见的上皮细胞分布在血管、肺和心脏内部的腔壁上,它们由单层扁平细胞组成,消化系统的上皮细胞则厚很多,而且会分泌酶和黏液,消化道的上皮细胞有细小的可以波动的绒毛,从而保持黏液的流动。膀胱上分布着过渡性的上皮细胞,当膀胱中充满尿液时,这些细胞会伸展。

身体的表面由多层坚韧的上皮组成,最外面的表皮层包含一种坚

⊙ **皮肤**
此图显示了构成皮肤的众多组织。成人的皮肤表面积约 1.8 平方米,重量将近 3 千克。

硬的物质——角质,另一些上皮细胞构成腺体。这些细胞所包含的物质要么流入一个中心腔,要么就扩散到血液中去。

纤维和其他基质位于结缔组织的组成细胞周围。软骨中包含有弹力纤维,当我们说话时,会厌软骨就会振动。有一些结缔组织和骨头结合在一起,例如分布在椎间盘之间的纤维软骨,透明的软骨覆盖在骨头的末端上,紧密的结缔组织用于构成韧带和肌腱,而疏松的结缔组织则用来连接不同的器官,同时也是神经和血管穿行的地方。还有一种脂肪组织用于储藏脂肪。

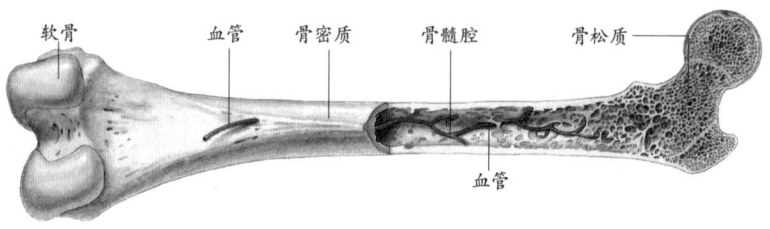

⊙ **骨的构造**
骨是一种特殊的结缔组织。它并非是实心的,而是具有一个中空的骨髓腔,骨髓里每天会生成几百万个红细胞。从图中的股骨构造可以看出,骨的外层是坚硬密实的骨密质,内部则是比重较轻的骨松质,血管和神经通过外层的管道进入中空的骨髓腔。

血液是一种液态的组织。血液中流动的血清含有三种主要细胞——红细胞、白细胞和血小板。

神经组织构成人体内的神经系统,此外,大脑和脊髓也由神经组织构成。

淋巴组织中的淋

巴管遍布全身，淋巴组织中含有淋巴细胞，这种白细胞可以进入循环系统吞噬异物，它们负责人体免疫，产生抗体，清除侵入体内的微生物。

肌组织是健康人体内主要的柔软组织。

器官由不同类型的组织组成。人体内重要的器官包括大脑、心脏、肝脏、眼睛和肺。皮肤也是人体最大的器官之一，它由肌肉、脂肪、神经、血液和结缔组织构成，并且有上皮组织覆盖其上。

骨骼是身体的支架

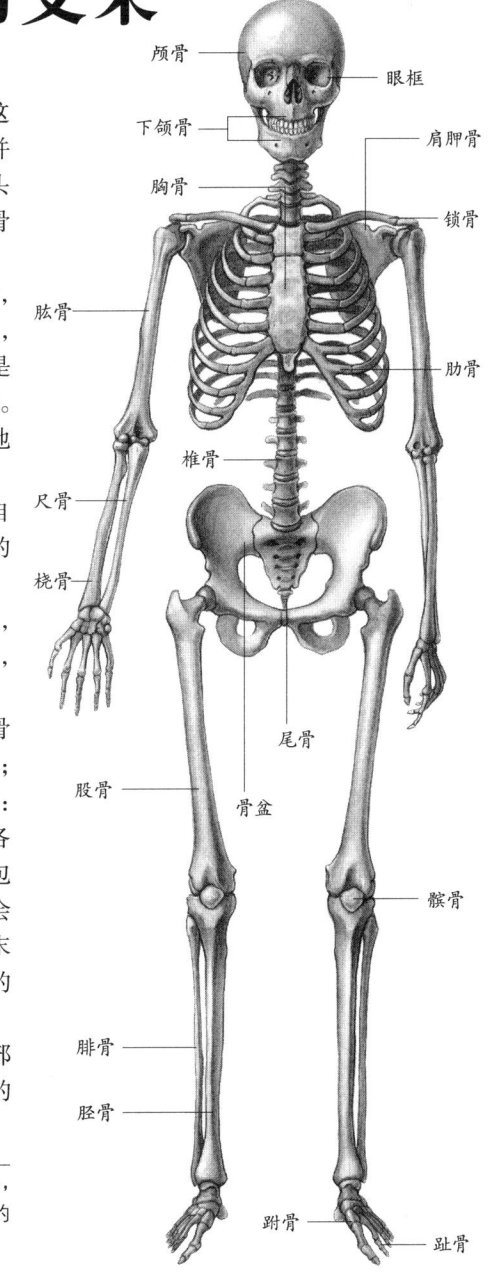

骨骼构成身体的支架，它对大脑、心脏和肝脏这些精密器官起保护作用，也使人体能够保持姿势，并且通过附着其上的肌肉使我们得以移动四肢，转动头部。胸廓的运动使肺部扩张，协助我们呼吸，头面骨的运动能够保证我们饮食的顺利进行。

骨骼是一个独特的结构，一方面，它十分强壮，有力地支撑着人体的重量；另一方面，它又足够轻盈，人体可以轻易承载它的重量，并且活动自如。骨骼是人体内重要的活化工厂，其中包含着大量的钙、钾和磷。这些矿物质不仅使骨头坚硬有力，而且参与人体其他代谢过程，例如是神经系统活动所必需的元素。

当骨头受到损伤时可以生成新的骨细胞，进行自我修复，当骨头处于重压之下时，它还会合成更多的钙质，从而加强自身的力量。

全身的骨骼可以分为两部分：其一是中轴骨骼，包括头骨、肋骨、椎骨和胸骨；其二是附肢骨骼，包括四肢、锁骨、肩胛骨和骨盆。

头面骨由22块骨头组成，其中保护大脑的8块骨头被称为颅骨，头骨同时也对眼睛和耳朵起保护作用；下颌骨能够帮助人们咀嚼食物；脊柱由26块骨头组成：颈椎7块，胸椎12块，腰椎5块，以及骶骨和尾骨各1块。人体的每个上肢包含着32块骨头，每个下肢包含31块骨头；大多数人都拥有12对肋骨，少数人会多出一根或几根，肋骨呈弓形，前端和胸骨相连，末端和胸椎相连，肋骨以这种方式围成了形状像骨笼的胸廓，心脏、肺、胃、肝脏和肾脏等器官位于其中。

人体内最大的骨头是股骨，它们的重量约为全部骨骼重量的1/4。位于中耳处的镫骨则是人体内最小的

⊙ **骨骼**

上图标明了组成人体支架的主要骨骼。有一些骨头因为太微小，所以没有在图中标出，例如中耳处的3块骨头和支撑舌部肌肉的舌骨。

骨头，它只有3毫米那么长。

　　肌肉是使骨骼运动的动力器官，许多骨头都有特殊的表面，可以使肌肉牢固地附着其上。例如，大而平坦的肩胛骨为肌肉提供固定的附着点，肌肉通过韧带这种结缔组织和骨骼连接，从而为肩膀和手臂的运动提供动力。

> **知识档案**
>
> 婴儿的骨头有350多块，成人的骨头只有206块，这是因为在骨骼的成长过程中，有一些较小的骨头结合成了较大的骨头。
>
> 人的手和脚包含120多块骨头。
>
> 骨头是人体最耐久的部位之一，有时骨头可以保存上百万年。

人体的发动机

　　肌肉的重量约占人体体重的一半，它也是一种主要的软组织。肌肉为我们四肢的活动和心脏的规律跳动提供必要的动力，并且控制着人体内多数系统的工作。

　　人体内有3种不同的肌肉：骨骼肌，又称为随意肌；平滑肌，又称为不随意肌；还有心肌。这3种肌肉在遇到刺激时都具有收缩、拉长和回复原状的能力。因为肌肉只能拉伸，所以每块肌肉运动拉长时，都需要一块与之对应的肌肉将它拉回原位，所以肌肉通常成对分布。

　　骨骼肌是由肌原纤维这种肌细胞通过结缔组织连接而成的，骨骼肌中分布着丰富的血管和神经，它可以运用血液所提供的氧气和葡萄糖生成肌肉收缩所需要的能量。因为我们可以有意识地控制骨骼肌的运动，所以骨骼肌又被称为随意肌。骨骼肌成对地附着在人体内所有骨骼上。在骨骼肌的作用下，我们可以通过关节的运动来活动四肢、弯腰、做出表情、转动头部和呼吸等动作。

　　在大脑的统一控制下，几组肌肉相互协作，从而做出上述动作。例如，抬腿的过程不仅和腿部肌肉有关，还需要背部和臀部肌肉的参与，才能保持身体其他部位的平衡。

　　将平滑肌放在显微镜下观察时，它没有骨骼肌上的交错横纹，平滑肌一名由此而来。平滑肌的收缩速度比骨骼肌缓慢，它分布在内脏器官，如消化系统的器官、子宫、膀胱和血管上。

　　平滑肌的活动不受大脑的控制，因此它又被称为不随意肌。例如，在我们凝聚眼神或者消化食物时，我们无须进行思考，是一种无意识的活动。

　　心肌只分布在心脏。心肌的特点是它的节律运动从不停歇。组成心肌的纤维相互连接，从而迅速地形成神经冲动，使心肌迅速有力地收缩。与平滑肌一样，心肌完全不受人的意识支配，它属于不随意肌。

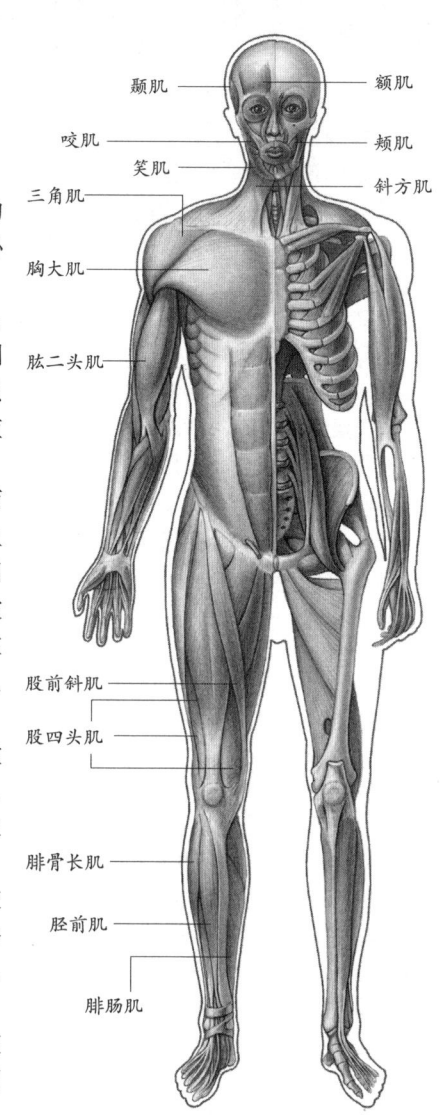

⊙ 肌肉的分布

上图中标明了大部分骨骼肌。当我们活动四肢时，有一些肌肉虽然没有剧烈活动，但是它们可能也在收缩。肌肉的收缩，或者说是肌肉的紧张性塑造了人体的形态。

每条肌纤维都由几百万条细小的丝状纤维构成。丝状纤维主要有两种，一种从肌凝蛋白转化而来，这种纤维短而厚；另一种纤维较薄，是从肌动蛋白转化而来。在肌肉收缩的起始阶段，大脑发出一个信号，通过神经传导到肌肉。然后神经末梢释放出一种叫做乙酰胆碱的化学物质，使肌动蛋白纤维滑动到肌凝蛋白纤维之间，肌肉的末端被拉至中间位置，从而使肌肉收缩。这个过程所需要的能量来源于呼吸作用中所产生的化学物质 ATP（腺苷三磷酸）。在肌肉收缩过程中，ATP 的化学能量转变为机械能，将分子连接在一起。

知识档案

肌肉的收缩

四肢的活动需要许多对肌肉的参与，弯曲手臂的动作即是一例。首先是肱二头肌收缩，将前臂骨骼拉起，然后是肱三头肌收缩，将骨骼拉下，从而使手臂伸直，这种运动在关节处很常见，右图中的运动见于肘关节处。参与这种运动的肌肉称为对抗肌。

— 肱二头肌
— 肱三头肌

人体的信息网

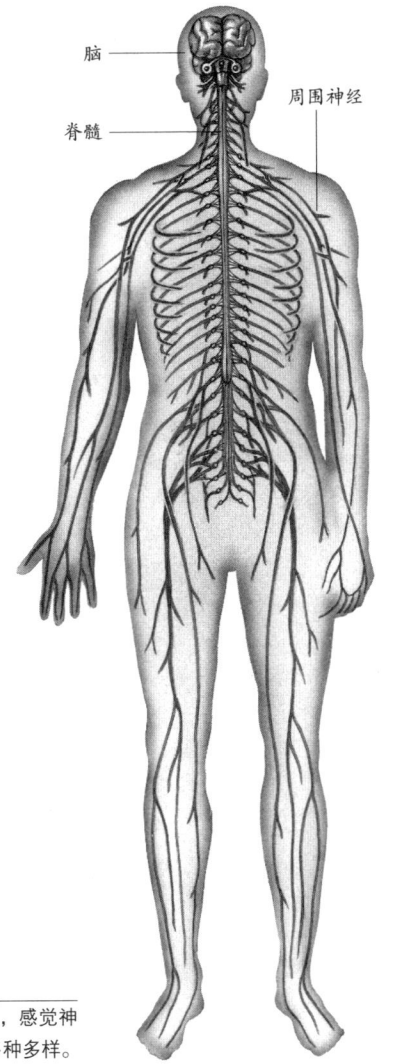

脑
脊髓
周围神经

神经系统的功能是将信息从身体的一部分传递给另一部分，它的最高传送速度可以达到每秒 120 米。神经末梢遍布于全身各处，从器官到皮肤都有神经末梢的存在。大脑操控着这个功能非凡的网络，以控制中心的身份统领着数亿个信号通路的活动。

人体的神经系统可以分为两部分。第一部分是大脑和脊髓构成的中枢神经系统，头面骨保护着极其复杂和精密的大脑。

脊髓位于脊柱椎管内，上端和大脑延髓相连，其中含有大量的神经细胞。大脑、四肢和躯干之间的数万个神经冲动都通过脊髓这个通路进行传导。

在横切面上，脊柱中央为灰质，包在灰质外面的是白质。组成白质的神经细胞将神经冲动向上传导到脑或是向下传导到脊髓，灰质则控制着神经细胞之间的信息传送。

成对的脊神经从大脑和脊髓发出，从椎间孔中穿出，这些神经的分支遍布全身，构成神经系统的第二部分，我们称之为周围神经系统。周围神经系统的神经末梢常常向我们提示身体内部和外部的情况。周围神经和肌肉的联系使肌肉遇到刺激时发生收缩反应，从而产生运动。

大脑和脊髓构成中枢神经系统。周围神经系统遍布于全身各组织和器官，它包括由大脑发出的脑神经和由脊髓发出的脊

⊙ **神经的结构**

单独的神经细胞被称为神经元。神经元所传导的细微电冲动组成神经信息，感觉神经元会将冲动传入大脑，运动神经元则将冲动传出。神经元的大小和形态多种多样。

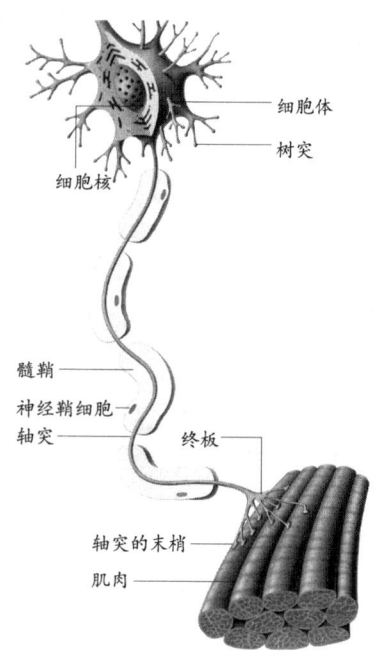

◎ 周围神经

这是一个周围神经系统中典型的神经元。神经元通过许多分支和肌肉相连。大脑(或者是反射作用中的脊髓)所发出的冲动经过神经传递到肌肉,使肌肉收缩,从而产生运动。

神经。

每个神经元都有一个细胞体和一个细胞核,以及微小的突起。大多数神经元都有多个短的突起,叫做树突,以及一个长的突起,叫做轴突。树突以电冲动的方式接收信号,并将信号传递到神经元的中心。轴突则是将信号传出到相应的组织上。轴突的周围常常有一层髓鞘,髓鞘中含有大量的脂肪,它通过封裹来保护轴突,并加速神经冲动的传导。

当神经元受到刺激时,在它的细胞膜表面,电量发生细微的变化,形成神经冲动的传递。神经冲动沿神经传导时,必须穿越所有轴突和树突末端的空隙(突触),神经冲动在到达轴突末端时消失,并引起轴突末端释放一种化学物质——递质。通过递质的作用,突触的细胞被激活,神经冲动得以继续传递。

动物性神经系统中的神经元遵循我们有意识的指令,例如走路、谈话和书写。植物性神经系统中的神经元完成我们无意识的活动,诸如改变心率和控制食物消化的速度。

心脏怎样为你"努力工作"

心脏的作用是使血液在人体内流动,维持生命。全身的血液约每分钟循环一次。血液在循环的过程中将营养物质和氧气运到全身各处的组织和器官,同时将废物排出体外。心脏从不停止跳动,它平均每年跳动4000万次,在人的一生中约跳动3亿次。

心脏位于两肺之间胸腔的中部,偏左下方,像一个握紧的拳头那么大。构成心脏的心肌是一种特殊的不随意肌,心肌可以有节奏地持续收缩(跳动),从不停歇。因为人体内的组织和器官都需要新鲜血液不间断地供应营养,所以心肌的作用至关重要。举例来说,如果大脑缺氧的状况持续几分钟,脑细胞就会开始死亡,而大脑就会遭到严重损害。

心脏内部有四个腔,它们形成左右相邻的两个泵,这两个泵之间有一层叫做隔的肌肉壁,将左右两边分开。

这层隔可以防止心脏左边的血液和右边的血液相混合。位于心脏上方的两个腔叫做心房,位于心脏下方的两个腔叫做心室,心室比心房大,也更有力。

知识档案

如何测脉搏

因为左心室将血液射入动脉,所以在某些皮肤下的动脉可以摸到一种轻微的搏动,这种动脉搏动称为脉搏。成人的正常脉搏约为每分钟70次。如图所示,用手指按着侧手腕,数一下你自己每分钟的脉搏数。在剧烈运动之后,再测一下脉搏,这时的脉搏会加快,不过两三分钟后脉搏又会恢复正常。

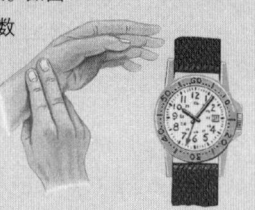

房室之间的血液流动由纤维组织构成的房室瓣控制。在血压的作用下,房室瓣会形成一个封口,防止血液回流,在心室和动脉之间也有这样的瓣膜,叫做动脉瓣。

因为心脏需要大量的氧气供应,所以它有自己的血液供应系统——冠状动脉系统。冠状动脉系统位于心脏外围,这个系统的血液不和流经心脏的血液混合。

心脏的肌肉壁收缩时,心脏的房室变小,血液从心房流向心室,然后从心室流向全身的动脉。右心室将血液运送到肺部,从而吸收新鲜氧气,与此同时,左心室将动脉血运往全身。

心脏跳动的频率是由脑干控制的,脑干所发出的神经信号可以使心率加快或减慢,在我们恐惧或情绪激动时,荷尔蒙进入血液,使心跳加快。心脏内有一组特殊的心肌细胞——起搏器,起搏器控制着每次心跳的速度。

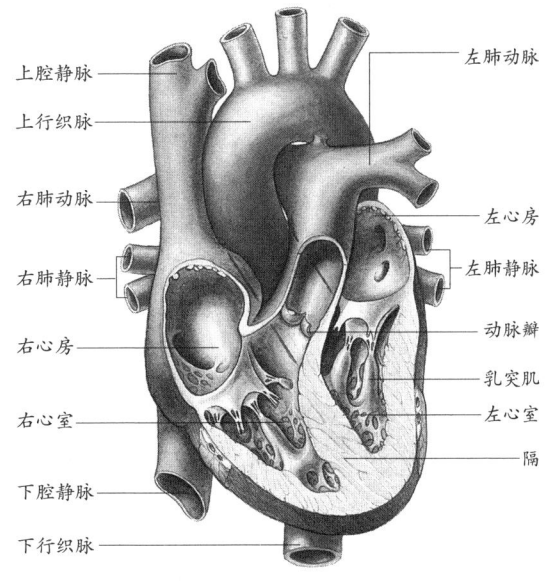

⊙ **心脏的内部构造**
这是心脏的切面图。心房将血液运往心室,然后心室将血液运往全身各处,所以心室的肌肉壁要比心房厚。

体内的物质运输系

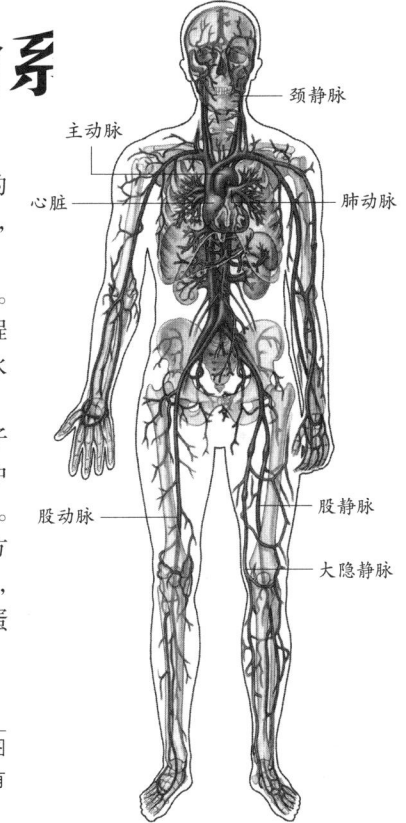

循环系统包括人体内的大血管和微血管,这是一个复杂的运输系统,它的总长度约为 10 万千米。通过心脏的收缩作用,循环系统将血液运往全身,从而维持生命。

血液的有效运输对于维持身体健康来说是至关重要的。血液运送着氧气和食物中的营养物质,并且将细胞代谢过程中产生的二氧化碳等废物排出体外,血液还维持着人体内的水分比重和化学平衡,并保持体温恒定。

一个成年女子体内的血液总量是 4～5 升,一个成年男子体内的血液总量是 5～6 升。血液中将近一半是血浆(血浆中含有水、蛋白质和盐分),其他成分是红细胞、白细胞和血小板。

红细胞又称红血球,呈无细胞核的扁平结构。人体每立方毫米的血液中约有 500 万个红细胞。骨髓是红细胞的诞生地,每秒钟可以生成约 200 万个红细胞。血液中运送氧气的血红蛋白中含有铁,因此红细胞呈现红色。

⊙ **循环系统**
静脉将血液运到心脏,在图中标为蓝色;动脉将心脏内的血液运出,在图中标为红色。连接心脏和肺的肺动脉中流动的是静脉血,除此之外,所有动脉中都流动着动脉血。

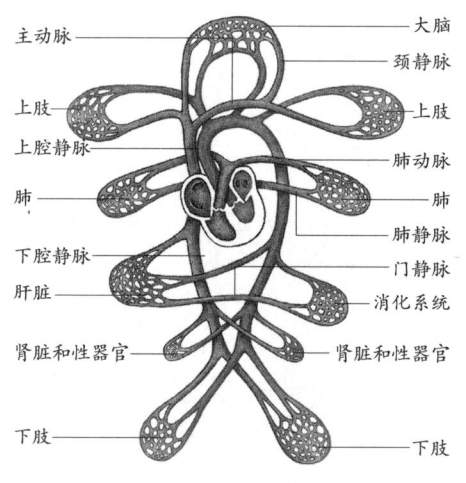

⊙ 血液循环

肺动脉将血液运送到肺部,血液在肺部得到氧气,并将氧气运送到全身的组织和器官,然后通过静脉流回心脏。消化系统的血液要先流经肝脏,肝脏储存营养物质后,血液才到达心脏。

白细胞,又称白血球,比红细胞略大一些,有细胞核。人体每立方毫米的血液中大约有5000个白细胞。有些白细胞(巨噬细胞)可以包围并吞噬进入体内的异物,例如微生物,还有一些白细胞能够抵抗各种病菌的感染,产生各种抗体。

血小板这种细胞较小。当血管壁受到损伤时,血液在血小板作用下凝固成块,起到止血的作用。

人体内的血管所组成的网状系统遍布全身各处,其分支可达全身各处细胞。最有力的血管是动脉,因为动脉壁必须承受从心脏流出血液所产生的高压。动脉分支为小动脉,小动脉又分支为毛细血管。毛细血管将血液运往全身各个组织。食物和氧气经过毛细血管的薄壁进入细胞,同时二氧化碳等废物被运出细胞。毛细血管里的血液再次汇合到小静脉,小静脉里的血液又到静脉,最后将血液运回心脏。

我们是怎样呼吸的

我们将空气吸入肺部,使人体获得氧气。氧气起着驱动呼吸的作用,并为人体细胞提供人体不能储存氧气,所以我们必须不[断]后呼出二氧化碳等废物。虽然我们可[以控制呼吸]的快慢,但呼吸仍然是一种无意识的行[为]。

呼吸系统包括鼻子、咽喉、气管、肺和一些胸部肌肉。在这些器官的协调工作下,通过呼吸作用使人体获得氧气,同时把二氧化碳排出体外。呼吸的频率随机体所承担的功能而变化。在一般情况下,我们每分钟呼吸约10次,而在剧烈运动或受到惊吓时,呼吸频率可能增加到每分钟约80次。通常呼吸运动是自发进行的,不过我们在清醒的状态下也可以控制自己的呼吸频率。

人在呼吸时,首先,鼻腔或嘴吸入空气,并对其进行加温。

然后,空气进入咽喉和器官。鼻毛和鼻黏膜分泌的黏液可以过滤并吸附灰尘颗粒,阻挡它们进入肺部。气管下端分

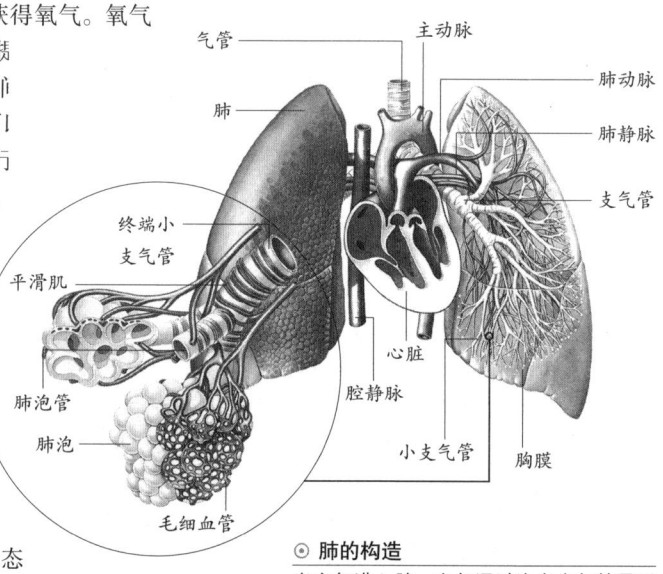

⊙ 肺的构造

当空气进入肺,空气通过许多支气管最后到达肺泡。肺泡的周围包围着大量的毛细血管。当血液流过毛细血管时,氧气从肺泡进入到血液,同时二氧化碳从血液进入肺泡,气体交换过程就发生了。

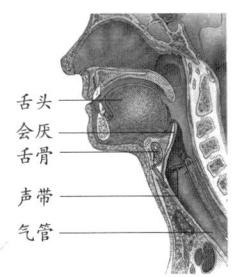

⊙ 咽喉

咽喉位于气管上端。当我们发音时，空气穿越咽喉，使喉腔内的声带振动，然后通过舌头、嘴唇和脸部肌肉的运动，把这种振动转化为各种各样的声音。

知识档案

呼吸作用的原理

如下图所示，人在吸气时，胸廓抬高，横膈膜（将胸腔和腹腔隔离的肌肉层）变平，这使得胸廓扩大，肺内压力低于外界大气压，因为空气总是从压力高的地方流向压力低的地方，所以气体就进入到肺内。通常每次呼吸吸入气体量约为500毫升。

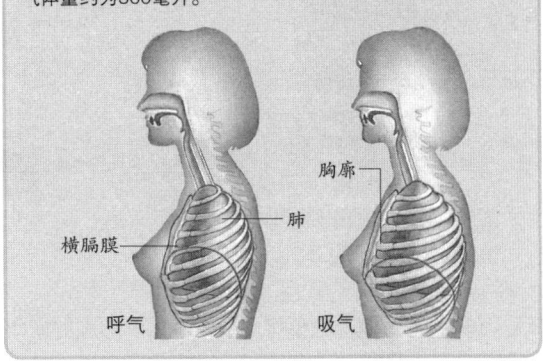

为左右支气管，分别和两肺相连。两肺位于胸腔，分布在心脏的两侧，围着它们的是一层叫做胸膜的组织，横膈膜位于肺部下方。

支气管进入肺后多次分支，形成小支气管，小支气管和肺泡相连接。肺部约有3亿个肺泡，如果平铺开来，肺泡的面积有网球场那么大。

影响呼吸运动的是血液中的二氧化碳含量，而不是氧气含量。脑干细胞会对体内气体浓度的微小变化迅速作出反应，调节肺部呼吸。

肺动脉将静脉血运送到肺部，肺静脉将动脉血运回心脏，肺动脉和肺静脉的分支形成的毛细血管包围着肺泡。肺部的氧气通过薄薄的肺泡壁进入毛细血管，加速血液流动。血液运输的氧气通过心脏到达全身的各个组织和器官，与此同时，二氧化碳等废物进入肺泡，随呼气排出体外。

食物是怎样被消化的

食物持续提供的养分是维持生命功能所必需的。人体缺少了养分，细胞就不能进行新陈代谢，不能提供肌肉运动所需的能量，也不能进行其他维持身体健康所必需的活动。消化系统的功能正是将餐桌上的食物转变为人体可以吸收利用的物质。

人类的食物多种多样，包括肉、鱼、面包、大米、面糊以及新鲜的蔬菜和水果等，但是这些食物在人体内被消化的过程却完全相同。食物经由口腔摄入后，进入消化道。消化管道很长，并且彼此缠绕，有利于食物的充分消化。当食物经过消化道时，它们被逐步分解，变成一些更小、更简单的物质，叫做营养物。随后营养物被吸收至血液中。食物这种在人体内的旅程，从消化道的一端（口腔）到另一端（肛门），大约要经过48小时。

知识档案

蠕动的作用

在消化系统中，食物通过蠕动向前移动。例如，通过平滑肌的收缩和舒张，食物从食管进入胃部。

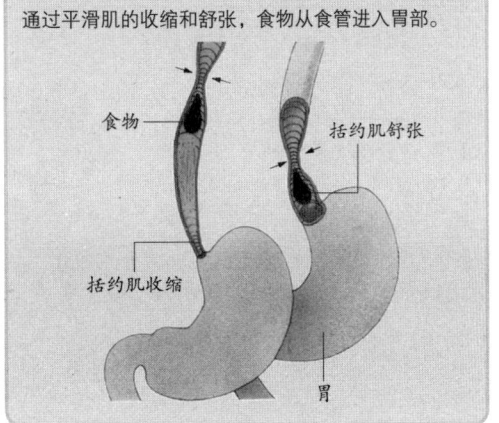

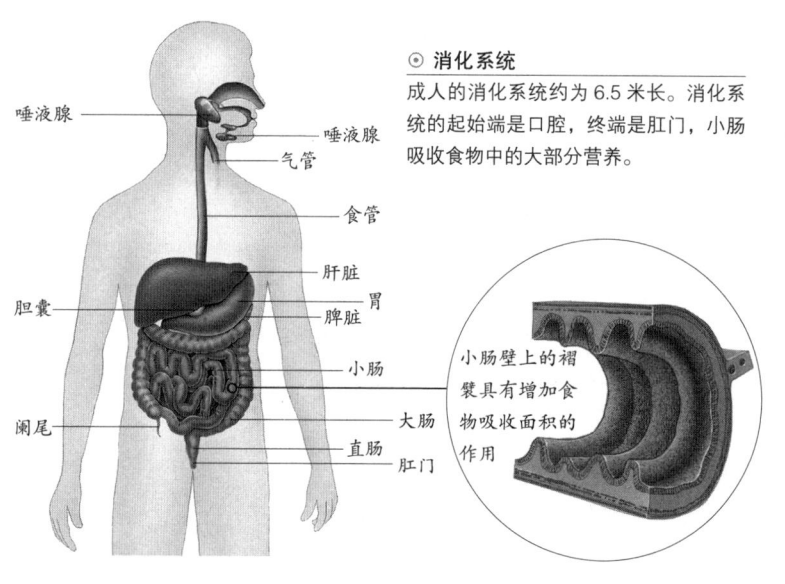

⊙ 消化系统

成人的消化系统约为6.5米长。消化系统的起始端是口腔，终端是肛门，小肠吸收食物中的大部分营养。

小肠壁上的褶襞具有增加食物吸收面积的作用

人体的消化系统主要分为两部分。从口腔到肛门的消化道是一条很长的中空管道，它的内壁上大部分有皱襞，最窄的部位是食管，最宽的部位是胃；消化器官、消化腺和其他组织构成消化系统的第二部分，它们在消化过程中起着不可或缺的作用。具体而言，消化系统的第二部分就是口腔、肝脏、胰脏和胆囊所分泌的消化液。

消化过程开始于口腔，牙齿将食物分割成小块，增大消化液的接触面积，唾液开始对食物进行化学分解，同时舌头将食物卷成便于吞咽的球状。

食物通过食管进入胃，它将在胃里停留约3个小时，其间会经过胃部肌肉的搅拌，和胃壁分泌的消化液充分混合。在这些消化液中，胃蛋白酶分解蛋白质、脂肪酶分解脂肪，盐酸则用于增强胃蛋白酶的作用，并杀死细菌。然后食物进入小肠的第一部分——十二指肠。

在十二指肠中，小肠壁和胰腺分泌更多的酶（加快食物分解的化学物质）来消化食物。唾液淀粉酶将淀粉分解成一种糖——麦芽糖，胰蛋白酶和胰凝乳蛋白酶将蛋白质分解为更小的分子。十二指肠只吸收一部分食物，小肠后部的回肠吸收大部分的食物。在回肠中，糖分转化为更小的形式，蛋白质被分解为氨基酸。小肠的褶襞以及小肠上的微小突起——绒毛具有增加食物吸收的作用，其上分布着丰富的毛细血管，已消化的蛋白质和碳水化合物经过小肠壁进入血液。

经过小肠的消化后，食物中的大部分有用物质已经被人体吸收。含有黏液和消化液的食物残渣进入大肠，大肠的结肠部位会重新吸收食物残渣中的水分。剩余的废物形成粪便，移动到消化道的终端——直肠，粪便在直肠内短暂停留后经肛门排出体外。

知识档案

牙齿

牙齿用于切断、撕裂和磨碎进入口腔中的食物。牙根嵌入上下颌骨的牙槽内，牙齿最外层的牙釉质是人体内最坚硬的物质。婴儿出生时没有牙齿，到2岁左右长齐乳牙，共20个。6岁左右，乳牙自然脱落，长出恒牙，共32个。

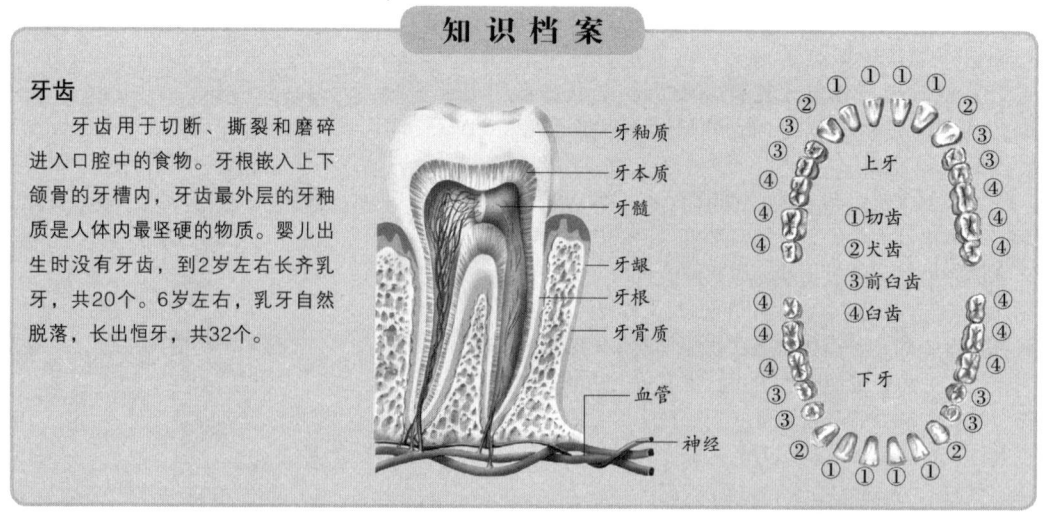

食物的加工厂

"五脏六腑"中的肝脏是人体内最大的内脏器官,和它紧密相连的是胆囊和胰腺。一个肝脏就是一个活的化工厂,它帮助人体执行100多项任务,包括合成蛋白质、清除有毒物质以及存储铁质和维生素。如果肝脏功能停止,人体只能存活几个小时。

肝脏大而柔软,类似锥形,位于腹部右上方,通过结缔组织和横膈膜相连,它的内部结构分为4部分。由肝脏的化学过程产出的绿色胆汁储存在位于肝脏正下方的胆囊中,它在帮助人体消化脂肪后流入十二指肠。

肝脏的供血十分丰富,它所需血液的1/5来自主动脉的一个分支——肝动脉,其余血液来自肝门静脉。这些血液中富含小肠和大肠已经消化吸收的营养物质,肝脏负责对这些营养物质进行进一步加工,之后血液经肝静脉流入心脏。

将肝脏放在显微镜下观察时,可以看到肝脏是由大量的肝小叶组成的,肝小叶呈六边形,直径约1毫米。每个肝小叶都是由几百万个肝细胞组成,肝细胞之间有肝动脉、门静脉、胆管和淋巴管的分支。

肝动脉和门静脉中的血液经窦状隙这一管道流入肺小叶,并汇集到肺小叶中央的静脉。

肝脏中储存着脂肪、蛋白质和碳水化合物。肝脏将这些营养物质进行加工,以便于人体吸收利用;肝脏中也储存着一些维生素,包括维生素A、维生素D和维生素B_{12};葡萄糖以肝糖的形式储存在肝脏中,肝糖是一种类似淀粉的碳水化合物,肝脏将肝糖释放到血液中,为细胞的呼吸运动提供能量;肝脏将脂肪分解并储存在肝细胞中;蛋白质以氨基酸的形式进入肝脏,肝脏利用这些氨基酸再合成血浆中的蛋白质,在这个过程中所生成的废物是尿素,蛋白质不同于葡萄糖和脂肪,它不能被人体储存,所以必须尽快地利用。

肝脏还起着清除血液中有害化学物质的作用。通过肝脏的解毒作用,药物和酒精中的有毒成分转变为无毒害的物质,然后以尿液的形式排出体外。

胰脏呈长条状,约有15厘米长。胰脏所分泌的胰液中含有的酶具有分解碳水化合物、脂肪和蛋白质的作用。胰液流入小肠的第一部分——十二指肠。胰液中的盐分可以中和胃壁所分泌的胃酸。胰脏还分泌胰岛素,胰岛素流入血液中,控制着从肝脏释放到血液中的葡萄糖含量。

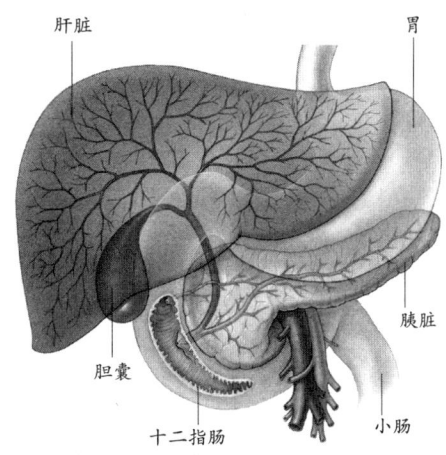

⊙ **肝脏及其相邻器官**

成人的肝脏重约1.5千克,胰脏和肝脏紧密相连,胆囊位于肝脏下方,其上分布着许多肝小叶的分支导管。

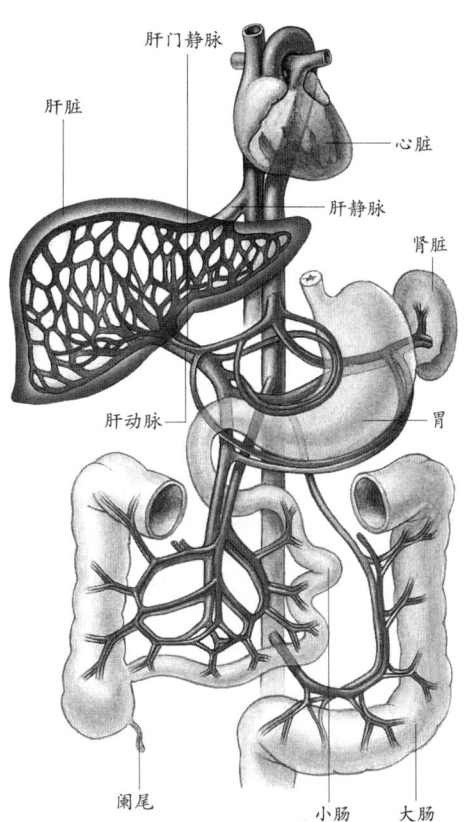

⊙ **肝脏的血液供应**

从心脏流出的血液经主动脉将富含氧气的血液通过肝动脉运送到肝脏。分布在肝静脉周围的小肠和大肠也将富含营养物质的血液运送到肝脏。血液经肝静脉流出肝脏。

肾脏是怎样制造尿液的

泌尿系统控制着人体内的水分含量和液态化学成分含量，它确保细胞和组织内的化学反应维持恒定的密度，从而保证人体功能的正常运作，蛋白质等废物通过泌尿系统的排泄作用被排出体外。肾脏在这些功能中起最主要的作用。

肾脏位于后腹上方的脊柱两旁，左右各一。低处的肋骨覆盖了部分肾脏，起到保护作用。每个肾重约140克，呈红褐色，形状如菜豆。肾动脉是主动脉的分支之一，为肾脏提供所需的血液，肾脏过滤后的血液再经肾静脉回到腔静脉，流入心脏。

肾脏的表层叫做皮质层。皮质层由肾小球组成，肾小球是一种毛细血管球，包围肾小球的组织叫做肾球囊，肾球囊向下延伸出一条长长的弯曲管道，这就是肾小管。肾小球、肾球囊和肾小管统称一个肾单位。每个肾脏内约有100万个肾单位。

肾小管从皮质层伸入到肾脏的第二层——髓质层，最终进入肾盂，肾盂形状像个漏斗，里面聚集着肾脏产生的尿液。

肾脏是一个起过滤作用的器官，肾脏的主要功能是将人体内的可溶性废物通过尿液的形式排出体外。同时，肾脏协调着人体内的水分以及各种化学成分的含量，维持体内酸碱平衡。

血液经肾动脉到达肾脏，再进入肾小球内的毛细血管中。血液经肾小球过滤。在这个过程中，水分、葡萄糖、钾、钠、氨基酸、尿素（蛋白质分解消化过程中产生的废物）和尿酸被过滤出来，而血细胞和大分子蛋白质仍然留在血液中。过滤后的液体经肾小管到达输尿管，在肾小管运输的过程中，水分、葡萄糖和氨基酸会再经受一个重吸收的过程而回到血液中去。

进入输尿管的液体就是尿液。尿液中的水分占95%左右，尿素约占2%，氯化钠约占1%，剩余2%是尿酸、钙、钾和氨等。

人体每天排出约1升尿液。尿液流经输尿管后在膀胱中聚集，充满尿液的膀胱会伸长，然后通过尿道将尿液排出体外。人体的排尿量和出汗流失的水量也有关系。

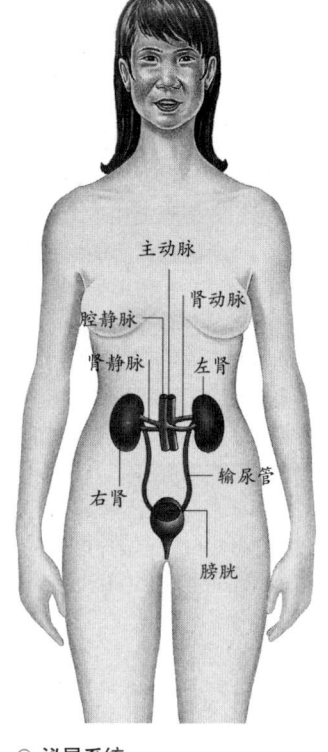

⊙ **泌尿系统**

泌尿系统的器官包括肾脏、输尿管（将尿液从肾脏运送到膀胱的器官）和膀胱。肾脏所需的血液由肾动脉供应。

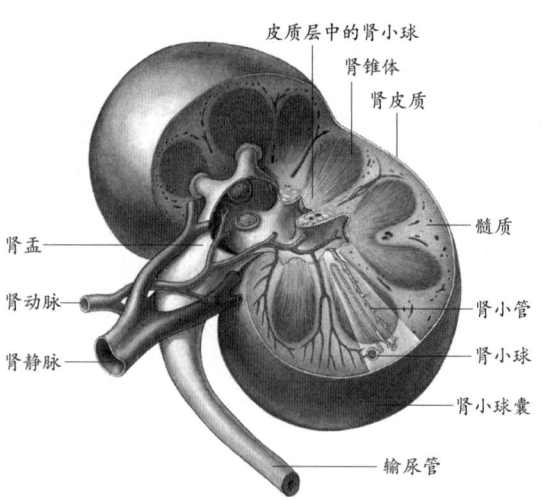

⊙ **肾脏**

人体有一对肾脏，每个肾脏长约10厘米，宽约5厘米。肾脏主要分为3部分：最外层是皮质层，中间是髓质层，肾盂位于肾脏中心。肾动脉将血液运送到肾脏，然后再经肾静脉流出。

什么是内分泌系统

内分泌腺分泌的化学物质辅助维持人体的正常功能。有的腺体直接将分泌物通过导管输送到体表，另一些腺体则分泌激素，直接进入血液。

人体内有两类腺体，我们可以根据分泌物输送路径的不同而区分这两类腺体。

外分泌腺通过微小的导管释放它们的分泌物。如汗腺（分泌汗液降低体表温度）、唾液腺（分泌口腔中的唾液）和泪腺（起到清洗眼睛的作用）都是外分泌腺。胃壁和肠壁上都分布有此类腺体，这些腺体分泌的酶进入消化道，加强消化功能。

人体内的另一种腺体是内分泌腺。内分泌腺没有导管，这些腺体的细胞所合成的化学物质——激素，直接进入血液。有时被称为化学信使的激素会通过血液循环输送到体内其他腺体和器官。

激素用于控制人体内各种功能的活动，每种激素控制一项具体的活动或过程。比如说，松果体控制人的情绪和睡眠。

垂体控制着许多其他腺体的活动，因此常常被视为最重要的腺体，它的活动处于丘脑的控制之下。垂体分泌的激素控制肾脏的功能、人体的生长发育以及性腺的活动。其中性腺指的是男性的睾丸和女性的卵巢。在青春期，性腺分泌性激素，促进男女性成熟，为人类繁衍后代做好准备。

垂体还控制着人体的肤色，随着阳光强度的变化，垂体激活人体内的黑素细胞，从而产生黑色素。

甲状腺同样受到垂体的控制，它所分泌的甲状腺素控制着细胞对能量的利用，如甲状旁腺素控制着体内钙的代谢，维持骨骼的力量。

垂体还影响肾上腺的功能。肾上腺分泌两种激素：肾上腺素和去甲肾上腺素。这两种激素控制精神紧张时人体的反应，并为人体的紧急行动做好准备，肾上腺还起着协调人体生长发育和新陈代谢的作用。

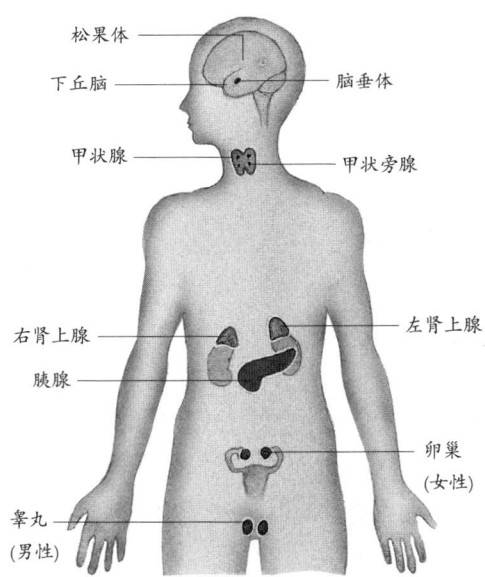

⊙ **内分泌腺**

内分泌腺的分泌物直接进入血液循环，合成化学物质，即激素。上图表明了人体内的主要内分泌腺。

> **知识档案**
>
> **激素控制系统**
>
> 在一种激素激发细胞作出预期反应后，这种激素就会停止作用，直到人体再次需要这种激素。这个过程是这样实现的：下丘脑分泌的激素（图1），激发脑垂体分泌某种激素（图2）。脑垂体所分泌的激素通过血液循环到达目标腺体，激发目标腺体分泌另一种激素（图3），血液循环再将这种激素运送到所需部位。此激素的一部分会到达下丘脑，使原先激发脑垂体的激素停止作用（图4）。
>
>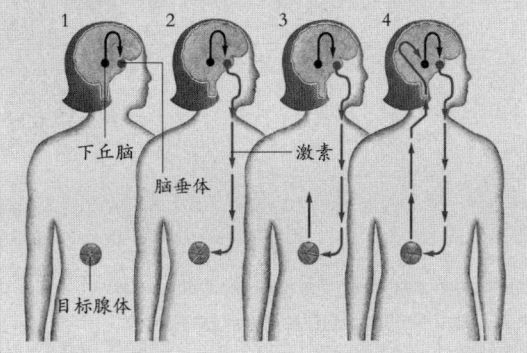

生命从哪里来

人的生命起始于受精卵。当单个精子的细胞核和卵子的细胞核结合时，就形成了受精卵。卵子从母体卵巢排出的过程称为排卵过程。

睾丸在阴囊内，是一对椭圆形器官。睾丸的主要生理功能是产生精子和睾丸激素。男性体内每天产生约3亿个精子细胞，精子形成后进入附睾，附睾是一根蜷曲的导管，精子在附睾中成熟并储存，之后精子离开人体或被分解。

精子很小，长约60微米，只有用显微镜才能看到。精子的形状似蝌蚪，有长尾，能游动。一个精子就是一个雄性生殖细胞。

卵巢每个月排出一个卵子，这个过程就称为排卵过程。卵子经过输卵管到达子宫，在这个过程中，卵子周围的数千个细胞通过纤毛的运动将卵子推向子宫。

精子和卵子上的遗传物质运载着遗传信息，这些遗传信息决定了后代的特征。除精子和卵子外，

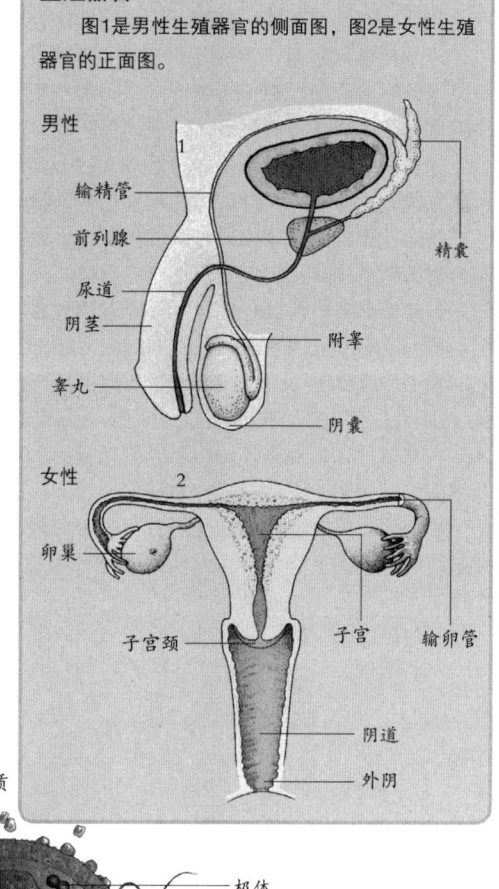

知识档案

生殖器官
图1是男性生殖器官的侧面图，图2是女性生殖器官的正面图。

⊙ **受精**
未受精的卵子被精子包围。图1：只有一个精子可以使卵子受精。图2：原先包围卵子的积细胞脱落。图3：精子的细胞核和卵子的细胞核结合，形成胚胎。

人体科学

人体内的所有细胞都含有23对染色体。精子和卵子中各含有23条染色体，在卵子受精后，染色体结合成为23对，形成一套完整的染色体。

在兴奋状态下，男性阴茎周围的海绵组织充血，阴茎变硬，做好进入女性阴道的准备。精子通过输精管的运送和前列腺以及精囊的分泌物混合，成为精液。

尿道一次射出（通过肌肉的收缩）的精液约4毫升，其中含有近3亿个精子细胞。精子首先到达子宫的底部，然后通过摆动鞭毛向上游过输卵管，最终接近卵子，通常只有几百个精子能到达卵子的位置。精子和卵子接触后，卵子立即被精子所包围。如果某个精子能够成功穿越卵子的外层，这个精子的细胞核就可能会和卵子的细胞核结合，成功受精。

胎儿在母腹中的生活

受精卵在女性子宫中进行一系列重复的细胞分裂，最终长成一个成形的婴儿，这个过程称为妊娠期，妊娠期通常为38周。妊娠前8周的婴儿称为胚胎，之后则称为胎儿。

卵子在输卵管内受精后，开始细胞分裂，大约一周以后，胚胎从输卵管到达子宫，胚胎开始分泌酶，使子宫内膜脱落，然后进入子宫的空心，这个过程称为胚胎植入。胚胎植入之后，胎盘开始形成。胎盘为胎儿的生长发育提供氧气和营养物质，并处理胎儿发育过程中产生的废物。胎盘还起着隔离有害物质的作用。随后脐带开始形成，脐带连接着胎儿和胎盘，胎儿通过脐带从母体获得营养物质。

胚胎的脊柱形成在妊娠期的第3周周末，胚胎的心脏通常在妊娠的第4周开始跳动，此时可以观察到肺部和肝脏。妊娠第8周后的胚胎称为胎儿，胎儿有手指和脚趾，并且开始会移动。

胎儿生活在母亲的子宫里，始终离不开胎盘、脐带和羊水。

胎盘，是一座专为胎儿生活准备的供应站。

胎儿虽有肺，但还不会呼吸。不但氧气要靠胎盘来供应，就是其体内产生的废物，也得依赖胎盘才能往外送。平时，胎儿所需的营养物质，都要通过胎盘方能从母亲的血液里获得，比如葡萄糖、氨基酸、维生素、无机盐和水分。

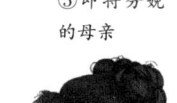
⑤即将分娩的母亲

胎盘还是胎儿的一道天然的防线，也称"胎盘屏障"。它像铜墙铁壁似的，使各种病菌都无法透过胎盘去损害胎儿。同时，母体在消灭病菌时所产生的抗体，却能经胎盘输送给胎儿，这就是威力无穷的"母传抗体"，而且在胎儿出生的半年里，仍能发挥它那奇特的免疫力。只有麻疹、水痘和流感的病毒，才能越过胎盘屏障。为此，孕妇不可接触传染病人，也不要滥用药物，以免破坏胎盘的屏障作用。对从事冶炼、油漆和橡胶工业的孕妇，应在医生的指导下，暂时调换工作，以免毒物会通过胎盘而影响胎儿。

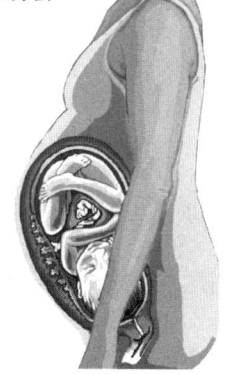

①2个月后，胎儿才有点成形。

②胎儿的手指、脚趾和脸，已经形成了。

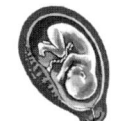
③营养和氧气，通过胎盘的血管，从母体传给胎儿。

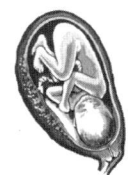
④胎儿在温暖的子宫里发育生长。

◉ 胎儿的发育过程

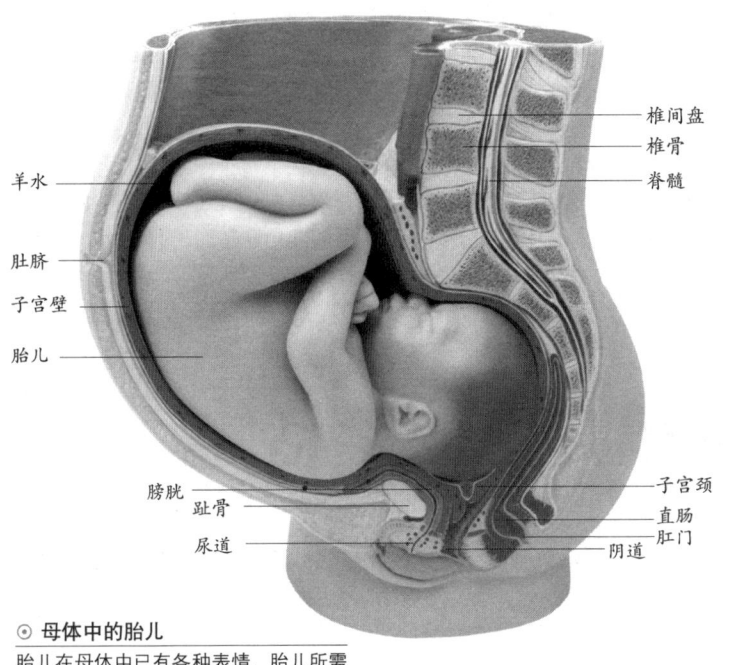

⊙ **母体中的胎儿**
胎儿在母体中已有各种表情，胎儿所需的能量主要靠脐带来传输。

脐带，是胎儿的生命线。它的一端连接在胎儿的脐部，另一端附着于胎盘上。直径只不过1.5～2厘米的脐带，却有3条血管——中间是脐静脉，两边又各有1条脐动脉。胎儿全靠这条脐带作桥梁，才能与母体进行营养和代谢物质的交换，不断地发育和成长。

正常的脐带长为30～70厘米，也有不足30厘米的，那就是"脐带过短"，不但会影响胎儿的下降和娩出，而且胎儿还会因缺氧而窒息，万一拉断了脐带，就会有母婴出血的危险。

脐带过长的现象也会存在。这样，胎儿在羊水里可以自由活动，但由于频繁的转动，脐带若缠在颈部，会像上吊似的胎死腹中；如果脐带绕在肢体上，如五花大绑般的，反而造成脐带过短，会影响母子的安全。为此，医生可根据胎动的情况，查看羊水中有无胎粪的污染，作出判断，及时采取安全措施。

羊水，是母体血清通过胎膜进入羊膜腔的透析液，它能透过胎儿的皮肤。所以羊水也来自胎儿的血浆。

随着妊娠的进展，羊膜的面积会扩大，羊水量也会增加。怀孕15周时，羊水有137毫升，到30周时可达1 100毫升；以后会逐渐下降，到足月时为500～800毫升。怀孕4个月后，羊水中就杂有胎尿，还有胎儿体表、呼吸道和泌尿道脱落下来的细胞。据分析，在羊水的有机物中，一半是蛋白质和它的衍生物；其中由胎儿卵黄囊及肝脏所合成的甲胎蛋白会逐渐下降，但无脑儿反会明显地升高。为此，产前检查羊水，通过对蛋白质、氨基酸、酶、激素和代谢物的分析，能查明胎儿发育的情况，可以减少先天性畸形儿的出生，从而有利于优生工作的开展。

现在，人们可以通过一种小而柔软的望远镜，伸到子宫里去观察胎儿的行为。或用超声波扫描子宫中的胎儿，通过电视屏幕，人们可以观看胎儿的一举一动。有时，胎儿会在那里打哈欠、吮吸、抓东西、伸懒腰、眨眼睛和做鬼脸等，有时还能表现出喜怒哀乐呢！

怀孕6个月的胎儿，就一直浮在子宫的海洋——羊水之中。早晨，胎儿睡醒了，一睁开小眼，就爱伸伸懒腰，打个哈欠，并顺手抓起身边的脐带来玩。等玩够了，就把小手伸到嘴边，有滋有味地吸起自己的手指来。

当孕妇在走动时，胎儿好像处在摇动着的摇篮里，于是会甜蜜地进入梦乡，而有时外界的广播也会吵醒胎儿的美梦。在妈妈的子宫里，胎儿能听到妈妈心脏的跳动，也能听出胃肠蠕动声和肺叶的扇动。有时，还会听到母亲和父亲的对话。他最爱听慢节奏的音乐，节奏最好能接近母亲心跳的速度。不同的音乐，还会引起胎儿不同的反应。如听到优美的乐曲时，胎儿就会安宁下来；要是遇上不动听的声音，胎儿还会以躁动不安来表示不满呢。

据试验，在一所产科医院里，医务人员把录有母亲心律的磁带放给婴儿听，发现其不但奶吃得多，也睡得甜，哭得少，连体重都增加得快。当吃奶的婴儿听护士在说话时，吮吸的动作就慢；听母亲说话时，又会快速地吸奶。

胎儿能通过子宫壁和羊水，看到微弱的亮光。当一束强光照到母亲肚皮上时，胎儿会睁大眼睛，将脸扭到那个亮亮的地方去，看到像手电穿过指缝时淡淡的亮光。

人在思考时，心跳频率会快些。胎动前的6～10秒钟，胎儿心率也会快起来，像正在用思考来作出运动的决定似的。这说明6个月后的胎儿，也会动脑筋了。

胎儿既能听，又能看，做母亲的就可给胎儿进行教育了。胎教在我国古代就很受重视。如《史记》中有"大伍有娠，目不视恶色，耳不听淫声，口不出傲言"的说法。这些主张都是十分科学的。现代生理学家和心理学家，也主张给孕妇提供丰富的营养，定出合理的作息时间，还让她们多听些优美的乐曲，读些抒情的文学作品，欣赏些能使人心情开朗的名画，这样才有益于胎儿身心的发育，才能生出聪明健康的宝宝来。

大脑的构造是怎样的

脑位于颅腔内，它受脑膜和厚厚的颅骨的保护，处于一种特殊的营养性液体——脑脊液中。脑脊液具有缓冲作用，在颅骨受到冲击时起到保护脑的作用。脑是神经系统的中枢，也是人体内最复杂的器官。脑虽然重约1.3千克，但所消耗的能量约占人体全部能量的20%。

人脑内包含数亿个神经元（神经细胞）和神经胶质细胞，神经胶质细胞起着支撑和保护神经元的作用。

人脑主要包含3部分：大脑约占人脑总重的90%，是脑中最大的部分，大脑的外层是大脑皮层，大脑皮层上的褶皱所形成的凸起叫做"回"，凹槽叫做"沟"，每个人大脑皮层的褶皱都不完全相同，组成大脑皮层的神经元叫做灰质，灰质的下面则是白质，白质大多是由长长的神经束或轴突组成。大脑是由左、右两个大脑半球组成，这两个脑半球通过神经纤维相联系。每个脑半球根据其上的裂纹可分为4部分：枕叶、颞叶、顶叶和额叶。

脑的第二大部分是小脑，小脑位于大脑的边缘。小脑的形状像是一只合上翅膀的蝴蝶，在中心区两侧各有一个小脑半球。小脑的表面是灰质，灰质形成脊状薄层。位于灰质下面的是树枝状的白质，白质中包含有更多的灰质，它们的功能是将信息传递到脊柱和脑的其他部位。

脑的第三部分是脑干。脑干包括延髓、桥脑、中脑，并向下延伸到脊髓。脑干的神经细胞起着联系脊髓和脑各部位的作用。

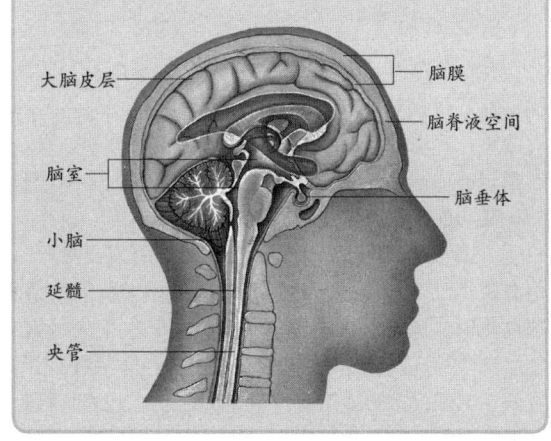

知识档案

脑部受到的保护

脑部这个精密的器官受到1层脑骨胳（即颅骨）和3层膜（即脑膜）的保护。脑脊液处于脑膜的中间层和内层之间，当头部受到外伤时，脑脊液起到缓冲作用。此外，脑脊液中含有丰富的葡萄糖和蛋白质，为脑细胞提供能量。脑脊液中还含有淋巴细胞，帮助脑抵御病菌的感染。脑脊液在脑和脊柱之间流动，并流经脑部的4个腔——脑室。

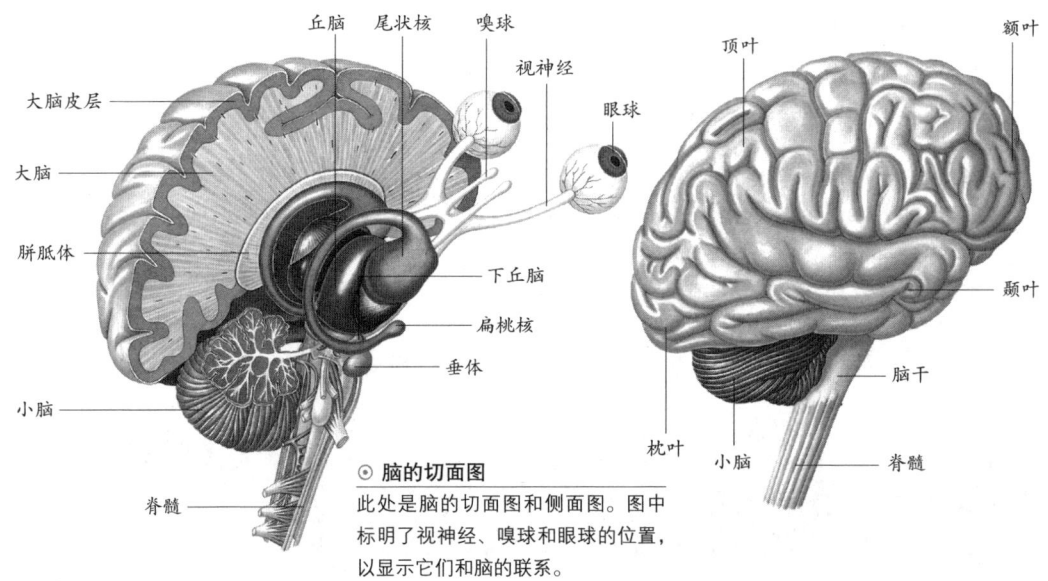

⊙ **脑的切面图**
此处是脑的切面图和侧面图。图中标明了视神经、嗅球和眼球的位置，以显示它们和脑的联系。

通过观察大脑的切面图，可以看到大脑的其他部位。脑干上方是球状丘脑，丘脑负责传播大脑皮层从脊髓、脑干、小脑和大脑其他部位所接收的信息。下丘脑很小，靠近脑的底部，它在激素的释放过程中起着重要的作用。另一个部位是扁桃核，它控制着人体内的一些基本功能。尾状核辅助人体的运动。在大脑底部观察到的连接大脑两半球的神经纤维称为胼胝体。

大脑怎样工作

我们清醒时，人脑从眼睛、耳朵以及触觉、味觉和嗅觉器官接收大量的信息。脑随之对这些信息迅速地进行分类，并运用它们来控制我们的思考和行动。除这种有意识的活动外，脑还在无意识中控制着人体生理系统的正常功能，维持生命的最佳状态。

人脑常常被比作一台复杂的电脑，它发出命令，对信息进行处理和储存，并为我们提供思考所需的信息。与此同时，脑还可以思考下一步行动，发出信号指令，使肌肉收缩，四肢运动，以达成这一行动。我们还可以在同一时间内进行谈话这样复杂的活动。此外，脑对已经发生的事件进行记忆储存，使我们在以后可以回忆起这些事件。脑还执行着许多无意识的活动，诸如保持心脏跳动或监控人体内其他过程。

脑的各个部分有着不同的功能，它们受到脑的统一协调，常常彼此联系。

大脑执行比较高级的脑力活动，诸如学习、记忆和

⊙ **战斗中的飞行员**
在脑中数百万个神经通路的作用下，飞行员可以驾驶飞机，察看各种仪器，同其他飞行员进行交谈，并思考下一步的行动。

推理。大脑的4个区各自执行一项特殊的脑力活动。靠近前额的额叶控制判断、思考和推理。额叶后面的区域控制言语。位于大脑两端的顶叶对所接收到的触觉、温度以及疼痛方面的信息进行处理。颞叶则负责听觉，并且和记忆储存有关。颞叶附近分布着负责味觉和嗅觉的细胞。位于大脑后端的枕叶控制视觉。

大脑的这4个区和大脑皮层上的联合区相互作用。联合区对信息进行加工后，将其传递到脑的其他部位，并且在智力发展过程中起着重要的作用。

小脑主要的功能是维持人体平衡，并协调肌肉运动。例如，人的行走离不开小脑的协调。脑干是脑的第三部分，其中有若干个控制中心，它们控制着呼吸、心率、血压和消化，对于维持生命至关重要。此外，它还控制着人体内的一些反射活动，例如呕吐。脑干还负责清醒和睡眠。

⊙ **脑半球的分工**
我们的逻辑思考和创造性活动分别由不同的脑半球控制。脑的左半球控制我们对数字、语言和技术的理解；脑的右半球控制我们对形状、运动和艺术的理解。

你睡得好吗

在我们的一生中，有1/3左右的时间是用来睡眠的，正常的睡眠是人类24小时活动周期中不可缺少的一部分。睡眠能使身体得到休息，并且使大脑恢复精力。在睡眠中，人体防御系统有效地进行着细胞和组织的修复，并抵抗疾病。此外，在睡眠中，我们的潜意识十分活跃，大脑活动随之发生相应变化。

人类和其他哺乳动物一样，都有两种睡眠。一种是快速眼动睡眠（夜间做梦时眼球快速而细微地移动，又称眼球速动期），双眼在闭合的眼睑后快速运动，在这段期间人们会做梦，大脑活动最为频繁。另一种睡眠中没有快速眼动，人们夜间的睡眠大部分是这一种，其间也规律性地穿插着短期快速眼动睡眠。在睡眠的不同阶段，脑电波的模式不同，人体内生理过程和肌肉活动也发生相应变化。

目前，我们尚未完全了解睡眠的原因，不过人们普遍认为，睡眠期间活动较少，人体可以得到休息，恢复精力。婴儿和青少年睡眠时间较长，因为这都是身体发育最快的时期。病人的睡眠时间也比较长，人体的修复系统在此期间与疾病作斗争，从而使身体恢复到健康状态。

人们还认为，快速眼动睡眠在大脑学习过程和记忆模式形成过程中起着一定作用。

我们每天的睡眠时间平均为8小时。不同年龄段的人的睡眠时间显著不同；即使年龄相同的人，睡眠时间也有细微差别。新生

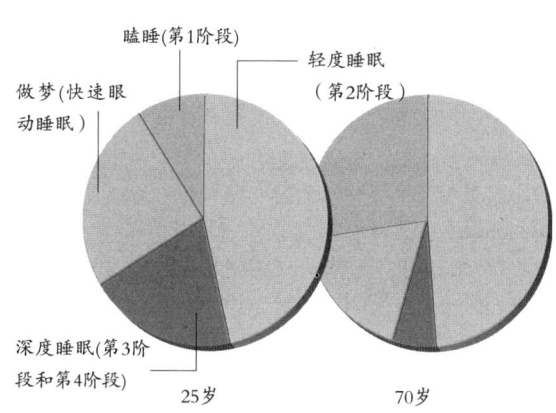

⊙ **年龄对睡眠的影响**
这两幅图显示了人在25岁和70岁时睡眠模式的区别。人在70岁时的深度睡眠时间（第3阶段和第4阶段）约是25岁时的1/4，而瞌睡或清醒时间（第1阶段）约是25岁时的4倍。老年人做梦的时间也比较短。二者轻度睡眠时间（第2阶段）差别不大。

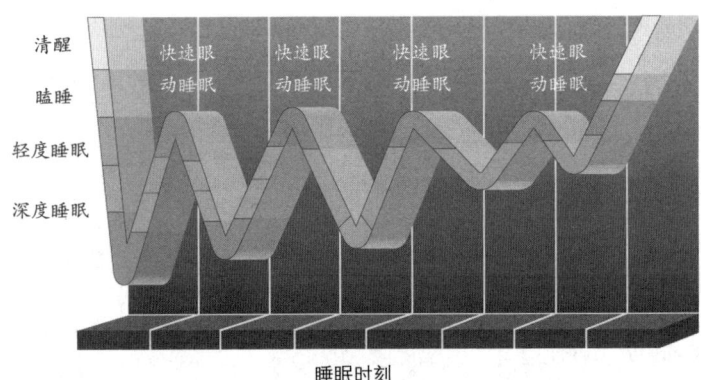

睡眠时刻

◉ **睡眠模式**

正常的睡眠模式包括规律性的起伏。睡眠过程中轻度睡眠和深度睡眠多次交替往复。随着睡眠时间的增加，深度睡眠程度减弱。在快速眼动睡眠时，人体的呼吸和心率减弱。在深度睡眠时，肌肉活动最少，心率和血压也降至最低点。

儿的睡眠时间通常是每天16个小时，甚至更长。1岁左右的孩子睡眠时间是13~14个小时。在5岁到15岁，青少年睡眠时间减少为9~10个小时。老年人的睡眠时间通常不超过6个小时。长期缺乏睡眠会使人迟钝，能力降低，还会影响正常情绪和行为。

压力过大、疾病和不规律的生活都会导致失眠症，失眠症患者不能正常入睡。嗜睡症也是睡眠方面的主要问题，这种患者常常睡眠过度。

你是怎样看到图像的

眼睛的结构很像一部照相机。眼睛前方的虹膜起着照相机里光圈的作用，调节着进入眼的光线的多少。眼睛里的晶状体可以调节物像，使物像聚焦。视网膜就像照相机里的底片，起着捕捉物像的作用。底片只能使用一次，视网膜却可以使用无数次。眼睛里的物像必须经过一定处理后才能形成视觉，这一点也和照相机相似。

人的双眼是视觉器官，对光线最为敏感。每只眼的直径约为2.5厘米。眼睛位于眼眶内，眼眶由骨头组成，是颅骨的一部分。眼睛中分布着丰富的血管和神经。在不同肌肉群的作用下，眼球在眼眶内转动。虹膜的大小和晶状体的形状在肌肉的作用下也会发生改变。

眼球的外壁有3层组织。最外层的巩膜是一层纤维组织。眼睛正前方的一层透明组织叫做角膜。中层包括虹膜、睫状肌和脉络膜。虹膜上分布着色素，决定了眼珠的颜色。虹膜包围着瞳孔，起着光圈的作用，光线由此进入眼球。虹膜内的平滑肌控制着瞳孔的大小，从而调节进入眼的光线的多少。睫状肌的活动可以改变晶状体的形状，使物像聚焦并落在视网膜上。脉络膜中血管丰富，可以为眼球其他部位提供营养。

眼球的最内层叫做视网膜。视网膜上分布着感光细胞，通过视神经和大脑相连。

视网膜上存在两种不同的感光细胞，一

知识档案

视网膜成像

当外界物体的光线经过角膜和晶状体时，光线发生折射，物体的倒像落在视网膜上（感光胶片成像的过程与此相同）。脑部视觉皮层再次将物像倒置，所以我们最终看到的物体处于正常位置。

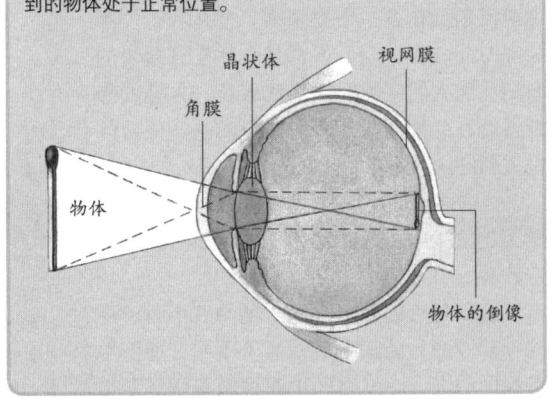

知识档案

盲点

闭上左眼，盯着这个×字。将书拿到一臂距离之外，然后将书拉近眼睛。当书移到一定位置时，你会发现圆点消失了，这是因为圆点聚焦落在了"盲点"上（盲点是视网膜内没有感光细胞分布的部分）。

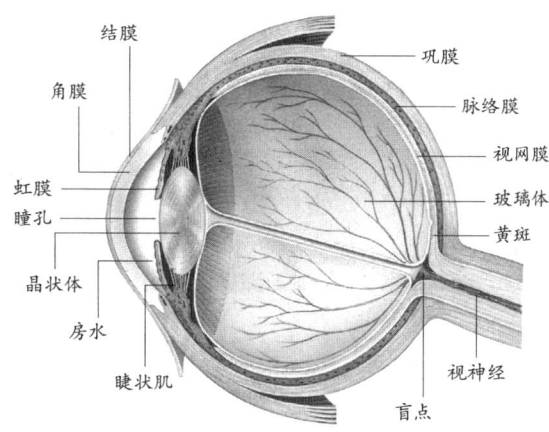

⊙ 眼的构造

这是人眼的切面图。晶状体将眼球分为两部分，晶状体前面的液体称为房水；晶状体后面充满一种胶冻状液体，称为玻璃体。光线通过角膜、房水、晶状体和玻璃体进入眼球，然后聚焦落在视网膜上。眼球由视神经直接和大脑相连。

种叫柱状细胞，这种细胞细而薄，能够感受暗光的刺激，在夜间起着极为重要的作用。另一种锥状细胞对强光敏感，一端较细，另一端较粗。柱状细胞遍布视网膜；锥状细胞只分布在视网膜内的黄斑上。由于感光细胞的作用，我们能够识别颜色，并且清晰地看到物体。柱状细胞对光线极为敏感，一旦眼睛适应了黑暗，就可以看到8千米之外的烛光。

眼周围的眼眶是颅骨的一部分，对眼睛起保护作用。此外，眉毛、睫毛和眼睑可以减少外力对眼球的冲击，将灰尘和其他有害异物屏蔽在眼睛之外。泪腺所分泌的泪液可以清洗角膜和结膜（眼睑内部），帮助杀灭细菌。

视错觉是怎样产生的

眼球传递给大脑的信息可能会误导我们。有时我们以为看到了某个物体，其实它并不在那里；有些令人费解的信息还会使大脑迷惑。此外，当大脑没有收到关于某个物体或某个图片的足够信息时，也会做出错误的判断。这些情形统称为视错觉。

有些图片会导致视错觉，这种图片很有趣，也很有挑战性。视错觉的产生和大脑处理视觉信息的方式有关，它是有规律可循的。这些图片种类多样，本节列出的2张图片分别以不同的方式为大脑设置了视力陷阱。有趣的是，每个人受视错觉影响的程度不同。

大脑在过去判断的经验中形成定势。例如，我们能从简单的几笔中看出人形，因为大脑中储存有丰富的相关线索会自动填充空白。但是，有时大脑会对视觉信息做出错误的解释。在有些情况下，大脑没有接

⊙ 螺旋陷阱

观察这个螺旋，你会发现你找不到它的中心。事实上，图中并没有螺旋，只有一系列的圆，但是大脑受到背景图案的误导，错误地将这些圆叠加在一起。

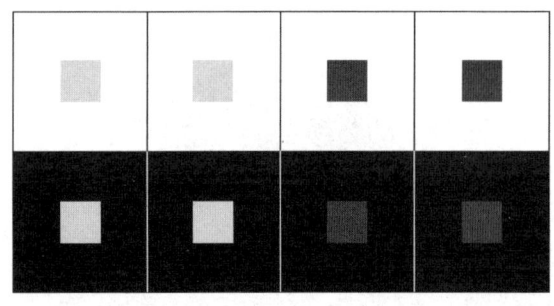

⊙ **颜色的作用**

4种颜色不同的正方形分别分布在黑色背景和白色背景中。比较颜色相同的两个正方形，它们的亮度有差别吗？事实上，这两个正方形的亮度是一样的，但是你的大脑受到背景色以及正方形本身颜色的影响，会觉得黑色背景中的那一个正方形亮度高。

收到足够的信息，或者受到了其他信息的迷惑和误导，就会产生视错觉。

有些视错觉的产生是由于大脑没有将图像和背景分离开来。另外一些视错觉的产生是因为大脑将若干图像混合在一起，形成了某个不存在的物体的图像。还有一种情况是图片的某一部分对大脑影响很深，以至于大脑对该图片的其他部分做出了错误的判断或解释。

你怎样听到声音

耳朵是听觉器官，空气振动形成声波，然后声波对耳朵中的接收器产生刺激。接收器将神经冲动传递到大脑，形成听觉。耳朵的其他部位起着维持人体平衡的作用。

耳朵是人体重要的感觉器官之一，它和其他感觉器官一同为大脑提供我们周边环境的信息。声音到达双耳的时间不同，这个细微的时间差可以使我们准确地判断声音的来源。耳朵在人际交流过程中的作用尤为重要，因为我们必须通过耳朵才能听到他人的言语。

耳廓位于耳朵的外围，负责收集声波，声波经由外耳道传入中耳。鼓膜位于外耳道的最内端，是一层组织壁。声波传到鼓膜后，鼓膜开始振动，并将振动传递到中耳。中耳内有3块小听骨，分别叫做锤骨、砧骨和镫骨，它们可将振动扩大约20倍。锤骨的一段和鼓膜相连，另一端和砧骨相连。砧骨末段和镫骨相连；镫骨末段是一层叫做卵圆窗的薄膜。

鼓膜的振动引起中耳小听骨的振动，从而将声波传入内耳。耳蜗位于内耳中，充满着淋巴液。

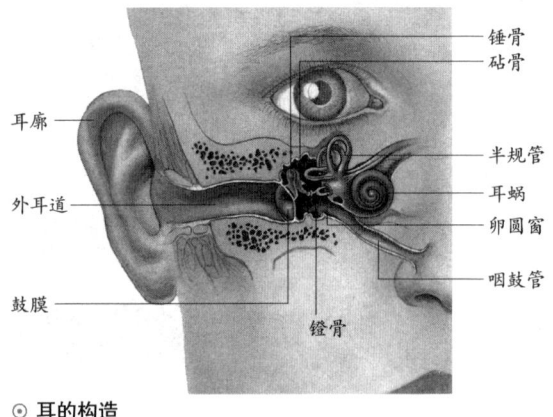

⊙ **耳的构造**

人耳分为3部分：外耳、中耳和内耳。鼓膜在两端气压相同情况下才能自由振动。空气通过和咽喉相连的咽鼓管到达鼓膜内侧，当咽喉因感冒等原因充血时，人的听力也会随之减弱。

⊙ **钢琴调音**

这位调音师运用他的双耳认真倾听每个琴键发出音高的细微差别，他正在用一种特制的工具给钢琴调音。

耳蜗上分布着对声波敏感的毛细胞，毛细胞在受到刺激时会将声波转变为神经冲动，听神经将神经冲动传导到大脑，产生听觉。

人耳能听到的声波范围极广，从每秒振动 20 次到每秒振动 2 万次。相对比较，狗的听力范围更为广泛，它们能听到的声波范围是每秒振动 15 次～5 万次。

内耳中还有一种器官，叫做半规管。半规管有 3 根，它们互相垂直。人体和头部的转动会引起半规管内淋巴液的振动，形成神经冲动。神经冲动传递到大脑后，大脑做出反应，通过四肢运动来维持平衡。

嗅觉、味觉和触觉面面观

嗅觉、味觉和触觉器官的功能类似于人的眼和耳，它们也是将收集到的周边环境信息传送到大脑，以便大脑做出判断并运用这些信息。此外，触觉还会向人们提示人体内部的状况。人体在受到外界物理刺激时会产生视觉、听觉和触觉，在受到化学刺激的情况下才会产生嗅觉和味觉。目前人们在嗅觉和味觉方面所进行的研究相对较少，所以对二者的功能机制的了解并不透彻。

人类的嗅觉比味觉更敏锐。人类不仅能够分辨上万种不同的气味，还能发觉危险性的气味，从而避开险境；而且嗅觉还在吸引异性方面起着一定作用；人们还通过嗅觉这种能力享受着日常生活中各种令人愉悦的气味。人们的鼻腔顶端分布着对气味敏感的组织，当气体分子接触该组织时，会对此处的数百万个嗅神经末梢产生刺激，随后嗅神经将刺激传送到脑部底端。

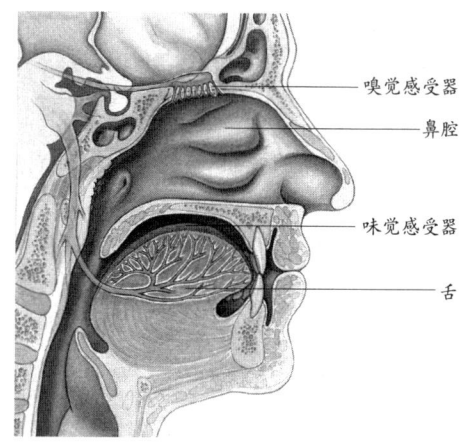

◉ **人的嗅觉**

嗅觉和味觉是相互独立的，不过二者都是在人体受到化学刺激时产生的。鼻腔中的感受器探测到空气中有气味的分子之后，和感受器相连的神经末梢负责将信息传递到大脑。

脑部在接收到该信息后分辨气味，引起嗅觉。

人们通常所说的味道其实是味觉和嗅觉的混合。人们能分辨的基本味道有 4 种：酸、甜、苦、咸，这 4 种基本的味道又能混合出多种味道。味蕾是感受味觉的具体细胞，和味蕾相连的神经负责将信号传送到大脑，产生味觉。舌是主要的味觉器官，舌的不同部位可以感受不同的味道。人体的近万个味蕾分布在舌、上颚、咽和喉等部位，食物必须首先溶解在唾液里而后才能产生味觉。味觉对人类的生存具有重要的意义，当食物中含有腐坏物质（酸味）或有毒物质（苦味）时，即使浓度很低，人们也能够发觉。

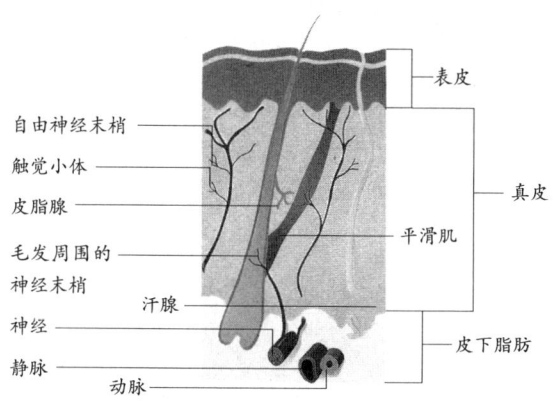

◉ **触觉感受器**

真皮位于皮肤下层，真皮中的神经末梢负责收集温度、压力和质地等方面的信息，并且能感知疼痛。人的面部和指尖的触觉最灵敏。

触觉也是大脑接收周围环境信息的一种途径。人们常常把触觉和令人愉悦的感觉联系在一起。除此之外,触觉还能感受疼痛和冷热程度,这种能力对人类的生存十分重要。皮肤和深层组织中分布着触觉感受器,皮肤接触到的物体会对感受器产生刺激,将信息传送到脊髓。各个触觉感受器外围的保护组织不尽相同,它们在皮下分布的深度也有差别,这两个因素决定了某个神经末梢是否会被轻度抚摸、压力、疼痛、震动和冷热等接触激活。触觉消失很快,所以我们常常感觉不到所穿衣物的重量。大脑还通过触觉了解人体内部环境的状况,例如,人体会通过胃痛告诉大脑消化系统出了问题。

头发中的学问

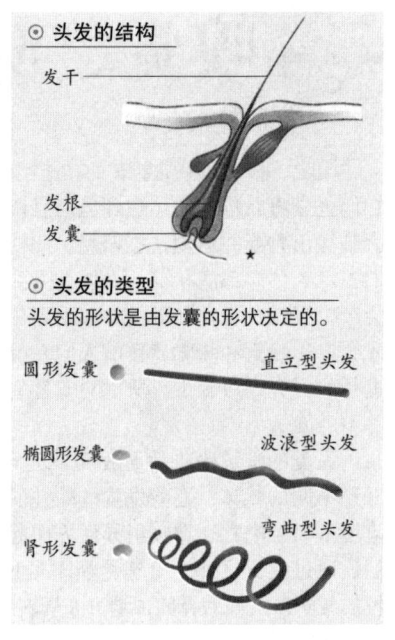

成语"擢发难数",是形容头发很多的意思。据计算,一个人的头发约有 10 万~12 万根。它每天能长 0.4 毫米,寿命有 2~6 年,可以长到 1.06 米,平均每天脱落 30~120 根。

头发,是由角质化的上皮细胞成熟后,被角质蛋白所填充形成的一种无生命的角质蛋白纤维,所以理发也不会感到疼痛。它对人来说,不仅可以增添我们的风采,而且是头部的"保护伞",既可挡风,又能保暖,还能散热呢!运动场上运动员经常跑得头上直冒热气,因为体内的余热,也能通过头发散发。由于头发富有弹性,遇到外力的撞击,还可起一定的缓冲作用。

一根头发的直径只有 0.05~0.125 毫米,但在它的毛囊里也有毛细血管,好让血液为头发送去足够的营养素。因此,人体中的各种微量元素,就与毛囊里的角质蛋白结合在一起,而且比血液里的含量要高 10 倍。于是,人们把头发看成是与微量元素相接触的"录音带"。只要查查头发,就能鉴别出性别、年龄、人种和居住的环境。如黑发之中含有等量的铜和铁;金发里面含有较多的钛元素;含钼多的头发,往往是红褐色的;要是铜、铁、钴的含量都多的话,头发就成红棕色。据报载,美洲有两位姑娘,因常用流经铜矿区的水,毛囊里的铜元素比常人高出 10 倍,于是她们的头发都变成绿颜色了。

平时,看到老人的白发,你也许会说,那是一种"自然现象",可为啥有些青少年头上也会有白发呢?

据研究,青少年的白发,有的是受遗传因素影响的结果,有的是忧虑过度,或是精神过于紧张的缘故。当供应头发的血管产生痉挛时,因血流不畅,头发得不到足够的营养,就会影响色素的合成,黑发就会变成白发。

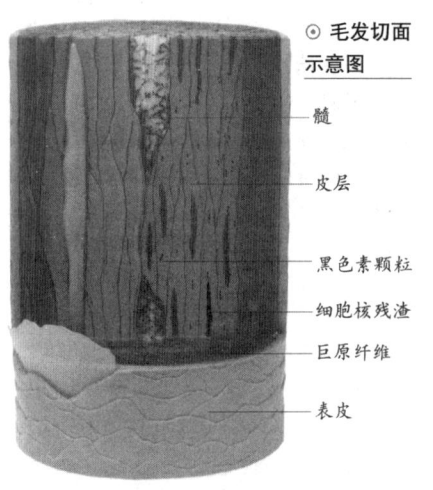

头发不仅能反映出人体内微量元素的多少,而且也是健康的"晴雨表"。如测得头发中钴的含量过少,就容易患白内障;要是含钙太少,还会出现心血管系统的疾病。为此,医生通过查看头发中铬的含量可以用来诊断糖尿病,查硒的含量,又可查出克山病来。

头发是一种不透明的角质结构,能长久保存其中的微量元素。

现在,通过对头发的化验,还能预测出青少年学习成才的趋向。据美国马里兰大学的研究,认为头发中含铬量高的学生,其"心领神会"的能力较弱,学文科的成绩就不够理想。如果头发中铜、锌含量较高,智力也会高一些,这是因为铜和锌是多种酶的组成物质;若是含量不足,对蛋白质和酶都会失去催化的活性,不但会阻碍人体的生长和发育,也会影响智力的发展。

现在,对于医学、犯罪学和考古学来说,对头发的分析,都是一种非常重要的手段。如化验马王堆汉墓中女尸的头发,还可以知道她是 A 型血!

别小看头发纤细、柔软,其实它很有力度。经测试,一根头发,经得起 0.01 牛以上的拉力,比同样粗细的铅、锌、铝要坚韧些。如果将一个人的 10 万根头发编成一根大辫子,能吊起一辆 20 吨重的汽车。

一专多能的舌头

舌头,是个一专多能的器官。它不但是我们的味觉器官,而且还具有辅助食物的搅拌、吞咽和发音的作用。

一切美食佳肴,或是难咽的苦药,都逃不出舌头的审查。

舌头是怎样识别甜、酸、苦、咸的呢?让我们先从舌的构造说起吧!舌头是由横纹肌和舌黏膜所组成的。它的前部是舌体,后部是舌根。舌体主要受三叉神经的支配,舌根又为咽神经所支配。在舌面和两侧,有许多突起的小乳头。乳头的四周,有像花蕾似的小体叫"味蕾",它是味觉的感受器。在每个味蕾上,都有一个小味孔,还有 10~12 个味细胞,各有一根突起的味毛伸到味孔口,专门用来辨别食物的滋味,进而引起神经的冲动,等传入大脑,人就能知道甜、酸、苦、咸等滋味了。

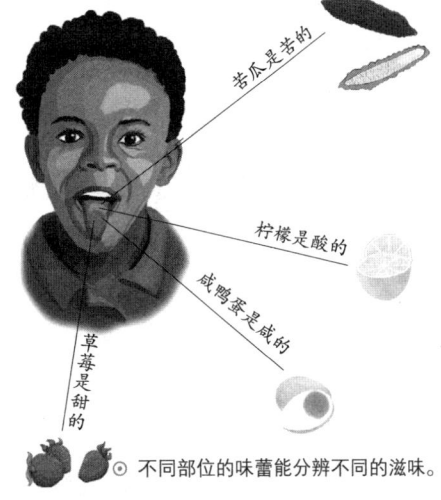

⊙ 不同部位的味蕾能分辨不同的滋味。

由于味蕾蛋白成分的差异,使结合的化合物也有所不同,便会出现味蕾感受上的差别。如舌两侧中部的味蕾,喜欢与氢离子亲和,所以对酸味就最敏感;舌缘的味蕾与氯离子的亲和力最强,就对咸味最敏感;舌尖虽能感受甜、咸和酸味,但它格外爱甜味;舌根对苦味最敏感。它们各司其职,又共同协作,才使我们吃到了各自喜爱的美味。在人的一生中,儿童的味蕾约有 1 万个,45 岁后,舌上的细胞会逐渐老化,到老年期,味蕾数量只有儿童期的 20%,所以常有茶饭不香的感觉。

平时,学习或工作过于紧张的人,因太疲劳了,味觉就会减退,往往就不想吃东西。发烧的病人,虽能区别酸、苦、咸,却尝不出菜肴的鲜味来。人在愤怒或感到恐怖的时候,由于交感神经受到了抑制,又因胃液分泌量减少,味觉也会变差。当体内缺乏糖质、脂肪和维生素时,人的味觉就要受到影响。在人群中,约有 8% 的人不知道苦味,这叫"味盲",患者多为男性和老人。

舌苔人人都有,那是舌面小乳头新陈代谢脱落下来的角化上皮,加上一些食物的残渣、唾液和细菌的混合物,成为舌面上一层白而薄的"舌苔"。平时,随着人的说话和吞咽,舌苔就会不断地脱落和更新。

医生很重视舌和舌苔的变化,认为它是"胃病的镜子",也是一个"外露的内脏"。一般说来,一

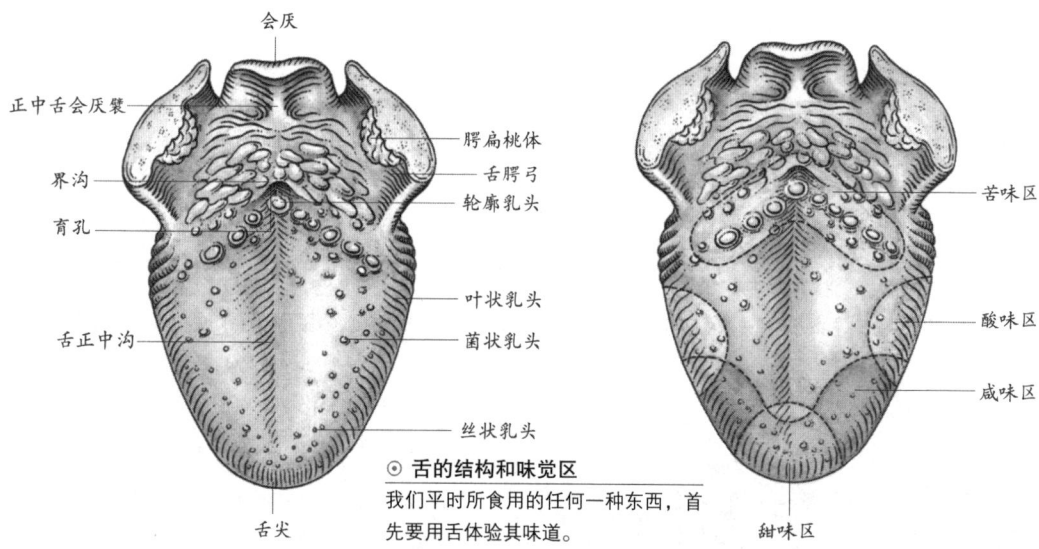

⊙ 舌的结构和味觉区
我们平时所食用的任何一种东西,首先要用舌体验其味道。

个健康的人,舌质是淡红色的,不但柔软润泽,又能灵活转动,连舌苔也是薄白、洁净的。一旦舌头转动不灵活,往往与脑溢血和脑肿瘤有密切的关系;若遇舌质淡白又浮肿时,常是贫血、肾炎和内分泌失调的征兆;出现青紫舌,可能是心脏、肝脏出了毛病,或是一种癌症的反映;舌苔厚腻,是消化不良的缘故;黄腻苔,是肺炎、痢疾和胆囊炎的先兆;要是舌头光滑似镜又无苔,那是营养不良的结果。一般说来,当舌苔由白转黄又变黑色,预示病情转重;相反,则是病情好转的征兆。

有人发现舌苔厚,又感饮食无味,常爱刮舌苔。其实,这样做既不能除去病因,且舌苔刮了又会再生,一旦刺破了味蕾,不但舌背要发麻,连味觉也会被破坏。

舌头除了辨别食物的滋味外,还负责测试食物的冷暖,甚至能觉察出鸡肉中的一根鸡毛来呢!

当牙齿在咀嚼食物的时候,舌会自动地帮着食物翻动,掺和能够消化淀粉的唾液,并检查其中是否有硬物,判断能否吞咽。即使在咀嚼已经停止的时候,它仍不停地探来探去,设法清除粘在牙缝里的残渣。也只有依靠舌头后部的拱起,才能将浸泡着唾液的食物送到喉咙里去。

人在说话时,也得依靠舌头的上下移动,才能发出清晰的声音来。

如何塑造优美体形

食物为我们提供生存所需的能量,使人体器官得以维持正常功能;食物还为人体组织提供营养物质,促进生长发育和伤口修复。但是饮食过量则会使人发胖,导致高血压和心脏病。

人体需要摄入多种食物才能维持健康。均衡的饮食应该包括适量的碳水化合物和充分的蛋白质。其中碳水化合物是人体主要的能量来源,蛋白质为细胞生长和修复提供了原料。

维生素是维持人体健康所必需的物质,其中纤维素起着强化消化系统功能的作用,但是大多数饮食都包含过量的脂肪,导致体重超标。由于每个人

⊙ 肥胖
图中这位女士的腰部和臀部都有过多的脂肪,臀部、膝盖和脚踝都需要分担这些重量,因此这些部位的关节很容易受到损伤。肥胖还会加重心脏负担,导致血压升高。

年龄和日常活动的不同，人们所需食物量也有显著差别。譬如说一个年轻的运动员所需食物量会超过一个活动量很少的老人。

食物中的能量是以焦耳（量词，法定热量单位，简称"焦"，1卡＝4.1868焦。"卡"是"卡路里"的简称）衡量的。成人平均每天需要摄入6280焦（1500卡路里）的能量。10岁以上的儿童和青少年正在迅速地生长发育，他们每天需要摄入8373～10467焦（2000～2500卡路里）的能量，这些能量主要包含在碳水化合物、蛋白质和维生素中。

然而，青少年往往不喜欢规律饮食，而喜欢快餐和速食，这些食品含有大量的糖分、添加剂和脂肪，而蛋白质含量却很低。食用这类食品很容易导致摄入能量超标，如果食用者缺乏规律的锻炼，过多的能量就会转化为脂肪。在日常生活中健康的早餐是非常重要的，诸如果汁、谷类食品和烤面包。如果你喜欢吃零食，那么你最好以水果和坚果代替糖果等高脂肪食品。本页的食物金字塔显示了每日均衡饮食所需摄入的各种食物量。

超重

超重会对人的健康构成潜在的威胁。超重的儿童和青少年在成年后会遇到许多健康问题，而这些问题本来是可以避免的。肥胖人群患背部疾病、关节炎、心脏病、循环不畅和呼吸困难的概率较大。

人们为了减轻体重设计了上百种饮食方案，但是大部分并不奏效。最有效的方法是每天减少摄入2093～4186焦（500～1000卡路里）能量，在这个额度下你还可以偶尔享受一些零食。

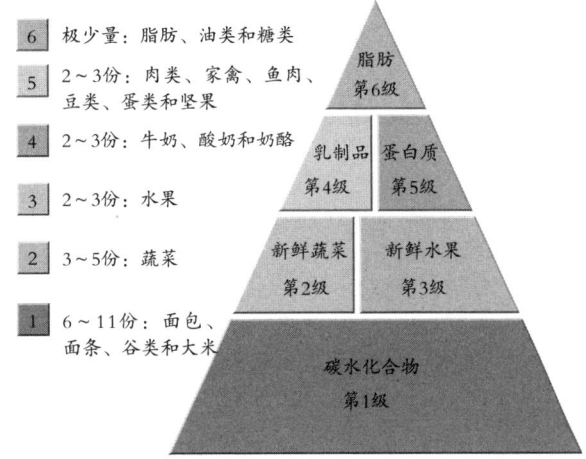

⊙ **食物金字塔**
丰富均衡的饮食是保持身体健康的必要条件。这个金字塔标明了各种食物的每日适当摄入量。蛋白质、牛奶、水果和蔬菜均有助于维持人体生理系统的正常功能。

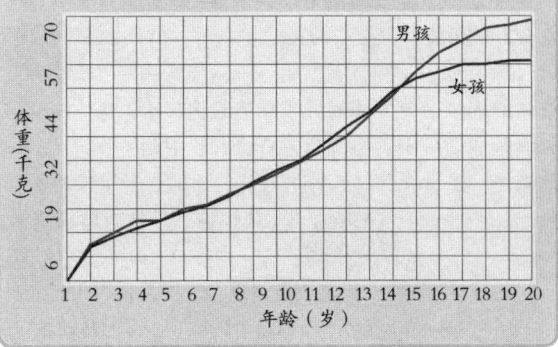

知识档案

体重和年龄

这幅图表显示了男孩（绿线）和女孩（红线）从出生到20岁之间各自的平均体重增长。虽然各人体格的差异等因素也会影响体重，但是基本而言，体重低于图中线条所示表示体重过低，高于图中线条所示则表示体重过高。图中还显示出14岁之后的男孩体重超过同龄女孩。

营养不良

我们都在电视屏幕上看到过饥饿儿童的悲惨照片。当人体不能从食物中摄取能量时首先分解脂肪，然后从肌肉中分离出蛋白质。蛋白质缺乏会导致液体潴留，因此营养不良的儿童腹部会出现肿胀。最终心肌衰弱，无力将血液运往全身，导致死亡。

许多人因为受到流行风尚等因素的影响而节食，然而过度节食则可能导致神经性食欲缺乏。这种患者误以为自己超重，拒绝进食。这既是一种生理疾病，又是一种心理疾病，患者可能需要接受治疗才能康复。

威胁健康的因素

我们必须认真照顾自己的身体才能维持生命的最佳状态。许多疾病大都是由不健康的生活方式导致的。饮食失衡、高度紧张、缺乏锻炼以及酒精和烟草的摄入都增加了心脏病等疾病的发生概率,严重者甚至会导致残疾和过早死亡。

缺乏锻炼是威胁健康的首要因素。在青春期后期有些人坚持锻炼,从而得以保持健康的体魄;另外的一些人停止了规律锻炼,导致肌肉和关节逐渐衰弱。锻炼能够提高人体的活力,并且能起到预防疾病的作用。

最新研究表明,吸烟人群中至少有一半死亡较早。人们普遍认为吸烟会增加患肺癌的风险,但是很少人知道肺部以及胆囊等部分的恶性肿瘤也和吸烟有关。香烟中的尼古丁会使血管变窄,尤其是腿部血管,严重者甚至需要进行截肢手术。

滥用毒品等物质虽然会给人带来暂时的愉悦感,但是服用毒品以致中毒和上瘾都会影响健康,甚至导致死亡。

酒精也是一种有害物质。酒精作为一种麻醉剂,会使人体的许多功能衰退,诸如大脑活动减少,协调能力降低和反射活动减慢。少量饮酒对心脏是有益的,但是过量饮酒则会使血压升高和心肌衰退。酒精中毒会对肝脏造成损害,导致有毒物质在血液中积留,最终引发死亡。

肺 每天吸烟超过10根的人群中有1/3会感染肺癌。尼古丁还会损害肺部组织,导致呼吸困难。

肝脏 过量的酒精会损害肝细胞,导致肝功能衰竭和过早死亡。

⊙ **饮酒和吸烟的不良作用**
如图所示,吸烟和饮酒过量会损害人体的各种器官。

大脑 酒精抑制大脑的活动,并最终导致大脑功能丧失。吸烟会减少大脑的供血量。

心脏 吸烟会堵塞心脏内血管,饮酒会降低心肌的力量。

肾脏和胆囊 吸烟和饮酒都会对两者造成损伤。尤其是尼古丁,常常导致胆囊癌的发生。

血液循环 尼古丁会使血管变窄,尤其是腿部血管,严重者可导致坏疽乃至截肢。

在某些情况下,我们需要特别防范威胁健康的因素。例如在到某些热带国家旅游之前,游客应当接种霍乱、黄热病和伤寒症等疾病的疫苗。此外,游客还应当咨询医师关于饮用水安全等方面的意见,以避免感染痢疾等当地疾病。

发达国家的居民有条件选择健康的饮食,在感染疾病时也能迅速得到治疗。相比之下,不发达国家的居民则没有这么幸运,他们的健康常常受到威胁。不过,随着医学的进步,人类已经通过疫苗接种彻底根除了天花,并大规模降低了麻疹和百日咳的发病率。此外,痢疾的发病人数也大大减少。艾滋病仍然是人类健康的最大威胁,但是性教育的普及正在起到预防艾滋病的作用。

⊙ **接种疫苗**
这张照片展示了一个婴儿在接种小儿麻痹症、破伤风和百日咳的疫苗的情形。疫苗的使用大大降低了这些疾病的发病概率。

人体中的生物钟

人体和自然界的许多生物一样，也有生物钟。所谓生物钟就是生物生命活动的周期性节律。比如植物在每年的一定时间开花、结果，候鸟在每年的一定时间迁徙，都是生物钟的表现。女性每月一次的月经，人的昼食夜眠也是生物钟作用的结果。有人说，婴儿在白天也可以呼呼大睡，夜间也依然能进食，他的"昼食夜眠"的生物节律可不明显呀。其实，这只是因为婴儿还没有完善有效的生物钟系统。

科学家们认为，人体内的"时钟"通常情况下只能运行100多年。假如这钟因故而中途停止走动，人的寿命便会减少几年、几十年。即使它能够顺利地运转，100多年后，它也会自动停摆。俗话说"世上难逢百岁人"，这便是其中的一个重要原因。

这个"走时准确"的生物钟，存在于生物体的哪个部分呢？

日本科学家发现，雄鸡按时打鸣的"钟"就在脑的松果体里面，因此，科学家认为人的生物钟也存在于大脑中。也有人持不同意见，认为它位于视交叉处，有的则认为在脑垂体或松果体中。另外还有人认为人脑中存在两个"钟"：一个负责饮食睡眠，一个负责体温变化。不过，从脑是"人体司令部"的角度推论，生物钟应该处于脑中某个位置。

生物钟对人体的各个部分都会产生作用，我们要利用生物钟更好地生活。科学家通过实验证明，人类记忆力最佳的时段是早上6~7点、上午10~11点、晚上7点钟左右，我们应当在这些时候抓紧时间多看书；而下午4~6点为"健康"时间，最适合锻炼身体；下午3点左右，人的手指最灵巧，适合做手工劳动等。

那么，体内的"钟"能否不按自己的意愿"拨动"呢？有时候是可能的。德国的研究人员发现，两组人同样是午夜时分入睡，其中一组被告知次日早晨6时必须起床，另一组则被告知可以睡到次日上午9时，结果是前者的"促醒剂"比后者提前了约3小时左右。这表明，"压力"对生物钟的影响相当重要。当然，生物钟的运行与民族、地域以及个人的生活方式都密切相关，因此生物钟会因人而异。我们只能从自己的日常生活中寻找自身的生物钟运行规律，合理地安排作息时间，这样对我们的健康是非常有益的。

人体血型的发现

血液是人体中最重要的液体成分，它在血管中以循环的方式快速流动，为人体提供生命所需要的氧气、养分和热量。流血过多往往会导致死亡。为了挽救失血病人的生命，现代医学上通常采用输血的方式。但是，使用输血方法成功地实现救死扶伤仅仅有100多年的历史，因为在此之前，人们还不知道血有不同的类型。

15世纪时，昏庸、年迈的罗马教皇英诺圣特生了一场大病，他找来3名男孩，将其鲜血输入自己体内。这个残暴的输血事件可能是有记载以来最早进行的输血尝试，它不仅导致供血者全部死亡，而教皇本人也在痛苦中死去，这种尝试以失败而告终。

◉ 兰斯坦纳
奥地利医生，首次发现红细胞凝集反应，为现代医学上采用输血方式挽救病人生命开了先河。为此，每个接受过输血或器官移植的人都应感谢兰斯坦纳的发现。

⊙ 血型及受血、供血者之间的关系图。每种血型之间相互供血或受血都是特定的。

此后，又有人将动物的鲜血输入人体内来治病，也都失败了，但仍有人在不断尝试。比如一位叫布伦道的英国妇产科医生，曾经通过狗与狗之间相互输血的成功实验，证明狗与狗之间确实可以输血。因此，他认为人与人之间也是能够互相输血的。1824年，他曾为产后大出血的8位产妇输入人血，其中5人获救，另外3人则悲惨地死去。这种截然相反的结果给人们带来深刻思考：为什么有人能存活下来，有人却比输血前更痛苦地死去呢？

潘弗克和兰多伊斯是德国的两位病理学家，他们经过20多年的合作研究，于1875年发现了溶血现象。当不同人的血液混合在一起时，有的互不相干，有的则发生溶血现象，这种溶血现象会使血液中的红细胞被溶解破坏而死亡。因此，只有在不产生溶血现象的人之间，才可以互相输血。

在血液研究中作出杰出贡献的应该是奥地利的医生兰斯坦纳。1900年，兰斯坦纳通过对人体的体液组织——血液的研究，发现了红细胞的凝集反应。所谓凝集反应就是当一个人血液中的红细胞与另一个人的血清混合后，有时这些细胞会凝成一团，其凝集相当紧密，即使用力振荡，也不能让它们散开。这种凝集反应出现在人类的不同个体以及不同种的动物之间，是血清免疫反应的一种表现。因为红细胞表面含有一些统称为凝集原（或称标记物）的抗原性物质，所以，红细胞在异体或异种血清作用下会发生凝集反应。而血清中则含有相应的统称为凝集素的特异性抗体，当含有某种凝集原的红细胞遇到一种与它相对抗的凝集素时，就会发生一系列的凝集反应，使红细胞凝集成团。

兰斯坦纳选择不同的人，采集他们的红细胞和血清进行交叉反应，通过广泛的实验和临床实践以及细致的比较发现，有的时候，红细胞出现或大或小的凝集状，而有的时候红细胞则不会出现凝集现象。他发现在人类的红细胞中含有两种不同的凝集原，他将其命名为A和B。兰斯坦纳进一步分析了这些成分，并按字母表的顺序，把人类血液分为4种基本类型：A，B，AB，O型。凡是红细胞中含有A凝集原者，其血型为A型；含B凝集原者，其血型为B型；含A和B两种凝集原者，其血型为AB型；两种凝集原都没有者，则其血型为O型。

"ABO型系统"的出现，在当时医学界引起了很大的轰动，解决了外科手术中大量失血的问题。无数失血过多的病人，通过输入与自身血型相吻合的他人的血液而重获生命。

知道了血型发展的历史，我们更应感谢兰斯坦纳，尤其是在我们需要输入血液的时候。

常见的无意识反应

人们在害怕时常常会不自觉地感到胃痛、嘴唇发干、喉结突出、心跳加快，脑海中闪过各种恐怖的画面。焦虑、恐惧和紧张都是重要的本能，它们在适当的情况下能够增加我们的存活概率。

焦虑是一种常见的无意识的反应，当我们身处困境或险境时，就会感到焦虑。我们面临的问题越艰巨，焦虑的程度就越深。当焦虑非常严重时，就转变为恐惧。焦虑这种反应能够使人做好体力运动的准备，以便人们迅速逃离险境，或者同面临的危险作斗争。例如当你穿越高速公路时，一辆轿车飞速地向你驶来，你的焦虑反应会帮助你迅速跳出车道。

所有的艰巨任务都会使我们处于紧张状态之下。在我们的日常生活中，某些紧张是有益的。最后期限、新技术的学习和考试都会使我们紧张，并且激发焦虑反应。如果我们有信心达成这些要求，焦虑反应就会唤醒我们体内的功能，使我们有足够精力去完成这些任务。在这样的情况下，焦虑起到积极作用，使我们表现出色。然而，在过度忧虑的情况下，问题占据了我们的全部脑海，或者我们只关注自己身体的变化，结果导致我们的表现水平降低。我们可能担心自己会出丑，或者无法掌控局面。这些消极的想法加剧了我们的焦虑情绪，在随后的事件发展过程中，焦虑又导致我们的想法更加悲观。

在上述情况下，我们把所有的精力都浪费在了担忧上面，所以我们根本没有解决问题的希望。不幸的是，这种不自信行为模式是很难打破的。当我们再次遇到同一个问题时，会记起自己以往的焦虑和无能，然后开始了又一轮失败循环。

同理，长期的紧张会提升我们的整体警觉水平，结果我们轻易就会陷入焦虑。如果这种紧张程度得不到缓解，我们甚至无法完成最简单的任务。

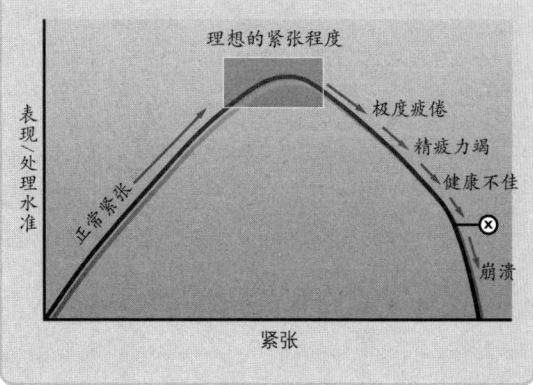

知 识 档 案

紧张与表现的关系

紧张能够导致有益的人体生理变化，在我们身体被唤醒的状态下，我们能够更加警觉，注意力更集中。但是如果人体被唤醒的程度过高，我们的表现水平反而会下降，如下图所示。长期的紧张会使人精疲力竭。如果高度的紧张积累到某个程度（下图中的x点），将会导致神经崩溃。

在非常紧张的状态下，我们常常会感到莫名的极度焦虑，这种现象叫做惊悚。惊悚持续时间并不长，但是当时会使人十分害怕。

焦虑所产生的生理反应可能会使人体感到不适。人体在遇到危险时，会迅速产生大量的能量。我们的呼吸和心跳都加快，为肌肉提供更多氧气，为行动做好准备。汗液帮助人体排出运动产生的热量，降低体表温度，人体还通过唾液分泌等各种生理活动转化能量。焦虑就是由这些反应构成：肌肉紧张、心跳加快、嘴唇发干以及胃痛。

当我们意识到这些正常的生理反应时，我们的焦虑程度会加深，情绪也变得更差。我们是否能够积极解决问题就取决于我们能否恰当地控制自己的焦虑情绪。

人体的两大杀手

人体常常会受到细菌和病毒等微生物的感染。某些微生物对人体是有益的，例如大肠杆菌能够加强食物消化，但是大多数微生物都是有害的，有些甚至会威胁到生命。

细菌是单细胞的微生物，各种细菌的形状差别很大。细菌飘浮在空气中或存活于水中，如果人们将细菌吸入喉部和肺部，或者饮用被污染的水，人体就会受到细菌的感染。呼吸、打喷嚏、咳嗽以及接触感染区域都是细菌的传播途径。

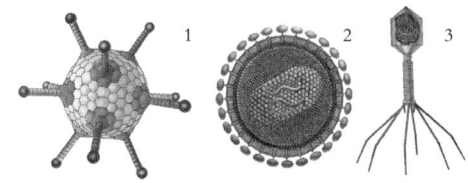

⊙ 病毒的形态

病毒有多种多样的形态，上图显示了其中3种病毒的形态。腺病毒会感染喉咙和鼻子等部位，其特征是尖头构造，见图1；艾滋病病毒的表面覆盖着坚固的蛋白质，见图2；抗菌素是一种侵袭细菌的病毒，它的尾部是纤维，见图3。

165

细菌感染会形成脓汁，脓汁是一种黏稠的黄色液体，其中含有已经死亡的细菌和人体细胞。扁桃体炎和结膜炎是两种常见的细菌感染，二者都是由链球菌引起的。结膜炎发生在眼睛的部位，感染率很高，患者多为在校中小学生。结膜炎患者眼睛发红，渗出的脓汁会粘住眼睛。细菌感染还可能导致更加严重的病症，包括痢疾、肺炎、梅毒和脑膜炎。

抗生素能够破坏细菌的细胞膜，从而杀死细菌。但是，因为抗生素被大量应用于许多人体免疫系统原本能够自行处理的疾病，结果导致细菌已经开始形成抗药性。

病毒是导致疾病的最小作用者，数亿个病毒才能覆盖一个针尖。病毒会导致多种疾病，例如感冒、小儿麻痹症、流感和麻疹。发达国家已经通过疫苗接种基本根除了小儿麻痹症。普通的感冒是由上百种病毒所引起的，因此很难治愈。

抗生素不能杀死病毒，人体必须产生针对各种病毒的抗体才能杀死它们。病毒本身不能繁殖，因此需要寻找寄主，它们进入寄主细胞之后利用其中的营养物质进行复制。当病毒完全占据寄主细胞之后，寄主细胞爆裂，释放出病毒细胞。人体免疫系统能够杀死感冒等病毒，但是不能破坏艾滋病等强大的病毒。

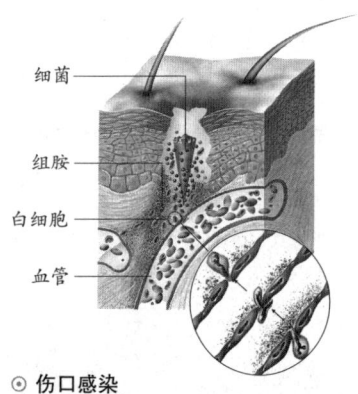

⊙ 伤口感染

伤口受到细菌感染之后，人体细胞释放一种叫做组胺的物质，组胺会引发炎症反应，并且包裹细菌。这时血管变粗，白细胞穿过血管壁到达组织杀死细菌。

人体的防御战

人们周围遍布着细菌、病毒和其他肉眼看不到的微生物，它们侵入人体之后会进行自我复制和扩散，直到被人体内的防御机制杀死。

空气中充满了各种肉眼看不到的微生物，它们不断地落在我们的皮肤、衣物、食品和其他物品上。大多数微生物是无害的，但是某些微生物会引发感染。感冒和喉咙痛等感染性疾病通常很快就会痊愈，而肺炎等疾病会导致致命的后果。

人体表面存在若干种防御微生物侵袭的机制，其中皮肤的作用最为重要，大多数微生物都无法穿透健康的皮肤。

某些微生物能够穿过人体表面的防御机制进入血液或其他内脏部位，在这种情况下，白细胞成为人体的第一道防线。白细胞分为3

⊙ **人体防御机制**

皮肤是人体防御机制的重要组成部分。除此之外，防御机制还保护着人体中没有被皮肤覆盖到的部位，使它们免受微生物的侵袭。

鼻子和肺
鼻子和肺的内壁都会分泌黏液，黏液能够吸附微生物。

胃
胃中的胃酸和酶能够杀死食物和水中的微生物。

皮肤
皮肤是个很厚的保护层，通常微生物只有在皮肤出现伤口时才能进入人体。皮肤分泌的油脂能够抑制细菌的生长。清洁皮肤能够冲走皮肤上的灰尘和微生物。

眼睛
人们眨眼时，眼睑会清除眼部的灰尘、微生物和其他杂物。眼睛中的结膜是一层透明的膜，它能够进一步保护眼睛的主要部位。

体温
人体某部位被感染之后，其周围体温通常会升高，从而杀死部分细菌和病毒。

血液
血液不仅执行运送白细胞的功能，还能在皮肤出现伤口时迅速凝结，防止细菌的侵袭。

人体科学

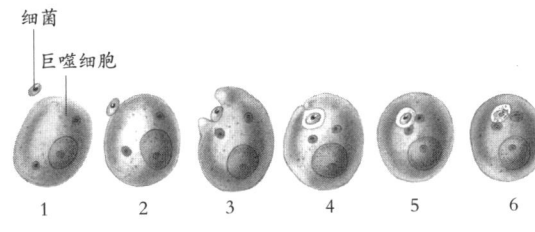

⊙ 巨噬细胞消灭细菌的过程

巨噬细胞是白细胞的一种，上图说明了巨噬细胞消灭侵入人体的有害细菌的过程。巨噬细胞首先吸附细菌，然后包裹细菌，并最终将其消灭。

知识档案

淋巴系统

淋巴是一种在人体内循环流动的白色组织液，其中分布着大量的白细胞。当淋巴抵御感染时，它们会在淋巴结部位聚集，导致淋巴结肿大。淋巴结又称淋巴腺，当咽喉感染时，我们轻易就能够在脖子上摸到它。

种，其中巨噬细胞和粒细胞能够彻底吞噬微生物。

淋巴细胞是另一种白细胞，这种白细胞通常在骨髓或位于胸腔下方的脾脏中合成。淋巴细胞能够生成一种蛋白质——抗体，抗体能够像钥匙插入锁孔那样牢固地附着在细菌上，然后破坏或杀死细菌。在这个过程中，白细胞在血液和淋巴液中流动并自行复制。

当人体受到细菌或病毒侵袭时，生理防御机制被激活，向细菌或病毒中注入一种对人体本身无害的有机体达到破坏它们的效果，这种有机体被称为疫苗。疫苗能够使人体产生抗体，所以接种疫苗能够起到免疫的作用。

针对小儿麻痹症、破伤风、百日咳、腮腺炎和麻疹的疫苗接种已经十分普遍，这些措施大大降低了这些疾病的发病率。世界卫生组织进行的大规模疫苗接种项目已经从世界上彻底根除了天花。

在免疫机制杀死细菌之后，免疫过程中形成的抗体仍然停留在人体内，人体从而形成对该种细菌的终生免疫。当这种细菌再次侵入人体时，抗体就会迅速发挥作用。如今所有的婴儿在出生几个月后都要接受一系列疫苗接种，并且在童年期补足后续剂量。

人体的创伤与自我修复

人体具备惊人的自我修复能力。人体在受到淤伤或擦伤之后都会很快愈合，只有在受伤较为严重时才需要采取医疗措施。

人体受伤的部位通常是皮肤、骨骼以及相关的肌腱和韧带。器官受伤的后果较为严重，诸如眼睛、脑部和肝脏等器官。

伤口

伤口出血最为常见。细胞受损之后，血液中会立即释放一种叫做纤维蛋白原的物质。纤维蛋白原和血液中的血小板结合生成纤维蛋白。纤维蛋白起到覆盖伤口和固定血小板的作用，使血液停止流出。伤口处血液迅速凝结，防止细菌或其他微粒进入人体，然后伤口开始愈合。纤维蛋白在血液凝结处收缩，使伤口边缘聚合并且变硬，于是伤口结痂。在正常皮肤重新生成之后，伤痂自动脱落。

输血

在某些状况下,医生需要采取急救措施防止伤者失血过多,他们通常直接按住伤口。

在急救室中,伤者的伤口被缝合,防止更多出血。如果伤者失血过多,医生便需要将他人的血液通过静脉输入伤者体内,这个过程就是输血。

一般来说,人们的血型分为 A 型、B 型、AB 型和 O 型 4 种。在输血时,需要确保输入伤者体内的血液和他自己的血型相同,否则他血管内的血液会凝结或生成肿块。医院提倡义务献血,保证充足的血库储备,以救治事故受害者。

骨折

医生通常使用石膏或夹板固定骨折处的骨头末端,骨头在不受到压力的情况下就会自行愈合。另外一种固定方式是借助螺丝钉和胶将金属或塑料支撑物置入伤者体内。如果骨头末端发生错位,医生需要对伤者施行麻醉后将骨头拉回原位。骨折通常几周后就会痊愈。在治疗期间,使用外部支撑物是一种最有效的方法。在胫骨骨折的病例中,医生将钢条嵌入骨折处的上下端,然后在人体外将钢条连接。由于钢条较重,伤者几天之后才能行走。医生将会在伤者骨头彻底痊愈之后拆除钢条。

如果多处骨折,就需要数种不同的固定递质和接骨板一起使用才能解决问题。

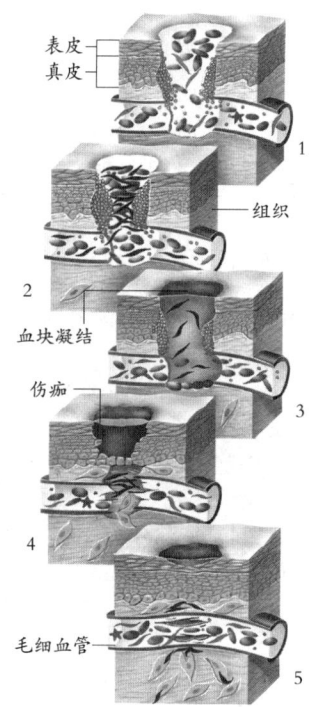

⊙ 伤口修复

此图展现了伤口愈合的过程。首先,血液中的血小板和红细胞与受损细胞中的纤维蛋白原结合,致使血液凝结。在接下来的几天内血块硬化结痂。新细胞形成之后,伤痂自动脱落。

知识档案

骨头愈合

人体发生骨折后,其周围血液凝结,形成硬块组织。硬块组织是新的骨组织,其外表和骨头类似,但是十分脆弱。硬块组织包裹骨折处,所以骨头在X射线扫描下显得肿大。在造骨细胞作用下,硬块组织转变为骨头。骨头逐渐硬化成形,几周之后,肿胀状况消失。骨折通常在4~6周后愈合。

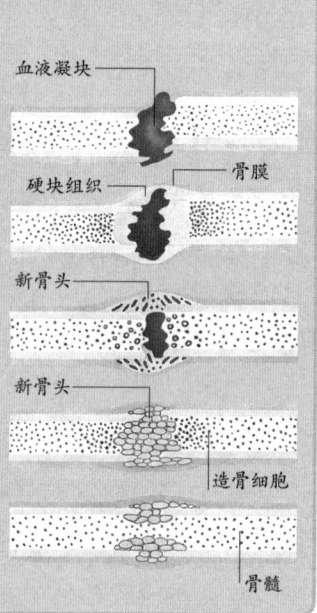

其他组织和器官的再生

因为肌组织能够生成新的纤维,所以肌肉能够再生。肝脏在疾病或事故中受损之后,肝细胞也能够再生。消化系统器官、泌尿系统器官以及肺的表面修复能力都很强,但是肾脏的修复速度很慢。成熟的脑细胞不能再生,但是脑和脊髓之外的神经细胞都能够再生并重新建立连接。

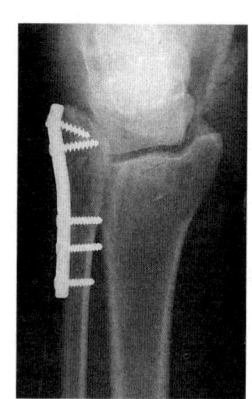

⊙ 内部固定

上图是关节骨折的X射线扫描照片。为了使病人的骨头尽快愈合,医生在两块骨头末端固定了一块金属板,并且在骨头上嵌入5个螺丝钉,起到进一步巩固的作用。在接下来的几周内,病人的骨头会重新紧密结合,然后再由医生拆除金属板和螺丝钉。

生命医学
Medical Science

医学的诞生

把人体比做一台精密的机器，或者把人脑比做一台电脑的说法是完全可以理解的，原因在于在这个电子化的社会里，人们更多的时候是用电脑"思考"。我们自身就是一部有知觉的、对能量进行有机组织的强大引擎，因此人体本身就是机械设计和建筑设计的杰出作品。退一步说，对于原始人类而言，他们与机械的接触非常有限，而人体本身则

> **知识档案**
>
> **古代解剖学**
>
> 古印度时期，人体解剖学的知识极其匮乏，因为所有的印度人都不能对人的尸体或者遗体进行解剖。根据古文献的记载，印度人的遗体将被沉至河底。7天之后，无须解剖即可对尸体进行分解。

已经是一个奇迹和一件魔法作品了。人体的奥秘只有经过一个漫长和艰辛的过程才能被一点一点地揭开，而要实现这一目标，我们不仅需要对因在战斗中受伤或者腐烂的人体残留组织进行观察，也需要对动物的尸体进行仔细检查。一般认为，解剖学的知识最早来源于古代炊烟四起的营地和人类祖先茹毛饮血的就餐点，因为在这些地方，骨头、鲜血、鲜肉、器官和内脏等都被赤裸裸地摆放着，而且随处可见。

公元前2000年以前，埃及的巫师和木乃伊制作者逐渐积累了解剖学方面的知识，而他们这样做完全是出于工作需要。尽管他们的做法比较野蛮，但是如何把尸体准备好以便入殓安葬的方法和步骤仍然是非常详细有序的。首先，他们从鼻孔把尸体的脑髓抽出，所用的工具是一把铁钩；接着，他们在尸体的四肢上切出口子，然后把肌肉全部挖走；最后，他们把浸泡过的树脂纸草塞到空壳般的尸体里。心脏等内部器官则通过在尸体左侧挖开的一个切口全部摘除（更早一些的时候，心脏被留在体内）。

⊙ **医治方法**

埃及的《埃伯斯纸草文稿》（约公元前1550年）记载和列举了大约700多种治疗方法和药方。如图所示，这部文稿的成书过程被认为是当一位著名的药师对配药人员和制药人员进行口头传授的时候，一位抄写员对他的传授内容进行的记录。

虽然早期的埃及巫师和木乃伊制作者把大约7000万具尸体制作成了木乃伊，但是实际保存下来的只有其中的一小部分，而这一部分多是他们已经取出内脏进行了学习和了解的木乃伊。他们留下了纸草医书的收藏品，而这些医学记载是古埃及在人类医学历史上占有一席之地的铁证。现在，我们可以在那些巫师曾经使用的僧侣体文字或者简化后的象形文字中找到古埃及医学的痕迹。

在这些古代文字中，最重要的文献就是所谓的《埃伯斯纸草文稿》。根据传说，这部文稿被埋在一个木乃伊的两腿之间，于1872年被德国籍的埃及古生物学者格奥尔格·埃伯斯发现并据为己有。这部文稿可追溯到公元前1550年。它是一个长达19.8米的卷轴，整卷都写满了密密麻麻的文字。这部文稿在其介绍篇中自称对早期科

学文献的记载作出了重大的贡献——"本书是对人体各个组成部分进行医学研究的奠基性著作"。

在当时的医学领域中,《埃伯斯纸草文稿》被看做是百科全书式的著作。这部著作在100多页的篇幅中,写满了与疾病有关的各种信息。然而,更为重要的是,这部文稿详细地列出了各种疾病的名称、病史以及700多种治疗方法和药方。在这部著作中,我们可以了解到使人痛苦不堪的肿块、由关节炎引起的四肢僵硬、寄生虫感染、肿瘤、糖尿病、节育技术,还可以了解到对耳朵、眼睛和鼻子的不适,以及烧伤和鳄鱼咬伤等的治疗方法和药方。

尽管当时的古埃及人已经处于某个具有重要意义的医学突破口,而且这个医学突破口的重要性不亚于他们的医学草纸文稿(尤其是考虑到其完成的时间),但他们绝不是真正的解剖学和生理学方面的专家。这些方面的专家在数百年以后才开始出现,原因在于当时对人体的解剖和探究已经不再是一种尸体保存意义上的宗教仪式,而是一种旨在真正了解人体及其运作原理和机能的科学方法。此外,如果我们把参与人体研究的巫师和寻找疾病治疗方法的医师看做是一个整体,那么他们可以被看做是自然科学家,原因在于他们当时把医学看做是一个分支学科。

而在这些集哲学家和科学家于一身的人当中,有一个既是哲学家又是数学家的人生活在大约公元前500年,他的名字叫阿克美昂。阿克美昂师承毕达哥拉斯,被誉为第一个明确认为人类大脑是人体"高级智力活动"中心的人。当时,许多类似于阿克美昂的人打破了把生老病死看做是命运安排、占星术中的凶兆或者某种超自然力作祟的传统思路。

作为一名革新者,阿克美昂尽力通过专业的医学术语来表达和看待各种疾病。此外,阿克美昂还应该被看做是第一个对人体进行医学解剖的人。他认为,疾病的产生与人体内特定对立关系出现严重失衡有关,这种对立关系包括热与冷、潮湿与干燥等。他完全接受和继承了毕达哥拉斯关于大脑中枢论的观点。在此基础上,阿克美昂还进一步提出了大脑是神经系统发源地的思想。此外,他还发现了视觉神经以及我们后来所知的耳咽管和咽鼓管。同时,他还提出了一个新的观点,即胎儿最早得以发育的是大脑。

多数人对阿克美昂这个名字并不是特别熟悉,但是他们却非常熟悉希波克拉底的名字。他应该是古代医学家中最为著名的一位,被人们公认为医学之父。然而,对于希波克拉底本人的生活细节或故事,我们却几乎一无所知。那些被认为属于他的著作其实应该是几个不同历史时期的人的作品,这些著述通常被称为《希波克拉底全集》。

然而,对希波克拉底本人来说,无论是被描述为一个带有阴影的人物,还是被描述成一位英雄,他都曾经专注于对病人的观察和诊断,以及收集对揭示病理颇有助益的必要信息。医术就是他的专长,当然这也需要得到自然力的帮助和支持。

与阿克美昂一样,希波克拉底也赞成大脑中枢论的观点。他早就认识到充分休息的重要性,同时他还认识到用沸腾后的水清洗伤口以及医生必须事先清洗手和指甲的必要性。由于对患者的精心看护和深切关注,他成为最早开始临床医学的医生。他曾经这样写道:"医之所在,人之所爱。"

除了高尚的医德以及"医生就是医学事业的仆人"这一句名言之外,真正让希波克拉底从所有医学前辈中脱颖而出的,是他完全抛弃了宗教迷信对疾病病因的解释以及诸神是唯一致病根源的谬论。相反,希波克拉底所看到的是,疾病只是一种完全可以通过实用术语进行解释的自然事件。

治疗方法也跟今天通行的说法和概念一脉相承,即四

⊙ 希波克拉底

传说中的希腊人希波克拉底被认为是一位不仅具有同情心和敬业精神,而且还善于分析的著名医师。希波克拉底认为,人们可以通过对症下药来战胜各种疾病。

体液论或者体液病理学。这种理论认为，所有疾病的根源均来自于人体体液的功能紊乱。"体液"一词被长期用来描述在其他植物和动物身上找到的汁液形态。根据这种理论，健康主要来自于四体液的平衡作用，而这4种体液正好与希腊物理学中所述的四大元素（土、气、水和火）相对应，这是毕达哥拉斯关于数字功能在客观世界中具有重要性的一种早期理论。他认为数字"4"具有非常重要的意义，是基本元素的特有数字。这种理论在体液理论以及古代治病方法中也占有重要的地位。

在一个神秘的公式里，四大元素与四个季节，以及四体液联系到了一起，而四体液指的是血液、黏液、黑胆汁和黄胆汁。根据这一理论，这些体液分别与人体四大主要器官（心脏、大脑、肝脏和脾脏）之间存在着某种联系。此外，四体液还和四大季节以及人的四个年龄阶段（即儿童、青年、中年和老年）联系在一起。

尽管这一医学理论貌似神秘，但是其所蕴涵的道理却是非常直白的，也就是说，这四种体液的完美平衡模式出现任何偏差都会引起病症的发作。比如说，根据这一理论，黏液过多可能会导致癫痫症。如果要重新恢复平衡，那么必须在抑制分泌过多的黏液的同时，促进分泌较少的其他体液的分泌。

令人难以置信的是，体液病理学最后成为人类思想史上最为持久的理论之一，对一代又一代的医学工作者产生影响，一直到18世纪才逐渐被放弃。然而，在此之前，体液病理学理论使人们树立了一个一直延续至今的、坚定不移的观点：内在平衡机制对于健康而言是不可或缺的。这种思想就是今天我们所谓的"体内平衡"思想，它指的是有机生物体通过对其生理过程进行调节从而保持体内平衡的一种自发性的能力。

亚里士多德和盖仑

在希波克拉底之后，对我们进一步了解人体作出卓越贡献的、最为伟大的历史人物就是哲学家亚里士多德。他的理论不仅对逻辑学、形而上学、政治学、物理学、数学和天文学等学科有很大的贡献，而且还对当时仍然处于萌芽阶段的生物学、动物学、胚胎学、生理学和比较解剖学产生了巨大的影响。

亚里士多德本人并不是医生，但他却是医生的后代，因此他最终被冠以"现代科学和解剖学之父"的美名。

亚里士多德对于我们了解人体知识所作出的卓越贡献并非来自于人体解剖，而是来自于对动物身体的解剖。亚里士多德对海洋生物的研究细致入微，以至于达到了令人称奇的程度。即使其中所得出的一些关于人体解剖的研究结论被后人证明是错误的，但是他对现代解剖学所产生的影响仍然是不言而喻的。比如说，亚里士多德认为人体的控制中心是心脏，而呼吸器官的功能只是把体内剩余热量排放出去。此外，他和同一时代的古希腊人都认为，动脉里面所充满的是空气而非血液。然而，亚里士多德还是提出了一些真知灼见。通过对家禽的解剖和观察，他驳斥了当时认为胎儿自发育第一天起便已经完全成形的说法。他的解剖实践结果确定无疑地表明，鸡的心脏在受精后的第4天才开始发育。此外，他还提出精子是启动繁殖程序、影响后代成形的动因，而雌性则为鸡蛋壳内的胚胎提供了物质基础。同样值得一提的是，亚里士多德不仅对一些身体结构进行了描述，而且还为它们冠以专业的名称，比如经由他命名的大动脉。同时，他还绘制出了男性生殖系统的专业解剖图，甚至还绘制出了狗鲨胎盘的演示图。

⊙ 亚里士多德

作为对自然世界工程庞大的研究工作者之一，亚里士多德曾经尝试对人体的结构和功能进行理性的分析。

亚里士多德对生物科学最伟大的贡献之一就是他的属种分类法。这一分类法为生物物种的分门别类课题奠定了基础。比如说，他明确指出海豚属于哺乳动物而非鱼类，因为它们是通过分娩来生产幼崽的，而且还会给幼崽喂奶。在一次对生命进化问题提出预知性评论时，亚里士多德说："大自然一点一滴地把无生命的事物进化成有生命的动物形式。然而，我们无法确认两者之间的精确分界线究竟在什么地方，也不知道这一中间形式应该属于哪一边。"

亚里士多德之后，古希腊和古罗马的医学家、外科医生、解剖学家、作家和医学著作的翻译家等继续进行人体课题的研究。他们所提出的各种新理论如雨后春笋般涌现，而这些理论已经被现在的医学历史学家了解和掌握。当时的某种理论把愤怒看做病因之一；一些理论家认为疾病由人体内液体、固体或者气体成分的紊乱所引起；而另一种理论则把疾病的原因归结为人体某部分血流的异常增高。尽管不甚准确，但这些理论仍然取得了一些引人注目的研究成果。

解剖学家埃拉西斯特拉图斯（公元前304～前250年）曾把心脏想象成一个泵体，并偶然发现了人体循环系统的运行机制。他几乎被看做是把感觉神经和运动神经区分开来的第一人，然而，他距离真理仅差一步，原因在于他认为血液通过动脉和血管从肝脏流向心脏和肺部。另外，他还发现气管，并为其命名。更重要的是，他对四体液理论提出了挑战和质疑。

公元1世纪，希腊医学家鲁弗斯完成了一篇关于脉搏和心跳的文章。他亲自撰写了一篇较具影响力的关于人体组成部分的论文，其中对人眼眼球进行了细致的研究。

但是，一直到公元2世纪的时候，希腊医学家克劳迪斯·盖仑才被认为是实验生理学的奠基人。无论如何，盖仑的权威在很大程度上都会毫无争议地持续下去，一直到17世纪。盖仑是马可·奥勒留皇帝的御医，同时也是角斗士的专业医生。这个职务无疑使他有更多机会接触到无数个裂开的伤口和血肉模糊的创伤。盖仑是继希波克拉底之后最伟大的古代医学家，同时也是一名医术精湛、才华横溢的实验主义者和临床医生。但是，根据与盖仑同一时代的人的记述，他有点我行我素，有时候甚至达到令人厌烦的地步。

在盖仑所在的时代，人体解剖被认为是对死者的不敬，并且被列为宗教禁忌。因此，盖仑只能对猴子、猿、猪乃至大象进行解剖，并根据解剖结果类推出人类的情况。这种做法经常会得出一些非常离谱的结果，比如，他曾认为血液在肝脏里形成，而肝脏则从胃部获取造血原料；他把神经和肌腱混为一谈，并作出这样的推论：在动物身上存在着某种结构组织和血管，因此人体内肯定也存在这种东西。但是，他的这种推论方法还是符合一定逻辑的，并且为现代医学的发展提供了一条线索。

作为一位多产的作家，盖仑对他的研究成果进行了细致和翔实的记述，这些著述的精确性甚至让今天的很多医学工作者都自叹不如。他给我们留下了关于人体骨骼和头骨的精确描述，并正确地解释了人体的呼吸系统。此外，他还从实证的角度证明动脉所输送的是血液而非空气。如此一来，他便颠覆了一个曾被广为接受的古代经典理论。同时，他还对肺炎和胸膜炎（肋膜炎）之间的细微区别进行了总结和概括，并率先对脑神经和交感神经系统进行描述。

盖仑推翻了很多古老陈旧的错误信条，同时向人们表明：人体的发声器官在喉部，而不是在肺部。同时，他还向人们表明，瘫痪或麻痹的症状可以在脊髓被切断之后发

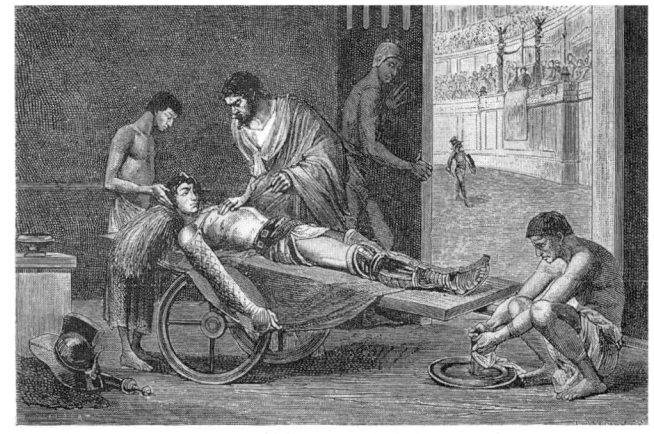

⊙ **盖仑**

克劳迪斯·盖仑是公元2世纪希腊的一名医生，他专门为在帕加马竞技场上受伤的角斗士提供医疗服务。他为我们进一步理解和研究人类解剖学和生理学奠定了基础。

生。在他的研究工作和著作中，成功地把其连贯性的医学思想与前辈（特别是希波克拉底和亚里士多德）既有的成果结合起来。同时，他完全吸收了四体液理论的精髓并予以拓展，最终形成了自创的疾病理论。这一新的疾病理论既包括生理疾病，也包括精神疾病。

盖仑认为，四体液的不同组成结构（即寒与温、润与燥等状况的混合）构成了人体的气质、性情以及人的生理条件，而所有这些成分和因素的完美组合则会创造出一个在生理和心理上都非常健全的个体。因此，一个人可能属于多血质（即乐观向上的类型）、胆汁质（特别容易发怒、雄心勃勃且复仇心理强）、黏液质（很不容易兴奋起来）和抑郁质4种类型之一或占有几个类型。

解剖科学

随着解剖学研究的深入发展以及文学和艺术的复兴，文艺复兴时期的科学家开始把人体看做一个有序运行的系统。在盖仑研究成果的基础上，博洛尼亚的蒙蒂诺·戴·鲁西编写了一本解剖学手册。虽然受到盖仑在人体框架结构上的限制，但是戴·鲁西仍然在人体腹腔、胸腔和头骨解剖这3个领域中取得了一定的成就。他甚至还曾对2名女性尸体进行解剖，以便揭示处女和生过孩子的妇女之间子宫尺寸大小的差异。他的解剖成果大受欢迎，并成为医学院正式的教科书内容，并一直沿用了2个多世纪。

列奥纳多·达·芬奇正确地把人体解释为一个精妙复杂的有机体，并通过解剖实验得出了很多优秀的、详细的研究成果。这些研究成果一方面源于机械工程师式的思维，而另一方面则把解剖学视为一种科学门类。与达·芬奇一样，安德里亚·维萨里把人体解剖学上升为一门科学。

生于1514年的比利时人维萨里铤而走险地从绞刑架下偷盗尸体，这种行为在当时的法国是被严格禁止的。不论在哪里，他都愿意收集这些"研究素材"，并将它们带回自己的房间进行解剖和研究。值得一提的是，他亲自执行这些解剖操作，把尸体的各个区域切开，而不是像同一时代许多同仁那样把这一"重任"交给学生或者刮脸的师傅，任由他们按照盖仑错误的解剖指示进行解剖操作。维萨里亲自进行解剖、切割和探查，并因此获得了更多新的发现，但是在当时，干

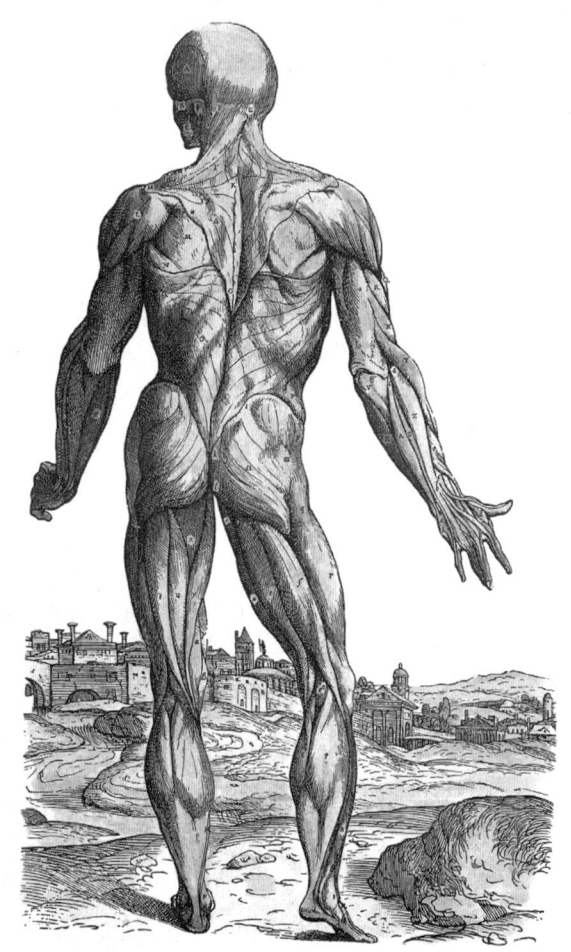

⊙ **人体图**

佛兰德斯医学家安德里亚·维萨里对他的人体解剖实验进行了全面的观察和记录。他于16世纪撰写的《人体的构造》一书最先向人们展示了与人体功能和器官有关的知识。

这种鲜血淋淋的活儿是非常危险的。因为在那个时代,人们对细菌、病毒以及它们所导致的疾病仍然一无所知。尸体经常会被蚀虫(尸虫)所腐蚀,或者被细菌感染。使当时的解剖间保持干净以至于没有任何病毒和细菌是不可能做到的。但是对维萨里来说,为了揭开人体奥秘,非常值得冒这个险。

> **知识档案**
>
> **盗寻解剖用尸体**
>
> 盗墓活动在十八九世纪的英国达到了最为猖獗的地步,原因在于当时医学院用于解剖的尸体数量远远不足。学生们经常要自备用于解剖的尸体,因此他们只好去盗墓。由于担心在盗墓时被抓,因此许多学生经常花钱请别人为他们盗尸,有些人则索性通过杀人来获取尸体。

维萨里留给世人一部以翔实的第一手解剖材料为基础的权威著作——《人体的构造》。该书收藏了佛兰德斯艺术家扬·斯特凡努斯·范·卡可令人过目难忘的木刻版画作品。作为一部具有里程碑意义的著作和详尽无遗的研究成果,该书第一次揭示了人体骨骼的重要性,也就是说,骨骼不仅是人体结构和运动的支柱,而且也是脆弱的人体器官免遭伤害的盾牌。

《人体的构造》一书还达到了另外一个目的,这是除维萨里之外的任何人都不敢想象的。这个目的就是唤醒那些仍然对盖仑以动物解剖为基础的解剖学知识深信不疑的人。维萨里能够充分地驳斥盖仑派的其他理论,比如认为血液源于肝脏、血液先流过心脏的右心房,然后经过左心房,最后与空气掺在一起等。盖仑从来没有想到血液会在全身循环流动,但是这个事实在维萨里之后的半个世纪内由一名英国农民的儿子威廉·哈维进行了证明。他得出了最后的结论:血液在心脏的抽送下,从动脉进入到血管,然后再重新回到心脏。

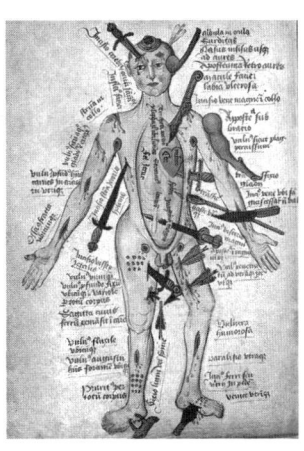

⊙ 16 世纪的德国战役指导图将多处受伤部位标示出来。

解剖学终于被揭开了神秘的面纱,而盖仑所有错误的理论观点最终得以纠正。正如维萨里在《人体的构造》一书中所描述的那样:"那些医学家和解剖学家们几乎把所有的功劳都归功于这位毋庸置疑的解剖学领袖身上。他们是盖仑的追随者,却经常只是一种没有理性的盲从……实际上,我本人倒是非常怀疑自己的愚钝,但是也非常怀疑对盖仑和其他解剖学家的研究成果的过分盲从和迷信。"

哈维发现血液循环的机理

血液是怎样流动的?自古以来,人们就在寻找这个问题的答案。在 17 世纪以前,由古希腊人盖仑提出的血液运动理论由于充满神秘色彩并满足了教会的需要而一直统治着医学界,被教会视为不可动摇的经典理论。但真正的血液循环理论是由 17 世纪英国医生哈维提出的。

1578 年,哈维出生在英国肯特郡福克斯通一个富裕的家庭里。1579 年,哈维大学毕业后,来到意大利帕多瓦大学刻苦钻研医学。

哈维的主要贡献是正确地解释了血液循环系统。尽管他受到宗教界、学术界的攻击和非议,但他无所畏惧、从不退缩。科学的发展证明了哈维的理论的正确性,他敢于追求真理的精神也为世人所敬仰。

哈维不断观察和研究各种动物,他做了无数次活体解剖,逐渐发现盖仑的血液运动理论漏洞百出,与解剖学事实相距甚远。他发现,血流是从心脏里经动脉流出来的,然后又经过静脉流回心脏,始

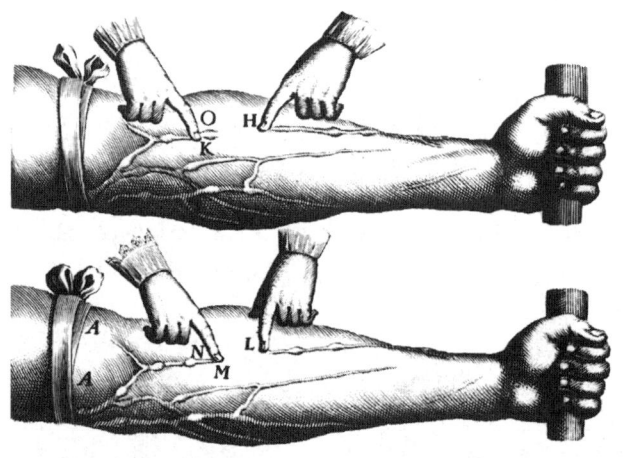

⊙ 哈维的血液理论实验

为了展示血液的循环方式和机制，英国医学家威廉·哈维在测试对象的手臂上缠了一个止血带。在对止血带进行缠紧和松开操作的同时，分别停止胳膊上不同点上的血流。他由此发现，血管内的血管阀只让血液单向流动，也就是说，朝着心脏的方向流动。

终保持同一方向，周而复始地循环着，这种血液的循环带来大量的氧和营养素帮助人体完成新陈代谢。哈维的重大发现，解答了千百年来的血液循环之谜。

其实在哈维之前，许多医生都进行过此类的探讨。比利时解剖学家维萨里曾试图修正盖伦的理论而被流放到耶路撒冷；西班牙医生塞尔维特也因批判盖伦的理论而被教会处以大刑，惨死日内瓦。哈维也是真理探索者的一员，教会的黑暗势力并没有使他退缩。

1616年，哈维在圣巴多罗买医院作了一次医学演讲，第一次系统性地向世人公布了与盖伦血液运动学说截然不同的"心脏水泵"说，把人的心脏比喻成一个水泵，是这个"水泵"的搏动引起了血液的循环运动。

哈维的演说让世人震惊不已，有人支持，也有人反对，有人甚至警告哈维可能会遭到宗教裁判所的处罚。哈维并没有退缩，他又进行反复大量的研究，更坚信自己的发现是正确的。

1628年，哈维的专著《动物心血运动的解剖研究》在法兰克福出版。它凝聚着哈维20多年的心血和坚强不屈的斗争精神。出版商菲茨被哈维执著探索的精神所感染，承担了该书的一切费用。该书是世界科学史上的重要著作之一，书中阐述了血液循环的基本规律，提出了完整的血液循环运动理论，开创了近代活体解剖的实验法，还把运动生理学和人体生理学确立为科学。这本书的正式出版宣告了盖伦理论的破产。

1657年6月，哈维在伦敦悄然辞世。他的学说对学术界产生了巨大的影响，至今人们还在沿用哈维的这种理论。哈维敢于冲破不可侵犯的传统的束缚创立新的科学理论，他追求真理的精神和无所畏惧的革命精神一直让世人敬仰。

⊙ 人体血液成分示意图

对患病原因的探究

在法国医生拉埃奈克真正开始"倾听"心脏病病发的各种原因之前,很多人已经开始通过各种方式发现各种疾病的致病因素。亚里士多德对这种即使在他死后仍延续了几个世纪的苦苦探索的本质予以概括和总结:"尽职尽责、一丝不苟的医学家把疾病的种种诱因归结成自然规律或法则……而最有才华的科学家则把药物视为他们的第一职业准则。"要不是所有这些关于体液、化学、自然、无痛(指医学麻醉)和病魔的理论,所有攻击人类健康的犯人们(指致病因素)依然处于隐形状态。正如18世纪的英国解剖学家约翰·亨特所发现的那样,"(致病因素)依赖于很多未知的具体情形,或者看上去似乎完全是偶然性的"。任何一个人都可以不理会盖仑和他的追随者,以及其他对这些理论进行照本宣科的人,但是事实仍然不会发生改变。究竟什么是病患发作的诱因不仅颇具争议,而且错综复杂,因此其解答可能也是多面性的。

把细菌视为感染病源的思想直到19世纪才出现,但是把人体外部的某种东西当做致病因素的观点在数个世纪之前就已经不是什么稀奇的事情。早在1546年,意大利病理学家(同时也是地理学家、天文学家和诗人)吉罗拉摩·法兰卡斯特罗便提出,某种具有传染性的、物理的、非生命体的化学物质是导致感染的罪魁祸首,甚至于一些流行病(比如口蹄疫)也是如此。一种被广泛接受而且持续很长时间的观点是瘴气学说,这种学说可能源自希波克拉底对于"恶臭黑气"的猜疑。

瘴气学说认为,有毒的气体或者蒸气可以诱发诸如霍乱之类的疾病。这种理论有一定的合理成分,原因在于传染病能够在卫生条件较差以及会散发腐烂气体的污染环境中传染和扩散。但是,这种学说最终还是被我们所知道的病菌理论所取代。

实际上,瘴气说在1854年的时候就被伦敦的一名医学家约翰·斯诺所摈弃。当时伦敦爆发了一场严重的霍乱,斯诺认为霍乱是可以通过水源传播的,也就是说,这种传染病可以通过与人有过接触的感染性水源侵入人体。此外,他还认为,如果宽街上的水泵被挪走,霍乱就会停止传播。结果,他的看法是正确的。

⊙ 这幅当时的卡通画显示由于饮用水被细菌污染,诱发霍乱大规模爆发,导致人们大批死亡。

知识档案

显微镜

显微镜通过一系列透镜使被观察分析的细小物体的体积得以放大。显微镜可以分为很多种类型:有简单的显微镜,也有复杂的显微镜,同时还有电子实体镜、极化显微镜、扫描光学显微镜、反射显微镜、声学显微镜或超声显微镜和扫描隧道显微镜等。列文虎克是第一个将显微镜用于观察分析的科学家。

如果霍乱是可以通过水传播的，那么水真正携带的是什么东西呢？法兰卡斯特罗在1500年前后得出了这个问题的答案。100多年以后，一位荷兰布匹商人和医院专职裹伤员也得出了同样的答案。这名荷兰人最终成为一名卓越的透镜磨制师和显微镜制造者，他的名字就是安东·范·列文虎克。有一天，正当他观察雨滴的时候，看到了很多后来被称为"微生物"的东西。这种小东西是一种细小的生物体，其体积要比最小的跳蚤还要小几千倍，但是它们仍然可以被肉眼观察到。这些精致细微的微生物似乎还有很多非常细小的腿和尾巴，正是这些器官使它们能够在所生存的水滴里游来游去。他于是萌生了研制出一种具有革命意义的放大工具的想法。

在生病时从舌头上刮下的唾液中，范·列文虎克发现了其他微生物细菌。虽然它们（指那些微生物细菌）与水滴中的细小生物体有着非常类似的结构，但是这些微生物细菌的运动方式有所不同。这些微生物细菌就是这种病症的载体吗？毫无疑问，列文虎克离致病微生物的发现只有一根头发丝的距离了。同时，他与病菌理论的提出也只有一步之遥。

他在显微镜下对自己的精子进行了仔细的观察。他再一次看到了很多微小生物体。所不同的是，这一次他看到的生物体长得一模一样。这些小生物体的头部（看上去像是）后面都拖着一条尾巴。在对自己血液的显微镜观察中，列文虎克也发现了一些细小的结构组织，它们就是现在所谓的红细胞。

在另一名荷兰科学家的建议下，列文虎克把他的研究成果专门写成一个报告，然后寄给英国皇家学会。他的这份报告篇幅较长，非常详细地解释了他的研究成果。在50年时间内，他写了将近200多封类似的信件，而就是这一写信的习惯使他成为西方世界最为知名的医学开拓者之一。

列文虎克可能从来没有觉察到他距离对疾病主要致病因素的确认还有多远，但是在150年之内，其他人成功地提出了一种解释这种微生物细菌是如何侵入人体的病菌理论和疾病理论。到19世纪的时候，病菌理论似乎已经随着相关发现的不断涌现而变得俯拾皆是了。

1847年，匈牙利产科医师伊格纳兹·塞麦尔维斯把他在维也纳担任实习生时所看到过的病菌理论加以整理。他终于得出了一个令人震惊的发现：医院的妇产科病房的产褥热导致骇人听闻的极高死亡率。塞麦尔维斯对这一现象的解释曾被很多医生和医院工作人员所忽视，而当外科医生从解剖室里走出来之后，经常直接前往待产母亲的病房，这是一种足以导致细菌感染的马虎做法。

塞麦尔维斯的补救办法就是规定所有工作人员必须进行简单的操作，即用与现代的氯漂白剂非常类似的漂白粉洗手和消毒。在这些预防措施的帮助下，死亡率几乎下降到零。

塞麦尔维斯虽然不能解释这个结果，但是我们知道这是因为他找到了如何让细菌走投无路的办法。由于瘴气学说仍然存在，因此他的新做法被认为是自以为是的行径。这位年轻的医生在深受打击之后于1850年离开了维也纳。10年之后，路易斯·巴斯德证实，炭疽热是由一种特定的微生物体即杆状炭疽病菌所引发的。而塞麦尔维斯却在一所疯人院里含恨死去。

路易斯·巴斯德是法国的化学家和显微镜学家，同时他还享有许多与约瑟夫·李斯特和罗伯特·科赫同等的美誉，尤其是对19世纪晚期病菌理论的发展和普及贡献很大。

在进行了一系列实验之后，巴斯德发现了在啤酒、葡萄酒和牛奶中由细菌导致的发酵和物质腐败过程。巴斯德指出，这些细菌并不是像当时的主流说法所说的那样是由腐烂过程本身自发形成和产生的，同时也不是仅仅由氧气造成的。相反，发酵开始于流质物体被空气中的细菌感染之后。1864年，巴斯德在巴黎的索邦神学院进行了一场历史性的演讲。在演讲

⊙ 法国科学家路易斯·巴斯德同时证明了微生物细菌对于葡萄酒和人类疾病的关键性作用。

中，他对自己的发酵理论进行了示范和说明。巴斯德说道："自发腐烂学说永远也无法在这个简单实验的致命打击下翻过身来。"从此以后，细菌被写入医学词典。

在19世纪那段富于创造性的岁月中，还有许多成就脱颖而出。法国的一名医学家卡西米尔－约瑟夫·达丸发现并确认了杆状炭疽病菌（微生物细菌的一种）。还有人发现肺结核也可以在母牛的牛奶中传染。与时同时，分析传染细菌的技术和手段也得到了发展，一些人开始按照形状和结构对细菌进行分类。威廉·T.赫尔穆特甚至写了一篇《细菌颂诗》。他在诗中这样写道："哦，万能的细菌啊！惊奇于你们充满在我们身边，日复一日。而医学的侦探们，用万能的物镜，窥视着你们的一举一动。"

外科医生们也开始知道如何处理更多由微生物细菌所引起的疑难杂症，甚至是那些生死攸关的病例。19世纪60年代，血液中毒经常导致外科手术之后的严重感染甚至死亡，在所有病人中，只有一半能够侥幸地存活下来。在巴斯德研究成果的影响下，英国外科医生约瑟夫·李斯特开始研究发炎和流脓这两种症状。他当时怀疑空气中携带的细菌可能是导致外科手术感染的罪魁祸首。

1865年，李斯特决定对一名腿部严重骨折的男孩采用消毒技术。他用亚麻子油和石炭酸清洗这个男孩的伤口。这种石炭酸就是我们现在所称的苯酚，它是许多消毒剂的活性成分。李斯特对清洗后的伤口进行了长达数天的保护。最后那个孩子康复了，而且没有出现任何感染。

在几次同样成功的实验之后，李斯特公开发表了许多展示其研究成果的论文和报告，以便促进消毒杀菌方法的推广和普及。他认为细菌是感染的根源，而治愈过程中出现的流脓现象其实就是细菌感染的结果和表现。但是直到19世纪80年代，外科医生仍然没有养成戴面罩和头罩的习惯，甚至有的医生依然穿着便服上班。

巴斯德和李斯特应当因他们对病菌理论的发展和推广而获得更多的荣誉。还有另一名先驱人物也加入到了他们的行列，其对细菌学发展的贡献并不亚于上述两位科学家。他就是罗伯特·科赫。

科赫在很早以前就对印度和埃及的霍乱病症进行研究，是第一位分离和获得巴斯德所研究过的炭疽热病菌纯培养物的科学家——成功地把炭疽热病菌从周围其他液体中单独分离出来。他发现，细菌一旦离其动物宿主便无法按照原先的正常形式继续生存下去。为了继续生存，细菌形成了一种孢子形态，这种新形态使得它可以在土壤中继续存活，这有点像动物的冬眠。

1882年，科赫对导致肺结核的病毒性细菌进行了确认，而这一成就使他顺利获得了诺贝尔生理学或医学奖。他把自己的后半生都投入到对肺结核病菌的控制方法的研究中，结果却颗粒无收。然而更重要的是，他对以自己的名字命名的、著名的科赫猜想——只有在一系列条件都得到满足的前提下，才可以把某种细菌确定为一种疾病的致病因素——进行了进一步的解释。他的规则是：细菌必然存在于所有形式的病例当中；接种一个纯培养物必然导致被接种的动物受到感染从而致病，而在这些感染动物身上的病菌，必然可以繁殖出与纯培养物中原有细菌一模一样的病菌。

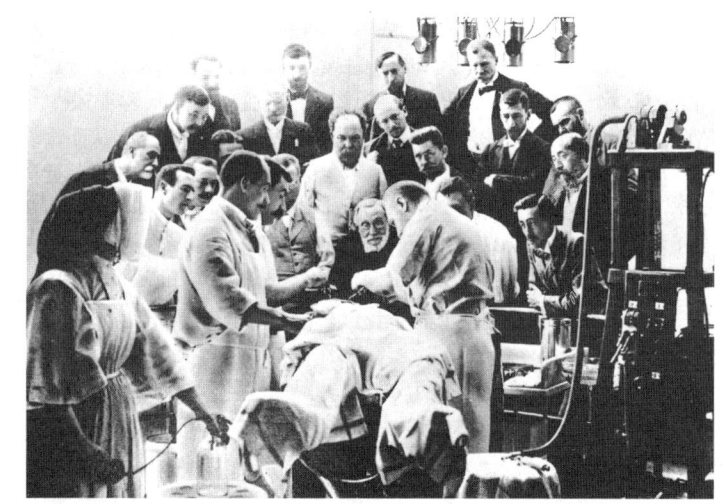

⊙ 消毒

在医学家伊格纳兹·菲利普·塞米尔维斯、约瑟夫·李斯特和罗伯特·科赫的发现面世之后几年，外科手术便出现了巨大的改变。图为1900年，病理学家鲁道夫·威尔啸观摩一次大脑手术。

□学生科学百科

疾病预防科学

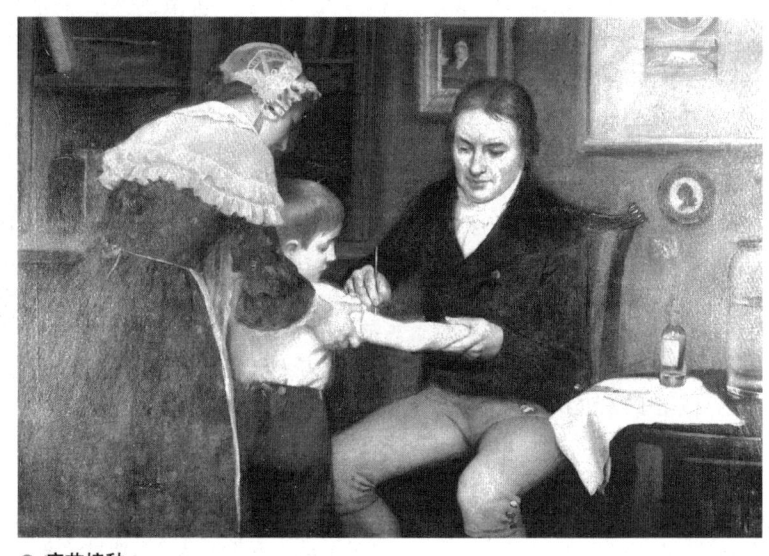

◎ 疫苗接种

1796年，英国医学家爱德华·詹纳给8岁的詹姆斯·菲普斯接种了天花疫苗，这次疫苗接种开辟了预防医学的新纪元。

由于非常有限的研究工具和设备，以及由此造成的可靠信息的匮乏，在19世纪，科学家把细胞与疾病联系起来的尝试和努力最终都成了纯粹的大胆猜想。然而，在另一方面，随着越来越多证实细菌在诱发疾病产生中所起作用的证据的出现，研究者们（如巴斯德）将注意力转移到通过扼杀这种有害细菌的生长治愈由它们导致的疾病上。实际上，巴斯德似乎已经投身于一个更加伟大的目标。"在苦苦思索治愈一种疾病的出路时，"1884年，他在巴黎的一次演讲中说道，"我从未想过彻底根治它的疗法。相反，我所想到的是如何对它进行预防。"

"如何对它进行预防"，这就是关键词，但是要依两种核心因素而定：第一，免疫学，即专门研究疾病侵袭身体的方式和原因以及身体抵抗疾病的方式；第二，由免疫学研究研制出的预防疫苗。可是，这两者没有一个是为人所熟知的，直到巴斯德在其前辈爱德华·詹纳的成果之上取得了医学历史上最伟大的成就——接种。1796年，英国乡村医生詹纳首次发现接种疫苗。而此时，李斯特正开始通过清除细菌来挽救无数的生命，詹纳把这两种手段结合在一起从而实现了同一个目标。

詹纳发现，感染了牛痘的人都不会染上杀人无数的天花。与此同时，法国和德国的其他研究者也得出了类似的答案。因此，詹纳开始对这种现象进行思考：感染牛痘之后会产生一种免疫物质。

他决定要进行一项大胆的实验：既然感染牛痘可以起到预防天花的效果，那么为什么不把牛痘脓疱上的脓汁传染给一名尚未感染的试验对象，然后把这名实验对象置于天花的感染源以观后效呢？虽然这个实验看上去非常危险，但它却以既敏锐犀利严谨仔细的医学观察为基础。然而，詹纳对这一实验能否取得成功仍存有一些疑虑，甚至不敢进行这个实验。他把自己的这个实验计划告诉了原来的老师——英国解剖学家和外科医生约翰·亨特——他曾经教授詹纳淋巴系统（即一种将细菌排出人体组织的淋巴液循环）和感染组织脓汁形成的实验课。"不要再瞻前顾后了，直接开始实验吧，"亨特建议他说，"但是要有耐心，而且要做到

知识档案

牛痘

牛痘因其在奶牛的乳房上形成腐烂物而得名。当人体感染了奶牛的牛痘后，病毒就会进入到伤口或者抓痕里面形成腐烂物。20世纪80年代的研究者发现，人类也可以从其他啮齿动物身上感染牛痘。

精益求精。"

詹纳的第一个实验对象是一位名叫詹姆斯·菲普斯的8岁小男孩。牛痘脓汁从挤奶妇女手中提取，然后被小心翼翼地转移到这名小男孩的体内。詹纳把这个过程称为"种痘"。2个月之后，詹纳再次把足以直接致死的天花病毒接种到这名男孩体内，结果这个男孩没有感染天花。虽然这名男孩的名字不会超过詹纳的知名度，但是他在其中扮演了一个非常关键的角色。这个对疾病进行预防的实验及其方法取得了成功，这一消息不胫而走，迅速传遍全世界。

一如往常的质疑声和批判论调也随之浮出水面。"当我第一次把与牛痘有关的观点公布于众的时候，怀疑论便早已出现，甚至是来自那些最为开明的医学名家，但是他们这种怀疑立场是值得称赞的。"心胸宽阔的詹纳在后来写道，"如果要让人完全承认这种既没有出现在医学记录上，又没有经过最严格的仔细审查的、突如其来的全新学说的真理性，那么这种做法很容易被认为是在逞匹夫之勇。"

巴斯德沿着詹纳所开辟的方向继续前进。他早就驳斥了当时占主导地位的发酵理论（即认为发酵纯粹是一种化学现象），并证明发酵是由微生物引起的。同时，他还指出，如果无菌液体与空气中的细菌不存在任何接触，那么这个液体就不会被感染。实际上，他能够确定的是，如果把牛奶加热至一定的温度，那么就可以防止导致伤寒症和肺结核的细菌的感染和传播。后来，这种方法被称为加热杀菌法（或巴斯德杀菌法）。这种方法很快就被广泛地接受，从而挽救了无数的生命。

巴斯德最引人注目的研究成果是在19世纪80年代完成的。他当时已经发现，把小鸡暴露于一小部分通过培养获得的家禽霍乱病病毒中，反而能使这些小鸡免于感染上一种更为严重的疾病。这有点类似于詹纳的发现，即天花可以通过注射牛痘疫苗的方法进行预防。

巴斯德进一步通过分离出炭疽培养物的方法来对这种说法进行测试。炭疽病是人和动物都极易感染的严重疾病。他把炭疽培养物接种到24只羊的身上，然后把这些羊和未经接种的相同数量的羊关在一起，让它们都暴露于足以致死的炭疽病环境。结果，所有未接种的羊全部死光，而所有经过接种的羊都安然无恙。这个实验结果使巴斯德成为国际知名人物。

1868年，他决定在人身上实施一项他已经精心准备的计划——试验一种狂犬病疫苗。狂犬病是热血动物容易患上的一种致命性病毒感染疾病，这种病毒可以攻击中枢神经系统。巴斯德在动物身上进行的狂犬病预防实验已经取得成功，所采用的方法与他对炭疽病和霍乱所采用的方法完全相同。他必须把动物身上的疾病传染给另外一个动物，然而由于知识水平所限，他无法把病毒分离出来。当他还停留在动物实验阶段的时候，一名9岁的小男孩约瑟夫·梅斯特被一只患有狂犬病的动物严重咬伤了。虽然他的同事对他再三警告，但是巴斯德还是给那个男孩注射了13种系列疫苗。结果，那个男孩活了下来，而且并没有感染狂犬病。

◉ 接种天花疫苗

在18世纪的时候，天花因为其极具破坏性的感染和死亡率而使大半个世界都遭受瘟疫之灾。幸亏有了詹纳的疫苗，这种疾病才被打败。而在今天，天花几乎已经被完全根除。

巴斯德与巴氏消毒法

巴氏消毒法，是将食物加热到一定的温度，从而消灭食物中的杂菌，防止食物腐坏的一种消毒方法。巴氏消毒法在食品工业中被广泛应用。那巴氏消毒法是如何发明的呢？

法兰西西部气候宜人，风光秀丽，适于葡萄和甜菜的种植。用葡萄和甜菜作为原料，可以酿制出甜美的葡萄酒。法国的葡萄酒早已闻名遐迩，远销海外，出口葡萄酒成为法国重要的收入之一。当时葡萄酒商找到了一直从事微生物、化学研究的巴斯德，希望他能从事酿酒的研究工作，帮助他们解决葡萄酒变酸的问题。

巴斯德来到酿酒工厂。他先是提取了一些正在发酵的甜菜汁，并在显微镜下进行了观察，发现镜下有许多淡黄色小球状物体，这些小球状物体多得数不清，它们成群成簇地生长在一起，有的小球还向外长出一些芽。经过思索，他认出这些小球状物是酵母菌，并且认为葡萄和甜菜中的糖类转变为酒精必须借助酵母菌的帮助。

然后，巴斯德又对已经变酸但没有白色泡沫的酿酒桶进行了研究。他在桶壁边缘看到有些地方长出一些灰白色的薄膜，这些白膜也使酒的颜色变得混浊。他同样取出一些汁液，并从桶壁灰白色的薄膜上刮下一些东西，然后在显微镜下进行观察。这时，他发现酒汁中的酵母菌不见了，取而代之的是

◉ 巴斯德

法国科学家、医生。他为解除人类病痛奋斗了一生，他发明的巴氏消毒法在临床上被广泛应用。

知识档案

1865年，欧洲蔓延着一种可怕的蚕病，健康的蚕宝宝因感染上这种病，一夜之间就死掉了一大批。这种蚕病也影响了法国的蚕农。巴斯德教授来到蚕区。通过观察，他发现了一种椭圆形的微粒，这种微粒存在于病蚕和桑叶上，并且能繁殖后代。蚕就是因为吃了这种含病源的桑叶，才会得病死去。巴斯德为人类发现的致病的微生物，被称为"病菌"，这也是人类首次发现致病微生物。

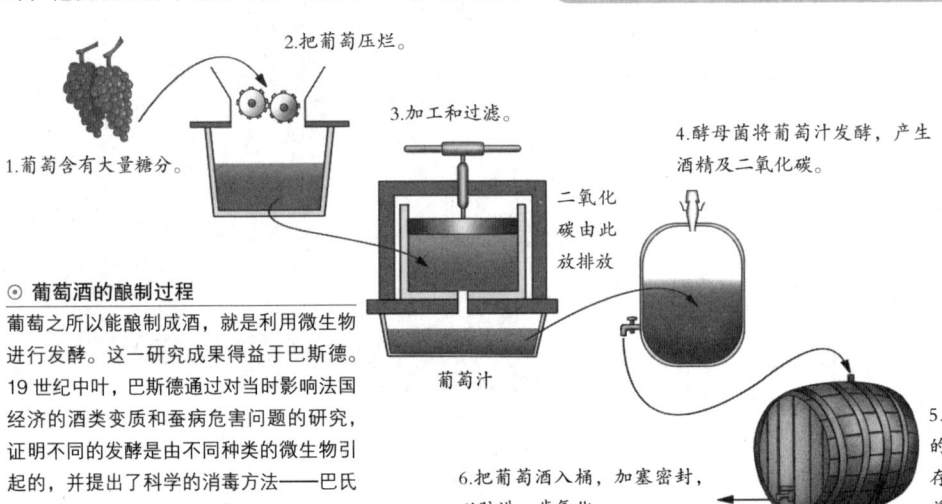

◉ 葡萄酒的酿制过程

葡萄之所以能酿制成酒，就是利用微生物进行发酵。这一研究成果得益于巴斯德。19世纪中叶，巴斯德通过对当时影响法国经济的酒类变质和蚕病危害问题的研究，证明不同的发酵是由不同种类的微生物引起的，并提出了科学的消毒方法——巴氏消毒法，此法一直沿用至今。

1.葡萄含有大量糖分。
2.把葡萄压烂。
3.加工和过滤。
4.酵母菌将葡萄汁发酵，产生酒精及二氧化碳。
5.将已发酵的葡萄汁贮存在桶内改善味道。
6.把葡萄酒入桶，加塞密封，以防进一步氧化。

一些不停地活动着的棒状物体，而在那片灰色的薄膜里，棒状物体则更多了。

巴斯德苦思冥想，终于找出一个答案，是酵母菌使糖类发酵，而另外一些棒状的小东西破坏了酵母菌。

回到实验室，他设计了一种新的液体，挑出针尖大小的灰白色薄膜，将它们一起放在培养箱内。两天之后，培养皿里产生了一些气泡。他从培养皿中的液体中取出一滴，放在显微镜下观察，看到了那些小棒状的活物体，这说明在培养液中棒状活物体已经开始了繁殖。接连几天，他重复着同样的实验，每次都有大量的棒状物出现。当他将盛有棒状物的液体放入新鲜牛奶中时，牛奶立即变酸了。

于是，巴斯德找到了酒变酸的原因：是一些落进酒桶中的杂菌，造成了酒的变质。他告诉酿酒商们，只要设法消灭这些杂菌，就能防止酒变酸。

巴斯德又经过了3年研究，终于找到了防止酒酸败的方法。这种方法很简单，只要将酿造的酒加温到62℃，持续30分钟，就可以消灭那些杂菌。因为这种方法是巴斯德发明的，人们就叫它为巴氏消毒法。直到今天，我们仍然采用这种方法。

色盲与遗传

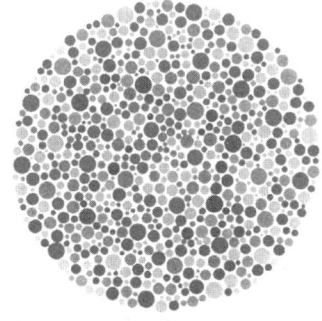

⊙ 上图用来检查一个人是否患有色盲症。色盲的人缺乏一种能分辨红、绿或蓝光的视锥细胞。能够清晰看出图中"74"字样，则说明色觉正常。

色盲是一种色觉障碍病症，而且这种病症是先天性遗传的。顾名思义，就是患这种疾病的人对颜色分辨不清。我们的眼睛有分辨色彩的能力，可是，为什么有些人的眼睛会先天性地丧失这种能力呢？色盲症为什么遗传，它又是怎样遗传的呢？让我们先从色盲病症最早的描述者、19世纪英国著名的化学家和物理学家约翰·道尔顿说起。

小时候，道尔顿经常和小朋友们一起在街头玩耍。有一次，一队士兵从街上走过，孩子们赞不绝口，因为他们都很喜欢士兵们穿的红色军装，道尔顿却坚持认为士兵们穿的军装是绿色的，于是小朋友们都嘲笑他。后来道尔顿长大后发现一种天竺花的奇特现象：天竺花在白天灿烂的阳光下，呈现出天蓝色，而到了夕阳西下时，天竺花的花色又呈现出鲜红色。他对这种花的颜色变化摸不清头脑，便请教了几位朋友。观察后朋友们告诉他，天蓝色和鲜红色都不是天竺花的颜色，实际上天竺花是粉红色的。

道尔顿这时才知道，出问题的是自己的视觉。他发现色觉正常的人眼中的红色，在他看来却变成了绿色，而橙、黄、蓝色对于他的眼睛并没有太大的分别，几乎是绯红一片。

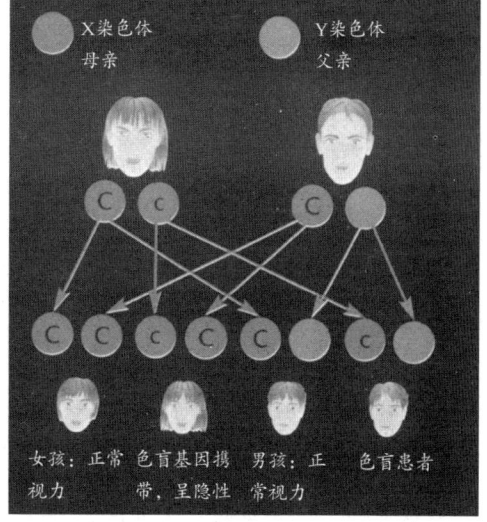

⊙ 色盲与遗传关系示意图

道尔顿于1894年写了一篇论文，详尽地描述了色盲症的症状，此后他一直立志于对色盲症的研究，成为世界上第一位进行色盲症研究的学者。当然，他自己本身就是色盲症患者。

色觉正常的人是幸运的，因为有正常的色觉，可以分辨出色彩间的差别。但少数人却由于先天体内带"色盲基因"，而分辨不清物体的颜色，人们通常说的"色盲"就是这样的。红绿色盲是最常见的色盲，它的症状是患者对红色和绿色分辨不清。

经过研究，人们发现色盲症的病因出现在眼睛的视锥细胞上。如果一部分视锥细胞出现故障，其结果就造成眼睛认错颜色或分不清颜色。这就是色盲症的病因，存在这样的问题的人就是色盲病人。从眼睛的结构上分析，人的眼睛是个坚韧球体，而且充满液体。眼球晶状体的作用是使光线在视网膜上聚焦，而视网膜上一层感光细胞称作视杆和视锥细胞。视杆细胞的作用是察觉低光度；视锥细胞的作用是辨别不同的颜色，它能对转亮的光及不同波长的光作出反应，再将信号传递到大脑，然后颜色的深浅、多少在我们的大脑里进行搭配，就成了我们看到的形象。而在这个过程中我们便看到了物体的形状大小，也分清了物体的颜色。而如果偏偏视锥细胞出了问题，自然就分不清颜色了。

色盲症与一般的遗传病不同，它有些独特之处。色盲是伴性遗传病。所谓"伴性"，就是这种病与性别有关，而研究表明男性更易患色盲症。从基因角度分析，女性的染色体为XX型，而色盲的基因存在于X染色体上。举例说明，如果孩子具有色觉正常的父母，其中母亲存在着隐性色盲基因，由于女性存在两条X型染色体，所以女性携带色盲基因表现为隐性时则色觉正常。由于男性的染色体中只有一条X基因，所以男性中色盲病人比女性多。如果父母双方都具有色觉正常的基因，他们的子女就不会出现色盲；如果父母都存在色盲基因，则子女就有可能会出现色盲。

一双明亮的眼睛，不但能使我们尽情观看大自然的艳丽景色，欣赏各种美轮美奂的人文景观，也能真正享受色香味俱全的美食，这都是色觉正常的人最美好的享受，但色盲症病人却无法看到这灿烂多姿、充满色彩的世界，严重的色盲症患者对于色彩的识别能力更是一塌糊涂。希望随着科学和医学技术的发展，色盲症这一遗传病可以被人类克服，让所有的人都能看清这五颜六色的世界。

班廷与胰岛素的发现

胰岛素是治疗糖尿病的灵药，它可以弥补体内胰腺分泌胰岛素的不足，调整糖代谢紊乱，抑制血糖增高，给糖尿病患者带来一线生机。要说胰岛素，得先从胰岛素的发现者班廷说起。

1891年11月，费德里克·格兰特·班廷出生于加拿大安略阿列斯顿的一个小农庄里。1916年，他毕业于多伦多大学医学院。同年12月，他应征入伍，参加第一次世界大战，任加拿大陆军医疗队上尉。战争结束后，班廷到安大略省医学院做兼职教员。有一次，为了能够讲好"胰脏的功能"这一课，他查阅了当时所有的教科书和各种资料，但是收获微乎其微。人没有胰脏会得糖尿病死掉，这个说法困扰了班廷很久。德国人敏考斯基曾经用狗做过实验，如果将狗的胰腺管扎起来，狗不会得糖尿病；可要是切除它的胰脏，狗会以令人难以相信的速度干渴、饥饿、消瘦，最后倒下，不出10天就会因为得了糖尿病而死去。

这是怎么回事？是否胰脏里面含有一种神秘的物质，它对我们周身的细胞吸收糖的量起到协助作用，而且这种神秘的物质并不是通过肾胰管输送的？这种未知的东西究竟为何物？

我们都知道，胰脏在人体消化方面作用巨大，它像一座小发酵厂，能分泌一种神秘的物质帮助人体消化糖，分解蛋白质和脂肪供人体吸收和使用。这时，班廷突然记起一篇医学论文是这样写的："在健康人的胰脏上，布满了岛屿状的暗点。"胰脏上的"暗点"到底是何物呢？它的存在到底有什么作用呢？医生们曾多次对这些暗点进行分析

⊙ 班廷——胰岛素的发现者之一
1921年，加拿大医生班廷和贝斯特设法分离出胰岛素，这种激素有利于治疗糖尿病。

化验，但都失败了，可他们却发现了这样一个现象：即患糖尿病的人死后，这些暗点就会变得只有原来的几分之一大，而由其他疾病致死的尸体上则不会出现胰脏暗点变小的现象。这一切都激发了班廷研究胰脏神秘物质的兴趣。

班廷向他的上司麦克劳德申请了1个助手、10条狗，决心在8个星期的时间里突破这个难点。1921年5月，班廷在多伦多大学医学院大楼一间狭窄阴暗的小房间里建立起了自己的实验室。他和助手贝斯特信心十足地大干起来。然而，实验进展得并不顺利，10条狗早就用完了却没有得到他们想要的结果。

⊙ 粗粮含有丰富的纤维质，可减少糖分摄入，补充胰岛素，糖尿病患者应多食粗粮。

但是他们并不灰心，继续试验，一直到第92条狗被用于实验时，实验终于成功了。班廷证明了正是胰脏"岛屿"的提取物协调了狗体内的糖代谢。他将这种提取物定名为"岛汀"，即胰岛的化学物质。

麦克劳德教授听到这个振奋人心的消息后，马上亲自主持这场实验。他首先把"岛汀"这个名称改成拉丁文的胰岛素。接着，麦克劳德教授前往美国参加美国医师协会，并且宣读了《在我的实验室里所做的实验》的正式报告，这个报告引起了很大的轰动。糖尿病有了"克星"，大批大批的病人赶来，要求注射能救命的胰岛素。为满足患者需求，人们很快就建立工厂，开始大规模生产胰岛素了。在酸性和冷冻条件下从牛胰脏中提取的方法被大规模地应用到胰岛素的生产中。

鉴于这个巨大的贡献，班廷被授予医学博士的头衔。1923年他晋升为医学教授。同年，班廷与麦克劳德共同获得了这年的诺贝尔生理学及医学奖，表彰他们为发现胰岛素作出的巨大贡献。这年，班廷年仅32岁。

人体主要激素		
激素	来源	作用
雄性激素	睾丸	男性性征的发育；刺激蛋白质的生成
雌性激素	卵巢、胎盘	女性性征的发育
甲状腺素	甲状腺	生长；维持氧消耗量和热的保持
胰岛素	胰脏	降低血糖；促进组织细胞利用糖；促进脂肪和蛋白质制造
胃泌素	肠胃道黏膜组织	促进胃液的分泌
肠泌素	肠胃道黏膜组织	促进胰液和胆汁的流动
胆汁	肠胃道黏膜组织	胆囊的收缩
血管收缩素	血球细胞	提高血压；促进肾上腺皮质分泌醛固酮
糖皮质类固醇	肾上腺皮质	促进糖类的合成；蛋白质的代谢；对外来压力的舒适
肾上腺素	肾上腺髓质	增加心跳速率、血压、心输出量以及通过骨胳肌、肝脏和大脑的血流量；造成皮肤苍白，血糖含量升高，抑制肠道功能
生长激素	脑下垂体：前叶	蛋白质的合成；骨胳和肌肉的成长；脂肪和醇类的代谢
滤泡激素	脑下垂体：前叶	女性：卵巢滤泡的形成；男性：精子的形成
黄体生成激素	脑下垂体：前叶	女性：黄体的形成，动情激素与女性激素的分泌；男性：睾丸男性激素的分泌
催产素	下视丘（神经分泌细胞）	乳汁的分泌；分娩；精子细胞的运送

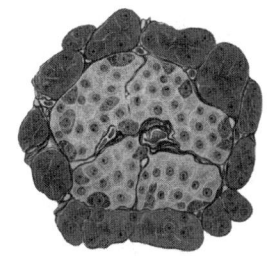

⊙ 胰腺组织：黄色细胞是产生胰岛素的"朗格汉斯氏岛"。

细菌与病毒

19世纪中叶,科学家们最终认识到微生物导致了绝大多数疾病,而不再将疾病归因于"邪恶的灵魂"以及"坏空气"等。随着显微镜以及实验技术的改进,科学家们逐渐能够"追踪"这些致命的微生物。

早在1546年,意大利内科医师吉诺拉莫·弗拉卡斯托罗在他的著作《传染病与接触性传染病》中就提出:细菌是导致疾病的罪魁祸首。然而,当时没有人重视他的观点,直到1676年,荷兰科学家列文虎克使用自制的显微镜首次观察到细菌之后,这一观点才再次引起人们的重视。

随后,1840年,德国病理学家雅各布·亨利提出观点,认为寄生生物体(细菌)入侵引发了感染。这种所谓的疾病的细菌论不久由法国化学家路易斯·巴斯德独立提出了。1884年,丹麦内科医师汉斯·革兰提出细菌分类的方法,依照细菌是否吸收特定染料的性质,将其分为"革兰氏阳性菌"和"革兰氏阴性菌"。细菌学家们又根据细菌的外形将其分为球菌(圆形)、杆菌(卵形)以及螺旋菌(螺旋形)等。

1880年,德国细菌学家卡尔·厄博斯发现是杆菌引发了伤寒症。同年,德国细菌学家罗伯特·科赫发现是细菌引发了肺结核症。1897年,德国细菌学家弗雷德里希·勒夫勒与威廉·舒尔茨发现动物患鼻疽病的病因。1897年,丹麦兽医伯恩哈德·邦发现杆菌诱使牛流产。同年,日本细菌学家志贺洁发现地方性痢疾的病因。

引发人类疾病的寄生性微生物不仅仅只有细菌一种,原生动物也是罪魁祸首之一,如锥体虫会引发致嗜眠性脑炎及南美锥虫病(又称查格斯氏病)等疾病;阿米巴虫会引发阿米巴痢疾;疟原虫引发疟疾等。一些微小的真菌也能引发皮肤或肺部疾病。19世纪,微生物学家发现了上述大部分微生物。

1897年,荷兰微生物学家马提尼斯·贝叶林克证实引发烟叶花叶病的微生物无法使用细菌过滤器"捕获",这是人类发现的首个病毒。次年,引发牛口蹄疫的病毒被发现。从那时起,科学家们逐渐意识到很多人类疾病同病毒有关,如黄热病、流行性感冒、脊髓灰质炎、麻疹、艾滋病等。一旦科学家发现诱发某种疾病的细菌之后,便会立刻制造对抗该细菌的疫苗,因此人们能通过注射疫苗获得免疫力。但是制造病毒疫苗要比制造细菌疫苗困难得多,迄今为止,以上提到的所有由病毒引发的疾病,除艾滋病外,其他均已获得针对性疫苗。

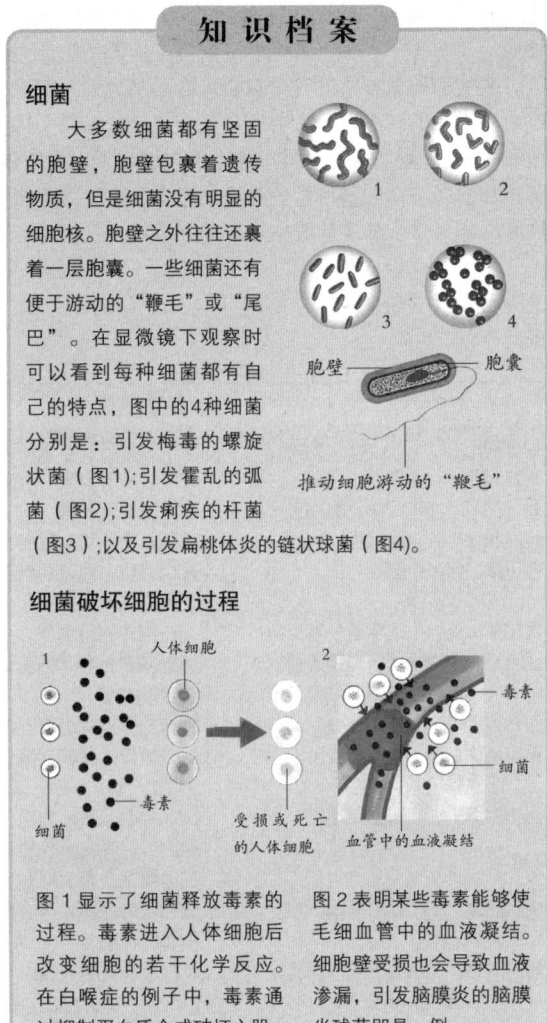

知识档案

细菌

大多数细菌都有坚固的胞壁,胞壁包裹着遗传物质,但是细菌没有明显的细胞核。胞壁之外往往还裹着一层胞囊。一些细菌还有便于游动的"鞭毛"或"尾巴"。在显微镜下观察时可以看到每种细菌都有自己的特点,图中的4种细菌分别是:引发梅毒的螺旋状菌(图1);引发霍乱的弧菌(图2);引发痢疾的杆菌(图3);以及引发扁桃体炎的链状球菌(图4)。

细菌破坏细胞的过程

图1显示了细菌释放毒素的过程。毒素进入人体细胞后改变细胞的若干化学反应。在白喉症的例子中,毒素通过抑制蛋白质合成破坏心肌。图2表明某些毒素能够使毛细血管中的血液凝结。细胞壁受损也会导致血液渗漏,引发脑膜炎的脑膜炎球菌即是一例。

青霉素和抗生素

20世纪早期,全世界每年都会有数百万的人死于例如白喉、肺炎和败血病等细菌感染疾病。但是,一种可以杀灭病菌的霉菌发现后,这种状况彻底改变了。

从19世纪后期开始,由于法国化学家巴斯德和其他人的研究发现,科学家和医疗工作者开始认识到人类一个新的敌人——细菌,或"病菌"。许多细菌已经被科学家所识别,并且其引起的疾病症状也被充分的认识:例如,葡萄球菌可以引起疖子和其他的皮肤感染症状、食物中毒、肺炎和败血病;链球菌可引起咽喉感染和各种发热症状;许多杆菌可引起破伤风、炭疽热、白喉和食物中毒等症状。

同一类型的病菌感染伤口时可能引起难忍的病痛。苏格兰细菌学家亚历山大·弗莱明(1881~1955年)的研究方向就是伤口感染。不同于当时其他的医学研究人员的想法,他认为对付细菌感染不必借助化学药品,相反,可以借助天然的手段。所以,当德国化学家保罗·奥利克还在潜心研究化学疗法时,弗莱明正在研究生物疗法。20世纪20年代中期,弗莱明由于发现了溶菌酶(由活细胞

知识档案

1877年 巴斯德发现了能够杀灭炭疽病杆菌的细菌
1921年 弗莱明在活细胞中发现了溶菌酶
1928年 弗莱明确认了青霉素
1940年 老鼠和人类患者用青霉素治疗
约1943年 青霉素大规模生产

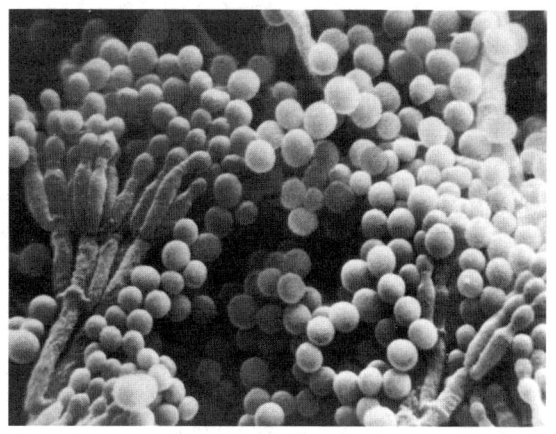

⊙ 青霉菌(放大了400倍)适合在潮湿、营养丰富的物质上生长,如腐烂的植物和土壤。我们最熟悉的发霉的面包或腐烂的水果上长出的蓝绿色的霉菌就是青霉菌。

分泌的可以降解其他有机材料的一种酶)已名声在外了。他认为,在对抗细菌感染的战争中,这种天然存在的微生物将会起到关键作用。

1928年,当他外出度假回到伦敦圣玛丽医院实验室时,弗莱明发现放在皮氏培养皿中培养的葡萄球菌出现了一些奇怪的现象:在他外出度假这段时间里,一种霉菌在培养皿中生长出来,并且好像杀死了葡萄球菌。弗莱明鉴别出这种奇怪的霉菌属于青霉菌属,并且还发现青霉菌产生的液体青霉素正是有效杀灭大量不同细菌的功臣。令弗莱明更加兴奋的是,他发现这种液体对健康的活性组织并没有影响,于是弗莱明认为将它用于人体也是安全的。但是,它也存在缺点,开始,它对一些致病菌,特别是瘟疫和霍乱致病菌并没有杀灭的效力。事实上,青霉素对革兰氏阳性菌只起到抑制作用,革兰氏阳性菌的细胞壁含有厚厚的一层肽聚糖——提供细菌的形状及支持力的物质,青霉素可以抑制肽聚糖的形成而使细胞壁变得非常脆弱。更令人沮丧的是,青霉素很难生产——青霉菌分泌出的1毫升液体中,只有大约0.000002毫升具有青霉素活性成分,如此微量的活性成分在提取过程中非常容易损失掉。

起初,这些问题看起来是难以逾越的障碍,直到1939年,牛津大学的一群科学家开始继续弗莱明的研究。这个研究小组有澳大利亚的病理学家霍华德·弗洛里和德国生物化学家厄恩斯特·钱恩——一名希特勒政权下的流亡者。1940年,他们成功地提取出青霉素并开始拿老鼠做药理实验,

⊙ 弗莱明于第一次世界大战中在英国皇家军事医院服役。他的经历对他寻找治疗伤口感染的方法产生了很大的影响,并促使他发现了第一种抗生素——青霉素。

实验的结果令人吃惊:一定剂量的青霉素确实可以挽救感染了致命病菌的老鼠。受到实验成功的鼓舞,弗洛里开始尝试用青霉素为患有严重败血症的病人治疗,患者的病情有所好转,但是治疗所需的青霉素的量很大,实验室根本无法满足需要,这个患者最后还是死了。但是,这次临床实验的结果使一些制药公司相信了青霉素的重要作用。此后由于英国生物化学家诺曼·希特利改进了青霉素生产过程中的精制步骤,使得这种神奇的药物从1943年开始在美国和英国得以批量生产。

在第二次世界大战中,青霉素挽救了大批同盟国伤员的性命。第二次世界大战结束后,青霉素作为一种具有神奇疗效的抗菌药物迅速传遍世界各地,由病菌感染的致死疾病,如炭疽热、肺炎、破伤风和败血病等立刻得到了有效遏制。弗莱明、弗洛里和钱恩也因此获得了1945年的诺贝尔医学奖。

仍未解开的疾病难题

病毒病仍然对人类构成极大的威胁。要彻底了解它们并非易事,因此即使到了今天,仍有一些令人费解的难题。同样,完全了解对抗病毒的物质也是如此。

病毒感染并不必然带来疾病。一些病毒实际上根本不会带来有害作用,而一些病毒则可能只产生一些算不上疾病的轻度症状。就HIV(人体免疫缺陷病毒)而言,及时发现病毒则非常必要。在全球范围内,这种病毒已经感染了数以百万计的人,而且每年至少有300万人因感染这种病毒而丧生。

20世纪,随着病毒基因知识的不断积累,科学家对病毒对宿主细胞进行重组的内部化学机制有了进一步的了解。然而,几个障碍性因素依然存在,其中最难以征服的因素就是:很多种病毒不含DNA(脱氧核糖核酸)而只有RNA(核糖核酸),而RNA是在细胞核外部活动的。

那么,这种病毒如何影响和作用于宿主细胞的DNA呢?答案就藏在一种叫做反转录酶(逆转录酶)的细胞酶后面。这种反转录酶是由美国滤过性病原体学家戴维·巴尔的摩发现的,巴尔的摩也因这一成就而获得了1975年的诺贝尔生理学或医学奖。巴尔的摩的研究显示,反转录酶可以使RNA对自身进行复制,并且转变回DNA的形式。这样一来,这种反转录酶就能使这一病毒(其实这个时候应该被称为"反转录病毒或逆转录酶病毒")发出对受感染细胞的细胞核进行改写的化学指令。

1977年,由于全世界范围内的疫苗接种工作,我们所知的最后一例天花病毒也被找到并得到了妥善处理。天花是一种致命性病毒,它在地球上肆虐了数千年的时间。目前,世界卫生组织达成了一致意见:全世界所有

知识档案

抗生素名字的由来

抗生素(antibiotic)直译过来是"生命的破坏者",这听起来很奇怪,因为抗生素的主要作用是让人们更健康。实际上,抗生素要毁灭的不是病人的生命,而是引起疾病的细菌的生命。1889年,法国自然历史学家保罗·维耶曼(1861~1932年)将一种有机体杀死另一种有机体的过程描述为"抗生"。从那时起,出现了现代的抗生素一词。

实验室内的天花病毒遗留物都应该被彻底消灭（只有两个实验室例外，一个实验室在美国，另一个实验室在俄罗斯）。

这是一个令人欢欣鼓舞的消息，但是并不是所有人都同意这么做。巴尔的摩就认为应当把所有的天花病毒彻底根除。同时，他还对这个两难的尴尬选择进行了概括："它（指天花病毒）继续存在的理由只是因为一些人已经对天花本身产生了感情，尤其是环境学家，因为他们觉得我们不应该把一种生命物种彻底根除。当然，这种事情在时不时地发生。但是，这次完全是出于自觉的决定，只是有些人觉得不太舒服而已。"

⊙ **战争时期的救命药**
青霉素（盘尼西林）的价值在第二次世界大战的战场上充分体现出来。它有效地防止了那些能够使受伤的士兵丧命的感染。在战争结束之后，这种药物被投入大规模的生产中。

还有一大批滤过性病原体学家不希望潜在的调查研究目标彻底消失。因为，万一有人选择使用天花进行一次生化袭击，那么至少被袭击的国家还是需要通过一些天花病毒来研制抵制这种病毒的疫苗，从而达到保护其国民的目的。

对抗病毒剂的探索和搜寻带来了很多功效卓著的疫苗，这些疫苗不仅战胜了天花和小儿麻痹症，而且对诸如流感、麻疹和腮腺炎之类的疾病也可以起到预防作用。然而，要研制出防治 AIDS（艾滋病）的有效疫苗一直以来都是一个非常困难的课题，原因是到目前为止，由于某些复杂因素的存在，人体无法像控制其他病毒那样对艾滋病病毒进行控制。全球范围内的实验室一而再、再而三探寻新的基因治疗方法。这种基因疗法是一种变换思路后的选择，因此它有成功的可能性。其采取的主要方法是把某种已经分离出来的 AIDS 病毒植入已受到损害的细胞。这种分离出来的 AIDS 病毒所携带的基因成分能够起到干扰真正的 AIDS 病毒正常生长的作用。"它（指基因治疗）在实验室里取得了成功，"巴尔的摩说道，"然而，如果我们想知道这种疗法在人身上是否能够取得同样的成功，那么我们还须等待一段时间。"

同时，其他具有挑战性的课题依然存在。随着一种被称为"Prion 蛋白"的变异蛋白的发现，这些挑战性课题变得更加错综复杂。这种"Prion 蛋白"是由美国神经学家和神经医师史坦利·布鲁希纳发现的。"Prion 蛋白"是一种被称为"病毒粒子"（即病毒体）的混合粒子，它似乎是某种非常可怕病症（比如痒病和疯牛病）的诱发因素。20 世纪 90 年代，疯牛病曾一度使英国牛肉工业陷入完全停滞的境地。

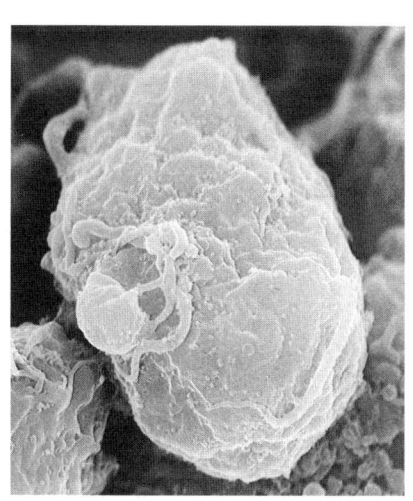

⊙ **艾滋病病毒**
这里显示的是被放大了 26 000 倍的人体免疫缺陷病毒（简称 HIV）。长期以来，这一病毒都在躲避那些对其进行苦苦搜寻的研究者，而这一病毒正是获得性免疫功能丧失综合征的罪魁祸首。到目前为止，这一病毒都在抵制着采用抗病毒剂进行治疗的摄生法。

虽然"Prion 蛋白"的存在仍然受到一些科学家的质疑，但是它依然是科学研究的热门课题。也许在将来的某一天，这种研究能给我们带来全新的治疗手段和疫苗。

□学生科学百科

合成药物的发明与应用

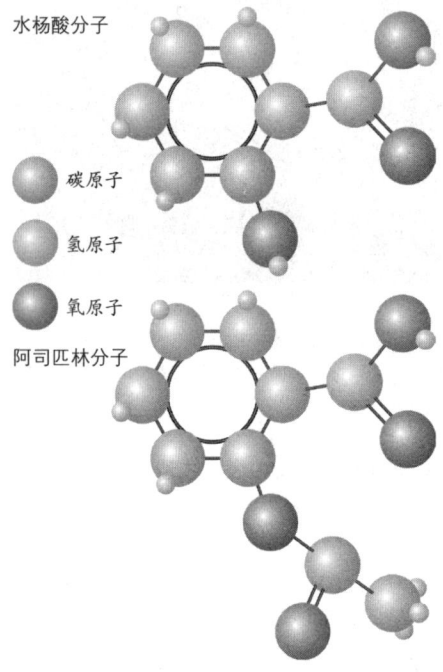

水杨酸分子

● 碳原子
● 氢原子
● 氧原子

阿司匹林分子

⊙ 在过去,人们利用从柳树皮中提取出的水杨酸来镇痛解热。现代药物阿司匹林由水杨酸乙酰化衍生物组成。乙酰水杨酸钠可起到中度镇痛的作用,并可用来治疗风湿病。

⊙ 保罗·埃尔利希用系统化的方法来开发药物。著名的"606"药作为治疗梅毒的特效药于1910年以撒尔佛散商品名上市销售。

在19世纪中后期,化学科学向疼痛和生理疾病吹响了战斗的号角。一些新的进展源自传统的医学,另一些则是多年研究和试验的结果,还有一小部分是偶然发现。

人类利用自然界存在的物质作为药物已经有几千年的历史了。其中有一些,如鸦片,可用做止痛药。但是这些药物并不十分可靠,而且经常会带来一些无法预料的副作用。

第一种完全合成的药物是气体。1799年,英国的化学家汉弗莱·戴维发现一氧化二氮(也就是我们熟知的笑气)具有止痛的功能。1815年,科学家发现乙醚也有止痛的效用。这两种药物在当时受到了大众的欢迎。但是,令人不解的是,直到30年后医生才将它们用在外科手术的麻醉镇痛上。1847年,苏格兰产科医生詹姆斯·辛普森发现了另一种麻醉效果更强的试剂——氯仿蒸气,并把它用做妇女生产时的麻醉止痛剂。这些麻醉气体都是有副作用的,它们可以使病人进入无意识状态,或者至少是无知觉状态,当大剂量使用的时候,它们还有致毒作用。

人们利用一些植物来止痛和退烧已经有很长的历史了:古埃及人用桃金娘,古希腊人和中世纪的欧洲人用柳枝和绣线菊,美洲土著人用白桦树枝。现在已经证明这些天然植物里含有同一种活性成分——水杨甙。

英国牧师爱德华·斯通重新发现了柳树的药用功效。1763年,他称其利用柳树皮成功地帮助50名病人退烧。德国药剂师约翰尼·布赫勒于1828年首次从柳树中成功地分离出了水杨甙。10年后,意大利化学家雷非勒·皮立亚提取出了活性成分——水杨酸,这是一种无色的晶体。1853年,法国化学家查尔斯·盖哈特改变水杨酸结构,制得了乙酰水杨酸。但是关键性突破是德国化学家荷尔曼·科尔比鉴别出了水杨酸的分子结构,并提出了以煤焦油为初始原料进行大规模的化学合成而并非从植物直接提取的方法。利用科尔比反应,水杨酸得以大批量生产。

水杨酸的镇痛效果非常明显,但是它也会造成严重的肠胃不适,所以科学家考虑对其分子结构进一步调整,使其副作用降到最小。最后,德国化学家霍夫曼在拜耳公司完成了水杨酸分子结构的调整。霍夫曼利用查尔斯·盖哈特早期提出的水杨酸分子结构合成了乙酰水杨酸，并在1899年由拜耳公司以阿司匹林的商品名将其推向市场。起初，阿司匹林只有经过医生开的处方才能拿到，但到了1915年，阿司匹林已经成了非处方药，病人直接到药店里就可以买到。

知识档案
1799年　笑气作为止痛剂
1815年　乙醚作为止痛剂
1828年　水杨甙从柳树中提取出来
1847年　氯仿用于妇女分娩
1859年　大规模生产水杨酸
1910年　肿凡纳明(606)生产出来

在阿司匹林上市的同时，另外两种具有光明前景的镇痛药物也开发成功，具有镇痛解热功效的退热冰（乙酰苯胺）和非那西汀（乙酰对氨苯乙醚）分别在1886年和1887年被研制出来。非那西汀于1888年作为药物开始使用。乙酰对氨基酚在许多方面优于前述的化合物，它是一种非那西汀的衍生物，并且分子主体结构可以迅速地转化为其他的分子结构形式。但是，它的优点并没有马上体现，直到20世纪50年代乙酰对氨基酚才作为一种替代阿司匹林的镇痛解热的药物面世。

第三个重要的化学合成药物——肿凡纳明（606）在20世纪初就开始研发，以撒尔佛散商品名投入市场销售。这种砷基药物主要是治疗性传染病——梅毒。德国化学家保罗·埃尔利希发现某些含砷化合物具有抗梅毒的功效，于是在1906年开始着手研究并对大量的含砷化合物进行反复的实验测试，最终发现第606个含砷化合物对引起梅毒的病原菌（一种名为苍白密螺旋体的细菌）具有高效的杀灭功能。1914年，化学家对606结构作了部分调整，并以肿凡纳明商品名上市。在这种药出现之前，梅毒已经给人们带来了多年的痛苦。

20世纪医疗事业突飞猛进的发展，使制药科学进入了一个崭新的历史阶段。合成新的药物分子并对其分子结构进行调整组合以提高药效或改变药力是现代制药发展的基础。

营养和新陈代谢

19世纪中期，随着药物化学工业的迅猛发展，许多疾病在一定程度上已经处在人类医学的控制之下。有些科学家把他们的目光集中在某些有机物质身上，它们对正常的生长和身体活动似乎起到了非常关键性的作用，而这些有机物质就是我们今天所知的维生素。

营养和新陈代谢这两个课题唤起了我们相当浓厚的兴趣。新陈代谢是生命有机体内的化学活动和物理活动过程，它对生命的维持发挥着不可或缺的作用。1881年，维生素首次进入人们的视线。当时的瑞士生理学家N.鲁宁发现，人造牛奶制品抑制了动物的正常生长，而新鲜牛奶则能够使它们正常成长。于是，鲁宁作出了如下的推断：纯化学食品肯定缺乏某种能够给动物发育提供营养并维持生命活力的未知元素。不久之后，维生素一词被创造出来。当时，这种神秘物质被认是一种胺类有机化合物。但是，当维生素被发现的时候，这些物质并非胺类。

没过多久，维生素被确认为一种能够从动物食品和植物食品中自然吸收和获得的营养物质。为了分离、鉴定和最终合成这些神秘物质，一次又一次的实验在所难免。最富成效的研究成果包括了对诸如软骨病、佝偻病、坏血病、脚气病和糙皮病

◎ 有关败血病的书影

维生素C缺乏所导致的败血病一直在扼杀着长期进行远洋航行的水手们的生命。1617年，英国外科医生约翰·沃达尔发现，柠檬和酸橙可以对坏血病进行预防。那个时候，虽然没有人知道其中的原因和奥妙，但是无知并不能阻止关于此病的治疗方法的出现和普及。

之类非常普遍的营养缺乏病的观察和研究。

佝偻病是一种主要发生在儿童身上的疾病,曾一度引起人们的广泛关注。软骨病严重阻碍了人体骨骼的正常发育,并导致骨骼变形和去矿化(即脱矿质)现象的发生,最终使儿童的骨骼非常容易发生骨折或骨断裂。研究人员发现,如果动物食用缺乏营养的饲料,那么它们也很容易患上软骨病。从实验中,研究人员发现阳光和鳕鱼肝油可以改善这一症状。1932年,被认为是抗软骨病元素的维生素形式终于被成功地分离和提取出来,这种抗软骨病维生素就是维生素D。这个名字与研究者的习惯有关,因为他们总是用"A元素"和"B元素"的专业词汇来描述这些因缺乏而致病的有机物质。

坏血病是一种古老的疾病,其特征是海绵状的牙龈出血和身体虚弱。关于坏血病的最早描述可以追溯到1250年。1617年,英国外科医生约翰·沃达尔建议人们把多吃柠檬和酸橙作为预防这种疾病的手段。这位以直觉判断为基础的科学家成了该项研究的先驱。他的研究成果表明,坏血病是由于缺乏维生素C所引起的。无数箱水果被装载到英国轮船上,水手们把果汁和啤酒混在一起。"把水果皮一个接一个地剥下来,这就是解闷方法,"一位生物学家如此写道,"甲板上总是因此撒满了这种湿湿的果香汁液。幸运的是,海军上将把他的水手和属下们都健健康康地带回了家。"

20世纪20年代,维生素的闸门被打开,多种维生素被发现和确认,并被分离和提取出来,而因缺乏这些维生素而引起的各种疾病也相应确认。一种抗神经疾病的元素在米糠中被找到,它就是我们现在所知道的维生素B1。1925年,富含维生素D的牛奶开始进入市场。1931年,人们在麦芽中发现了维生素E。1933年,维生素C(抗坏血酸维生素)被成功合成并投入生产。虽然商场货架还没有达到被瓶装维生素药物的重量压得吱吱响的程度,但是这些维生素的发现还是擦亮了人们的眼睛,从而使他们注重从保持身体健康的平衡饮食习惯中获益。这种平衡饮食包括牛奶、鸡蛋、新鲜水果和叶类蔬菜等。"饮食有节,百药无缘。"乔纳森·斯威夫特的这句名言包含着一定的真理成分。

关于维生素还有着一个非常有趣的小插曲。长期以来,负责提名诺贝尔奖获得者的委员会已经把发现维生素的人遗忘了。有人猜测提名委员可能受到了怀疑论者的影响——他们(指怀疑论者)认为,所谓的维生素只是用来解释各种大病小灾的一种假设性物质实体和未经确认的有机营养物而已,正如一位科学家对于维生素所给出的说法那样:"没有人看到过维生素。"然而,在1926年之后,这种情况被完全改变了。荷兰两位科学家杨森和多纳特最终成功地将维生素B1的纯结晶体从米糠中提取出来。这种结晶物质重量只有0.01毫克,但是它却治愈了缺乏这种物质的鸽子。后来,这一发现得到了证实。1929年,诺贝尔奖委员会向荷兰科学家克里斯蒂安·艾克曼和英国生物化学家哥兰·霍普金斯颁发了一个联合奖。这两位科学家都对维生素在疾病、健康和新陈代谢中的作用进行了卓有成效的研究。

⊙ **维生素之源**

为了找到维生素C的产源,一种较小的水果(即野玫瑰果)被长期收集起来,并加工成果汁以及现在的维生素。

癌症

癌症，也叫恶性肿瘤。肿瘤是指有机体在各种致瘤因素作用下，局部组织的细胞异常增生而形成的局部肿块，有恶性与良性之分。良性肿瘤容易清除干净，对器官、组织只有挤压和阴塞作用。恶性肿瘤则可以破坏组织、器官的结构和功能，患者最终可能会因器官功能衰竭而死亡。

癌症的概念与希波克拉底这位伟大医学家所生活的年代一样古老，因为是他对这种疾病进行的命名。当然，可能还有更早的说法。在古埃及的很多木乃伊中，人们发现了一些肿瘤，但是究竟古代人是否已经对癌症有所了解，还是一个见仁见智的问题。16世纪，英国的一位生理学家安德鲁·波尔德曾呼吁人们要对摇摆于对和错之间的癌症用语引起注意。"癌科一词乃是希腊文字，"他这样写道，"在英语里面，它的名字是'监狱之病'。而一些造词者的确将它称为'癌肿病'，这种病确实可以对身体的各个部分进行腐蚀和吞食，但是我还是赞同它'监狱之病'的说法。"

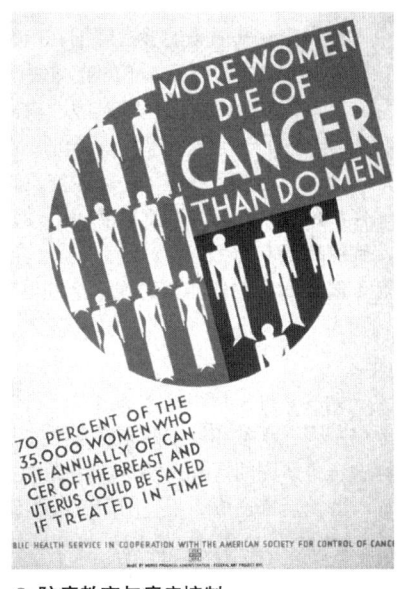

◉ **防癌教育与癌症控制**

1935年，一些女性俱乐部组织发起了一场关于癌症意识的运动。这场运动把数千名志愿者推向了自愿服务的行列。刚刚开始的时候，只有15000人愿意投身到癌症控制计划中。然而到1938年，这个数字已经达到150000人。

最为明显的是，癌扩散曾引起过广泛的恐慌，并被认为是走向坟墓的征兆。各种颗粒无收的、旨在了解这种疾病的努力既包括把人类的致癌物质注射到狗的身上以产生这种病症，也包括把类似于焦油的物质敷于皮肤外面的实验。

19世纪，尤其是在细胞和组织理论形成和发展起来之后，研究者取得了更加巨大的进步。当时，我们所熟知的鲁道夫·魏尔啸就认为，癌症是由放肆的细胞引起的，而已经处于异常状况的细胞又会繁殖和培育出异常的后代。当时，科学家学会了把癌细胞移植甚至是再移植到各种老鼠身上，而且一些人注意到了不同的化学物质和刺激物能够导致皮肤癌。

人们当时对皮肤癌并没有完全清楚的认识，这种状态一直持续到20世纪。直到那时候，人们才知道癌症完全是由细胞引起的，它是一种细胞元素和功能微妙结合的产物，它足以使细胞在分裂的时候完全陷入疯狂状态。研究者观察到，化学、物理或者病毒因素都可以破坏、重组、调整和控制细胞生长和分裂的基因。在这种情况下，单个细胞便可以进行毫无控制的分裂活动，复制自己并与其他细胞一起形成一种变异细胞殖民体(比如一个恶性肿瘤)。

这种细胞错向繁殖的原因仍然不得而知，但是它却推动了癌症研究的进程。正如美国医学教育家亚伯拉罕·弗莱克斯纳所说的那样："疾病只有一部分被准确掌握的事实，并不能把实践中的科学方法和手段都归于无效。就在这个模糊的灰色地带，各种可能性最终被一定的确定性所取代。那个时候，医学家实际上只是在猜测或推测，但是最为重要的是，他们清楚地知道自己只是在猜测或推测。他们的研究方法只是尝试性的、照章办事的、深度关注的和有所回应的。"

与癌症出现和发生有关的一些理论开始浮出水面。病毒仍然居于多数问题的核心位置。基于癌症病毒的历史，下面这些结论并不会令人感到惊讶：劳斯的小鸡肉瘤病毒，与鼻癌和喉癌直接相关的艾伯斯坦－巴尔病毒，一种发现于非洲儿童身上的面部癌症，即伯基特淋巴瘤，以及一种与子宫颈癌有关的单纯疱疹病毒。然而，在那个时候，还没有建立起一种与人体主要癌症关联的病毒理论，这个探索之旅仍然在继续。

有人曾经进行了如下的推断：如果在多数癌症中存在致癌病毒，那么这些病毒肯定能够在我们身体的某个部位定居下来，或许就在一个细胞核里，但是它们可能在那里待上好几代人的时间，然后一直到某种东西把它们释放出来，进而使它们转变为恶性肿瘤。然而，这个过程是如何实现的呢？

关于细胞指令的解释似乎是合乎逻辑的，因此它必然会在这个过程中插上一脚。理论家们认为，可以假设病毒基因（能够指定细胞内病毒合成的基因）源自病毒内部，当那些病毒基因进入一个细胞核乃至DNA之后，癌症繁殖的蓝图便已经被绘制出来了。这个阴险的计划系统还能够遗传到后代子孙。那么，究竟是什么导致病毒基因片段的突然爆发，从而形成癌症呢？这个问题的答案可能是各种致癌物质（比如化学元素和药品）。同时，辐射和其他病毒也可以促进病毒的爆发从而形成癌症。

此后，研究者获得了一项研究发现，从而知道病毒基因是如何实现自己的目的的。这些研究者开始仔细地观察和研究动物癌症病毒及其所携带的基因。最终他们发现，动物细胞里面存在着许多与那些致癌病毒非常相似的对应物质。这是否意味着与病毒基因有着高度相似性的基因能够单独导致癌症而不需要病毒的任何辅助呢？这些可疑的基因被命名为"原癌基因"，也就是说，它们有可能使自身转变为一种致癌基因。有了这个发现，新的分子理论（即独一无二的癌症基础理论）揭开了其神秘的面纱。

如今，许多科学家正在追寻这些原癌基因的形成机制及奥秘。我们可以在动物和人体中找到这种原癌基因。正常和良性的原癌基因控制着细胞的分裂和发育，然后它们突然转变成致命物质。对这个课题进行研究的重要人物是哈罗德·瓦穆斯和J.迈克尔·毕晓普。这两位科学家都来自加利福尼亚大学，而哈罗德后来还成为了美国国家健康研究所的主任。

20世纪70年代，也就是当劳斯对小鸡肉瘤病毒进行实验的时候，瓦穆斯和毕晓普找到了某种特殊的物质，即所谓的"类固醇受体辅激活因子"，也被称为"酪氨酸蛋白激酶"。这种发现于肉瘤小鸡病毒的类固醇受体辅激活因子是这种家禽的常规基因组。换句话说，这意味着刚开始的时候，这些基因扮演着一个正常的角色，并有细胞血统，但是它们却会发生变异，从而导致癌症的爆发。

这个重大发现使许多正常的、对生长和发育发挥重要作用，但又会招致麻烦的基因处于被孤立与隔离的境地。这些基因携带着致癌病毒的类似配对物。瓦穆斯、毕晓普和其他科学家指出，这种基因大概有12种，它们几乎都是脊椎动物（从鱼类到猴子）的基因，但是人类身上却没有这种基因。人们今后将会对这一信息进行确认，只要越来越多的证据表明癌症确实是一种基因疾病即可。

在这一阶段的研究的帮助下，美国马萨诸塞州剑桥市怀特黑德研究所的生物学教授罗伯特·温伯格博士专门研究了与致癌可能性有直接关系的基因。通过他以及其他科学家的前沿性研究，人们终于找到和识别出了导致人体患上膀胱癌、结肠癌、

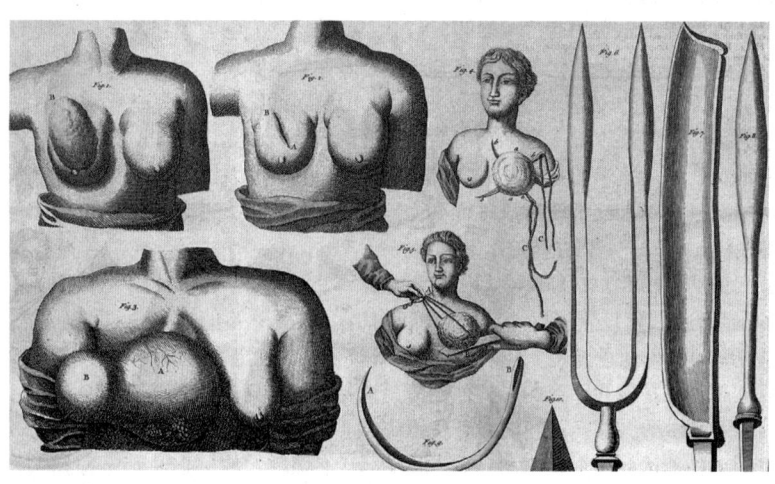

⊙ 乳腺癌

在8个女性中，就会有1个会在她们的生命中患上乳腺癌。乳腺癌的治疗方法有好几种，即从肿瘤切除到部分、全部（根本性）乳房切除术。然而，这些手术之后经常伴随着痛苦的化学治疗或放射治疗。

乳癌、肺癌和淋巴癌的基因。

1982年，温伯格确认：他正在研究的人类癌症基因实际上与动物癌症病毒基因是完全一样的。几乎是在同一时间，美国国家癌症研究所的研究人员把一种动物癌症病毒与人类膀胱癌的基因联系到了一起。温伯格还从一些发生变异的细胞中分离和提取了致癌基因。他指出，如果把致癌基因注入正常的细胞，那么正常细胞也可以转变为致癌细胞。

人类逐渐对癌症中包含的病毒基因与细胞致癌基因之间的神秘关系有了更多的了解。如今，人们认为病毒的致癌基因和细胞的致癌基因之间存在着近亲关系。无论它们是由病毒所引入的，还是由正常细胞基因转变而来的，都是罪孽深重的凶手，原因是只要特定的、一定范围内长度的基因由于某种具有破坏性的暴露，或接触辐射污染物而发生变异，那么它们就能够引发某种毒瘤。然而，这种情况并不是在染色体内的任何地方都可以发生，而且这个观点在很早以前就已

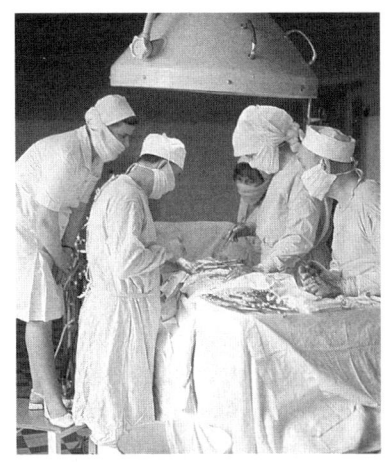
◉ 外科医生正在实施一次肺叶切除术，以对抗患者体内的癌症。

经被提出来了。1997年，温伯格被授予美国国家科学奖章。1989年，瓦穆斯和毕晓普分享了诺贝尔奖。

在对各种致癌基因之间相互关系有了全新的了解，以及对基因信息能够逆向影响有了更好的把握的基础上，研究者开始把注意力转移到将会成为现代生物学领域最为炙手可热的研究课题上，即"细胞凋亡"的概念及其在细胞死亡中所起的重要作用。

细胞凋亡最早于1972年提出，它是一种在有机体身上发生的事件。细胞凋亡可以用"细胞程式死亡"进行描述。正如有些人所说的那样，这是一个"有预谋的自杀"过程。同时，它是由多细胞有机体内的一种有害的细胞引发的。然而，与因受伤或疾病而导致的细胞或组织死亡不同的是，细胞凋亡是一种被下达了指令的事件，其速度更快，而且过程更加简单。在这一过程中会发生细胞收缩，并且可以迅速地被周围的细胞消化掉。然而，这一系列事件也能带来一些好处。一个经常被引用的例子就是发生在发育胎儿手指上的事情：在细胞凋亡的过程中，胎儿细小手指之间的细菌被清除掉，这样一来，这些手指才能互相分离并成为独立的结构。

据估计，每个成年人平均每天因为细胞凋亡所失去的细胞数量可以达到700亿个，这是一个正常的和重要的生物活动过程，因为它可以清除掉无数个多余的或者被破坏的细胞。其他事件（不一定都是正常的事件）也能够引起细胞凋亡现象的发生，这些事件是由辐射或者治愈癌症的药物、病毒感染以及诸如皮质甾类激素之类的激素物质所导致的。20世纪90年代，实验室研究得到了快速和顺利的发展。由此，科学家们进一步确认：细胞凋亡可以促进有机体自身神经和免疫系统的形成与完善，并且在组织成型中发挥了十分关键的作用。同时，他们还指出，细胞凋亡的过程支配着细胞死亡和细胞再生之间的自然平衡机制。

科学家所关注的是，如果细胞在某种方式下被破坏掉了，并因此失去了杀死自己的能力，那么这种破坏状态是否能够继续被复制和繁殖，进而导致癌症的发作。实际上，越来越多的证据表明，抵抗细胞凋亡的现象在很多（可能不是全部）癌症中普遍存在。虽然身体有很多清除恶性细胞的办法，但是癌细胞所发生的变异能够对这些办法进行阻碍。

科学家和药品生产商开始关注那些对细胞凋亡现象进行利用的方法和途径，即通过促进和刺激细胞凋亡实现破坏和消灭各种癌细胞的目的。但是，促进细胞死亡绝不是一件容易的事情。人们过去曾经面临各种各样的挑战，现在也是如此。比如说，科学家需要确定为什么一些肿瘤即使在使用了辐射和化学治疗的方法之后仍然能够抗拒细胞自杀现象。他们必须掌握更多关于究竟是什么在调整和支配细胞凋亡现象的知识和信息。如果他们最终发现了一种促使癌细胞自杀的方法，那么正如索福克勒斯所说的那样，他们还必须找到另一个证据来保证这种方法不会带来针对这种疾病过于强大的疗效，以至于把人体的正常细胞也全部杀死。

麻醉剂是怎样发明的

如今，麻醉剂被广泛地应用到各种手术和治疗中，为人类减轻了痛苦。而麻醉剂的发明则要从18世纪医生拔牙时使用的"笑气"谈起。

1799年，英国化学家戴维发现一氧化二氮气体能让人心情愉快，大笑不止，并给它取名为"笑气"。笑气的效力与鲜明生动的名称，很快传遍了欧洲大陆。当时好奇的人们都争着来吸笑气，以享受笑的乐趣。1800年春季的一天，戴维在英国皇家学会作笑气的报告时，与会者都在好奇心的驱使下吸入了笑气。当场许多人笑个不停，有的人笑得前仰后合趴在桌子上起不来，会场一时间乱成一团。美国牙医韦尔斯听到了这个消息，马上联想到病人拔牙时的疼痛情景。他提出用笑气做麻醉剂以减轻拔牙痛苦的想法。韦尔斯开始拿自己做实验，他先吸入笑气，然后请助手把自己的一颗牙拔掉，疼痛的感觉变得很微弱，实验成功了。

⊙ **消除疼痛**

在1846年发现麻醉学之前，手术是在患者神志清醒并可感知疼痛的情况下进行的。为了消除疼痛，当时使用了一氧化二氮（笑气）、乙醚或氯仿等麻醉剂。当时通过面罩将这些麻醉气体吸入。

但韦尔斯的助手摩尔顿认为笑气不具备足够的麻醉效力，他想另找一种更强的麻醉剂。在化学教授杰克逊的帮助下，摩尔顿决定利用乙醚做麻醉剂。他先是在动物身上试验，接着又在自己身上进行试验，证明乙醚的麻醉作用的确很好，而且对人体无害。于是，他开始在病人拔牙时使用乙醚麻醉，取得了普遍的成功。后来乙醚麻醉也被用到各种外科手术中，结果也获得了巨大的成功。从此，用酒精制成的无色透明的乙醚，成了世界上各个医院手术室必备的药品。而对于韦尔斯和摩尔顿在这方面的巨大贡献，我们应该深表感谢。

⊙ 这是一幅名为"科学研究新成果！空气动力学新发现"的漫画，描绘了在皇家医学院的一次公开演示中，汉弗莱·戴维爵士正在操作一个充满笑气的液压传动装置。

药物疗法和自然疗法

现代医学已经能够治愈许多过去人们无能为力的重症病。病人在治疗过程中通常需要服用正确的药物,但是所有的药物都会产生副作用,因此许多人转向了各种自然疗法。

医学上所使用的药物数目十分庞大,而且每年都有新药被开发出来。阿司匹林等药物通过降低痛源对脑部的刺激发挥镇痛的作用;吗啡等药物能够降低脑部对疼痛的敏感程度;类固醇能够治疗炎症,因此被用于缓解关节肿大、哮喘以及皮肤问题。

抗生素能够杀死细菌,这是医学史上最伟大的发现之一。青霉素是最早被发现的抗生素,它的发现者是英国细菌学家弗莱明。现在人类已经发现了许多种其他抗生素,并且将它们应用于治疗炎症。在抗生素被发现之前,伤口感染往往会扩散,导致血毒和坏疽(组织坏死)。坏疽需要进行切除手术,甚至会导致死亡,直至抗生素的出现才改变了这种状况。

然而,所有药物都会产生副作用。有些人对青霉素过敏,会出现皮疹症状;阿司匹林可能会导致人体内部出血;类固醇会使人增重。因此越来越多的人转向了其他疗法,但是有些医生并不认同这些疗法的有效性。

世界上有一半人口都接受过针灸治疗,针灸在中国、日本、新加坡、马来半岛和

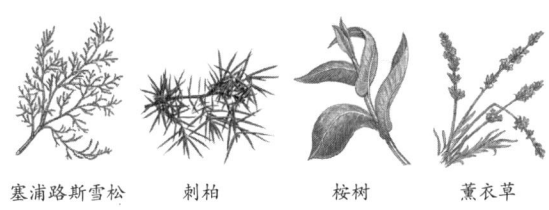

塞浦路斯雪松　　刺柏　　桉树　　薰衣草

⊙ **草药**

草药医学是最古老的医学形式,直到今天仍然有许多人在使用植物汁液治疗疾病,上图是4种常用的草药。草药能够治疗许多病症,包括咳嗽、感冒、胃部不适和关节炎等。

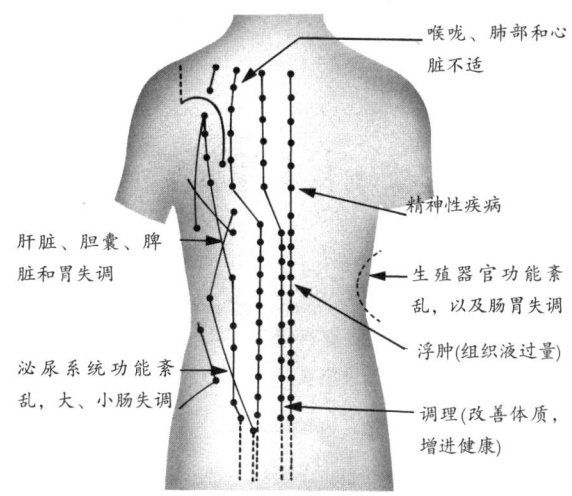

⊙ **针灸穴位图**

上图中表明了人体背部所分布的各器官的能量最高点。图中的点是人体穴位,将针插入适当穴位就能够起到治疗疾病的作用。

知识档案

反射疗法

反射疗法是一种古老的疗法,人们认为脚部的各个部位是和全身不同部位相连的,他们通过按摩脚部的不同部位(右侧照片)起到治疗的效果。当病人身体某个部位出现疼痛时,治疗师会按摩脚部的相应部位,"疏导"引起疼痛的能量,达到治愈的目的。

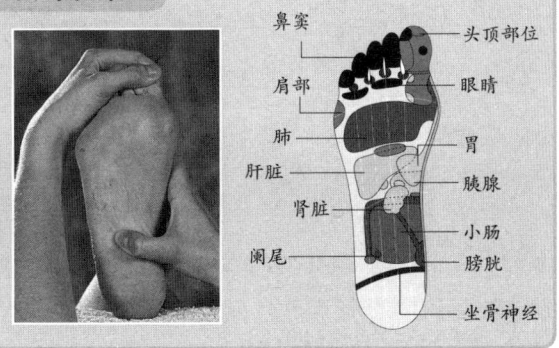

> **知识档案**
>
> 许多中国人都具备一些针灸的基本知识，他们用手指代替针按压穴位，同样能够起到治疗的作用。
>
> 全世界每年使用8 000多万种抗生素，其中1/3都是以青霉素为基础的。
>
> 据估测，如果发展中国家能够免费使用抗生素，国民的平均寿命将会增加20年。

斯里兰卡等地都很普遍。针灸学认为，有一种叫做"气"的能量在人体内流动，气通过手或脚进入人体，然后向上垂直流动，每股气都会流经一个主要器官。

根据针灸学的理论，当气流在某个器官被阻滞时，这个器官就会发病。针灸师将消毒过的小针插入准确的穴位，然后用拇指和食指快速地旋转小针，使更多的气进入人体，以达到恢复能量平衡的目的。

现代针灸学理论认为针灸能够阻止神经传递疼痛，还有一种观点认为针灸能够激发一种叫做脑内啡的镇痛物质。

顺势疗法的原理和疫苗接种类似，也是将少量的某种物质注入人体，使人体能够抵御该种疾病的侵袭。小儿麻痹症疫苗接种就是将少量小儿麻痹病毒注入人体，使人体产生抗体，当人体再遇到这种病毒侵袭时，抗体就会发挥作用杀死病毒。顺势疗法采用药片的形式，其原理与此相同，例如大剂量的土根会引起呕吐，但是土根稀释之后却能抑制呕吐。

草药疗法使用某些植物中天然的化学物质进行治疗。我们现在使用的许多药物都是从植物中提取出来的，例如用于治疗心脏衰竭的洋地黄，它就来源于毛地黄这种植物。

运动损伤及其治疗

现在参加体育运动的人越来越多，学校不再是锻炼的唯一场所，很多人都通过运动来丰富自己的业余生活。与此同时，各种运动损伤也会不可避免地增加。不同的运动项目所导致的受伤状况也有所区别，例如足球中的身体接触可能会导致骨折；田径运动员可能会发生肌肉撕裂和韧带撕裂；拳击常常会引起淤伤和内部器官损伤。

和成年人相比，青少年的骨骼比较强壮，而且韧带灵活性好，因此他们很少在运动中受伤。但是许多青少年都热衷于溜冰板、溜旱冰和骑自行车等运动，他们一旦在运动过程中摔倒，就很可能会出现擦伤、划伤、骨折和肌肉损伤等伤病。

骨头受到直接猛烈的冲击或屈曲力时可能发生骨折。手臂和腿部骨骼最易发生骨折，骨折后手臂或腿无法伸直，出现异常弯曲。骨折通常经过X射线扫描确诊。骨头发生错位之后，受伤者需要使用外部支撑物。

肌肉撕裂比骨折更常见，它分为肌肉完全撕裂和肌肉部分撕裂两种情况。篮球运动员和棒球运动员的上臂容易发生肌肉完全撕裂，也就是骨骼两端的肌肉和骨骼分离，当他们弯曲手臂时，失

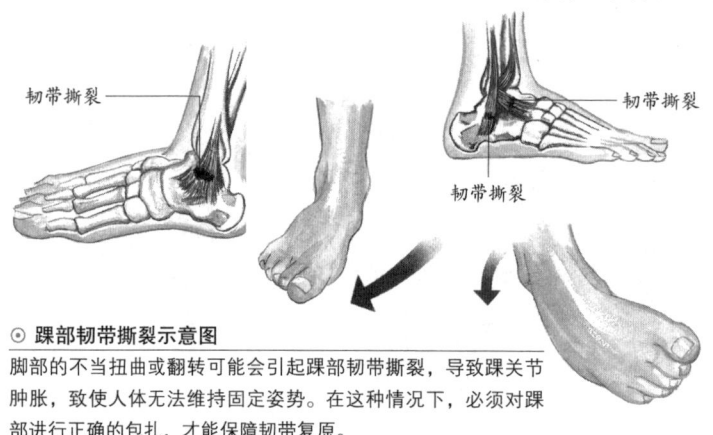

⊙ 踝部韧带撕裂示意图

脚部的不当扭曲或翻转可能会引起踝部韧带撕裂，导致踝关节肿胀，致使人体无法维持固定姿势。在这种情况下，必须对踝部进行正确的包扎，才能保障韧带复原。

生命医学

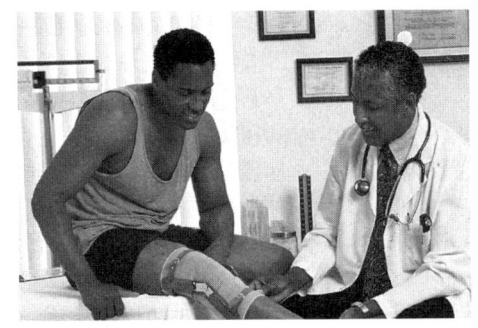

⊙ 膝部韧带撕裂的处理

这位运动员膝盖部位的十字形韧带发生撕裂。在韧带复原期间,医生会采用夹板支撑他的膝盖。如果韧带撕裂的情况很严重,伤者可能需要接受手术治疗。

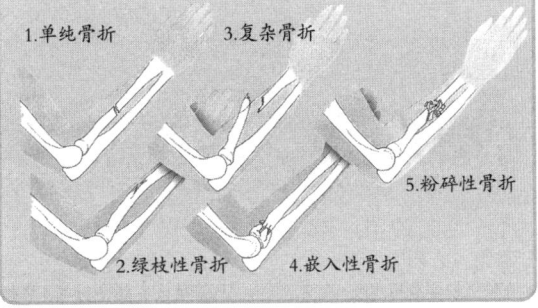

知识档案

骨折类型

下图介绍了骨折的几种不同类型。第1种是单纯骨折,骨头两端没有发生错位。第2种是绿枝性骨折,骨头屈曲,但是没有完全断裂。第3种是复杂骨折,断骨刺穿皮肤,有感染的危险。第4种是嵌入性骨折,骨头两端互相交错。第5种是粉碎性骨折,骨头末端裂为碎片。

1.单纯骨折　3.复杂骨折　5.粉碎性骨折　2.绿枝性骨折　4.嵌入性骨折

去附着的肌肉就会从上臂垂下。

在参加足球或田径等需要奔跑的运动项目时,人们的大腿和小腿部位容易发生肌肉部分撕裂,肌肉部分撕裂常伴有剧痛。在这种情况下,受伤部位肿大,使人们不能继续运动。

人体中的所有关节都是通过韧带固定的。韧带对关节起着支撑的作用,但它们本身不能像肌肉一样运动。例如膝关节受到膝部韧带的支撑,如果其中某条韧带发生撕裂,膝部就会疼痛肿胀,不能维持固定姿势。

骨折通常需要借助石膏或夹板固定才能康复。

和骨骼相比,肌肉和韧带受伤后的康复速度要快得多,正确及时的治疗更能加速痊愈过程。

肌肉撕裂常常伴有内出血,任何运动都只会使伤情恶化,所以伤者第一天需要充分休息,并且进行冰敷。冰敷能使人体组织降温,起到止血和消肿的作用。为了防止皮肤受到伤害,冰敷时应当使用毛巾。伤者越早进行冰敷,消肿的效果就越好。

用绷带包扎伤口也能起到消肿的作用,但绷带不可绑得过紧。最后伤者还需要把受伤部位抬起固定,使肿胀的组织在重力作用下恢复原状。

在伤口处的疼痛和肿胀消失之后,理疗师将对伤处进行推拿治疗,使肌肉或韧带逐渐恢复力量。

遗传学和DNA的发现

源于致癌基因和细胞凋亡的科学理论以及生物化学方面的科学知识,都以科学界最为卓越的成就为基础,而这个基础就是遗传密码的破解以及与之相关的遗传和疾病模板。为了解开这个难题,几代科学家进行了前赴后继的研究,而其先驱就是奥地利植物学家格里哥·孟德尔。在一个既与众不同又非常安静的实验室(这个实验室其实是男修道院里的花园)里,孟德尔对一种普通的蔬菜进行了实验研究。

在人们发现DNA之前,甚至是在细胞结构的轮廓被描述出来之前,孟德尔就已经对我们今天所知道的基因遗传现象进行了描述。为了做到这一点,他种植了好几代的豌豆,然后用每代豌豆的种子来繁殖下一代且对那些能够显示其自身特点的情况进行了详细和谨慎的记录。由人们所知的种子培育

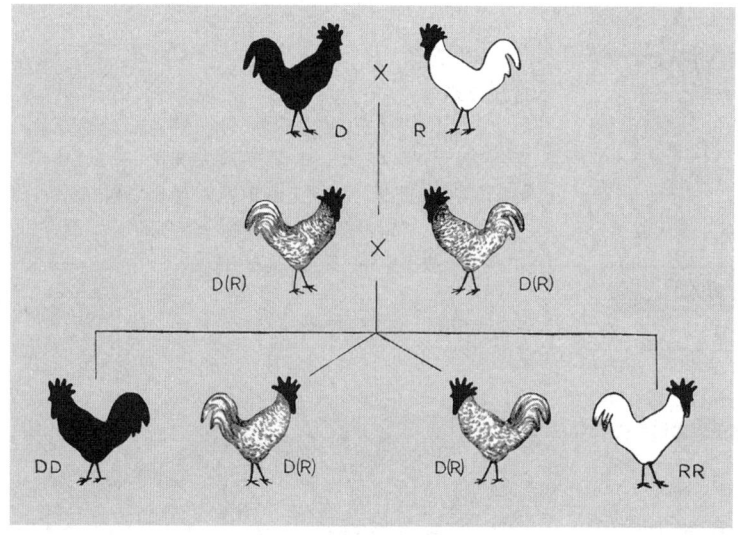

● 遗传

奥地利植物学家格里哥·孟德尔证实,遗传特征可能是显性(D)的,也可能是隐性(R)的。如果显性不完整,那么可能会发生混合现象,正如图中这些家禽的颜色演示所说明的一样。当灰色的家禽互相交配的时候,原来的颜色基因会再次把它们表现出来。

出来,并没有与其他种子混合的纯种植株总会长成与其上一代具有类似特征的植株,并且会一代一代地传承下去。比如说,纯种的开红花的植株总会培育出更多开出同样红花的植株。

然后,孟德尔开始对这些植株进行杂交。他把高的植株与矮的植株进行交叉培育,将开红花的植株与开白花的植株进行杂交,如此等等。当杂交植株发育成熟的时候,他收集了它们的种子,再重新培育一次。他就这样春去秋来、数年如一日地观察着这些杂交品种的后代所发生的变化。

意外的惊喜终于出现了。比如说,把较高植株的花粉与较矮植株的花粉混合在一起并不会培育出一颗高度正好是这两棵植株平均值的后代。同样,开红花的植株与开白花的植株也不会培育出粉红色的植株后代。真实的情况是,每一棵新的后代植株都会遗传其前代的整体性单元所具有的特征,而这些整体性单元(即我们现在所知道的基因)又以非常单纯的形式被传递给下一代植株。

因此,把高的植株与矮的植株进行杂交所培育出的植株要么是高的要么是矮的,但是杂交后的第一代植株似乎倾向于长成较高的植株。同样,把开红花和开白花的植株进行杂交所培育出的植株的花朵要么是红色的要么是白色的,但是杂交后的第一代植株只开红花。

同时,孟德尔也发现:在他把杂交后的第1代植株互相进行杂交后,结果可能是选择性的,也就是说,开白花的植株或矮的植株都将出现。这就意味着,矮和高的因素或红花和白花的因素一直存在,并能够在未来的后代中随时出现。

不久之后,孟德尔便知道:每一个遗传特性的遗传单元都是成对出现的,即一个来自母方,一个来自父方。一个基因可能一度战胜另一个基因,这就意味着某个人可能遗传了他母亲的棕色眼睛而不是他父亲的蓝色眼睛。基因可以是显性的,也可以是隐性的,但是每一个被遗传下来的基因都仍然是其后代基因的组成部分,它们等待着能够把自身的特征表现出来的那代人的到来。正如所有科学家所进行的研究一样,孟德尔的观点并没有得到完全的赞同和赏识,这种情况在他逝世数年之后才发生改变。对1900年以后的生物学文献进行挖掘的科学家,在一本陈旧的日记里发现了孟德尔的实验数据。其他研究者在植物和动物上对他的研究发现进行了证实。如今,这些遗传定律已经成为了现代生物学的基础理论。"种瓜得瓜、种豆得豆"这句谚语终于有了以科学实验为基础的依据。

1944年,纽约洛克菲勒研究所的奥斯瓦尔多·T.艾瑞、科林·M.马克列德和马克林·迈克卡尔提首次证明DNA是遗传信息的持有者和载体。马克列德和马克林·迈克卡尔提首次证明DNA是遗传信息的持有者和载体。为了得出这个结论,这三位研究人员所采用的办法是从一个细菌中提取一些DNA,然后用这个提取液来代替另一个细菌中有缺陷的基因。

10年之后,哈佛大学年轻的遗传学家詹姆斯·沃森和英国生物学家佛朗西斯·克里克共同描述了DNA精细微妙的分子结构。然而,在此之前,他们必须首先考虑DNA的基本组成物质。

这个研究阶段在此三年前就已经被提上议事日程。当时的捷克籍生物化学家埃尔文·查戈夫已经开始研究 4 种基础物质，即小的化学单元胞核嘧啶（C）、鸟嘌呤（G）、胸腺嘧啶（T）和腺嘌呤（A）。这些物质都是 DNA 的重要组成部分。查戈夫证实，在任何生命体内，这些基础物质的数量并非完全相同。胸腺嘧啶（T）和腺嘌呤（A）的数量一般总是相同的，而鸟嘌呤（G）和胞核嘧啶（C）的数量也是相同的，但是胸腺嘧啶（T）和鸟嘌呤（G）之间或者胸腺嘧啶（T）和胞核嘧啶（C）之间则并不一定具有相同的数量。

克里克和沃森对此的解释是：胸腺嘧啶（T）和腺嘌呤（A）以及鸟嘌呤（G）和胞核嘧啶（C）总是结合在一起的，而且应该没有其他的结合形式。这也正好解释了在有丝分裂期间，也就是在 DNA 对自身进行复制的时候，复杂的 DNA 分子几乎不会出错：这些碱基只会按照它们特定的配对规律进行互相联系，从而结合在一起。因此，假如 DNA 长链在复制的过程中被拆成一对，即分开原来的 C-G 或 T-A 结合形式，那么每一个分开后的"一半"（C，G，T 或 A 单个碱基）都是一个完美的模板，而且它们会自动从周围细胞物质中挑选出更多与其配对的碱基，从而生成另外一个完美的复制体。如果 DNA 长链的"一半"有一个腺嘌呤（A），那么它会找到一个胸腺嘧啶（T）。如果这个开放的碱基是一个胞核嘧啶（C），那么它会与另一个鸟嘌呤（G）结合在一起。

然而，所有这些是如何排列的呢？DNA 的形状究竟是什么样的？更早之前，两位英国的研究人员莫里斯·威尔金斯和罗莎琳德·富兰克林已经开始从 X 射线结晶学的角度对 DNA 物质进行研究。X 射线结晶学是一种神秘的方法，即通过将 X 射线穿过结晶物质的方法来分析它们的化学结构。

基于富兰克林所采用的一个 X 射线结晶板，再加上他们丰富的想象能力和艰苦勤奋的研究工作，沃森和克里克最终梳理出了 DNA 的结构，即著名的双螺旋结构。这种螺旋形的"楼梯"能够通过自动分开来执行细胞生命中最重要的两个活动：一是通过一分为二的方式对自身进行复制，也就是我们知道的有丝分裂过程；二是生产和制造蛋白质。在其不同的部分（即核苷）中，科学家已经找不到人们所不熟知的新物质。"楼梯"的螺旋状两边都是由磷酸盐组成，这些磷酸盐由磷元素、氧气和糖类物质组成。"梯子"的横档处就是上述的 4 大化学碱基成分。根据查戈夫的观察，每一个横档都由 4 大碱基中的两个组成。

螺旋梯的横档决定着生命的结构形式和运行功能，而它们组合方式的数量几乎是无穷无尽的。如果这是一个智力练习题，那么一个人用其一生的时间都不能把所有的组合都列出来。比如说，一套横档的组合可能是 CG、GC、AT、TA、AT、CG、CG、GC、GC、AT、GC、AT……

一个病毒可能包含 200 000 个 DNA 横档，按照不同的序列进行排列；而一个细菌的染色体中可能会有 500 万或者 600 万个这样的横档。一个人体细胞排在这个队伍的最上方，每个人体细胞都有数十亿个横档。但是，不论生命的形式如何（无论是微生物、老鼠还是人类），它们都是由同样的化学物质组合而成。由上述 4 种化学字母排列而成的序列能够拼凑出生命的不同形式，并把某种代码赋予每一个基因，从而对由其负责的蛋白质的生产和制造进行支配。

一旦 DNA 结构的神秘面纱被揭开，研究者下一步的工作就是找出双螺旋体是如何对细胞进行支配的，以及细胞是如何使用这个命令信息的。不久之后，我们清楚地知道：DNA 中的每一个基因都包含着那些把氨基酸

⊙ **两位发现双螺旋结构的幸运儿**

1951 年，英国生物学家佛朗西斯·克里克（左）和美国遗传学家詹姆斯·沃森开始对 DNA 的结构进行探索和研究。1953 年，他们共同提出了双螺旋结构理论，他们也因此获得了 1962 年的诺贝尔生理学或医学奖。

构建成某种特殊蛋白的被编成密码的指令。氨基酸是一种有机化学物质,通常被称为生命的基石,它存在于细胞的液体细胞质中。这些要求组建蛋白质的信息是如何从细胞核发出的呢?根据克里克的推测,蛋白质的制造必然与某种模板分子有关。

对这个假设进行证实和确认是由独立开展研究的美国生物化学家马伦·霍格兰和保罗·伯格共同完成的。霍格兰和伯格都成功地分离和提取出了细胞质内的少量RNA结构,从而证实了每个RNA结构都被设置成短链,用来捕获不同的氨基酸。这些RNA短链(被称为"转运RNA"或"tRNA"分子结构)能够决定不同蛋白质的组成形式。

那么,是什么在决定着tRNA序列呢?这些单链是如何知道自己的去向,以及何时开始它们的生产工作的呢?这些问题的答案是由法国的两位科学家雅克·莫诺和弗朗索瓦·雅各布找到的。这两位科学家对细胞核内的基因控制和调整人体内化学合成的方式进行了精心的研究。他们认为,是一种被称为"操纵子"的特殊遗传密码单元对其他基因的活动进行控制。

大概在沃森和克里克完成其科学发现10年之后,莫诺和雅各布最终确定:分子通信系统对来自细胞核DNA序列的指令进行解读,并把这些指令传送到细胞体内的蛋白质"制造工厂"。这个过程具体来说就是:一部分DNA把自身分开,从而形成另外一个核酸,然而,这个时候的核酸是属于"信使RNA"或"信使RNA"的另一种形式。

基因首先将蛋白质的整体编码蓝图移交给信使。完成后,再次将自己合在一起。信使则开始挪出细胞核,进入到细胞质内,并把指令传达给那些分散于细胞内的致密颗粒或者核糖体中的某个颗粒。实际上,核糖体就是蛋白质被加工生产的车间工厂所在。整个过程有点类似于一个建筑师将建筑蓝图交给一名建筑工程师,只是这个计划图不是纸制的而是被编码于基因中,这里的建筑材料不是砖块和灰泥而是氨基酸而已。总而言之,存储于DNA之内的基因信息被转录成RNA分子,然后以遗传密码的方式被破译成蛋白质结构。在指令被收录到蛋白质结构及功能中之后,这个过程便告终结。蛋白质自身并不会携带制造RNA、DNA或者其他蛋白质物质的数据信息。

DNA在制造维持生命的蛋白质上占据着非常重要的地位,它足以使我们忽略DNA实际上也有黑暗的一面——当某种物质因特定原因被破坏的时候,它们是可以导致癌症的发作的。在所有的基因遗传密码中,只要出现一个错误,就会导致涉及多种器官疾病的发作。如果这条生产线出现故障或者这些故障累积到一定的程度,且阻碍了大脑和动脉功能的时候,那么重要的化学物质便无法继续被生产出来。DNA中一个基因密码的错误也能使其制造出完全错误的蛋白质种类。基因密码出错甚至可能是人体变老过程的一个部分,即导致有缺陷蛋白质的产生和身体的每况愈下。

很多遗传性新陈代谢疾病都会导致智力迟钝或智力缺陷。在某些染色体出现异常的情况下,比如唐氏综合征(又称蒙古症),可能存在着超过本身想要的更多基因。在其他情况下,一些基因可能已经遗失,从而造成多种遗传缺陷。一种被称为"苯丙酮酸尿症"的病症就是基因出错的典型例子,它也会对某些酶的生产产生不利的影响。

科学家不停地搜寻着能够抑制有害基因的出现以及对不够活跃基因进行刺激的方法。在沃森和克里克以及其他科学家的时代结束数年之后,对严重的生化错误进行确定已经成为科学史上一座新的里程碑,而这种课题实际上就是揭示人体基因组的组合方式和排列方式(包括所有人的所有基因),从而描绘人体结构组成和运行机能的蓝图。

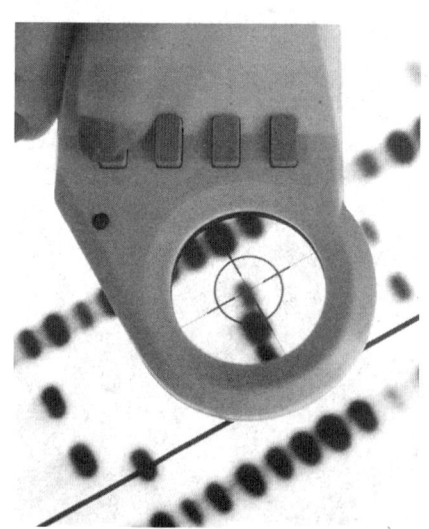

⊙ 互不相同的遗传特征

我们可以在DNA中看到每个生命体在遗传方面所体现出来的、可以进行相互区别的特征。这种基因证据现在被用来对罪犯的身份进行识别,其精确性要比指纹强得多。

人类基因组

进行人类基因组计划的时机已然成熟,因为科学家们已经能够解读出任何一个细胞的 DNA 序列,从而揭开细胞生物学最需要了解的事情的面纱。这个任务包罗了非常宽泛的范围,而且几乎给人一种无法再进一步的感觉。这个任务包括:识别人体所有 DNA 基因的身份、找出组成 DNA 的 30 亿个碱基对的排列顺序、依照逻辑对所获得的数据进行分类并整理成档案,以及妥善处理因这个计划所产生的影响所导致的不可避免的道德问题、法律问题和社会问题。

基因固然就在那里存在着,而且每个细胞里面都有一个完整的基因组(成熟的红细胞除外),但是,是否需要对人体内的每一个基因都进行分类和汇编呢?这似乎是一个完全无法理解的概念。一些基因实在是太小,因此它们无法被轻易地观测到;一个基因能够编译成几个不同蛋白质产物的密码;一些密码只限于 RNA;基因的配对存在很多重复和交叠的可能。所有这些加在一起简直就是一个令人望而却步的艰巨任务。

如果这个任务可以顺利完成,那么科学又将会对人体基因学有一个宏观的、更为透彻的了解,包括一个人如何看待自己的行为方式、基因对人体健康和康复能力有着什么样的促进作用,以及有缺陷的基因是如何导致疾病的产生的。1777 年,在基因等专业词汇未曾出现之前,普鲁士皇帝弗雷德里克曾经说过这样一句话:"人一出生就有许多挥之不去的独有特征!"如今,人们对这句话有了更加深刻的理解。

人类基因组计划始于 20 世纪 90 年代,这个为期 13 年的研究是由美国能源部和美国国家卫生研究所共同完成的。这个计划最重要的特征之一就是它表明了美国政府把技术重点转向私人领域的决心,也就是说,联邦政府把技术专利批给私人公司,并对私人公司的创新性研究进行认可。这项计划的管理者努力寻找能够促进价值几十亿美元的生物科技工业的发展的途径,以推动全新的医学手段的发展。

这一计划具有相当深厚的技术含量。从一个非专业的角度看,所谓的生命密码简直就是痴人说梦,但是,对于那些旨在破解生命密码的科学家而言,它比最黑暗的境地要清楚和明亮许多。他们知道,把基因全部描绘成图像或通过图像把基因的结构显示出来,是通过对基因进行人为的操纵从而治愈疾病的关键环节。

细胞核中携带的基因 DNA 线状铰链的染色体必

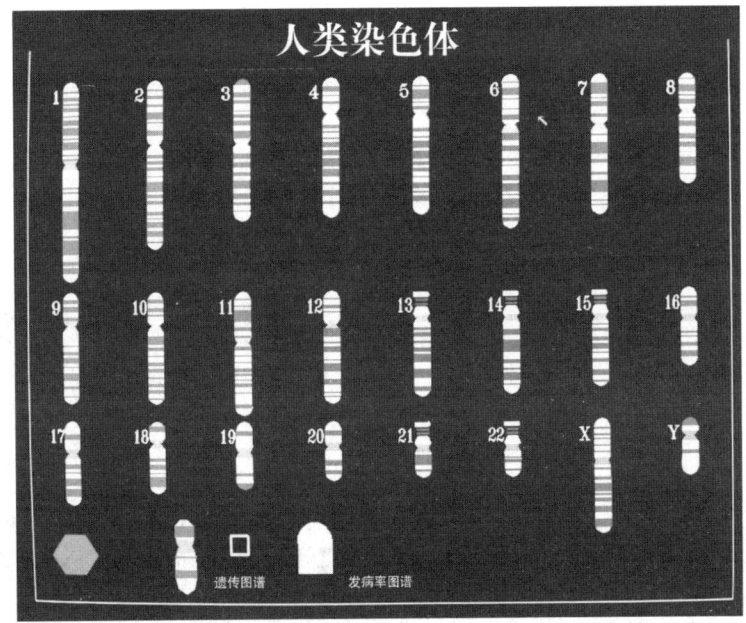

◉ 泄密的着色点

在 DNA 片段被分离出来并被置于电场中以后,我们可以通过着色的方式对其进行分析。对于那个被提取了 DNA 的单体而言,其所显示出来的图像是独一无二的。

知识档案

基因关联

英国遗传学家雷吉纳德·庞尼特（1875～1967年）与英国生物学家威廉·贝特森一起进行研究，并发现了基因关联、性别决定和常染色体关联等现象。庞尼特发明了"庞尼特方格"，并通过这项发明对基因组合的数量和范围进行解释。

须被分成更短一些的形状，但是这是一个具有更高要求的工作，因为这些染色体包含了5000万～2.5亿个碱基物质。每一个变短的DNA链部分都必须通过我们所知的电泳程序进行分解，然后对它的染色体进行分析，从而使它们组成碱基物质的身份得以确认。自动音序器能够扫描并记录下这些来自变短的基因序列的实际信息和数据。在此之后，计算机把这些变短的序列（每个大约有500个碱基）进行组合，并装配成连续拉伸的长形序列。在这些程序的每一个步骤中，我们必须对错误或误差、基因编码区域以及其他特征进行仔细的分析。这项计划还包括由几个非人类有机体的基因组成的研究项目，包括大肠细菌、果蝇和实验鼠。

这有点像把麦粒从麦壳中剥离出来，因为科学家要寻找的有用信息（即蛋白质中的基因组密码）只占很小的比率；它的绝大多数基因都是重复的、不含任何重要的与蛋白质组成信息有关的序列，因此它被称为"垃圾DNA"。

2003年，这个计划基本上提前完成。虽然基因的确切数量仍然有待进一步研究和考察，但是大概数字介乎于20000～25000之间，这个数字比最早预估的约100000个要小很多。这个结果对科学家而言已经是一个不小的惊喜了，因为这个数字只比结构简单的蛔虫多了几千个而已。

可能需要数年的时间才能统计出一个更加精确的数字，而科学家们则可能要面临着更多相当繁重的实验室研究工作。但是，除了诸如基因治疗之类的比较实际的应用之外，我们所能确信的是，人类基因组计划的研究成果使科学家们充分了解了各个生物系统。此外，这项计划也为将来的科学研究重新划定了范围。这项计划不仅仅只是对人类的研究，科学家所带来的技术创新以及他们所收集到的最新信息，也有助于揭开其他有机物的基因组的面纱，尤其是诸如老鼠、果蝇和扁形虫之类的专门用于生物研究的动物基因组。需要着重指出的是，多数生命有机体都有许多同源的或者类似的基因，因此对一个典型的生物体（比如蛔虫）的基因序列及功能进行识别和确认，或许能够解释人体或者其他生物体等其他同源基因。

美国国家人类基因研究所主任弗兰西斯·柯林斯把基因组计划的研究成果比喻成一部多用途的工具书。"这是一部历史著作，"他说道，"因为它讲述了物种的时间之旅。同时，它也是商店里的一本手册，描绘了如何构建每一个人类细胞的详细得难以置信的蓝图。它也可以摇身一变，成为一本医学教科书，书里充满了各种真知灼见，为卫生保健服务人员提供了无穷的力量，从而使他们能够应对、预防和治愈疾病。"

还有更多值得庆贺的事情。2005年，一个被称为"国际人类基因组单体型图团体"的组织公开发表了一个关于人类基因组差异的综合性目录。这个目录以人类基因组序列为基础，它是一个具有里程碑意义的伟大成就。同时，它促进了人们对诸如哮喘、糖尿病、心脏病和癌症之类普通疾病的基因进行研究的进度。

来自美国、加拿大、中国、日本、尼日利亚和英国等国的200多位研究人员使用了从在地理位置上极度分散的269名志愿者身上抽取的血液样本。迄今为止，这些研究人员所取得的研究结果已经提供了压倒性的实验证据，从而证明人类基因组的差异可以被组织成一个本地临近类型，即所谓的"单模标本"，它通常以完整无缺的信息模块方式被遗传下来。

⊙ 布洛德研究所的艾瑞克·史蒂文·兰德是人类基因组研究领域中的领军人物，他是2001年出版的基因组报告的第一作者。

激素的作用

随着维生素种类的不断增多,研究者又把注意力转移到另外一种神秘物质身上,原因是这种物质好像也会对新陈代谢、发育和健康等产生影响。这些物质是由诸如甲状腺、垂体和肾上腺之类的内分泌腺所分泌的,它们直接流入血液。1905年,它们被命名为荷尔蒙(激素)。很显然,它们的作用似乎与信使相同,因为它们刺激各种器官的反应,甚至是直接影响人的各种情绪。医学研究者已经对甲状腺有了一些了解。甲状腺是一个位于颈部和气管前面的双叶状器官,它会制造出多种激素。某种甲状腺激素的过多分泌会导致体重下降和神经过敏。如果缺乏碘元素,那么这种腺体就会增大,从而形成甲状腺肿,即在颈部前面形成一个看得见的肿块。

19世纪晚期,偶尔会凭直觉做出判断的神经科医师和神经外科医生开始通过不同的办法来应对甲状腺出现的各种问题。最终,他们的努力没有白费:诺贝尔奖获得者、奥地利医学家尤利乌斯·瓦格内-约莱克发现,可以用碘盐作为对甲状腺疾病进行辅助治疗的手段。如今,这种碘盐得到了广泛的应用。

⊙ E.C. 布朗

激素的发现为医学家提供了全新的视角,使他们重新认识人体器官的运作功能。美国化学家E.C.布朗发现和确认了多种肾上腺类固醇,可的松就是其中之一,它有减轻炎症的功效。

另一位值得称道的科学家是奥地利的安东·弗莱赫尔·冯·艾泽尔斯贝格。他通过给一只小猫切除甲状腺和甲状旁腺,从而发现实验型手足抽搐症。这种手足抽搐症的症状是非常痛苦的肌肉痉挛和震颤。他的这一手术证明,手足抽搐症是由钙代谢不足引起的,而这又与腺体功能的减弱有关。同时,他还有另外一个发现,即患有黏液腺瘤或黏液水肿病症的人可以通过甲状腺摘除手术治愈。如今,这种病症被称为"甲状腺机能减退症",人们通常用天然的或者人造的甲状腺激素对这些病症进行治疗。

1901年,日本化学家高峰让吉发现了由肾上腺(位于肾部正上方)分泌的肾上腺素。肾上腺素在紧张或者血压加重时会冲入血液,从而提高血压,抑制胃液的分泌,使瞳孔扩张,进而使肌肉处于紧张状态。所有这些变化都源于一种特定蛋白的存在。针对其他激素的实验也在继续进行着,包括从有性交能力的睾丸中分离和提取激素的实验。

就可能被预期的性功能及提高性功能的可能性而言,许多男性科学家开始对能给人带来"勃勃"生机的力量进行了专心致志的研究。

德国生理学家阿诺德·阿道夫·贝尔特霍尔德就是其中之一。他曾发现过一种专治砷中毒的解毒剂,但是,他后来所尝试的研究却没有使他进一步提高自己的知名度。他把一只小公鸡的睾丸移植到一头被阉割的公鸡腹腔内,然后怀着揣测不安的心情进行等待和观察。当这只被移植了睾丸的公鸡再一次开始满大街追着母鸡跑时,他几乎欢欣雀跃起来。他由此推断,导致这一突然改变的是某种被他称为"内在分泌物"的东西,但是他并不知道自己的双脚已经踏在现代激素疗法的门槛上了。

法国一名神经科医师查尔斯-爱德华·布朗-塞奎的研究过程则促进了这样一种观点:性活力与回春之间是密切联系在一起的。1889年,72岁高龄的布朗-塞奎提出,精液包含了一些流入血液的分泌物,从而加强了身体的各种系统。他给自己注射了10次用水稀释过的狗精液和天竺鼠精液。如果有人相信这种说法,那么实验的结果确实不同凡响。他如此报告说,他完全恢复了自己在年轻

知识档案

激素的作用特点

1. 高度专一性，包括组织专一性和效应专一性。前者指激素作用于特定的靶细胞、靶组织、靶器官。后者指激素有选择地调节某一代谢过程的特定环节。激素的作用是从激素与受体结合开始的。

2. 极高的效率。激素与受体有很高的亲和力，因而激素可在极低浓度水平与受体结合，引起调节效应。例如，胰岛素分泌不足或胰岛素受体缺乏，都可引起糖尿病。

3. 多层次调控。内分泌的调控是多层次的。下丘脑是内分泌系统的最高中枢，它通过分泌神经激素，即各种释放因子（RF）或释放抑制因子（RIF）来支配垂体的激素分泌，垂体又通过释放促激素控制甲状腺、肾上腺皮质、性腺、胰岛素的激素分泌。激素的作用不是孤立的。内分泌系统不仅有上下级之间控制与反馈的关系，在同一层次间往往是多种激素相互关联地发挥调节作用。激素之间的相互作用，有协同，也有拮抗。激素的合成与分泌是由神经系统统一调控的。

时所拥有的那种健壮和力量，并且不再阳痿了。实验室内的研究工作也不再让他觉得疲惫不堪，而他也能在几个小时的实验研究工作之后继续书写疑难项目的报告记录。为了证明他的观点，他停止了注射。当然，他再次回到了那种年老体弱的状态。其他几个科学家据说也效仿过他的这种疗法，而且都收到了相同的疗效。

但是布朗—塞奎的主张并没有被引起重视。他可能已经给自己使用了少量的激素。但是从另一方面看，可能是那些精液注射起到了一种安慰剂的作用。对于一个年事已高但却渴望年轻力壮时活力和精力的男性来说，这个说法最适当不过了。

就胰岛素所具有的挽救患者生命的功能而言，不存在任何似是而非的争辩。胰岛素是一种调整血液中血糖浓度的激素。20世纪20年代，糖尿病开始正式成为死刑的代名词。关于糖尿病的记载最早可以追溯到大约公元前1550年的《埃伯斯纸草文稿》。而在18世纪晚期的时候，糖尿病才最早与分泌胰岛素的胰腺联系到了一起。科学家尝试给糖尿病患者服用碾磨而成的胰腺组织粉末药物，以起到减轻症状的作用。但是这种方法并没有奏效，原因是胰腺自身消化酶内的某种物质破坏了激素。

加拿大生理学家弗雷德里克·班廷认为，可以通过把连接器官和肠体管道打上死结获取未经改变的胰腺分泌物。同时，班廷也做出了如下的推论：如果这种物质能够被成功地分离出来，那么它可能被用于治疗糖尿病。他和一名来自多伦多大学的助手查尔斯·贝斯特通过切除狗体内胰腺的方式使其患上糖尿病，然后预先测试一下自己的假设。

1921年，他们得出了最后的结论。一只名叫马乔里的狗在其胰腺被手术切除之后患上了典型的糖尿病综合征。班廷和贝斯特给这只狗注射了由他们提取出来的胰腺分泌物。此后，狗的糖尿病症状消失得无影无踪。后来，他的同事对这种激素进行了提纯，并开始进一步的考察和研究。这种激素就是后来的胰岛素，胰岛素的英文名"insulin"来自于拉丁文，其拉丁文意思为"岛"或"岛屿"的意思，因为胰腺中专门生产这种胰岛素的组织体叫做胰岛（郎格罕氏岛）。

1922年，研究者首次将一剂胰岛素注入到一名因糖尿病而奄奄一息的14岁小男孩体内。结果，他的所有症状很快就消失了。这个信号说明：曾经人命关天的苦难根源现在却乖乖置于医学的控制之下。班廷与约翰·麦克劳德共同获得了1923年的诺贝尔奖（当时的研究是在麦克劳德的实验室里完成的）。由于故意怠慢等原因，贝斯特的贡献没有得到认可，也就无法分享这个奖项。

1936年，美国的化学家和生理学家爱德华·卡尔文·肯德尔从肾上腺中成功地分离和提取了另一种重要的激素。加上其他8种甾类激素，他分离出了一种先被称为"化合物E"、后被命名为"可的松"的物质。与肾上腺素一样，这也是一种身体对紧张做出反应时所分泌出的激素。

可的松还被广泛用于减轻各种炎症。20世纪40年代，美国化学家珀西·拉冯·朱利安研制出了一种人造的可的松。这种人造可的松经常被作为治疗结缔组织病、风湿性疾病和急性变态反应的处方药。

对精神疾病的治疗策略

即使是在条件稍微好一些的医院中，也没有几个医护人员确实了解如何应对严重的精神疾病。虽然更为广泛意义上的分类（比如癫狂、精神抑郁症和精神分裂症等精神疾病之间的区分）开始形成，但是没有人真正了解这些病症，更不知道发病的原因。因此，对精神疾病的本质进行了解和掌握的研究工作变得越来越重要。这项研究工作可以分为两个方向，即生理学和心理学。

德国精神病学家汉斯·伯格尔开始对大脑的活动进行研究。1929年，他获得了第一张脑电图。与此同时，其他科学家开始对电休克治疗（简称ECT）进行研究。这是一种比18世纪晚期由阿尔蒂尼发明的电疗法更为残酷的治疗方法。在短时间内，电休克疗法似乎减轻了许多精神疾病的症状。如今，这种疗法仍然被人们所采用。此外，实践经验证明，它对某些精神抑郁症也有一定的疗效。现在的电疗法把电极连接到太阳穴，在几秒钟之内对大脑施加电压为110伏的电流。对于抑郁症，一般需要10~12次这样的电疗过程。患者在接受ECT疗法之后会出现暂时性失忆，而如果实施过多的电疗，就有可能发展成为永久性失忆。如今，ECT疗法的理论依据是：电疗法不仅可以改善和提高大脑中的神经传递物质、提高酶的活性、增进血液循环，而且可以促进人体内抗抑郁物质的释放和分泌。反对者认为这种疗法的程序是非人道的。然而，对于那些通过电疗法使病得以缓解的抑郁症患者来说，这种疗法确实具有一定的疗效。

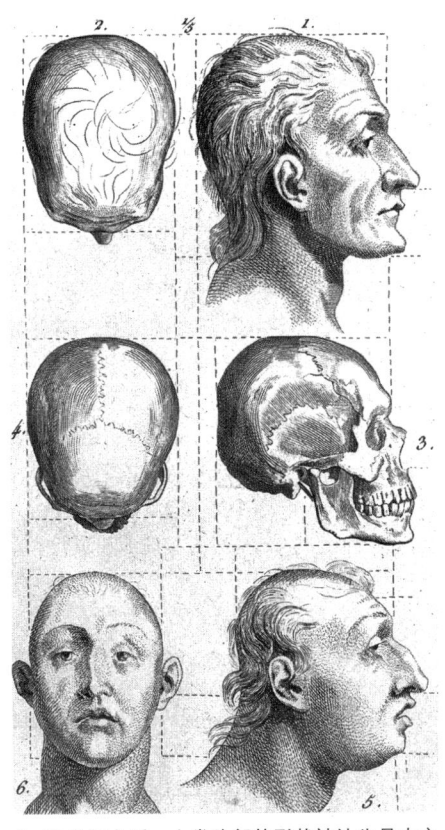

◎ 19世纪之后，人类头部的形状被认为是内心思想特征的线索。人们对不同种族的精神病患者、罪犯以及其他人的头骨进行了精确的测量，从而寻找人类行为的发生机制。

20世纪早期形成的更为极端的治疗手段是前脑叶白质切除术。19世纪后期，当人们通过外科手术成功地把狗脑的额叶切除之后，狗的病情有所好转。这个手术的成功促使人们开始思考是否能够对人脑进行同样的手术，以改善那些出现极端焦虑、痛苦、创伤性记忆、暴力倾向以及其他精神疾病的病人的生活。

葡萄牙神经医学家安东尼奥·埃加斯·莫尼兹试图对人实施这种手术。20世纪30年代，他率先对人脑实施了前脑叶白质切除术。他首先通过注射酒精的方法把这些组织杀死，然后用一根细线把前脑叶白质切下。同时，莫尼兹研制出了一种在前额两边进行钻孔的技术，从而使医生能够接触到位于中脑和脑前额叶之间的组织。

埃加斯·莫尼兹的外科手术在治疗极端恐惧、紧张和焦虑，以及某些精神分裂和妄想症等精神疾病中确实取得了成功。1949年，他获得了诺贝尔生理学或医学奖，而由他首创的治疗方法也得到了肯定和赞誉。然而，这种治疗方法在刚开始的时候曾经受到了强烈的反对和声讨。在全世界范围内，相关的法律法规都极力限制着前脑叶白质切除术的实施范围。不久之后，一种能够使精神病人的生活重新恢复平静的新技术出现了，那就是药物治疗。

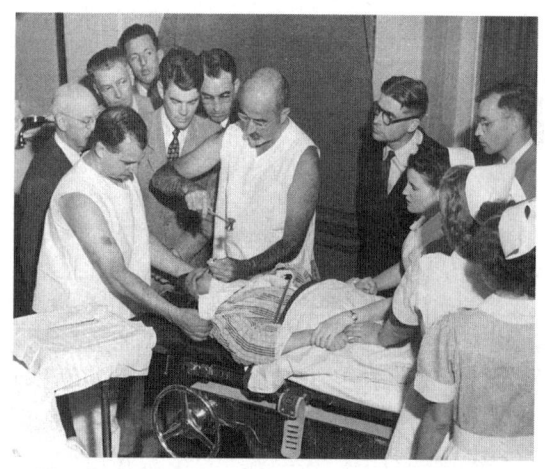

⊙ 前脑叶白质切除术

这种外科手术出现在20世纪四五十年代。它通过对脑前额叶进行改进或者直接将其从大脑中切除，达到使焦虑症患者镇定下来的目的。

大脑里有许多传递神经冲动、控制思想和情绪以及承载信息的化学物质。一直到20世纪50年代，这方面的知识才被人们所理解和接受。研究人员开始探讨精神类药物是否可以发挥控制精神疾病症状的作用。锂盐是一种极为普通的含有金属元素的物质，它被用于研制治疗躁狂抑郁症的药品（即氯丙嗪）。同时，这种药物还是一种专门治疗精神分裂症的安定药。随着时间的推移，一大批调节心情、抑制情绪、减轻帕金森综合征震颤症状以及改善好动症状的药品被研制出来。20世纪60年代，一种轻度镇静剂"安定"在很短的时间内就成为美国境内最为流行的处方药。

随着人们对大脑化学信使物质以及与这些物质存在关联的接收器位置的了解，药物学家找到了更多防止神经传递素发挥作用的新方法。大脑生理学和神经系统生理学对这种新的、治疗精神疾病药物的出现发挥了重要的作用。比如，在20世纪90年代，包括普罗采克在内的抗抑郁药物曾经引起轰动。这些药物能够提高位于神经细胞之间细小空间内的神经传递介质（即复合胺）的自然分泌。有些专家认为，在本世纪，化合物药品将能对几乎所有的最为严重的精神疾病进行控制。

虽然医学和药物学疗法证明它们对精神疾病的治疗发挥了重要的作用，但是实践证明：以谈话、倾听、分析和人际互动为基础的治疗方法也具有一定的疗效。20世纪初期，这些治疗方法是精神疗法（心理疗法）的重要组成部分。如今，这一个术语包括通过语言沟通和非语言沟通对异常行为进行矫正。

这种精神疗法与药物、电击或者外科手术完全不同。它试图通过帮助患者理解自己的行为，或者帮助他们识别和纠正错误行为，从而改变其病态的心理。在一些技术手段中，病人被告知要与专家开展充分的合作，并毫无保留地报告他们的各种想法。通过与治疗专家进行会谈，病人把他的问题详细表述出来，而这种顺利进行的交流行为或许就是治疗轻度抑郁症和常规精神疾病所需要的全部内容。当谈话疗法不能充分发挥作用的时候，有些人愿意采用一种强度更高的治疗方法，即心理分析。通过这种手段，病人能够深入挖掘自己过去的记忆，并以此找到精神问题的根源。

心理分析理论是由奥地利精神分析学家西格蒙德·弗洛伊德创立的，对20世纪的行为研究和思想研究产生了巨大的影响。弗洛伊德引入了一个新概念，他把这个概念称为"潜意识"。潜意识是人类意识中的一种力量，发挥了非常重要的作用。

弗洛伊德认为，人们的言行举止都不是无意识的。失言、误解和错觉等现象都源于潜意识，因此它是人们常常不以为然的情绪和态度的储藏库。在弗洛伊德看来，梦是"通往与人类潜意识活动有关知识的康庄大道"，对梦的解析可以揭示更多的信息。

弗洛伊德把思想分为3个部分，即"本我"、"自我"和"超我"。"本我"是完全无意识的，它不仅是本能冲动的源泉，而且也是对原始需求立即得以满足提出的要求。"自我"是有意识的，它是一种对自身的清醒感受，通过思想、行为和决策等表现出自己。"超我"

⊙ 荣格（前右）与弗洛伊德（前左）及其他同事在一起。早年两人曾合作，但后来决裂，荣格创立自己的新学说——分析心理学。

是思想的一部分，能够判断对错。此外，它经常与思想的其他两个部分发生冲突，尤其是本我。

根据弗洛伊德的说法，严重的冲突将会导致精神障碍。在弗洛伊德看来，这些冲突中的多数都源于早期的性冲动，因为社会总是对其打上了羞耻和偏见的烙印，因此经常会导致这些欲望处于被压抑的状态。弗洛伊德认为这种一味的逃避态度最终会演化成一种潜意识。然而，如果冲突在人们的行为和思想上出现，那么这些行为和思想则常常是反社会的或者是自我摧残的。

弗洛伊德特别强调性欲或者性冲动的重要性，而他的学生卡尔·古斯塔夫·荣格则认为，除了性因素之外，其他因素也能够对行为产生刺激。荣格最突出的贡献之一是，他认为人可以分为性格内向和性格外向两种类型。这两种类型分别表现为主要通过自身来满足需要的人以及通过其他人来实现个人满足感的人。针对弗洛伊德关于思想的三分法，荣格提出了集体潜意识的概念，原因在于他认为人们对潜在的知识宝库中的神话、符号和信仰进行共享，而且体现于人们的所有行为中。

聆听大脑的声音

神经系统科学是一门致力于研究大脑和神经系统的学科。神经科学家注重大脑和与其连接在一起的神经系统的生物化学、解剖学和电学之间的关联。神经外科已经开辟了一个全新的领域，它对曾经被认为完全属于心理学范畴的行为和疾病进行研究。这一领域促进了针对大脑受损或者神经系统紊乱的治疗方法的出现。

后来的神经科学家延续了自希波克拉底和加尔瓦尼以来竭力理解和掌握精神状态的物理推论的传统。弗朗兹·约瑟夫·加尔是当代神经科学的鼻祖，1758年出生于德国。他认为人类头骨中存储着与大脑有关的信息，同时也存储了与个性有关的信息。

加尔发现了颅相学这一新研究领域，即对头骨形状的研究。加尔认为头骨与众不同的特征能够揭示出个人性格的特征以及智能的细节信息。

加尔对人类大脑内的20多个器官进行了识别和命名。他认为，这些器官分别与人类个性的20多种功能相对应。在加尔看来，一个人的各种能力在出生时已基本上定型，后天的教育只能发挥轻微的作用。在这种能力概念的推动下，加尔的理论把个性、大脑和头骨等联系了起来。此外，他认为头骨是大脑的物理匹配物，因此头骨是人类个性的一面镜子。

与此同时，加尔还把头骨的形状、隆起和凹入等等，与道德、性格、情绪和智力等联系起来。为了取悦神学家，他甚至认为头骨上的隆起部分与神灵和宗教情感具有联系。不久之后，一些江湖骗子对他的理论进行了利用。这些人在医药市场上四处游荡，声称可以通过观察人们的头骨来判断出他们的个性特征以及财运。与此同此，通过把注意力转移到心理学和人们的精神状况上来，颅相学促进了针对罪犯和精神病人的更加文明的治疗方法的诞生。

加尔关于大脑不同区域的思想，在数年以后关于大脑半球和四叶及其对人类行为所发挥的独特作用的研究中找到了对应物。实际上，大脑结构的现代演绎及其内在的运作机制，就来源于中世纪的心室理论。

大脑皮质对感知、沟通、记忆、理解科学和欣赏曲调的能力发挥了非常重要的作用。它看上去似乎是一个折叠很深的圆形物，位于大

> **知 识 档 案**
>
> **树突和轴突**
>
> 神经元突起是神经元胞体的延伸部分，由于形态结构和功能的不同，可分为树突和轴突两种。树突是从胞体发出的一至多个突起，呈放射状，具有接受刺激并将冲动传入细胞体的功能。轴突较树突细，粗细均一，表面光滑，分支较少。轴突的主要功能是将神经冲动由胞体传至其他神经元。

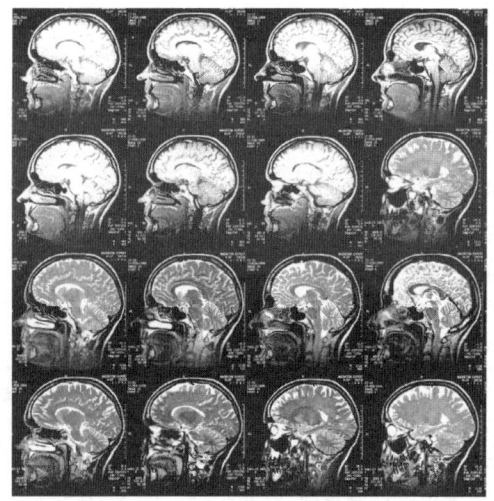

⊙ 通过磁共振成像形成的一组彩色图案显示了大脑结构：大脑是体积最大而且具有思维能力的部分；小脑不仅体积小而且位置低，它能够对身体平衡进行控制；位于中央位置的脑干把大脑和脊髓连接起来。

脑的前部和中心位置。大脑皮质的右半球支配了身体左侧的运动机能，而大脑皮质的左半球则负责身体右侧的运动。其实，古代希腊的医学家已经发现了这个事实。他们注意到：对尸体大脑右侧进行震动可以使身体左侧的肌肉发生运动。与此同时，语言障碍会在大脑左半球受到损伤之后出现；而记忆损伤则会发生在大脑右半球受伤之后。

神经学家不仅对大脑进行研究，还对整个神经系统进行了考察。西班牙神经解剖学家圣地亚哥·拉蒙·伊·卡哈尔对大脑和神经系统的连接处、重叠处和延伸处的所有部分都进行了系统的研究。心灵手巧（可能是他早年当过制鞋师和理发师的原因）的卡哈尔特别擅长把他在解剖以及通过显微镜观测时所观测到的东西进行素描，而这一特长对于保存他的研究成果具有非常重要的意义。同时，他研制出了硝酸银滴液，并把其滴入大脑特别细小的部分以及他在显微镜下观测到的神经部分之中，从而把神经细胞和神经纤维清晰地展现出来。此外，卡哈尔还描述了他所看到的来自热带森林中的网状藤蔓植物和苔藓植物。

值得一提的是，卡哈尔对神经的发展和结构基础(即遍布神经系统的基本细胞)进行了标准的描述。他对神经冲动以"神经细胞—神经细胞"的方式进行传导的过程，以及这些神经系统发生退化和重生的过程进行了详细的描述。卡哈尔的研究成果是否能够使与神经功能和20世纪神经科学的重大发现有关的现代理论成为可能？在充分把握神经系统的重要性，以及对在德国病理学家威尔啸和生理学家施旺生命细胞研究中的分支进行理解之前，人们还需要进行更多的观测。渐渐地，神经细胞的基本结构及其连接处(即神经键)也开始出现。

神经细胞在不停地接收和传送由电脉冲所发射的各种信号。这些信号在神经细胞之间传输，从而增进细胞之间的交流与沟通，促进身体状态和身体内部功能的运作。数量极少的化学物质通过被称为"轴突"的较长连接纤维在细胞之间进行流通。同时，这些化学物质穿过了位于细胞和受体细胞的狭小空间。细胞释放出化学传导素，而这些化学传导素也相应地被受体细胞吸收，从而沿着网状物传导到神经细胞的长链当中。科学家通过对大脑器官的解剖学特征进行分类，了解到海螺只有2万个大脑细胞，而一个新出生的人类胎儿却有10亿个大脑细胞。正如卡哈尔曾经说过的一样："我们的研究程度与我们对自身的理解程度成正比。"

随着对神经传导系统了解的深入，人们越来越清醒地认识到神经系统存在着种类繁多的细胞。首先，有些神经细胞通过数种不同于神经传导素的方式进行沟通。其次，神经传导素不只是与一两种受体蛋白建立关系，而是与几十种以上的受体蛋白形成合作关系。这种分叉关系是非常引人注目的。同时，这一化学变化也表明，与人们所想象的情况相比，大脑细胞或许能够做出更加敏锐的反应，而这也是我们的感觉能够对颜色、声音、味道、气味和纹理结构的细微差别进行过滤的原因。

这种多功能性也为新一代精神药物的诞生铺平了道路，而这些药物能够对某些精神疾病的症状进行识别和控制。研究人员已经确认了不同的神经传递素，多巴胺受体与精神分裂存在着极大的关联。降肾上腺素是另外一种与焦虑症和抑郁症有关的神经传递素，而复合胺与抑郁症存在着关联，它对复合胺再吸收抑制剂类的抗抑郁药的药效发挥了非常重要的作用。

虽然受到了研究设备的限制，但是早期的神经解剖学家仍然成功地对神经细胞、神经纤维管道和神经灰质细胞进行了确认。研究人员甚至非常精确地绘制出了大脑皮质的细胞结构图。实际上，它就是一幅与细胞内在结构有关的图像。然而，当时的解剖学知识和仅仅凭借肉眼进行的观测根本无法与

20世纪后期的精确工具相比,而通过20世纪的新设备所获得的大脑视图是我们从未想象过的。

脑电图是能够提供大脑活动图像的设备。作为对18世纪电流工具的改进,脑电图能够测量出经过大脑的电脉冲。20世纪20年代出现的脑电图由一整套传感器组成。当连接到头部之后,传感器可以把大脑的脉冲传导到一台机器上,而这台机器就会把这些大脑脉冲信号以线条的形式在一张图像上描绘出来。正常的、不正常的或者兴奋的大脑活动不停地在图像上画出了不同的线条形状。脑磁图是一种与脑电图有关的技术,它根据大脑中的磁场变化对大脑的电脉冲信号进行记录。

正电子发射断层扫描的广泛应用始于21世纪初。它通过非常精确的技术把放射性原理和粒子物理学应用于大脑及其内部器官的成像。人们把受到控制的放射性物质放置在患者身上,正电子发射断层扫描仪能够把大脑中放射性物质所释放出的辐射信号捕捉下来,从而形成大脑截面的图像。由于健康的组织对辐射物质的吸收能力比那些不健康的组织要好一些,因此屏幕上的图像能够通过鲜明的色彩把这些差别体现出来。

现在,人们通过功能性磁共振成像技术获得具有更高分别率的大脑深层活动图像。这是一种对某种原子在神经活动区域的核磁共振中所出现的差别进行扫描的技术。

> **知识档案**
>
> **脑磁图**
>
> 脑磁图可以对大脑中的各种信号进行记录,即对神经细胞的微弱电荷形成的磁场活动进行记录。通过这一技术手段,科学家能够精确地找到不同活动(比如散步、做梦、说话、指认图形或者听音乐等)所涉及的大脑部位。

常见呼吸问题的急救

我们呼吸时,空气通过鼻子或口腔进入气管,然后到达肺,我们无须任何思考就能完成这个自发的过程。当呼吸道被堵塞时就会出现呼吸不畅问题,使我们不能吸入空气。这时人体将自发地通过咳嗽除去障碍物,但是有时我们需要在医务人员的帮助下才能完成这个过程。

引发呼吸问题的原因是多种多样的。如果糖果等物体卡住了人的喉咙,堵塞了呼吸道,就有可能引起窒息。另外,心理恐慌和气喘也都会导致呼吸困难。

呼吸困难很可能会导致严重的后果。因此,如果有人出现下列注意事项中的任何迹象,或是失去了意识,他需要立即得到人们的援救。

窒息

人体在发生窒息时可能会呼吸停止,致使昏倒,这种情况需要得到迅速治疗。成年人发生窒息通常是由于咀嚼或吞咽食物的方法不正确而引起的,此外,流体有时也会引起窒息。

儿童很容易发生窒息的情况,因此家长需要防止幼童把可能会堵塞呼吸道的食物放进嘴里。同样,儿童在奔跑和玩耍时也不应该吃东西。

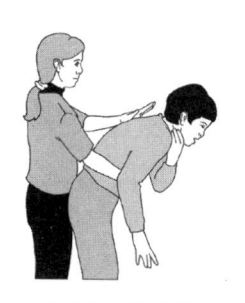

⊙ **儿童窒息的急救**

如图所示,当儿童出现窒息症状时,成人应该使其身体前屈,然后尽量让其咳嗽,并对准其肩胛骨中间的位置拍击5下。如果这样也不能使其咳出异物,需要将一只手握成拳头,放在病人肋骨下的腹部,然后用另一只手握住这边的拳头,用力按压其腹部4~5次,直到吐出异物。之后,成人必须将儿童带去医院接受检查。

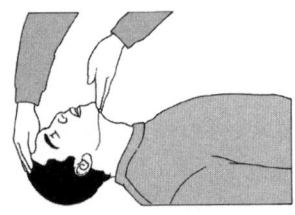

◉ 恢复呼吸道畅通

抬高患者的下巴，将他的头部倾斜，这样他的舌头就会偏向喉咙的一侧，从而使呼吸道恢复畅通。然后，跪在患者的肩侧，将一只手的两根手指放在他的下巴部位，将另一只手放在他的前额上，轻柔地将他的头部推回原位。如果患者的脖子可能已经受伤，在移动他的头部时需要十分小心。

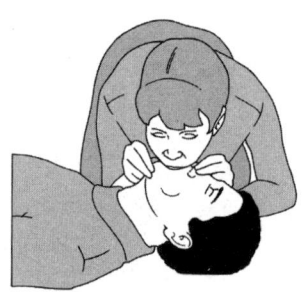

◉ 人工呼吸

人工呼吸的要领是：首先，保持患者呼吸道畅通。急救者捏住患者鼻孔，然后深吸一口气，对准患者口腔用力吹2秒钟，直到他的胸部隆起。吹气停止后放松患者的鼻孔，让他从鼻孔出气，4秒钟之后再进行下一次吸气。如果患者脉搏开始跳动，则按每分钟10次的速度进行人工呼吸，并继续检测他的脉搏，直到医务人员到达。如果患者仍然没有脉搏，医务人员将使用其他方法帮助他恢复呼吸。

换气过度

人们在焦虑不安或恐慌时可能产生不正常的快呼吸或深呼吸，这会使血液中氧气过量，从而导致头晕、手脚颤抖、痉挛或晕倒。遇到这样的情况时应该将患者转移到安静的地方，让他们对着纸袋呼吸。患者呼出的气体中氧气含量较少，通过再次吸入这样的气体，他们就能逐渐恢复正常呼吸。

气喘

现在患有气喘的青少年越来越多，气喘会使呼吸道肌肉收缩，导致呼吸道变窄，从而造成呼吸困难。灰尘、花粉、食品和药品过敏，以及和动物的接触都有可能引发气喘。

气喘患者通常都随身携带药物，以便控制病情。当他们气喘发作时，你应该帮助他们服用药物，尽量使他们保持平静舒适的状态，并且鼓励他们缓慢地深呼吸。5分钟之后，这种病情应该就能得到缓解。如果这是患者的第一次发作，或者他的病情恶化，或者患者服用药物后没有产生疗效，那么你应该立即寻求医疗救助。

诸种伤后处理方法

我们时常会受到一些轻伤，本节所介绍的方法能有效地缓解这类伤势。当人们受到重伤，或是长期感到某个部位疼痛时则需要尽快去医院接受检查治疗。

如果人体受伤时引起皮肤破损，致使血液从体内流出，这种情况称为外出血。如果皮肤没有破损，而血液仍然从血管中流失，这种情况称为内出血。

鼻出血

当人们的鼻子受到重击时，可能会引起鼻内血管破裂，导致流鼻血。此外，高血压也会导致鼻出血。图中介绍了止鼻血的方法，在鼻血止住之后24小时之内，需要防止鼻子受到撞击或挤压。

◉ 鼻出血

让流鼻血的人坐下，身体前倾，以防止他咽下鼻血。然后让他捏住鼻孔，以加速血液凝结，10分钟之后再松开鼻孔。如果这时鼻血仍然没有止住，再捏鼻孔10分钟。

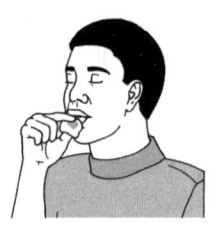

◉ 嘴出血

嘴部出血的处理方法和鼻出血类似，让嘴出血的人坐下，身体前倾，吐干净嘴里的血水。然后用一个软垫按住伤口，持续10分钟。

嘴出血

舌头、嘴唇或嘴巴内层的伤口都有可能引起嘴部出血。这些伤口可能是被自己的牙齿咬伤,也可能是嘴部遭受重击造成的,还有可能是嘴内放入锋利的物体而划伤的。

头部受伤

头部受伤可能会伤及脑部,后果十分严重。还有可能造成皮肤破损,导致血液流失,伤者必须马上去医院接受治疗。

扎伤

人们在自己家或花园行走时可能会被某些物体扎伤,例如门缝处的玻璃碎片、尖硬的树枝,甚至是放在花园里的工具。

大出血

胸部、腹部和腿部都是血管分布密集的部位,所以这些部位受伤后常会引发大出血。右图中介绍了处理大出血的方法,这种严重的伤情需要迅速得到治疗。

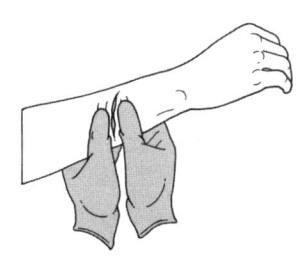

◉ **大出血的处理**

急救者应该将伤者的伤口边缘挤压至一处,并将其手臂抬高到心脏以上位置,以此减缓血液流失的速度。同时,在伤者伤口上方放一个软垫,并用绷带固定好。这类严重的伤者需要尽快送往医院。

烧伤

当某人被烧伤后,医生首先需要清楚他被烧伤的原因,以便采取正确的治疗方案。

如果烧伤已经影响到了伤者的呼吸道,就有可能引起呼吸困难。在这种情况下,急救者可能需要对伤者进行人工呼吸。

烧伤可分为 3 种类型。浅层烧伤通常只伤及表皮,程度较轻。部分皮质烧伤会烧伤皮肤,形成水泡。全皮质烧伤会伤及皮下的神经、脂肪和肌肉组织,其后果最为严重。

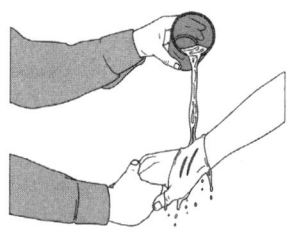

◉ **给烧伤部位降温**

如果有人被烧伤,请尽快用流动的冷水给患者的烧伤部位降温至少 10 分钟,以止痛并防止伤势扩散。然后让患者躺下,以减少不必要的身体活动。然后马上去医院接受治疗。

各种烧、烫伤原因

烫伤——由热液、热油和热蒸气等引起的烧伤。

干烧伤——由香烟和绳索等物的燃烧引起的烧伤。

电烧伤——由高压电流、低压电流、电缆以及闪电引起的烧伤。

冻伤——由液态氧、液态氮或霜害引起的冻伤。

化学烧伤——由脱漆剂、漂白剂等引起的烧伤。

放射烧伤——由 X 射线或日光引起的烧伤。

烧、烫伤的处理

急救者应该帮助患者止痛,以防止伤势恶化或伤口感染。最常用的处理方法是用凉水给烧伤部位降温,并将伤口包扎起来,将患者送往医院接受进一步治疗。

知 识 档 案

临时绷带

在没有携带急救箱的情况下,可以用枕头套、围巾或擦碗毛巾等材料自制一条临时绷带,其步骤如下图所示。需要注意的是,制作绷带时不能使用过于柔软的材料。这种临时绷带能够起到止血的作用,当患者被送到医院之后,医务人员将会除去绷带,然后对伤口进行治疗。

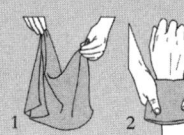

肌肉和骨头受伤的处理

肌肉受伤包括肌肉扭伤和拉伤,以及较为严重的组织撕裂。韧带和肌腱也有可能发生扭伤和撕裂。骨头受伤通常会引起骨头破碎或骨折,受伤者可能需要进行手术治疗才能使骨头回复原位。

肌肉通过肌腱附着在骨头上。韧带这一结缔组织支撑着人体内的关节。因为肌肉和骨头是紧密连接在一起的,所以肌肉受伤有时会引起骨头受伤,反之亦然。

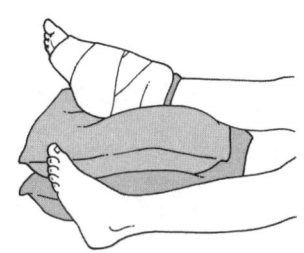

⊙ **扭伤和劳损的处理方法**
将受伤者的腿用一个家居用品或援救者的膝盖支撑,然后将受伤部位用冰袋冷敷10分钟。如果没有冰袋,可用一包结冰的蔬菜应急。然后将受伤部位用纱布包裹,并用绷带固定。医生检查受伤部位时仍需将伤者的腿部抬高。

扭伤

关节周围的骨头受到韧带这种组织的支撑作用。关节部位的突然扭曲动作,例如落地不当引起的踝关节扭曲,有可能会造成韧带扭伤,而且通常会导致韧带撕裂。

肌腱和肌肉本身也有可能发生撕裂,并且导致内出血。

肌肉劳损

肌肉伸展幅度过大时可能会引起肌肉劳损,同时导致内出血。如果你没有充分热身就开始进行短跑或其他剧烈的运动,就有可能引起肌肉劳损。

肌肉劳损和扭伤的处理方法是相同的。首先,将受伤的手臂或腿摆在一个相对舒适的位置,然后进行冷敷,并将手臂或腿抬高。冷敷的具体方法是将浸在冷水中的毛巾拧干后放在受伤部位上;或是将冰块用布包裹起来制成冰袋放在受伤部位上。这些处理方法能够起到止痛的作用,并且能够缓解肌肉肿胀和瘀血的状况。如果扭伤或劳损的状况很严重,伤者必须去医院接受治疗。如果伤势较轻,那么伤者只需接受简单的检查和充分休息即可。

骨折

虽然骨头坚韧而且有弹性,但骨头在遭受重击时仍然有可能发生骨折。骨头在遭到剧烈扭动的情况下还有可能发生脱臼错位。骨折可分为两种,如果断骨穿破皮肤,称为开放骨折或穿破骨折;如果皮肤没有受到损伤,称为闭合骨折。

如果有人四肢中的一个部位出现了骨折,如果没有必要的

知识档案

三角悬带

首先,将受伤的手臂放在胸前最舒适的位置,并用另一侧的手支撑。将绷带的一端放在受伤的手臂下打开,将绷带的另一端绕过颈后(图1)。然后,将绷带下方拿起,将两端在受伤一侧的肩窝处系紧(图2),绷带两端都需塞入平结下方。靠近肘部的绷带需要一个安全别针固定在正面(图3),这就形成了绷带的一个角,并且能起到固定肘部的作用。如果急救者没有安全别针,可以用一个薄片状的物体代替。急救者应该经常检查悬带,以确保受伤手臂的血液流通。如有必要,急救者还可以解开悬带,重新固定(图4),在这个过程中应该尽量避免拉动受伤的手臂。

话，千万不要动伤者，也不要动他那个骨折的部位，因为这样做有可能会导致伤势更加严重，而且可能会让伤者感觉非常疼痛。可以用手支撑着他那只受伤的手臂或腿，并且要保持受伤部位平稳，或者，如果骨折的部位是手臂，可以把它固定在一根吊带上。这样做有助于保护受伤的手臂，并可以让它处于静止不动的状态。然后，尽可能快地寻求帮助。

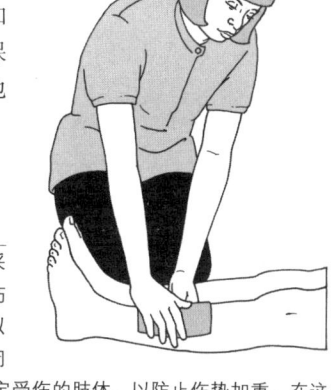

包扎伤口的用品

人们处理擦伤和其他各种伤口时，通常是将已消毒的纱布用绷带固定，然后贴在伤口上，这种方法能够起到止血和防止感染的作用。现在的药店都有这种成品出售，而且有各种型号。当受伤时，为了避免感染和减少失血量，最好用这种方法处理伤口。

⊙ **骨折的处理方法**

对于开放骨折，急救者采取的方法是用纱布盖在伤口上轻柔地施加压力，以达到止血的目的。对于闭合骨折，急救者需要固定受伤的肢体，以防止伤势加重。在这两种情况下，人们都应该迅速将伤者送往医院接受治疗。

动物咬伤和蜇伤的处理

昆虫和动物通常都会尽量避开人类，它们只有在被激怒、受伤或受到惊吓时才会对人类发出攻击行为，例如被人围攻或被人误踏。被动物咬伤或蜇伤这种情况通常发生在我们的旅途中或是乡间，此外，蛇和蜘蛛也会出现在某些地区的房屋之中。

大多数的动物蜇伤人后都会产生不适感，但是它们通过简单的急救方法即可治愈。动物咬伤则通常会产生严重的后果，而且它们可能会向人体内注入毒素。

⊙ **动物咬伤的急救处理**

首先清洗出血的伤口，然后用纱布包好伤口，并用绷带固定。如果是被狗等动物咬伤的，有可能会感染破伤风，在这种情况下应该立即去医院打预防针。

毒蛇咬伤

世界上温度较高的地区常常分布有很多毒蛇。如响尾蛇、罗曼史珊瑚蛇和铜头蛇等属危险的蛇种，当进入可能有这些蛇类生存的区域时，需要格外小心。大多数蛇都是在受到惊吓或被人误踏的情况下才会咬人，所以当看到蛇时，应该马上离开，避免惊扰它。

当有人被毒蛇咬伤时，应该马上求救，并且在医务人员到达之前安抚伤者，帮助他保持镇定。这一点非常

响尾蛇　　蝰蛇

⊙ **毒蛇咬伤的处理方法**

当某人被毒蛇咬伤之后，应该尽量让他保持镇定，并让他躺下，使被咬部位低于心脏的位置，这种方法能够防止毒素迅速向全身扩散，伤者必须尽快得到医疗救治。上图是两种常见的毒蛇。

重要，因为情绪过于激动会使心跳加快，加速蛇毒在体内的扩散。

其他动物咬伤

动物在咬伤人时会在皮肤上刺出较深的小孔，从而将细菌注入人体内，这些细菌有可能会使人体产生过敏性休克。

过敏性休克是毒素进入人体后所产生的一种严重的过敏性反应，其特点为血压下降和呼吸困难。患者皮肤转为红色，并且出现斑点，其脸部和颈部还有可能肿胀。当人体出现上述症状后，必须迅速送往医院接受治疗。

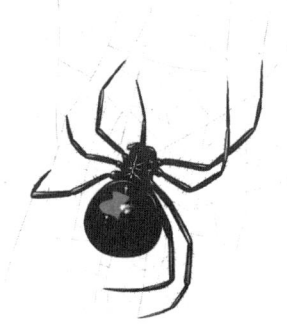

⊙ 蜘蛛咬伤的处理方法

某些蜘蛛，例如黑寡妇是有剧毒的。蜘蛛咬伤的处理方法和毒蛇咬伤相同。

昆虫蜇伤

人们被黄蜂、蜜蜂或大黄蜂蜇伤时常常会感到疼痛，被蜇伤的部位也会变得红肿。这种蜇伤本身不会产生危险，但是它有可能导致过敏性休克，其后果非常严重。如果一个人被蜇伤了好几下，他的喉咙和呼吸道有可能会肿胀起来，这种状况必须尽快得到治疗。

其他动物蜇伤，例如某些蝎子蜇伤人后可能会导致严重的后果。因为这些动物体内的毒素毒性很强，人在被它们蜇伤后需要接受治疗。

被昆虫咬伤会导致昆虫毒液或其它毒素注进你的皮肤。昆虫毒液会引发过敏反应，这种过敏反应是否会很严重，则取决于你对毒液或其它毒素的反应。

对于轻微的过敏反应，可将患者转移到安全的地方，以免更多的咬伤。然后用直角边的物体，比如信用卡或刀背，擦掉或刮掉毒刺，再用肥皂和清水清洗被咬的部位。不要试图拔掉那些刺，这样会释放更多毒液。若想减少疼痛和肿胀，可用冰袋或装满冰块的衣服敷在伤口上，用0.5%或1%的氢化可的松乳膏、炉甘石液或者烘烤过的苏打糊（用1茶匙水兑3茶匙烘烤过的苏打粉制作出来的糊状物），在咬伤或疼痛部位一天涂几次直至症状消褪。一些过敏反应还包括恶心反胃和肠抽搐，痢疾腹泻或直径超过5厘米的肿块。如果出现了任何一种症状，请马上找医生问诊。

有些严重反应会迅速加重，当出现诸如呼吸苦难、嘴唇和咽喉疼痛无比昏迷、晕眩、思维混乱、心跳加速等症状时，请立即拨打120或紧急医疗援助中心电话。在等待医疗救助人员到来之前，你还可以立即采取以下措施：

1. 检查身边有无携带着过敏症治疗药物，比如肾上腺素自动注射器，以便进行特殊的药物治疗。你可以根据指示注射麻药——通常在靠大腿处挤压针管，在注射部位持续几秒。按摩注射部位10秒能提高肾上腺素的吸收。

2. 注射肾上腺素以后，让患者服用一片抗组织胺药，如果他或她不会因窒息而无法服用的话，可让患者背朝下躺好，让他或她的脚的部位高过头，给患者宽解过紧的衣服，用毛毯盖住患者的身体。不要给他们喝任何饮料。

3. 如果患者出现呕吐或吐血的症状，让他或她的身体坐起来向前倾，预防休克。

海洋动物蜇伤

僧帽水母、海葵和水母等海洋生物会通过它们触须上的蜇刺放射毒液。如果看到水母或类似生物漂浮在海面上，应该马上上岸。如果在海滨岩石间的水坑玩耍，应该穿上鞋，以防被海葵蜇伤。

⊙ 海洋动物蜇伤的处理方法

如果有人被有毒的鱼类、水母或僧帽水母蜇伤，急救者需要让伤者坐下，帮助他保持镇定，并用醋或海水冲洗伤口以缓解毒液产生的不适感。如果蜇伤很严重，伤者需要接受医生的治疗。

生物天地
Bioscience

狮子为什么要吼叫

当被问到曾经在哪里看见过狮子吼叫的画面的时候,可能大多数人都会在脑海里回忆起米高梅电影公司制作的电影片头吧!但是,具有讽刺意味的是,米高梅电影片头里的狮子只能说是在咆哮,因为它被正在拍摄它的摄像机激怒了。真正吼叫的时候,狮子的表现是这样的:它噘起嘴唇,突出下巴,嘴冲着大地,身体抬起,然后用力发出有节奏的叫声。狮子的吼叫声非常具有震慑力,胆小的人会被它吓破胆而变得神志不清。如果你足够胆大,在非洲的夜晚,你就能够听到8千米以外的狮子的

⊙ 一头雄狮正在吼叫,声音能够穿越开阔的东非稀树大草原而传到很远的地方。对闯入者来说,这是一个非常明确的信号,表明这个地方已经归其所有,如果硬要进入,就会遇到强烈的抵抗。这种吼叫声大多在日落之后发出,有的时候也在狮群杀死猎物后发出。

吼叫声。这样说来,狮子的吼叫声虽然没有人类语言的某些优点,但是,它却可以当之无愧地被称做靠叫声交流的"兽中之王"。

狮子是一种社会性动物,它们的社交方式非常复杂。一个狮群中的个体可能分布在50平方千米的范围内,也就是说,相互之间离得比较远,而另外一个狮群中的某些个体则可能离它们非常近。如果一头狮子误闯入其他狮群的领地,很可能会被当做敌人而被杀死,所以极有必要和"朋友"保持联系,而和"敌对者"保持必要的沟通则可以避免被误杀。就像其他社会性动物保持既相对独立又密切联系的关系一样,狮子之间即使相隔很远也能保持相互的交流,这种相隔的距离很可能在人类的听力所能达到的范围之外。一次吼叫的程序是这样的:先是一阵长而低沉的咕噜声,紧接着而来的是一串断断续续的啸声。雄狮和母狮都会吼叫,不过雄狮的声音更加清亮和持久。

只有在想要控制某块领地的时候,狮子才会在晚上吼叫,而且不等声音静下来,它们就采取实质性的行动。大多数年轻的雄狮在为自己开拓领地而到处游荡的过程中,都要隐忍一段时间,尽量避免和当地的雄狮发生直接冲突;当地的狮子在晚上冲着其他狮子吼叫的时候,年轻的雄狮会保持沉默。而一旦建立并巩固了自己的领地,它们才会开始吼叫。科研人员曾经用录下的狮吼声,来研究狮子相互吼叫的意图。科学家在坦桑尼亚的塞伦盖蒂国家公园和恩戈罗恩戈罗火山口地区建立了一套高质量的语音广播系统,向狮子们播放事前录好的狮吼声,来研究狮子的反应情况,结果表明,吼叫是狮子之间相互交流某种信息的手段。

研究表明,某些吼叫声是让它们放心的信号。带幼崽的母狮需要辛勤捕猎来养育幼崽,而雄狮则负责保护它们的安全。因此一个狮群中的雄狮很少和母狮、幼狮待在一起,它需要在栖息地的四周到处巡逻,防止外来者咬死幼狮。在晚上,当母狮听到一头雄狮(而且是小狮子的父亲)的吼叫声的时候,它就可以放心了,这表明,在这个时候它们是安全的;但是当听到一群陌生的雄狮在

附近发出吼叫声的时候，这就表明，一定有可怕的事情发生了，且非常危险。

研究者向一群母狮和幼狮播放雄狮吼叫的录音，当播放的是它们自己所在狮群中雄狮的吼叫录音的时候，母狮们几乎没有什么反应；但是，当向它们播放别的狮群中雄狮的吼叫声的录音时，母狮们就会变得焦躁不安，或者向扩音器的方向怒吼，或者集合起小狮子立刻逃走；当向它们播放别的狮群中母狮的吼叫录音时，母狮也会做出反应，认为是竞争者来了，它们会很自信地接近扩音器，准备发动攻击。

⊙ 一头母狮正趴在一处小山岩上吼叫，可能是在召唤它走失的幼崽。除了标志领地主人的吼叫声之外，狮子可能至少还有另外 8 种叫声，分别表示不同的意思。

更进一步来说，母狮们能够听出周围有几头狮子正在向它们靠近，从而做出不同的反应。向一群母狮播放的录音中如果只有 1 头陌生狮子的吼叫声，这群母狮会根据自身有几个同伴而做出不同的反应。当录音中只有 1 头狮子的吼叫声的时候，单个的母狮很少会向扩音器接近；如果有 2 头母狮，它们向扩音器接近的几率会达到 50%；如果有 3 头母狮的话，则肯定会接近扩音器。当录音中有 3 头陌生狮子的吼叫声时，3 头在一起的母狮的反应就如同 1 头母狮听到 1 头狮子吼叫录音的时候一样；4 头在一起的母狮的反应就如同先前的 2 头母狮的反应一样。依次类推，这种连续的反应强有力地证明了狮子是能够"识别数字"的，它们能同时意识到周围有几个同伴，有几个外来者。

当一头狮子听到另外一头狮子的吼叫声时，它能够分辨出吼叫的狮子是一头雄狮，还是一头母狮；是一个同伴，还是一个敌人；而且能够分辨出同伴的数目与正在吼叫的狮群的数目哪个更大哪个更小。母狮所在的狮群一般有 1~18 头母狮，但即使在最大的狮群中，各个成员待在一起的时间也很短。母狮一旦集结起来，占据压倒性优势的数量，它们就会对扩音器中的狮吼声做出反应，一边发出吼叫声召唤同伴，一边向扩音器接近，准备发起攻击。

⊙ 一头母狮正和狮群中各个年龄段的幼狮待在一起。它高度警惕，密切地关注着周围的情况。一旦听见附近的狮吼声，它就能够迅速地判断出到底发生了什么情况，是要准备战斗，还是要准备逃跑，抑或安详地待着不动。

研究狮子的专家通过播放录音而知道了狮子对吼叫声的反应，但是，仅仅这样是不够的，还需要更精确地知道狮子仅凭听到吼叫声是如何辨别出发声的狮子的。有些狮子的吼声沙哑刺耳，有些比较清晰且声调适度，更有些狮子能够根据目的不断地变换声调——有的时候声音很低沉，有的时候，吼叫声则显得漫不经心。在动物王国里，动物的大多数叫声都表示某种意义，而人类只不过刚刚掌握了它们最简单的那一部分，其余的还有待我们继续进行深入的研究。

猎豹的领地保护策略

在坦桑尼亚的塞伦盖蒂平原，母猎豹要么自己单独生活，要么与自己的幼崽一块儿生活。母猎豹的领地常常随着年年迁徙的汤氏瞪羚而转移，有的时候距离可达 800 平方千米。与此相反，雄猎豹大多是两三只生活在一起，甚至一生都是这样，但也有雄猎豹单独生活的。在这些雄猎豹组成的小团体中，约有 70% 的小团体其成员是来自同一窝的"兄弟"，约有 30% 的小团体其成员中包含没有血缘关系的"朋友"。与母猎豹不同的是，雄猎豹的领地相对固定，不随着猎物的迁徙而移动；但是，当它们的领地里缺乏足够的猎物的时候，雄猎豹也会暂时到领地之外的附近区域捕捉猎物。从表面上来说，雄猎豹的小团体和雄狮的小团体具有相似性，比如，都主要是由具有血缘关系的成员组成的，小团体具有永久性，小团体成员经常联合在一起保卫"家园"。但从深层次上来说，雄猎豹的小团体与雄狮的小团体是不同的，联合保卫"家园"的行动并不能满足雄猎豹的要求，因为母猎豹经常迁徙不定，而且经常独立生活。

成年雄猎豹表现出两种截然相反的行为方式。定居的雄猎豹经常在它们的小块领地（约 37 平方千米）上用尿痕做出标记，即使它们不是在一年之内一直占据这些领地，它们也常常会为保卫这些领地而战斗。而那些到处游荡的雄猎豹则不同，它们的游荡范围非常大，约有 777 平方千米，而且很少在该范围内用尿痕做出标记。这些非定居者的生活比定居者要艰难得多，即使在晚上睡觉的时候，常常也要保持高度警惕。它们的身体常常保持在紧张状态，可的松（一种激素）保持在一个非常高的水平；身体状况常常比较差，白血球的数量很高，嗜曙红细胞也很多，全身肌肉比较少，而且患有疥螨引起的兽疥癣。

所有的雄性小猎豹在长大以后都要离开母猎豹的领地，开始出去游荡。有些一开始就建立了它们自己的领地而定居下来，有些则终其一生也没建立自己的领地，终日游荡。但是，也有完全相反的情况，有些一开始建立了自己的领地，但是后来却失去了，以游荡而终；有些一开始没有建立自己的领地，但是到最后却有了自己的领地。那些到处游荡的猎豹经常会碰见定居的猎豹，前者要受到后者极具进攻性的侵犯，可能是因为后者害怕它来抢走自己的"地盘"。

⊙ 下面的地图显示了 3 类不同猎豹"家庭"的领地，这些领地与其他猎豹"家庭"的领地有重合的地方。这是同一时期在塞伦盖蒂平原观测到的。

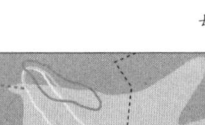

母猎豹　　年轻的雌猎豹　　年轻的雄猎豹

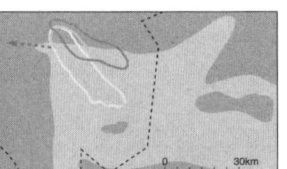
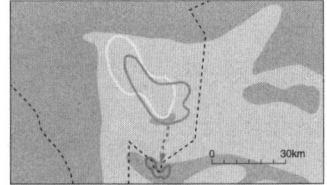
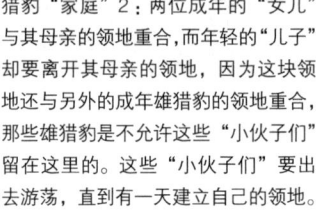

猎豹"家庭"1：两只同一窝出生的雌猎豹其领地是重合的，而且还与其他猎豹的领地重合，包括它们母亲的和几只雄猎豹的领地。领地之所以如此巨大，是因为它们的领地会随着猎物的迁徙而扩大。

猎豹"家庭"2：两位成年的"女儿"与其母亲的领地重合，而年轻的"儿子"却要离开其母亲的领地，因为这块领地还与另外的成年雄猎豹的领地重合，那些雄猎豹是不允许这些"小伙子们"留在这里的。这些"小伙子们"要出去游荡，直到有一天建立自己的领地。

猎豹"家庭"3：在大草原上，一位"母亲"和一位"女儿"的领地在很大程度上重合了；而两位"小伙子"则跑到了距离其母亲领地 18 千米外的地方，建立了自己的领地。它们成功地赶走了原先占据着这个地盘的两只成年雄猎豹，然后拥有了这个地方。

雄性猎豹小团体比起单个游荡的雄猎豹来更容易建立起领地。曾经有一项调查表明，在被观察的 35 只单个的猎豹中，只有 9% 建立起了领地，而被观察的 25 个猎豹小团体中，有 60% 的小团体建立起了领地。一种似是而非的解释认为，小团体在争夺领地的战斗中具有"数量"上的优势。的确，为争夺领地而发生的战斗是猎豹死亡的重要原因，而且猎豹死在领地边缘和领地内部的

⊙ 一群刚刚占有领地的年轻雄猎豹正看着一只闯入它们领地的陌生的雄猎豹。它们太"年轻"了，还没有觉察到这位"流浪汉"来者不善。如果换成成年的雄猎豹，早就把陌生的闯入者赶走了。

要比死在领地外边的多得多，还有许多雄猎豹在刚刚得到领地的那段时间内死亡。雄猎豹会占有一块领地约 4～4.5 年的时间，小团体比起单个猎豹会更加经常地更换领地，而单个猎豹常常占领"无主"领地，也就是说，单个猎豹得到领地并不一定比小团体艰难。事实上，小团体保有领地的时间并不比单个猎豹保有的时间长，较大的团体也并不比较小的团体占有的领地大。因此，小团体更容易获得领地的真正原因是，在它们离开母猎豹而互相争夺领地的第一时间里，小团体比起单个个体更容易抓住机会。

拥有领地有什么好处呢？人们发现，占有领地的母猎豹比不占有领地的母猎豹要多得多；在所保护母猎豹数量方面，有领地的雄猎豹的数量是没有领地的雄猎豹的 4 倍。这么看来，雄猎豹们占有的领地是母猎豹的"聚集区"。尽管人们还不太清楚对于组成小团体的每只雄猎豹来说，在繁殖后代上有什么特别的好处，但是人们观察到，在一年之内某个时期母猎豹集中的地方，小团体成员能够有更多的机会进入。这样说来，组成小团体的雄猎豹遇到母猎豹并与之交配使之受精的机会大增，而单个个体就没有这么多机会了。对于猎豹和狮子来说，雌性的高密度分布是雄性形成小团体的原因。在雌性比较分散、密度比较低的地方，许多雄性猫科动物则单独生活，如短尾猫、猞猁、美洲狮、豹、中南美产的小豹猫、雪豹以及老虎等。

但是，雌性分布的高密度和领地的相互重合，在猫科动物中并没有使雄性有多么强的社会性。人们现在还不太清楚一个现象——除了家猫和狮子之外，雌性猫科动物大都单独生活，其中也包括母猎豹。人们推测可能有 3 种原因：

一是母狮子的栖息地比较开阔，而且捕食的猎物体型非常大，这就需要母狮子生活在一起；否则，单个的母狮要吃完一个大型猎物的肉都需要很长的时间，难保在它没有吃完的时候就被其他掠食者偷走。特别是在一个地区内的同类比较多的时候，自己的猎物就更容易被偷走了，所以，在这种情况下，有血缘关系的母狮生活在一起比较有利，可以分享食物，这总比让那些毫不相关者偷走食物强。不过，这种情况只适合于狮子。

二是只有狮子的猎物是大型的动物，而且数量比较充足，足以养活生活在一起的一群母狮。对于其他雌性猫科动物来说，如果一群生活在一起，那么食物的数量会明显不足以养活它们。尽管其他雌性猫科动物有的时候捕捉到的猎物体重是它们自身的 1～2 倍，但还是不够它们分享。

三是母狮生活在一起可集体防御外来雄狮的入侵，因为这些外来雄狮可能会杀死它们的幼崽。但是，在许多猫科动物中也存在这种"杀婴行为"，不过雌性却并没有生活在一起。因此，这种解释不足采信，也就是说，大部分雌性猫科动物以及母猎豹没有生活在一起这一现象与雄性的"杀婴行为"无关。

对于为什么雌性猫科动物缺乏社会性这一问题，人们目前还没有完全了解其中的原因，但前两种似是而非的猜测往往阻碍人们去获知真正的原因。

猴类与人类相似性的局限

查看任何关于猴子群居行为的文档,你都可能会被诱导然后认为它们与人类存在显著的相似性。猴子生活在复杂而充满"权谋"斗争的社会当中,它们和我们一样,会产生情感,做出各种面部表情,会采取有计划和预谋的行动。但同样明显的是,猴子们并不是披着毛皮的人:它们没有语言,不会制造工具,不能讲故事或是写书。猴子的智力状况尚处于我们未知的领域,介于程序化而无思维能力的自动机器和完全进化的人类之间。

⊙ 长尾黑颚猴的幼猴不能对报警行为做出适应性的调整,因为它们的父母从来没有专门"告诉"过它们这些知识。

到底是什么使猴子不同于我们人类?我们如何描述它们这种与人类相似而又如此不同的智力呢?

如果我们要对人类进行详细的研究,就需要借助语言这个向导。语言提供了启迪我们思考的一个窗口。猴子没有掌握语言但却能相互交流,多年来科学家们就是通过利用灵长类的声音交流来研究它们是如何思考和认识世界的。

许多动物都能从同类中区分出其亲属。通过长尾黑颚猴和狒狒的野外播放录音实验发现,非人类的灵长类动物也具有这种能力。这两种猴子都过着群居生活,由母系家庭组成,实行线性的等级制度。在一项包括狒狒的实验中,研究者一直等到 2 只成年雌性狒狒(分别称为 B 和 D)把各自的孩子搁在别处,互相靠近休息时,突然从一个隐藏的喇叭中播放两个群体成员挑衅或顺从的叫声,并录下这两只雌猴的反应。当录音连续重放与这两只雌猴无关的两只猴子之间的争斗声时,它们都没有什么反应。如果录音模拟一只无关猴子和一只与 B 有近亲关系的猴子之间发生战斗时,D 会看着 B。如果模拟与 B 和 D 都有亲缘关系的两只猴子之间的战斗,两只雌猴就相互对视。此外,在接下来的 15 分钟,雌猴 B 增加了对 D 的攻击倾向。同样地,来自长尾黑颚猴两个家庭成员之间的争斗,也经常会激起两个群体当中其他没有瓜葛的成员之间的战争。

猴子们似乎还能辨别出其他猴子近亲的等级。当主题变成播放模拟一场争斗的叫声时,比如猴子 D 恐吓更高等级的猴子 B,猴子们会对这种明显违背等级秩序的行为表现出极大的兴趣。一只处于中间等级的猴子,不仅将其他成员分为等级高于和低于自己的两组,在其思想中似乎还存在着现行的等级秩序观念。

因此,和人类一样,猴子们不是将它们的社会群体看成个体的随意组合,而是将其看成一个有序的母系社会关系网络。此外,有更好的理由让自然选择眷顾这种富有社会经验的物种。尽管许多动物与近亲成员结盟,但似乎只有非人类的灵长类能策略性地吸收新的联盟成员。想要做出策略性的选择,就必须拥有关于群体成员之间关系的广泛知识,这是一种心理技能。如想要在 80 只狒狒的群体当中舒适地生存,就必须具备处理这些信息的心理结构。

⊙ 两群长尾猕猴间出现了紧张的对峙。介入这两个对立集团之间的争斗,获得的"奖赏"有可能就是群体的领导地位。

猴类的叫声是否也具有人类语言的某些特征呢?乍一看,似乎是这样的。比如说,长尾黑颚猴的警报声似乎就具备和人类的单词一样的功能。它们的叫声中包含了关于构成威胁的动物的特定信息:如看见豹子之后的叫声会使同伴们跑到树上;另一种关于"鹰来了"的叫声会使同伴向上看,并跑进树丛当中;而"蛇来了"的警报声会让同伴们用后脚站立,并向周围的草丛中仔细看。但人们如何才能探测到猴类听到警报声后几秒钟内的心理反应过程呢?

在非洲西部的雨林中,戴安娜长尾猴在面对豹子和老鹰的时候也会发出不同的警报声。一般来说,当听到豹子的咆哮声、鹰的尖叫声或雄性戴安娜长尾猴的"鹰来了"的警报声时,雌性会发出针对某种特定掠食者的齐整的尖叫声。但是,如果雌性先听见一只雄性关于豹子的警报声,在5分钟后自己又听见豹子的咆哮声,这时它们就不会对咆哮声做出回应了,这对于鹰来说也是一样的。如果它们在听见一种类型的报警声之后,又听见另一种掠食者的叫声,这个时候雌性是会发出齐声的警报的。很明显,雌性戴安娜长尾猴能将豹子的咆哮声和雄性关于豹子的警报声归为功能相同的一组,分类的方法不是看这些声音是否听起来相似,而是根据这些叫声所表示的危险的内容。

不过,从另一方面看来,猴类的叫声和人类的语言是有很大差异的。和人类不同,猴类似乎不会为新的情景发明新的"词语":它们既不会改变叫声,也不会学习新的叫声。同样重要的是,猴类从来不会改变它们的行为或叫声,也不会对不在眼前的事件或物体发表评论。比如说,长尾黑颚猴不会告知它的后代哪些动物是危险的,哪些动物是无害的。虽然成年猴子在面对掠食者的时候会发出警报声,但它们的警报声通常达不到警告后代的目的。同样,母狒狒只有在自己也和群体分开的情况下才会回应幼崽的"迷路"的叫声。和人类一样,猴类拥有像思维、信念和情绪这样的心理状态,但和人类不同的是,猴类似乎不具备了解"他人"心理状态的心理功能。

⊙ 在博茨瓦纳的莫瑞米野生动物保护区内,一群长尾黑颚猴正待在一棵树的树枝上面。长尾黑颚猴和其他某些种类的猴子能够面对不同的掠食者发出不同的警报声。

蝙蝠与昆虫的"斗法"

站在一盏孤立的路灯下,观察者会发现,一只飞蛾朝着路灯成螺旋状地飞了过去。突然,飞蛾改变了飞行的线路,向地面俯冲下去;与此同时,一只蝙蝠从空中出现,并且冲向飞蛾原来的飞行线路。这个现象的简单解释就是飞蛾听到了蝙蝠的声音,于是采取了躲避措施。更精确地说,它是对蝙蝠发出的声波或者生物性声呐做出了反应。飞蛾针对蝙蝠的袭击行为做出的飞行变化是这个充满了捕食者与猎物之间斗争的世界的典型写照。

包括一些飞蛾、草蛉、蟋蟀以及螳螂和甲虫在内的被捕食者,可以听到蝙蝠发出的超声波,这一点已经被分别证实了好几次。在大多数的案例中,我们发现,蝙蝠的声音是大多数这类昆虫在意的声音,而一些喜欢鸣叫的昆虫,比如蟋蟀以及一些飞蛾,不但留意其敌人的声波探测,而且也注意蝙蝠同类之间发出的交流信号。

那些被称为对声音敏感的器官分布于昆虫身体的各个部位,从头部、胸部、腹部到翅膀和腿部都有。大多数的昆虫利用听觉可以精确地判断出信号的强弱,并且以此判断蝙蝠的距离以及所能造成的威胁。虽然蝙蝠只能在 5 米内才可以发现昆虫,但是飞蛾却可以在 20～40 米外就可以听到蝙蝠的声音。蝙蝠使用的用于回声定位的超声波在空中减弱得很快,因此当蝙蝠收到回声的时候,昆虫往往已经处于非常有利的位置了。具有两只耳朵的昆虫可以根据声音来判断蝙蝠在左边还是右边,但是像螳螂这样只有 1 只耳朵的昆虫,就不能清楚地判断出声源的方向了。

从昆虫的角度来讲,它们并不是对所有的声音都同样敏感。比如,昆虫只有在 1 米内才可以听到那些"窃窃私语"的蝙蝠发出的比较安静的声波,这些声波是用于回声定位的,这个距离对于想要采取逃避行为的飞蛾来说,实在是太近了。绝大多数的飞蛾对频率为 20～60 千赫的声波最为敏感,因为大多数蝙蝠发出的声波就是处于这个波段。但是一些在空中捕食的蝙蝠,包括许多菊头蝠、蹄蝠及少数的犬吻蝠,使用的声波的频率主要是 60 千赫以上或者 20 千赫以下的。虽然它们发出的声音非常强,但由于这个波段的声音是飞蛾不太容易听到的,因此它们的叫声并不会让飞蛾及时引起警觉。

有一项实验表明,听觉良好的飞蛾和那些失去听觉的飞蛾相比,听觉良好的飞蛾被蝙蝠捉住的可能性降低了 40%。飞蛾不仅仅是那些空中掠食鸟类的猎物,它们还是那些声音频率容易被飞蛾听到的蝙蝠类动物的主食。比如,红毛尾蝠就喜欢在路灯周围徘徊,因为路灯不仅能吸引飞蛾,而且当飞蛾窥视灯光时,其警觉性就会受到灯光的影响,从而更容易被蝙蝠捉到。

在以声音为基础的与蝙蝠的竞争中,一些蛾类已经发生了改变。一些虎蛾身上有一股难闻的气味,因为它们的幼虫吃了一种含有某种化学物质的植物。这些飞蛾往往颜色鲜艳,这种鲜艳的颜色是对那些像鸟一样的掠食者的一种警告,掠食者往往会将这些鲜艳的颜色与恶心的味道联系在一起。一些其他的飞蛾则往往是噪音的制造者,它们发出的滴答声是用来警告蝙蝠的。当红毛尾蝠从飞蛾旁边经过时,会突然转向,向远离有难闻气

⊙ 飞蛾逃避蝙蝠捕食有好几种方法。有些会用折返转弯飞行来逃脱,如 1 处所示;有些会突然掉落到地上,如 2 处所示,或如 3 处那样强有力地潜落到植物或石头中,在那里不易被蝙蝠发现;有些有难闻味道的虎蛾会主动发出滴答声来警告蝙蝠,如 4 处所示,这种明显的警告可以使蝙蝠主动远离它们。

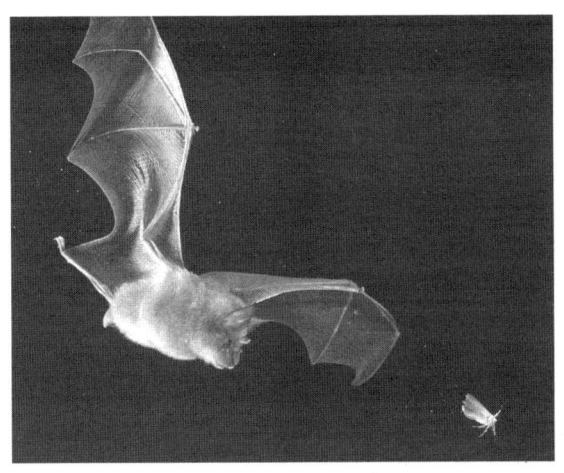

⊙ 这是一只正在捕食飞蛾的大菊头蝠，飞蛾是它们的主要食物。通过使用声音追踪仪对这种蝙蝠的研究，人们对它们的行为及对巢穴的选择了解了许多。比如它们喜欢在森林和牧场附近栖息，因为这两种地方是昆虫的聚集地之一。

味的飞蛾的一边飞去。即使它们的声音被破坏，蝙蝠抓住它们，也会迅速地放开它们并且毫发无伤，因为蝙蝠会迅速地分辨出它们身上难闻的气味。因此飞蛾的滴答声是对蝙蝠发出的一种明显的信号，这种信号表明它们是不能吃的。从发声时间和频率的角度来看，虎蛾发出声音的强度、频率以及持续时间都与蝙蝠的声波相似，很容易引起蝙蝠的注意。也有人说，这种滴答声可以惊吓蝙蝠或者通过扰乱它们的回声来影响蝙蝠对周围的判断。

还有一些夜间生活的昆虫缺少发现蝙蝠的器官，然而这些昆虫同样有各种各样的逃脱方法。一些不具有听觉能力的飞蛾通过隐藏在自己食用的植被里来隐藏自己的声音；其他的一些飞蛾飞行速度非常快，它们通过提高自己的体温达到同样的目的；另外，许多双翅目昆虫和蜉蝣类通过混在一大群飞蛾中来保护自己。

吸血蝙蝠间的"利他行为"研究

在众多种类的蝙蝠中，没有比吸血蝙蝠更多受到人们误解的了，它们甚至让人感到恐惧。世界上总共有3种吸血蝙蝠，生活在中美洲和南美洲，都是以血液为生。小吸血蝠和白翼吸血蝠偏好吸食鸟类的血液，因此适宜爬树，会到树杈上寻找待在窝里的雏鸟；普通吸血蝠则喜欢哺乳动物的血液，通常出现在牛、马和其他家畜身旁，如果那个地方没有家畜，普通吸血蝠就会转向吸食貘、鹿、刺豚鼠和海狮等哺乳动物的血液。

人们恐惧吸血蝙蝠是有理由的，因为它们有时还会攻击人类。比如在一个地区没有了家畜后，它们常常就会攻击人类。其实吸血蝙蝠咬到人身上时，人并不会感觉到多么疼痛，但一旦被其咬伤，就可能被传染上麻痹型狂犬病。由于吸血蝙蝠自身也容易感染这种病毒，所以它们的种群数量会经历周期性的巨大波动。尤其是吸血蝙蝠还有一种分享血液的行为，也就是吸食了充足血液的个体会给饿着肚子的同伴"反刍"血液，因此一旦有一个同伴感染了某种病毒，通过唾液传播的病毒必然会传染给其他同伴身上，其中包括狂犬病毒。

⊙ 在特立尼达，一只吸血蝙蝠正从一头休息的驴身上吸血。为了更好地吸食血液，吸血蝙蝠首先要选定猎物身体的某个特殊区域，该区域的血管必须离皮肤表面很近。然后它会用舌头把该区域有保护性的毛发舔开，最后再把该处的皮肤咬开一个接近圆环状的开口，从而吸到下面的血液。

⊙ 一只普通吸血蝠显露出它剃刀般尖锐的门齿，这种牙齿能够刺穿猎物的皮毛，从而舔食到猎物的血液。该种吸血蝠的鼻尖扁平，有利于它的嘴尽量地接近猎物的皮毛。

吸血蝙蝠的血液分享行为是在动物中极少出现的互惠行为，可以称之为"你帮我、我帮你的投桃报李原则"。要想理解为何吸血蝙蝠要冒着被感染狂犬病的生命危险互相分享食物，就必须要了解这些不同寻常的生灵的社会组织结构和生命历程。

普通吸血蝠常常以洞穴、涵洞管道或树洞作为白天的栖息所。在这些场所里，有时会聚集2 000只以上的个体，即使小型的最普通的群体也包含20～100只吸血蝠。在一个群体内，10～20只雌性会结成一个个更小的次级团体，栖息在一个地方常常达好几年。这些雌性中有一些有亲缘关系，因为雌性后代在出生后第二年达到性成熟时仍然会与母蝙蝠待在一起。同样也包含一些没有亲缘关系的成员，这是由于有一些成年雌性偶尔会在白天转换它们的栖息场所而进入其他小团体中。雄性也会组成小团体，达到10个成员的雄性小团体也并不鲜见，但是它们之间都是没有亲缘关系的，团体维持的时间也不会很长。出生10～18个月的年轻雄性会分散离开出生的团体出去单过，常常是与出生团体中的成年雄性打斗之后离开。一个典型的小团体是这样的：一只成年雄性与一群雌性及其幼崽栖息在一处，而在它们的旁边"悬挂"着其他的雄性，这些雄性会定期地进行争斗以获得接近雌性的机会。平均来说，这只成年雄性能成为该团体中一半幼崽的父亲，而且能占据这个位置大约2年的时间。因此普通吸血蝠的典型团体包含少数几只没有亲缘关系的成年雄性、一些具有亲缘关系的雌性及其幼崽。

从这个方面来说，吸血蝙蝠会比其他蝙蝠花费更多的时间在照料幼崽上。雌性吸血蝠一胎所生的幼崽总体重接近自身体重的20%，而它们的自身体重才只有30～35克。尽管吸血蝙蝠幼崽在出生时就能活动，但是它们生长得比较慢，哺乳期超过6个月。母吸血蝙蝠会给它们的幼崽补充其他食物，如会在幼崽出生后的不长时间内给它们"反刍"血液，幼崽在出生的头一年内会定期地得到母吸血蝙蝠"反刍"的血液食物。幼崽出生6个月后可以开始飞行，但到1岁时才能达到成年者的体重。

普通吸血蝙蝠通过气味和声音发现猎物。栖息在一个团体内的雌性会在邻近的地区活动，并且会保卫自己的领地，把其他的蝙蝠驱逐开。但即使在猎物非常丰富时，成功地得到"血液大餐"也是较为艰难的。为了咬住猎物并获得血液，一只吸血蝠首先必须选定猎物的较为温暖的部位，因为那里的血管接近皮肤易于咬开。吸血蝠会用鼻尖处的"热感受器"来锁定这一温暖部位，然后用其剃刀般尖锐的门齿咬开猎物的一小块皮肤。吸血蝠的唾液中含有抗凝血剂，可以使血液顺畅地流出，从而用舌

⊙ 一群吸血蝙蝠聚在一个岩石缝隙中休息。尽管吸血蝙蝠有时会聚集起2 000只的大群，但是这种大群还可以细分成更小的单位，典型的是10～20只母蝙蝠和它们的幼崽组成的关系更近的小团体。分享血液的行为通常只限于这些小团体成员之间。

头舔食。吸血蝠的"采血技术"需要学习才能掌握,那些1~2岁的年轻吸血蝠平均每3晚就会有1晚不能成功地采到血,而2岁以上的10晚才失败1晚。失败的原因是被攻击的动物非常警觉,有时会极力地挣脱咬在它们身上的吸血蝠。有的时候年幼的吸血蝠会跟着母吸血蝠同时或随后吸食猎物的同一处伤口,而且会在随后的晚上连续吸食同一猎物的同一伤口,这种现象并不奇怪。

如果一只吸血蝠采血行动失败,它就会返回栖息场所,向同住的伙伴请求支援,舔伙伴的嘴唇而获得血液。采血成功的伙伴对失败者的"捐赠"取决于两者的亲缘关系和联系。

对于吸血蝠来说,没有采集到血液是非常危险的,如果连续3天内喝不到血就会饿死。由于饥饿中的吸血蝠体重下降速度比最近喝到血液的吸血蝠慢,血液的受纳者所得到的存活时间比捐献者所损失的时间更长一些,因此互相帮助的血液分享行为对于参与者整体来说会获得净利。如果没有了这种互惠行为,吸血蝠每年的死亡率会超过80%,虽然人们知道有些雌性吸血蝠会在野外生存15年以上。

对于捐献者来说有一个问题,就是如何确定受纳者是个诚实的"人"而不是"骗子",即当捐献者遇到麻烦的时候它会不会以同样的方式回报而不是拒绝。吸血蝠为此采取的一个方法就是互相梳理毛发,这个时候至少可以判定对方的饥饿程度,因为吸血蝠成功地吸食血液之后,在30分钟内体重的一半以上都是血液,这会导致胃部的膨胀。在相互梳理毛发时一方就会发现另一方胃部的膨胀,而相互梳理毛发的工作会在分享血液之前来做。由于相互梳理毛发与血液分享的行为只发生于同居一处的可以信赖的成员之间,同伴的忠诚度看起来就对维持这种令人吃惊的交换血液的互惠体系非常重要。

大群有蹄类动物定期迁徙之谜

穿越冰雪覆盖的北温带北部森林地区和北极圈苔原,来到亚洲中部炎热的草原和非洲热带地区鳄鱼栖息的河流,每年上百万的蹄类动物都这样迁徙着。是什么驱使它们开始这壮观而危险的旅途?每次迁徙都是独特的吗?我们能从加拿大的北美驯鹿、西伯利亚大草原东部的瞪羚以及苏丹南部的克利根牛羚和赤羚的长途跋涉中找到一些相似之处吗?

为了回答这些问题,科学家已经开始解决这些数目庞大而无法辨别的动物群每年大范围的迁徙产生的混淆。

白须牛羚(黑斑牛羚的一个亚种)的迁徙或许是最著名的,同坦桑尼亚塞伦盖蒂国家公园的普通斑马和汤氏瞪羚有一定联系。在这里,科学家从20世纪50年代晚期开始一直在利用一系列科学技术研究,包括小型飞行器调查、

⊙ 图为常见的食短草的迁徙性动物牛羚,它们的迁徙活动反映出它们需要合适的食料、水和矿物质。在壮观的迁徙行动中,有些牛羚在过河时会成为鳄鱼的口中餐。

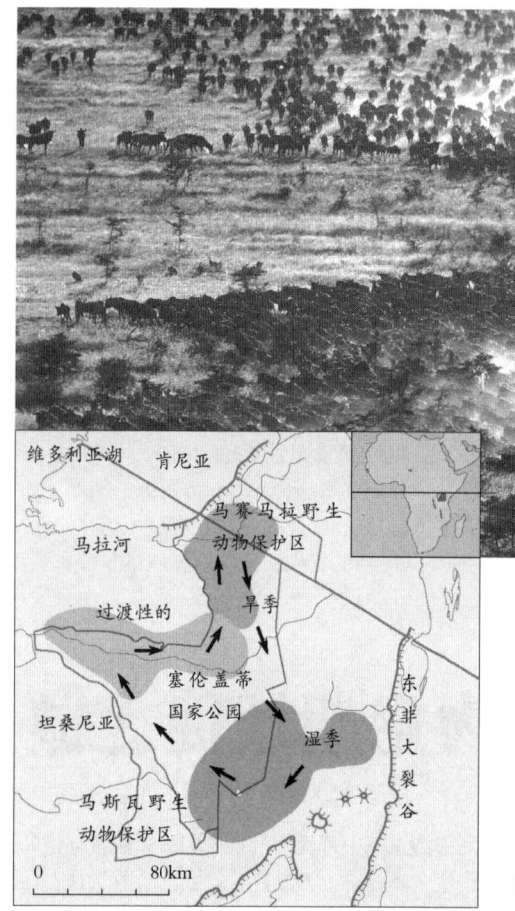

◉ 迁徙的牛羚正穿越坦桑尼亚的塞伦盖蒂草原。每年，巨大的白须牛羚群都这样迁徙着。通常有大量牛羚死于途中，尤其在渡河的时候。

无线电追踪、固定调查和动物取样调查、驯化动物的饲养研究、对被枪击动物的瘤胃进行分析、进行普通死亡动物的尸体解剖、草料和水分析以及计算机仿真。渐渐地，一幅动物迁徙的因果关系图开始显现。

每年当雨季渐近结束时，塞伦盖蒂东南部的短草草原里，会有约150万头牛羚开始成群地迁徙。这些动物首先向西北部迁徙至维多利亚湖边缘的湿润地区，随后向北来到马赛马拉保护区，在那里度过一年中最干旱的季节。当雨季最终来临时，牛羚会选择这个时候离开正值牧草生长高峰期的北方草原，返回南方的短草草原。

有人认为，牛羚不停地奔波，是为了减小被生态区内共存的约3 000头狮子和9 000只斑鬣狗掠杀的危险。大型的掠食者不能自由地跟随着迁徙的兽群，因为它们必须在生育季节里待在巢穴附近，这对限制掠食动物的数量有影响。另外，掠食动物也能限制塞伦盖蒂公园内有蹄类动物的数量，将有蹄动物刚好限制在栖息地的容量以下。否则的话，迁徙动物的种群密度将变得更大，食物也会更匮乏。

然而，这种解释有两处破绽。首先，据资料显示，鬣狗为了与迁徙动物保持联系，会离开巢穴奔袭60千米。其次，这种说法不能够解释为什么定居的有蹄类动物不靠迁徙来逃避掠食动物的捕杀。

迁徙的很多其他原因被提了出来。为了摆脱蚊蝇的叮咬，北美驯鹿会游到近海岸的岛屿上；在非洲，舌蝇在森林地区是非常令塞伦盖蒂迁徙的有蹄类讨厌的东西。同样迁徙过程中留下的充满纤维的粪便可能对塞伦盖蒂公园定居的动物意义重大。

关于迁徙的最早的解释认为，这些动物是为了利用不同质量和不同种类植物的食用性，也包括植物包含的不同的有机物。在塞伦盖蒂国家公园，研究人员分别在干旱和潮湿的季节性地域里，通过建立栅栏和每两个月修剪一次牧草样本，比较出每年迁徙周期内草料中钠、钙、磷、蛋白质等的含量，并与牛羚需要的最低量相对照。大多数测试都显示，两个地域都适合牛羚常年生存。两个地域的草和树叶可提供的能量几乎没有什么差异：干旱地带的蛋白质含量稍低3%，但是绝不低于食物摄入量的最低水平；钠和钙的含量也足以满足两个区域的哺乳期牛羚的需要。

另一方面，干旱季节地带样本的磷含量比所需水平要低。作为骨骼的主要构成元素，磷和钙对生长至关重要。尽管天然牧场包含的钙足够牛羊生长需要，而磷的缺乏在全世界范围内都存在，包括塞伦盖蒂部分地区。缺磷会对动物的出生率、食欲、奶产量以及生长产生损害，同时也会导致骨骼和牙齿的畸形以及食草家畜的死亡率上升。

为了更深地调查这些无机元素的缺乏在牛羚迁徙中的重要性，研究人员从干旱和潮湿两个地区的不迁徙的动物中采集血清和尿液样本。结果显示，干旱地区不迁徙的动物的血清中磷含量不到最低临界水平的一半，尿液中磷含量也非常低。

现在我们可以解释迁徙的原因了。由于没有降雨，导致食物缺乏、水源不足，仅剩的水塘盐分含量上升，这促使牛羚离开草短的平原，到干旱的地方去，因为那里高草比较多，偶尔也有上一场降雨后刚生长出来的嫩草，而且能够从那里一年四季都有水的小河里喝水。但是在这期间，它们缺乏磷元素。当雨季来临时，牛羚反应很快，它们迅速回到以前的短草平原，充分利用雨后新鲜的草资源。在寻找食物和水、矿物质的迁徙过程当中，它们也要避免食肉动物的攻击，但是逃脱肉食动物的攻击只是迁徙的结果而不是迁徙的原因。迁徙的群落越大，为了找到食物它们需要走的路程也就越远。这三个因素——掠食动物、食物和磷元素，共同构成牛羚迁徙的原因。常年在一个地方的羚羊通常靠组成很小的群体来觅食，以弥补磷元素的缺乏。在干旱的季节，它们往往把精力放在选择一个矿物质含量高的地带。当群落大小适当时，它们会选择比较小的矿物质含量高的地点。

那些喜欢迁徙的种类更能够适应不同的生活方式，例如，常年生活在一个地方的狷羚口鼻部比较窄，适应吃质量比较差的食物，所以新陈代谢较慢，繁殖也只在体内积存的脂肪比较富足的时候开始；相反，喜欢迁徙的牛羚在慢跑时需要比较多的氧气，口鼻部比较宽，适合吃短小的绿草，全年都可以繁殖。

取食与植物性防御

长颈鹿和作为它们主要食物源的金合欢树之间存在着密切的生态关系。几百万年以来，进化上的物种竞争已经有过好多次，涉及到一方适应和另一方反适应的策略。金合欢树的嫩枝叶一直是长颈鹿的主要食物，但其自身也有物理上和化学上的防御，以防止被长颈鹿过分吃掉。金合欢树上的棘刺能刺、钩或扯裂长颈鹿的鼻子、嘴唇和舌头，有些种类的金合欢树还具有平面结构的凸起（例如伞状刺），可以阻止长颈鹿吃到发芽的上方树冠。金合欢刺特别长，密密麻麻布于高处，但是哪里没有长颈鹿，哪里的金合欢树就比较"友善"（也就是没有那么多的刺）。金合欢树的化学防御措施包括含有多种植物成分，如丹宁酸可以使得它们的嫩枝叶味道很差从而减少被吃；还含有毒素，这使得长颈鹿无法消化它们。而长颈鹿各种生理上的适应性又使得它们能够克服这些金合欢树的防御，包括具有较强消化功能的黏液状唾液和特殊的肝功能，还有精确区分包含着不同防御性化学成分浓度的叶子的能力。这种能力在小长颈鹿断奶以后就已经慢慢形成了，它们通过尝试不同的树叶类型来获得。小长颈鹿通常进行少量尝试的"试错机制"，吃母长颈鹿吃过的东西，有区别地闻嗅并且尝

⊙ 为了方便食用那些多刺的树叶，长颈鹿有着长达46厘米的和猴子前臂一样灵巧而强有力的舌头。此外，它们还拥有高度灵活的有强健肌肉的唇。

试先前的食物,所有的这些都会对小长颈鹿形成对食物的偏好产生影响。

在克鲁格国家公园核心区里,长颈鹿的密度很高(2.5只/千米^2),可以很清楚地看到一种金合欢树被它们吃过的痕迹,因为这是它们喜欢的植物。长颈鹿成了金合欢树的"园丁",它们把树"修剪"成了圆锥状或沙漏状,这与园丁修剪植物的效果类似。有意思的是,被长颈鹿"修剪"最严重的树就是那些防御能力最差的树。这些金合欢树面临着高度的被"修剪"的压力(它们40%的新芽都被长颈鹿吃掉了),因为它们的树叶中所含有的丹宁酸的浓度只有那些没有被长颈鹿吃的树的一半,这可能是因为这种金合欢树能够比较快地长出新的叶子以此来代替丢失的叶子,从而只有较低的分泌化学抵抗物质的能力。对于长颈鹿和其他吃嫩枝叶的动物比如黑斑羚来讲,一个趋势就是,它们越来越以某个地区的一种或几种树为食,而不像食草的有蹄类动物那样以混合型的草类为食物。

这些金合欢树会在干燥季节的末期开出奶白色的花朵。每年的这个季节,树叶是最少的,这些花便成了长颈鹿此阶段的食物来源之一。在这6个星期的开花季节里,长颈鹿会在各棵树之间迁移以寻找这种花,因为它们可以为长颈鹿提供这个时期将近1/4的食物。有效地抵御长颈鹿取食的手段在这种金合欢树的花上出奇地缺乏,但是令人们惊奇的是,它们的树叶可以相当成功地抵御被吃。可喜的现象是,长颈鹿实际上承担着为金合欢花授粉的"重任"。以进化论的观点来看,从超多的而且开放非常短暂的花中"拿出"一部分给长颈鹿,却能得到长颈鹿为其授粉的补偿,因为长颈鹿在树冠中挤来挤去,头和脖子的毛发里沾满了花粉,这是值得的。多数开花植物靠飞虫传粉,偶尔也会靠鸟、蝙蝠或是少量不会飞的哺乳动物(如啮齿动物、有袋动物、灵长类动物等)传粉。后者不能在树与树之间飞来飞去,通常也不能在一天里移动比较长的路程。但是一只普通的长颈鹿每次在经过高于地面4米的带花树冠时,大的长满毛发的头部总是会沾上许多花粉,而且它一天至少要在100多棵金合欢树上进食,路程达到20千米,可见它的传粉功能是多么强大。这种在金合欢树和世界上最高动物之间的合作进化关系表现得非常明显,也可以作为生物学进一步研究的对象。

⊙ 这种与众不同的伞状的金合欢树会限制长颈鹿在它的低层树冠上吃嫩枝叶。

吼猴的能量保存策略

第一次到拉丁美洲热带地区旅游的游客从森林中出来的时候，常常会兴奋地宣称听到了狮子或某些其他巨大的野兽在附近吼叫。当他们知道这种吓人的声音不是来自大型食肉动物，而是来自于只有7～9千克重的拉丁美洲热带地区的吼猴时，他们会觉得相当吃惊。吼猴是由它响亮的声音得名的，它们不仅不是危险的掠食者，而且还很平静。它们生活在树上，是素食动物，食物多种多样，包括小树和藤蔓植物的叶子、花以及热带森林的果实。为什么这些猴子需要制造这样嘈杂的叫声呢？

吼猴（吼猴属）发出的叫声是所有动物叫声中最响亮者之一。在某些情况下，一只吼猴的叫声可以在超过1.6千米的范围外听见。达尔文认为，对于脊椎动物来说，

◉ 吼猴能够将它们一半的清醒时间用于休息，这是一种节省能量的重要策略，但大部分的剩余时间都是在进食，只留下一点时间进行社会活动。吼叫在节省能量的策略中扮演着重要的角色。

叫声最响亮的雄性能够通过显示它的力量来吸引到大多数雌性。达尔文的解释对于某些蛙类来说是正确的，但是迄今为止，还没有太多证据支持该理论对吼猴的解释力。

另一种观点认为，这种叫声宣布了一个群体对它领地内果树的占有权。这个观点似乎是正确的，但是进化对这种行为的推动作用很复杂，需要考察该猴类的进食行为、社会生活和因为吃树叶而带来的能量限制才能确定。最近对中南美洲的长毛吼猴进行的研究就揭示了这些关系。吼猴的地理分布是所有新大陆猴类中最宽广的——从墨西哥南部到阿根廷北部，这也说明了它们在适应环境方面的成功。一个关键的因素在于它们能够将树叶作为食物的主要组成部分。热带的树一般不会季节性落叶，而是全年生长，在热带森林，树叶也比像成熟果实这样可选择的食物更加丰富。总的来说，一只吃树叶的灵长类动物在寻找食物方面面临的问题比较少。

虽然树叶相对充足，观察资料却显示大部分新热带猴类都不会吃很大量的树叶，而且某些猴类根本就不吃树叶。这是因为虽然树叶无处不在，但是它有一个最大的缺点：营养含量低，而纤维素和半纤维素的含量高。哺乳动物没有能够消化这种物质的酶，所以吃树叶的猴类胃中会充满大量不能消化的东西。虽然嫩叶是蛋白质的一个好的来源，但是它的糖和脂肪的含量却很低。想要成为成功的食叶动物，灵长类动物必须找到解决这些问题的方法。

在旧大陆的热带森林中生活着很多种不同的食叶猴类，它们一起构成了疣猴亚科。所有疣猴亚科的猴类都有高度专门化的囊状的胃，这与牛的胃在很多方面有相似之处。在疣猴类的胃中存在着专门的细菌，它们能够消化树叶细胞壁中的纤维素和半纤维素。在这种称做发酵的消化过程中会产生一种富含能量的气体（挥发性脂肪酸），这种气体能够被猴子吸收，然后用来为日常活动提供能量。只有通过这些专门细菌的作用，疣猴类或者其他哺乳动物才能够从植物的细胞壁中获得能量。

与疣猴类不同的是，吼猴没有囊状的胃。相反，它们的胃比较简单，仅能够分泌胃酸，这和人类的胃很类似。但是吼猴的消化道有两个扩大的部分，分别位于盲肠和结肠，其中含有能够分解纤

⊙ 在巴西东部的自然保护区内，一只褐吼猴正在树叶之中觅食。与老树叶相比，嫩叶是获取能量的更有效的资源。某些新大陆猴类具有的颜色视觉对于辨别不同颜色的树叶有着重要的作用。

维素和半纤维素的发酵细菌。和疣猴类一样，吼猴将挥发性脂肪酸作为能量源。

一般来说，在从树叶中获得能量方面，吼猴后肠的效率不如疣猴胃的效率高。为了更好地从树叶中获得能量，吼猴必须专挑能够迅速发酵的嫩叶吃。吼猴也吃成熟的果实和花，但是在树叶的质量足够高的情况下，它们也能只靠树叶生存好几个星期。

即使吼猴能够挑选合适的食物，它们也必须关注自己的能量消耗，因为每天来自于发酵作用的能量是有限的。吼猴群体的成员在白天通常要花 50% 以上的时间来休息或睡觉。它们只有很小的活动范围，一天只行进 400 米左右，一个 15～20 只的群体总共的活动范围也就 0.31 平方千米左右，因为它们平均每天只需要在活动范围内觅食就可以获得充足的食物。与之相比，一只食果的蜘蛛猴的活动范围约 3 平方千米或更大，它们平均每天要在超过 1 平方千米的范围内寻找食物，因为成熟果实的数量远远低于嫩叶的数量。

作为保存能量策略的一部分，吼猴也显示出了性别之间的"劳动"划分。雄性帮助解决争端和保护群体成员不受捕食者侵犯，除此之外，它们还用有力的呼叫声保护对群体活动范围内重要食物的拥有权。这就使得雌性不用去执行这样的一些"任务"了，它们会将更多的精力放在生育和照顾后代上面。

雄性吼猴的喉咙里面有一块延伸的 U 字形骨头，当它们吸入的空气经过该骨头之中的空洞时，就发出了那种引人注目的吼叫声。所有雄性吼猴的 U 字形骨头都显著大于雌性的；除此之外，红吼猴的这块骨头相对于长毛吼猴来说也更大。U 形骨的大小影响到了吼叫声的类型，比如说，红吼猴的吼叫声像是冗长的呻吟声，而长毛吼猴的更像真正的吼叫。

对于所有种类的吼猴来说，每个群体的所有雄性成员都会发出"黎明的合唱"，然后听力范围内的其他群体的雄性成员会做出回应。吼猴的群体没有独占的领地，而是与相邻的群体共享部分的活动范围。无论群体移动到哪个新的觅食地，只要通过每天早上的吼叫声，一个群体就能够告知相邻的群体它们白天在哪里活动。

当两个吼猴群体相遇的时候，它们会变得非常喧闹，特别是成年雄性会将更多的能量用于吼叫、跳跃、奔跑，有时甚至会打斗。雌性的群体成员可能会被驱散或失踪，而能够用于进食和休息的宝贵时间也被浪费了。因此，与其一直巡查领地的边界或卷入耗费能量的群体间的"争吵"，还不如让其他群体知道它们在哪里。

不同的群体之间存在着统治等级，这明显是建立在打斗的能力和成年雄性的协作行为基础之上的。通过聆听吼叫声，一个较弱的群体就可以知道较强群体的位置，因此也就能避免与之相遇或走入一个未经允许的食物源，从而节省了能量。除此之外，比较强势的群体也能从中受益，因为它的成员不必耗费宝贵的能量，也避免了将自己暴露在保护食物源时可能发生的危险之中。因此，吼叫声能够有效地帮助群体保持相互的间隔，也解决了由于吃树叶而带来的低能量问题。

非洲森林中的跨种联系

同种动物之间互相帮助可能不是什么奇怪的事情,但不同种类的动物走到一起相互合作,就值得我们注意了。在科特迪瓦西南部的塔伊国家公园,人们可以看到7种不同的猴子——3种疣猴,3种长尾猴,再加上白毛白眉猴——能够以不同的组合方式结成伙伴。人们甚至可以看到所有这7种猴子聚集成一个超过250只的群体。在这个群丛系统中,一个关键的种类就是戴安娜长尾猴。它有着华丽的外表,因此受到了人类观察者的高度重视;而且它们的警觉性很高,所以也受到了其他猴类的赏识。苍白绿疣猴和戴安娜长尾猴会建立持久的"友谊",而红绿疣猴和戴安娜长尾猴之间的关系就短暂得多。通过对这些混合种类的群体进行观察,人们对于它们为什么以及如何聚到一起已经有了一些了解。

⊙ 戴安娜长尾猴警觉的眼睛和机敏的感觉对混合群体有着重要的价值,不过这种混合群体是否出现取决于很多变量,比如食物是否充足或掠食者是否盛行。

在上述的两个例子中,稳定的伙伴群体都是共享一片共同的活动领域的。

红绿疣猴体型比较大,它的腹部为鲜红色,背部为暗蓝灰色。它们生活在75只左右的大群体当中,在森林的顶篷吃树叶、花、蓓蕾和未熟果实。苍白绿疣猴的体型只有红绿疣猴的一半左右,它们生活的群体中成员数量通常少于10只;它们的食物与红绿疣猴相似,但是会避开大型种类的活动范围,而在森林低处的小树上进食。戴安娜长尾猴具有长尾猴群体的典型组成方式:1只雄性,5~10只雌性,以及一些未成年幼猴。它们在森林的所有层次寻找果实和昆虫。

这两种伙伴关系的主要功能都是增强对4种主要的猴类掠食者的防御能力,这四种掠食者分别是:冠鹰雕、豹子、黑猩猩,以及人类。群居的生活方式是大部分昼行灵长类防御掠食者的主要防御策略,但是问题在于,群体当中的成员越多,每个成员分得的食物就越少,这与组成群体得到的益处相比,或许得不偿失。解决的办法就是,与一个有着不同食物范围的种类建立关系。疣猴之所以能够和戴安娜长尾猴很好地相处,原因就在于它们的食物范围几乎不重叠。

在一个依靠数量获得安全的防御系统当中,有两个要素十分重要。第一个就是及早地报警:如果报警及时,个体就能够寻找最佳的策略来降低危险,这取决于它们所处的的方位和掠食者的距离。第二个就是稀释作用:潜在的猎物数量越多,每一个猎物被捕食的几率就越低。

当一位科学家套上具有豹子图案的衣服接近混合群体的时候,戴安娜长尾猴作为哨兵的价值就变得显而易见了。几乎总是戴安娜长尾猴第一时间发出警报——即便是在戴安娜长尾猴的数量远不如其他种类的成员,或离危险很远的时候。戴安娜长尾猴的机动性很高,而且喜欢在树冠的外围觅食,这些特征使得它们成为了成功的哨兵。

然而,组成这样的群体也是有代价的,特别是每种动物所喜欢的食物类型十分不同的时候。因此,红绿疣猴只会在一年中容易被捕或食物十分分散的时期才结成混合群体。它们的致命杀手是进行协作捕食的黑猩猩,黑猩猩杀死的红绿疣猴比杀死的戴安娜长尾猴要多得多。所以在黑猩猩的捕食季节,红绿疣猴最常与戴安娜长尾猴组成混合群体,而在黑猩猩不捕猎的9~11月,它们就很少和戴安娜

⊙ 在某些特定时候合作是必须的,比如在水坑边喝水的这一段危险时间。这个时候猴子必须离开树冠,来到更加空旷的地面,于是这些红绿疣猴和长尾黑颚猴便轮流喝水和监视掠食者。

长尾猴建立联系。

如果在喇叭当中播放黑猩猩的声音,红绿疣猴就会立刻靠近戴安娜长尾猴的群体。除此之外,与听见其他(或没有)声音相比,早上听见黑猩猩叫声的群体会在一起待更长的时间。

由于红绿疣猴的出现,戴安娜长尾猴也能从它们带来的稀释作用中获益。当有红绿疣猴群体加入的时候,它们的群体大小变为了原来的4倍,所以任何成员被捕食的危险都减小了。而在高处觅食的疣猴还能改善针对冠鹰雕的报警系统。

相比之下,苍白绿疣猴的价值就小得多了,它们几乎不能为戴安娜长尾猴的安全带来任何好处。这种猴子十分擅长在听到第一声报警后躲藏起来,而它们自己很少发出警报。在其他猴子乱转的时候,它们却往往安静地坐在周围的灌木丛中。它们这种小的体型和群体可能是对隐藏的生活方式适应的结果。与来来往往的红绿疣猴不同,苍白绿疣猴从不离开它们的戴安娜长尾猴哨兵,它们必须在戴安娜长尾猴觅食的有限地区寻找它们的食物。

生活在塞拉利昂的红绿疣猴、苍白绿疣猴以及戴安娜长尾猴,遇到的掠食者相对少一些。尽管如此,苍白绿疣猴仍然紧跟着戴安娜长尾猴,而红绿疣猴仅仅是在相遇时才和戴安娜长尾猴待在一起。似乎在进化的过程中,苍白绿疣猴与戴安娜长尾猴建立联系的倾向已经发展成为了一种无条件跟随的策略,而红绿疣猴仅仅是在靠自己不能保证安全的情况下才会去找其他猴类。

梳理毛发与家族生活

猴类生活的一个典型特征就是同一个群体内的猴子会为其他成员梳理毛发,帮助它们清理皮毛当中的污垢、脱落的皮肤以及像虱子这样的皮外寄生虫。这种行为使它们获得了"最具社会性"的动物的名声,但是梳毛这种活动不仅仅是为了社交和卫生。

旧大陆猴科的猴类,以及南美洲的一些种类,如卷尾猴和松鼠猴,会组成核心不变的社会群体,这种群体内部的核心是有血缘关系的成年雌性以及它们的未独立后代,其中也有一只或多只没有血缘关系的成年雄性短暂地停留。生活在群体当中可以防止掠食者的攻击,或许也可以防止雄性企图杀掉小猴,但这也招致了一个主要的不利因素:它们需要为食物而竞争。因此,有假设认为雌性之间很大程度上是"勉强的伙伴",它们由于外在的压力而不得不与竞争者生活在一起,而梳理毛发的活动就进化成为了一种处理这个问题的办法。

根据这种观点,梳毛活动能够使雌性建立联系,在遇到危险的时候这种联系是可以提供帮助的。根据这种理论,当一只雌性猴遭到攻击的时候,它的梳毛伙伴应该会帮助它击退对手。社会群体据说是由许多不同的搭档联盟组成的,联盟当中的伙伴会相互帮助来抵抗更占优势的对手。

因为这样的一种策略,雌性应该会选择那些更可能或更有能力帮助自己的个体并给它梳毛。取得那些拥有高等地位的或其他群体成员害怕的统治者的帮助会尤其有用，因此梳毛的活动应该是指向这种个体的。一种办法就是投入时间去为联盟的同伴梳毛以达成"信任的盟约"，那些致力于建立关系的个体会被认为是值得帮助的。在这个观点看来，梳毛活动是巩固战略关系的"黏合剂"。

这种看法虽然得到了广泛的接受，但却很难被证实。这个理论认为低等级的个体应该会花大量的时间为统治者梳毛，但在许多像卷尾猴和绮帽猕猴这样的猴类当中，情况却是相反的：占统治地位的雌性会花更多工夫去为低等级的雌性梳毛。

◎ 有许多理论解释了为什么猴子会相互梳毛，但有一点很明显，即梳毛对于猴子来说是很快乐的事情，这多亏了体内释放的荷尔蒙。

更重要的是，实际上几乎没有证据表明成年雌性会结成联盟互相对抗。例如，南非的狒狒决不会形成联盟，然而它们也会花时间互相梳毛。在一个生活在德拉肯斯堡山脉的不平常种群当中，即使不存在食物竞争，梳毛的关系依然存在。它们吃的食物主要是根茎和花朵，根本不值得去竞争，然而这些动物依然很重视梳毛活动。这表明梳毛本身就是一种很有价值的活动，雌性为同伴梳毛仅仅是为了保证同伴也为它梳毛。

梳毛不仅仅对保持卫生有价值，也能给猴子们带来快乐。当它们梳毛的时候，体内会分泌一种"快乐荷尔蒙"——内啡肽，这种物质能够使它们体验到高度的快感。雌猴是强迫性梳毛者，甚至可以称之为"上瘾"，因为这种梳毛活动能够缓解它们群体生活的紧张和压力。这对雌性很重要，因为高度的紧张能够损害它们的怀孕能力。例如，低等级的雌性狮尾狒狒比高等级的雌性要多花3～5个月才能怀孕，这导致了它们生育后代的速度比占统治地位的雌性要慢。

联盟理论假设认为梳毛活动的功能很像人类社会中的金钱，它本身没有价值，但是可以用来获得其他有价值的东西。不过新的观点指出梳毛的价值就存在于梳毛活动本身。简单地说，梳毛活动不是用来购买其他同伴支援的"现金"，而是一种用来和其他成员交换的"商品"。

这种"雌猴不是合作者而是交易者"的观点，对我们理解它们的社会性有重要的意义。这个观点说明，梳毛活动可以被看做是一种在群体"市场"中交易的商品，而梳毛关系则是建立在有多少其他个体对获得这种商品感兴趣的基础之上的。供求关系会决定个体必须为梳毛支付的"价格"，就像人类的经济市场一样。每个个体花在互相梳毛活动上的时间是不同的（叫做"支付不对称"），因此这种不同反映出了一个个体在"市场"中的身份，以及它们为自己的服务讨得一个好"价钱"的能力。

这种支付不对称的一个例子就是统治者由下属来梳毛。在有食物竞争的栖息地，雌性狒狒会更多地为处于统治地位的雌性梳理毛发，这样可以保护它们选择觅食地的权利。因为在这样的情况下，这种权利是比梳毛更有价值的商品，所以从属者会愿意为

◎ 梳毛对除去寄生虫很重要，而且谁给谁梳毛的动态变化揭示了灵长类动物中的社会组织形式。图中为日本猕猴的母系群体。

之付出更多。

雌性赤猴常用梳毛来"购买"接近幼崽的权利,雌性狒狒也是一样。新生的幼崽对其他猴子来说十分具有吸引力,特别是雌性非常渴望去看护和爱抚幼崽。母亲都很不情愿与它脆弱的孩子分开,这时雌性的狒狒和赤猴就会为幼崽的母亲梳毛,梳完以后,它们就可以去抚摸幼崽了。然而,即使在这种情况下市场力量仍然起作用:在被允许抚摸幼崽之前,低等级的狒狒必须比高等级的狒狒花更长的时间梳毛。从这方面来看,一个灵长类群体内部的社会关系是由任何两只雌性之间的相对讨价还价能力决定的。

 当首领要付出的代价

对于自然选择在生物进化过程中的作用,人们主要是这样理解的:在同种竞争中具有生存和繁殖优势的个体会把自己的这些优势传给下一代,与之相反,生存和繁殖中的劣势则不会传给下一代。这样生存和繁殖的优势会一代代地积累起来,最后具有优势的就会越有优势,从而取得成功的进化。人们因之也可以判断出物种进化的成功与否。

乍看起来,自然选择这个生物进化理论的坚实支柱似乎不能解释某些种动物的行为,如多种过群居生活的野狗、狼会抚育群体中其他成员的后代,而自己却放弃生育后代的权利。不过最近通过对这几种动物粪便的分析,科学家们得出了一个新的结论,可以解释为什么它们要采取这种生育策略,一个群体中只有少数成员生育后代而多数成员不生育后代,相反还要照顾其后代。

在多种过群居生活的科、犬科和鼬狗科动物中,一个群体内雌雄两性各有等级次序,往往只有占据最高位置的一只雄性和一只雌性才有生育后代的权利,而群体中的其他大多数成员则通过对体内荷尔蒙内在工作机制的控制而避免了生育。科学家通过对人工圈养的几种动物的研究,发现当身体上产生某种压力的时候,尤其是压力的强度很大、时间持久的时候,体内就能产生阻断生育能力的机制。压力可使动物肾上腺分泌的一种叫做"可的松"的荷尔蒙增加,而可的松反过来可使性荷尔蒙的分泌量减少,如睾丸激素和雌激素的分泌量下降,进而延缓了生育过程。一些不太愉快的肌体紧张性刺激,如寒冷、饥饿等,也会导致可的松分泌量的增加;另外某种心理上的紧张性刺激,如打斗所造成的心理压力,也可能导致可的松分泌量的增加,进而还会造成在打斗中的失败。因而可以说,在群体中居次要地位的个体往往就是打斗的失败者。在打斗中总是失败会造成一种慢性的社会性压力,进而导致可的松分泌量的增加,我们因此就可以解释为什么在群居性的动物中居次要地位的个体很难生育后代了。

上述理论有的时候被称做"心理阉割假设"。按照这个理论,群体中居首要地位的个体很少成为群体中其他成员的侵犯对象,因此它就几乎没有什么"社会心理压力";另一方面,群体中居次要地位的多数个体却会受到持续不断的侵犯和"社会心理压力",引起可的松分泌

⊙ 许多年轻侏獴正在一座白蚁丘上觅食。侏獴是过群居生活的,群体中存在等级次序,首领一般是一只成年雌性,一旦这只雌性死亡,这个侏獴群体就很可能解体。

量的增加，进而扭曲了自己的繁殖能力。

过去，这个理论假设很难在野生动物身上得到证实，主要困难是很难正确地测量出野生动物的真实荷尔蒙水平。因为要想测量野生动物的荷尔蒙分泌水平，必须得到它们的新鲜血液，这意味着首先要抓住它们，再关闭起来用药物麻醉它们，然后抽血检验其荷尔蒙水平。而对这些野生动物来说，人去抓它们，它们就会把人当做一

⊙ 这是生活在南非卡拉哈里沙漠中的细尾獴，它们正在保持高度的警惕。与其他的一些獴科动物相似，细尾獴也是过群居生活，它们可以组织起来，共同赶走一些食肉动物如黄金眼镜蛇等。一个细尾獴群通常包含 10~30 个成员，而且成员间的血缘关系比较远，这与其他群居性的食肉目动物有所不同。

种体型庞大的天敌，而当它们遇到要捕食自己的天敌的时候，体内可的松的分泌量就会迅速地增加以准备逃跑或是战斗。这个时候，人若抓住它们，检测出的可的松分泌量就不是它们正常情况下的分泌量了，不能代表真实水平，因此也就很难验证上述理论假设了。

现在科学家们发明了一些新的办法来检测野生动物受到的压力和荷尔蒙的分泌水平，这就是通过检测它们的尿液和粪便来间接测定荷尔蒙分泌水平。通过对野生动物个体排泄物的分析，可以追踪到荷尔蒙水平增减的特殊变化，进而来验证上述理论假设。这样可以完全不打扰野生动物本身，所得到的数据也是真实的，但是必须连续不断地每天收集野生动物的排泄物。

科学家运用这种新的检测手段，对生活在非洲塞伦盖蒂国家公园内的狓獴进行了分析，得到了许多新的发现。一般来说，这个地区内的狓獴群体中包含 4~5 只成年雄性和 4~5 只成年雌性，群体中所有的成年狓獴共同合作喂养群体中的幼崽。狓獴通过这种不必每只都生育幼崽而共同抚育少数成员的幼崽的繁殖方式，获得了绝好的机会来增加回报和收益。在每个雨季，一群狓獴中能生育 1~4 胎，而每胎可产 2~3 只幼崽。科学家通过对幼崽进行基因检测，发现 85% 的幼崽的母亲是雌性的首领，76% 的幼崽的父亲是雄性的首领。换句话说，在狓群体中，雌性和雄性的首领几乎垄断了群体中生育后代的权利。

但是，与上述理论假设相反，搜集到的新数据表明，狓獴群体中居首要地位的个体，其由压力造成的荷尔蒙分泌量异乎寻常地高，而居次要地位的个体总体来说却比较放松，压力不大，荷尔蒙分泌量比较低。尽管居首要地位的个体成功地繁育了后代，但是其可的松分泌量长期以来是其他个体的两倍以上。紧接着，科学家对不在保护区内而是自由流动的非洲野狗、几种狼、几种鸟和多种灵长类动物进行了研究，发现了与狓同样的问题。现在看起来，对多种群居性的动物来说，"社会压力"是居首要地位的个体不得不付出的代价。

这种令人吃惊的结果，也有助于解释为什么居次要地位的个体甘愿待在那个位置上。假设居首要地位的个体除了垄断生育权之外，还可以获得低社会压力的好处，那么在这个群体社会中，社会优先权、社会好处就全部集中到首领身上，居次要地位的个体还甘愿忍受不公吗？社会还能稳定吗？群体还能维持下去吗？从最新的体内荷尔蒙检测数据可以知道，在群体社会中，收益和代价分两个途径流到居首要地位的个体身上，首领们在获得生育权的同时，也要长期忍受持续增长的社会压力，其体内由压力导致的荷尔蒙分泌量很高。

侏獴之间,尤其是异性侏獴之间常常互相为对方梳理皮毛。侏獴可能是哺乳动物中最有社会组织性的一种,它们的社会组织高度发达。

在侏獴群体中,年龄就是等级次序的最好标志,也就是说,在侏獴群体中,年龄最大的个体往往就是居首要地位的个体。但是这个事实却会产生另外的问题:为什么体型比较大、年轻力壮的个体不主动占据首领地位,而让年龄较大、体型也小、身体相对虚弱的个体占据首领地位呢?为什么年轻力壮者不提出挑战呢?科学家们认为,控制权是逐步形成的,一旦等级次序形成后,个体可以获得相对的好处,而且能够避免为争斗而付出的代价。这个观点主要取决于这么一种假设:即使居次要地位的个体发出严重的挑战,居首要地位的个体仍然会取得胜利。

很高的可的松分泌水平会产生令"人"不快的副作用,可导致体内能量的不足、消化能力的衰退、血压的升高,甚至影响免疫系统。虽然迄今为止几乎没有证据表明居首要地位个体的寿命比居次要地位的个体短,但是这些副作用仍然会给首领们带来严重的问题。如果将要做首领的个体具有比较好的身体条件或者有很突出的遗传优势,那么它就具有很好的生存前景,应该有比平均寿命更长的寿命,但是这些优势被做首领的成本化解掉了。因此,做首领的两方面的影响可以相互抵消,使得最后首领与属下的平均寿命相同,死亡率没有什么差别。

对在野外生存的动物,很难有什么记录来证明这种交换的合理性,但非常清楚的是,群体中的身份所导致的心理后果比原先预想的要复杂和有意思得多。

小鼠基于气味的沟通方式

小鼠通常出现在我们厨房内橱柜的黑暗处或房屋墙根边,靠我们生活中的垃圾为生,这样其食物就很丰富。常有多达50只共同生活,其中包括几只成年雌鼠及它们的后代、几只居次要地位的雄鼠和一只居领导地位的雄鼠(它负责保护它们的地盘不受外来者的侵害)。它们很安静,但是必须保持一直沟通,会通过尿液这一中间媒介传递复杂细小的关于生活、死亡、所有权、性别和家庭等方面的信息。

尿液是小鼠交流信息时必不可少的物质。除了尿素和其他的废物以外,尿液还包括其他复杂的化学元素——小分子量的易挥发有气味的物质和大分子量的不易挥发的蛋白质。这些物质合在一起共同构成了小鼠"名片"的等价物,能提供身份、种类、性别、社会地位、生殖状况和健康状态的信息。由于基因的不同,许多小鼠个体之间的气味各不相同,这是基因组中主要组织相容性复合物多变的结果。由于用于个体识别的气味是遗传来的,小鼠们对自己家庭成员的气味很熟悉,因此能识别出以前没有见过的其他亲属,这种方法比人们寻找离散多年的亲人要先进很多。

小鼠可以慢慢地释放气体使得效果达到最大。尿液中含有一类高浓度的小分子蛋白质(18~20千道尔顿),还有主要尿蛋白,这些是肝脏产生并通过肾脏过滤到尿液中的。成年雄小鼠每天排出的尿液中每毫升含有30毫克蛋白质,而成年雌小鼠尿液蛋白质含量大约为雄性的40%。这些尿液蛋白质储存在秘尿系统的一个腔室里,再慢慢释放到它们的气味标记里。

群体里的每个个体在它们的领地上行走时会排尿,尿液成线状或点状分布,尤其是遇到没有做过标记的地方时更要排尿,以便所有的领地表面都被做上标记。在一些频繁做标记的地方,尿液混合尘土堆起来好似一个小石笋,这些地方包括觅食区、洞穴的入口或行走路线。

由于小鼠身边总是有熟悉的尿液混合物做的标记,所以它们能够迅速地察觉出生活的周围出现了什么新东西,或在黑暗中察觉出陡峭的边缘——这个地方一般没有强烈的熟悉的气味。领地边缘的标记使得它们能够熟悉自己群体的成员,也能很容易地认出外来的小鼠,因为入侵者的气味与它们所在环境的气味不同,会受到当地小鼠尤其是居领导地位

⊙ 这是小鼠的一窝没有睁开眼睛没有长出毛的幼崽。除了那些气候不合适或有小的哺乳动物与它们争夺食物的地方外,这种老鼠在全世界范围内广泛分布。

的雄性的调查和攻击。而且,成年雄小鼠排出的有挥发性的物质很能够吸引雌小鼠,也会引发其他雄性的注意或挑衅。

占主要地位的雄小鼠比其他小鼠做标记的频率更高,以显示它们对地盘的占有权和自己的竞争能力。它们每小时做记号上百次,而其他的雌性或次要的雄性一般每小时只做十几次。由于只有一只雄小鼠能成功地占据某个地盘,并让自己的气味充满这个地盘,因而占主要地位的雄小鼠在观察到其他的雄小鼠排出竞争性的尿液做标记后,会立刻攻击其标记,会在附近用自己的尿液做上标记,以保证自己的气味是最新的。

其他的雄性如果在一个地方遇到这片地盘主人的标记,通常会逃走,或避免进入,以免被主人攻击,这就大大减小了小鼠防御自己地盘的压力。然而,如果不能成功守护自己的地盘,其他雄性就会介入并做出竞争性标记,这个时候主人就面临挑战。

	尿液主人		
	不熟悉的成年雄小鼠	不孕群体的雌小鼠	怀孕或哺乳期的雌小鼠
未成年雌小鼠	青春期提前	青春期延迟	青春期提前
成年雌小鼠	引起发情,生育周期缩短	延长非发情期或引起假妊娠	延长非发情期
怀孕雌小鼠	终止早先的妊娠导致重新进入发情期		

⊙ 正如表中列出的一样,尿液的味道对雌小鼠生育的影响不尽相同,这取决于雌性的生育状态以及尿液主人的身份。由不生育的雌性排出的尿液能导致不生育的阻碍因素加强,使得整个群体的增长和数量暴发得到一定程度的抑制。

雌小鼠利用这些竞争性的尿液,为它将来的幼崽选择最优秀的父亲。尽管住进某个雄小鼠的地盘,它也有可能走出去与其他的雄性交配,尤其是在一片排他性的而且标记是刚做的地域上。雌性也喜欢和与自己父母气味不同的雄性交配,这样可以避免近亲交配问题的出现,但如果没有更多机会的话,它们也不再选择交配对象。雄性区分不出来幼崽是自己的还是别"人"的。

如果没有领地可得,一些雄性会住在有地盘的雄性那里。这时在它们的排泄物里,所含的信号化学物质浓度很低,做的标记也少,这使得主人能够确认它不是一个威胁,但同时也意味着它对雌性没有吸引力。

正如上页表所列出的一样,根据时机,尿液可以改变雌性的生育状况。暴露在新来

⊙ 至少在1万年前谷类作物开始培育出来的时候,小鼠就与人类共存。它们用灵敏的嗅觉感知个体之间以及环境的信息。

雄性的尿液味里,年轻的雌性容易进入"青春期",从而做好生育的准备,这能比它们第一次正常的发情周期早6天(一般出生36～40天后发情,年轻雌性对父亲的熟悉味道不会产生反应)。在胚胎植入子宫壁之前,陌生雄性的尿液味道可以阻止第一次怀孕的雌性继续妊娠,这样这个新来的雄性可以成为下一窝幼崽的父亲。陌生的雄性尿液也会引发成年雌性的发情并缩短其生育周期,这样可使一个地区的雌性同时进入发情期。

居住在同一地盘的雌性共同分担这个雌性群体的"家务杂事",气味的主要作用就是负担雌性之间的交流,这是很正常的。雌性喜欢和其他熟悉的雌性共用巢穴,如果它们收到其他雌性亲属已经怀孕的信号,它们也会提早进入繁殖状态。然而过度拥挤会成为一个问题,可能阻碍进一步的繁殖。如果3只或3只以上的雌性居住在一起并等待机会生育,它们产生的气味会阻碍其他年轻的雌性晚20多天进入青春期,也会阻碍其他成年雌性的发情周期。这种行为延缓了繁殖造成的过度拥挤。这种独创的方式使得雌性在有利的环境里能够迅速繁殖,但是在高密度的时候会延缓繁殖,因为那时它们的后代生存下来的几率会较小。

蝾螈的反捕食武器

蝾螈属于脊椎动物,体型小、行动慢、瘦弱,具有这些特征的动物被认为成熟得很快并且寿命很短。然而,蝾螈却是典型的长寿物种,保持生存时间最长记录的是一只火蝾螈,人工饲养状态下它生存了50年。在野外,蝾螈会受到、鸟类、蛇以及其他的蝾螈甚至甲虫、蜈蚣、蜘蛛等的攻击。这些捕食者带来的沉重压力导致了蝾螈反捕食机制的进化,这种机制将皮肤腺体分泌的令人厌恶的或有毒的物质与其他防卫性措施结合在一起。

许多蝾螈已经进化出致命的毒素作为它们的武器,但是在每一次观察到的个例中,一种或几种蛇类已经进化出对这些毒素的抵抗力,因而

⊙ 图中所示的是棘螈,它是一个日本品种,有着又长又尖的肋骨。如果它被捕食者抓住,这些有毒的肋骨就会从皮肤的毒腺中伸出,刺向捕食者。

它们能继续捕食这些蝾螈。比如，糙皮蝾螈的皮肤中有大量的神经毒素与河豚毒素，一只糙皮蝾螈所携带的毒素可以杀死 2.5 万只老鼠，但是它仍然能被乌梢蛇捕食。无趾螈属的一些种类拥有一种不知名的神经毒素，这种毒素能使只咬了它们尾巴一口的一些蛇毙命，但是在相同区域的许多蛇仍然以这种毒性十足的蝾螈为食。

因此，蛇是大多数蝾螈最危险的捕食者，因为许多蛇已经进化出对这些令人厌恶的皮肤毒素的抵抗性。大多数蝾螈对蛇的突袭的反应是逃开或者迅速摆出防御的姿势，相反，在没有蛇的地方，比如在中美洲的高海拔地区，这里的蝾螈种群对蛇的突袭没有任何反应。同样，一些热带蝾螈只有当气温高到使蛇活跃起来时才会作出防御性的姿势。

火蝾螈已经进化出一种独特的机制，通过它来控制位于沿背中线生长的巨大腺体中的蝾螈神经毒素及相关毒素的防御功能。这些动物可以给这些腺体加压，并以可控制方向的方式将这些毒素喷出 4 米远。这种喷射能使人类有灼烧感或暂时失明，也可能给想捕食它们的敌人造成同样的后果。喷射防御性毒素为这个种类的反捕食武器库中增添了有力的武器。

蝾螈的典型防御行为模式能使其化学性防卫的功效最大化。一些种类的头部后面有集中的腺体，这些腺体能够产生不能食用的分泌物。有许多这样的种类，如斑点蝾螈，当它们受到攻击时，它们将头部弯曲或者紧贴地面，这样它们就只向捕食者暴露了其身体最不适宜食用的部分。还有一些更复杂的方法，比如一些钻地蝾螈会用头撞敌人，这些种类包括西班牙、葡萄牙以及摩洛哥的肋突螈（棘螈属）。它们把身体高高抬离地面，头向下低，具有大量发达腺体的头后部不停摇晃或以后脑冲撞捕食者。用这种方法对付非常有效。大多数种类在撞击敌人时会发出声音，而且在一些种类中，还会以颜色非常鲜艳且带有黄色或橙色斑点的腺体作为对有经验的攻击者的警告。识别不出颜色的捕食者，如，可能会辨识这些蝾螈的独特气味或者声音。

尾部抽击是那些拥有发育良好的尾部肌肉以及在尾巴上表皮集中了大量毒腺的种类的特点，虎螈（钝口螈属）和肋突螈就是代表，它们会用其充满毒素的尾巴向接近它们的捕食者——如——猛力地抽击。蝾螈身体上部表面的警告性颜色也会使潜在的捕食者产生不愉快的联想。

许多种类的长而细的尾巴上表面集聚着皮肤腺体，这种尾巴因为不够强壮而不能猛击捕食者。这些种类的尾巴在它们的身体保持静止时，可以在竖直方向上波动起伏。这种行为在无肺蝾螈中最为普遍，而且也经常能够使尾巴自行脱落。有的蝾螈散发出恶心的味道，使得捕食者踯躅不前，而被攻击的尾巴在脱落后，会以活跃的抽动转移捕食者的注意，而此时蝾螈则乘机逃脱，不久再长出一条新的尾巴。但是，脱落尾巴也要付出代价：蝾螈不仅失去了机体一部分，而且会变得更脆弱，这是因为它不仅失去了反击物，而且不能像以前一样跑得那样迅速了。

⊙ **蝾螈的防御姿势**

1. 棘螈轻度向后反曲。2. 红腹蝾螈的高度向后反曲。3. 剑螈的尾巴快速甩动。4. 洞螈的尾巴呈波浪状摆动。5. 钻地蝾螈（钝口螈属）的头部撞击姿势。

⊙ 呈现出曲体反射姿态的蝾螈。一只糙皮蝾螈静止不动，抬起尾巴和头，以露出它的下腹部。

一些蝾螈尾部也会波动，但是在遭受到猛烈的攻击时就转向"曲体反射"，这是该种群中较为明显的特征：它们的尾巴和下颏抬高，身体保持僵硬且静止不动，向捕食者展现颜色鲜艳的身体下腹，一些鸟类会迅速避开这些不可食用的种类。如加州蝾螈和蹼足蝾螈，它们身体的上表面具有大量有毒腺体，腹部的颜色从深黄色至红色。一些具有颜色鲜艳腹部的蝾螈遭到捕食者威胁时，它们甚至后空翻露出腹部来。

脊蝾螈、辣椒蝾螈、红蝾螈、无肺蝾螈以及金丝蝾螈这些属中的模拟者会模拟那些味道不佳、更令捕食者厌恶的种类的警戒色。显示出曲体反射的蝾螈静止不动也能达到抵御食肉性鸟类攻击的作用，因为有些鸟类还不了解蝾螈或蝾螈正在模拟的一个种类是不可食的，所以静止不动可以降低被鸟类严重伤害的可能性。

或许肋突螈和棘蝾螈所具有的反捕食机制才是最不寻常的，它们除了具有其他的防御措施之外，还有尖而长的肋骨，当它们被抓住时，肋骨的尖就会穿透皮肤。棘蝾螈的肋骨尖端穿过身体侧面大的腺体，因疼痛感而产生的皮肤分泌物就会射入要捕食它们的动物口中。

由于捕食者的适应力带来的持续性压力，蝾螈已经进化出一个拥有各种防御性化学物质以及行为模式的武器库，可以用来抗击敌人。

蝌蚪的顽强生存之道

我们通常从审视哺乳动物的角度出发来诠释事物，从这个角度来看，蝌蚪向蛙的转变显然是一件非正统的事件。在世界上大约4750种蛙中，尽管有大约20%的种类没有蝌蚪时期，但其余都将蝌蚪期作为其生长发育过程中的显著特征，会持续几天到数年不等。这种不能生殖的生物就如同一个游水、进食、生长的机器，它们主要的目的就是尽快地生长，以便为生命周期中的繁殖期最大可能地输送变态形式。与蝌蚪相关的生态因素影响了变态的成功：由于许多生物和环境危险的存在，也许只有大约1%的蝌蚪完成了变态，最后以有繁殖能力的成体出现的蝌蚪更是少之又少。

所有蛙的早期发展阶段——蝌蚪阶段是非常相似的。众所周知，相对来说，由于轻易就能获取在母体体外孵化的大量的卵，使得蛙的繁殖成了脊椎动物胚胎学研究最唾手可得的实验品。从污水坑中、凤梨科植物树胶中的几毫升的水，到水塘、宽阔的

⊙ 已死或将要死的动物对蝌蚪来说是一种丰富的营养来源。有许多蝌蚪是完全食肉的，但即使是主要靠植物为生的蝌蚪，偶尔也会从动物尸体中吸取营养。上图中，草原树蛙的蝌蚪正在吃一只死去的同类。

湖泊和奔流的河流，蝌蚪会出现在任何可能的水域中。另外，可以在任何一个特定的区域中发现一种或几十种蝌蚪。在南美洲、非洲和印度生存的一小部分种类，虽然它们总是生活在潮湿的环境中，但实际上它们一生中很多时间都在水域之外度过。

蝌蚪会出现在许多不同的微型居住地中，由于对进食和运动的高度适应性，使它们之中不断产生特例。即使这样，我们仍然能够总结出它们在生物学上的一些特征。

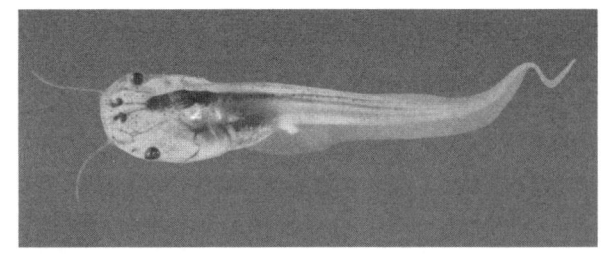

⊙ 非洲爪蟾的蝌蚪显示其波浪状摆动的尾端。这个高度成功的种类的幼体是水域中部悬浮进食者，可以过滤进食水中的浮游生物。但它们需要经常上升到水面吸进空气。它们以极快的速度冲出水面，用时仅为80毫秒或更少。它只在位于水面上时才张开嘴巴，当完全没入水中时，又重新将嘴巴闭起。

从形态学方面来说，典型的蝌蚪嘴巴周围有一系列缘饰性的进食结构，这是其他脊椎动物不具备的，其下颚的结构和操控原理也非常独特。嘴巴被有各种形状的乳头状突起的口盘环绕，由数百颗类似人类指甲成分的角质化齿而不是成体的骨质化牙齿所包围。这些牙齿在上下唇瓣里横向排列，起类似锉刀的作用。下颚骨质化软骨能起到撕裂、挖取和穿透的作用。在急流中，吸附在石头上的蝌蚪的口盘是很大的；居住在水塘中的蝌蚪的口盘则较小；悬浮在水中央的，其口器缺乏角质化组织和软组织。一些种群具有复杂的捕食结构，它们将水吸进来，通过口腔，再经过鳃，使其能够捕捉到只有细菌大小的微粒。然后依靠气孔呼吸存活。最通常情况下，这个气孔只有1个，而且长在身体左侧。通常呈双螺旋形排列的长的肠是其内部结构中最显著的特征。

蝌蚪的身体形状随栖息地的变化而改变，居住在水体底部的蝌蚪，如蟾蜍和真蛙的体形就有些扁平，那些在急流中通过口盘把自己依附在石头上的种类，如北美洲的尾蟾科和南部非洲魔蟾科成员蝌蚪的体形也是如此。生活在凤梨科植物树腋以及树洞中的蝌蚪通常身体很薄。所有这些种类，眼睛都位于头顶。在水域中部生存的种类有结实的身体，眼睛在头部两侧。在水域上层生活的种群，尾鳍长而舒展。居住在水域底部，特别是在湍流中生存的种群，鳍则很低，终止于尾部和身体交界处，更长的能延伸到尾部末端。

进食时，一个典型的水塘蝌蚪会用它的口器从丰富的水下动物群中吸取小的颗粒。一些蝌蚪的嘴上方有口盘，它们在水面抬起头部，微微倾斜身体吸取食物，另一些蝌蚪则在水域中部悬浮捕食，而有些生活在水域中部的则安静地漂浮在水平位置。但是另外一些种类，如光滑爪蟾的蝌蚪，尾端会持续地起伏波动，并因此保持头部朝下的姿态。生活在急流中的种类，当它们靠大口盘吸附在石头上时，也能够运动和进食。一些蝌蚪偶尔会食用死去的动物，但是有些种类也专门从其他活的蝌蚪身上撕咬下碎片，甚至直接将整个活体吞咽下去。这些食肉蝌蚪偶尔要同类相食时，它们更倾向于吃不同种的蝌蚪。

因为蝌蚪是不能繁殖的，所以与其他种群相比，它们缺乏与繁殖行为相关的色彩。绝大多数蝌蚪呈现灰暗色，这只是作为伪装的手段，并具有隐蔽功能，即深颜色在身体上部、浅色在下部，从而使得其在水下的光线中很难被发现。一些蝌蚪种类具有鲜艳的颜色，这是为了加强团体凝聚力，或者用以显示皮肤里有害或有毒的物质（警戒色）。它们身体和尾部的肌肉呈细条状或条纹状，鳍明显可见，一些种类的鳍上还会有明显的斑点和对比鲜明的颜色。最近有一个令人兴奋的发现：有的种类在捕食时，身体的形状和颜色是可以变化的。

因为本身不能繁殖，所以蝌蚪的大多数行为都是为了提高存活率，这些行为包括各种逃生技巧和社交行为。蝌蚪通常聚成群体以应对环境刺激，但是有些种类会形成静止的或运动的群体，这时展示出的是复杂的社会性相互作用。在某些情况下，亲代会带领这些群体到食物充足的区域或相对安全的地方。一些蛙和蟾蜍的蝌蚪能够通过化学信号把亲缘蝌蚪从非亲缘类中区分出来，且更偏向与亲缘蝌蚪在一起。

黇鹿群集展示的交配体系

从受精的那一刻开始，雌性哺乳动物就注定比雄性对下一代付出更多。雌性总是在照顾幼崽，而雄性很少对其尽到父亲应尽的职责。也许，进化过程中为雄性设计的最奇怪的表现它们价值的场所是"求偶场"——进行性展示的场所，在这里雄性之间会展开竞争并赢得与雌性交配的权利。与保护领地以赢得配偶或是保护雌性本身不同，雄性在"求偶场"中保护的仅仅是小小的交配领地，这样的领地除了包含它们自己之外，只有很少或没有其他的资源。这种"求偶场"一般能聚集起高达100头的规模。在这里，不同的雄性会保护隔离的小片领地并满怀期待地想得到发情期雌性的青睐。

⊙ 黇鹿在"求偶场"中交配。雄黇鹿在18个月大的时候就可以交配了，然而，直到它们至少4岁的时候才能实际获得交配机会。

群集展示的交配体系在哺乳动物中很少见，主要在非洲羚羊中出现。20世纪80年代，人们进行了10年的研究，在欧洲黇鹿的一些种群中也发现了这种交配方式，从而揭开了这种交配体系发生的环境及原因。

在有蹄类动物中，群集展示的交配体系在种类间存在很大的差异性。这个情况在黇鹿中尤其明显，雄性展现了极具弹性的求偶战略，不论是在种群内还是种群间。最成功的雄性会占有发情期的雌性并将它们归为一个数目多达50头的群体，与它们交配并不许其他雄性"染指"。另外的雄鹿会保护隔离开的交配用的领地，领地大小不一，从几平方米到几平方千米不等，这些领地里包含了雌鹿所需要的宝贵资源。这些雄鹿会利用声音和嗅觉展示来吸引雌性。当然，一个极端就是领地集合到一起，形成"求偶场"。

处于"求偶场"的雄性黇鹿会保护自己那不超过几平方米的被踩踏得寸草不生的求偶领地，一个典型的鹿"求偶场"会有10~20头成年的雄鹿，多达50头雄鹿的大的"求偶场"也曾经发现过。从人类的角度看，群集展示的交配体系是疯狂的，雄性会不顾一切地去吸引并保有在它们求偶领地内的雌性。

对这种奇特行为的最好解释，就是它与种群密度之间存在联系。黇鹿与其他的有蹄类动物一样，种群密度的上升总是与雄鹿发情期时领地争夺激烈程度的上升密不可分。当种群密度低于每平方千米10头成年雄鹿时，雄鹿会去搜寻雌性或者保护自己随时可能出走的"妻妾"。当种群密度增加时，它

⊙ 一对雄鹿在"求偶场"中争斗。一头雄鹿至多只能保持它们在"求偶场"中的胜利十几天，有时甚至仅有几个小时。

们就会去保护自己独立的领地。在密度大于每平方千米40头成年雄鹿时，它们就会聚集在一起，以群集展示的形式保护领地。在一些种群中，不断增大的种群密度已经导致了从独立领地到"求偶场"的转移。

为什么雄鹿会保护在"求偶场"的领地呢？在"求偶场"中的雄性，争斗非常频繁，一天常常会达到10次，而且常导致严重的受伤甚至死亡。雄鹿都会为了在"求偶场"中赢得一小片领地不顾一切地竞争，这意味着在这种体制下"求偶场"领地的占有期是很短暂的，经常只有两三天。然而，"求偶场"却是渴望交配的雄鹿碰运气的好地方。一头在"求偶场"中取得胜利的雄鹿往往比相同种群里远离"求偶场"的雄鹿个体要多出4倍的交配机会，这对它们短暂的占有"求偶场"领地期是足够的补偿。在群集展示最激烈的种群里，超过80%的交配都发生在"求偶场"中而不是单独的领地或流动的"妻妾"群中。这是因为雌性个体——尤其是处于发情期的雌性个体往往前往"求偶场"并待在那里，雄性在"求偶场"中也比在孤立的单个领地更容易留住发情的雌性。因为雌性在被干扰时有流向邻近领地的倾向，而加入"求偶场"的雌性常常在领地间游荡而不是离开，因而"求偶场"中的雄性比选择其他求偶方式的个体有更多的机会交配。

如果说雄赤鹿在"求偶场"中交配是因为在这里能吸引和留住异性，那么另一个有趣的问题就摆在了我们面前：是什么让发情期的雌性也要在"求偶场"中交配呢？许多研究者指出了基因驱动的可能性：雌性是为了选择能够带来更高的后代存活率的雄性，或者选择那些更有吸引力的雄性。支持"优秀基因假设"的证据如下：在"求偶场"里，大部分的雌性会与最有竞争力的雄性交配。对于鹿"求偶场"的研究表明，雌鹿对于雄鹿的选择基于它们的体型、发声频率以及它们在"求偶场"中所占据的中心地区，雌鹿可以根据这些"线索"选出最优秀的雄鹿。

然而，即使雌鹿确实从"求偶场"交配中获得了遗传上的好处，但这并不意味着形成"求偶场"的最初原因就是对交配对象的选择。另一种看法认为，雌性从"求偶场"交配中获得的直接利益要么是增加了交配几率，要么是减少了被捕食的风险。实验证明，雌鹿对与一群雄鹿生活的雄鹿比对单独生活的雄鹿更有兴趣——但是这种偏好仅限于处于发情期的雌鹿，不发情的雌鹿并未表现出来——因此雌鹿会通过加入"求偶场"来寻求更好的保护。加上给雌鹿带来的寻找性伙伴的便利，或许可以解释这个特殊的现象。

马鹿对性别比例的控制

平均而言，雌性哺乳动物一般生下相同数量的雄性及雌性后代，对每一个母亲而言，这个策略都有着进化性的意义。然而，一个母亲生产出更多雄性后代或是相反的情况也是存在的。这种操纵性别比例的潜在好处很好地体现在了对马鹿研究的显著结论中。

一只雌性马鹿在其10~11年的一生中会生产一些后代，在生育期内通常一年1只。对于雄性马鹿而言，生命犹如一场博彩——有的有几十个后代，而有的一个也没有。在苏格兰西部沿海的鲁姆岛上，一只成功的雄鹿最多可以有53个后代。相比之下，9%的雄鹿只有2个后代，19%的只有1个后代，

⊙ 一头幼鹿在它生命的最初几个星期里将被隐藏起来，只有在哺乳的时候才会现身。由于哺乳期长达7个月之久，所以母鹿寻找一个绝好的草场是非常重要的。

⊙ 在发情期，拥有配偶的雄马鹿必须打败它的雄性挑战者。一场吼叫比赛就是一场战斗的先兆，但有时一只雄鹿也会独自吼叫以宣示自己的统治地位。

而35%的雄鹿一直到死1个后代也没有。更糟的是，有将近一半的幼崽在还没进入成年期前就死去了。造成这种偏差的原因是马鹿实行"一雄多雌"制，即成功的雄性马鹿保护着一群雌性马鹿以防止其他雄性的窥伺。

一只雄性马鹿在交配竞争中的能力取决于它的"质量"，即它的体质和鹿角的大小，它的打斗技巧，它的吼叫能力，以及它的妥善处理问题和保护雌性的能力——不仅仅是为冬天的来临准备食物的潜力。因而，只有当一头雌鹿肯定它能产下一个高质量的雄性后代时它才会生产雄性，因为与其冒着危险生一个竞争力低的雄性后代，还不如生产雌性后代——雌性即使体质不好也能有自己的后代。当然，任何动物当前一代的所有个体都是其亲代的成功产物，一只低质的雄性后代也许意味着其母系血统的进化式终结。当后代在相对困难的环境下生存时，生产出低质的雄性后代意味着母鹿的基因会渐渐消亡，而产生雌性后代时基因则会延续。

另一个影响马鹿后代"质量"的因素就是母马鹿在鹿群中的等级地位。雌性马鹿是群居动物，大的鹿群有着严格的等级制度，其中处于统治地位的个体与非统治地位的个体存在着明显的差异。处于统治地位的雌鹿平均体重要比处于附属地位者重7%，它们的下一代活过第一年的概率也要高出14%，并且更有机会成为新的统治者。一般认为，如果雌鹿在种群中占有优势，那么其后代也更有希望在残酷的交配竞争中获胜，所以，这样的雌性适合生育雄性后代。类似的，如果雌鹿处于附属地位，那么其后代会比较娇小瘦弱，它也就更适合生育雌性后代。

值得一提的是，对在鲁姆岛的马鹿的长期研究证实了上述观点。最有统治权的雌鹿生育的后代中约有65%是雄性，相反，最弱势的雌鹿其后代中仅有35%为雄性。尽管确切的原因并不明确，但是人们认为这可能与母鹿体内的激素水平有关。

然而事情远比上面说的要复杂，其他的一些显然没有进化益处的因素也对马鹿幼崽的性别比例有影响。例如母鹿在怀孕期间若环境压力过大，它们就可能流产，而且似乎雄性胎儿更容易发生流产，所以比较高的环境压力对应着比较低的雄性出生率。在鲁姆岛，种群密度的增大或是冬季降水量超过平均水平的1.25倍都会导致来年春季出生的幼鹿中雄性比例大约减少3%。在恶劣的环境中，处于统治地位和附属地位的母鹿产下的幼崽的性别比例则变得没有什么区别，这暗示着上文描述的适应性机制的发挥需要一个好的环境条件。为什么雄性更容易在幼体时期死去目前仍然是一个谜，同样，在整个系统中还存在另一个明显的疑问：雌鹿到底是怎样确定"胎儿"的性别的？

⊙ 雌性马鹿也通过角斗决定它们的等级地位。有统治权的雌鹿有权使用主要的进食地点，这对生产出强壮的后代是很重要的。

猴类和猿类中的"杀婴行为"

动物王国中最引人注目的攻击行为之一就是"杀婴行为",即同类杀死还未独立的幼崽。"杀婴行为"很普遍,甚至人类也曾经存在着某种程度的"杀婴行为",无论是在狩猎采集时期还是农耕时期,不过现在这样的行为已经很少见了。

对动物"杀婴行为"的描述可以追溯到古希腊时代,但直到20世纪60年代,关于非人类的灵长类(南亚的长鼻猴)的"杀婴行为"才被记录下来。长鼻猴生活的群体通常由一只生育期的雄性、几只成年雌

⊙ 在南非大狒狒群体中,"杀婴"事件发生得相当频繁,因为雄性的领导权改变得很快。图中一只成年狒狒正将一只死亡的幼崽带走。

性和它们各个年龄段的后代组成,其中包括需要照料的幼崽。现有的雄性统治者会周期性地死亡或被群体中的其他单身雄性取代,然后,取代它的雄性就会试图杀死群体内的部分幼崽。

从那以后,人们在许多灵长类动物当中都发现了"杀婴行为",包括几种狐猴、吼猴、叶猴、长尾猴、狒狒,以及山地大猩猩和黑猩猩。"杀婴行为"通常发生在雄性身上,在新来的雄性进入群体之时最有可能发生。在红吼猴、山地大猩猩和南非大狒狒这样的灵长类当中,"杀婴行为"是幼崽死亡的主要因素,占到了25%~38%。

"杀婴行为"及其发生的原因一直都是极具争议的话题。一种观点认为,"杀婴行为"是一种异常行为,它一般是由过度拥挤或其他反常的情况造成的——这就是社会反常假说。然而,对于长鼻猴来说,"杀婴行为"一般都在雄性统治者更替以后发生,即使在种群的密度已经很低的情况下。

一种新的解释考虑了雌性灵长类生物学特征的一个重要方面。哺乳和养育幼崽会长时期地抑制雌性的排卵,因此怀孕或带幼崽的母猴是不能够怀上新来雄性的后代的。雄性通常只有很少的机会繁殖,因为其他雄性总是想要篡夺它们的统治权。"杀婴行为"是一种策略,它能够使雌性更快地回到可受孕的状态,这比等到它们的幼崽断奶要快多了。比如对于南非大狒狒来说,雌性从生下幼崽到怀上下一胎,中间要间隔18个月,但如果幼崽死掉了,母狒狒通常会在5个月之内再次怀孕。雄性除掉非亲生的后代之后也会获得其他的一些好处,比如说减少食物竞争,但这似乎不是主要的动机,因为雄性很少攻击刚断奶的幼崽和先前本地雄性已经独立的后代。

另一种观点声称,雄性的更替过程中会发生攻击行为,而"杀婴行为"只是攻击行为的意外副作用。该论点认为,在一只新的雄性为建立统治权而发起的攻击行为中,幼崽更容易成为攻击对象并受到致命的伤害。然而,从尼泊尔拉姆那嘉地区长鼻猴的粪便中提取的DNA证明,"杀婴"的雄性并不是毫无规律地杀掉幼崽,它们专门以其他雄性的幼崽为目标。但现在还需要进行更多的遗传性研究来考察"杀婴"的灵长类动物是否会与雌性生下自己的幼崽。

根据资料记录,灵长类的"杀婴行为"主要发生在单雄性的群体当中,但最近的研究发现该行为在多雄性的背景下也时有发生。例如,南非大狒狒的社会群体包括3~10只成年雄性、20多只成年雌性以及许多年轻狒狒。当一只新来的雄性取得群体统治地位后,它就会试图杀死来之前这里的幼崽,然后与恢复排卵的母狒狒交配。大约有1/3~1/2的新进统治者会以这种方式"杀婴"。

⊙ 这是雌性银色乌叶猴及其幼崽。成年者身上有粗浓杂乱的银色毛发，但幼崽有更显著的橘色胎毛，这些胎毛到它们3个月大时才会褪去。

这些证据表明，雄性狒狒的"杀婴行为"是一种适应性的繁殖策略。然而，对于生活在东非的橄榄狒狒来说，该行为要少见一些。导致这种差异的原因还不清楚，但有一个因素似乎是最重要的：南非大狒狒的雄性统治者大概只有短短7个月的统治时间，而橄榄狒狒的统治地位能够维持1～4年。因此，后者有更长的时间使雌性怀孕，而前者必须迅速地拥有自己的后代。正是这个原因，雄性才会杀死"他人"的幼崽，从而增加自己繁殖的机会。

然而，在另一种多雄性的黑猩猩社会群体中，"杀婴行为"仍然是一个复杂的谜。没有一种假设能够单独清楚地解释黑猩猩"杀婴"的模式。上述的三种假设都适用，除此之外还有一个可能性就是，幼崽可能会被用做食物。在一些观察案例中，雄性会杀掉邻近群体的幼崽，但是它并不能得到明显的繁殖优势，因为幼崽的母亲不会迁移到"杀婴"雄性的群体当中。在已报道的人类案例当中也是这样，杀死婴儿的行为似乎与男人的繁殖竞争毫无关系。

杀掉婴儿的决定通常是由婴儿的母亲或父亲做出的，这就意味着父母对生育的控制可能才是根本的原因。即便是发生在继父继母身上的杀婴虐待行为——正如文艺作品或民间传说所描绘的那样——也更可能是因为他们不愿意为别人的后代投入资源，而不是想通过除掉小孩来获得直接的性交优势。

据观察表明，存在于雌性和雄性之间的社会联结能够阻止"杀婴行为"。当一只雌性南非大狒狒产崽以后，它通常会在群体内挑出一只特定的成年雄性与之建立"伙伴关系"。它会紧紧地靠近选定的那只雄性，不断地尾随其后，更多地为雄性梳毛，并只允许其触摸幼崽。养育后代的母狒狒为什么会与一只雄性建立这种联系？至少对于南非大狒狒来说，它们是为了防止"杀婴"，因为其雄性伙伴与群体其他成员相比更有可能保护其幼崽。除此以外，当有雄性伙伴插手帮助的时候，新进的雄性统治者发起的"杀婴行为"更有可能失败。比如最近的一项研究发现，在雄性伙伴直接介入的所有案例当中，新进统治者发起的攻击都未能伤害到幼崽，而雄性伙伴不在场的案例当中，受到攻击的幼崽有2/3受到了严重的或致命的伤害。

这些雄性伙伴是否是它们所保护的幼崽的父亲，现在还不清楚，但是只要获得遗传学数据，这些问题无疑会变得清晰。如果它们不是，那么它们的"友好"行为可能会增加将来与

⊙ 在达到成熟以前，雄性长鼻猴会离开或被赶出出生的群体，然后加入到其他没有血缘关系的雄性群体中。它们观察着那些处于繁殖期的群体，并试图篡夺统治权。

雌性伙伴生育后代的机会。

虽然"杀婴行为"看上去是一种负面和"反社会"的行为，但它最终能够促进表面上积极的社会关系以及雌性与雄性之间的"伙伴联结"的进化。这种可能性甚至在解释人类和其祖先的"杀婴行为"时也是有效的。

橄榄狒狒两性之间的"友谊"

生活在非洲东部的橄榄狒狒是社会化程度非常高的灵长类动物，它们生活在活动领域达到40平方千米的大型群体中。这种群体包含30～150个成员，所有成员总是待在一起，觅食、睡觉和游戏的时候就像一个整体。雌性之间、雌性与幼崽、雌性与成年雄性建立的长久"友谊"构成了其群体的核心。

雌性橄榄狒狒和它们成年的雌性后代通常会维持紧密的联结，而成年雄性则会相继离开出生的群体，并加入其他不同的群体当中。这种母系家族之间的关联，构成了一个扩展到三代以上、包括一些旁系家族的社会关系网络。在这种家族群体中，每个成年雌性的等级都排在其母亲之下。当在白天休息时，它们经常聚集到该家族

⊙ 在肯尼亚的马赛马拉国家公园内，一只带着幼崽的雌性橄榄狒狒正在享受梳毛的乐趣。雌性通常会为其他母狒狒梳毛，以获得触摸幼崽的机会。

最年长的雌性周围休息和梳毛（抓虱子，整理皮毛等）。在晚上，家族的成员通常会挤在一起睡觉，当其中一个成员受到其他狒狒威胁的时候，它们会互相支援。虽然雌性也会为食物和地位竞争，但它们极少进行激烈的打斗，通常通过顺从的姿态，如表示害怕的咧嘴和扬起尾巴，来展示自己的身份。如果雌性之间发生了争斗，通常会随后和解，和解的方式一般为互相发出咕哝声，更少见的方式还有互相触摸和拥抱。

一只新迁入的雄性由于对新群体的成员不熟悉，它必须设法进入这个密集的"亲戚"和伙伴的网络。开始的时候，它一般会与没有养育后代的成年雌性建立关系。它会紧跟在该雌性的后面，同时咂着嘴并发出咕哝声，当获得该雌性注意的时候就做出表示"到我这来"的友好脸形——这是一种很独特的表情，做出这种表情的狒狒耳朵会向后贴着头骨，眼睛也会变小；如果雌性同意的话，它就会为该雌性梳毛。经过几个月以后，它可能会成功地与该雌性建立稳定的联结。如果是这样，它们的关系就起到了类似通行证的作用，使得该雄性把它与群体之间的联结逐渐延伸至那个雌性的伙伴和"亲戚"中。即使通过了这个初始阶段，新来的雄性也必须维持对雌性的友善。雄性和雌性的联结并不立即关系到性行为，虽然雌性在发情期时会与许多不同的雄性交配和互动，但是它们成年生活当中的大部分时间都是在怀孕或养育后代中度过的，这个时候它们是不会进行交配的。

这种雄性和雌性之间的特殊关系或者"友谊"在每一个得到详细研究的狒狒群体中都有记录。在肯尼亚一个大型的橄榄狒狒群体中，35只怀孕或养育后代的雌性大部分都会与18只雄性当中的1～3只成年雄性建立伙伴关系，在狒狒当中，最常见的成年雄雌性别比为1∶2。在寻找草、球茎、根、

树叶和果实的时候,有3/4的狒狒会在避免与其他成年雄性近距离相遇的情况下,保持在距"伙伴"5米的范围以内。除此之外,几乎所有存在于非发情期雌性和雄性之间的友善互动都是发生在"朋友"之间的,其中有98%都是梳毛行为。

因为雌性的体重只有雄性的一半左右,而且缺少长长的、剃刀一样的犬齿,所以它是无法抵抗雄性对幼崽的攻击的。据观察,对于狒狒的3个亚种来说,新来的雄狒狒都会杀死幼崽。不过,播放南非大狒狒叫声的野外实验表明,雄性对雌性伙伴发出的求救声十分敏感,特别是当雌性养育着幼崽以及它的叫声伴随着一只新来的雄性攻击性的叫声录音时。雄性不太可能注意到非伙伴的母狒狒的叫声,所以对于雌性来说,和雄性的"友谊"就意味着它的后代的生存。

雄性能够从"友谊"当中得到什么一直不太明显。通常,该雄性是雌性发情时和它交配的对象,所以在这种情况下,雄性是会保护自己的孩子的。如果该雄性这次不是幼崽的父亲,它可能希望下次能够成为孩子的父亲,因为平均来讲,雄性伙伴与雌性形成配偶关系的机会是非伙伴的两倍。虽然在某些狒狒种群当中,雄性统治者获得了80%的使雌性受孕的机会,但是在橄榄狒狒的群体当中,低等级的常驻雄性比新来的统治者多了两倍的机会使发情期的雌性怀孕。

个体的个性特征是决定谁和谁配对的重要因素,因此毫不奇怪,不同伙伴间的伙伴关系是有很大差异的。某些伙伴会花很长时间待在一起,却很少接触,而另一些伙伴会频繁地相互梳毛,碰见之后就会拥抱,夜间也会挤在一起。在一生的不同阶段,随着狒狒的成熟,伙伴关系也会发生变化。有些会解散——雌性可能会在一系列与雄性的相遇当中建立新的伙伴关系;雄性也可能获得统治地位并抛弃年轻时的伙伴,与具有影响力的雌性建立新的伙伴关系。但是许多伙伴关系会持续多年,因为它们已经习惯于舒适而悠闲的亲密关系了。总的来说,与雌性和幼崽频繁互动的雄性更有可能在一个群体中生活许多年。

狒狒常被描述为高度竞争的一种动物,但那只是它们天性的一方面。自然选择也同样偏爱它们发展亲密和长久伙伴关系的能力。事实上,人类和其他灵长类动物都有这种能力,这说明了该能力是我们祖先的基本能力之一,也是进化过程中流传下来的基本财富之一。

⊙ 当橄榄狒狒休息的时候,它们的群体会分成一些更小的有亲缘关系的亚群体。

在生育后代上的"投资策略"

与其他所有的食肉目动物相同,鳍足目3个科——真海豹类(海豹科)、有耳海豹类(海狮科)和海象科——的物种,要确保把自己的基因传下去,就必须把自己捕食的猎物转化成乳汁,喂给下一代。虽然鳍足目是哺乳动物中寿命比较长的一类,但是它们的繁殖率却很低,雌兽一年只能产下1只幼崽。另外,它们必须离开水体去繁殖,要么在陆地上,要么在冰面上,这些地方常常远离它们的觅食区。这种繁殖地和觅食区的分隔是决定不同物种繁殖方式变化的唯一重要

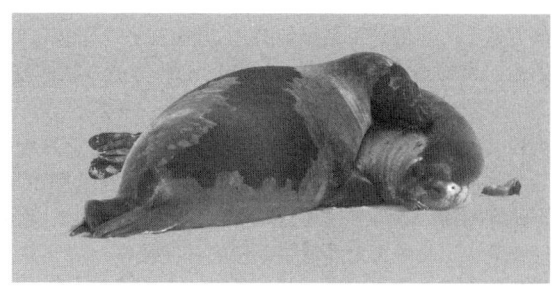

⊙ 由于有延迟着床期,雌性琴海豹的怀孕期持续将近一年。而它们的哺乳期不超过2个星期,在幼崽完全断奶前,母海豹会再次进行交配。

因素,而且同一物种间还有多种繁殖方式。例如,少数几种真海豹(其中包括港海豹)在繁殖季节的觅食方式与有耳海豹更为接近,而与其他真海豹不同。不管采取什么策略,鳍足目中的雌兽都必须把它们在觅食季节所储存在体内的养料分配给它们的幼崽,不管它们在每个季节中储存的食物量相同与否,它们与幼崽的交换都注定是不平等的。

母兽对幼崽的"投资"是巨大的,不仅通过乳汁的形式把自己的能量转给幼崽,也要为保护它们而付出很大的能量——不仅要保护幼崽不被其他成年同类伤害,还要保护幼崽不被其他的掠食动物捕食。几乎所有鳍足目动物的每一个种群都是在同一时期生育幼崽,这得益于它们有延迟着床期,使得每年幼崽几乎在同一时间出生。真海豹在哺乳期间,母兽基本不进食,只靠繁殖期前储存在体内的脂肪维持生命,而有耳海豹的母兽在哺乳期间还另外觅食,因此,有人总结出一个易记的格言,说"真海豹只出不进,有耳海豹有出有进"。这种差别很好理解,因为真海豹的体型比较大,可以在体内储存更多的脂肪,而有耳海豹体型比较小,在体内储存的脂肪也少,因此,需要另外的食物补充。

尽管如此,体型也仍然是母兽付出代价的一个关键因素。雌性真海豹一般比雌性有耳海豹体型大一些,中等的真海豹体重220千克,而中等的有耳海豹体重只有40~50千克。而且最为重要的是,真海豹事实上可以采取禁食的策略,通常在相对比较短的哺乳期内(同时也是母兽能量消耗巨大的时期)不再进食,如冠海豹的哺乳期只有短短的4天,完全可以不进食。真海豹的幼崽长得也更快,如冠海豹幼崽4天后体重就能达到出生时候的2倍,并且断奶也比较突然。为了完成这种超快的发育速度,乳汁中含有的脂肪质高达60%。

与真海豹相反,有耳海豹的禁食期有5~12天,在这些天里,母兽靠以前储存在体内的脂肪维持,一旦过了这几天之后,它们就去海中觅食,往返于觅食地和繁殖地之

⊙ 一只雌性南非海狗正慵懒地躺在一块礁石上,给一个体型已经长得相当大的幼崽喂奶。这种典型的有耳海豹的哺乳期长达12个月,少数南非海狗幼崽在出生后的第二年甚至第三年还跟在母海狗身旁,还在吃奶。

间。它们的哺乳期也相对比较长,从 4 个月(如加州海狮)到 24 个月(如加岛海狗和南美海狗)不等。有耳海豹的幼崽比起它们的真海豹"亲戚"来说,长得实在有点儿慢,断奶的时候体重只有母海豹的 30%,而真海豹幼崽断奶的时候体重则能达到母海豹的 40%。我们对海象照料幼崽的情况现在还了解得较少,但是知道小海象总是随从母海象一块儿在海中觅食,还常常在海水中吃奶。

在大多数的鳍足目种类中,同类之间成年雌性的体型差异很大,最大者往往是最小者的两倍。一只母兽的付出(用自己体内储存的能量来养育一个幼崽)和它的收获(通过这些付出而导致自身基因的传递)之间的关系是复杂的,尤其是在各个母兽本身的体型大小很不相同的情况下就变得更为复杂,因为如果要把幼崽养育成大致相同的体型,一只体型比较大的母兽耗费的能量与自身相比相对较少,而体型较小的母兽耗费的能量与自身相比相对较大。这种"种内"的不同也同样可以推论到"种间",因种类间体型很不相同,使得这种生育行为也更为复杂。

然而,我们有一个办法来计算母兽生殖所付出的成本,可以根据母兽所降低的生育能力和减少的寿命来间接计算母兽生殖的成本。例如,如果一只雌性加岛海狗一直与幼崽待在一起,直到第二个繁殖季节,这会极大地降低第二年的怀孕几率,降到只有 45%,如果断奶后就让幼崽离开,则第二年的怀孕几率为 90%。对于一只雌性南极海狗来说,以前的怀孕状况与它们以后的寿命和生育能力有很大的相关性,如果以前怀孕并产下幼崽的次数很多,它们的寿命就会缩短,以后的生育能力就会下降。例如,从未生过幼崽的雌性南极海狗活到 15 岁的几率是每年都生育一次的雌性的 3 倍,上一年生育幼崽后,第二年就会有 48% 不能再次怀孕,换句话说,雌性为生殖所付出的是寿命减少和生殖力下降的巨大代价。在真海豹中,如果一只雌性威德尔海豹头一年产下一崽,那么第二年产崽的几率就会减小 5%,也就是说,它们付出了生殖力降低的代价。

这些付出和成本在不同的环境下会有所不同,我们可以举生活在美国加州外海的两个种群的北象海豹的例子来说明。在新年岛上繁殖的北象海豹数量比较多,那里的繁殖地显得很拥挤,雌性 3 岁或 4 岁的时候就生育第一胎,但是早期生育的幼崽的成活率只是年龄大一些时候生育的幼崽成活率的一半;在法拉隆群岛繁殖的北象海豹的种群密度比较低,也没有证据显示年轻的母象海豹生育的幼崽成活率降低,但法拉隆群岛上的雌性北象海豹在较早生育第一胎后,下一年生育幼崽的可能性会很低,反之,如果它们越往后推迟生育第一胎的年龄,接下来的繁殖能力就越强。

在苏格兰北罗纳地区海岸附近生活的灰海豹中,母海豹如果在某一年养育幼崽的时候付出了比往常平均更多的成本,那么第二年它就会隔过去不再生育。

实际上根据上述分析,有些研究人员认为,在同一种海豹中,体型大小不同的两类雌性很可能采取了不同的生育策略:一个极端是雌性生长发育速度快,开始生育的年龄也早,繁殖的次数也多,但是它们的寿命比较短;另一个极端是雌性开始生育的年龄比较晚,生育幼崽的频率也比较低,但是它们自身的寿命更长。我们还需要根据两者后代的成活率来研究到底哪一种生育策略的回报更高。

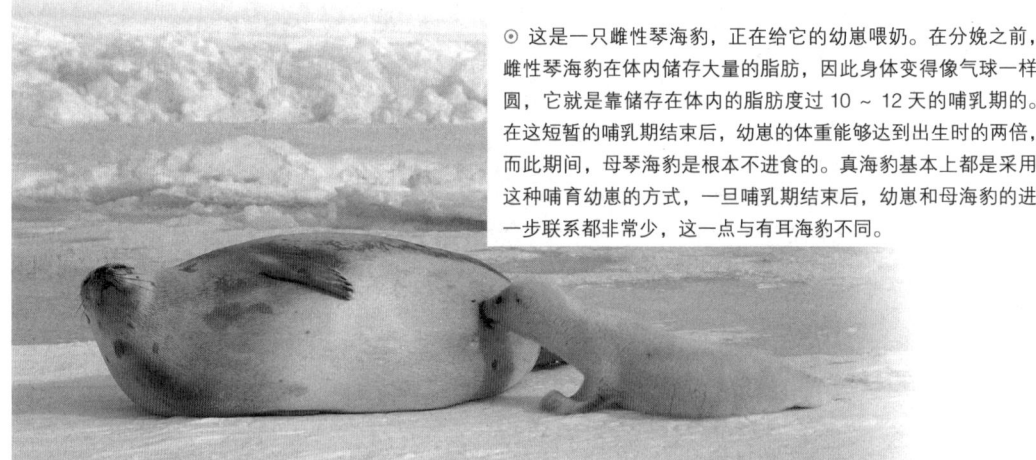

⊙ 这是一只雌性琴海豹,正在给它的幼崽喂奶。在分娩之前,雌性琴海豹在体内储存大量的脂肪,因此身体变得像气球一样圆,它就是靠储存在体内的脂肪度过 10 ~ 12 天的哺乳期的。在这短暂的哺乳期结束后,幼崽的体重能够达到出生时的两倍,而此期间,母琴海豹是根本不进食的。真海豹基本上都是采用这种哺育幼崽的方式,一旦哺乳期结束后,幼崽和母海豹的进一步联系都非常少,这一点与有耳海豹不同。

加州海狮的繁殖策略

在加州海狮的繁殖地内,即使是海滩上冒起的会急速破裂的水泡也能见证雄海狮为保护领地而不断巡逻的努力,就像本页下图显示的那样。由于马戏团和海洋水族馆里常有海狮表演,所以人们对它们很熟悉。但即使在这些地方,雄性海狮也有各自的领地,并会发出大声的吼叫,以警告企图入侵者。

加州海狮现在主要分布在北太平洋的东部海域,从加拿大不列颠哥伦比亚省的太平洋沿岸向南经过美国加利福尼亚水域,到墨西哥下加利福尼亚半岛海域;另外还有一

⊙ 雄性加州海狮在占有领地期间,常常进行间接的挑衅性的"表演"。一旦它们建立领地后,就常常会在领地边界上进行一套仪式化的展示,但并不进行真正的战斗,以便尽可能地节省体能。这套仪式化的展示尽管对每只雄海狮来说各有不同,但基本上会遵循如下步骤:1.领地相邻的两只雄海狮都靠近共同的边界时,它们会首先晃动头部并大声吼叫;2.接下来会斜视对方,并冷不丁地冲向对方;3.更频繁地晃动头部并发出更多的吼叫声。在互相冲击时,它们的前鳍肢会尽量远离对方的口部,以免被咬伤。不过它们胸部的皮肤很厚,能够经得住一系列的撞击。

个与之分隔的亚种分布于南美厄瓜多尔的加拉帕戈斯群岛海域。雄性加州海狮体型比雌性大,在繁殖季节总要在繁殖地占据一片领地。每一只雄海狮都想与尽可能多的雌海狮交配,一只成功的雄海狮必须成功保护住自己在海滩上的小片领地,防止其他雄海狮的侵入,这样才能获得尽可能多的交配权。因此,在建立领地的那段时间里,雄海狮之间经常会爆发激烈的冲突,一旦领地建立之后,这种激烈的冲突就会迅速退减到仪式化的在领地边界上的"示威"行动。这些"示威"表演包括大声吼叫、晃动头部、斜视对手、突然冲向对手的鳍肢等等。"示威表演"最多发生在领地边界线上,因此这可以表明海滩繁殖地上每只雄海狮的领地状况。

⊙ 在美国加州蒙特里市海岸的一块繁殖地内,一群雌海狮聚集在一只占有领地的雄海狮周围。平均来讲,雄海狮占有领地的时间为27天,在这段时间里,它们要与尽可能多的雌海狮交配。

在繁殖季节,占据领地的雄海狮是不吃东西的,因此,仪式化的"示威"能力和本身体型的大小是长时间占有领地的两个最重要因素。对于一只雄海狮来说,要想留下尽可能多的后代,就必须在领地上坚持尽可能长的时间,仪式化的示威活动必须尽可能少地耗费体能。因为还可能爆发真正的冲突,那时必须要有足够的体能。如果雄海狮的块头大的话,不但能在真正的冲突中占据有利的形势,而且能够事先在体内储存更多的脂肪,降低能量的消耗速度。海狮体内形成的一层脂肪,起着很重要的作用,不但使海狮能够在冰冷的海水中生活,而且是雄海狮占有领地期间的

⊙ 这是一只新出生的海狮幼崽。在拥挤的繁殖地，雄性海狮之间尽管很少发生真正的战斗，但一旦发生，小海狮往往成为受害者，极有可能被踩死。

唯一能量来源。

对雄海狮来说，另一个重要的生育策略就是占有领地时机的选择。从理论上来讲，雄海狮应该在大多数处于生育期的雌海狮出现前就占好领地。平均来讲，每只占有领地的雄海狮可获得与16只雌海狮的交配权，每两只雌海狮能成功生育一个幼崽。繁殖地位于白令海的北海狗群里，雌海狗分娩后大约5天就会再次交配，因此雄海狗必须在雌海狗到来之前就建立领地。但是对于加州海狮来说，雌海狮在分娩21天后才会再次交配，间隔期比较长，使得雄海狮不必在雌海狮到来之前就建立领地。因为那样的话，意味着占有领地的时间更长，会消耗更多的能量，平均来讲雄海狮占有领地时间只有27天。实际上，雄海狮只是在第一批幼崽出生后才忙于建立领地。随着幼崽出生高峰期的到来，雄海狮也越来越多地来到繁殖地，并建立领地——繁殖地上领地最多的时候是幼崽出生高峰期，大约5个星期。

天气状况也是影响海狮繁殖策略的一个因素。在繁殖季节，气温常常超过30℃，这对于新出生的幼崽来说是很合适的，因为它们对自身体温的调节能力还不很完善，气温低于这个度数对它们来说就有些冷了。但是这个气温对于那些占有领地的成年雄海狮来说，却是一个不利的因素。所有的海狮在陆地上的时候，调节自身体温的能力都很有限，30多度的气温对于成年雄海狮来说又太热了，长时间暴露在30℃以上的海滩上它们会受不了，因此，必须到水里进行降温。然而，雄海狮去水中降温的时候，很可能会失去自己的领地，怎么办呢？有经验的雄海狮总是把它们的领地建在靠水的地方，至少一部分领地必须接近水。在持续的高温下，一块不能直接进入水里的领地是无法守护住的。

有的时候，雄海狮的大部分领地都在水里，这种情况常出现在繁殖地位于陡峭的海边悬崖上的海狮身上，因为那里只有很小的海滩，不足以使雌海狮在海滩上分娩。在这种情况下，雄海狮的大部分领地都在水下，它们会在水中巡游，在水下吼叫，来保卫自己的领地，这比领地大部分在陆地上占有优势，可以节省能量。有一点可以肯定，雄海狮为了有更多的后代，会充分利用各种有利条件，尽可能地挖掘它们的潜能，以便获得更多的交配权。

⊙ 两只雄性加州海狮在水底的领地边界上相遇了。通常情况下，这样的相遇只会有示威性的"表演"，而不会发生真正的"战斗"。

弱势雄性的选择性交配策略

　　动物王国中已经很多次进化出了选择性的交配策略，一般包括特化的形态、生理机能以及行为机制，这使得不止一种雄性类型能在繁殖过程中获得成功。在爬行动物中，记录得最详尽的例子是关于有鳞目动物（蜥蜴和蛇）的交配方式。与通过防御策略来获取资源或交配的种类相反，具有选择性策略的交配系统使得处于劣势的雄性有可能得到交配机会并产下后代。选择性交配策略已深深吸引了生物学家。所有雄性的自身条件并不平等，它们运用计谋竞争，以求顺利完成交配，所以这种策略一定会吸引住任何一个生物学家的注意。不同的交配策略拥有各式各样的术语："偷食者"、"优势雄性"、"附属者"、"横刀夺爱"、"挖墙脚"以及"伪装雌体者"，这些都是被采用的基本策略。

　　选择性交配系统中的遗传和环境决定因种类不同而各异。在一些种类的种群中，只有那些交配成功性不大的个体想要采用新的行为模式来增大它们的繁殖概率，所以才会使用这种选择性策略。在这种情况下，这些策略是环境所决定的，以提高弱势雄性交配的成功率。在另一些情况下，选择性策略也可能是基因所决定的。采用相应策略进行交配的个体，有助于保持其生存的连续性和单独种群在形态和行为上的多态性。

　　选择性交配策略中的3个例子突出了变化中的生态环境。在这些环境中，交配策略不断进化并被保留。在交配季节中，雄海鬣蜥分别确立了自己的领地，体型较大的雄体在竞争上占有优势，拥有最好的领地，并获取了最多的交配权。因此，每年新生的大部分海鬣蜥都是小部分雄性的后代。然而，体型小且没有领地的海鬣蜥也试图与雌体进行交配。在交配过程中，雄体射精过程大约为3分钟，由于体型更大的雄体的侵扰，体型较小的个体很少能持续完成这个过程。解决的办法就是一种选择性策略：较小的雄体预射精后将精液储存在半阴茎囊中，一直等到出现交配的机会。在这种情况下，即使它们的交配持续时间很短，较弱的雄体也可以将精液迅速转移到任何一只遇到的雌性体内。这种策略弥补了它们在竞争上的劣势，提高了繁殖成功率。

⊙ 加拉帕戈斯群岛上的海鬣蜥是一种确立领地的种类，大量的雄体在每个繁殖季节中集聚在一个求爱场所，相互竞争以吸引雌体。虽然体型最大、给雌体留下印象最深的雄体（它们一般在繁殖季节呈红色或蓝色）交配机会最多，但是体型较小的雄体也可以采用预射精的策略来增加交配机会。

选择性交配策略也在没有领地的种类中使用。在普通侧斑美洲鬣蜥种群中，大多数雄体保卫食物丰富的领地，在这片领地上也生活着一只或更多的雌体，在繁殖季节中，雄体就可以与这些雌体进行交配。这个种类的某些种群中的雄体在生理机能、体色以及对领地开发程度上各不相同。喉部呈橙色的雄体是一夫多妻的个体，它们拥有大片的领地并有很多雌性交配对象。喉部呈蓝色的雄体是交配对象的卫兵，它们也拥有领地，却只能与少数雌体交配，并且在交配后还要守护着它们。最后是喉部为黄色的"偷食者"，它们没有领地并且还要伪装成雌性的样子，这样才能进入其他雄性的领地并与这些被雄性占有的雌性交配。自然界中存在这种系统的部分原因与"石头—布—剪刀"游戏相似，每一类型的雄性都有胜过其他雄体的优势，但是又有相对第三方的劣势。偷食的黄色雄体在与拥有领地且占有很多配偶的橙色雄体的竞争中尤为成功，但是它面对作为交配卫兵的有蓝色喉部的雄体时，成功的可能性就小得多——守护雌体的蓝色雄体可以成功阻止偷食的雄体，但是对更具侵略性的橙色雄体来说，它们就处于下风。因此，没有哪个单独的交配策略是绝对成功的，3种类型的雄体都能繁殖成功。

偷食是一个高风险的策略，因为这种策略通常会使弱势雄体与体型较大或更具竞争性的雄体离得非常近。在选择性交配策略中，一个经常出现的策略就是模仿雌体，这种策略可以降低其被发现的可能性，而且能逃避与优势雄性之间的争斗。这种策略在红边束带蛇种群中被体现得淋漓尽致。在每一个初春时节，成千上万条马尼托巴湖束带蛇聚集在一起繁殖。在这个集群中，雄蛇的数量超过雌蛇的数量，因此雄蛇之间的竞争是非常激烈的，10～100条雄蛇同时向一条雌蛇发出求偶信息，并在接纳它们的雌蛇上绕成一个"交配球"。在这个系统中，一小部分雄蛇，即科学家称之为"伪装雌蛇"的雄蛇释放出一种信息素，把自己伪装成雌蛇来吸引其他的雄蛇。由于受到这种信号的迷惑，正常的雄蛇会对这些伪装的雌蛇进行毫无效果的交配行为；此外，由于它们把这些伪装的雌蛇当做了真正的雌蛇，在这些伪装的雌蛇进行求偶过程中，真正的雄蛇并不会去阻止这些行为的发生。因此伪装的雌蛇在这个求偶群体中具有明显的优势。在这个竞争激烈的交配过程中，它们与雌蛇交配的机会比其他一般的雄蛇要多得多，表现在它们具有繁殖上的优势和凭借这种像雌蛇的信息素而比其他雄蛇多出的选择性优势。

只有当个体的遗传显性特征各不相同时，性别选择才会起作用，并会导致不同的繁殖成功率。上述3个例子显示出，看起来最"好"的雄体并不一定是胜利者。不管是基因决定的，还是环境决定的，选择性交配策略的成功都有助于维持种群中物种的多样性。

⊙ 此为红边束带蛇的交配图。研究显示，在这样一个集合体中，伪装成雌蛇的雄蛇通过释放雌激素迷惑雄蛇，交配成功率是其他雄蛇的两倍。但这种行为的负面作用是：雌性激素减少了它们的精子数量。

无微不至的亲代照料

亲代照料指的是亲代一方或双方的行为，它们尽可能地努力，以提高受精卵或后代的成活率。这种努力包括亲代增加捕食行为，或减少自身进食，或者付出相当长的一段时间来照顾一窝卵或一群后代，因而无力再生育更多的后代。与此对应的是，亲代通过这种照顾来增加后代成活率的好处必须要大于亲代所付出的努力，否则，亲代照料就不能得以进化。

在两栖动物中，亲代照料已进化了很长时间，但在各个种类间却并不相同。大约一半的蚓螈种类要产卵，并且雌性与卵守在一起，直到孵化成功。在蝾螈中，已经得知所有科都会出现由雄性或雌性照料卵的情况，但仅包含了大概1/4的种类。迄今为止，两栖动物中蛙类亲代照料的形式最为繁多，其覆盖了大约2/3的科，但不到1/10的种类。

两栖动物的亲代照料与其不断增长的陆栖性有关。在溪流和水塘中成窝的受精卵和软体幼体经常成为各种捕食者的猎物，但是在陆地上，它们存活的概率就要大得多。特别是如果有亲代一方或双方的照顾，情况更是如此。当然也有例外，在一些完全水栖的物种，如大鲵和负子蟾，也显示出亲代照料行为。

在所有属于脊椎动物的动物中，两栖动物是具有最多样性的繁殖方式的种类，并且具有所有可以想象出的亲代照料方式。很大程度上，这种多样性体现了不同种类在产下的后代数量与投入照顾的精力大小之间所表现出的不同的交易性。

由于雌性产生的配子（卵子）比雄性少得多，所以雌性通常比雄性要花费更多的时间和非常大的精力来照顾后代。但是在两栖动物中也有一些令人困惑的例外，在最常见的现今存活的大多数蝾螈科成员以及蛙类中，几乎全部是体外受精，卵被置于雄性领地中，并受雄性保护。这是最常见的亲代照料，可以减少卵被捕食及卵脱水的情况发生。有时候，雄性会同时守护几个雌性产下的卵。在最分化的种群中，无肺蝾螈以及产卵的蚓螈都是体内受精。在一些蛙中，则由雌性在陆地上或水中守护它们的卵。

动物极少由其父亲照顾，但是在脊椎动物中，鱼类和两栖动物类由双亲照料后代的现象则非常普遍。这种情况可能是由于受精是在体外发生所导致的，雄性能确定哪些卵是受过精的，因此它们繁殖的成功率可以通过这种照顾而得到提高。或者仅仅

⊙ 暗斑钝口螈（钝口螈科）生活在美国东部，在9~12月，根据栖息地海拔不同，其在一个巢穴中可以产40~230只卵。雌螈蜷着身子围着它的卵，保护着它们，等待着秋雨或冬雨的降临，以孵化卵。

⊙ 在南美口育蛙中，可以发现一种两栖动物亲代养育中最特殊的形式——雄蛙把需要孵化的卵含在声囊中，并让其在那里发育。图中，一个达尔文蛙已经吐出两只小蛙了。

因为雄性必须在体外受精,所以它们有机会来照顾后代——对于体内受精的种类来说,交配和产卵的时间间隔通常达 1 个月或数个月之久,所以由雄性照料就不是一个可行的选择。

已观察到两栖动物有许多种形式的亲代照料模式,照料的持续时间可能不长,但是亲代,比如雌性仍然会冒着危险尽全力来积存受精卵。欧洲蝾螈的一些种类中,雌性细心地用水生植物的叶片包裹住每一粒受精卵,从而保护发育中的胚胎,使其不被捕食,并降低紫外线对卵产生的负面影响。在许多种类中,一方或亲代双方会延长照顾的时间。一些完全水栖蝾螈种类中,不论雌性或雄性照料卵群,都分别通过腮的快速运动以及身体的摇摆来增加卵群周围的气体交换。有时候,泥螈甚至把卵产在鲵鱼的巢中,这是巢穴防御的一种寄生策略,而关于这种策略还需要进一步的研究。一些陆地巢穴育种青蛙,如波多黎各科奎鹀鸫蛙,将雄性皮肤的水分以水合作用的形式直接转移给胚胎。另外一些巢居照料种类则通过秘密释放杀菌物质来保护卵,使其不受病原体如真菌的侵袭。其他一些蝾螈和蛙类,双亲会守住巢穴,反击入侵者——可能是同类成员也可能是其他捕食者。在对新几内亚岛微型树蛙的野外试验中,当守卫巢穴的雄性被移开时,节肢动物就会攻击其巢穴并吃掉巢中的卵。

⊙ 在哥斯达黎加的雨林中,草莓箭毒蛙进化出一种巧妙的方法来确保生长发育中的幼体的安全。4～6 只的卵为一窝,被放在雨林地上的树叶中。卵孵化后,雌体将其带到充满水的高树裂缝中,或带到凤梨科植物上的水洼里。在这些微型水域栖息地里,蝌蚪定时食用有营养的卵,从而长成幼蛙。

两栖动物中其他所有形式的亲代养育,在蛙类中都受到限制,比如存在于很多水生和陆生种类中的孵化行为。在南美水生苏里南蟾中,雄体会在翻一个筋斗的过程中给在雌体背上的卵受精。每个卵在单独的囊中发育,蝌蚪的尾巴富含毛细血管,其作用与胎盘的作用一样。根据种类的不同,幼体是以蝌蚪或完全变态的幼体形式出现的。

树蛙树蟾类中大约有 65 个种类(均为新热带区种类)的雌性将卵粘在背上。有 4 科不是将卵粘在背上,分别是树蟾科、雨蟾科、芬蛙科,它们将卵放在敞开的囊中,幼体在那里发育成蝌蚪。还有一个种类——球囊蛙有一个育儿袋一样的口袋或在泄殖腔上方敞开的袋状物,卵受精后,被放置在这些袋状物中,使得胚胎能在湿润的环境中逐渐发育。根据种类的不同,幼体以蝌蚪或幼蛙形式出现。

最奇特的蛙类孵卵方式也许是澳大利亚胃育溪蛙的:雌蛙吞下 20 个受精卵,受精卵在其胃里发育,然后再把蝌蚪或幼蛙"呕吐出来"。在这段时间内,亲代不进食,实际上这是因为消化系统释放的一种类激素物质受到抑制,这种物质是隐藏在幼体口腔黏液的一种前列腺素,它能降低盐酸分泌以及肠道蠕动频率。

许多蛙类亲代的一方通过随身携带卵或蝌蚪,使它们不受极端温度、干燥、捕食以及寄生行为的侵害。在欧洲的产婆蟾中,雄性将一串串的卵(有时不止是一个雌体所产出的)缠绕在后腿上,并不时地带着这些卵回到水中以保持卵的湿润。当卵要孵化时,雄体就带着它们回到水中。在澳大利亚袋蛙中,蝌蚪钻入雄体腹部两侧的袋状物中,不久就以幼蛙的形式出现。在口育蛙这个只包括两种南美洲青蛙的科中,雄体将 20 个幼体放入其声囊中,当幼体变大时,它的声囊会拉长至整个身体的长度。

试验表明,雄体实际上还为发育的胚胎提供营养。雄蛙能够同时从几个不同的雌蛙处带走卵。在另一些种类中,雄蛙只是从陆地巢穴到水里时把蝌蚪放在声囊中。

在一些新热带毒蛙种群中,塞舌尔蛙以及新西兰哈氏滑跖蟾的卵被置于陆地上,孵化后,蝌蚪设法游到亲代的背上从而被带进水中。这个过程可能持续几天,这个任务有的由雄蛙来完成,有的则是由雌体完成,还有的是由亲代双方共同完成。

母体为其蝌蚪储备营养卵(未受精的或已受精的)是一种特殊的亲代照料形式。在蛙类中,这种行为至少已进化了6次,但是,只有当蝌蚪在充满水、很少或者没有食物的坑洞(凤梨腋中、树洞、或者竹节)中生长发育时,才会出现这种情况。

叶毒蛙属中的一些有毒蛙种类,它们的母体会把蝌蚪放在生长着林下叶层药草或地上凤梨科植物的水洼中,但是每个水洼都不会超过1个蝌蚪,雌体每隔1~8天返回检查产卵处,并且产下一小窝蝌蚪赖以为生的卵,再重新回到水中。没有这些卵的话,蝌蚪就会死掉。蝌蚪把头部放在雌体的排泄口附近,并摆动其身体和尾巴,以示意它们的存在。蝌蚪的进食过程是通过咬破这些卵的胶质外壳并吸食卵黄完成的。在巴西的一个单配对种类中,雌性和雄性分别扮演着重要的角色:雄体单独把蝌蚪从储存卵的地点转移到充满水的树洞中;雌雄蛙平均每5天交配一次,交配行为显然能刺激雌蛙排卵。雄体接着会把雌体带到放置蝌蚪的树洞中,在那里雌蛙产下1个或2个有营养的卵供蝌蚪食用。

与上述蛙毫无关联的翡翠蛙和马达加斯加攀爬彩蛙也会发生非常相似的行为,其后代生活在水洼中(树洞或折断的竹节中)并开始孵化。在交配期,雄蛙带着雌蛙到一个水洼,它们在那里进行交配并产下1个卵。雄蛙守护着水洼,同时雌蛙返回水中并只产下一颗营养卵。新热带蛙和马达加斯加蛙在生活方式和口部形态方面的趋同性非常明显。

孵化后,蛙也会长时间与蝌蚪待在一起,保护和照料幼体。在一些种群中,亲代蹲在蝌蚪群内或蝌蚪群附近,并对骚扰蝌蚪的动物发起攻击。在巴拿马一种有细长脚趾的蛙中,一群蝌蚪跟随着母亲沿着充满水的沟渠移动,这是因为母体不断地向蝌蚪方向抽吸运动,进而产生表层波浪,而蝌蚪的这种移动就是对波浪的一种回应。在非洲猪鼻蛙(肩蛙属)中,雌蛙在和雄蛙进行抱合时,就在水塘的底部挖掘出一个地下育儿室,雄体给这些卵受精,蝌蚪在1周后孵化出来,水塘灌满水后,雌蛙就浮出水面,并把蝌蚪带入开阔的水域中。有时雌体会在水塘外部挖掘出一个滑道,使蝌蚪紧紧地游在其后,这样雌蛙就能带领蝌蚪到水域中去。

⊙ 南非牛蛙的掘土游动行为被很好地记录下来。在炎热的夏天,当这个种类在雨季后变得活跃起来时,雄性牛蛙会在一片水域间挖掘出一个水道,使蝌蚪在浅池干涸前逃离此地。该水道长度可超过15米。

虎鲸的狩猎策略

一群虎鲸汇聚到一群太平洋大马哈鱼群旁,用水下的声音交流和有效的合作将它们驱赶到一起。当虎鲸将这些大马哈鱼困在海岸和鲸群之间后,就会一条接一条地把大马哈鱼吃掉,直到吃饱为止。

岩岬周围潮流涌动,20 只虎鲸并肩排成一排,互相间隔 50 米,迎着潮流慢慢地靠近岬边。这些鲸在水面下方慢慢地游动,只是偶尔浮上来呼吸空气,并用长长的椭圆型鳍状肢和尾鳍拍打水面。在水下,拍打声听起来就像是消了音的枪声。之后是一声长而颤抖的哨声,随后又被像是来自印度集市的号角发出的雁叫般的声音打断,然后它们就开始井然有序地汇集到猎物那里了。它们的猎物是数千只一群的太平洋粉红色大马哈鱼,这些大马哈鱼正被赶向岩石和咆哮的水流之间。在数分钟之内这些鲸就有效地困住了这群鱼,然后它们开始在外围一条接一条地吞下这些每条重达 3 千克的鱼。后来这些鲸似乎对狩猎失去了兴趣,开始在水中懒洋洋地打滚,有的时候则会偷偷"跳"起来向四周看看,看着那些岬边的载满大马哈鱼的渔船。随着另一声水下的哨声和雁叫般的声音,所有的鲸又同时潜入水中,5 分钟后重新出现在岬的另一边。它们结成紧密的群体逆流而去,渐渐远离了渔船。这些虎鲸保持着紧密的阵形,经过 2 个小时安静的慢游,来到了另一个岩岬,又上演了另一场协作狩猎的"好戏"。

虎鲸是海豚科体型最大的成员。成年雄性虎鲸长达 9 米,背上有标志性的背鳍,竖直的背鳍高达 2 米,是所有鲸中背鳍最大的。雌性虎鲸稍微小一些,背鳍一般约 70 厘米高。由于后天损伤和遗传的影响,不同的虎鲸背鳍形状不一。

虎鲸背部的颜色为明显的黑色,腹部为白色,眼睛上方有一块白斑,背鳍的后下方有一块灰色的鞍状斑纹。由于它们背鳍的形状和鞍状图案多种多样,我们在世界的任何地区都可以识别和研究每一个虎鲸的个体,再加上 DNA 的证据,我们就可以深入地了解虎鲸的水下世界了。

虎鲸群由母鲸和它的后代组成,这些后代会世世代代地生活在一起。鲸群里面的成年雄性一般只是群体其他成员的"儿子、兄弟或叔叔",并不是人们以前认为的那种"一雌多雄"的关系。虎鲸会到自己家族或母系以外的群体去交配。由于这些家族群体会长期聚集在一起,再加上猎物的分布也在变化,结果就形成了捕食特定类型猎物的专门化的群体或生态型。

虎鲸能吃许多种猎物,但是它们的群体一般主要捕食当地丰产的猎物。这会影响到捕猎形式的变动,也能改变群体的最佳规模,甚至是虎鲸自己的身体形态。所谓的北美洲的"短驻"虎鲸,主要吃海豹和其他海洋哺乳动物。它们以小群的形式活动(平均 3 头),但是常常单独捕猎,体型比前面提到的专吃大马哈鱼的"常驻"虎鲸要大。在挪威,吃鲱鱼的虎鲸常常形成巨大的群体一起觅食,其中的许多鲸群会一起协作,将成千上万的鲱鱼团团围住;而在阿根廷海滨单独捕食幼海豹的虎鲸又是另一个生态型了。

雌性虎鲸通常在十几岁时达到性成熟,它们能够活 50~100 岁。雄性成熟得晚一些,死得也早一些。一头成年雌性能够每 3 年生 1 胎幼崽,直到大约 40 岁才停止生育。怀孕期要持续 15~17 个月,照料幼崽也要将近 1 年。雌性在生育期内大约能够生下 5 个能存活的幼崽,但显然不是所有幼崽都能

生物天地

⊙ 在美国华盛顿州太平洋沿海的圣胡安群岛,一群虎鲸正浮在岸边的水面上。这种群体通常由母鲸和它的后代组成,而在图中显眼的位置有一个很高的背鳍,说明当中有一头成年雄性,它可能是其他鲸的"兄弟"或"叔叔"。

活到成年。过了40岁以后,雌鲸就会承担起群体内幼鲸的"保姆"和"教师"的社会角色。

有一些虎鲸群会为了追踪猎物而迁移数百千米,而另一些虎鲸群却常年生活在食物丰富的地方。作为顶级的掠食动物,虎鲸的数量不多,但是由于多群虎鲸聚集在一些常年或季节性食物丰富的地方,会给人一种错觉,认为它们的数量相当多。

在当今世界,处于食物链顶端有一个明显的劣势,就是污染物会在猎物体内聚集,最终影响到掠食者。在北美洲西北部的太平洋,"常驻"和"短驻"虎鲸体内都发现了世界上含量水平最高的多氯联苯,这会导致其生育率的降低和种群生存能力的下降。

红大马哈鱼惊人的远程洄游

栖息于太平洋西北部的红大马哈鱼的生命史足以代表其他溯河产卵的物种——那些大部分时间栖息在海洋,但需返回淡水流域产卵并最终在淡水中死去的鱼类物种。红大马哈鱼比其他鲑鱼洄游的距离远得多,其迁徙距离能达1 600千米,实在令人叹为观止。

从春季直至夏末,大量红大马哈鱼成群逆流而上,历尽千辛万苦返回其最初被孵化出来的地方。它们沿阿拉斯加(卡希洛夫、肯奈、俄罗斯)和加拿大的不列颠哥伦比亚省(弗雷泽、斯基纳、纳斯和努特卡)境内的河流而上,途中遇到无数障碍物和诸如急流及瀑布这类的险境。它们出众的"归乡"能力主要依赖其记忆力和嗅觉,其出生流域周遭的石块、土壤、植物和其他因素所产生的综合化学物质能被它们的成鱼记住,它们正是据此洄游而上的。在自然环境中,鱼类的洄游方向偶尔也会有些偏差,一旦它们发现更适宜栖息的地点时,其分布范围便得以扩展了。

⊙ 许多鲑鱼都在逆流洄游的行程中因精力耗竭、敌人捕食或环境的污染而死去。当它们遇到阻拦其洄游的水电站大坝时,便会筑成"鱼梯"以便使整个鱼群到达孵化场。

在洄游时,雄性一般先行,而产卵场则由雌性选,雄性在产卵场向雌性展开热烈的求偶攻势。在发育成熟的过程中,红大马哈鱼体内的激素变化剧烈,使其体色也有所改变,头部变为绿色,背部变为深红色,雄性的颌变长,形如钩状,被称为钩颌。大马哈鱼属的全部7个太平洋鲑鱼物种和红大马哈鱼都具有明显的钩颌,即"带钩的颌"。

雌性积极地摆动自己的尾巴,在产卵场中的合适基质上挖出一个长达3米、深30厘米的巢或产卵所。雌性红大马哈鱼能产卵2 500～7 500个,具体数量依据成鱼的体型不同而异。一对成鱼横靠

⊙ 加拿大不列颠哥伦比亚省内亚当斯河的理想产卵环境中,每年都有迁徙回来的大群红大马哈鱼,它们头呈绿色,身体呈红色,十分醒目。奇数年的洄游群比偶数年的洄游群要大得多。

在一起产卵时,它们的身体剧烈抖动,颌张开。雄性红大马哈鱼往卵上喷射出包含了精子的乳状液体(精液),使其受精,雌性随即用沙砾覆盖在受精卵上,对其进行保护,直至受精卵被孵化出来。它们的每次产卵约持续5分钟,整个产卵周期约为2周,其间成鱼会在河床的深洞中稍作休息。每次产卵期后,它们的产卵所会被填满,需要挖掘出新的产卵所。由于红大马哈鱼在洄游的旅途上耗尽气力,又为掘巢和护卵殚精竭虑,因此在其产卵完成约1周后它们就会死去。

在孵化后,新生的红大马哈鱼在其出生的淡水或邻近湖泊中经过1年左右的发育成为仔鱼,然后便顺流而下回到海洋中,成为幼鲑或幼鱼。它们一旦进入太平洋便迅速分布至海中央及阿留申群岛南部,在那里它们经过2～4年的时间发育成熟,此时其肉质呈特有的橘红色,深受太平洋西北部沿岸渔民的青睐。在其生命的第四年夏天,这些成鱼又会游向内陆的大河河口,重复其生命循环。

红大马哈鱼是所有太平洋物种中最具经济价值的一种,原住民及其他渔民多用围网和刺网捕捉红大马哈鱼。它们脂肪含量高(这些脂肪是存储起来以备长途迁徙之用的),因此肉质特别丰润,口感上佳。

⊙ 图为冬末孵化出来的初孵仔鱼,它们小小的身体上附着大的卵黄囊,初孵仔鱼就是从卵黄囊中获取营养物质的。橙色的卵黄囊内含蛋白质、碳水化合物、维生素和矿物质,这些物质之间的配比十分均衡。

⊙ 红大马哈鱼秋季所产的卵,其孵化会持续整个冬季。它们被保护在沙砾之下,上面通常还覆盖着数英尺厚的雪和冰。在被排出约1个月之后,卵中开始发育出眼睛了。这些鱼类在从卵至仔鱼的阶段尤其脆弱。

毛虫的防御措施

毛虫很脆弱，它们几乎全都行动缓慢，而且常暴露在外，对鸟类和其他敌人来说，其又圆又胖的身体是很容易到手的一小顿美餐。因此，毫不奇怪，毛虫们拥有多种防御本领。

许多小型毛虫把自己藏在植物的根、茎、虫瘿、种子和其他组织中，间接地以这种方式保护自己。有些大型种类也同样从它们选择的居所中得到庇护。例如，蝙蝠蛾科的幽灵蛾毛虫住在树干或树根里；木蠹蛾（蠹蛾科）的幼虫会钻进树干中去。

"结草虫"（蓑蛾科）会做一个让幼虫（通常与无翅的雌性成虫在一起）生活的壳。壳用丝做成，幼虫会把它粘到沙砾、小树枝或叶子上去。有些体型较大的种类，如非洲一种蛾的毛虫，做的壳非常坚硬，很难把它撕开，脆弱的幼虫能在里面得到很好的保护。巢蛾科的很多种毛虫用自己吐出的丝织成又大又厚的网，然后大伙一起躲在里面。

⊙ 受到惊扰的时候，许多天蛾的毛虫（天蛾科）会露出显眼的眼状花纹，并开始左右摆动"头部"。这种演示使它看起来很像一条蛇，大概用来恐吓并阻止那些稍小的且比较胆小的捕食者。

在所有动物中，伪装是一种很普遍的防御手段，鳞翅目昆虫也不例外。最非凡的那些例子出现在尺蛾总科的毛虫中，它们中的许多与所取食植物的小枝惊人的相似，它们用后抱握器抱紧树枝，并使身体保持静止，完美地伪装成一根小枝。

其他有些毛虫像鸟粪，如燕尾蝶的一种，在其幼虫阶段的早期，黑色的身体正中会出现一块白斑。刚孵化不久的桤木蛾也使用这种伪装策略。

有些昆虫用视觉警报器保护自己。身体上有"眼点"的大象天蛾幼虫一旦受惊，会把脑袋缩进去，然后突然把"眼点"露出来。有迹象显示，这种行为会把捕食者吓得立刻丢掉猎物逃之夭夭。

⊙ 图中是许多将亮红的色彩、一排具保护性的刺以及纤毛相结合的毛虫，如果被它们刺到的话，会造成被刺者长时间的疼痛。为了增添一层保护，这种毛虫常聚在一起，就像图中这些大蚕蛾科的毛虫一样。

某种毛虫会把让人讨厌的气味和"闪动的"色彩结合在一起。欧洲的黑带二尾舟蛾毛虫不仅会摆出一个吓唬人的姿势，还会从胸腺中喷出强烈的刺激物（蚁酸）；此外，它们的腹部末端的"尾巴"附近能伸出一对亮红色的须，并且能舞动，据说这种方法能阻止寄生性的膜翅目昆虫靠近它们。

那些长有毒性纤毛的毛虫，大概也明白这些毛会引起讨厌的皮疹。有时候这种症状来得又急又猛，对人有不利影响。招致不良反应的纤毛被称为螫毛，主要有两种：一种是基部长有毒腺，向入侵者喷射毒液的；另一种无毒，但是有刺，如捕食者碰触到会有刺痛感。据说，一只末龄的黄尾

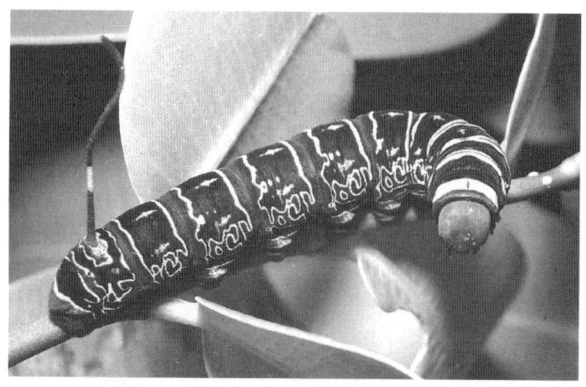

⊙ 这只环绕着白色涂鸦般花纹的巴西天蛾毛虫非常有效地利用了黑白相间的色彩作为"警戒色"。

蛾毛虫身上就长有200万根螫毛,这种蛾属于毒蛾科,该科成员以其长有螫毛的幼虫而著称。委内瑞拉皇蛾毛虫会喷出一种强力的抗凝血剂,可导致严重出血。

刺蛾科的"蛞蝓"虫常常体被一簇簇尖锐的、针一般的刺,这种刺还常常武装着毒素化合物。"蛞蝓"这一名字既指它们短厚而宽的外形,也指它们波浪般起伏或滑行的动作。如果不小心碰到它们身上的刺,会引起剧烈的疼痛和肿胀。刺蛾毛虫一般为绿色,但也常有鲜艳的色彩点缀,大概是起警告捕食者的作用。

如果捕食者尚没有学着把特殊的颜色和不愉快的经历联系到一起,那么它们的猎物即使有毒或味道难吃,在捕食者认识到这种联系之前,也会有性命不保的可能。因此许多幼虫都体被警戒色,比如身体组织内含有氰化物的地榆蛾毛虫为黑黄相间的体色,而这两种颜色是自然界中最为常见的警戒色。

关于蝴蝶,在斑蝶亚科(王斑蝶就属于此类)中占绝大多数的黑黄相间的毛虫,会从它们的食物(如马利筋属植物)中获取并储存心脏毒素,并一直保留到成虫时期。

燕尾蝶的毛虫在胸部长有一个叉形的突起(丫腺),当这个腺体被翻转过来时,会释放出一种辛辣的气味,据说这专门用来对付那些寄生性的昆虫。

对孔雀炫耀行为的研究

⊙ 雄孔雀炫耀时会展开一道由近200根装饰华丽的尾覆羽组成的扇形屏,堪称整个动物王国中最壮观的炫耀之一。

蓝孔雀的炫耀行为举世闻名,乃是雍容华贵的象征。这种鸟会在它们高傲的蓝颈后面展开一道巨大的扇形屏,由近200根色彩缤纷的羽毛组成,上面装饰着许多闪闪发光的"眼睛"。自古以来,孔雀与人类就一直有着密切关系,在许多公园里都是一道亮丽的风景线。然而,直到不久前,人们对孔雀求偶跳舞的细节问题还知之甚少,对它们那道豪华屏的意义更是几乎一无所知。那豪华屏已不能称为尾巴,而是许多变大的尾覆羽。

孔雀一年内大部分时间成小群或与家庭成员一起生活。然而,在繁殖期,它们变得独来独往,且非常好斗。每只雄性成鸟会回到它在以前的繁殖期所曾占据的地方,重树它的领域权。为了表明自己的存在,它会威胁入侵者,并发出响亮的鸣叫声。领域很小,面积为0.05~0.5公顷,以森林和灌木丛中的空旷地为中心。这些领域往往紧挨在一起,因此雄孔雀们很清楚它们相互之间距离很近。偶尔,某只涉世不深的雄鸟会挑战它资深的邻居，于是一场旷日持久的暴力斗争便会随之而来。斗争双方神经高度紧张地围着对方转，寻找着机会，然后突然跳起来用爪和距猛击对方。如果势均力敌，那么这场战斗有可能会持续一整天甚至更长时间，而其他孔雀则像人们观看拳击比赛那样在边上兴致勃勃地旁观。不过很少会出现斗得头破血流的场面，胜利者常常是更富有耐心和毅力的一方，它最终会将对手驱逐走。

孔雀在领域内有1~4个特定的炫耀点，在那里跳著名的"孔雀舞"。这些地点均为精心挑选，最典型的是一种由灌木、树木或墙壁所围起来的"龛"结构，长宽不超过3米。在英国的一个公园里，一只雄孔雀竟使用一个露天剧场的舞台来作为它的炫耀地！

雄孔雀在这些地点附近耐心等待，直至看见一只或数只雌孔雀过来，它便走到炫耀点，然后彬彬有礼地转过身背对着雌孔雀，簌簌有声地缓缓抖开它那巨大的屏，让每只"眼睛"都"睁开"。接下来，它开始有节奏地上下摆动翅膀。随着雌孔雀走近，它会保持让屏无修饰的背面总是面向它们。而雌孔雀则是出了名的对雄孔雀华丽的炫耀无动于衷，到这个阶段为止，它们来到这个地方似乎更多的是出于巧合，而非有意为之。

当雌孔雀进入"龛"后，雄孔雀会快速扇动翅膀朝着雌孔雀后退，而后者则避开它走到炫耀地的中心位置。这显然正是雄孔雀一直所期待的。于是，它猛然转过身来面向雌孔雀，翅膀停止扇动，而是将屏前倾，几乎可以将雌孔雀覆盖。同时，整个屏一阵阵地快速抖动，产生一种清脆响亮的沙沙声。雌孔雀的反应通常是一动不动地站着，于是雄孔雀转过身继续扇动它的翅膀。有时，雌孔雀会快步绕到雄孔雀的面前，然后当它抖翅时，会兴奋地重新跑到它后面。这一行为会反复好几次。

查尔斯·达尔文意识到孔雀的屏是一个进化上的

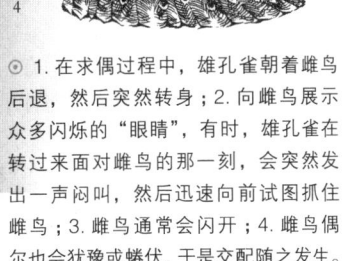

☉ 1. 在求偶过程中，雄孔雀朝着雌鸟后退，然后突然转身；2. 向雌鸟展示众多闪烁的"眼睛"，有时，雄孔雀在转过来面对雌鸟的那一刻，会突然发出一声闷叫，然后迅速向前试图抓住雌鸟；3. 雌鸟通常会闪开；4. 雌鸟偶尔也会犹豫或蜷伏，于是交配随之发生。

☉ 作为繁殖的前奏，雄孔雀先建立小型的领地。为此，它们会发出响亮尖锐的鸣叫声，一方面是警告其他雄性不要入侵，另一方面是吸引潜在的性伴侣。

谜。既然这一装饰物纯粹是多余的累赘,为何对雌鸟仍有吸引力?对于这个问题,生物学家罗纳德·费希尔给了巧妙的回答。他认为雌鸟选择最华丽的雄鸟是为了它们的"儿子"可以继承父亲的魅力。换言之,这是一种从众行为。倘若某只雌鸟表现出与众不同的品味,那么它便会冒后代缺乏吸引力的风险,被其他雌鸟鄙视为进化倒退。因此,雌孔雀将雄孔雀绚丽的尾羽作为魅力标准而选择最华丽的雄性。另有一种理论认为,雄孔雀尾羽的绚丽程度与年龄成正比,即最漂亮的是年龄最大的,从而体现了它们的生存能力。所以,这种理论认为华丽的雄鸟必定是优良品种。

那么在实际中,雌鸟又是如何选择配偶的呢?答案存在于雄孔雀尾羽的一大特征里。雌鸟在一群炫耀的雄鸟中间走动,对其中几只会回过头来再进行观察,大部分情况下最后会与眼斑最多的雄鸟进行交配。如果是一群雌鸟,那么都会与同一只雄鸟交配。因为眼斑随年龄而增长,因此雌鸟选择的不仅是打扮最"奢侈"的雄鸟,同时也是最富有经验的生存者。

艰难的繁殖赛跑

⊙ 白颊黑雁的迁徙路线

它们的过冬地位于苏格兰和英格兰的交界处,夏季繁殖地位于北纬80°的斯瓦尔巴特群岛上。北上时,雁中途在挪威逗留,摄取多汁的新生草,进行食物储备,这对于随后的成功繁殖至关重要。南下时,熊岛是重要的中转站。另一个独立的种群迁徙至格陵兰岛。

飞行的力量使长途迁徙的候鸟得以自由地进行大范围转移,在世界各地相距很远的地方进行短暂的栖息,从而获得丰富的季节性食物供应——虽然这些地方从潜在意义上而言并不适合栖息,食物供应仅限于某段很短的时期。这一点在50多个繁殖于北极的食草型雁的种群身上体现得再明显不过。每年短暂的夏季过后,它们便从北极的繁殖地出发,南下北美、欧洲和亚洲,寻找气候相对暖和、不下雪的栖息地。

然而要实现这样的长途飞行,就必须保持内脏结构的简化。羊不会飞自有其原因:它的瘤胃和复杂的消化系统能够高效地处理劣质的纤维草料,但却过于沉重,无法在空中携带数千千米。相反,食草型雁的内脏进化得短小、简单,食物流通迅速。它们善于寻觅和挑选优质的绿色植物做食物,例如,仅挑那些植物的叶尖,这最容易消化。

因此,通过选择优质食物和保持高速消化,雁弥补了自身消化功能的不足。在北半球的春天,草新长出的绿色嫩芽富含容易消化的可溶性蛋白质和碳水化合物,但结构性纤维含量低,不利于内脏对营养成分的吸收。因此当这些芽的细胞壁得到一定程度的强化,但又在叶尚未长得很长之前,乃是雁类最理想的食物。雁从过冬地北上返回繁殖地时,正好赶上一路都是春天,冰雪消融,万物复苏。事实上,有一些种群,如格陵兰岛西部的白额雁种群,可以持续跟随当地海拔梯度的解冻模式走上坡路,结果整个夏季都可以一直沐浴在春天里——从山下往山上,太阳辐射的热量依次将生长中的鲜嫩植被从冰雪覆盖中释放出来。

尽早返回繁殖地,争取最有利的繁殖条件,这无疑是一项艰苦的赛跑。对大部分在北极繁殖的雁的研究表明,最早产卵的雁拥有最大的窝卵数和最高的孵化成功率,并且能养活大部分后代。由此可见,先到先产卵具有许多优势。然而,这场赛跑并非简单地冲向终点而已。北极地区的气候状况变化无常:这一年雁到来时可能天气温和、食物供应充足,而下一年同一时间到来时却可能是一片冰天雪地。

迁徙的雁在体内储存脂肪和蛋白质用以维持长途飞行,因为这期间它们没有机会觅食。越来越多的研究表明,这些储备也用于雌鸟产卵以及维持它和随后到达的雄鸟的生存。人们运用同位素研究——

◉ 每逢夏季，雪雁在北美洲的北极地区或西伯利亚最东端的群居地进行繁殖。窝卵数 4~8 枚不等，卵产于有绒毛衬垫的巢中。

在雪雁的食物和组织中加入易于识别的化学元素，结果发现雌鸟利用它们体内的营养储备，辅以在极地繁殖地及其附近获得的食物来产卵，并度过孵卵期。在北极高纬度地区繁殖的雁类，如黑雁和大雪雁，一度被人们认为在抵达营巢地后很快就营巢繁殖，如今却发现它们在到达后会花 1~3 周时间用以觅食，补充雌鸟体内的营养储备，为产卵孵卵做准备。这期间，雌鸟的卵泡迅速发育，雌鸟根据它体内的营养储备情况和繁殖地食物的供应情况来调整它用于产卵的资源分配。倘若抵达繁殖地时恰逢大雪封山，融化又遥遥无期，那么雁便会放弃这场赛跑，完全不做繁殖尝试，其卵泡会重新被吸收。

倘若雁赶在暮春时到达繁殖地，它们或许可以等条件得到改善时，依据自身的营养储备调整产卵的日期和窝卵数。但实际情况往往会始料不及。在北美一些小雪雁的群居地，雌鸟在产下首枚卵之前可能无法从繁殖点周围补充到必要的食物，很大程度上只依赖于体内的储存。如果储存不足或者窝卵数太多，雌鸟就不可能在孵化过程中利用短暂的休息间期来补充足够的营养成分，于是只能放弃——人们甚至观察到有些雌鸟就活活饿死在孵卵的巢中。而要是赶在一个气候条件很好的春天，那么先行到达的雌鸟就会成功地早早产下一大窝卵，在这场赛跑中率先冲往终点线。

然而，即使接下来成功躲过了北极的狐狸、贼鸥、乌鸦和其他许多潜在掠食者对卵的威胁，这场赛跑仍然还没有完全获胜，原因便是雏鸟的孵化。虽然 24 小时的极昼天气使植物大量生长，觅食时间也大为延长，但雏鸟在会飞前因天气恶劣和被捕食而造成的死亡率依然很高。而变幻莫测的天气以及来自同类的竞争可能意味着，一些雏鸟缺乏足够的资格站在初次飞往南方过冬地的起跑线上。研究表明，在苏格兰的索尔威湾过冬地，秋季从斯瓦尔巴特群岛繁殖地飞来的白颊黑雁幼鸟中，体重者明显多于体轻者，原因很可能便是前者储存了充足的能量，能够维持返回之行。对于雁的亲鸟而言，只有当它们带着一窝完整的孩子到达过冬地，这场繁殖赛跑才算宣告结束。

◉ 秋季，一群雪雁南下迁徙至墨西哥湾的过冬地。

大型企鹅的极地生存策略

皇企鹅繁殖时面临的是鸟类所可能遭遇的最寒冷恶劣的气候条件:一望无际的冰封的南极海冰,平均气温为 –20℃,平均风速为 25 千米/小时,有时甚至可达 75 千米/小时。每年南半球的秋季(3~4月),皇企鹅在南极大陆沿海那些坚固可靠的海冰上形成繁殖群居地,为此,它们可能需要在冰上行走 100 千米以上才能到达繁殖点。求偶期过后,每只雌鸟在 5 月产下 1 枚很大的卵,然后由雄鸟在接下来的 64 天里孵化,这段时间雌鸟回到海里。雏鸟孵化后,由双亲共同抚养,为期 150 天,从冬末至春季。这样,雏鸟在海冰再次出现之前的夏季便可以独立生活。

这样的繁殖安排容易让人产生两方面的疑问:其一,皇企鹅为何要在一年中最恶劣的季节里抚育后代? 其二,皇企鹅是如何在严冬中生存的?

第一个问题的答案似乎是:倘若皇企鹅在南极的夏季(仅有 4 个月)进行繁殖,那么当冬季来临时,它们漫长的繁殖周期还没来得及结束。而且若那样的话,雏鸟在暮春换羽时体重只长到成鸟的 60%,这个比例对任何换羽的企鹅而言,无疑都是最低的,因此幼鸟的死亡率会很高。当然,成鸟是每年都可以繁殖的。

皇企鹅在恶劣条件下的生存之道,表现为生理上和行为上的高度适应性,从根本上而言,这都是为了将热量散失和能量消耗降到最低限度。皇企鹅的体形使它们的表面积与体积之比相对较低,同时它们的鳍状肢和喙与身体的比例要比其他所有的企鹅种类低 25%。它们的"血管热交换系统"极度发达,其分布的广泛程度为其他企鹅的 2 倍,从而进一步减少了热量散失。血液流往足部和鳍状肢的血管与血液流回内脏的静脉紧紧相邻,这样,回流的血液便可以被保温,而往外流的血液则被冷却,从而将热量的散失降至最低。皇企鹅还在鼻孔中回收热量,即在吸入的冷空气和呼出的热空气之间进行热量交换,从而可以将呼出的热量保留约 80%。此外,它们身上长有多层高密度的长羽毛,能够完全盖住它们的腿部,为它们提供了一流的保温设施。

由于冬季冰川一望无垠,海面就变得很遥远,因此觅食非常困难。于是,皇企鹅待在巢内的新陈代谢速度就减缓,漫长的禁食期也势在必行——雄企鹅可达 115 天,雌企鹅为 64 天。皇企鹅庞大的体型令它们可以贮存充足的后备脂肪,来应对这段食物短缺期。

不过,皇企鹅最重要的适应性表现为"集群"。它们尽可能地不活动,一大群一大群地聚在一起,多的可达 5 000 只皇企鹅挤在一块,密度达到每平方米 10 只。如此一来,无论是成鸟抑或雏鸟,个体的热量散失都可以减少 25%~50%。集群作为一个整体会缓慢地沿顺风方向移动,而其内部也存在着有规律的移动:位于迎风面的皇企鹅沿着集群的侧面前移,然后成为集群的中心,直至再次位于队伍的后面。这样就没有个体一直处于集群的边缘。这种流动方式对皇企鹅来说之所以可行,完全是因为它们

⊙ 4 只身上被冰覆盖的皇企鹅聚集在一起取暖。当许多鸟拥挤在一起抵御严寒时,整个群体内部的温度可以达到 35℃。这种重要的集群本能使皇企鹅成为唯一不具领地性的企鹅种类。

生物天地

⊙ 约有19.5万对皇企鹅形成30多个繁殖群，在南极冰架上繁殖。在严酷的环境中，皇企鹅除了要忍受接二连三的暴风雪，还必须始终应对从南极高原吹下来的下降风——这让它们更觉得寒冷刺骨。

具有足部带卵移动的能力，在脚上的卵（以及随后的雏鸟）由袋状的腹部皮肤褶皱层所遮盖和保暖。皇企鹅适于群居的另一个重要特征表现为，它们几乎不会做出任何具有攻击性的行为。

另一种大型企鹅王企鹅则进化出了一种截然不同的方法来解决在短暂的夏季进行繁殖的难题。它们通常每3年中利用一年成功繁殖一次，而其他2年很少繁殖成功。它们有2次主要的产卵期，分别在11～12月和2～3月，这期间会产下单个很大的卵。双亲共同承担孵卵和守护的任务，一旦雏鸟孵化（约54天后），便实行轮流照顾，一般每隔数天换一次班。在任何一个王企鹅的繁殖群居地，大部分时期内都既有换羽的成鸟、待孵的卵，也有生长发育中的雏鸟。

因卵产于11～12月，所以到次年4月，雏鸟的体重已发育至成鸟的80%，然后在冬季再得到一些间断性的喂养，因为冬季要经历2个月左右的禁食期，雏鸟总的体重会减轻近40%。9月，雏鸟恢复有规律的进食，一直持续至12月雏鸟离开亲鸟为止。然后成鸟必须换羽，直到次年的二三月才能再次产卵。这时产下的卵孵出的雏鸟在冬季来临时还很小，并且要到次年1～2月才能长全羽毛。事实上，这个阶段孵出的雏鸟很多都会死亡。

植物也有语言吗

众所周知，在诸种生物中，植物既不能运动，又是最安静而沉默的。然而出乎我们预料的是，植物的世界虽没有动物界那么喧嚣，却有其独特的语言。这并不是杜撰或神话，而是科学家们的研究成果。

最早通过研究得出这一结论的是英国的植物学家们。他们通过一种特殊的仪器——植物探测仪，把仪器的线头与植物连接，人戴上耳机就能够听到植物说话的声音了。在正常情况下，植物发出的声音节奏轻微，曲调和谐；但遇到恶劣的天气情况或某种人为的侵害时，它们就会发出低沉、混乱的声音来表现它们的痛苦。此外，当植物缺水时也是会发"牢骚"的。因为植物缺水时，其运送水分的维管束会绷断，而维管束绷断时会发出一种"超声波"。这种声音很低很低，一般情况下是听不到的，因为它比两人说悄悄话的声音还低1万倍。目前，人们发现，渴了能发出这种"超声波"的植物有苹果树、橡胶树、松树、柏树等。专

受到攻击的植物可以散发一种气体信息

周围的植物接到这种危险信号，会继续把信号传递给其他植物

⊙ 植物之间的会话

遭受昆虫的攻击，植物可以通过根部传递信息，或通过茎叶散发诸如乙烯之类的气体，通知其他植物有危险。某些植物也可以通过改变体汁的味道，使攻击者知难而退。

◉ 橡胶树缺水时也能够发出"超声波"。

家们将植物的语言称作"微热量语"。

语言除了表达感情之外，主要是用来交流的。那么人和植物之间可不可以通过某种方式进行交谈，进入植物的"内心"世界呢？答案同样是肯定的。

研究表明，各种植物在生长过程中，能量交换的过程是时刻进行的。这种交换虽然很缓慢、不易觉察，但交换过程中微弱的热量变化和声响还是可以察觉的。如果把这些"动静"用特殊的"录音机"录下来，经过分析，我们就能解开植物语言的密码，明白它们说什么了。如果你能听懂植物的话，那么它会告诉你什么样的温度、水分和养料是它最喜欢的。

20世界80年代，前苏联的科学家通过电子计算机与植物成功地进行了一次交谈。首先，科学家们将计算机与植物进行特殊的连接后，向植物提出一些问题，植物根据它所"听到"的，将自身的形状变化、生长速度等信息通过计算机反馈给人们。当然，这些信息都是以数据的形式出现在计算机屏幕上的。然后，科学家通过另一台计算机来解读这些数据，绘出简单的图表。人们根据这些图表就能够明白植物说了些什么。人与植物的交流就是这样进行的。

这样的程序未免太繁琐复杂，有没有一种更加简单、更加顺畅的交流方式呢？最近，意大利的发明家发明了一种能与植物直接交流的对讲仪。只是在目前来看，这种先进的对讲仪也只能与植物进行很初级、很简单的交流，因为它只能辨别出诸如"热"、"冷"、"渴"等词语。

尽管到目前为止，人类对植物语言的了解仍然是非常有限的，但是能听到植物"说话"，知道植物说些什么，仍然算得上是人类科学史上的一大进步。一旦有一天，人类同植物之间的交流变得顺畅起来，我们便可以更多地了解它们的所需所求，从而满足它们的需求，而最终的获益者则是人类自身。那时的世界鲜花会开得更娇艳，果树会更加硕果累累，五谷会更加结实而饱满……人们的生活也因此会过得更加富足而快乐。

◉ 树林中的各种树木之间也会以散发气味等特殊方式进行"情感的交流"。

森林是怎样调节气候的

森林是大地母亲的绿衣裳，人们常将它称做气候的调节器、天然蓄水库和保持水土的卫士。森林在保护地球的生态环境方面，功不可没。

森林能够调节气温，使气温不至于太高，也不至于太低。当地面被森林覆盖着的时候，就可以抵抗太阳的暴晒，而且森林会蒸腾出大量的水分，同时吸收周围的热量，更可降低气温，因而，在夏季，森林中的气温一般要比当地城市低好几度。而相对于马路表面的温度，林内地面的温度更是要低十几度。森林还像一把巨大的遮阳伞，荫护着下面的空地，使森林里的热量不会很快散发到空中去而迅速降温，所以，森林中夜间总是比无林区要暖和。

森林还能够起到天然的蓄水和保持水土的作用。森林能防止地面受到强烈的风吹水冲，保持水土，使其不易流失。防护林带能够大大减弱风的力度；暴雨碰到了森林，力量也大为削弱，雨水在树干的导流作用下，慢慢地流到地上，被枯枝败叶、草根树皮所堵截，就容易往地下渗透，而不会迅速流走。在雨水较少的季节里，这些贮存在地下的水，一部分汇成清流，流出林地，灌溉农田，一部分被树根吸收、树叶蒸腾后，回到空中，又积云变雨，再落下来。有数据

⊙ 森林是地球之肺，它能吸收大量的二氧化碳，通过光合作用释放大量的氧气。同时，森林能大大减弱风的力度，并能防止沙漠的扩散。

显示，在一昼夜间，每7500平方米森林输送到空中的水汽，约为几千至一万千克。因而，比起无林区来，林区的雨量要更丰沛些。

森林不仅能调节温度，保持水土，还能吸收二氧化碳和制造氧气，并且能够吸附滞留在空气中的粉尘，消除烟雾，净化空气。此外，森林还能起到消除噪声和隔音的作用。

森林能够调节气候，保持水土，吸收二氧化碳，制造氧气，净化空气，消除噪声等，对环境的改善起到巨大的作用，所以，植树造林是一项很重要的任务，不仅如此，我们还要有意识地保护森林，如果肆意破坏森林，就一定会遭到大自然的惩罚。

许多国家的实践也表明，当一个国家的森林覆盖率超过30%，并且分布均匀时，就能够避免较大的风沙旱涝等灾害。而我国1998年夏季发生在整个长江流域的特大洪水，除了特殊的气候因素以外，在长江上游乱砍滥伐森林也是很重要的原因。

⊙ 森林是防风固沙的屏障。如果森林被大量砍伐或烧毁，那么就会形成荒漠，极大地威胁人类的生存。

根据年轮可判断树木的年龄

在深山古刹,我们常常能够看到参天古木,它们的寿命少说也得有几百上千岁。树木一般都很长寿。要想知道它们的年龄,乍看不是一件容易的事。不过,只要人们掌握了树木的生长习性、生长规律,那么,判断一棵树的年龄就有据可循了。人们通常用数马齿来断定马的年龄,用"数年轮"的方法来判断树木的年龄。

所谓年轮,就是树木茎干每年形成的圆圈圈。我们可以从大树树干上锯下来一段木头进行观察,你会发现,原来树干是由一圈圈质地和颜色不同的圆圈构成的。

科学研究发现,在树木茎干的韧皮部内侧,生活着一圈特别活跃的细胞,被称为形成层,因为它们生长分裂得极快,能够快速形成新的木材和韧皮组织,可以说,它们是增粗树干的主导力

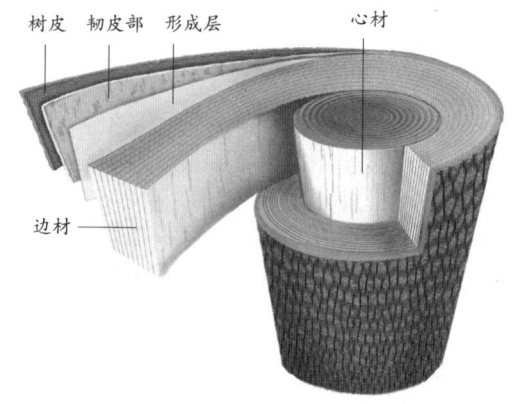

⊙ 树干只有小部分是有生命的。一部分是树皮形成层,它是一层不断分裂的细胞,制造出新的树皮。另一层形成层每年制造出新的边材,老的木质部细胞则称为心材。

量。这些细胞在不同的生长季节,生长情况有明显的差异。春夏最适于树木生长,因此,在这两个季节,形成层的细胞分裂较快,生长迅速,所产生的细胞体积大,细胞壁薄,纤维较少,输送水分的导管数目多,称为春材或早材;而在秋天,形成层细胞的活动较春夏两季明显减弱,产生的细胞当然也比较小,而且细胞壁厚,纤维较多,导管数目较少,叫做秋材或晚材。

由以上的说明我们就可以知道,早材的质地比较疏松,颜色相对浅淡;晚材的质地比较紧密,颜色相对浓深。树干上的一个圆圈就是由早材和晚材合起来形成的,这就是树木一年所形成的木材,称为年轮。顾名思义,年轮1年只有1圈,这样一来,我们就可以根据树木年轮的圈数,轻松地数出一棵树的年龄了。但是,也有例外的,一些植物如柑橘的年轮就不符合这条规律,它们每一年能够有节奏地生长3次,形成3轮。当然,我们不能把它当成3年来计算。这样的年轮,我们称其为"假年轮"。

凡事都不是绝对的,年轮虽然能够清楚地记下树木的寿命,但不是所有的树木都能够用"数年轮"的方法来确定年龄的。为什么呢?主要是气候的因素。热带地区由于气候季节性的变化不明显,形成层所产生的细胞也就不存在太大的差异,年轮往往不明显,只有温带地区的树木,年轮才较显著。因此,要想推算热带地区树木的年龄,当然也就比较困难了。

没有根的花中之王

在我们印象中,植物都应该有根,否则它们以什么为依托呢?然而,有些植物偏偏没有根,大花草就是其中的一种。大花草不仅没有根,连茎、叶都没有,甚至不能进行光合作用。可就是这种"一无所有"的植物,却是当之无愧的"花中之王"。

大花草是大花草科植物中的一种,又被称为"阿尔诺利基大花草",这个名称来自于大花草的发现者——著名博物学家阿尔诺利基。19世纪初,阿尔诺利基与英联邦爪哇省总督拉夫尔兹爵士去苏门答腊旅行,发现了这种奇特的植物,阿尔诺利基用自己的名字给它取了名。拉夫尔兹爵士曾在一封信中写了一段大体意思是这样的话:这次行程中我们发现了大花草,我觉得,它的美丽是任何语言都无法形容的。它的重量超过7千克,直径90多厘米,世界上没有别的花比它大、比它美丽。这是我们最大的收获。

大花草在印度尼西亚被称作"本加·帕特马",意即荷花。实际上它长得一点也不像荷花,它有五个暗红色的花瓣,而且肥厚多肉,花瓣上布满白斑,鼓鼓囊囊的。花瓣中央有一个长着很多小刺的"圆盘",保护着花蕊,给人一种神圣不可侵犯的感觉。阿尔诺利基大花草的每一部分都异常大,"圆盘"大,花瓣大,花蕊也大。每片花瓣长30~40厘米,厚数厘米;中央的大圆盘其实是一个密槽,这个槽高30厘米,直径达33厘米,里面可容纳5000~6000克水。根据对标本的测量,阿尔诺利基大花草直径为70~90厘米,最大能够达106.7厘米,无愧于"花中之王"的称号。

原来,大花草是寄生类的植物,它靠别的植物活着。大花草有一种类似蘑菇菌丝体的纤维,利用这种纤维深深扎进葡萄科植物白粉藤的木质部,通过吸取白粉藤的大量养料,来供给自己生长。

大花草的种子异常小,它挤进白粉藤的擦破处,接着开始膨胀,萌发成像幼芽似的东西。用不了多长时间,"幼芽"慢慢长成扭曲的花蕾,有小孩的拳头那么大。此后,花蕾舒展开来,就会露出5片花瓣来,呈砖红色。刚开始时,大花草散发出一种清香。三四天后,气味变得极其难闻,这种气味和肉色的花瓣会招来大批厩蝇,通过它们完成授粉工作。就这样,大花草借助其他植物的力量,最终长成了花中之王。

秋天树叶为什么发红

秋天叶子急剧变色的原因是相当复杂的。从根本上来说,叶子为树提供了生存和成长的养料。春天当叶子伸展开不久,新的嫩叶就开始通过光合作用来制造养分,这是一个利用阳光的能量将植物从泥土和空气中所吸收的原料结合起来的复杂过程。植物光合作用所需要的基本要素是阳光、水和二氧化碳,二氧化碳也就是我们呼吸时呼出的气体。

二氧化碳通过叶子表面的小孔进入叶中;水由根从泥土中吸入植物体内,并通过细小的脉络传递到叶子中。当这些半成品到达叶中并接触到阳光后,就发生了光合作用,为植物自己制造出了养分。

⊙ 在温带地区,到了秋季,枫树的叶子会变成红色。

在叶子中有一种叫叶绿素(绿色色素)的微小粒子。这种绿色色素不仅仅赋予了叶子绿色的颜色,它也确保光合作用能顺利进行。

在秋天光照逐渐减少,树木就会停止制造养分。因为光合作用结束了,叶绿素也不再需要了,于是叶子就把它破坏了。由于绿色开始消退,那些被绿色遮掩住的黄色和橘红色色素就开始显现。亮红色的显现需要明亮的光照和凉爽的晚间气温。在每年的霜冻初期,叶子的颜色更接近于褐色。

胡杨为什么不怕干旱和盐碱地

⊙ 胡杨，属于杨柳科，是温带落叶林树种，河旁湖畔是它的家。其幼树的枝条、叶子跟柳树相似，长高几米后，叶子的形状就变成了椭圆状，很像杨叶。

凡是有一些生物常识的人都知道，植物是很难在盐碱地生长的。因为，如果植物的根细胞里含有太多的渗透压很高的盐水，就会阻碍根进一步吸收水分，时间一长，植物会因得不到水分而枯死。另一方面，如果土壤中积累过多的可溶性盐类，根细胞就会"中毒"，从而受到伤害。事实证明，大部分植物在含盐量超过0.05%的土壤里都不能成活。但是，胡杨却能在含盐1%～3%的盐碱地里生长，这是为什么呢？

20世纪60年代，两位澳大利亚科学家和美国科学家伯恩斯坦在经过多年的研究之后，提出了"渗透学说"，向人们揭示出胡杨的这种特异功能。他们认为，胡杨之所以能在盐碱地生存，是由于其叶面的蒸腾作用比普通植物低，这样就保证了自身生存所需的水分，另外，胡杨的茎叶上布满了可以把从盐碱地中吸收的过多盐分排出体外的泌盐腺，因此它的抗旱和抗盐碱能力才如此强大。

除了胡杨之外，黄须的抗盐能力也是很突出的。黄须是一年生草本植物，叶多汁肥厚，像长满了茸毛的小棍棒。黄须的根系极为发达，从而将土壤变得疏松，加强渗透力。人们常叫黄须为"吸盐器"。有人曾做过这样一个实验，在盐碱地上种了一片黄须，一年后，通过取土化验，结果发现75厘米深的土壤内含盐量大大降低。

除了胡杨、黄须之外，世界上还有许多抗盐碱、抗旱能力强的植物，像碱蓬、盐角草、胡颓子、田菁、艾蒿等。碱蓬和盐角草都有肉质叶和茎，它们之所以具有很强的抗盐能力，是因为它们茎、叶内的细胞质与盐并不排斥而是能够相结合，以至于它们细胞含水量高达95%。胡颓子、田菁和艾蒿的根细胞对盐的排斥力很强，同时，它们的细胞内还含有较多的有机酸和糖类，从而使细胞吸水的能力加强了。瓣鳞花能将吸收的盐分与水充分溶解，然后通过叶面分泌出去，水分干了之后，叶面上的盐的结晶颗粒被风一吹就散落了。

由于具有了抗旱耐盐碱的"特异功能"，所以盐碱地也就成为像胡杨这样的植物生长的乐园。

⊙ 盐碱地上种植的棉花和胡杨林

能吃虫的植物

在自然界，牛、羊、马吃草，猴子吃果子，熊猫啃竹子，连小鸟也寻找植物种子充饥。可如果反过来说，植物吃动物，就让人觉得太不可思议了。不过，世界上真的有"吃"动物的植物，它们被叫做食虫植物。

18世纪中叶，科考人员在美洲的森林沼泽地进行科学考察时发现了一种珍奇植物——孔雀捕蝇草。这种草的叶子是长方形的，很厚实，叶面上长有几根尖尖的茸毛，叶的边缘还有十几个轮牙。每片叶子中间有一条线，把叶子分成两半儿，就像开屏的孔雀尾巴一样，可随时开合。

平时，孔雀捕蝇草会散发出一种香甜的气味，以此来诱惑那些贪婪而愚蠢的昆虫。昆虫如果不小心触动了捕蝇草的叶子，捕蝇草就会迅速叠起来，边上的轮牙也互相交错咬合，这只贪婪的虫子就成了它的食物。捕蝇草的叶子既可以用来捕捉食物，又是其消化器官。叶子会分泌出消化液，将昆虫消

⊙ 捕蝇草捕食昆虫

有些食肉植物如捕蝇草，具有可活动的陷阱。陷阱由位于叶端处的圆裂片构成。圆裂片的边缘长有很长的褶边，内面呈红色并长有灵敏的长毛。这些长毛可感受到轻微的触动并启动陷阱。

——每个叶片在枯萎之前大约要消化3只昆虫

——捕捉器的红颜色吸引昆虫

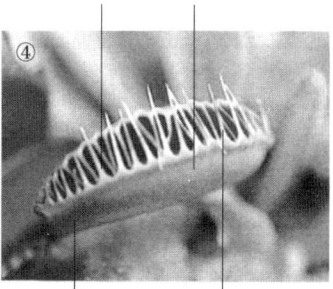

化掉。虫子越挣扎，叶子就夹得越紧，分泌的消化液也越多，直到只剩下虫子的残骸为止。猎物很快就被吃完了，然后叶子又设下新的陷阱，等待着别的虫子上钩。但是，孔雀捕蝇草一生只有三次捕猎的机会，然后就逐渐枯萎了。

最有代表性的食虫植物是猪笼草。它看上去像普通的喇叭花或百合花，有的还能散发出像紫罗兰或蜜糖一样的香味，吸引昆虫的到来。猪笼草是一种生活在中国海南岛、西双版纳等地潮湿的山谷中的绿色小灌木，每片猪笼草的叶子尖上，都挂着一个伸长的带盖的小瓶子。由于它们很像南方运猪用的笼子，所以被称为"猪笼草"。它身上的瓶子有红的、绿的、玫瑰色的，有的甚至还点缀着紫色的斑点，十分鲜艳，而且，这些瓶子在瓶口和内壁处能分泌出又香又甜的蜜汁。小虫子闻到香味就会爬过去吃蜜，正在享受之际，小虫子的脚下突然一滑，一头栽进瓶子里，就再也爬不出来了。小瓶子里盛满了酸溜溜的黏液，被粘住的小虫子便成了猪笼草的一顿美餐。

在沼泽地带或潮湿的草原上生活着一种淡红色的叫做"毛毡苔"的植物猎手，在毛毡苔的生长环境里还繁衍着众多的小虫和蚊子，它们最终都要成为毛毡苔捕获的对象。毛毡苔的叶子只有一枚硬币大小，上面长着200多根既能伸开又能合拢的茸毛。茸毛像一根根附着在叶子上的纤细的手指。在茸毛的尖上有一颗闪亮的小露珠，这是茸毛分泌出来的黏液，散发出蜜一样的香味。昆虫禁不住香味的诱惑，就会迅速飞过来。昆虫一碰上茸毛，茸毛尖上的黏液就会粘住昆虫，然后像手一样抓住昆虫，不让它跑掉。接着，茸毛又分泌出可以分解昆虫的蛋白酶。最后，毛毡苔的叶细胞就把消化后的养料吸到植物体内。一切结束后，毛毡苔的茸毛又伸展开了，一只倒霉的昆虫就这样化为乌有了。

捕蝇草、猪笼草、毛毡苔都是陆地上的食虫植物，水中食虫植物的代表之一就是狸藻了。狸藻漂浮在池塘中，叶子像丝一样分裂开来，长达1米。在狸藻的茎上长有很多扁圆形的小口袋。这些口袋能产生消化液，在袋口还有一个向里打开的小盖子，盖子上长着能"绑"住昆虫的茸毛。一棵狸藻上长有上千个这样的小口袋，每个小口袋就像是一个小陷阱，在水里分散开来，形成了一个疏而不漏的陷阱网。如果有小虫子不小心撞进这个陷阱网，只要碰到袋口的茸毛，小口袋就会张开，小虫子随着水就进入了陷阱，这时候，口袋的内壁就会分泌出杀死虫子的消化液。

地球上像这样的食虫植物还有很多，主要分布在热带和亚热带地区。目前的统计数据显示，地球上的食虫植物共有500种左右，其中，在中国境内的品种约有30种。

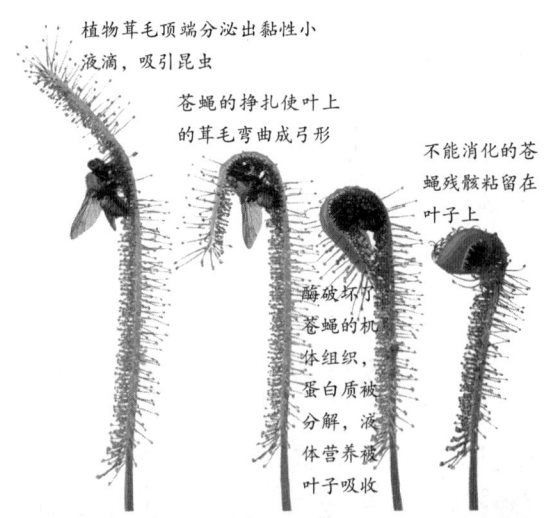

◉ **黏胶捕捉**

茅膏草植物的叶子上覆盖着红色的布满腺体的茸毛，这些茸毛能分泌出透明清澈的黏性液体。昆虫被闪光的小黏液滴吸引过来时会被粘住。昆虫的挣扎会刺激旁边的茸毛向其弯曲缠绕。当叶子将猎物完全包围后，植物就释放出消化酶，将昆虫溶解。

这些食虫植物的身上都具有特殊的武器，一是各种陷阱，用来捕捉昆虫；二是香饵或伪装，用来诱捕昆虫，像气味、花蜜、颜色等；三是含有可以溶化昆虫的消化液。

那么，为什么这些植物要"吃"虫子呢？

一些科学家认为，食虫植物之所以吃虫子，也许跟它们生存的环境有关。此类植物一般分布在酸性沼泽地、泥炭地、水中、平原、丘陵或高山上，它们居住的地方一般缺少阳光和养分，生存受到了严重威胁，但那里一般有很多昆虫，于是，食虫植物便学会了捕食昆虫的本领。就是因为这种本领才让它们能在当地活下去。

当然，这只是人们的一种猜测，很多问题现在都无法解答。比如，食虫植物是否有神经系统呢？为什么这些植物有如此灵敏的感觉？当外界的刺激出现时，食虫植物又是如何在体内传递信息的呢？但愿在不久的将来，科学家们能够找到这些问题的真正答案。

有益微生物群的神奇作用

地球上动植物的种类繁多，其数量也是相当庞大的。每天都会有无数的生物完成了生命的历程，如果这些生物的尸体堆积下来，将会给人们的生活带来极大的不便，幸好有微生物这一神奇的"搬运工"为人们解决了这个难题。

这些生活在土壤中的微生物，在自然界的生物链中扮演着至关重要、不可替代的角色。它们能将遗留在土壤里的各种动植物尸体分解掉，这是土壤中微生物的最大贡献。地球上数亿年前就有生命存在，在这一漫长的历史进程中，死去的动物和植物不计其数。这就需要微生物将它们的尸体加以分解，然后，再将这些分解物运回到土壤中去供给新生命。如果没有微生物，结果是无法想象的，整个地球将到处都是动植物的尸体，这种景象实在是惨不忍睹。

之所以地球上不是这种境况，关键是土壤中的微生物不声不响地扮演了一个"清道夫"的角色。这是微生物对地球的一个巨大贡献。当然，有益微生物群的神奇作用还不仅仅是这些，人们还发现了它们其他一些更神奇的作用。

最早真正开始研究微生物神奇功能的是日本的农学博士比嘉教授。

⊙ 现代农业中基因技术的应用

用转基因技术培育出的抗虫棉，不怕虫咬，咬后伤口也会很快愈合，同时品质也不错。

带有抗虫基因的棉花小苗，在试管中长出来了。

土壤农杆菌从基因库中取出DNA片断

土壤农杆菌

土壤农杆菌漫染植物

知 识 档 案

EM原理及其应用

EM即有益微生物，该概念首先由日本冲绳琉球大学的农学博士比嘉教授提出。有益微生物主要有3种类别：光合细菌、乳酸菌和酵母，是经由自然生长而取得的。EM技术的基本原理在于引入并显著增加有益微生物，同时抑制病害微生物的数量，使土壤更肥沃，并最终促进植物的生长。然而，EM技术的应用并不局限于园艺或农业。在许多领域，诸如环境保护、居民健康、日常生活等方面，EM技术均有其广泛的应用空间。

EM是一种新型复合微生物培养而成的菌群，形成了一个复杂而又稳定的微生物系统，相互协作，优势强大，威力无比，其作用机理主要表现在以下几个方面：

1.种植业：促进有机质分解和光合作用，改善土壤的物理性状，使之松软、透气、透水，同时抑制有害微生物繁殖，减少甚至不用化肥、农药，生产出真正的绿色食品。

2.养殖业：提高饲料转化率，促进动物生长发育，改善肉蛋品质，并能抑制、消除表面异味，改善动物体内外环境，杀死病原微生物，抑制腐败菌生长，提高动物抗病力和繁殖力，在大幅降低饲养成本的同时，又能生产出高品质的无公害健康绿色食品。

3.应用于环保的污水和垃圾处理中，促进有机污染物的分解，降低废水中的BOD(生化需氧量)、COD(化学需氧量)等污染物且费用低廉。另外EM还广泛用于其他生活领域,如医疗保健、美容、除臭、饲料、保鲜、陶瓷等。

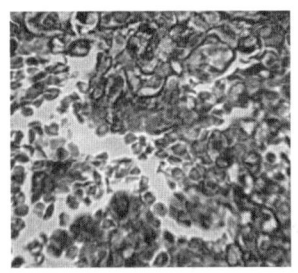

◉ 显微镜下的微生物

1977年，比嘉教授被派往中东，在那里，他的主要工作是指导生活在沙漠地带的居民种植蔬菜水果。当地的西瓜由于受到一种无法防治的病害的袭击而大片地倒伏。那些被清理出来的西瓜病株被比嘉教授倒在厨房的排水沟里了。有一天，比嘉教授突然发现，一些新的根系从倒在水沟里的那些受到病害侵袭的西瓜植株上长了出来，这引起了他的注意。他想，以前那么多种农药都对这些病害没有效果，没想到现在这西瓜植株反倒不生病了。究竟是什么原因使这些西瓜植株重新焕发了生机呢？他推测这与水沟里的某种微生物有关。从此以后他开始对微生物进行深入研究。

然而，令他失望的是，起先5年的研究并没有给他带来什么新的发现，他几乎已经准备放弃了。就在这个时候，比嘉教授无意中发现，在他倒弃废液的土地上有一片草长了出来，而且还长得格外茂盛。他又开始对这片草进行研究，经过反复的试验和深入的分析研究，他终于发现有几种微生物对植物生长影响很大，而且很快他就意识到这个发现的意义不同寻常。

1986年，他将自己的研究成果写成了论文，还于1993年写了一本叫做《拯救地球的大变革》的书。在这本书中，他具体阐述了如何将5科10属共80多种微生物培养成一种菌液，EM技术便是这种技术的英文简称。将这些有益的微生物组合在一起，不仅对抑制有害细菌的繁殖有效果，而且对生物的生长发育过程也有促进作用。这对于从根本上治理环境污染，改善地球生态系统，有不可忽视的作用。

这种细菌液的功效非常神奇，它可以使土壤中那些因长期施用化肥、农药而被伤害的微生物复苏，以此来改善土壤的质量，从而使植物恢复生机。

不仅如此，EM细菌液还有一些别的作用，例如，如果将少许EM粉放入厨房的垃圾袋里，封口后避光保存，冬季10～15天，夏季3～4天，这些垃圾就能够发酵成为无臭堆肥。此外用EM处理生活污水，还能使水质得到净化。

由于EM细菌液具有如此神奇的功效，这使得EM生物技术被世界各国广泛应用。应用这种技术的国家从中受益不少，如日本宫崎市等5个城市于1993年采用EM生物技术，使这5个城市生活垃圾的排放量减少了20万吨。这种技术还曾被用于处理日本千叶县一个被粪便污染的湖泊，结果湖水得到了净化。从那以后，世界上有越来越多的国家计划采用EM技术来治理河流污染。所以，土壤中的微生物在地球生态系统中有着极其重要的作用，没有它们，后果是无法想象的。

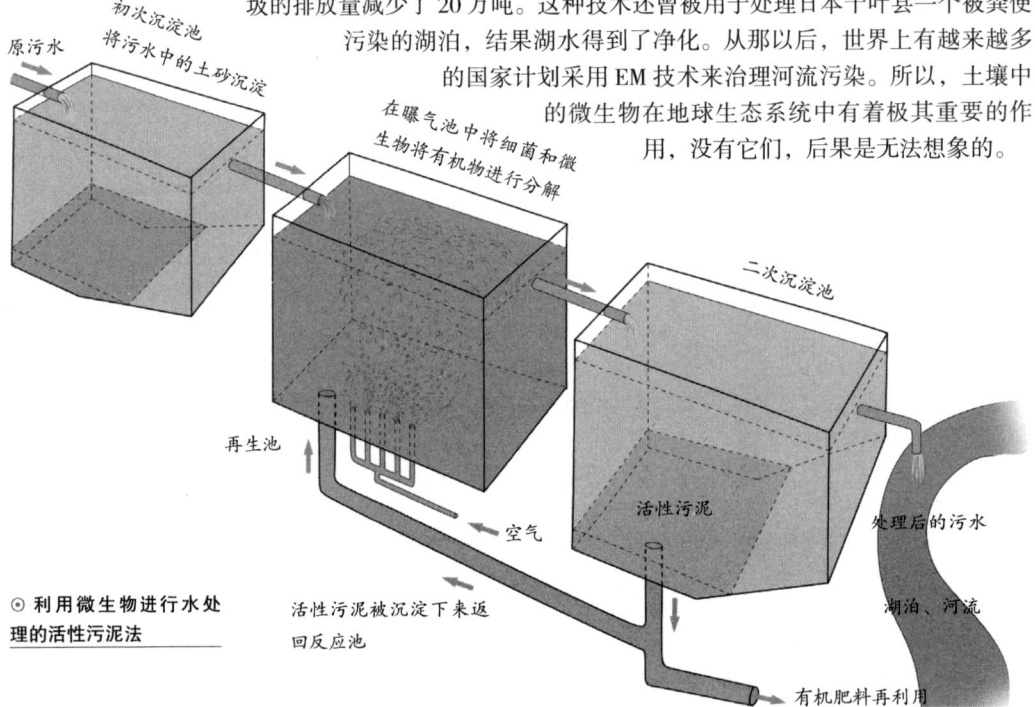

◉ 利用微生物进行水处理的活性污泥法

科技发明与应用科学
Scientific and Technological Invention & Applied Science

纸张的生产及应用

在历史长河中，书写被视作人类最伟大的发明之一。人们一旦有了书写的要求，就意味着需要有合适的材料用于书写，岩壁、石柱，甚至是陶土板都曾被使用，但是这些均不易携带。古埃及人发明了纸莎草纸，而书写介质真正的进步当属中国匠人发明的纸张。

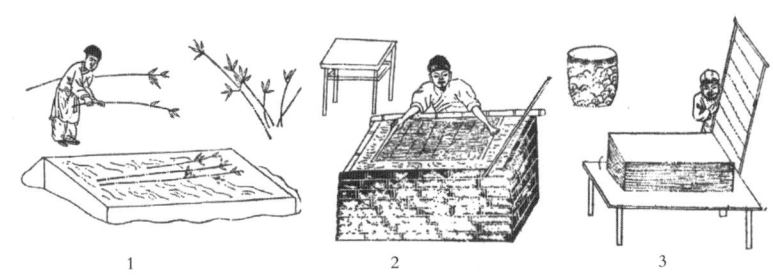

⊙ 造纸术自约公元105年由中国人发明以来，其生产工艺几乎未作改变。人们首先是用诸如树叶、树皮和嫩竹之类的植物材料（图1）在研钵中与水混合捣烂成纸浆。然后造纸工人将纸浆均匀铺在一张精细的筛布或者网状织物表面（图2）。最后，水分通过筛布网眼渗透流走，留在筛布上面的就是交织重叠的纤维质层，干燥后就形成了一张纸（图3）。

约公元前2800年，古埃及人就开始用尼罗河岸边生长的芦苇制造纸莎草纸，这种芦苇的名字也是英语中"纸"一词的来源。他们将芦苇去皮，把木髓切成细条状后十字形交织起来，然后重击压平后就制成了平整的纸张，随后又用光滑的石头将莎草纸表面磨光滑。

其他早期的书写材料包括树皮、布料，还有薄的兽皮，后者常常被用来制成羊皮纸和犊皮纸。羊皮纸通常使用未鞣制的羊皮制作而成，很可能是以其产地帕加马（古希腊城市，现为土耳其伊兹密尔省贝尔加马镇）命名的。犊皮纸与羊皮纸类似，是用羔羊或者牛犊的皮制造的，不过更薄一些。工匠们用石灰清理皮革表面，干燥后在一个框架上将其拉伸开来，然后用锋利的刀片把皮革表面刮平，方便书写。

公元105年，中国汉代人蔡伦撰写了第一部记录中国造纸术的著作。他在书中描述了用碎布片和其他比如树皮等材料造纸的过程，但这些技术可能早在100年以前就出现了。中国手工工匠还用树叶及其他植物材料造纸。一种方法是把嫩竹纤维和桑树皮内层混合后加水捣烂成纸浆。将纸浆倾倒在一层张在木框上的粗布上，粗布就像一个过滤器一样，水分慢慢渗透，而留在布片上的纤维则经干燥处理后做成纸张。照此法，使用麻纤维可以做出更优质的纸张，但是所有材料中最昂贵的应当算是丝绸织物制作的纸。为了使纸的表面更容易书写，造纸工人在新造的纸张表面涂上一层从淀粉中提取的浆糊胶料。

世界上其他地方的人们也独立发明了纸。美索不达米亚人将难以处理的陶土制写字板换成了一种类似纸莎草纸的芦苇纸。约6世纪时，中美洲居住在墨西哥特奥蒂瓦坎的人将无花果树皮浸湿捣烂制造纸，他们先用泥灰岩漆处理，再用光滑的石头将其磨光。

尽管竭力保密，中国的造纸术还是在公元3~6世纪之间传播到朝鲜、日本以及越南。而后传至印度和中亚的撒马尔罕（今乌兹别克东部），大约在8世纪时传播至中东的大马士革和巴格达。约公元10世纪时，阿拉伯商人将该技术传至埃及和北非，他们使用亚麻纤维制造强韧精细的纸。此后造纸业就开始使用草质纤维，譬如细茎针草、稻草麦秆纤维，最终发展成为木质纸浆。欧洲第一家造纸工场是建于1150年的西班牙港口城市瓦伦西亚。那时候，

知识档案

公元前2800年 埃及发明纸莎草纸
公元105年 中国发明纸张
公元868年 出现第一本印刷书籍
公元960年 中国出现纸币
公元1150年 出现第一家欧洲造纸作坊
公元1442年 出现印刷出版机构

科技发明与应用科学

造纸厂称为"纸坊",工厂需要水车为纸浆机提供动力可能是它们获得这个名字的一个原因,还可能是由于当时使用旋转石磨磨碎植物材料。

人们利用这些纸张做什么呢?当时的人们需要记录食物储备和赋税缴纳情况——直到计算机出现之前,所有的政府机构都需要大量纸张。记录员们不辞辛苦地誊写宗教经文和历史典籍。中国人还用纸制作雨伞、雨衣甚至窗户。中国士兵们则用一种加强型的厚纸板制作护身铠甲。中国人还发明了第一本装订成的书。大约在公元960年,中国人在木刻板上刻上文字图案印制大范围流通的纸币。欧洲的印刷术是由德国发明家约翰纳斯·古登堡(约1400~1468年)发明,并因此引发空前的需纸热潮,不久之后,书籍再也不是贵族们专享的奢侈品。后来兴起的报纸开始每天消耗掉大量纸张。

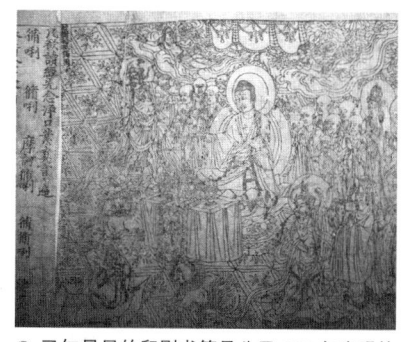

⊙ 已知最早的印刷书籍是公元868年出现的中国佛教经典《金刚经》。书中的图案是用木版印刷在手工制成的纸张上的。图中表现的是众神膜拜菩提祖师的场景。

毕昇和他的活字印刷术

我国印刷术的发展经历了不同的阶段,从以前的拓印、刻印,到发明了活字印刷术,我国的印刷技术发生了质的飞跃。

人类有文字记载后,最初的书是用手工抄写后广泛流传的。人类最早的书是抄在竹片、木片上的,也有的抄在树皮、树叶上,抄完后用绳子串起来。这样的书又重又笨,十分不利于抄写和阅读。到了秦汉时期,人们开始用缣帛抄文写书。此时欧洲出现了羊皮书。再到后来,抄书的材料就变成了纸。随着社会文化的发展,人类需要更多地进行思想、文化、技术交流。一本书经多人传抄后,往往因为遗漏、错误或抄书者的主观篡改而变得面目全非。这一问题如何解决呢?古人从印章中受到了启发。印章是在石头或兽骨上刻上文字制成的,印章盖出的文字、图案是不会改变的,因而也就不存在出错的可能。

后来有人想出了更好的抄写方法,其中最为有效的方法叫做拓印法。先选些适合拓印的纸,这种纸浸水后不易破损,把纸浸湿后平整地贴在石碑上,然后用布包上棉花在纸上轻轻拍打,这样,刻字处的纸就会凹下去,再蘸上墨汁,由于有字处的纸凹陷了下去,便保留了纸的原色,形成了黑底白字的字迹,跟原文完全一样,待纸稍干后,就小心地

⊙ 毕昇像
北宋著名发明家,他发明的活字印刷术大大提高了印刷速度和印刷效果。

⊙ 泥活字版模型
活字版的发明是印刷史上的伟大创举,它为人类提供了一种更为快速排印书籍的技术。自北宋毕昇发明泥活字版后,又出现木活字、锡活字、铜活字等。

281

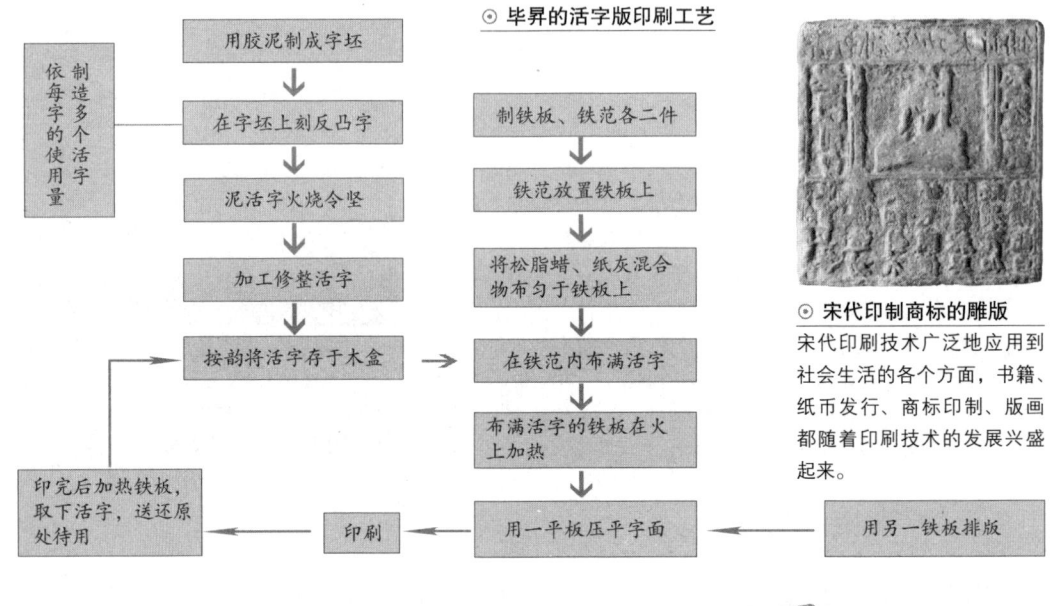

⊙ 毕昇的活字版印刷工艺

⊙ 宋代印制商标的雕版

宋代印刷技术广泛地应用到社会生活的各个方面，书籍、纸币发行、商标印制、版画都随着印刷技术的发展兴盛起来。

揭下来。这种石刻拓印术直到现在还在书法艺术界使用。拓印术可以说是现代印刷术的基础。

此后，人们大量雕刻石碑，拓印的方法也普及起来了。古人汲取了石碑和印章的长处后，又发明了"雕版印刷"的方法，这种方法与刻印章上的阳文相似。

与手工抄写相比，雕版印刷虽然明显提高了印书速度，但是，它仍有很大的缺陷。一部较大的书需要刻许多块印板，要花费很长的时间，雕后的木板保存起来也不方便，不仅占地方，一旦受潮，经日晒就会变形，而且还容易遭虫蛀、霉烂，甚至会被火灾毁于一旦。

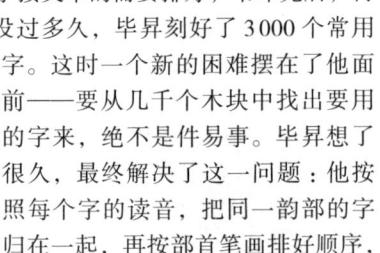

⊙ 中国清代翟金生泥活字模

1048年左右，毕昇发明的活字印刷术使印刷技术有了突破性进展。

毕昇是北宋都城汴京（今开封）的刻字工人，他白天干活，晚上在油灯下刻小土块。他的设想是把木头锯成小块，先在小块木头上刻字，再把这些刻好的字按文章的需要排好，书印完后，再把印书的字拆开，这些字还可以再用，这样就不会浪费了。没过多久，毕昇刻好了3 000个常用字。这时一个新的困难摆在了他面前——要从几千个木块中找出要用的字来，绝不是件易事。毕昇想了很久，最终解决了这一问题：他按照每个字的读音，把同一韵部的字归在一起，再按部首笔画排好顺序，分开存放，这样就可以像查字典一样很快找到需要的字。

后来，毕昇又成功地试制了造价更低的泥活字。

毕昇发明的活字印刷术和今天的印书方法比起来虽然很原始，但却给印刷技术带来了一场革命，为人类文明的发展作出了重要贡献。

⊙ 电脑排版替代了古老的印刷方式，一些印刷软件的使用使人们能够在计算机屏幕上直接编排，且图像清晰，内容丰富，快速高效。

风车的改进与推广

最早的风车出现在约公元 605 年的波斯，这些风车被称做阻力型风车，其侧边有一点像水车，在一根纵轴上有捆扎的芦苇或帆布做的巨大而垂直的翼板。这些风车主要用来抽水灌溉，还可以驱动碾石将谷物碾成面粉。

风车于 12 世纪在西欧出现，但是早期欧洲的风车与早期波斯的风车有一个明显的区别：欧洲风车的翼板从一个水平轴上伸出，而不是安装在垂直轴上，整个风车安装在石塔或其他固定物的一侧，这样的设计更加有效地利用了可用气流。在一个垂直轴阻力型风车上，只有一半翼板任何时候都暴露在风中，这就意味着至少一半的可用能量流失了。通过将翼板安装在升高了的水平轴上，欧洲人制造的风车立刻将效率提高了 1 倍以上。

这似乎让人挺难理解：拥有更加先进技术的波斯人没有意识到这点吗？而实际上，水平轴风车是比垂直安装的阻力型风车复杂得多的装置。首先，使用一个竖立的风车去转动磨石必然会涉及到齿轮的使用，

⊙ 这是一个典型的希腊早期石制风车。它面向海岸边常年盛行风向，只有从这个方向吹来的风才能使风车开始工作。

从而实现旋转 90°的转力，对欧洲的水磨制造匠来说，实现这个没有问题，因为这项技术已经在水车上使用了；其次，一个竖立的风车只有在翼板正对风向时才能最有效地工作，因此欧洲早期的风车或建造得面向盛行风，或可以灵活调节。前一种设计在法国、西班牙南部海岸及地中海部分岛屿上很适用，因为这些地方常年刮着由海面吹来的风，但在风向多变的北部地区，这种设计就不再可行，为此，内陆风车，又称岗位风车，广泛地应用于这些地方，它们通常体积较小，被安置在一个立柱之上，可以根据风向而调整位置。

到了 15 世纪，风车翼板安装在一个独立于风车塔主体、可自由转向的"帽"里。当磨坊主需要调节翼板所面对的方向时，他只需要转动这个"帽"而不是整个装置。调节过程通常只需要用到一根长杆，它的一端连接在"帽"背，以一定角度垂到地上。推动这个长杆时，整个"帽"随之转动。得益于这项技术的发明，风车不再因转动时对人力的要求而局限在一定大小之内，人们因此可以用砖或是石头来盖造几层楼高的风车。此时风车不再是单纯的机械，而更像严格意义上的建筑。建造越高大的风车意味着有更大的翼板，也就可以产生更强的驱动力。风车内也有足够的空间可以提供给主人及他的家庭成员居住、工作，按照不同的生产过程，比如储藏、碾磨、从碾磨后的面粉中筛去麸皮、称重、包装等划分楼层。

起初，风车的翼板是由木制框架蒙上帆布制成，会被过大的风吹卷，甚至在非工作状态下整个被吹落。到了 1772 年，苏格兰的

知识档案

公元605年　在波斯，人们开始使用阻力型风车
12世纪　岗位风车出现在欧洲，用来碾磨谷物
1414年　风车在荷兰被用来排水
16世纪　风车技术被引入了美洲大陆
1772年　发明弹簧翼板
1854年　赫拉蒂式风车获专利

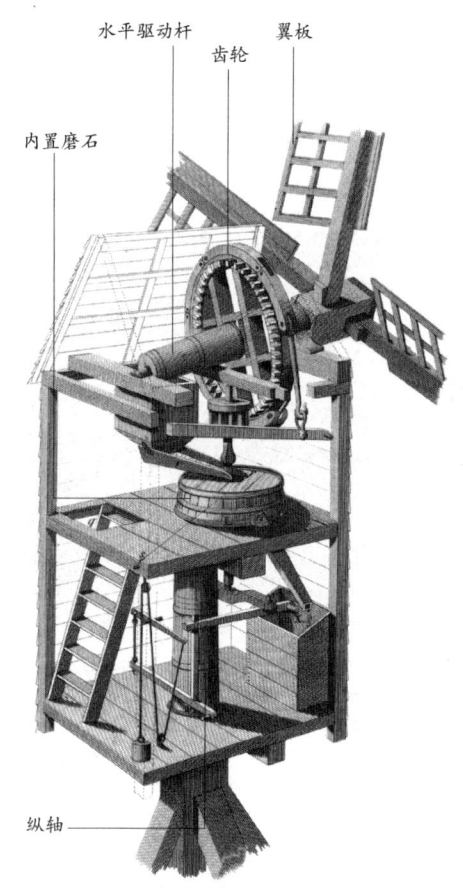

⊙ 这是一架很典型的欧洲岗位风车，它的木制结构能朝着微风转动。在内部，齿轮将力转化，转动水平翼板杆，又使其变成推动围绕着一根垂直轴转动的巨大的磨石的力。

风车匠安德鲁·米克发明了弹簧翼板，它们由木制板条制成，在弹簧作用下成闭合状态。刮大风时，翼板上承受的压力迫使板条弹开，以减小对风的阻力。这个精妙的自动控制装置保证了翼板在稳定的速率下转动，能在阵风或是强风环境下安全工作。1807年，英国工程师威廉·丘比特发明了一种在翼板转动过程中改变板条角度（从而改变翼板转动速率）的方法。由于能够调节翼板的转速，磨坊主能更好地把握所生产面粉的质量。

早期风车的应用有两种目的——灌溉及碾磨。再也没有什么地方比荷兰更需要这两项应用了，因为这个国家的大片田地地势低洼，只有依靠成千上万架风车持续地抽水才能使其保持一定的干燥度。在16世纪后期，曲柄杆的发明意味着风车可以用来驱动锯木机。1888年，美国俄亥俄州的发明家查理·布什开始使用风车来发电。

欧洲殖民者在16世纪将风车引入了美洲大陆。1854年，美国机械师丹尼尔·赫拉蒂发明的赫拉蒂式风车取得专利，这种风车在随后拓荒西部的过程中扮演了重要的角色。它有一个尾翼，使其能随风向自动转动。类似的数以千计的风车至今仍然在美国的乡村及澳大利亚的内地被广泛地应用在抽取农地用水或是牲畜喂养方面。

水车的广泛应用

古代，所有机器都是靠人力或畜力驱动的。帆船利用风力航行，后来的风力磨也是如此。但是最早的机械动力主要是来自水。约公元前80年出现的水车就是由水提供动力的。

水车是安装有一组涡轮叶或明轮翼的圆轮，当水流过这些涡轮叶和明轮翼时，水车就会转动。一根连接到圆轮中心的转杆可以通过转动带动一些装置。在人们使用水车的初期，驱动的几乎总是碾磨谷物的一对磨石。正因如此，人们一般都会把水车本身称做"磨坊"。

最简单的水车形式是水平水车，这种水车有时也被称为"希腊磨坊"或者"挪威磨坊"，竖直安装的转杆可以直接连接到一块磨石上。这种水车也可以驱动一系列的水罐舀水，或被当做水泵抽水使用。轮则被安装在溪水急流中。类似的，水通过渠道直接被引向水轮涡轮叶。

⊙ 左图：上水流水车由从上流下的水流驱动，落在涡轮叶上的水流的重力推动水轮旋转。下水流水车（右图）则是直接浸入溪流中，完全依靠恒定水流动力推动其旋转。

科技发明与应用科学

在过去，一些水平水轮通常被安装在河上拱桥的桥洞里，甚至是河中心停泊的驳船上。

有的水车是垂直安装的，驱动一根水平转杆。水车形式多样。在下水流水车中，下部涡轮叶浸没在溪流中，水流冲击涡轮叶使水轮转动，转动方向与水流方向一致。在其他垂直型水车中，则需要齿轮传动装置通过水平转杆转动磨石，因为重量的原因，磨石几乎都是水平安装的。早期的工程师将小木片插在木质圆盘上做成简易的齿轮。下水流水车以基本恒定的水流为推动力。为了保证这样恒定的水流，工程师们就在主河道上筑起大坝，修建蓄水池以保证稳定的流速，这也被称做"磨坊用水流"。在各种下水流水车中，有一种"齐胸水车"，也就是水流没过水车的一半，水的重力结合水流的冲击力推动水车转动。下水流水车有时也被称为"维特鲁威水轮"以纪念罗马建筑师马科斯·维特鲁威·伯利奥，他在约公元前20年详细描述了这种水车结构。

在上水流水车中，水流沿水渠或者水槽（称做"流水槽"）流出，到达水轮顶部。涡轮叶有一定的角度或扭曲，形成小的凹槽，落入凹槽中的水的重力驱动水轮向与水流相反的方向转动。当然，也可以将涡轮叶反方向扭转，这样水轮转动方向就与水流一致了。上水流水车的工作效率以及驱动动力较之下水流水车要高很多，一个直径为2米的上水流水车的驱动力可以高达6马力（1马力约合735瓦），而相同尺寸的下水轮水车只有约0.5马力。在约公元300年时，古罗马人在法国南部的巴比盖尔建造了一个有16个上水流水车的面粉磨坊，这个磨坊可以产生30马力的动力，平均每日磨谷物超过27吨。

上水流水车所需的水量不及下水流水车那么多，也没有必要安装在激流附近以获得足够的动力。上水流水车的建造成本很高，但成本与其所带来的利润相比仍是小的。在接下来的1000多年中，这种水车一直最受人们青睐——到11世纪末期，仅在英国就有近6000座这样的水车磨坊。除了为磨面作坊提供动力，水车还可以驱动锯子切割建筑石料，将原木劈成木板，将水抽起用于灌溉。公元725年，中国人甚至用水力驱动机械水钟。

大型的水车，又称做"戽水车"，直径达12米，修建在中东国家的河流上，给附近的农田供水。在工业革命初期蒸汽机出现以前，水车一直是人们使用的主要动力装置。

知识档案

公元前80年　下水流水轮车首次在东地中海地区使用
公元8年　中国开始使用水平水车
公元300年　罗马建造上水流水车
公元725年　中国人使用水轮驱动机械水钟工作

改变世界的指南针

指南针起源于中国,但在中世纪传入欧洲后才有了进一步的发展并在不同领域得到应用。

指南针的历史不可避免地与磁铁联系在一起。几千年前人类就发现了磁的存在,当时他们注意到了某种岩石——磁石——的不寻常特性。磁铁矿中含有大量的磁石,是一种氧化铁混合物,即天然的磁铁。根据罗马作家普林尼的记载,一个名叫马格纳斯的牧羊人注意到自己赶羊用的牧杖的铁质顶端会被某些岩石粘住,因此有了磁石的发现。

地球本身就是一个巨大的磁体,由熔融态的铁和镍组成的地球外核上有电流及对流存在,从而产生了磁场。就像一个简单的磁条,地球的磁场也有两极——北极和南极。把一个磁条放在撒满铁屑的纸上,铁屑会沿着由两极辐射出的磁力线分布。一个磁化的物体,例如磁石、指南针指针,也会像铁屑那样调整自己的指向,使其与磁力线的指向保持一致。

⊙ 第一个指南针是在中国制造的。人们将天然磁石雕刻成勺子形状,摆放在一个刻着方向、星座分布、占卜符号的底盘上,被称为司南。最先在天文、占卜方面使用,几百年后它才在航海中发挥作用。

公元1世纪,中国人把磁石应用在叫做"司南"的装置中,主要用来看风水。在这个装置里,磁石被雕刻成勺子的形状,摆放在一个表面经过磨光的底盘上,会使自身指向南-北轴向。底盘上通常刻方向(东、西、南、北)、星座的分布及占卜用的符号。在公元83年,中国哲学家王充对这种装置进行了记载,但没有提到它在航海上的应用。

在8世纪,中国人用磁化了的铁针代替原先司南中的磁石。这种磁针是通过将铁针顺着磁性极好的磁石的磁轴放置磁化后获得的。1086年中国科学家沈括在他的《梦溪笔谈》中明确提到了一种专用于航海的磁罗盘。到了1117年,北宋朱彧写的《萍洲可谈》描述了指南针在海上的使用。然而直到欧洲人探险时代开始后,罗盘才被做成精密的航海辅助设备。

鉴于远东地区进行的大量革新,罗盘很可能是由阿拉伯人传入西方的。在此之前,欧洲的旅行者们利用太阳或北极星来辨别南北方向。尽管他们能通过这种天文方法来获得比较精确的定位,但这只有在天气晴朗时才能进行——不时出现的坏天气经常严重影响航海活动并导致灾难性的后果。

11世纪时,维京人可能利用罗盘航行于北欧沿岸,但是第一个关于磁罗盘的记载来自《对于万物的思考》一书中,这本书由英国学者、牧师亚历山大·尼克曼撰写,出版于1180年。

欧洲早期的罗盘将一个磁化的指针垂直插在一根麦秆中,再使这根麦秆竖直漂浮在装有水的碟子里。这样的装置在一定程度上能指示准确的方向,但在旅行中携带它极不方便。到了1250年,指针被装在了一个枢轴上,它的上方是一张标有主要方向的圆形卡片,在指针的带动下能一起旋转。

1269年,法国科学家皮特鲁斯·佩里格里纳斯第一次解释了磁铁(因此也包括了罗盘)的工作原理。他描述了磁极,并发明了罗盘刻度盘,使指针能用"度"来指示方向。

知识档案

- 1世纪 司南(天然磁石)被发明
- 8世纪 铁制指南针指针被发明
- 11世纪 维京人在航海中使用了罗盘
- 1250年 欧洲水手使用便携式罗盘
- 1269年 罗盘刻度盘被发明

对罗盘进一步改进的技术包括将指针与刻度盘放置在一个盒子中。早期的这种盒子是用木头或者象牙等不会对施加在指针上的磁力造成干扰的材料制作的。后期使用的黄铜也是基于这个考虑。在16世纪,船上的罗盘被装在具有自动校正性的轴或支架上,以保证罗盘能够在颠簸的船上始终保持水平位置。

罗盘迅速成为必不可少的工具。1594年,英国哲学家弗朗西斯·培根称罗盘指针的发明为文明社会最重要的三项进步之一(另外两项分别是火药与印刷术)。每年成千上万的水手将自己的生命托付于一个颤动的小小铁片,在航行过程中根据它的指示进行操作。后来水手们也逐渐意识到指针并不是永远准确的,它会受到来自附近物体,特别是铁制品的干扰。航海罗盘还会受到大陆的影响,当进行东西方向的航行时,航海人员知道必须做出适当的方位补偿来抵消一种称为"磁偏离"现象所造成的影响。

⊙ 这个水手指南针是由著名的手工指南针制造师约瑟夫·罗克斯约在1775年完成的。刻度盘下的指针可以绕着枢轴带动刻度盘一起旋转。整个装置放在一个坚固的木制碗形容器内,能装在支架上,使其在海上保持稳定。

钟和表的发明与改进

大约在公元前3500年,埃及人使用的日影钟是已知最早的计时工具。它最基本的结构就是一根直立在地面上的木棒,当太阳在空中有较明显的位置改变时,地面木棒投影的位置也会随之改变,从而指示时间。

到了公元前8世纪,日影钟发展成了日晷,日晷的三角"翼"(指针)也取代了原先的木棒。沙钟也可以追溯到很久以前的年代,最普通的类型要数沙漏,沙漏上部区域的沙子全部流到下部区域正好需要1个小时。在19世纪20年代之前,英国皇家海军就一直在航海的船只中使用沙漏。

在晚上,古埃及人利用水钟来计时,它们叫做漏壶,仅为一个装满水且内壁有刻度标记的容器。容器中的水可以透过底部的一个洞滴出来,而容器的水平面对应的刻度则反映了时间。古希腊人在此基础上增加了一种漂浮机制,以移动一个标示物来指示时间。中国发明家设计的漏壶用水银代替了水。

公元725年,中国工程师梁令瓒和僧一行制造了第一架机械钟——以10米大的明轮的规则运动为基础。明轮的每条桨都由一个"杯子"组成,只要里面装满水,就会使整个轮子转1/36圈。一套齿轮系统能给出一天中时间的读数以及一年中的日期和月相。到了大约1090年,中国宋朝宰相苏颂制造了一个巨大的水力驱动天文钟,又称水运仪象台,可以指示恒星明显的运动状况以及时间。

欧洲第一个机械钟使用的动力是重物,重物挂在

⊙ 在意大利城市帕瓦多的卡比塔尼欧宫殿内有一个装饰华丽的24时制钟,它能够分别指示月相的盈亏以及太阳在黄道十二宫中所处的位置。

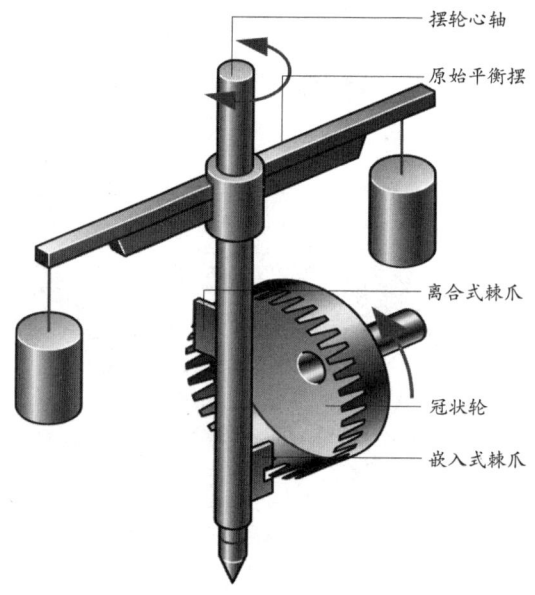

⊙ 所谓擒纵机构就是指机械钟表内部控制运行速度的装置。上图所示的立轴横杆式摆擒纵机构在 1800 年之前就一直被应用于灯钟的设计中。垂直冠状齿轮内嵌有两个棘爪，它们控制着摆轮心轴的转动。当平衡摆摆向某个方向时，对应的棘爪就会脱离冠状齿轮，从而使重物下落，转动指针。平衡摆摆回，一个棘爪与冠状齿轮啮合，使重物不再下落。然后平衡摆摆向其他方向，使重物再次下落。

绳索的一端，缠绕在一个鼓上。一个水平的振荡条控制一个位于鼓上的嵌齿轮的旋转，使其减速，这也就是最早的钟擒纵机构。每隔 1 小时，一个铁锤就会敲响一个铃(那时候钟还没有指针或刻度盘)。实际上，英语中"钟"一词"clock"源自德文"Glock"，意思是"铃"。这种类型的钟据说是由法国学者兼牧师吉尔伯特在他于公元 999 年成为教皇西尔维斯特二世之前发明的——大约在公元 996 年。今天，在法国的里昂和英格兰的索尔兹伯里的大教堂中依然保留着具有类似结构、可追溯到 14 世纪 80 年代的机械钟。

1502 年，德国钟匠皮特·亨莱因发明了一个发条钟，带有一个水平的钟面以及仅有的一根时针。到了 1656 年，荷兰科学家克里斯蒂安·惠更斯设计了摆钟。1 年之后，在荷兰的海牙，一个名叫萨洛蒙·柯斯特的钟匠也有了相同的发明。钟的下一个重大进展是锚形擒纵机构的设计，是由英国科学家罗伯特·胡克在 1660 年发明的。因为摆能够有规律地计时，所以重力驱动和发条钟均可应用。

1542 年前的一两年间，亨莱因制造了第一个便携式计时器——表，这只表由一个发条驱动，仅有的一个时针透过发条盒正面的洞指示时间。振荡平衡轮和游丝校正器在 1675 年被发明，至今它们仍然被使用在机械钟表中。1680 年，英国钟表制造家丹尼尔·奎尔发明了一种有重复报时装置的表，每当按下表侧面的控制杆时，它会重复最后一次报时信息。

气压计与真空

我们知道大气也具有重量，而由于大气重量产生的大气压则作用于地球表面所有的物体上。不过，这一观点并不是一开始就被人们接受的。17 世纪 40 年代，一位意大利科学家开始测量大气压，在这一过程中，他证实了真空的存在，并发明了气压计。

伊万格列斯塔·托里切利(1608～1647 年)是意大利著名物理学家、数学家。1641 年，托里切利以助手的身份协助年迈的伽利略进行科学研究，而后者则一直认为真空不可能存在。1645 年，在其助手温琴佐·维维安尼的协助下，托里切利将一根 2 米高的玻璃管末端封闭，并用水银灌满该玻璃管。之后，使用拇指压紧开口端，使其也处于密闭状态，继而将该玻璃管倒置入装满水银的玻璃盘中，最后移

⊙ 伊万格列斯塔·托里切利在其一系列气体压力实验中首次制造出真空。这一发现也使得水银气压计得以问世，同时也首次证了真空状态确实存在。

开拇指。此时，一些水银从玻璃管中流入水银盘中，水银柱的高度最终降至 76 厘米。是什么原因导致这些水银无法全部流出呢？

托里切利推导出：作用在玻璃盘水银面上的大气压与玻璃管中剩余水银的重量相等，因此管中水银柱的高度可作为大气压的测量标准。这一设计即为气压计。同时，托里切利也注意到，玻璃管中水银柱的高度随每日天气的变化而微微变化，由此推断，大气压必然每时每刻都处于变化之中。1647 年，法国数学家莱恩·笛卡儿在托里切利发明的气压计管壁上添加垂直刻度，用其记录气象观测值。时至今日，在气象预报中，大气压仍是极为重要的参考因素之一，并且常常使用毫米汞柱为单位来表示，标准大气压为 760 毫米汞柱。

大气压随着海拔的变化而变化，山顶的大气压比山脚低很多，而高空飞行的喷气式飞机所处高度的大气压接近零。1771 年（距托里切利去世相隔了约 1 个世纪），瑞士地质学家简·德吕克开始使用灵敏气压计测量山脉高度。现代的飞机上使用的高度测量计也是由气压计改进而来的，不过已不是水银类气压计了。

托里切利所设计的气压计不利于携带，而简·德吕克带上山的气压计也不轻便。1797 年，法国科学家尼古拉斯·福廷发明了轻便水银气压计。该气压计使用皮制口袋作为水银储蓄池，使用时，旋动一个螺旋钮，口袋会被稍稍挤压，使得水银面与一个指针所指的水平线恰好在同一位置上。待一切平稳后，再转动大气压力计上部的调节游标螺旋，使其升高至比水银面稍高后慢慢落下，直到游标底部同游标后部金属片的底部同时与水银柱凸面顶端相切后，即可从游标上读出刻度，精确测量大气压力。

再次回到托里切利的实验，试管中水银液面以上的空间中到底存在着什么？答案是：什么都没有。事实上，这一空间即为真空。科学家们随后开始研究真空的性质及其效应，不过，首先需要一种能够在实验室中制造出真空的方法。1654 年德国马德堡市市长、物理学家奥托·冯·古埃瑞克发明了抽气泵，之所以这样称呼，是因为它是被用来从容器中抽去空气的，时至今日，我们又称之为真空泵。当时，古埃瑞克使用真空泵将一对紧闭的铜质半球中的空气抽光，使其处于真空状态。由于大气压，这两个铜质半球紧紧地连在一起，以至于 16 匹马也无法将它们分开。这一实验即为著名的"马德堡半球实验"。

随着时间的推移，更多的高效真空泵被一一发明，而科学家们也逐渐开始利用真空泵做相关的实验。格利克真空泵发明后不久，罗伯特·波义耳便开始在其实验中利用真空泵研究空气与其他气体的性质。1703 年，英国物理学家弗朗西斯·豪克斯比发明改良真空泵。1855 年，德国物理学家海因里希·盖斯勒使用自己发明的真空泵研究低压状态下的放电现象。10 年后，英籍德裔科学家赫尔曼·施普伦格在盖斯勒真空泵的基础上再次进行改进，使其成为自动真空泵，并且能够产生更高气压的真空状态，因为一般的真空泵不能将空间中气体完完全全地抽走，总会留下少许气体分子。今日，施普伦格真空泵仍较为常用，其工作原理为，汞气体能够"捕获"空气分子，并将其带离所在空间，并由此产生真空。该仪器在科学研究中发挥了极大的作用，之后，科学家们利用施普伦格真空泵做出了一系列重大发现，例如发现电子，发现大气中的"稀有气体"，以及发明电灯泡等。

⊙ 著名的马德堡球是由两个铜质半球组成的，将该铜质半球中的空气抽出，人为地制造出真空，外部大气压使得两个半球紧紧地吸在一起，甚至 16 匹强壮的马（两边各有 8 匹马朝相反方向拉）也无法将其分开。

改变世界的望远镜

最早的透镜主要被用做放大镜,它们是凸透镜,即两面向外凸出的透镜,可以产生近处物体放大的像。但是科学家与天文学家需要有远处物体放大的像,而望远镜则恰好满足了这一需求。

荷兰籍德裔眼镜制造商汉斯·李伯希于 1608 年制造了首架望远镜,之后将这一发明卖给荷兰政府用于军事。但是因为他人也宣称是望远镜的发明者,所以荷兰政府并未授予李伯希望远镜发明的专利权。李伯希发明望远镜的消息传到意大利科学家伽利略的耳中,他也立刻自制了一台望远镜用来观测星空,并利用它发现了太阳黑子、月球陨石坑、4 颗木星的卫星等。

另一位同时代的天文学家——德国人约翰尼斯·开普勒正确揭示了这类望远镜的工作原理:物体光线经过凸透镜后产生放大的虚像,继而由凹透镜将其聚焦,从而达到放大远处物体的效果。同时开普勒建议使用两个凸透镜,以获得更大的放大倍数。1611 年德国天文学家克里斯托弗·施内尔采纳了开普勒的设计,制造出放大倍率更高的天文望远镜。由于两个凸透镜的存在,使得该望远镜的成像为上下颠倒的,因而在此后几个世纪里,月球表面图中的"北极"总是显示在月球的底部。

⊙ 图为牛顿式反射望远镜。1663 年,苏格兰数学家詹姆斯·格里高利设计首架反射式天文望远镜。1668 年,牛顿根据自己的设计,建造了区别于格里高利的反射式天文望远镜,该望远镜具有目镜结构,内含一块直径 3.3 厘米的反射镜,能够将物体放大 40 倍。

当时的望远镜透镜存在诸多缺点,比如"色差",它使图像边缘镶上了各种色彩,严重影响了观察精度。1655 年,荷兰科学家克里斯蒂安·惠更斯发现经过抛光与打磨等工序后的透镜能在一定程度上减弱色差。使用此类改进型天文望远镜,他首次观测到了土星环。

直到 1758 年,英国眼镜与天文仪器制造商约翰·多朗德发明消色差天文望远镜,才最终解决了色差问题。他重新发现了 1733 年由英国业余天文爱好者切斯特·霍尔首次使用过的制作消色差透镜的方法,这种至今仍在使用的方法包括了拥有两个分离部件结合在一起的一组复合透镜。复合透镜的第二个部件由冕玻璃制成,能够修正由第一个部件(由燧石玻璃制成)引起的色差。其工作原理是这两类玻璃以不同的方式轻微地弯曲光线。

另一种避免出现色差的方法就是使用微曲率长焦距(从主镜或物镜到焦点的长度)透镜,但使用这一方法制造的望远镜很大,常常超过 10 米。1650 年,波兰业余天文爱好者约翰纳斯·赫维留斯建造了一台长达 45 米的望远镜,又称高空望远镜,这类望远镜有一个大型支架系统,在观测时,则利用滑轮与绳索系统移动镜筒,观测目标。

由于平面镜不会引起色差,因此使用拥有平面镜而不是透镜的反射式天文望远镜观测天体能够获得更好的成像效果。1663 年,苏格兰数学家、发明家詹姆斯·格里高利在设计望远镜时意识到这一特点,于是他使用一块小的曲面副镜将光线反射回去,穿过主镜中的一个孔进入一块目镜。

后来,英国科学家罗伯特·胡克改进了这一设计。而另一些类似的反射式望远镜则分别由牛顿于 1668 年,以及由法国牧师劳伦·卡塞格伦于 1672 年设计建造。

知识档案

1608 年　首台折射式望远镜被发明
1655 年　惠更斯式折射透镜被发明
1663 年　格里高利式反射望远镜被发明
1668 年　牛顿式反射望远镜被发明
1672 年　卡塞格伦式反射透镜被发明
1758 年　多朗德式消色差望远镜被发明

当时的卡塞格伦式反射式望远镜设计仍存在缺陷,直至1740年才由苏格兰光学仪器制造商詹姆士·肖特最终完善。1857年,法国物理学家里昂·傅科特采用镀银玻璃以制造曲面反射镜,这一设计不但制作工艺简单,而且如果意外破损,还可再次镀银,极大地改进了望远镜的制造工艺。与制造大型透镜相比,制造大型反射镜容易得多,因此,天文望远镜也开始变得越来越庞大,同时性能也越来越优良。

当今,世界上最大的折射式天文望远镜座落于美国芝加哥附近的耶基斯天文台,该天文望远镜的透镜直径达1米,于1897年建造完成。而建于1948年的大型黑尔式反射式望远镜则位于美国加利福尼亚州西南部帕洛马山山顶,该望远镜的反射镜直径达5米。由于工艺上的原因,更为大型的天文望远镜不再采用单一反射镜的结构,取而代之的是由一系列较小的六边形镜片组成蜂窝状反射镜组结构,同时采用电脑控制,调整该镜片组镜片位置达到最好的反射与聚焦效果。位于美国夏威夷群岛的凯克天文台拥有两台世界上最大的反射式天文望远镜,它们各自由36块直径10米的六边形反射镜组成。

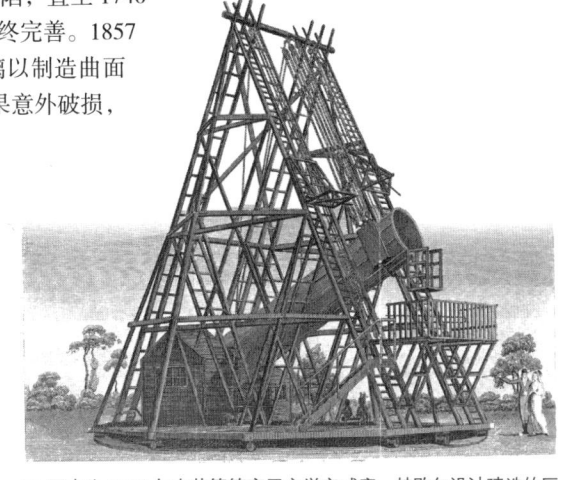

◉ 图中为1789年由英籍德裔天文学家威廉·赫歇尔设计建造的巨型望远镜。该望远镜的焦距超过12米。

炼铁的历史与进展

从古代起,人类就认识了铁,自约公元前1100年起,中东与欧洲便进入了铁器时代。但在当时,铁质工具、武器等仍非常罕见,只有富豪才能拥有。这一状况一直延续到约700年,随着鼓风炉的发明,从铁矿石中炼铁变得广泛,铁器才真正开始进入人们的日常生活。

古埃及人从沙漠中拾取陨石以获得铁,并于公元前1350年左右发现利用火焰焊接陨铁的方法。同时期,安纳托利亚的赫梯人也开始使用铁制造工具。古希腊人使用铁栓将大块的石块固定在一起,而公元前400年左右,中国的工匠们则开始使用一种熔点较低的铸铁铸造铁质雕塑。

约700年的西班牙卡塔兰熟铁炉被认为是世界上最早的鼓风铸铁炉。大约一个世纪之后,斯堪的

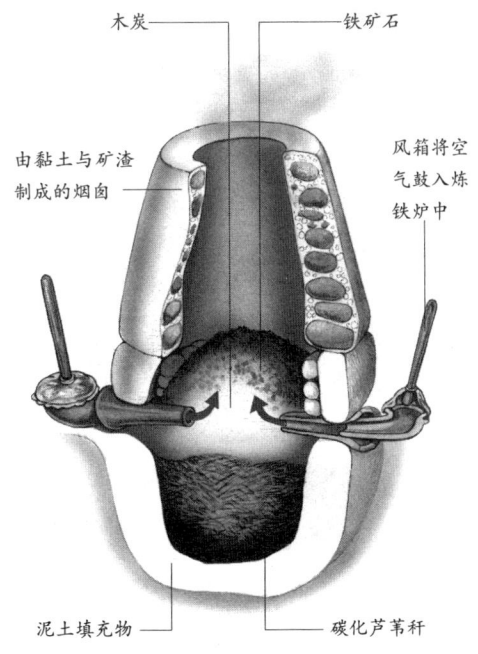

◉ 早期冶铁匠使用简单的鼓风炉炼铁。他们首先在地下挖掘一个较大的坑,并将一个烟囱建于此坑之上,随后将铁矿石置于闷烧的木炭之上。同时使用手动风箱,将空气鼓入炉中,以提升炉温,最终产生炽热的铁水。

纳维亚地区也开始建造鼓风铸铁炉。当然,当时的人们并不知道其工作原理中所包含的简单的化学知识。鼓风铸铁炉的工作原理是:炼铁工人首先在地表挖一个大坑作为炼铁炉;炉壁填充泥土与碳化芦苇(一种上好的木炭);随后将黏土与矿渣(即之前炼铁炉中的杂质)铸成的圆锥形烟囱加盖上去;然后再向炉中填充铁矿石、石灰石与木炭的混合物后点火。当炉中变热时,炼铁匠使用风箱将空气鼓入炼铁炉中,空气与木炭作用产生一氧化碳,而一氧化碳随后将铁矿石(氧化铁)转变为金属铁。石灰石(碳酸钙)的作用是与铁矿石中的杂质硅石反应,形成炉渣。炉渣浮在炽热的铁水上层,当铁水从炉底附近一个孔中流出时,可以很容易地敲掉炉渣。

⊙ 位于科尔布鲁克德尔镇上的鼓风炉一天24小时不间断地运行。这幅油画绘制于1801年,描述了铸铁铁水从鼓风炉中倒出时的场景,整个天空都充斥着炽热的火焰。

14世纪的英国是整个欧洲的铁冶炼中心,当时采用水轮驱动的风箱向鼓风炉中鼓入连续的气流,一天的铁产量可达3.3吨之多。由于炼铁时需要大量的木炭,因此,英国绝大部分森林在这一时期均遭到了毁灭性的砍伐。直到1709年,英国铸铁产业奠基人亚伯拉罕·达比用焦炭(来自煤)取代木炭后,这一状况才得以好转。尽管达比的同胞达德·达德利宣称自己才是在鼓风炉中首次使用煤的人,但这一说法并不可信,因为煤中存在的硫会降低铁的质量。但是达比的工艺却极大地改变了铸铁的生产与使用,使得铸铁锅、铸铁壶、铸铁罐等很快成为英国家家户户都能使用的产品。

知识档案

1709年 出现使用焦炭的鼓风炉
1779年 科尔布鲁克德尔镇的铸铁桥竣工
1828年 内尔逊首创热风处理程序
1857年 出现热鼓风炉

达比在科尔布鲁克德尔镇赛文河畔建立了自己的炼铁厂。1742年,他的儿子亚伯拉罕·达比二世安装蒸汽机从河中抽水以驱动风箱。1768年,达比的孙子亚伯拉罕·达比三世接手公司,并于1779年使用预制铸铁元件在科尔布鲁克德尔镇建造了横跨赛文河的铸铁桥。该桥高出河面12米,长30米,1934年,该桥禁止机动车通行,但至今仍用做人行桥,屹立不倒。

19世纪,鼓风炼铁炉迎来了历史上最后一次较大的改进。1828年,苏格兰工程师詹姆士·内尔逊将经过预热管预热后的空气通入鼓风炉中,极大地提高了炼铁效率。最初,内尔逊直接使用煤加热预热管,随后改为使用焦炭炉的副产品煤气预热,大大节省了资源。1857年,英国发明家爱德华·科伯再次改进内尔逊的设计,制造热鼓风炉,采用炼铁炉自身的高热废气预热空气。

⊙ 轧钢厂总图,主图四周环绕的图样是炼铁炉切面图与炼铁炉各个部件图。该工厂将仍处于红热状态的铁轧成条状,制造铁轨、围栏。

加速工业革命的纺织机

由手动纺纱轮发展到走锭纺纱机,走过了大约6个世纪。在随后的70年里,西方纺织工业逐步走向完全机械化。织布机可以进行机械化纺纱、织带、织布、织地毯。从最初的由水力驱动,到后来的使用蒸汽机驱动,纺织工业走在了工业革命的第一线。

最初用于协助纺纱的器械为卷线杆,在长杆开裂的一端夹有未纺织的羊毛、亚麻等。纺织工通常是妇女,她们将纺纱杆夹在一条手臂下,并搓出一股连续的羊毛绳,同时在一只手的手指间将这些羊毛绳绕在一个旋转的纺锤纱锭的一端。历史学家们通过考古挖掘发现古代美索不达米亚人于7500年前便开始使用纺纱杆,成为可与轮子匹敌的最古老的发明之一。

⊙ 珍妮机使得纺纱工能够同时纺织多股纱线。该机器由英国机械师詹姆士·哈格里夫斯于1764年设计发明。

13世纪,欧洲开始大规模推广手纺车,手纺车具有垂直的大纺纱轮,大大简化了纺纱的工作。它有一根带子带动纱锭旋转,纺纱者一只手从垂直的纺纱杆中不断地抽出羊毛线,另一只手不断地转动纺纱轮。16世纪的手纺车又增加了脚踏板,纺纱工从此可以坐下来纺纱。

18世纪,纺纱机有两次极为重要的改进。首先是1764年,英国机械师詹姆士·哈格里夫斯发明的珍妮机(于1770年取得专利),其次是1769年哈格里夫斯的同胞理查德·阿克赖特发明的精纺机。早期珍妮机由手转动纺纱轮,主要用于纺织羊毛纱线,而且能够同时织8股纱线。而精纺机则是由水轮驱动,主要用于纺结实的棉纱作为经线。1779年,英国织布工萨缪尔·克朗普顿结合珍妮机与精纺机的长处,发明了走锭纺纱机,它能够同时纺出48股细纱。因为走锭纺纱机结合了早期两种纺纱机的长处,所以又称之为骡机,意为两种纺纱机的"杂交"后代。

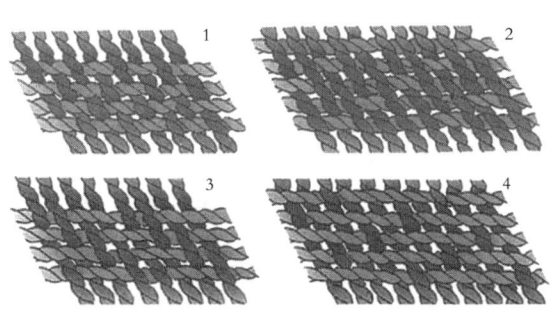

⊙ 织布机上能够依据综片不同的导引方式弯曲细纱,从而编织不同类型的布匹。依次为:1.缎纹织法;2.平纹织法;3.棉缎织法;4.斜纹织法。

这些纺纱机的原理大致相同,首先将纺纱纤维即粗纱缠绕在旋转的纱锭上并移到一架走锭纺纱机上,走锭纺纱机首先向外拉出细线,然后将其扭在一起形成纱线,当纱线绕在线轴上时再移回。1828年,美国人约翰·索普发明了环锭纺纱机之后,棉便在环锭纺纱机上纺。在环锭纺纱机中,粗纱穿过一系列高速滚筒后,被抽成精纱,之后每根精纱均穿过"滑环"上的小孔,将其扭成一

知识档案

13世纪	手纺车问世
1733年	飞梭问世
1764年	珍妮机问世
1769年	精纺机问世
1779年	走锭纺纱机(又称"骡机")问世
1785年	蒸汽动力织布机问世

纺织机械化大大加快了纺织速度，上图中顶端轴承带动传动带，驱动织布机工作。织布机最初由水轮机驱动轴承转动，1785 年之后，则由蒸汽机逐步替代，为轴承提供动力。

股后，缠绕于高速旋转的垂直的纺纱锭之上时扭着纱线。

获得纱线后，纺织工便可用它制作布匹了，这也正是织布机的主要功能。最简单的织布机即为有一套平行细线（即布料经线）的一个架子。织工们以垂直的角度使用梭子导引的另一根细线（即布料纬线）织入织布机上的经线之中，生产出布匹。最初的重要改进是加上了一些绳索，用于提起所有的经线，使得梭子能够快速轻便地从一端穿到另一端。很快，纺织工便将纺织机的脚踏板引入织布机，更加方便地控制提线绳索。

1733 年，英国工程师约翰·凯伊发明飞梭后，更大大提高了纺织工业的工作效率。这一设计使得织工能够更加快速地将梭子从布料的一端移到另一端。随着人类文明的进步，机械织布机也逐渐登上历史舞台，最初是由水力驱动，1785 年，英国发明家埃德蒙·卡特赖特发明首台蒸汽动力织布机后，蒸汽动力正式代替水力，成为纺织工业的主要动力输出。

农业机械的发明与应用

史前时代，人类就已发明了耕犁与镰刀，但此后很长时间农业机械并无更大进展，直到金属犁铧的出现，这一状况才得以改善。

1785 年，英国工程师罗伯特·兰塞姆发明了铸铁犁铧。1819 年，美国工程师史蒂芬·麦考米克及其同胞叶特罗·伍德各自独立设计出完全由铸铁铸成并有可更换部件的耕犁，最终由美国实业家约翰·迪尔于 1839 年开始大规模生产。1862 年，荷兰农场主开始使用蒸汽耕犁，与此同时，美国以及欧洲其他地方的农场主则使用蒸汽拖拉机牵拉标准耕犁。

1701 年，播种技术取得重大突破，英国农学家叶特罗·塔尔发明了机械条播机。使用该机械，农场主可以均匀并排地撒播种子，不但易于锄草，而且也易于收割。收割之后，如小麦等谷物需要经过脱粒，使用连枷抽打谷物进行脱粒非常耗时耗力，直到 1786 年，苏格兰技工安德鲁·米克尔发明谷物脱粒机后这一情况才得以改善。

农业生产中最后一项实现机械化的程序便是收割。现今一般将收割机的发明人归于塞勒斯·麦考米克。1831 年，年仅 22 岁的塞勒斯设计制造首台收割机，并于 1834 年取得专利。1859 年，塞勒斯与自己的哥哥利安德合伙，于 1879 年组建麦考米克收割机械公司，他们在芝加哥拥有大型工厂，一年能够生产约 4 000 台收割机。

1833 年，美国工程师奥贝德·赫西发明了另一类型的收割机，经过 1847 年的改进之后，该机器在割草以及加工干草方面的性能甚至比麦考米克的收割机要好很多。不过很可惜，赫西没有麦考米克庞大的公司运作体系，同时也没有敏感的商业嗅觉，并未将他的设计付诸大规模生产。

同样在 19 世纪 30 年代，紧跟美国著名铁匠、发明家约翰·莱恩之后，许多工程师开始设计联合收割机，这类机器不但能够收割小麦，同时也能够将其推入传动带打包。值得一提的是，在 1878 年，美国人约翰·阿普莱比发明了分离式扎捆机。不久之后，联合收割机也拥有了脱粒的功能，不过，这些笨重的机器需要 10 匹甚至更多的马才能拉动。

蒸汽牵引引擎以及于 1908 年发明的蒸汽履带牵引车克服了联合收割机笨重的缺点。两年后，以汽油为动力的联合收割机逐渐走上工业机械的主舞台，比如爱丽丝·查默斯公司于 1935 年生产的万用作物收割机。随后，设计者们将动力设施融入收割机本身，这些横列于大草原上的自推进式联合收割机自此成为一道亮丽的风景。

富兰克林与避雷针

雷电是大自然的一种自然现象，它像一把双刃剑，既可以被人们利用服务于人类，也可能给人类造成危害。经过漫长的探索过程，人们逐步认识并掌握了它。避雷针的发明，是人类有效地掌握雷电的开始，人类对雷电的研究由此必将更加深入、全面。

避雷针是由富兰克林发明的。富兰克林用不导电的材料把一根金属棒固定在高楼顶部，而后用一根导线将其与大地相连。这样，打雷时天空中产生的强大的电荷可以通过金属棒直接流入地下，从而可以避免对建筑物和人造成伤害。

富兰克林设计避雷针的灵感，很大程度上得益于莱顿瓶的实验。1751 年夏天，富兰克林住处附近的一座教堂被雷电击毁。他惊奇地发现，天空中的雷电现象和科学界著名的莱顿瓶内外两层箔片相连的爆炸现象具有异曲同工之处。

莱顿瓶是一种能够聚集电荷的瓶子，由荷兰莱顿大学的科学家们研制出来。长久以来，人们认为是上帝制造了天空中的雷电，打雷是神在发挥威力，认为人类根本无法控制这种现象。随着科学技术的进步，到 1745 年时，人们对摩擦生电的原理已经有所了解，但是由于摩擦产生的电量非常小，因此对电的性质还无法进行深入的研究。

莱顿大学的科学家经过长期研究，终于研制出这个叫莱顿瓶的装置。它的构造很简单，就是在普通玻璃瓶的内壁和外壁上分别贴上银箔，内壁银箔通过导线与带电体连接起来，外壁接入地下。这样，当带电体不断接收电荷时，内壁的银箔上就会聚集大量的电荷。运用莱顿瓶，就是把内外两层箔片用导线连接起来，由于大量正负电荷相碰，就会产生强烈的火花和爆炸声。

由莱顿瓶的实验受到启发，富兰克林由此推测，天上的雷电与摩擦产生的电完全一

⊙ 富兰克林的雷电现象实验

知 识 档 案

避雷针

避雷针实际上是一个金属杆，由导线接地，可以将雨云上的闪电导至地下，以免发生触电危险。大多数高层建筑物上都安装有避雷针。雷电天气，云层下部的负电荷吸引大地上的正电荷，正电荷向上升至云层，抵消云层下部的一部分负电荷，这样就有可能阻止发生雷击，而一旦发生雷击，电流也可以通过避雷针和导线进入大地，而不致造成损害。

> **知识档案**
>
> **外出防雷常识**
>
> 如果外出时不慎遇到了雷雨天气,千万不要跑动,而是要原地停下来。因为一个击中树木的闪电,通过其在地下传播的巨大电能,会危及在树木附近跑动者的安全。由于电能随着距击中点的距离而逐渐减弱,所以有可能使跑动者一只脚上的电压高于另一只脚。这种跑动电压,会在体内释放,因为身体的导电性能要强于大地。在身处空旷的野外时也不要并起双腿,蹲在地上低凹处,以避免成为雷击目标。

样。为了证实推测,极富冒险精神的富兰克林做了一个大胆的决定,那就是在雷雨天气放风筝,以此收集那些云层中的电荷。放风筝的绳子实则就是一根导线,它可以把天空中的电荷引入莱顿瓶。事实证明,天空中的雷电与摩擦产生的电确实相同。就这样,在风马牛不相及的两种现象中,富兰克林却找到了它们隐含的共同的原理。

这一原理极大地启发了富兰克林,他进行了大胆设想,认为可以把狂暴不羁的雷电导入地下,从而避免它对人类的伤害。经过不懈的努力,避雷针终于在富兰克林的手中诞生了。

当今随着城市发展的需要,几十层、近百层的高楼鳞次栉比,避雷装置对这些建筑物来说更是不可或缺的了。尽管有许多新的避雷装置不断问世,但万变不离其宗,它们都是在富兰克林发明的避雷针原理的基础上设计出来的。

摄影的诞生

摄影的两大关键是照相机与胶片,21世纪初,逐渐发展起来的数字技术开始逐步取代胶片,而照相机出现的时间要比胶片早约1000年——直到化学家发现感光化学物质能够"捕捉"镜头影像后,胶片才被发明。

照相机源自"暗室",暗室是在一面墙上开有一个小孔的密闭房间。光线进入小孔,将外面的景物投影到对面的墙上,形成上下颠倒的影像。最初,艺术家们使用该暗室协助描绘景色,之后,暗室初步演化为便携式设备,变为较大的密闭暗盒,并且用透镜代替了小孔。

1725年,德国医生约翰·舒尔茨发现某些银盐(含银化合物)在日光的照射下会变暗。50年后,瑞典化学家卡尔·谢勒发现暗化效应是由于金属银粒的存在引起的。结果,银盐成为感光乳剂(即胶片上的感光涂层)中的标准成分,用以制造胶片、感光纸等。18世纪90年代,英国人托马斯·韦奇伍德曾尝试制造感光皮革。当然,在谢勒的暗化效应被广泛接受之前,诸多的科学家也曾尝试过其他不同的感光方式。

在法国,化学家约瑟夫·尼埃普斯也试验了

> **知识档案**
>
> **暗箱**
>
> 在便携式暗箱中,镜头将远处景物的光线聚焦到一面反光镜上,而与光路呈45°角的反光镜再将光线向上反射到毛玻璃屏上。借助暗箱,艺术家可以轻松操作相机,精确地绘制眼前的景色。该设备是由意大利艺术家卡纳莱托(1697~1768年)在拍摄城市风光时发明。随后使用暗箱协助绘画风靡艺术界,直到19世纪50年代被照相机取代。

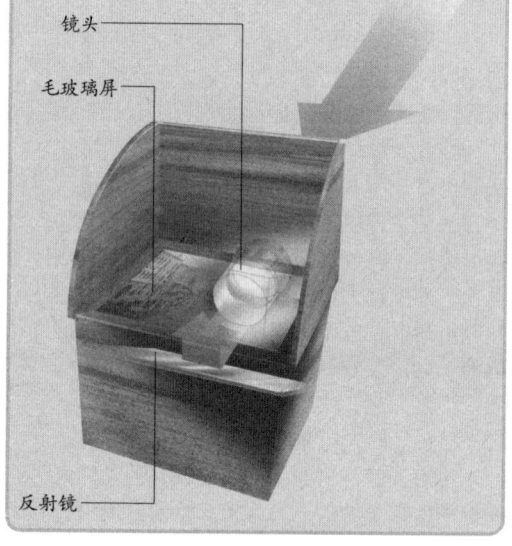

瞬间留影的银盐影像，1826年，他利用一块抛光的锡铜合金板，涂覆沥青作为感光物质，首次成功地实施了拍摄。经过长时间的曝光，沥青转白，尼埃普斯利用一种溶液将沥青从未曝光的区域去掉，并且将金属板置于碘蒸汽中使其暗化。

碘在法国人路易斯·达盖尔完善摄影技术的过程中扮演了重要角色。为了制作他的照相版，他将银镀在铜板上，随后将该板置于碘蒸汽中（在暗室中），产生了

⊙ 银板照相法需要一系列复杂的仪器与工序，需要大量的化学知识。图中椅子背后的环状金属丝用来固定被摄影者的头部，使其在较长的曝光时间里保持静止。

感光碘化银。他将感光板放置在照相机中，随后再将拍摄完成后的感光板置于汞蒸汽中，完成显影这一工序，再经过定影（将其浸在普通盐溶液中）得到永久的影像。之后人们以达盖尔的名字命名该照相法，又称为银板照相法，可惜的是，产生的是镜像，且无法复制。

1841年，英国化学家威廉·福克斯·塔尔波特取得纸基负片照相法的专利权。早在1835年，塔尔波特便设计出该方法，使用浸泡过硝酸银、食盐或碘化钾溶液的相纸拍摄。在照相机中曝光后，将相纸置于镓酸之中显影，随后置于硫代硫酸钠（俗称"海波"）溶液中定影，得到"负像"（即黑白相反的图像），再使用一片相纸与胶片相接触，转化为"正像"（即景物原本的图像）。这一过程可以重复，能够大量复制出"正像"。

随后，威廉·福克斯·塔尔波特转入商界，与他的助手尼古拉斯·海勒曼一道在英国南部城市雷丁建立世界首家专业摄影工厂，成为最早的专业摄影家之一。1843～1847年，他们拍摄了大量的肖像照。但当时因为印刷纸质纹理的原因，照片影印还是非常粗糙。1850年，法国人路易斯·戴瑟·布兰克沃特·伊沃德用蛋清涂覆在相纸上改进了这一缺陷。尽管福克斯·塔尔波特控告伊沃德窃取了他的专利，但伊沃德的发明确实有重要的意义。

随着福克斯·塔尔波特发明的纸基负片照相法逐步普及，1851年，伦敦人弗雷德里克·阿彻突发灵感，产生了在火棉胶（一种极易燃、无色或黄色糖浆状火棉、乙醚、酒精的混合溶液）中制备银盐感光溶液的想法，并将其涂于玻璃片上，这便是湿珂酊法，并很快成为当时最重要的摄影法。直到19世纪70年代，才逐渐被"干底片"所取代，后者是英国内科医师理查德·马杜克斯于1871年发明的，干底片采用了明胶感光乳液。1888年，美国人乔治·伊斯门将干明胶感光乳液应用于他所设计的首架柯达相机之中，最初使用纸质底片，后使用透明胶片（又称赛璐珞）。随着柯达相机的大量销售，大量照片被拍摄出来，标志着摄影开始真正走进我们的生活。

⊙ 1843年，威廉·福克斯·塔尔波特在英国中南部城市雷丁建立了专业摄影工厂。图中的温室即为塔尔波特的肖像摄影工作室，尽管户外的光线要比温室内好得多，但他仍旧倾向于在室内摄影。

留声机、电灯、蓄电池的发明

当你身处电灯所带来的光明世界时,当你在享受留声机的悦耳音乐时,你知道它们的发明者吗?他就是美国著名的发明家爱迪生。他一生的发明有1000多项,其中最大的贡献就是留声机、电灯以及蓄电池。

1847年2月,爱迪生出生在美国俄亥俄州的米兰镇。11岁时他就因家庭贫困走出家门,挣钱糊口。他在火车上卖报时,对电学产生了浓厚兴趣,实验的种类也越来越多。在爱迪生的恳求下,列车长允许他在行李车厢的一角利用空余时间做实验。一次由于列车行驶中的震动把爱迪生的一瓶黄磷震倒了,黄磷立即燃烧起来,幸亏扑救及时才未酿成火灾。愤怒的列车长狠狠地给了爱迪生一记耳光,从此,15岁的爱迪生的右耳再也听不见声音了。

1869年爱迪生来到纽约,在一家黄金交易所找到了一份工作。他在那里发明了一种新式的商情报价机。有人出价4万美元买走了这架在交易所有用武之地的机器。爱迪生有了钱,就专心致志地走上了发明之路。1876年,爱迪生在纽约建立了自己的研究所。

⊙ 爱迪生

爱迪生在研究电话时发现了一个新奇的现象。一次,爱迪生在调试送话器,因为他耳朵听觉不好,就用一根金属针来感觉送话器膜片的震动。他发现接触在膜片上的金属针随着说话声音的振动而产生不同的震动,而且这种震动还是有规律的。爱迪生从这一现象中找到了发明的灵感,他马上想到,如果这一程序是反的,即让金属针发生有规律的震动,也许声音是可以复制出来的。怎样才能把这细小的颤动记录下来呢?经过四天实验,他把钢针尖固定在锡箔上滑动,刻下深浅不一的纹路。又经过反复实验,他终于发明了会说话的机器——留声机。1878年2月,31岁的爱迪生获得了这项发明的专利权。

1878年秋天,在法国巴黎的世界博览会上,爱迪生发明的留声机获得了发明奖。在这次博览会上,俄国工程师发明的"电烛"也引起了很大的轰动。以前,人们一直用煤气灯、蜡烛或者油灯照明,但这些灯会产生黑烟而且照明效果也不理想。所以,包括爱迪生在内的许多科学家很早就开始研究,想试制经济实用的照明用具。

为了攻克经济实用的照明灯具这一难题,爱迪生又投入研究工作中了。他了解到,发明弧光灯的戴维做过一个实验,让电流通过白金丝,白金丝会发光,但是白金丝很快就会被烧光。爱迪生经过反复研究认为,只要解决戴维的弧光灯实验中的白金丝的发光寿命问题,白炽灯就有成功的可能。所以关键是要找到一种电阻小又耐高温的材料。他试着用寸把长的纸条烧成炭来做灯丝。

⊙ 爱迪生发明的留声机

⊙ 留声机的发明大大丰富了人们的精神生活。

当把电源接上时，这条烧成炭的纸亮了一下就断了。通过仔细研究，他发现空气中的氧气在电流接通的高温条件下瞬间就将灯丝氧化掉了。他决定先在改进灯丝和把灯泡抽成真空这两方面入手。1879年10月，人类历史上第一盏具有实用价值的电灯在爱迪生的实验室中诞生了。这只灯泡亮了45个小时，后来爱迪生又将灯丝换成用竹丝烧成的炭丝，这种竹丝做的灯泡整整亮了1200个小时。今天，我们使用的电灯泡是用钨丝做成的灯丝，它是20世纪初由奥地利的两位科学家发明的。

⊙ 19世纪的蓄电池

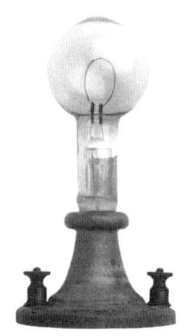
⊙ 爱迪生发明的灯泡

爱迪生一生发明的东西很多，最费时间和心血的是蓄电池。他在10年的时间里，做了5万多次实验才研制成功。他以氢氧化钾水替代硫酸溶液，用镍和铁代替铅，制造出了新的蓄电池。这种镍铁碱性蓄电池克服了铅硫酸蓄电池的缺点，经久耐用又轻便。爱迪生把电池装在各种车辆上，在各种道路上进行反复试验，最后试验的结果证明这种电池的抗震性很强，他这才放心地把这种蓄电池投入到市场。在使用中，他又因新蓄电池有漏电的缺点而下令停产改进。又经过了5年的努力，比较理想的蓄电池终于问世。

⊙ 城市的夜晚万家灯火，显示人们对电的依赖性有多大。

内燃机的发明与改进

工业革命时代，蒸汽机是最主要的动力来源，燃料的燃烧是为了将水煮沸产生蒸汽，这一过程发生在蒸汽机本身之外，因此那时的蒸汽机是典型的外燃机。然而，如果让燃料直接在汽缸内燃烧，将更高效，这就是内燃机的原理。

1859年，比利时工程师埃迪内·莱诺成功制造出首台燃料在机器内部燃烧的发动机。该发动机采用煤气作为燃料，将煤气与空气混合后，依靠活塞运动吸入汽缸。随后，当活塞运行到汽缸一半的位置时，使用电火花点燃煤气与空气的混合物，产生爆炸，迫使活塞返回冲程底端。而当活塞返回时，活塞的另一端又会吸入煤气与空气混合物。这一系列过程不断地重复，便持续向外提供动力，因此该引擎称为"双动引擎"。该引擎仅能达到每分钟200转的低转速，输出功率达到1马力。因为该内燃机二次活塞往返运动非常剧烈，所以需要较重的飞轮来保持稳定。

1862年，法国工程师阿方斯·博·德·罗夏年取得四冲程内燃机专利，但他当时并未建造实体四冲程

知识档案

1859年	煤气内燃机问世
1876年	四冲程内燃机问世
1878年	二冲程内燃机问世
1885年	汽油内燃机问世
1892年	柴油内燃机问世
1929年	汪克尔内燃机(又称旋转式内燃机)问世

◉ 奥托于1876年发明的四冲程气体引擎。同莱诺的早期引擎一样，奥托引擎也需要一个大的飞轮来平衡剧烈的晃动。一条宽的传送带绕在小轮上提供最终的动力输出。

内燃机，而仅仅完成了设计工作。因此，当专利过期时，罗夏的想法被自学成才的德国工程师尼库劳斯·奥托采纳，后者则于1876年建造了世界上首台水平四冲程气体引擎，这台四冲程气体引擎的汽缸有一个孔，用于让火焰引燃燃料与空气混合物。引擎能够达到每分钟180转的转速，输出功率达3马力。在当时很长一段时间内，人们将四冲程循环称为"奥托循环"，它们是现代内燃机的工作原理。

当时，奥托内燃机依然使用煤气作为燃料，直到1867年奥地利工程师西格弗里德·马库斯发明气化器，使得气化液态汽油成为可能，很快，气化汽油与空气的混合燃料便成为内燃机的主要燃料。1885年，两位曾为奥托工作的德国工程师卡尔·本茨与格特利普·戴姆勒各自独立发明汽油内燃机，并将这两种内燃机安装到当时的汽车与摩托车上。戴姆勒设计的内燃机能够达到每分钟900转的转速，使用红热状态的白金管点燃燃料，同时还采用了由戴姆勒的合作伙伴、德国工程师威廉·迈巴赫发明的新式表面汽化器，以迫使一股气体流越过汽油表面产生油-气混合物。本茨设计的内燃机转速仅能达到每分钟250转，它所能提供的动力输出也不到1马力，但是本茨设计的汽车却有了许多现代特征，包括由电池驱动的线圈点火装置以及分流器等。

到19世纪末，随着热力学的发展，科学家在更加详尽地分析了内燃机的主要工作原理之后大胆预言：如果合适的燃料与空气的混合物在足够热、压力足够大的情况下，能够不需要火花而自发燃烧。英国人赫伯特·斯图尔特首先将这一想法付诸实施，他设计了以前被称为压燃式引擎的发动机，于1890年取得专利。两年后，德国发明家鲁道夫·狄塞尔也取得了类似内燃机的专利权。1897年，他又正式演示了该内燃机，从此，这类内燃机又被称为狄塞尔内燃机，即柴油发动机。

柴油发动机在许多应用方面都具有一定的优势：首先因为柴油不需要精炼，所以价格比汽油低很多；其次柴油较黏稠，且其原油产品较之汽油不易燃，较为安全，而且不需要火花塞或相关点火装置的柴油机其能量转化率可达到35%，而最好的汽油内燃机的转化率仅为25%。当然，这同理论上理想内燃机的最大转化效率67%相比，还有相当距离。

但内燃机系统的变革仍尚未完成。与之前的蒸汽机一样，早期汽油发动机及所有柴油机都是往复活塞式内燃机，振荡活塞的上下运动（或者左右运动）必须转换为旋转运动才能应用于实际。

1929年，德国工程师弗里克斯·汪克尔取得了革命内燃机的发明专利，之所以这样称呼，是因为它是真正的旋转式发动机。这种发动机的第一台原型制造于1956年。一台汪克尔引擎有一个转子（像边缘稍有弧度的三角形）在一个汽缸中旋转。其中包含的几何结构创造出三个分离的区域（可以视为燃烧室）。这种引擎有四冲程，使用了1~2个火花塞及两个孔。当然，也有一些发展得较成功的"旋转"汽油发动机，比如用于飞机推进器驱动力来源的某些发动机。

◉ 德国发明家卡尔·本茨和他的助手约瑟夫·布莱西特坐在1885年生产的"奔驰1号"汽车上。该汽车产于德国曼海姆，是第一批向大众销售的机动车辆。

诺贝尔和安全炸药

黑火药是中国古代四大发明之一，俗称火药。黑火药发明后，阿拉伯人将这一技术传入了欧洲，一直用到19世纪。在使用过程中，人们发现黑火药有致命的弱点：威力不大，而且不容易引爆。为了满足飞速发展的工业的需要，科学家们开始寻找一种新的爆破动力，而在这一领域作出杰出贡献的当属瑞典科学家阿尔弗雷德·伯纳德·诺贝尔。

诺贝尔于1833年10月出生在瑞典首都斯德哥尔摩。幼年的诺贝尔家境贫苦，但受作为发明家的父亲的影响，热衷于发明创造。

诺贝尔从小勤奋好学，虽然只接受过一年的正规学校教育，但他精通英、法、德、俄、瑞典等多国语言，其自学能力可见一斑。不只在外语方面，在发明领域，小诺贝尔的学习劲头更足，他可以连续几个小时观察父亲的实验。

在诺贝尔9岁的那一年，父亲带他去了俄国，并为其聘请了家庭教师，教授其数、理、化方面的基础知识，为他日后搞发明打下了基础。诺贝尔在学习之余在父亲开的工厂里帮忙，这使他的动手能力进一步增强，并具备了生产和管理方面的知识和经验。

⊙ **瑞典化学家诺贝尔**
他发明的安全炸药为人们在生产领域提供了很大的方便。

当时，由于工业革命的开展和深入，刺激了能源、铁路等基础工业部门发展。为了提高挖掘铁、煤、土石的速度，工人频繁地使用炸药，但当时的炸药无论是威力还是安全性能都不尽人意。意大利人索布雷罗于1846年合成了威力较大的硝化甘油，可惜安全性太差。那时又盛传法国人也在研制性能优良的炸药，这一切促使诺贝尔的注意力转移到炸药上来。

1859年，在家庭教师西宁那里，诺贝尔第一次见识了硝化甘油——西宁把少许硝化甘油倒在铁砧上，再用铁锤一敲，便诱发了强烈的爆炸。诺贝尔对硝化甘油作了进一步分析，发现无论是高温加热还是重力冲击均可以导致其爆炸。他开始为寻求一种安全的引爆装置而忙碌。经过无数次实验，最后他发现若是把水银溶于浓硝酸中，再加入一定量的酒精，便可生成雷酸汞，这种物质的爆炸力和敏感度都很大，可以作为引爆硝化甘油的物质。

用雷酸汞制成的引爆装置装到硝酸甘油的炸药实体上，诺贝尔亲自点燃导火索，只听"轰"的一声巨响，实验室的各种器物到处乱飞，他本人已被炸得血肉模糊。从废墟中爬出来的他用尽最后一点气力说，"我成功了"，然后就昏死过去。科学的进程就是如此悲壮。不管怎样，雷酸汞雷管发明成功，他在1864年申请了这项专利。很快，诺贝尔的发明传播开来，用

⊙ **硝化甘油**
它具有威力大的特点，但缺点是体积大，运输不便。

⊙ 火箭燃料

它是炸药的一种,虽然其爆炸威力小,但燃烧充分。

⊙ 一般焰火

这是最原始的炸药,威力小,几乎没有实用价值。

于开矿、筑路等工程项目中,大大减轻了工人们的挖掘强度,工程进度也快了许多。正当人们沉浸在炸药给生活带来的幸福之中时,灾难却向诺贝尔一家袭来。

1864年9月,诺贝尔的弟弟埃米尔和另外4名工人在实验中被炸身亡,不久年迈的老诺贝尔因经不起丧子之痛含悲而逝。诺贝尔强忍巨大悲痛,在斯德哥尔摩郊外采点设厂,开始整批地生产硝化甘油。但世界各地的爆炸事故接连不断,有些国家的政府为此甚至禁止制造、运输和贮藏硝化甘油,这给诺贝尔的事业带来极大的困难。经过慎重考虑,诺贝尔决定赴美国加利福尼亚就地生产硝化甘油,并研制安全炸药。在试验中,他分析了一些物质的性质,认为用多孔蓬松的物质吸收硝化甘油,可以降低危险性,最后设定25%的硅藻土吸收75%的硝化甘油就可形成安全性很高的炸药。

威力强劲、使用安全的猛炸药的出现,使黑色火药逐步退出了历史舞台,堪称炸药史上的里程碑。诺贝尔在随后的几年里,又发明了威力更大、更安全的新型炸药——炸胶。1887年,燃烧充分、极少烟雾残碴的无烟炸药又在诺贝尔实验室诞生了。

循着威力更大、更安全和更符合人的需要的原则,诺贝尔在发明炸药的道路上坚定不移地走下去,为人类的进步作出了杰出的贡献,受到后人的尊敬。

电冰箱的发明

电冰箱的发明只是近一二百年的事,而从原始的冷藏法到电冰箱的发明则经历了漫长的历史过程。

在古代,人类不再随季节迁徙而开始过稳定的生活后,食物开始有了剩余。怎样把剩下的食物保存起来呢?人们开始学习松鼠把蘑菇挂在树枝上,学习老鼠把干果贮存在洞里。有了火之后,又发现烟熏的鱼、肉等也能保存较长的时间,而且有一种特别可口的味道。

随着生活水平的提高,人们的口味越来越挑剔,他们已不满足于只是食用贮备的物品,而是想吃到更新鲜的食物。特别是王公贵族们,他们不仅希望在炎热的夏季能吃到新鲜的水果,还想享受冰冷的饮料。于是,冰窖冷藏法就适时地被人类发明了,《诗经》中提到过的"凌阴"就是贮物用的冰窖。

虽然我们的祖先享用到了"夏日冰凌",遗憾的是他们没有做进一步的探索。一个偶然的机会,英国哲学家弗朗西斯·培根发现鸡肉埋在冰雪里不会腐烂。1561年,培根对这个问题产生了兴趣,并开始研究这种现象,对冰的作用进行了探索。

1626年,培根建好一个半埋在地下的冰库,并购买了大

⊙ 冷藏

20世纪20年代,电冰箱问世。这给食品储藏带来了革命性的变化。

量的天然冰块贮藏在那里。他每天都要出入冰库观察冰冻情况和鸡肉的变化。在没有仪器和缺乏防护设备的条件下，艰难困苦和过度劳累再加上冰库的凉气，最终使他身患肺炎，不治而终。

18世纪，欧洲的工业革命爆发了。粮食和食品的供应在人口过度集中的大城市出现了很大困难，许多食品因存放时间过长和气温过高而变质。科学家们首先想到了用前人研究过的冰来贮存这些食物。为解决当前最棘手的问题，他们决定从制造人造冰入手，期望能充分发挥冰的作用。

于是世界上第一部冷冻机由德国化学家林德在1873年制成了。这利用了液态氨的工作原理：把液态的氨从一小孔中喷出，氨在蒸发的过程中把周围的热量吸走，这样机械内部的温度也随之大幅度降低，制冷工作从而完成了。

1920年，冷冻机启发了美国工程师科普兰。他用氟里昂首创了小型的家用电冰箱。可是让科学家和用户伤脑筋的是氟里昂有负面影响，它会破坏大气中的臭氧层，所以必须在严密的系统中循环，不能有一点渗漏。

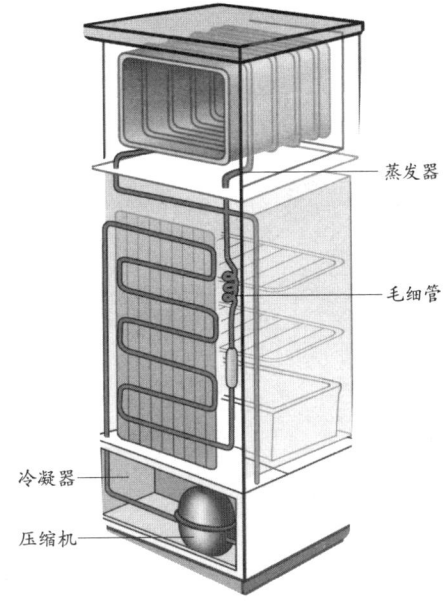

⊙ 电冰箱结构示意图

氟里昂对环保的负面作用引起各国政府的高度重视，氟里昂的使用量在各国都得到了严格的控制。1987年9月，全世界30多个国家在加拿大蒙特利尔专门为此签署了议定书。科学家们正在研制氟里昂的代用品，现在商店里各种型号的无氟冰箱随处可见。

人造纤维的发明与普及

几个世纪以来，纺织工所用的织布材料只有4种纤维：蚕丝、羊毛、棉花和亚麻。他们也同样利用黄麻和大麻编织麻绳和麻袋。人类首先尝试仿造最昂贵的天然丝——蚕丝来研制人造纤维。

蚕丝由植物纤维素构成。模仿蚕丝的制造过程中必须将纤维素（木浆或棉花中的）溶解成黏性溶液，再将黏液通过小孔，挤压出来就制成了细丝，随后用化学制剂将细丝硬化。最早通过这种处理过程获得人造纤维专利的是19世纪早期瑞士的化学家乔治·奥得玛斯，并且可能是他最早提出了"人造丝"的名词。1883年，英国科学家约瑟夫·斯旺在为他新发明的电灯泡寻找合适的灯丝材料时发现：如果将硝酸纤维素（强棉药）溶解在醋酸（乙酸）中，然后将溶液从一系列微小的孔眼中挤压出来，就能制造出纤维素纤维。

1884年，法国化学家希雷·夏尔多内也制造出了类似的纤维。夏尔多内研究蚕病的时候对蚕丝的制造产生了兴趣，于是决定仿造蚕丝。他先将棉花屑制成醋酸纤维素，然后将它溶解

⊙ 20世纪30年代，英国考陶尔兹公司刊登的人造丝的广告语："当今最纤细柔滑的人造丝"。该人造丝主要用于制作女性内衣。

⊙ 卡罗瑟斯在杜邦公司首先研制出了尼龙。他领导这个项目的研究工作,并生产出合成氯丁橡胶。

在一种溶液中,最后将这种黏性溶液用力挤压过叫做喷丝头(类似蚕和蜘蛛腹部的结构)的狭小网眼形成丝。起初,生产出的这种人造丝被称做"夏尔多内丝",后来改称醋酸人造纤维。

德国化学家生产出了一种专利产品——格兰茨托夫粘胶纤维,是将纤维素溶解在硫酸铜和氢氧化氨的混合溶液中得到的产品,这一过程也被称做铜氨法。1892年,英国的化学家埃德温·毕文和查尔斯·克罗斯将纤维素溶解在氢氧化钠和二硫化碳的混合溶液中,然后将形成的溶液通过喷丝头"吐出"一根根细丝,通过硫酸液喷淋后,这些纤维素则再生为人造纤维,这就是粘胶过程,生产出的产品就是粘胶人造丝。

1935年,美国化学家华莱士·卡罗瑟斯制作出了第一种全人造合成纤维,这是一种聚合物——聚酰胺。因为其时的两个原料化合物每个单体中都含有6个碳原子,所以卡罗瑟斯将之命名为尼龙66。1938年,卡罗瑟斯所在的公司——杜邦公司公布了这个秘密产品。1938年以后,杜邦和其他公司开发并推出了多种尼龙产品。

1941年,化学家约翰·温费尔德和詹姆斯·迪生研制出了一种不同类型的聚合物——聚酯纤维,并用商品名达卡纶推向市场。聚酯纤维由对苯二甲酸和乙二醇聚合而成,并通常和天然纤维如羊毛等混合。聚酯纤维布料比尼龙布料更耐穿且更耐热,比其他的人造纤维产品更不易褪色。20世纪50年代,美国化学家用氰化物合成了奥纶,用于羊毛织物和人造毛。阿克利纶则是同一时期合成的另外一种丙烯酸纤维。

通过实验,斯旺将纤维素纤维用做了电灯泡的灯丝材料。1964年,美国赫克力士公司和英国考陶尔兹公司各自独立地重新发明了碳素纤维。许多制造商将碳素纤维与各种塑料混合在一起制成高强度多功能的复合材料。碳素纤维复合材料可用于休闲运动器材如高尔夫球棍、网球拍和帆船桅杆等,还可用于工业产品如涡轮叶片和直升机螺旋桨等的制造。

制造纤维的材料还包括了一些无机物,如玻璃和石棉。玻璃纤维可以用于织布或用来增加地毯和帐篷材料的强度。玻璃纤维加入到合成树脂中就制成了复合型材料玻璃纤维。玻璃纤维具有广泛的用途,如用于制作轻质船外壳和汽车车身等。用石棉纤维织成的布料具有防火的功能,可以做成手套和消防衣。

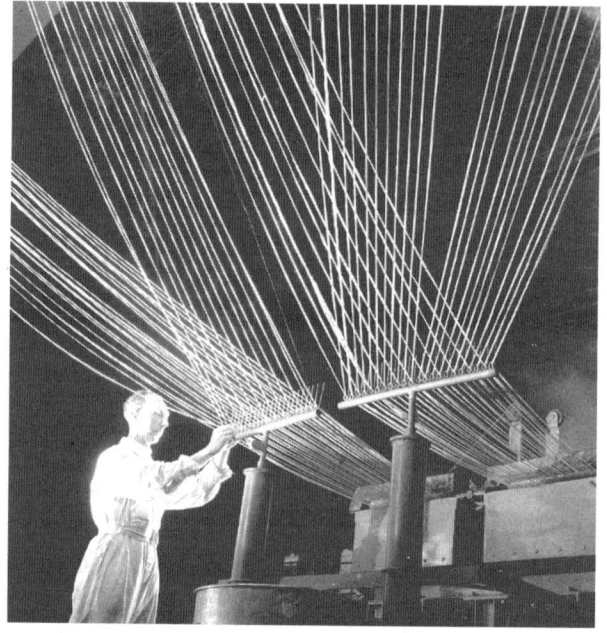

⊙ 达卡纶(涤纶)在1941年发明后直到20世纪50年代才进行工业化生产。用达卡纶织成的布料耐穿且洗后不易变形。达卡纶常和天然的纤维如羊毛混合,用于编织布料。

科技发明与应用科学

第一台计算机

计算机是能够按照程序的指令完成信息和数据处理等各种工作任务的电子机器。现在，我们所说的计算机通常指的是数字计算机，以阿拉伯数字或二进制符号的形式来处理各种数据。

二进制是一个只使用两个阿拉伯数字1和0的数字系统，计算机根据电流脉冲的有无变化，将要处理的信息以二进制方式进行编译处理和存储。根据上述原理，临近第二次世界大战结束时，美国陆海军已使用了世界上第一台这样的计算机。当时的计算机是

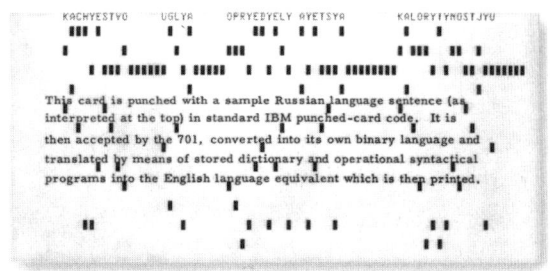
⊙ 这张穿孔卡片被IBM701计算机采用，可以迅速地将俄语的语句翻译成可理解的英语句子。位于卡片上沿的俄语句子翻译成："煤的质量用所含的卡路里来衡量。"

装有成千上万根真空管的巨大机器，是由20世纪30年代末电子式计算机发展而来的，而电子式计算机则源自更早期的机械式计算机。约公元前3 000年发明的算盘是人类最早的计算器，由装有可移动算珠的框架组成，直到现在中国和日本的部分地区仍在使用算盘。1614年，苏格兰数学家约翰·内皮尔发现了对数，从而简化了繁冗的乘除法运算。1925年，剑桥大学的威廉·奥瑞德发明了对数计算尺，使计算实现"机械化"。

1642年，法国科学家巴斯·帕斯卡利用相互啮合的嵌齿设计了一部机械式加法器，1833年，英国数学家查尔斯·巴贝奇采用帕斯卡的设计原理发明了分析机，它能通过编程进行特殊的计算，开创了近代电脑的先河。带有键盘的计算机(键控计算机)从19世纪80年代由发明家——如美国的发明家威廉·巴勒斯——开发并发展而来。后来的这种计算机还拥有打印输出功能。

早期大多利用打孔带或打孔卡片的方式向可编程计算机输入数据。大约在1805年，法国发明家雅卡尔设计了一种通过遵从打孔卡片的一条无限长的带子上的指令，能够在地毯上织出各种图案的编织机。美国发明家贺门·哈雷里斯，根据雅卡尔编织机的原理，设计了类似的卡片，统计和分析1890年美国人口普查的结果。1896年，哈雷里斯创立了统计机器公司，1924年与另外两家公司合并，成为长

⊙ 1949年曼彻斯特大学建造的可存储程序计算机占据了整个实验室。尽管它的体积很大，但是它的计算能力远远不及现在的笔记本电脑。

> **知识档案**
>
> 1833年　巴贝奇发明分析机
> 1890年　哈雷里斯发明打孔卡片
> 1942年　电子计算机问世
> 1946年　ENIAC和诺伊曼的存储程序计算机问世
> 1951年　第一种大规模生产的计算机问世

期执电脑界牛耳的IBM公司的一部分。

电子机械化计算机出现在20世纪30年代，如美国科学家万尼瓦尔·布什和约翰·阿塔纳索夫发明的计算机。1942年，阿塔纳索夫建造了一台电子计算机——ABC机。ABC机由真空管组成，而且可以通过编写程序处理数据。2年后，美国哈佛大学的数学家霍沃德·艾肯研制出了手工操作数字计算机，通过打孔纸带控制。1946年2月，世界上第一台全电子计算机ENIAC(电子数字积分计算机)在美国宾夕法尼亚大学诞生，这台计算机仍采用真空管作为基本部件。

1946年，匈牙利裔美国数学家约翰·冯·诺伊曼在普林斯顿大学研制了第一台二进制储存程式计算机，此后美国计算机工程师约翰·埃克特和约翰·莫奇勒推出结合了冯·诺伊曼设计理念的UNIVAC-1，为第一种量产电脑，开启了第一个电脑的时代。1年后，他们对UNIVAC-1进行了改装，使用了磁带存储装置。1949年，英国曼彻斯特大学的一个研究小组在图灵领导下也建造了一台可存储程序的计算机。图灵在这之前在普林斯顿大学工作过。曼彻斯特大学的计算机的成功使英国政府委托费朗蒂公司批量生产。在此后几年里，费朗蒂公司总共卖出8台MarkI型计算机——在当时这个数字已经很大了。

美国物理学家在20世纪40年代晚期发明了晶体管后，计算机的体积越来越小且处理速度越来越快。到20世纪60年代中期，硅片出现了，于是在1970年设计出的电路并入一块全电脑微处理器可以集成到单块的硅片上。如今，微晶片有着更广泛的用途，不但用在个人电脑上，而且还用于家用电器、汽车和工业机器人的嵌入系统中。

激光的诞生

用激光束能够比用锯切割金属更加精准，激光也可以用于精微的眼部手术。测量员可以借助激光精确测距，飞机上安装的激光装置可以制作出高精度的地面地图。一些电脑打印机也采用激光，没有激光就不会出现CD或DVD。

> **知识档案**
>
> 1917年　爱因斯坦提出受激辐射
> 1952年　构想受激辐射微波放大器
> 1958年　从理论上论证了制造激光的可行性
> 1960年　梅曼发明红宝石激光器

1917年，德裔美国物理学家阿尔伯特·爱因斯坦意识到存在激发原子和分子并使它们发射光线这种可能。这就是激光原理的源头。但直到20世纪50年代，物理学家才设想出一种能够产生激光束的装置。1952年，美国物理学家查尔斯·汤斯描述了一种利用微波激射器(通过激发辐射散射得到的微波放大)的原理激发氨分子发射微波辐射的方法。两位前苏联物理学家尼古拉·巴索夫和亚历山大·普罗霍洛夫也提出了同样的想法，但是，他们直到1954年才公布，而汤斯已经在1953年建造了一台微波激射器。不过三位物理学家同时获得了1964年的诺贝尔物理学奖。微波激射器用于原子钟和射电望远镜中，并用来放大发自人造卫星的弱信号。

微波辐射是不可见的，但在1958年，汤斯和另外一名美国物理学家肖洛发表了一篇论文，说明建造一种能够发射可见光的装置存在着理论上的可能。这种装置将发出激光——通过受激发的辐射得到

⊙ 这是一张摄于 1960 年的梅曼的照片，照片中他在观察自己制造出来的世界上第一束激光。关键部件就在玻璃筒中能发射激光的红宝石。

的光放大。但汤斯和肖洛没能建造出这样的装置。1960 年，美国物理学家西奥多·梅曼成为世界上第一个制造出激光的科学家。

当物质吸收能量（如热能）时，其内部的原子或分子会从低能层跃迁到高能层，当落回低能层时，多余的能量就会以光的形式发射出来。一般情况下，每一个原子或分子都会独立地发出不同波长的光，但是，如果物质在处于其高能层的短暂的瞬间暴露在有着特定波长的强光下，它就会发出与照射光波长一致的光。这就是物质为什么会受激发的原因，并且这种激发会进一步提高光的强度。下一步就是利用镜子放大这些光，位于这种装置一端的镜子将光通过受激中的物质反射回去，位于装置相对端的半银制镜子又反射一部分这些光，余下的光则以激光形式发出来。

激光发射一道窄束的相干光，是一道单波长、单色、定向的连续光束或系列短脉冲。

许多物质都能受激，发出相干光。梅曼红宝石晶体——人造氧化铝晶体——制造出了红宝石激光。钕元素也已被用于激光中，如氧化钕或氯化钕的氯氧化硒溶液，以及一氧化碳、氰化氢、氦氖混合气等气态溶解物。后面列举的几种是已经应用了 20 多年的主要物质。

手电筒或汽车前灯发出的光是四处发散的，所以能照射较大的区域。而激光束能更好地被聚焦——氦-氖激光器发出的激光束散失率不到千分之一。如果激光束从望远镜的相对端通过，激光的散失率将会进一步降低。这种类型的激光可以用做铺设管线和钻探隧道机械的引导装置。红宝石激光可以在钻石上钻孔。

激光撞击在一个表面上时，表面会吸收激光部分能量且温度会升高。激光可以在很小的面积上产生高热，所以人们利用激光去除如精密电子部件上的多余材料，甚至用激光给眼疾病人做视网膜手术。

窄激光束也可以用来测距：激光脉冲撞击到物体的表面时，有部分会被反射回来，由于光速是一样的，所以只要计算出激光脉冲发射与反射回所用的时间就可以计算出两地之间的距离。这种激光装置称做激光雷达。乘坐"阿波罗 11 号"宇宙飞船登陆月球的宇航员及阿波罗计划的后继者在月球建立了激光反射装置，利用激光雷达测量的月球与地球之间的距离偏差只有几英尺。测绘人员利用激光测绘地貌的平面图，而利用激光雷达精确测距。

激光雷达也可用于测量运动中的物体的速度。如果物体正后退，那么反射回的激光波长要比发射激光的波长略长。换句话说，激光发生了红移。如果物体正在接近，那么反射回的波长就变得稍短，也就是激光发生了蓝移。物体运动得越快，激光的波长改变得越大。

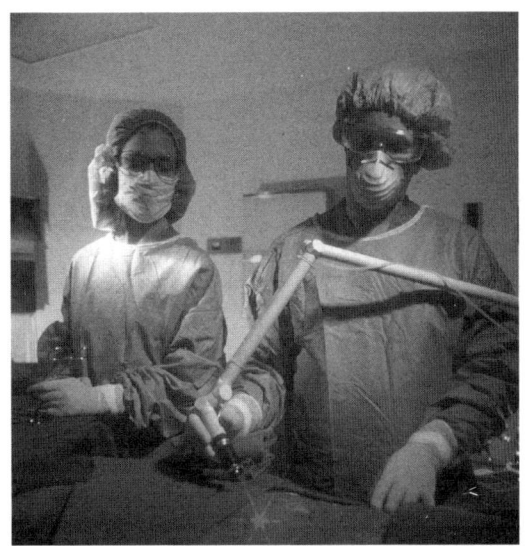

⊙ 在手术室中，外科医生正在利用激光给一位病人实施手术。由于激光的高定向性，激光手术切口既精准又非常小，因此激光手术比用手术刀手术给病人造成的损伤要小得多，这是激光手术最大的优点。

半导体的应用与推广

现代的汽车安装了"芯片"来监控诸多行驶过程参数,例如进入发动机的燃料流量、轮胎抓地力等。"芯片"还可以控制发光二极管以照亮汽车仪表盘,使汽车行驶更安全。洗衣机、洗碗机和微波炉等家用电器内部都装有芯片,通过预设程序运行。我们日常生活涉及到各种类似的"芯片",但假如没有半导体,它们将毫无用处。

多数金属都是电的良好导体,例如,电线通常就用铜制成。另一类包括玻璃、纸和橡胶等在内的物质都是电的不良导体甚至是绝缘体,因此常用做电线的绝缘材料。介于导体和绝缘体之间的第三类材料即半导体。半导体材料很多,按化学成分可分为元素半导体和化合物半导体两大类。锗和硅是最常用的元素半导体,另外还有锡、硒、锌和锑等;化合物半导体包括Ⅲ-Ⅴ族化合物(砷化镓、磷化镓等)、Ⅱ-Ⅵ族化合物(硫化镉、硫化锌等)、氧化物(锰、铬、铁、铜的氧化物),以及由Ⅲ-Ⅴ族化合物

⊙ 图中集成电路用化学沉积法附着在一块硅片的表面,周围有数根连接金属通路的导线。这样,集成电路和连接线构成了电脑的微芯片。

和Ⅱ-Ⅵ族化合物组成的固溶体(镓铝砷、镓砷磷等)。所有这些半导体材料中,硅是应用最广泛的。

一种半导体可能有时是绝缘体,但在一定条件下能使电流通过。19世纪30年代,科学家研究电现象时发现一些材料受热后会丧失导电的性质,而有些导电性较差的材料当用光照射时,只允许电流朝一个方向通过。

意大利物理学家古列尔莫·马可尼试验将电流转化为无线电波时,他需借助一种称做整流器的装置来检测进入的无线电信号。整流器只允许电流朝一个方向通过而不允许电流反向通过。1874年,德国物理学家费迪南德·布劳恩研制出一种硫化铅晶体整流器。硫化铅晶体是第一种用在无线电接收机上的晶体,所以这种接收机也叫"晶体机",它将电传导至一根纤细导线的尖端也就是"猫须"上。布劳恩的整流器也是世界上第一种半导体装置。由于杰出的成就,他和马可尼分享了1909年诺贝尔物理学奖。

整流器只有两个接线端,但是无线电技术的进展需要具有三个接线端的半导体元件,通过加在第三个接线端的电压或电流控制其他两接线端间的电压或电流。第一种三个接线端的半导体元件是真空管三极管,即真空管。后来发展到将几个三极管密封到同一个真空管中。因为真空管耗电量很大,这样很容易产生大量的热而导致金属部分熔融,最终使真空管烧毁。

1947年,三位物理学家——英裔美国人威廉·肖克利和美国人约翰·巴登、沃尔特·布拉坦——研制出了第一台固体三接线端整流器装置,称做面点接晶体管,利用的是半导体材料锗。他们1948年在贝尔电话实验室研制出了几种"晶体管",并与其他组件结合,制造出了音频放大器,它与以前的真空管放大器不同,其晶体管不需要预热就可以工作。三位物理科学家分享了1956年诺贝尔物理学奖。

1948年，肖克利又提出了面结型晶体管概念，这是一种由半导体材料薄片压缩到一起组成的晶体管。肖克利还发现锗晶体中的不纯物质会提高其半导体特性。

现代的半导体是由掺入浓度为百分之几的杂质的硅晶体薄片构成的。半导体中的杂质对电阻率的影响非常大。半导体中加入杂质的步骤称做"半导体掺杂"。如果掺入的杂质为砷，那么在每个砷原子都会与四个硅原子结合，这样，在砷原子的最外层还剩余一个电子。电子携带有一个负电荷，所以这种半导体叫做 n- 型半导体。如果三价硼掺入硅晶体中，硼原子最外层的三个电子全部与硅电子成键，这样硅晶体为带正电荷的质子留下了一个空位。空位通常被称做空穴，所以这一类型的半导体叫做 p- 型半导体。当半导体加压通电时，自由电子就会只沿一个方向通过 n- 型半导体，而空穴则会沿相反的方向通过 p- 型半导体。

1958年，半导体技术取得了新的突破。美国德州仪器公司的电气工程师杰克·基尔比研究发现，晶体管并非一次只能掺杂一种杂质，可以通过叠加几种杂质的手段将它们一起整合到同一块半导体上。然后，在其上再添加如二极管、电阻器、电容器等元件，这就是基尔比发明的集成电路。

一年后，美国仙童半导体公司的瑞士物理学家琼·霍尔尼和美国电气工程师罗伯特·诺伊斯研制了平面技术。这是一种利用光掩模在硅晶圆内对金属及化学物质进行层叠和刻蚀的系统。利用这种新技术，工程师们就可以设计出更加复杂、应用范围更广的电路。

电脑、数码相机等所有现代电子产品中的芯片都比邮票小得多，它们是用塑料外壳把多层晶体管及相关组件与连接组件的细微导线一并封装在一块条状的硅晶片上。这就是基于半导体技术的集成电路。

> **知识档案**
>
> 1874年 布劳恩的整流器问世
> 1947年 面点接晶体管问世
> 1948年 音频放大器问世
> 1948年 面结型晶体管问世
> 1958年 集成电路问世
> 1959年 发展出平面工艺技术

超导体的发现与应用

1911年，荷兰莱顿大学的海科·卡茂林·昂尼斯偶然发现，将汞冷却到液态氦的温度时，汞的电阻突然消失了。后来他又发现许多金属和合金都具有与上述汞相类似的低温超导态。这一发现引起了世界范围内的震动。在他之后，科学家们开始把处于超导状态的导体称为超导体，并将超导体应用到医学成像、交通运输和粒子研究等多个领域。

超导体对流经的电流没有任何阻碍。超导体在1911年就被发现了，但是多年以来，科学家们认为超导只有在导体温度极接近绝对零度(-273.15℃)时才会发生。超导现象发生时的温度即为临界温度(Tc)。在大部分Ⅰ型超导体中，首先被确定的是金属或准金属(介于金属与非金属之间的一类物质)，并且它们只有在极低的温度下才能发生超导现象。某些合金和金属化合物被划入Ⅱ型超导体，具有更高的临界温度——特别是施加超高压时。直到

> **知识档案**
>
> 1986 研制出超导临界温度为35K的陶瓷材料
> 1987 研制出超导临界温度为98K的陶瓷材料
> 1988 许多实验室报道有超导临界温度高至125～140K的材料
> 1991 发现"巴基球上的超导性"
> 1993 研制出超导临界温度为133K的陶瓷材料
> 2003 研制出磁悬浮测试列车

由于低温的作用，超级冷却的超导体使磁铁在其周围"飘浮"，这就是磁悬浮现象。超级冷却的材料也可以产生蒸气，如图中显示的一样。

1985年，科学家发现了在普通大气压下具有的最高临界温度为23.2K（-249.95℃）的超导体——铌的一种合金。

1986年，"高温"超导研究取得了突破性的进展。1986年，IBM苏黎世欧洲研究中心的两位科学家阿列克斯·穆勒和贝德诺尔茨在镧－钡－铜－氧化物陶瓷材料上发现了高温超导电性——尽管陶瓷材料常用做绝缘材料。这种金属氧化物陶瓷材料的超导临界温度约35K（-238.15℃）。尽管35K还是一个超低的温度，但是这个发现暗示找到具有更高超导临界温度的材料是可能的，这就进一步激发了科学家研究的兴趣。就在穆勒－贝德诺尔茨超导新发现发布几个月后，一些实验室用锶代替原来的钡，将超导临界温度提高到39K（-234.15℃）。1987年3月，物理学家朱经武及其同事在美国休斯敦大学，以及阿拉巴马大学的吴茂昆等研究人员，用钇取代原来的金属镧，构成的钡－钇－铜金属氧化物陶瓷材料的超导临界温度升高到98K（-175.15℃）。他们将其命名为"ibco"，并且根据材料中的三种原子钇、钡、铜组成比例将这类的超导材料称做1-2-3化合物。在1987年上半年，至少有800篇关于高温超导研究的论文发表在科学期刊上，并且在下半年，这方面的论文以每周30篇的速度迅速递增。1988年，许多实验室称，由铊、钡、钙、铜和氧组成的化合物超导临界温度达到了125K（-148℃）；还有报道称，铊化合物超导临界温度已高达140K（-133.15℃）。铊基化合物在英国被称为"烟草"。铊类化合物很难被分析，因为其具有超强的毒性。

在许多科学家继续研究陶瓷材料时，另一些科学家则转向了全新的超导研究方向，并在"巴基球"（1985年富勒发现）上发现了超导性。巴基球是碳原子的三种同素异构体之一（另外两种形式是石墨和金刚石），巴基球分子（C60）是由60个碳原子以球状相互键合而成，外观形状像一个微小的足球。1991年，AT&T（美国电报电话公司）贝尔实验室研究人员将钾原子掺杂在C60中构成K3C60，发现其是一种超导体，超导临界温度为18K（-255.15℃）。其他的研究人员后来改变了K3C60的组成，用铷或铯取代钾原子，其超导临界温度提高到33K（-240.15℃）；当用铊取代钾时，超导临界温度升高到42K（-231.15℃）。

1993年，超导临界温度问题又取得了突破性的进展，在瑞士苏黎世联邦技术研究所，由汉斯·R·奥特领导的研究小组研制出一种由汞、钡、钙、铜和氧四种元素组成的陶瓷化合物材料，其超导临界温度达到了133K（-140.15℃）。同年不久，休斯敦大学的朱经武和法国格勒诺布尔极低温度国家研究中心的曼努尔·努伊兹－雷盖罗研制的汞基陶瓷材料在15万～23万倍于海平面大气压的超高压条件下，其超导临界温度达到了153K（-120.15℃）。有些研究小组声称已经发现了室温——300K（26.15℃）——下的超导体，但是没有任何证据证明其真实性。

物理学家们都在积极地寻求有价值的研究成果。低温超导体材料必须浸在液氦中，这既不方便又很昂贵。与之相反，液氮不但丰富、价廉而且使用方便。液氮的沸点为77K（-196.15℃），适合高温超导体材料的冷藏。

由超导体材料制成的导线用于制造超导磁体。超导磁体在磁分离及医学成像方面有重要作用，而且还可以用于磁悬浮列车。磁体使列车悬浮，消除了列车与车轨之间的摩擦。2003年12月，日本一列磁悬浮列车在山梨磁悬浮测试线上行驶速度高达581千米/小时。由超导线制成的发电机体积只有传统发电机的一半大小，但是其发电效率超过传统发电机的99%。闭合超导线圈可以储存电流而没有一点损耗，可用来制造零损耗充电电池。

如何让海水变成淡水

水是人类的生命之源,但可供人类利用的淡水资源极其有限。随着世界人口数量的增长,淡水紧缺的问题也日益严峻。联合国水资源会议向人类发出警告:"水取之不尽、用之不竭的时代已经结束。21 世纪,全世界能源危机之后的下一个危机便是水危机。"而海水则占全球水量的 97%,于是人类将眼光转向了这一蕴藏丰富的水资源宝库。

如此丰富的水资源却不能直接被人类所利用,主要是因为海水中的盐分高达 33‰~38‰。人类要想解决淡水紧缺的难题,淡化海水不失为一条良策。于是,科学家们迈开了探索的步伐并找到了一些行之有效的途径。

目前,人们已研究出了多种海水淡化方法,但比较常用的实现海水脱盐的方法主要有三种:蒸馏法、冷冻法和反渗透法。

最古老的海水淡化方法是蒸馏法,工艺较成熟,比较适用于处理海水。

这是一个大家都见过的方法,原理特别简单。当水被烧开时会冒出热气腾腾的水蒸气,水蒸气没有什么杂质,遇冷会变成水,这一现象启发了人们。海水蒸馏成淡水的方法,也就是首先把海水加热到 100℃,使海水冒出水蒸气。水蒸气里不含盐分,然后让那些水蒸气通过特别的管子跑到专门预备的冷凝装置里。水蒸气到了那里变成了一滴滴小水珠,这些小水珠聚集在一起就成了淡水。

蒸馏法尽管简单,但它耗时,而且得到的淡水十分有限,所消耗的能源也特别多。

为了减少能源的消耗,人们便创造了水电联产这种把发电与海水淡化结合为一体的、更为先进的办法。这种方法是把大中型海水淡化厂与火力发电厂相结合,利用电厂余热作为淡化装置的主要能源。这样,电厂高压、低压的蒸汽能量都得到了充分利用,大大提高了整个工作系统的热效率,大幅度降低了发电与淡化两个系统的设备造价和基本建设费用。因此,海水淡化的成本大为降低。

那冷冻法是怎样的呢?我们知道,含盐的液体是不易结冰的,海水虽然是咸的,但它依然会结冰,人们对此疑惑不解。后来,人们尝试着把海水冰冻,发现海水不但会结冰,而且结出的冰一点也不咸。原来当海水不完全凝结时,它就分成几乎不含盐的冰和浓缩的盐水。人们把冰从盐水中分离出来,冷冻法就这样诞生了。

冷冻法比较简单,只要使海水温度处在冰点以下,海水中就会结出冰块,然后把冰块取出来融化,就成了淡水。

把海水变淡的另一个主要方法是反渗透法。反渗透法是用一个特殊结构的膜来过滤咸水。这种膜和平常有孔的过滤器不同,它是没有孔的。其原理是对咸水施加足够的压力,盐分等水合离子留了下来,而水却能穿过膜,变成人们生活所需要的淡水。

上述是将海水中的淡水分离出来的三种方法,除了这些方法外,还可以采取离子迁移法和化学法

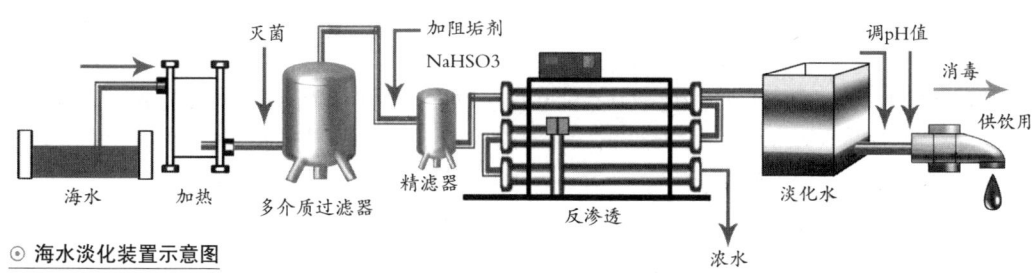

◎ 海水淡化装置示意图

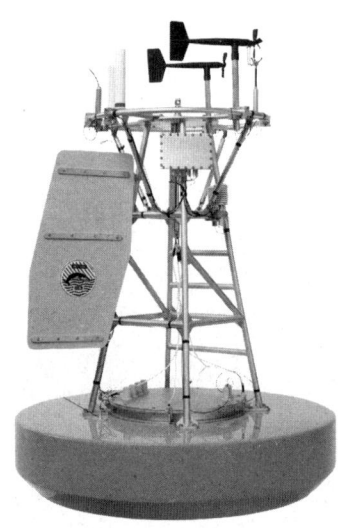

蒸馏法是海水淡化最古老的方法，图为蒸馏法的简易实验装置。

除去海水中的盐。食盐以及大多数其他的盐类的结构是由带相反电荷的离子组成的。当盐溶于水时，这些离子就与水松散地结合在一起。因此，当晶体结构分解时，能独立移动的离子就产生了。由于这两种离子所带的电荷相反，当它们处于两个带相反电荷的电极中间时，它们的运动方向是相反的。用这种方法使海水脱盐，就是离子迁移法。而化学法则包括离子交换法和沉淀法。

既然有这么多的方法可以用来淡化海水，我们就没必要再为淡水的缺乏而发愁了吧？不，以上几种方法虽然可以实现海水的淡化，但是它们都有一个致命的弱点：成本高昂。据估计，用任何方法淡化海水，都需要 11.6 度电才能生产 4 546.09 升的淡水。为什么耗电如此多呢？我们都知道水是液体，而液态水分子具有紊乱的分枝结构。如果通过离子转换进行淡化，液态水分子的分枝特性仍然是一个障碍。将水合离子推过由分子紧密结合形成的"乱网"一样的液体，就需要能克服阻力的额外的能量。因此，无论采用哪一种淡化方法，淡化成本都是目前最大的难题。

但科学家们为了人类的共同命运，仍在坚持不懈地进行着探索。大家都知道，水的汽化需要消耗热能，水蒸气冷凝成液态水则要释放热能。在蒸馏中，这两个过程是同时进行的。这个假设引起了人们的兴趣：如果在同一温度上进行两个过程，热量的释放与消耗正好相等，这样，除了偶然的热量丧失之外，在用蒸馏法进行淡化时，就不需要热能了。这一设想从理论上看虽然简单，但实际操作中却没有那么简单方便，因为咸水的蒸汽压略低于淡水。从蒸馏器中释放出来的咸水的蒸汽，在蒸馏器的温度下无法冷凝成液态淡水，除非采用增大其压力和密度的办法将其稍微压缩。如果进行了压缩，在蒸馏的汽化过程中消耗的热量，将在冷凝蒸汽时在冷凝器中全部释放出来。如果能找到回收所有这种热量的方法，就可将热量再用来蒸发新的咸水。用这种方法回收热量所消耗的唯一能量，是用来压缩咸水产生的蒸汽，直到其压力与蒸馏器温度下淡水的压力相同为止。

科学家在热带和亚热带进行了利用太阳能蒸发盐水的大量实验。太阳能的优点是不需成本，缺点是其能量较弱。随着覆盖在液体上的水蒸气密度不断增大，还没有到达水面，太阳光就被遮掉了。此外，利用太阳能蒸发的最大弱点还在于不能回收蒸发水的过程中消耗的热量。目前，用电热补充太阳能的尝试也不太成功。

为了克服这一缺点，科学家们又研制出新的淡化方式，这种方法是多效蒸发。在多效蒸发中，消耗的热能大部分能从冷凝器中回收，而且可以反复使用好几次。因此产生的蒸馏水量至少为原来的 2.5 倍，而在蒸汽压缩蒸馏中，则可能为原来的 10 倍。

此后，又出现了一些更能节约热量的海水淡化法，如真空急骤蒸馏法。这种方法主要是使用低压废蒸汽——蒸汽发生过程中的副产品或工业中产生的蒸汽和电能的副产品进行海水淡化。这种方法，由于预热、热输入和急骤蒸馏的循环被打破，形成许多连续的回路，盐水在回路之间反复循环，因此，和其他方法相比较，蒸发过程需要在温度更高的环境中完成。在回路之间，一部分盐水通过前效应反复循环。和其他方法相比较，这种方法利用热的效率高，因为温度越高，产生的蒸汽越多。现在人们仍对这种方法进行研究，还可能有进一步的突破。

随着研究的加深，向海洋索取淡水已取得了惊人的发展。目前，从事海水淡化工作的国家越来越多，据统计，已有 40 多个国家开始了研究和生产。有关数据显示，世界上淡化水的日产量已达到 2 300 万吨，并以 10% ~ 30% 的年增长率攀升。世界海水淡化市场年成交额已达 10 亿美元。

虽然海水淡化已取得了一定的成效，但前景却不容乐观。因此，目前的海水淡化技术还需要世界各国共同努力去进一步完善。

神通广大的微型机器人

说起机器人大家一定不会陌生，但知道微型机器人的人恐怕就不多了。所谓微型机器人，是指一种很小很小的机器，它是人类了解和认识微观世界的手段之一。微型机器人的组成部分包括机械部分、传动部分、传感器和动力部分，微型电脑控制它的所有动作。微型机器人神通广大，可以完成许多人类无法做到的事情。

⊙ 这台用于搜取情报的微型间谍装置是利用微缩工程技术制造出来的，长度仅有25毫米，其电动机的直径仅有2.4毫米。

比如，微型机器人可以为人类治病。最近，日本的科学家研发了一种可以被"注射"到病人血管里的机器人，它能随着血液的流动到达患病的部位，清除血管里出现的粥状硬化肿块、斑块、血栓等。医生可以在病人体外通过仪器来对机器人的工作进行观察。这种治疗方法简便可靠，免去了病人开刀的痛苦。如果病人不愿意"打针"，还可以吃由超微型电脑做成的"小药丸"。别小瞧这"药丸"，它上面可有着"千军万马"。"药丸"的表面有很多传感器，这些传感器有的会测心率，有的会量血压，还有的会"侦察"，专门对细菌的分布情况作侦察了解。这粒"小药丸"被病人吞到肚子里之后，就开始收集情报然后输送到超微型电脑里。再由超微型电脑计算出病人应服多少药物，然后启动阀门开关，从"药丸"的仓库里输出药物，自行治疗疾病。

不仅如此，微型机器人还能够融合两种不同的植物细胞，培养出新的植物，这样培养出来的新植物便具备原来两种植物的全部优点。超微型机器人在这个实验中起到了一个关键性的辅助作用。

植物的细胞就像个鸡蛋，外面裹着一层硬硬的壳，叫细胞壁；里面呢，是"蛋清"和"蛋黄"，也就是细胞液和细胞核。细胞融合技术真正要融合的是细胞核。可是细胞壁那么厚，力量小了，穿不透；力量大了，细胞壁是穿透了，可细胞核也被破坏了。最初，研究人员是将一大群待杂交的两种植物的细胞，通过化学方法，去掉所有的细胞壁，于是细胞就变成一个个光光的裸细胞核，然后再使它们自由组合、配对，形成一个个新的细胞。这样虽然融合成功，但存在着很大的弊端，因为会发生同类合并的情况。相同种植物的细胞相结合后，很难保证结合成功的细胞一定是最优秀的细胞。所以，这种方法的成功率很低。

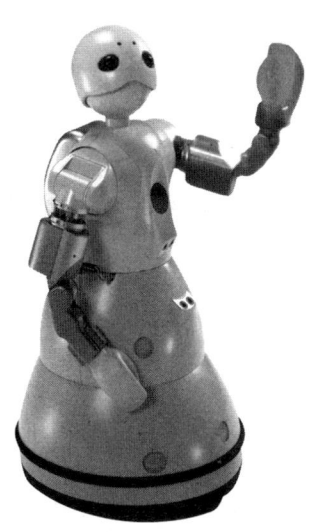

⊙ **微型机器人**
可以用来处理家务，照顾老人和小孩。

发明了微型机器人之后，这个大难题就得到了解决。它的原理是，分别在预先选好的各种植物细胞壁上进行作业，在打穿了它们的细胞壁后，吸出其中一种植物的细胞核，再放入另一个细胞中，使它们两个细胞核很容易结合起来，大大提高了成功率。如20世纪80年代初，联邦德国一家研究所的工作人员把土豆和西红柿的细胞融合在一起进行杂交，结果得到了一种新的植物。它的地面部分结出了西红柿，地下部分却长满了土豆。

微型机器人不仅能治病，还能创造新生命，帮助人类探测未知世界，真是神通广大。随着科技的发展，我们相信微型机器人会更完善、更全面地为人类服务。

巧用海浪发电

随着现代工业和人类社会的发展，人类对于能源的需求量越来越大，而在人类不断地向地球索取的过程中，可循环的绿色能源越来越多地受到人们的青睐，海浪发电便是其中的一种。

据调查，海浪可以以每平方米30000牛的冲击力拍打崖岸，最大时，甚至可以达60000牛。海浪的冲击力十分惊人，可以毫不费力地把13000千克重的巨石抛到20米的高空。它常冲上海岸边，激起六七十米高的浪花。

⊙ 海啸是由于深海地震引起的巨大的、具有极大破坏性的海浪。

1952年12月，一艘美国帆船在意大利西部不幸遭遇了海难。还没有等惊恐中的船员看清究竟，海浪就已经把巨大的船体拦腰折断，其中一截留在波浪翻滚的大海里，另一截后来被人们在海岸的沙滩上发现。竟能把巨轮一劈两半，可见，海浪的破坏力是惊人的。这也启发了科学家，他们设想将这种大自然的力量用来发电。

世界上第一个海浪发电器装置是1964年由日本科学家研制成功的，被称为航标灯，因为这种发电装置的发电能力仅够1盏灯使用。虽然仅有60瓦的发电量，但它却为人类利用海浪发电开创了新纪元。从此，挪威、英国和日本等许多国家都相继研制成功了各种不同的海浪发电装置。

有一种是利用海浪上下运动从而产生的空气流动来发电的浮标式海浪发电装置。这种发电装置的主要构造是一个空气管，管内的水面可以上下运动起到一个活塞的作用。海浪的起伏运动，就带动漂浮在水面上的浮标做上下运动，这就使浮标体内的"空气活塞"里的空气和水面这个"活塞"之间形成一种压缩和扩张的关系，结果空气活塞里的空气在压缩之下冲出来，这就是汽轮发电机发电的驱动力。还有一种与浮标式海浪发电装置相似的固定式海浪发电装置。它的不同之处是空气活塞室被固定在海岸边，使空气活塞室内的空气通过中央管道内水面的上升或下降得到压缩和扩张，从而驱动汽轮发电机组发电。

海浪发电装置有三种利用海浪发电的原理：一是通过上下起伏的海浪，利用它们产生的空气流或水流带动汽轮机或水轮机转动，从而使发电机发电；二是通过海浪装置的前后移动或转动，利用这种运动产生的空气流或水流，带动气轮机或水轮机的转动，进而驱动发电机发电；三是将大波浪的低压变为小体积水的高压，然后在高位水池积蓄起来，使其产生一个能驱动水轮机的水力，从而达到发电的目的。

挪威科学家更是大胆提出要人为模仿大自然的海浪，制造更大的海浪来发电的设想。这些大胆的设想，将使海浪发电进入一个新纪元。

⊙ 人们修堤坝拦住海浪，利用潮汐的巨大动能来发电，既干净又没有污染。

军事科学
Military Science

枪和火药

火药是中国人在11世纪发明的。有欧洲人也声称是他们发明了火药,他们或许是在不知情的情况下重复发明的,亦或许他们只是从那些曾经到过中国的旅行者口中获知了制造火药的秘密。无论如何,火药及其在火器上的应用改变了历史的进程。

火药的起源隐藏在一片迷雾中,主要原因是发明这种东西的人希望能守住这个秘密。其最早的文字记载出现于1044年,中国史学家曾公亮在他编写的《武经总要》中将其定名为火药。火药是木炭、硫磺和硝石(硝酸钾)的混合物,当它们以一定的比例混合时可以迅速地燃烧,其中40%的物质变成气体,剩下的固体物质转化为烟尘。灼热的气体会发生膨胀,如果将其限制在一个容器之内,爆炸就将伴着巨响发生。如果燃烧发生在一个一端开口的管子里,那么膨胀的灼热气体就会把弹丸推出管口,而这就是火炮及所有火器的工作原理。

随着火药的发展,焰火在12世纪的中国流行起来。1100年的一部文献记载了其"如雷鸣般的声响"——尽管当时的焰火更常以鞭炮的形式出现。火药炸弹更加危险,约1220年,中国军队制造了一种外壳会在爆炸中裂开的炸弹,产生的霰弹片能够杀伤敌人。1292年的日本木刻中描绘了炸弹爆炸的场景,表明当时火药已经在日本出现。1126年,中国军队在开封保卫战中使用了手榴弹以及"火箭"。这种"火箭"是现代火箭的雏形,是把封装的火药放置在竹制的容器中制成的。封装的火药必须较松散,否则火箭就会爆炸。这些知识传播到了海外,1280年,一位叙利亚作者阿-哈桑·阿冉姆哈在一本关于战争的著作中提及了硝石和火箭。

知识档案

约1020年 火药被发明
1044年 火药第一次被文字记载
1100年 焰火开始出现
1220年 火药炸弹开始生产
1242年 出现了关于火药的详细描述
1280年 火药火炮诞生
1378年 青铜火炮诞生
1543年 铸铁火炮诞生

火炮最早出现在13世纪80年代,当时中国的军队使用了突火枪来发射石头杀伤敌人。到了大约1300年,阿拉伯工匠用铁条箍在竹管外来制作火炮炮管。金属炮管是由熟铁条焊接起来,再用铁环箍住加以固定制成的,看上去很像木制炮管。1346年,英国就使用了这种熟铁火炮在加莱的攻城战中攻击法国军队,一年后,欧洲的军械工人制成了发箭火炮。最早的一次成型的青铜质炮管铸件可以追溯到1378年的德国军械厂。青铜被选为铸造的材料——特别是铸造舰炮的材料——是因为没有铁那么容易锈蚀。铸铁一开始并没有用于铸造炮管,因为铸铁在铸造过程中常常会出现裂纹,从而导致爆炸——铸铁会爆裂成碎片,就像炸弹一般;而青铜火炮出现问题时一般只会裂开或断开,不会

◉ 早期的火炮被用做攻城武器。这幅15世纪的插图展示了士兵们正在炮击一座有护城河环绕的法国城镇的城墙。

造成严重的后果。约 1495 年起,法国炮手开始使用铸铁来制作炮弹,而安全的铸铁炮管直到 1543 年才首先在英格兰被铸造出来。

早期的"小型火器"有许多名字,诸如明火枪、钩型枪或是火绳枪。它最初于 15 世纪中叶发明于西班牙,射手把枪管架在支架上,并从肩部将其点燃。射手将火药填料和弹丸塞入枪管中——它是从枪口装填的——并用火绳枪将装料点燃。火绳枪是一段燃芯,装在一根"S"形的杆上。这种武器精度差,有效射程仅为 200 米。在其后的 100 年内,火枪代替了火绳枪,而簧轮枪以及后来的燧发枪又代替了火枪。燧发枪更为可靠,而且可以在雨中发射。

要发射燧发枪,枪手首先要把火药填料从枪口倒入枪管中,接着是铅弹丸和毛毡填料,再用推弹杆把它们压实,以确保弹丸和装料就位。然后再倒入一些优质火药到枪机的火药池上,并把扳机向后扳以准备击发——扳机上有一块燧石。当扣动扳机时,燧石向前击发,撞击钢片,产生火花点燃火药池里的火药,继而引燃填料,这样弹药就从枪口被发射出

⊙ 两颗金属弹丸包裹着火药从一门 14 世纪的中国火炮炮口中伴着烈焰呼啸而出。弹丸在战场或其上空爆炸,喷发的致命霰弹可以覆盖很大一片区域。

去了。如果填料没有被引燃的话,就会只见火药池冒出火花却发不出子弹,后来这便成了英文中的俗语"昙花一现"。

火枪的枪膛是光滑的,后来逐渐被步枪所取代,后者的枪膛中有螺旋形的来复线,能使弹丸或子弹在出膛后旋转以保持飞行的稳定。枪械最后的发展是后膛枪和子弹的发明。手枪的发展也沿着同样的路线从前膛式装填发展到子弹的使用,而连发左轮枪的发明又是另一个进步。

改变战争面貌的机枪

机枪是一种小口径武器,只要弹药充足,扣住扳机不放,就可以连续射击。有些机枪装置可以实现装弹、射击、退空弹壳等一整套操作的自动化。这一类型的手枪通常被称做机械手枪,而这一类的机枪通常被称做卡宾枪或来复枪。

现代机枪的前身是半自动火炮。1718 年,英国发明家、律师詹姆斯·派克为自己设计的这种"防卫枪"申请了专利。这种枪像一把巨大的左轮手枪安装在一个三脚架上,其枪管由铁或黄铜制成,有 10 个预装填腔,由手动旋转。当枪管中弹药耗尽,即插入另一已装填的枪管。据记载,1722 年,派克防卫枪在 7 分钟内连续射击了 63 回合。

多年以后,1856 年,美国人查尔斯·巴恩斯改进了派克的设计,加了一个手动曲柄以转动枪管并且实现了枪膛尾部装置的自动化。巴恩斯给它取了一个昵称——咖啡磨枪。这种机枪可以以每分钟 80 转的速率发射子弹,后来在美国南北战争中使用过。另外一名美国人埃利泽·里普利作了进一步改进,使之能一次使用多个弹筒。

金属子弹出现后,现代的速射枪才被发明。美国枪械制造商理查德·加特林在 1862 年取得了这种枪的第一项发明专利。加特林设计的枪有一个 10 枪管组,枪管就像捆绑在一起的木棍,通过手动旋转。装在枪顶部的送弹斗在重力作用下,将子弹送入枪身,使该枪能以 350 转/分钟的速率发射。该装置应用于各种口径的枪上,在美国南北战争中显示出极大的杀伤力。后来英军也装备了该枪。

加特林式机枪是第一代成功的机枪,用于美国内战中。1873年,英国十枪管型的这种机枪开始安装在车架上,以提高机动性。

19世纪70年代,美国士兵威廉·加德奈发明了另一种重力填弹枪。该枪由一个竖直的弹仓和两个或更多挨在一起的枪管组成。一个手动曲柄可以左右移动机枪的后膛锁,使空弹壳掉落,替换子弹可以从上部的弹仓中被收集。

射击300或400次后,枪管会由于射击次数过多而过烫,这使得早期制造单枪管机枪的尝试受挫。1875年,在曼彻斯特的罗威尔工作的德·维特法林顿发明了手动曲柄式四枪管加德奈机枪——罗威尔机枪,它有4根枪管,但是,它的4根枪管在射击时并不旋转,只用一根枪管射击。当此枪管过烫时,枪手转动枪管组,让下一根冷枪管继续射击。1879年,瑞士工程师帕穆克兰兹发明了诺登佛特机枪,该枪有12根枪管紧密排列。12根枪管弹药的填充和射击全部是同时完成的——通过向前推一根杆来实现。杆拉回同时会退出空弹壳。

1883年,机枪的发展进入了一个新阶段。美裔英国发明家希拉姆·马克沁取得了马克沁机枪的发明专利,并在一年后公之于众。马克沁机枪利用机枪射击时产生的后坐力退出空弹壳,再次准备扣动扳机,将另一圈子弹插入后膛。弹圈——起初装的是黑火药(有烟火药),后来装的是无烟火药(强棉药)——连接形成了一条弹药带,机枪可以连续发射600转/分钟,直到整条弹药带发射完。长时间的射击会使枪膛过热,于是,马克沁在机枪上加装了一个水套,用来冷却枪管。马克沁找到合作伙伴——英国威克斯造船公司,大批量生产马克沁机枪。这种机枪被用于日俄战争和第一次世界大战中,给交战双方带来了巨大的伤亡。在第一次世界大战中,德国军队使用了相似的弹药带供给系统。

除了射击时的后坐力,射击时气体的膨胀释放也可以应用于机枪上。最早的气动机枪有美国人约翰·勃朗宁发明的勃朗宁机枪、丹麦炮兵上尉麦德森的麦德森机枪,以及一家由美国人哈乞克司创建的法国公司生产的哈乞克司机枪。哈乞克司机枪装有气动的枪栓,使枪可以重新准备扣动扳机。麦德森机枪安装了一个摆动的后膛锁。1911年,美国发明家刘易斯设计了一架轻机枪,射速为550转/分钟。该枪装有圆形("盘状")弹仓和空气冷却套——用于冷却枪管。因为该枪可以高速率射击,而且一人就可完成射击装弹的操作,美国和英国在第一次世界大战中都将其装备到了战斗机上。1902年,麦德森机枪只用了一个弹仓,并且用两脚架支撑,使该机枪可由单人携带,因此,这种麦德森机枪就成为了第一种轻机枪,或者称自动步枪。

不久,所有大国的军队都装备了轻机枪。因为由三位设计者乔奇、苏特里、瑞贝若利斯和法国公司Gladiator制造,法国人称他们制造的轻机枪为CSRG轻机枪。1917年,因为美国没有相同性能的轻机枪,于是从法国购买CSRG机枪装备军队。1918年,勃朗宁设计了BAR勃朗宁自动步枪,在第二次世界大战中被广泛应用。1924年的M29机枪由法国的莱贝尔设计,并由在法国中部的一家公司生产。捷克斯洛伐克的哈力克兄弟设计的ZB 26,在1938年以Bren轻机枪的名字("Bren"由"Br"和"en"两部分组成,"Br"代表勃诺,"en"代表恩菲尔德军火公司)装备于英军。所有这些轻机枪都可以由一个士兵携带。

更轻的轻机枪就演化成了冲锋枪。1920年,美国军官约翰·汤普森发明了汤普森冲锋枪。汤普森冲锋枪拥有一个直弹筒或一个更高容量鼓形的弹筒。其他类的冲锋枪包括1939年德国的Erma MP40式、英国Sten式冲锋枪(Sten中"S"代表公司老板晒泼德;"t"代表设计者特宾;"en"代表恩菲尔德公司)。所有这些冲锋枪的射击速度都在500发/分钟至800发/分钟之间。

无声枪为什么"没有"声音

在一些电影、电视中，经常有这样一些奇怪的镜头：杀手在用手枪杀人时，竟然一点声音都没有。这是怎么回事呢？原来，他们使用的是一种无声枪。

无声枪是一种怎样的枪呢？无声枪包括微声步枪、微声手枪和微声冲锋枪等，它们在结构上与普通枪没多大差别，只是有几处不同，即在枪上加装了消音装置，并且枪弹也得到了改进。

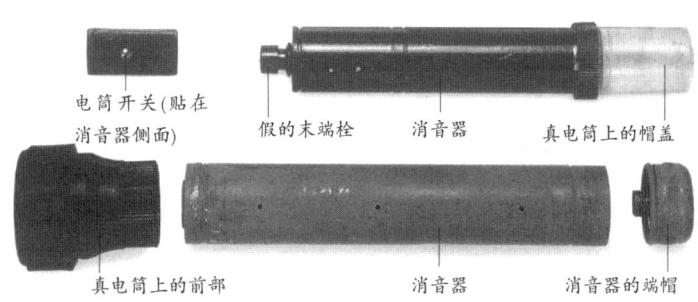

⊙ 伪装成电筒的消音器

这两支消音器伪装成电筒以便运送时不引起任何怀疑。附加伪装部件拆卸容易，可迅速拆装，使消音器发挥真正的用途。

事实上，用这种枪射击时并不是没有声音，只是声音十分微弱。通常情况下对微声枪的声音大小，是这样要求的：用微声枪在室内射击时，室外听不到声音；在室外射击，室内无法听到声音。另外，还要求这种枪在一定的距离内，白天看不到射击火焰，夜晚看不见火光。这便是通常所说的无光、无声、无焰的"三无枪"。

知识档案

枪的分类及发展

枪是一种随身携带的武器，它利用火药燃气的能量发射枪弹，用于杀伤暴露的有生目标和毁伤薄壁的装甲目标，一般身管口径小于20毫米。通常分为单人使用的枪械（如手枪、冲锋枪、步枪）和集体使用的枪械（如机枪）2种。按其口径可分为小口径（6毫米以下）、大口径（12毫米以上）和普通口径（6~12毫米）枪械。按其自动化程度可分为全自动、半自动和非自动枪械。全自动枪械又称自动枪械，可利用火药气体能量实现自动装填和连发射击。半自动枪械只能实现自动装填，不能连发射击。非自动枪械靠手工操作来完成重新装弹和每次枪弹发射。枪械通常由枪管、机匣、枪机、瞄准具、发射机构、供弹具和射击支撑件（握把、枪托或枪架）等组成。一般有很高的射速、良好的射击精度和密集度以及足够的杀伤威力，而且重量轻，体积小，便于射手在堑壕、居民点、森林、山地等处使用。现代枪械由枪管、机匣、枪械自动机、瞄准装置和枪架等部件组成，枪管的口径一般小于20毫米。以自动枪械居多，其发展趋势是进一步小口径化、枪族化，点、面杀伤一体化，提高破甲威力以及采用无壳枪弹等新弹种。

那么，无声枪的工作原理是什么呢？为了弄清楚这个问题，必须先了解射击声音是如何产生的。

射击时，扣动扳机有底火发出，将发射药引燃，于是枪膛内有高压火药气体产生。火药气体压力最高可达3000多个大气压，弹头被火药气体压力高速推出枪口。弹头出枪口后，膛内剩余气体压力也近1000个大气压。当高压气体以很高的速度从枪口喷出时，由于外面的压力很低，结果有激波产生，并有强烈的声音发出。膛内压力愈高，发出的声响就愈大。如果在出枪口前能降低膛内的气体压力，就可大幅度减小枪声，消声的目的就达到了。

知道了射击声是如何产生后，就知道如何才能减小声音了。一般情况下无声枪有一个消声筒安装在枪口，减弱枪膛内的高压火药气体压力之后，膛内气体才喷射出来。

消声筒的结构有很多种类型，常采用的有以下3种：隔板式、网式和密封式。

隔板式消声筒是在筒内装有十多个串接

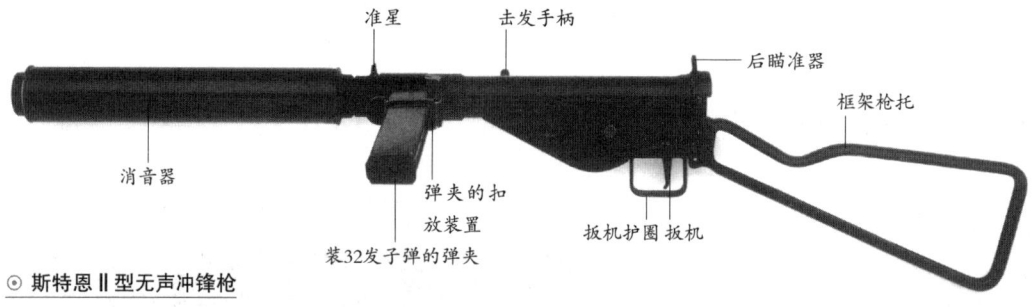

⊙ 斯特恩Ⅱ型无声冲锋枪

在一起的碗形隔板。高压气体每碰到一个消声隔板就膨胀一次，便会消耗掉一部分气体的能量，最后喷出去的气体速度和压力自然就很小了。

网式消声筒的筒内装有卷紧的消声丝网。当高压火药气体通过丝网时，会消耗掉气体中的大部分能量，这样喷出去的气体压力就会非常小。

密封式消声筒是在消声筒（隔板式的或网式的）的出口前端有一块遮挡着的橡皮，消声筒被这块橡皮密封起来。射击时，弹头迅速从橡皮中间穿过并留下小孔，但由于橡皮本身具有弹性，从而很快又堵住弹孔，防止火药气体外流。这样的话，气体只能从橡皮上的裂缝中排出，结果声音便大大减弱。

另外，还有一种消声的方式，即在消声筒的出口处还装有像照相机快门一样的机械装置。子弹从快门射出后，快门迅速关闭。火药气体则以其较高的压力将快门打开，并喷到大气中，从而减弱了声音。

世界上最早的微声枪出现在 20 世纪初。当时有一个英国发明家希拉姆·马克西姆在 1909 年制成了一种装在猎枪上的消声器，能使猎枪射击的响声大大减小。受猎枪消声器的启发，美国于 1912 年首先制成了微声步枪。后来，在此基础上，美国又制成了微声手枪，主要供中央情报局的谍报人员以及特种部队使用。

枪之最

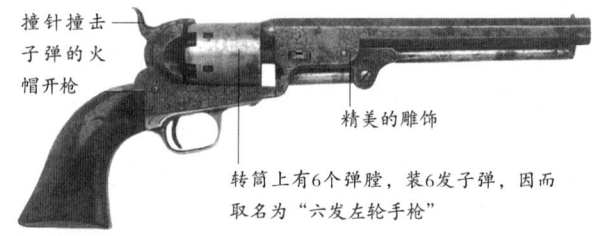

⊙ 柯尔特六发左轮手枪 1851 年

最早的手枪

大约在 14 世纪左右，意大利就发明了世界上第一支手枪——希奥皮。

希奥皮一词来源于拉丁文词语 Scloppi，意思是手枪。当时的"希奥皮"长约 17 厘米，虽然构造简单、粗糙，射程也不是很远，但是最基本的工作原理和现在的手枪却是完全一样的，因而人们一直都认为希奥皮是世界上的第一支手枪，根据意大利"格鲁几尼年纪"中的记载可知，14 世纪中叶的佩鲁贾城曾经订制了 500 支希奥皮，可见，希奥皮在当时很受欢迎。

最早的左轮手枪

世界上最早的左轮手枪大约出现于 16 世纪，但真正意义上的左轮手枪却是 1835 年美国人柯尔特在原有基础上改进的一款左轮手枪。

其实，在 16 世纪出现的左轮手枪，在实际中的应用非常有限，一直到 19 世纪，美国人柯尔特才在原有左轮手枪的基础上发明了世界上第一款真正意义上的左轮手枪，柯尔特在英国取得了第一款左轮手枪的发明专利权，并因此被人称为"左轮手枪之父"。柯尔特的左轮手枪采用底火撞击式，使左轮手枪在当时风靡一时，但是他并没有因此而满足，而是又对左轮手枪进行了反复的改造，比如他在1853年使用了金属枪弹，1868年又把左轮手枪改进为后装式手枪。虽然左轮手枪在现在已经备受冷落，但是它在刚刚出现的时候却在社会上扮演了极其重要的角色。

最早的后装枪

世界上最早的后装枪是由普鲁士一个普通的军械工人德雷泽发明的，后来人们干脆把他发明的后装枪叫做德雷泽枪。德雷泽枪其实是一种很好的击发枪，当扣响扳机的时候，枪的后部就会有一根长针穿过枪筒，撞击引燃炸药从而将子弹发送出去。德雷泽枪的射速在当时是非常快的，这让德雷泽枪一出现就受到了广泛的推广和使用，1866年的普鲁士军队也正是靠这种枪的高射速在普奥大战中最终战胜了奥地利军队，从此，德雷泽枪的出现在枪的发展史上也写下了浓重的一笔。

最早的自动枪

世界上最早的自动枪是由美国军械工程师海勒姆·史蒂文斯·马克西姆于1884年发明的。

马克西姆发明的自动枪能够在火药引燃时利用火药的能量让枪自动完成开锁、退壳、送弹和闭锁等一连串动作，把枪的理论射速提高到了每分钟600发子弹。这在世界军事史上是一个里程碑式的发明。

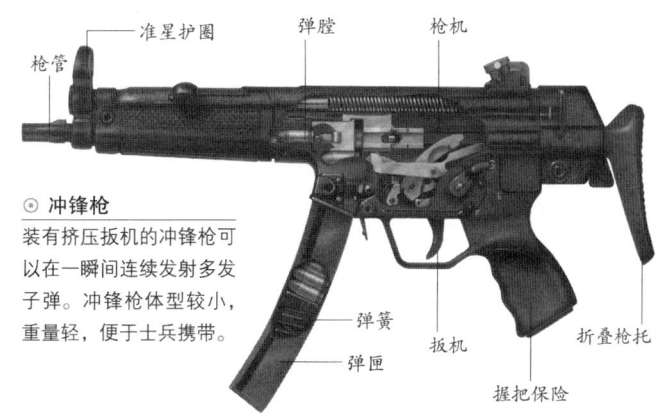

⊙ 冲锋枪
装有挤压扳机的冲锋枪可以在一瞬间连续发射多发子弹。冲锋枪体型较小，重量轻，便于士兵携带。

最早的自动枪的发明人马克西姆是一个富有传奇色彩的人物，他根本没上过学，也没读过多少书，但他却是一个极其爱动脑筋的人。他在1884年成功地研制出了世界上第一支以火药燃气为能源的自动连续射击重机枪，因为他的发明，人们将之称为"自动枪之父"。这种枪在当时一问世就好评如潮，但是因为身世和教育背景的缘故，马克西姆当时在美国受到了很多专家的排挤，一气之下，他出走英国。1916年，他于伦敦去世。

最早研制无声枪的人

无声枪通常被称作微声枪，因为它在射击时并非完全无声，而是声音微弱，在寂静的环境中，一般也不会引起附近其他人的注意。微声枪通常是用装在普通枪管上的消音器来起到消音作用的。微声枪有微光、微烟等特点，是突击、侦察、反恐怖分队不可缺少的特种武器。

1908年，美国制造商和发明家海勒姆·帕西·马克西姆（1869～1936年，与发明重机枪的海勒姆·斯蒂文斯·马克西姆不是同一人，前者为后者之子）发明了世界上第一个枪用消音器，微声枪由此而诞生。马克西姆研究后认为，通过某种装置使枪弹击发时排出的气体作旋转运动，就可充分消除噪声。1908年，马克西姆制造出第一个猎枪用消音器，使猎枪射击声大大减小。当年3月25日，马克西姆获得这项发明的第一项专利。

1912年，美国将马克西姆的消音器加以改进，装在步枪上，制出了最早的微声步枪。后来又制成了微声手枪，供谍报人员和特种部队使用。

马克西姆还成功地研制出了汽车使用的排气消音器，并将消音原理应用于安全阀、空气压缩机及鼓风机等的降噪声设备上。

炮之最

口径最大的大炮

号称"炮中之王"的一门大炮是曾经建造过的最大口径的大炮,现陈列在莫斯科克里姆林宫。它于16世纪建造,长5.34米,其口径有890毫米,炮筒外径1.2米,重达40吨。

口径最大的迫击炮

第二次世界大战中美国制造的"小戴维"是曾经建造过的世界上口径最大的迫击炮,口径为920毫米,但是这门大炮在战斗中没有使用过。

德国履带式600毫米攻城迫击炮是使用过的最重的迫击炮,又被称为"卡尔",曾在第二次世界大战中攻打斯大林格勒时使用过。

⊙ 炮王

最大的火炮

德军在第二次世界大战的东部战线围攻前苏联海港塞瓦斯托波尔时曾经使用两门最大的重炮。这两门重炮取名为"陶莱"与"古斯塔夫",其口径为800毫米,炮身长28.87米,其残留部分已分别在巴伐利亚的梅村霍夫和德国原前苏联占领区被发现。它们作为铁路大炮由德国克虏伯公司建造,由24节车厢装运,其中两节各有40个车轮。装配好的大炮长43米,重1482吨,需配备1500人,重9.25吨的炮弹能射到46.67千米以外的地方。

最早的无坐力炮

无坐力炮这一名字乍一听很有意思,其实无坐力炮是相对于普通的火炮来讲的。一般的普通火炮在发射的时候会产生很大的后坐力,使得炮身在发射后后退很远,这就会对发射的准确性和速度都产生很大的影响。人们很早就发现了这个问题,但是一直也没有找到一个很好的解决办法。后来这个难题终于在1914年得到了解决,当时的美国海军少校戴维斯发明了一种无坐力炮,他把两颗弹尾相对的弹丸放在两端都开口的炮筒内发射,结果发现炮身就不会再后退了,发射的时候炮筒两端同时发力,炮筒前面发射出去的是真弹头,而炮弹后头出去的是假弹头,假弹头抵消了真弹头发射时的后坐力,致使炮身不会再向后退,并且提高了发射的准确性和发射速度,提高了炮弹的发射效率。这种新炮一出现就立刻受到欢迎,后来经过很多次改造后很快在1941年的二战中广泛地被应用。

⊙ M40 无坐力炮

这是美国M40系列106毫米无坐力炮,该炮从20世纪50~70年代中期一直是美陆军营级制式武器。有40多个国家装备使用。曾参加过越南战争、中东战争。射程7 700米,射速3发/分钟,全重709.5千克。

最早的高射炮

世界上最早的高射炮出现在1870年的普法战争的战场上，当时的普军重重包围了法国首都巴黎，本以为轻而易举就能将法国拿下的普军做梦也没有想到法军能借助气球来越过他们的包围防线和外界取得联系，并组织军队准备抵抗普军。于是普军开始研制一种能击中空中目标——气球的"高炮"，因此没过多长时间，普军就成功地制成了一种新的大炮，它能灵活地移动，能被四轮车推着追击目标并且能从地面击中高空中的目标。当时的普军士兵都叫它"气球炮"，其实这就是世界上最早的高射炮。

最早的自行火炮

与最普通的火炮比起来，自行火炮是一种非常灵活的火炮，因为自行火炮是固定在车辆底盘上面的，这就克服了传统火炮的笨重、不容易移动的缺点。自行火炮不仅仅可以自己改变方向，而且能够非常容易地转移阵地，机动性非常强。

自行火炮是由法国人发明的，直接促成自行火炮产生的是坦克的出现。上个世纪初，坦克的出现让人们领略到了机动作战的重要性，这也触发了人们的思维，人们在想：如果传统的火炮也能像坦克那样，将会大大地节省战争中的人力和物力。于是人们就把火炮装在了带有履带的坦克底盘上面，产生了世界上第一台自行火炮。由于自行火炮的各种优点非常适合于各种大型的野战、机动战，它很快就被广泛地应用于战争之中。现在随着其自身防护性和机动性的不断加强，自行火炮越来越受欢迎。

历史上打得最远的大炮

世界上打得最远的大炮是德国在第一次世界大战中使用过的"巴黎大炮"，因为德国攻打巴黎的时候第一次使用了它，这种大炮也因此而出名。这种号称世界历史上打得最远的大炮长达37米，总重量约为375吨，射程大约在120千米。当这种大炮刚刚问世的时候，曾经轰动了整个世界，因为当时射得最远的大炮的射程也不过12千米，而巴黎大炮一下子把射程提高了10倍。不过幸运的是，巴黎大炮的准确性不怎么好，否则美丽的巴黎城早在1918年就已毁于"巴黎大炮"的威力之下了。

地雷和防御工事

第一枚地雷出现于1861～1865年美国内战期间，那时的地雷是较为粗糙的防御武器。在这次战争中，首次构筑了战壕防御工事。

军事要塞的设计随着火药的变化而不断发生变化。现在它们已经不再是直上直下的，而是由里向外，通常建有防爆营房和炮台。17世纪末以后，法国军事工程师塞巴斯蒂安·沃邦逐渐成为颇有影响力的人物。他设计了巨大的星型要塞，更有效地发挥了炮的威力，同时他还创造了要塞围攻战术。

混凝土在20世纪出现不久就被用于

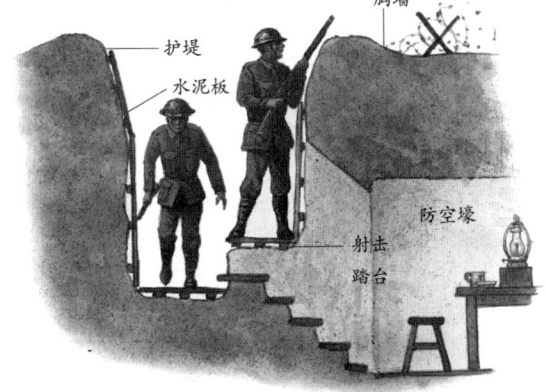

◉ 第一次世界大战中的战壕

战壕挖得很深，士兵们可以在地下平面上行走。当士兵需要射击的时候，他们就爬上射击踏台。为了防止战壕塌陷，还需要用水泥板等材料加固。

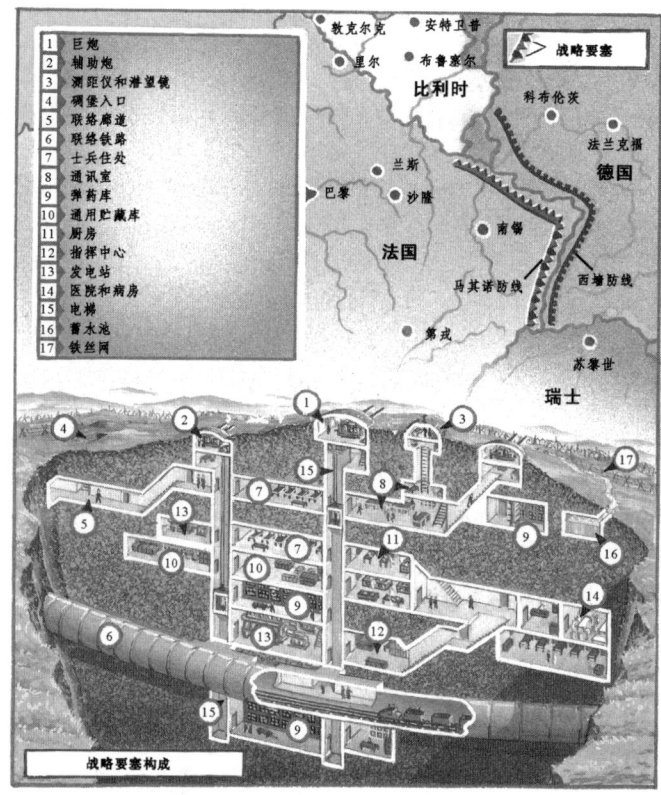

◉ 马其诺防线

马其诺防线是第二次世界大战之前由法国构筑的，绵延 320 千米，主要为了防御德军突破法国边境。马其诺防线的建造花费了十几年时间，被称为"陆地混凝土战舰"。其战略要地部署配备了最先进的大炮和武器装备，挖掘了地道和贮藏室以及防止毒气攻击的空调营房。要塞区配有远程炮、迫击炮和各种机枪。然而德军穿过中立国比利时和卢森堡，从侧翼迂回，顺利突破了马其诺防线。

构筑防御工事。在布尔战争（1899～1902 年）中，带刺铁丝网开始被广泛应用。第一次世界大战期间，西线的防御工事完全是由混凝土、铁丝网和波纹铁皮构筑而成的，从瑞士一直延伸到英吉利海峡。"一战"末期，德国生产出第一批标准炮弹制造的反坦克地雷，当坦克辗过时即刻发生爆炸。

第二次世界大战期间出现了两种地雷——反坦克地雷和反步兵地雷。反坦克地雷主要用于摧毁卡车，或炸坏坦克履带和轮子从而阻止坦克前进。德国特勒反坦克地雷装有 6 千克高爆炸药。1945 年以后，普遍使用的则是俄罗斯和以色列的反坦克地雷。反步兵地雷可以杀死或杀伤士兵和平民。现代地雷主要由塑料制造而成，也几乎不可能被探测到，工程师们只能在雷区炸开一条道路。

第二次世界大战期间，混凝土防线主要有德国构筑的"大西洋长城"以及法国构筑的长达 320 千米的马其诺防线。然而，坦克和飞机的使用很快就使得这种战略防御过时了。

穿着铠甲的坦克

"道高一尺，魔高一丈"，坦克虽有厚厚的外壳，但随着破甲弹和反坦克导弹的出现，坦克受到了严重威胁。于是如何坚固坦克装甲便成了军事专家们关注的问题，随之便产生了坦克"铠甲"。

早在 1982 年爆发的黎巴嫩战争中，以色列军队就给他们的坦克安装了这种装甲。在这次战争中，由于有这种装甲的保护，以色列仅数十辆坦克被对方击毁，而没有使用这种装甲的叙利亚和巴勒斯坦解放组织被击毁的坦克多达 500 多辆，其中还包括十多辆被捧为"骄子"的前苏联制造的 T-72 坦克。

此后，英国、美国、法国、前苏联等许多国家不仅对反应装甲进行了详细的研究，而且组织人员仿制这种装甲，来装备自己的坦克。美国很快为它的一些海军陆战队的 M60A1 主战坦克安装了这种装甲。前苏联的行动更为迅速，在一年多的时间内为 7 000 辆 T-72、T-80 坦克安装了反应装甲。

这种"铠甲"用薄风板制成，外形和普通扁平盒子一样，在它的四角或两端钻有螺孔，从而可以将它固定在坦克装甲上。而且铠甲里面装有炸药,这种炸药是钝感炸药,甚至普通的机枪子弹或炮弹碎片打中它也不会引起爆炸。但是,如被反坦克导弹或破甲弹击中,它会立即发生爆炸,爆炸所产生的气流会搅乱、冲散导弹和破甲弹弹头产生的金属射流,使其不能击穿坦克装甲,从而起到保护作用。因此,人们把它叫做反应装甲或反作用装甲,也有人称其为爆炸式装甲或爆炸块装甲等。

反应装甲的重量轻、体积小,制造、安装和维护比较容易,而且价格也较低,可以说是新式坦克的护身法宝。一辆坦克如挂装只有 10 平方米大小、仅 1～2 吨重的反应装甲,则坦克的机动性受到的影响会很小。在战场上这种爆炸块装甲被击中后,还可以及时更新,使坦克能继续作战,这也是它另一个突出的优点。它能大大降低破甲弹或反坦克导弹的破甲能力,降低程度为 50%～90%,是同样重量普通装甲的防护效能的 10 倍。

然而,世界上绝对的强者是没有的,这种装甲也有其克星,长鼻子导弹便是最新研制出的一种对付装甲的克星。

它之所以叫长鼻子导弹,是因为在弹头顶端有一个长 15 厘米的鼻子状的突出物伸在外面。发射导弹后,装有炸药的长鼻子首先碰击装在坦克装甲表面上的炸药。当它撞击装甲上披挂着的铁盒子时,其中的炸药就会被引爆,从而使长鼻子后面的导弹弹头能将敌坦克的装甲击穿。后来,有些破甲弹也模仿长鼻子导弹装上了里面装有炸药的突出物,成为坦克的爆炸块装甲的克星。

面对长鼻子导弹的威胁,反应装甲也开始采取相应措施。为了对付这种导弹,反应装甲由原来的一层增加到两层,有的甚至多达三层……

随着科学技术的发展,反应装甲和长鼻子导弹之间的竞争还会持续下去,而且竞争会越来越激烈,这也会推动坦克装甲不断更新。

⊙ "铜号"导弹

前苏联研制的一种反坦克导弹,主要用于摧毁敌方的坦克,为坦克的新型克星。

⊙ 美国海军陆战队的 M60A1 主战坦克

⊙ 前苏联制造的 T-72 坦克

反坦克武器

反坦克手需要猎手那样沉着冷静的气质和胆量。当敌人的坦克边射击边冲过来的时候，反坦克手必须耐心等到敌人进入炮弹射程之内，然后瞄准坦克最脆弱之处攻击。

随着坦克在第一次世界大战西线战场的出现，作战者开始想出各种办法用反坦克武器阻止和摧毁它们。

大多数军队通常使用野战炮兵来攻击早期坦克。英国和前苏联军队在第二次世界大战初期使用过反坦克步枪，可是不久就被新型厚装甲武器所取代了。

真正的反坦克炮是20世纪20~30年代出现的，它可以高速发射高硬度炮弹。早期反坦克炮口径一般在37~57毫米之间。随着第二次世界大战的推进，反坦克炮变得越来越大，德国曾经使用88毫米口径反飞机炮作为非常有效的反坦克炮，前苏联甚至使用过口径100毫米的巨炮。

反坦克武器的主要变革伴随锥形炸药和短程火箭的发展而来。锥形炸药能够穿透传统的装甲，而不产生火箭炮那样的后坐力。锥形炸药和火箭炮结合在一起的武器是美国口径60毫米M1型火箭筒，它有一个绰号"巴祖卡"，这是美国喜剧演员鲍勃·伯恩斯使用过的一种乐器的名字。

战争末期，德国已经设计出了反坦克制导武器，这指的是德国X-7反坦克导弹。X-7导弹射程达1千米，重10千克，通过缠绕在发射装置线轴上的光线传送的信号来锁定目标。据说这种导弹可以穿透200毫米厚的装甲。

大多数现代反坦克制导武器都是光线制导，因为这种系统比较可靠，不容易被敌人干扰。随着装甲的改进，弹头设计也在不断变化，现在的弹头一般由两到三个可以连续引爆的锥形炸药构成。1979年瑞典生产出了"比尔"反坦克导弹，它向坦克较薄的顶部装甲发射锥形炸药射流，可以在坦克顶端发生爆炸。"串联弹头"和"顶部攻击"两种设计预示着21世纪反坦克武器技术的发展方向。

⊙ 反坦克武器

反坦克武器可以是一组武器，如口径为106毫米M40型无后坐力步枪、陶式反坦克导弹、米兰式反坦克导弹等，也可能是单人发射武器，比如M72和RPG-7型反坦克导弹。

⊙ 卡尔·古斯塔夫反坦克火箭筒

图中加拿大士兵使用的是瑞典"卡尔·古斯塔夫"84毫米口径无后坐力反坦克武器，可以发射杀伤力很大的炮弹。

⊙ 坦克歼击车

发射光线制导"旋火"反坦克导弹的英国阿尔维斯·斯特里克坦克。"旋火"导弹最大射程达4千米。

比尔反坦克导弹

瑞典革命性的比尔导弹的发射装置装有热成像探测器，可以探测到坦克和战车发动机产生的热量，从而锁定打击目标。但这种技术只作为军队的夜视装置，在夜间执行侦察任务时使用。

战时通讯

在足球比赛这种注重快速移动的游戏中，了解、传递对手战术和阵形位置信息的不同就意味着胜利和失败之间结果的不同。在成千上万士兵的生命面临威胁的战争中，这类通讯尤为重要。轮船、飞机和其他许多部队组织都需要报告各自的位置，以利于指挥官更好地制定作战方案。

在过去几百年里，信息传递都是通过步兵和骑兵使用口头或书信传递等方式。如果发现敌情，山顶灯塔也会点亮。1805年10月，英国在特拉法尔加战役的胜利，信号旗便起到了关键作用。19世纪，在天气晴朗的印度和北非地区，人们往往把一种称为日光发射信号器的设备用做反光镜来发射摩尔斯密码信号。

摩尔斯密码同样被信号灯所使用，这种通讯方式在海洋中特别有效。美国内战中首次使用的电报使得摩尔斯密码的传送距离大大增加了。

19世纪80年代，电话被广泛应用，布尔战争和日俄战争中都使用过电话。第一次世界大战中，野战电话发展起来，铺设的电话电缆能够使指挥部和炮兵部队迅速取得联系。

第一台无线电非常笨重，需要用货车和马队运输。1915年，一名观测员曾经在土耳其达达尼尔海峡上空飞行的热气球上使用无线电。两次世界大战之间，无线电变得很小，已经能够安装在背包里。

大多数军用无线电的特高频率（VHF）范围在30～200兆赫之间，高频（HF）范围在1～30兆赫之间。接收者把无线电调到正确的频率上就可以收听到无线对话，这样信息密码就被传送了。然而，即使信息被译成密码，密码的发射仍然可能受到强信号的干扰。确保安全避免干扰的发射技术被称为"突发传输"，这种技术使得准备传输的信息可以在几秒内发射到另一处的显示屏上。20世纪80年代设计的无线电能够在任意时间间隔内改变频率，如果接受台正确调整频率，就可以接收到这种"跳频"，无线对话就可以不受干扰地完成了。

最先进的无线通讯技术是人造卫星通讯。它既可以接受无线信号，也可以作为中转，把来自远处的无线信号可靠地传送到更远的地方。

⊙ 密码机

第二次世界大战期间，德军使用各种各样的密码。其中大多数密码都是使用一种机械把信息字母搞乱。在法国、波兰和美国的协助下，英国逐渐能够破解德国的密码了。这实际上把英国从饥饿中拯救了出来，因为破解的密码中，有一些正是德国U型潜水艇密码，它们正准备把食物和燃料运抵英国。这种密码机非常类似于复杂的打印机。

⊙ 隐藏无线电

图为美军士兵隐藏在装备背包里的无线电。

⊙ 野战无线电

现代野战无线电又轻又可靠，还装有一个安全系统，没有正确的装备根本无法破解其信息密码。

空降部队

我们似乎很难想象与众不同的空降部队首次出现在第二次世界大战战场上时究竟是什么样子。大多数士兵根本没有乘坐过飞机,因而这些乘着降落伞从天而降的士兵们把自己幻想成太空人。前苏联是两次世界大战之间空降部队的先驱。然而,首次在第二次世界大战中使用空降部队的却是纳粹德国。

空降部队可以通过降落伞或滑翔机运送到战场。军用运输滑翔机的装载量一般在10~29名空降兵之间,它也可以运载车辆和轻型炮。当需要一支正规部队攻击桥梁或海岸炮时,空降兵尤为有效。难题是从高空降落的伞兵们降落时往往比较分散。

1941年5月德国攻击克里特岛时使用了22 500名伞兵和80架滑翔机。不过这支空降部队降落时遭受了重大损失:4 000名伞兵被杀死、2 000名伞兵受伤、220架飞机被摧毁。希特勒称之为"伞兵的末日"。

英国和美国很快汲取了德国的教训,纠正了德国的错误,并在1943年西西里登陆战役、1944年6月诺曼底登陆和1945年莱茵河战役中成功使用了伞兵部队。1943年由英国和英联邦部队组成的"亲迪"特种部队(即缅甸远征军)使用滑翔机空降到日军阵地大后方,击败并迫使日军退出了印度战场。

第二次世界大战以后,1948~1954年,法国在印度支那战场上广泛使用了伞兵部队。然而,在1954年5月的奠边府战役中,法国伞兵部队未能在越盟阵地的后方建立空降基地,并损失了11个伞兵营。

1956年11月,法国和英国伞兵部队在塞得港降落,抢夺被埃及实行国有化政策而收回的苏伊士运河。

今天,直升机的出现和使用意味着空降部队不再使用降落伞,但是空降部队在许多国家的军队中仍然被认为是精英部队。

⊙ "海豹"部队

这些美国海军特种部队——"海豹"部队士兵用皮带钩住了悬梯。一架"切努克"直升机正在拉升他们。

⊙ 伞兵

图为第二次世界大战中的英国伞兵。拉开胸部中间的拉钩,降落伞皮带就会迅速解开。

⊙ 降落区

伞兵部队在大规模的军事降落中往往会飘散,这个实施降落的平面区被称为"降落区"。使用直升机空降士兵的地区被称为"着陆区"。

战时运输

军队奔赴战场,经常要利用普通人乘坐的交通工具——汽车、火车、轮船、飞机等等。几个世纪以来,军队主要依靠人力和畜力运输。牛、马和骡拖拉货车和枪炮,士兵们扛载着沉重的背包。

对于英国这样的岛国来说,轮船是至关重要的运输工具,因为他们要把军队运送到海外,如果必要的话,还要从海外撤退。第二次世界大战中,两栖运输工具高度专门化了,登陆艇就是专门负责把军队和车辆运载到空旷的海滩上的。

蒸汽机车的出现和发展使得军队运输快速化了,它们可以迅速地把大批军队和武器装备运送到各个战场。美国内战显示了铁路运输系统的可靠性和重要性,铁路线尤其是桥梁因此逐渐成为军队,后来成为飞机袭击的要地。

第一次世界大战初期,计程车和公共汽车曾经被用于快速运送军队,后来卡车成为更容易找到的运输车辆。第二次世界大战中,使用了无以计数的卡车,大大提高了燃料需求量。1944年6月,诺曼底登陆以后,铺就了一条输油管道,从英国一直延伸到法国北部,穿越了整个英吉利海峡。这个代号为"普路托"的输油管道是海底管道线的代表。

第二次世界大战中的所有轮式车辆中,重0.25吨的吉普车是最具耐力的车辆。二战结束之前,美国生产了639245辆这样的吉普车,20世纪60年代,它们仍然在许多国家的军队中服役。第二次世界大战中,美国设计出了DUKW型六轮两栖卡车,可以把军用物资和装备从轮船渡运到岸上。尽管车龄已经很长,英国皇家海军在20世纪90年代仍然在使用它们。

现在大多数军队都使用4吨的卡车和0.75吨的轻型车辆。然而一些特种部队,比如阿尔卑斯军团仍然使用骡子在狭窄的山路上运输重武器装备,如迫击炮、驮载榴弹炮和弹药等。

⊙ 军用摩托车

1942年,德国非洲摩托化军团装备有一挺MG34机枪的BMWR75型跨斗摩托车正在利比亚沙漠中行进。

⊙ 特殊装甲车

以色列沙漠迷彩M113型装甲运输车配有特殊装甲和勃朗宁机枪,内部有足够的空间,是导弹、反飞机炮和备用弹药的理想载体。它们同样可以被用作救护车和无线通讯车。

知识档案

两栖作战

第二次世界大战中,为了实施两栖作战,运载车辆、军队和物资装备的特种登陆艇得到迅速发展。1942年以前,士兵都是利用小船、轮船和改进货船实施登陆。在太平洋战场上,美国海军使用了履带两栖装甲运输车完成登陆。

间谍武器

一些最具创新意义、最为迷人的武器是那些为间谍、刺客、情报人员和游击队战士而制造的武器。这些武器可以隐藏，这一点对于使用者极为重要，许多这类武器都被伪装成普通的物品。虽然一些专业的间谍武器早在19世纪和20世纪早期就已经开始制造，但是它们真正的全盛期却是在第二次世界大战期间和随后几十年的冷战期间。

1942年6月，美国建立了战略服务局，这是一个使命不仅包括收集情报，而且还包括执行破坏任务和在轴心国（德国、意大利和日本）占领区援助抵抗运动的机构，它和它的英国同僚特别行动处，有着紧密的合作。战略服务局从常春藤联盟大学和东海岸的其他"机构"吸收了许多技术人员。它在自己的秘密行动中，使用了各种样式的非比寻常的武器，其中许多是由国防资源保护委员会开发的，像著名的"解放者"单发手枪和从英国借来的武器。

第二次世界大战让位于冷战后，美国中央情报局取代了战略服务局。中央情报局继续使用战略服务局最具效力的武器之一——5.58毫米口径的高标准自动

⊙ 飞镖和匕首

这是战略服务局和特别行动处使用的两种武器：飞镖（上面的图）可以通过使用橡皮条的手枪型弩弓射击，而更容易藏匿的手腕匕首则大量地配备给盟军的间谍。

⊙ 止咳糖盒手枪

据说，第二次世界大战期间，意大利法西斯政府的一名特工就使用了这种被伪装成一盒止咳润喉糖的手枪，来暗杀在瑞士的美国情报特工（作为中立国，在整个战争期间，瑞士都是特工和阴谋的温床）。要使这种武器发射，暗杀者需要打开盖子，然后在其中一块作为扳机的"止咳糖"上按一下就可以了。

知识档案

"解放者"手枪

虽然"解放者"手枪并不是专门为美国特别行动处制造的，但是这种手枪长期以来一直与这个机构存在（无论是正当还是不正当的）关系。"解放者"手枪结构很简单：它是一种单发手枪，通过一根滑膛枪管发射11.43毫米口径的ACP子弹。这种手枪由23块金属刻片制成，它有一个可容纳10发子弹的纸板盒（其中5发可以藏在握把的隔室中），一根用于退弹的木棒和一张没有文字说明的、带有连环画的枪械组装说明书。1942年，通用汽车公司的盖德兰比分厂制造了大约100万件这种武器。这种武器所有的枪种在打折商店卖到5美分到10美分的价格后，获得了"伍尔沃斯枪"的绰号。它的实际成本大约为2美元。

"解放者"手枪有效的射程大约为1.8米，确实是一种让使用者（如果他或她勇敢或幸运的话）缴获更好武器的武器。这种枪，很显然是用于发放给轴心国占领的欧洲或亚洲的抵抗者的，便于他们击杀那些落伍者和岗哨，这样就会缴获他们的枪，然后把这些枪再交到游击队手中。

恰恰是究竟有多少"解放者"手枪在军队中使用，在哪里使用，效力如何，这些问题在武器史学家们当中存在激烈的争论。虽然它们可能最初主要用于在纳粹占领的欧洲发放，但是在菲律宾和日本作战的游击队很明显也使用了一些"解放者"手枪，并达到了很好的效果。

在20世纪60年代早期，美国中央情报局开发出一种被称为"鹿枪"的枪械（一种9毫米口径的武器），从而重新提出了无掩饰的单发手枪的概念。

手枪。这种高标准自动手枪的样式接近于民用柯尔特伍德森手枪,它装备有贝尔电话实验室开发的消音器。为了遵守中央情报局这个机构"说得过去的抵赖"的规则,这种在中情局兵工厂制造的高标准自动手枪没有任何标记可以显示它的美国原产地。中央情报局也开发了自己设计的一系列非比寻常的武器,据说,这个机构在一次没有成功的暗杀古巴领导人菲德尔·卡斯特罗的行动中,使用了一种会爆炸的海贝。

克格勃(前苏联的秘密警察)有自己的特殊武器制造厂,这些武器中就包括:一种被伪装成口红的4.5毫米口径的枪(配给女特工使用),其绰号为"死亡之吻";一种发射手枪散弹的雨伞,1978年在伦敦,它曾经被用于暗杀保加利亚持不同政见者乔治·马林科夫;最为稀奇古怪的则可算是"直肠刀"——一种可以隐藏在身体内的匕首。

性能各异的水雷家族

水雷可以长期埋伏在水下给那些触碰它的舰船以不备之击,它还可以像导弹一样,主动追踪并击毁水下潜艇。在历次海战中水雷都得到了大量使用。在朝鲜战争、两伊战争以及1991年爆发的海湾战争中,水雷都发挥了巨大作用。水雷被人们形象地称作"水中伏兵"。水雷家族成员众多,个个都威力巨大,但这些水雷家族的成员却也是"性格"各异。

⊙ **总重约1000千克的锚—1大型触发水雷**

触发水雷是最早的水雷,它以头上伸出的几个触角而闻名,作为一种能漂浮的"刺猬"式的球形炸弹,舰船触碰到它的任何一个触角,都会引发爆炸。为什么这种水雷的触角碰不得呢?这与这种水雷的引爆机制有关,因为水雷的触角被舰船碰弯时,装在里面的电雷管与电池之间的电路立即就被接通了,电雷管产生火花,随之引起爆炸。

磁性水雷随后问世,它沉在海底,而不是悬浮在水中的某一深度,这使扫雷器很难扫到它。因为舰船是钢铁制造的,它在地球磁场的影响下,也会产生具有一定强度的磁场,所以当它在磁性水雷上方经过时,雷上的磁接收器就会接收到舰船磁场,然后装在水雷上的电雷管与电池之间的电路就通过控制仪器接通,引发水雷爆炸。这种水雷的爆炸场所虽然是在海底,但由于水的不可压缩性,可以把爆炸时所产生的巨大压力传到较远的地方,敌舰在水面一样会被炸毁。

音响水雷问世较晚,由于它尾部装了一个耳朵状的音波接收器,所以被人形象地称为"长耳朵水雷"。它的这只音波接收器"耳朵"能接收舰船螺旋桨和发动机发出的声波并将它们变成电信号,激活电路,使水雷爆炸。

水有这样的特性:在流速越小的地方压力就越大,而在流速越大的地方压力就越小。蚝雷,就是利用水的压力变化这一特性来引爆的。在蚝雷上都装有一个压力传感器,当舰船在它上方通过时,由于船的航行造成了船底水流速度加快,水压变低,它就会接收到水压降低的信号,并随即接通电路,引爆水雷。

此外更高明的是一种外形像火箭的"自动上浮水雷"。由于它里面装有超声波发生器和计算机,当舰船在它上方经过时,它就把超声波发生器产生的超声波反射回来。计算机在根据反射回波测定目标的距离后,就启动了水雷上的发动机,水雷上浮,引发爆炸,击毁敌舰。

随着科技的发展,形形色色的水雷不断地被研制和开发出来,其科技含量也越来越高,不久的将来,水雷家族中也许还会有更奇特的成员问世。

潜水艇的改进与应用

人类建造潜水艇的尝试可追溯到约1620年,荷兰人科尼利斯·德雷贝尔将划艇覆以涂满油脂的皮革,有一个供船桨伸出的覆盖着革质薄膜的防水孔,在伦敦泰晤士河水下,他向其资助人英国国王詹姆士一世展示了该潜水艇。

继德雷贝尔之后,有较为详细记载的制造潜水艇的尝试发生在北美。1776年,还是学生的大卫·布什内尔建造了桶形单人潜水艇"海龟号"。该潜水艇具有一个方向舵,两个手动操纵推进器,其中一个用于控制上下运动,另一个则用于控制向前运动。另外还包括一个手动排水泵,用于将水舱内的水排出,以浮出水面。同时,"海龟号"外侧则安了一个装满火药的容器,能够连到敌舰船体上。同时"海龟号"还设计了数个钩钩,用绳索连接到潜水艇内部,用做钩锁其他舰船等。布什内尔的潜水艇在美国独立战争时期下水测试,并准备攻击纽约港的英国军舰,不过还是以失败告终。

⊙ 大卫·布什内尔的"海龟号"属于原始潜水艇,潜水艇内必须灌入足够的空气以供潜水员在水下停留约30分钟。

1801年,美国工程师罗伯特·富尔顿在法国建造的"鹦鹉螺号"是一艘更为成功的潜水艇,它是铁质框架、外覆铜板的慢速手动曲柄潜水艇,长达6.4米,能携带4人在水下停留约3个小时,直到氧气耗尽。在一次演示中,该潜水艇成功炸沉一艘假想的敌舰。

1863年美国内战期间,工程师贺瑞斯·汉利依照富尔顿的设计为南部联邦建造了一艘潜水艇,该潜水艇配备了炸药,需要8个人驱动一根长曲柄杆转动推进器。不幸的是,在第二次试验中,潜水艇沉入海底,汉利与艇上人员一起命丧大海,不过他所设计的潜水艇却于1864年在查尔斯顿港浮出水面并成功袭击北方联军舰"霍萨托尼克号",随后因为撞锤卡在敌舰的船体上而一起沉入海底。

1851年,德国士兵威廉·鲍尔建造了"火潜者号",该潜水艇能携带3人,由其中2名成员踩动踏车驱动潜水艇前进,但是这一设计并不成功。1855年,他又设计建造了更大的"海恶魔号",长达16米,能搭载16人,"海恶魔号"较为成功,沉没前共完成过130多次潜水。1863年,法国工程师西蒙·布尔茹瓦设计建造了试验性潜水艇"潜水员号",采用了能排出压缩空气的引擎。1888年,法国迎来了潜水艇建造史上真正意义的成功,工程师古斯塔夫·泽德为法国海军建造了"吉姆诺特号",该潜水艇长17米,由功率达51马力的电动马达驱动1.5米的推进器,其在海面速度达11千米/小时,而水下速度也达到约8千米/小时。

知识档案

1620年 试验性木制潜水艇问世
1776年 布什内尔的"海龟号"问世
1801年 富尔顿式潜水艇问世
1863年 汉利式潜水艇问世
1897年 远洋潜水艇问世
1898年 霍兰潜水艇问世

另一些发明家试验使用蒸汽作为推进力建造潜水艇。由英国牧师乔治·加勒特设计建造的"我将再起号"采用木质结构,不过它每次潜入水下之前都不得不熄灭锅炉火,利用储存的热蒸汽作为动力在水下前进。1882年,瑞典军械商仿照加勒特的设计,建造了"诺登福特1号",重达60吨,并携带鱼雷发射筒。

美籍爱尔兰裔教师约翰·霍兰提供了潜

艇推进力问题的解决方案。由纽约芬尼亚协会(该组织由一群革命者组成,目标在于谋求爱尔兰从大不列颠王国独立)出资,霍兰建造了一系列采用混合推进器的潜水艇。该类潜艇在水面航行时,采用汽油机驱动推进,而水下行进时,则使用电动马达推进器。1883年建造的"荷兰Ⅰ号"为单人潜艇,长达4米;1878年建造的"芬尼亚撞击号"能搭乘3人,重19吨。1898年,经过一系列改进之后,"荷兰6号"潜水艇下水首航,该潜水艇长16米,能够以每小时11千米的速度在水下前进。同时潜水艇上还携带由英国工程师罗伯特·怀特黑德于1866年发明的自推进式鱼雷,以及甲板机关枪等。1900年,美国海军购买了这艘潜艇,后改名为"USS荷兰号"。不久,该潜艇又配备了美国工程师西蒙·莱克于1902年发明的潜望镜。后者曾于1897年建造远洋潜水艇"亚尔古号"。霍兰前后卖给美国海军6艘潜艇,并收到不少英国、日本、俄罗斯等国海军的订单。

⊙ "荷兰号"是史上第一艘实用型潜水艇,具有双重推进装置,当漂浮在水面上时,采用汽油内燃机驱动推进器前行,而处于水下时则使用电动马达驱动另一个推进器推动船体前进。

1908年,装备柴油机引擎的潜水艇在英国下水试航,完成了潜水艇的最终演化。随后柴油机成为潜水艇的标准动力装置。1955年,美国海军订购的"鹦鹉螺号"潜艇首次采用核动力装置,成为世界上首艘核动力潜艇。

"海上巨无霸"——航空母舰

航空母舰像陆地上的坦克一样,是海上军事活动的碉堡和大武器库。它的威力巨大,功能完备,在海陆、海空战争中具有举足轻重的地位,因此被人们形象地称之为"海上巨无霸"。

航空母舰上通常停放着上百架具有各种战斗能力的飞机:有专门进行投弹轰炸的飞机,有发射导弹的飞机,有进行侦察的飞机,还有垂直起落的飞机、预警飞机等。舰上的火炮和导弹发射架专门与来袭的导弹、敌机和舰船作战。航空母舰上还另外携带了核武器。优良的配备使航空母舰具有了其他任何舰艇都难以匹敌的攻击威力。

现代航空母舰以其担负的战斗任务不同,又可分为三类:攻击型航空母舰、泛用航空母舰和反潜航空母舰。攻击型航空母舰的甲板上停放着大批的战斗机和攻击机,适于大规模的海、空战。它能对敌方的重要目标进行轰炸,也能攻击敌方舰船,活动范围大,攻击力强,而且排水量在三类航空母舰中也是最大的。泛用航空母舰在攻击型航空母舰的基础上同时带有一批反潜设备和一些反潜直升机,因此这种航空母舰具有很强的独立作战能力。反潜航空母舰肩负着同敌方潜艇作战的主要任务,因为这种航空母舰上载有反潜飞机、垂直起落飞机和一批反潜设备。另外,它还可以用于支援登陆部队作战。

航空母舰按排水量大小也可分为三类:大型航空母舰排水量在6万吨以上;小型航空母舰排水量小于2万吨;排水量居于2万至6万吨之间的为中型。

虽然航空母舰身庞体重,可一点也不影响它的航速,每小时航速可达56~93千米,比起一般千吨以上的驱逐舰一点也不差;而且,由于航空母舰十分庞大,所以有很强的抗风浪能力,12级台风

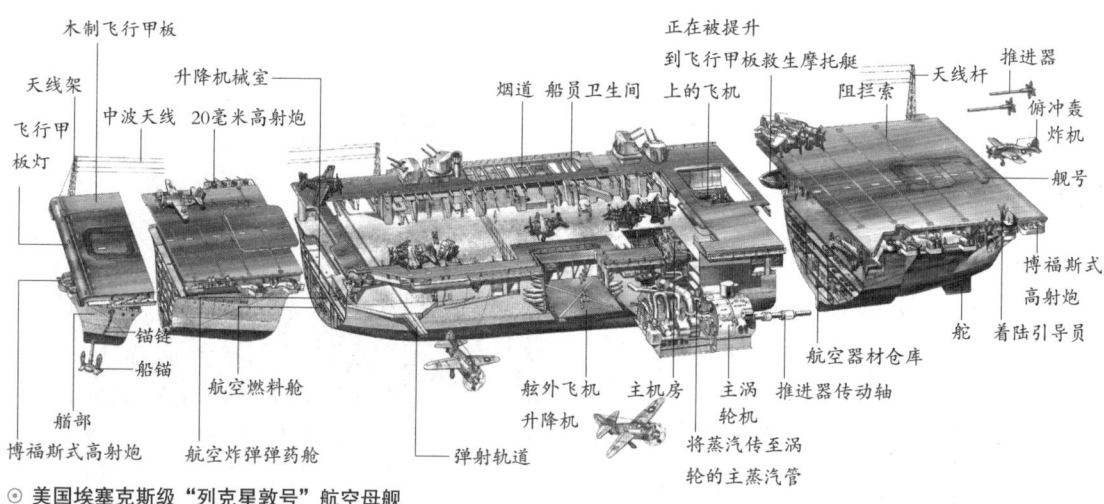

◉ 美国埃塞克斯级"列克星敦号"航空母舰

也不能妨碍它安全航行。航空母舰携带的大量燃料,使其具有很高的续航能力,在远离港口独立作战中,可以连续航行1万多海里。如果把核动力作为航空母舰的推动力,则它航行时间和航程都会变得更长。

但作为海上巨无霸的航空母舰,也存在一定的缺点:由于目标大,容易引发爆炸,而且作战行动也受到限制。航空母舰今后的发展方向是小型化。设计家们已提出一些新的设想,他们考虑在航空母舰上应用气垫技术,使它的航速提高到100节,这样就能取消弹射器和拦阻索,也可大大缩短飞机起飞和降落时的滑行距离。另外,有人为提高潜艇的隐蔽能力,还大胆设想将航空母舰与潜艇结合起来。伴随着科技的发展,在不远的将来,如果上述这些方案能够实现,航空母舰将拥有更加惊人的威力。

◉ 大型航母

美国有"企业"级、"尼米兹"级、"小鹰"级等多种大型航母。

战时侦察

想象一下,你下棋或玩另一种棋盘战术游戏时,如果只能偶尔看一下棋盘,或者只被告知对手的布局,那么你将会不知所措。下棋者希望看到游戏是如何进展的,也许还希望看到对手的表情,以便根据这些信息采取相应对策。

在战争中,侦察更像是观察棋盘和游戏对手。它是一种战术方法,需要了解敌人的位置、动向或计划,弄清楚作战地形和天气状况等。

在过去几个世纪里,侦察工作都是由大部队前面的轻骑兵巡逻小队完成的,使用的专门装备只有望远镜和一对双目镜。一旦发现敌人,他们就骑马尽快地把敌情传递回来。

19世纪末,踏板自行车非常流行,因为自行车队悄无声息,快速灵活。然而,随着内燃机和小型可靠无线通讯技术的发展,侦察技术发生了急剧变化。

装甲车和摩托车是在第一次世界大战中出现的。到了1939～1943年,德国士兵开始更加有效地利用它们,建造了装甲侦察车。通过向前推进,它们能够发现无防御的桥梁、雷区的安全地带和敌人防御工事中的弱点。这些有价值的信息通过无线通讯迅速反馈回来,大部队随后便开始向前推进。

侦察工作同样可以由离开车辆的步兵巡逻队、甚至潜水员和小型潜艇完成。1944年诺曼底登陆之前的几个月里,许多潜水小组就到达过法国北部海岸。他们游到岸边,检查每个滩头的坡度和防御情况,弄清楚海滩是沙粒、砂石还是泥土,因为对于登陆部队来说,这些都是非常重要的。

⦿ **空中侦察**
早在普法战争期间,当从热气球上首次拍摄照片时,空中侦察就开始了。现在,人们仍然使用人工驾驶的预警机收集照片情报。

⦿ **人造卫星**
人造卫星上安装的现代照相机能够拍摄非常清晰的图像,而且能够拍摄到世界任何一个地方。

⦿ **法国 VBL 装甲车**
这辆两栖装甲车配有机枪和米兰式导弹,主要用于战时侦察。

1982年马岛战争中,英国特别舟艇队队员和特别空勤队队员也登陆到岛上,侦察阿根廷军队的位置,帮助指挥官绘出了守卫部队的性质和力量分布图。1990～1991年海湾战争期间,英国特别空勤队进驻伊拉克,负责报告地形状况。他们希望的地形是对于坦克和装甲车较为有利的砾石沙漠。

侦察情报的收集同样可以通过特殊侦察机拍摄的航空照片和雷达图像完成。最先进的侦察情报收集技术是由遥控运载工具实施的。它们通常是一些装有照相机的小型飞机,照相机可以把拍摄到的地形图像传送到操纵遥控运载工具的基地。它们可以提供有关敌人的动向、位置等信息。

防毒面具的研制

第一次世界大战期间，德国与英法联军为夺取比利时伊伯尔的地盘而展开了殊死搏斗。英法联军凭着坚固的工事，誓死抵抗，击退了德军一次又一次进攻。

1915年4月的一天，夕阳西下，英军第五阵地沐浴在暗红色的晚霞之中。这时，一股西北风从德军阵地方向吹来，一个英国士兵将脑袋探出掩体，看见在对面弯弯曲曲的德军阵地前沿上，突然有一股黄绿色烟雾升起。这位英军士兵见后，大声呼喊，其他的英军士兵都探出头来，好奇地看着那奇特的烟雾。

烟雾在西北风的推动下形成一人高的烟墙，快速向英军阵地飘去。英军士兵还不知道他们正面临一场灾难，仍然对这股烟雾议论不停。当黄绿色的烟雾飘过阵地时，英军士兵立刻嗅出了有一股难闻的、带有强烈刺激性的气味，令人无法忍受。阵地上顿时人人都不停地流眼泪和鼻涕，咳嗽声不断，每个人都感到像有一只无形的手在掐住自己的脖子一样透不过气来，不一会儿便头晕目眩，两腿一软倒了下去。

⊙ 随着生化武器在战场上的大量使用，防毒面具也成了战争中必不可少的装备之一。

原来，德军为了打破欧洲战场长期僵持的局面，首次使用了化学毒剂。他们在阵地前沿放了5 730个装有氯液的钢瓶，当顺风时，便向英法联军阵地敲开了瓶盖，释放出180吨氯气，导致英法联军中毒达1万余人，其中丧命的就有5 000多人。然而，当地的野猪却安然无恙。

此事引起了生物学家的兴趣，在反复研究和试验后，他们发现野猪在闻到刺激性气味时，会拼命地用嘴巴拱地。土被拱松后，便将嘴巴埋入泥土中，含有毒气的空气经过土壤颗粒过滤后，危害就消除了。因此，野猪幸运地逃过了这次灾难。

英国军事科学家深受启发，他们据此研制出了世界上第一批像猪嘴巴一样的防毒面具。这种面具用木炭颗粒做过滤层，内装可以过滤毒气的材料，后经多次改进，防毒面具采用的过滤材料更为先进，具有更大的吸附化学毒剂的本领，但原理和形状并没有改变。

隐身军服的发明

人类自身没有变色的本领，但是受变色龙的启发，运用现代科技，人类造出了可以隐身的隐身军服。

现代战争中，士兵往往穿着迷彩服，使自身的隐蔽性得到提高，以免被敌人发现。普通迷彩服分为丛林迷彩服、戈壁迷彩服、城市迷彩服、雪地迷彩服等，这样命名的原因是它们只能在特定环境中使用。那么，能否让军服随着环境的改变而变换颜色呢？科学家们从变色龙身上大受启发。

变色龙周身长着颗粒状鳞片，其躯体是扁平状的；虽然它

⊙ 野地作战的士兵在"迷彩服"这一先进隐身技术的庇护下更安全了。

的四肢较长，但爬行速度极慢；它的舌头长长的，它靠这条舌头捕捉虫类生存。因为它行动缓慢，为了能顺利捕获到食物且不被对手伤害，在世世代代的演化中，变色龙就具有了变色的特异隐身功能。这种功能就是可以根据所处环境的不同色彩、亮度，随时变换皮肤颜色，时而呈褐色，时而呈绿色，甚至呈现出黑色或黄白色，与周围环境浑然一体，变色龙真可谓"隐身天才"。

科学家利用变色龙变色的原理，致力于研究涂料、染料及其他材料——这些材料的颜色能随着光照、热辐射或其他物理场变化而自动改变，并且获得了突飞猛进的发展。比如，美军采用光变色染料染织的纤维布制成迷彩服，这种迷彩服能随穿者所处环境的改变而在瞬间改变色彩：在普通光照下呈军绿色，在夜间呈黑色；当受到核爆炸的光辐射时，会在0.1秒钟之内变成白色，从而可使光辐射对人体的危害大大减轻。这种衣服所起的作用类似于变色龙的皮肤，战士们穿上这种具有变色功能的衣服，就会成为名副其实的"变色龙"。

⊙ 迷彩服上的各色涂料在变换颜色、提高隐蔽性、吸收目标辐射的红外线、避开红外侦察等方面发挥着关键性的作用。

同样，这种技术也可以在其他武器装备的伪装上进行运用。如后来发明的一种涂抹在军舰、飞机、坦克等兵器上的变色油漆，即能在晴天呈银灰色，在阴天呈暗绿色，夜间或在红外线照射下呈黑色。变色油漆还常涂刷在各种易发热的工业设备上，比如飞行器、电动机、防热隔层等，使这些设备的表面颜色随温度变化而变化，用以报告温度变化，从而能凭借它来防止因过热而发生的事故，所以人们称它为"示温漆"。

在现代战争中，光电、传感、微处理技术等高科技已被广泛应用，从而使单一的目视观察战场侦察体系，发展成为将光学侦察、雷达侦察、热成像侦察、遥控传感器侦察等综合运用的，空地一体、全方位、全天候的侦察体系。这种侦察体系侦察功能强大，普通军服往往会很容易被识破，只有迷彩伪装能对付它，防光学、红外线、雷达等综合侦察的新型染料、涂料在高性能侦察体系刺激下不断涌现。人们还在树脂中掺入铝、铜、铁或特殊合金材料等导电纤维，制成用于迷彩飞机、坦克、军舰、火炮、导弹等兵器的防雷达侦察材料，这类涂料能有效地将雷达波的电磁能量吸收、消耗掉。

针对红外侦察器材和红外制导武器的特性，专家们还研制出种种防红外侦察材料。利用防红外侦察涂料迷彩，能与周围背景的色彩相互一致，使安装有红外夜视仪即一种自身带有红外光源的发射系统无法找到目标。经过防红外侦察涂料迷彩的目标，其涂层能将自身辐射的红外线吸收掉，并将其转化为其他形式的能量，隔绝"屏蔽"红外辐射，产生漫反射，从而使热目标的显著性降低，这样，能躲开红外侦察。这些能使目标得到隐藏的迷彩服，也能让热成像仪等侦察器材迷茫。

这种隐身技术应用范围越来越广，在未来高科技战争中也会发挥越来越大的作用。

⊙ 身着戈壁迷彩服的美军士兵正在执勤。

隐形飞机为什么能隐形

隐形飞机是一种专门用于夜行的飞机。由于采用了特殊技术,使它对雷达波的反射面积比飞行员头盔的反射面积还小,因此很难被敌方雷达发现,所以被称为"隐形"飞机。

在海湾战争中,美国F-117A型战斗轰炸机在对伊拉克的地空导弹基地、指挥中心和"飞毛腿"导弹基地等进行轰炸中,投弹

⊙ 美国 F-117A 隐形轰炸机

命中率达80%。它素有"战斗机中的骄子"的美称,这与它独特的隐形能力是分不开的。

那么,隐形飞机为什么能隐形呢?美国已公开使用了具有"隐形"能力的F-117A战斗轰炸机和B-2轰炸机,从它们来看,特殊的外形以及能吸收雷达电磁波的材料的使用,都是它们之所以具有隐形能力的原因。

F-117A型飞机采用后掠机翼和"V"型尾翼,看起来像一架普通航天飞机。它的表层是由许多小平面拼合而成的多角多面体,能使大部分敌方雷达照射的电磁波立即分散反射,从而使返回的电磁波不能被敌方雷达接收。

B-2型飞机的机翼和机身连为一体,有呈锯齿状的后尾,外形像一只蝙蝠。整个飞机的外形呈流线型,曲线极为流畅圆滑,可将敌方雷达发射的电磁波向着不同的方向散射。

这种"隐形"的F-117A战斗机,造价高达每架4500万美元,机舱只有一个座位,在美国武器库中也仅有56架这样的飞机。

1999年3月,在以美国为首的北约部队对南联盟的军事轰炸过程中,美国又派出了F-117A隐形轰炸机进行突袭。然而,这种被称为"夜鹰"的隐形飞机在飞到塞尔维亚上空时,却被前南斯拉夫军队击落了一架,驾驶员被俘。这打破了"夜鹰"隐形战斗机可以避开雷达的搜索不被击落的神话。

近年来,一些国家为提高飞机、导弹等的作战能力和生存能力,都在大力研制隐形飞机和隐形武器,及隐形远程侦察机。科技的发展日新月异,相信在不远的未来,隐形技术将被广泛地用于各个领域,到时候巡航导弹和卫星也都可能会变成隐形的。

改变世界的火箭

1969年,一艘巨大的"土星V"火箭将三名美国宇航员送上月球,其中有两名登陆月面。过了没多久,另外的火箭将他们安全地送回了地球。这项起源于将近8个世纪之前的中国的古老技术让这一切成为了可能。

中国在1100年前后开始使用火箭,那时主要是作为观赏性的烟花和战场上的武器。中国古代的火箭技术很快传到了欧洲,1288年,摩尔人就曾用火箭攻击西班牙的巴伦西亚。后来出现了多级火箭(将一个火箭装在另一个的顶部)。1715年,俄国的彼得大帝在圣彼得堡附近建立了一个火箭制造工厂。

知识档案

1806年	康格里夫火药火箭问世
1844年	黑尔自旋稳定火箭问世
1926年	戈达德液体燃料火箭问世
1931年	汽油/液氧火箭问世
1944年	德国V-1和V-2火箭问世

这些早期的火箭都是固体燃料火箭，燃烧黑色火药——木炭、硝石和硫磺的混合物。1806年，英国军事工程师威廉姆·康格里夫开始研发带爆炸弹头的火箭，发射弹药点燃后，当火箭命中目标时，就触发了弹头中火药的爆炸。有些类型的康格里夫火箭重达27千克，利用斜面发射，这类火箭可以命中2.5千米外的目标，曾在拿破仑战争中作为大炮使用，轰炸法国布伦(1806年)和丹麦哥本哈根(1807年)。在革命战争期间，英国曾经建造了可发射火箭的舰船来抵抗美军的攻击。

康格里夫火箭有一条长长的木制箭尾，就像现代的烟花。为了提高火箭在飞行中的精确性和稳定性，1844年英国发明家威廉姆·黑尔在火箭的尾部装上3只倾斜的安定翼，这能使火箭自身旋转从而达到稳定。这样火箭就不用装上长长的木制箭尾了。19世纪中期，墨西哥战争和美国南北战争中都使用了黑尔火箭。军用火箭发展曾一度陷入低谷，直到20世纪30年代多级火箭发射装置和导弹的出现。火箭除了军事用途外，还应用到了其他的方面，比如1928年，在德国，一辆由28只火箭驱动(按顺序点燃)的汽车行驶速度达到了180千米/小时。

1903年，俄国天体物理学家康斯坦丁·齐奥尔科夫斯基首先完善了现代火箭技术理论，但是他的火箭技术理论直到1926年由美国发明家罗伯特·戈达德发射了第一颗液体燃料火箭才得以应用到实际，并预示着火箭的发展进入了一个新的时代。戈达德使用汽油和液氧作为燃料，在他马萨诸塞州的奥本市的姑妈家农场里将火箭发射升空，火箭的速度达到了105千米/小时，并且攀升到距地面约12.5米的高度。1935年，戈达德火箭飞行的速度已经达到1000千米/小时，攀升的高度达2400米。

戈达德的研究成果并没有引起美国政府的兴趣，但他仍然继续潜心研究火箭技术。在德国，科学家赫尔曼·奥伯特领导了一个研究小组在1931年成功研制出汽油与液氧混合的液体燃料火箭。他们的研究在两年后受到了来自由谢尔盖·科罗廖夫领导的前苏联火箭研究小组的竞争。1930年，18岁的工程专业学生沃赫·冯·布劳恩加入了德国的火箭研究小组，研究小组得到了德军的支持，并于1936年在波罗的海岸佩内明德获得了一批研制火箭的新式设备。在这里，冯·布朗指导研制V-1和V-2火箭。V-1由脉冲式喷气发动机提供炸弹(导弹)飞行的动力；携带1.1吨重弹头的V-2型火箭弹是第一枚可导引的液体火箭动力导弹。在第二次世界大战结束前夕，德国用这两种导弹轰炸了英国东南部。

第二次世界大战结束后，冯·布劳恩和德国其他许多科学家在美国新墨西哥州的白沙实验场继续进行火箭的研究工作。他们以V-2为雏形，在1946～1952年间共发射了60多枚火箭。他们在V-2火箭的"鼻"部接上了一枚更小的火箭，这也就是二级火箭，这一改进使火箭飞得更高。第二次世界大战结束后，美国和前苏联的火箭技术都发展迅速，争相研制洲际弹道导弹和太空运载火箭，这一空间军备竞赛持续了30年。

⊙ 第二次世界大战中，前苏联的喀秋莎移动式火箭发射装置是一种精度不高但威力很大的武器，可以连续地快速发射6～7枚高爆炸力火箭。

能追踪敌机的"响尾蛇"导弹

20世纪50年代以前,在空战中一直使用传统导弹来攻击目标,但这种导弹有很大的局限性,它只能飞向目标的预期位置,倘若敌方的飞机及时发现并很快逃离,导弹便无法击中。那么,能否制造一种能够追踪敌机的导弹呢?

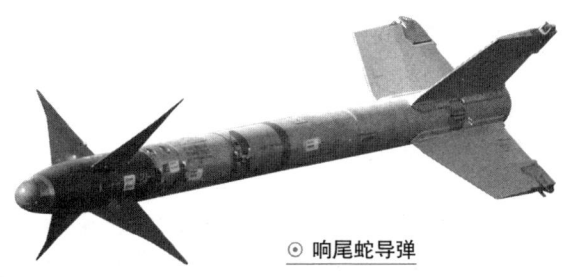
⊙ 响尾蛇导弹

我们知道自然界中的任何物体,都能向外发出一种人眼无法看见的红外线。这种红外线的强弱因物体温度的高低而不同:温度越高,发出的红外线越强。据此,科学家制造出一种奇特的导弹,它可以跟踪目标发出的红外线直至将其击中,这种神奇的导弹就是"响尾蛇"导弹。

"响尾蛇"导弹的外形细长,呈圆柱状,有2米多长。它可大致分为4大部分,即导引机构、战斗部、火箭发动机、弹尾,其中导引机构的位置最为靠前,它的作用是控制导弹飞行;接着的战斗部用来装炸药;再下来是用来推动导弹向前飞行的火箭发动机;弹尾是最后一部分,它的上面装着弹翼,这部分的作用是使导弹在飞行时能保持稳定。这种导弹射程很远,能击中74千米以内的目标。

响尾蛇的得名是因为它摆动尾巴的时候,尾部的鳞片会因摩擦而产生声响,它是一种很毒的蛇。响尾蛇的颊窝位于眼睛和鼻孔之间,像一个开口斜向前方的漏斗,是一种灵敏异常的"热感受器"。颊窝分为内外两室,中间仅隔一层25微米厚的薄膜,膜上分布有5对具有热敏性神经细胞的神经末梢,因此颊窝对温热变化感觉十分灵敏。响尾蛇捕食动物时,不是用眼睛去看,而是根据颊窝感受到的外界红外线的强弱来判断食物的位置和种类。

美军导弹专家深入研究响尾蛇攻击目标的原理后,研制出了一种用红外线制导的名为"响尾蛇"的空对空导弹。一种红外自动探寻的制导系统装在这种导弹最前端,这种系统就是根据响尾蛇身上的"热感受器"得到启发而发明的,它能觉察并接收红外线。因为飞机尾部喷出的气流温度高,所以放出的红外线就强,位于导弹头部的红外探寻装置接收的红外线也就多,通过导引机构来跟踪这来源较强的红外线,导弹就会追踪放出红外线的飞机,直到击中敌机。

现代战斗机随着性能的不断增强,也逐渐找到了对付这种导弹的办法。因为"响尾蛇"导弹是根

⊙ 正发射"响尾蛇"导弹的F-16战机

据飞机尾部所发出的红外线来判断飞机位置的,所以,如果在响尾蛇导弹靠近飞机时,飞机突然转弯,使得它尾部喷出的气流也迅速改变了方向,导弹就难以接收到原先追踪的那束红外线,而此时太阳光发出的红外线就相对较强了,于是导弹就朝着太阳的方向飞去。这样就可以摆脱导弹的追踪。

然而,"响尾蛇"导弹还是有很大威力的,也许在不远的将来会有对付这种导弹的新型武器出现。

"长着眼睛"的巡航导弹

1991年的海湾战争中,以美国为首的多国部队大规模空袭了伊拉克和伊拉克占领的科威特境内的军事目标。刚开始,美国就从海面舰艇上发射了一种首次使用的"战斧"式巡航导弹,用来对伊拉克的重要军事目标进行打击。这种被列为美国新式战略武器的小巧导弹在海湾战争中的实战命中精度相当高。

"战斧"导弹的远距离攻击为什么会这么精确呢?这是因为"战斧"导弹有一个独特的会认地图的优点,它能按地图标明的路线飞行,从而使它击中目标的准确率变得很高。

⦿ 正在发射的"战斧"式巡航导弹

那么这种"战斧"巡航导弹是如何认地图的呢?秘密在于装备在这种导弹上的"等高线地形匹配系统",这是一种读取地面地形图的装置。这种装置储存着导弹飞向目标途中经过的全部陆地地形的数字信息,而这些信息大多数是由间谍卫星或间谍飞机在和平时期拍摄的。当导弹飞距目标 11~13 千米时,这种读取地面地形图的装置才开始工作。认地图装置开机后,认地图装置中储存的信息和导弹内的摄像机在飞行过程中摄取的导弹下方的陆地地形信息会进行比较,这样导弹离目标的距离有多远,便可以计算出来,导弹距飞行前确定的航线的偏差也能计算出来。然后这些计算数据被输送给导弹的控制系统,导弹受到正确的操控就会往正确航线上飞行了,这种对偏差的纠正一直持续到飞达目标为止。

除了这一显著优点外,"战斧"式巡航导弹在其他方面也相当出色。它的重量只是同射程的巡航导弹的1/10,身长仅 2.9 米,但却能将 2 000 千米远的目标击毁。它有飞机一般的流线型的外形,其发动机和飞机一样采用空气喷气方式,直接从大气中获取燃烧所需要的氧,这一措施使它的体积和重量有效地减小了。

体积和重量的减小,使巡航导弹一方面有效地减少了对敌方雷达波的反射面,降低了被敌方发现的几率;另一方面,重量轻、体积小使发射、储存、运输和维修等也方便了不少,发射前导弹的弹翼和尾翼还可以折叠起来。

导弹在水面上飞行,高度为 20 米左右;在丘陵地带,高度约为 50 米;在山丘地带,高度为 100 米;接近目标之后,保持小于 20 米的飞行高度。这种巡航导弹也适于低空突袭,可以维持在 15 米以下的低空飞行高度。它不但命中率高,而且还可以从舰艇上、空中、水下和陆上进行发射。巡航导弹发射后,先采取高空飞行,因为高空阻力小,可节省大量的燃料。导弹的飞行高度在到达敌方上空后便自动降低,这样便不易被敌方雷达发现。另外,这种导弹还可以自动避开高山,敏捷度极高。

美国对"战斧"导弹情有独钟,屡次将其作为打头阵的先锋和主要攻击武器,这是与它本身的优越性能密不可分的。"战斧"导弹的优点是空军轰炸机所不能比拟的。首先,这种导弹是在敌防空区外发射的,这样发射人员就避免了很多危险。其次,这种导弹的制导系统使它能躲避敌方火力。再者,这种导弹的发射可在远离陆地的军舰上进行,不需要任何海外基地的使用权。

人们在形容"战斧"这类高精度的巡航导弹时,常说它们是长着眼睛的,这一点也不奇怪。这类科技含量高、精度高、具有突出优越性能的巡航导弹已被广泛应用于现代战争中,随着更多高新技术被应用于武器制造中,相信更先进的、精度更高的巡航导弹在不久的将来就会被研制出来。

⊙ 美国的"战斧"式巡航导弹正在发射,它是一种远距离精确制导武器。

导弹之最

射程最远的导弹

美国"大力神"导弹于1959年开始服役,射程为16 669千米,比在西方导弹基地打击前苏联领土内任何目标所需要的射程还多4 828千米。代号为"撒旦"的SS-18是射程最大的俄罗斯导弹,它从20世纪80年代初开始服役,能够有效打击12 070千米以内的目标。

最早的导弹

世界上最早的导弹是1944年德国研制成功的V-1火箭,因其外形像一架无人驾驶飞机,又称飞机型飞弹。该火箭是世界上最早的战术导弹,也是现代导弹的雏形。弹长7.6米,弹重2.2吨,最大直径0.82米,翼展5.5米,最大

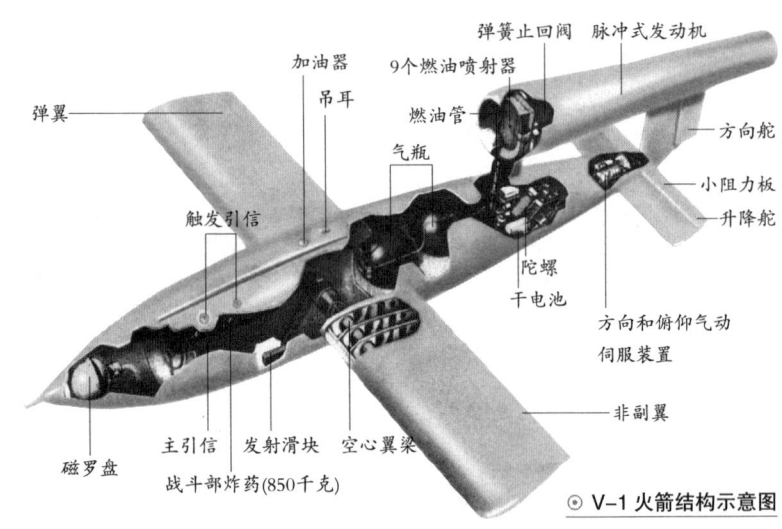

⊙ V-1火箭结构示意图

飞行速度为 650 千米/小时，射程 370 千米，飞行高度为 2 000 米。第二次世界大战时德国使用该火箭袭击英国，先后共发射了 1 万多枚，其中有 50% 被英国飞机和高炮等武器拦截，只有 32% 真正落在英国境内。这也是世界上最先用于实战的导弹，以后的导弹都是在它的基础上发展起来的。

速度最慢的导弹

世界上速度最慢的导弹是法国北方航空公司研制的 SS-10 反坦克导弹，它的飞行速度仅有 285 千米/小时，弹长 0.86 米，弹体直径 0.165 米，翼展 0.75 米，有十字形弹翼，弹体呈圆柱形，头部为钝圆卵形。这种导弹于 1956 年装备部队，主要用于攻击坦克、装甲车、碉堡等地面目标，后来发展为吉普车和直升机载反坦克导弹。在一段时间内，该导弹的月生产量达 450～500 枚，后来被新型导弹代替。

⊙ 德国 V-2 火箭

最早的弹道式导弹

1939 年，在著名火箭专家冯·布劳恩的领导下，德国开始研制世界上第一枚弹道式导弹——V-2 火箭。此火箭于 1944 年 6 月经实验发射成功，1944 年 9 月 6 日进行第一次实弹发射，是世界上首次用于实战的弹道导弹。

该导弹弹长 14 米，弹径 1.6 米，战斗部装炸药 750 千克，采用液体燃料火箭发动机，惯性制导。其起飞质量约 13 吨，最大飞行速度 1 700 千米/小时，射程约 240～370 千米，是弹道主动段为自主控制的单级弹道导弹，是弹道导弹的鼻祖。

速度最快的导弹

世界上速度最快的导弹是美国"大力神"II 型洲际弹道导弹，它曾被设置在美国亚利桑那州戴维斯·蒙赞空军基地、堪萨斯州麦康内尔空军基地和阿肯色州小石城空军基地。这种导弹的最大飞行速度为 27 360 千米/小时。

美国"大力神"II 型地地洲际弹道导弹代号 SN-68C，属于美国第二代战略导弹，主要用于攻击地面战略目标。其全长 33.52 米，命中精度 0.93 千米，反应时间 60 秒，发射成功率 85.7%。1960 年 6 月由马丁公司研制，1963 年底开始装备部队，1987 年退役。

资历最老、最普及的弹道导弹

前苏联"飞毛腿"B 战术弹道导弹在导弹家族中资历最老，而且也是世界上最普及的战术弹道导弹。它是前苏联于 1962 年在"飞毛腿"A 型导弹的基础上成功研制出的一种新型弹道导弹。从 1965 年起，该导弹就出口到华沙条约多个成员国和多个中东国家。据估计，前苏联一共生产了大约 7 000 枚"飞毛腿"B 型导弹。

后来，在"飞毛腿"B 型导弹的基础上，前苏联和其他一些拥有该导弹的国家纷纷研制出该导弹的改进型，如"飞毛腿"C 型弹导和"飞毛腿"D 型导弹等，从而使"飞毛腿"B 型导弹及其改进型成为世界上拥有国家最多的弹道导弹。

⊙ "飞毛腿"导弹

"飞毛腿"导弹是前苏联于 20 世纪 50 年代末开始研制的一种地对地战术弹道导弹，主要用于打击敌方机场、导弹发射场、指挥中心和交通枢纽等重要目标。

343

化学武器和原子弹

几个世纪以来，战争已经导致了大规模毁坏和无数灾难。然而，直到20世纪才出现"大规模杀伤性武器"这个词，它指的是化学武器、生物武器和核武器。生物武器和化学武器是现存最早的大规模杀伤性武器，在国际上已被禁止使用。

在古代，军队就使用过动物的尸体污染水源或者利用患疫病的老鼠在被围困城市里传染疾病。

现代首次使用化学武器是在第一次世界大战中。1915年4月，德国在伊普斯地区释放了氯气来对付英法军队的攻击。现有的大多数战争毒气都是在第一次世界大战中发明出来的，它们能够导致人们暂时窒息、皮肤泛起水泡或毒害血液。这种起泡剂被称为"芥气"，因为它能够发出芥菜一样的气味。

> **知识档案**
>
> 1915年3月 德国在第一次世界大战西线战场中使用化学武器。
> 1939～1945年 德国研究人员研制出神经毒气。
> 1945年8月 美国向广岛投放原子弹。
> 1945年8月 美国向长崎投放原子弹。
> 1949年 前苏联引爆本国第一颗原子弹。
> 1952年 英国引爆本国第一颗原子弹。
> 1966～1973年 美国在越南使用橘剂落叶剂。

到第一次世界大战结束时，炮弹中掺进了毒气。当士兵攻击时，这些炮弹就像常规炮弹一样被发射出去。

纳粹德国制造了最高效的化学毒剂——神经毒气，主要有"塔崩"、"沙林"、"索曼"等，这些神经毒气可以破坏人的神经组织，在短短几分钟之内致人死命。纳粹德国并没有使用过这些毒气，因为他们害怕盟军同样会使用它们进行报复。事实

⊙ **呼吸器**
装备着ABC-M17头盔式呼吸器的美国士兵。

⊙ **导弹**
导弹被称为"弹道导弹"，因为它可以像远程炮弹一样沿曲线飞行。

上盟军并没有这些武器。

两伊战争期间（1980～1988年），伊拉克使用了芥气和神经毒气，致使没有任何防护措施的伊朗军队4万人受到毒害。

原子弹是第二次世界大战期间由罗伯特·奥本海默领导的欧洲和美国原子弹研究小组在美国研制成功的。这项计划的动力源自盟国害怕德国物理学家同样在进行原子弹的研制。1945年4月16日，第一颗原子弹在新墨西哥试爆成功。1945年8月6日，代号"小男孩"的原子弹降落到日本广岛，3天以后，代号为"胖子"的第二颗原子弹被投放到日本长崎。这两颗原子弹引爆的能量相当于2万吨高爆炸药。在广岛，有7万多人丧生；在长崎，共计4万人丧命。

大规模杀伤性武器

核武器和生化武器是非常可怕的，因为它们造成的损害巨大，几乎无法弥补。生物武器使用的病毒和细菌可以自行再生，核爆炸后产生的放射性物质可以持续几个世纪，它们造成的伤害能够通过风和气候变迁扩散到广大的地区。这些特征使得它们完全不同于那些只是在引爆时造成伤害的常规武器。

⊙ 原子弹

这颗原子弹代号"小男孩"，1945年8月6日被投放到广岛。它的威力相当于2万吨高爆炸药，造成78150人丧生，方圆10平方千米的城市毁于一旦。

⊙ 巡航导弹

一颗设计精巧的核巡航导弹正在自动追踪目标。

太空"间谍"——侦察卫星

目前世界各国不论在经济上还是军事上竞争都十分激烈，为了不让其他国家了解自己的真正实力，每个国家都对外做着严格的保密工作，可是即使如此，一样有机密不断被泄露，那么，是谁有这么高超的本领，能够专门窃取机密呢？它就是太空"间谍"——侦察卫星。

所谓的侦察卫星，就是利用侦察设备，在180千米到36 000千米高度的地球轨道上实行侦察的卫星。它利用光电遥感器或无线电接收机做侦察设备来搜集地面、海洋或空中目标的情报。它通过无线电传输方式，把信息传送给地面，由胶卷、磁带等记录贮存于返回舱内加以回收，人们获得的情报就是

高分辨率望远镜

⊙ "太阳神"1号卫星

法国"太阳神"1号卫星是一颗间谍卫星，运行在近地轨道上，能够辨认出地球表面与自行车大小相当的物体。在拥有精密的间谍卫星的国家中，"太阳神"间谍卫星具有很大程度的代表性。

345

从这些信息中提取的。

侦察卫星的分类很多,太空间谍的工作都由它来完成。它包括照相侦察、电子监视、海洋监视、核爆炸探测和导弹预警卫星等。侦察卫星在军事上有广泛的用途。它的发展也十分迅速,侦察卫星可以在160千米的高空发现0.3米大的目标,而在1915年,飞机在900米高空处都探测不到地面上的士兵。侦察照片的分辨率可以和航空侦察照片相媲美。正是1957年的人造地球卫星开辟了高空侦察的新天地,成为侦察工作最好的助手。20世纪50年代末的前苏联一改技术落后的旧貌,一次次将洲际导弹、人造地球卫星和月球火箭成功发射,一下子震动了世界。美国因此也不甘示弱,开始试验侦察卫星"发现者"。自从侦察卫星成功工作后,美国从此不断地研制和发射侦察卫星。长期的经验使美国侦察卫星不论是工作寿命,还是相机分辨率及情报的传递,都有了很大的长进。到今天为止,美国的侦察卫星已经发展了五代。前苏联从1962年开始每年平均发射侦察卫星30余颗。在同美国的角逐中,它发射卫星的数量竟是美国的七八倍。

各国之所以如此热衷于侦察卫星的研制发射,是因为它的确具有很多优点。它飞行速度快,侦察范围广,以高于V-2飞机20倍的速度,每天绕地球飞行十几圈。能迅速完成大面积侦察,或定期侦察某些地区,如此快的速度,却并不影响它的侦察效果。无论在哪个国家,无论什么样的地理状况和气候特点,都无法阻挡它,它毫无拘束地、自由自在地进行实时侦察与监视,发现更多的目标。卫星侦察成败的关键在于它能否把偷窃到的军事情报及时准确地送回。目前有效的方式之一是在侦察卫星的头部放一个回收舱,把拍好的胶片贮存在回收舱的暗盒里。

侦察卫星的工作效率如此高,就如同具备了一双"千里眼",长出了一对"顺风耳"一样。一台可见光照相机就是侦察卫星的"千里眼"。由于照相机焦距长短、胶片质量及卫星的轨道高度不同,它拍出照片的清晰度也不同,这跟普通照相机的性能是一致的。人们为了最大限度地提高分辨率,已经把卫星照相机的焦距做到2~3米。照相侦察卫星的轨道高度一般在150~200千米之间,低于这个高度,卫星会很快坠入大气层烧毁,因为它承受不了低空大气的阻力。随着遥感技术的发展,把红外遥感相机安装在侦察卫星上,使太空"间谍"又添了一双特殊的"眼睛",实际是一种"夜视眼",即在漆黑的夜晚,也能对地面军事目标拍照,使侦察卫星的"眼睛"更加明亮。那么,什么是侦察卫星的"顺风耳"呢?其实就是专门收集各种电信号的窃听器。敌方军事信息就是把获得的这些电信号进行处理分析后获得的。30多年来,侦察卫星主要服务于战略目的,难道侦察卫星只能为战争服务吗?当然不是,除了应用于军事外,它在农业、森林、水文及环境保护、地质、地理、海洋等许多领域被广泛应用。它提供了更多的信息,让人类自如地去驾驭大自然。

有了侦察卫星,就有大量的、准确的信息提供给了人类。相信有一天,研制卫星不再是因为战争,而是更多地服务于人类生活。

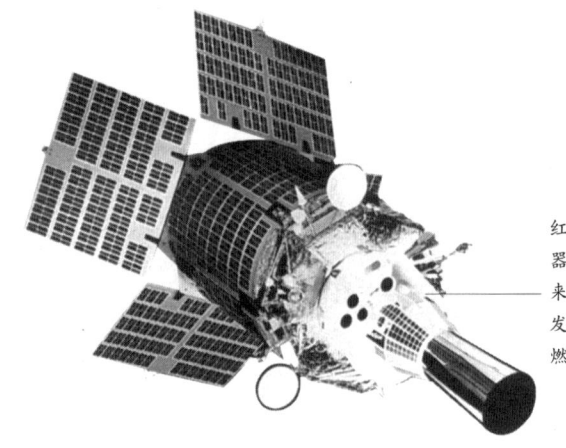

红外探测器,主要用来监测导弹发射时排出燃气的高温

⊙ **DSP卫星**

美国从20世纪70年代开始施行防卫支持计划(DSP)。卫星进入地球同步轨道后,每颗卫星能够监测地球表面相当大的一部分。它们携带的探测器能够侦察到弹道导弹的发射,并且在导弹点火的同时把报警信号发回地球。DSP能够迅速发现导弹发射,从而保证有充分时间对任何攻击进行报复性还击。

交通与通信
Traffic and Communications

铁路运输

⊙ 穿越城市的快速列车

对于火车来说，单是一辆货车一次就能运输 20 万吨铁矿石，而客车通常有很多节车厢，一次能运输几千名旅客。火车车轮是钢制的，边缘凸出，恰好沿着铁轨内侧高速运行。铁轨非常坚固，能够承担极大的重量，因而火车的运输量要比公路车辆的运输量大得多。但是，并非所有的铁路运输工具都在铁轨上运行——单轨列车在铁轨下运行，而磁悬浮列车则悬浮在铁轨上方运行。因为火车的运行速度极快，那些控制它们的转换器和信号必须足够准确，以保证火车的安全运行。

单轨列车

单轨铁路使用的轨道只有一条，其路轨一般以钢筋混凝土制成，而列车要么悬挂在轨道之下运行，要么跨坐在路轨之上。当列车在路轨上行驶时，车轮会在路轨的上面及两旁转动，推动列车前进，并维持车身平衡。单轨列车已有 100 多年的历史，最早的单轨铁路于 1901 年建在德国的伍珀塔尔。现今，东京和西雅图都有单轨列车系统。

交通信号

交通信号提示列车工作人员铁道上是否存在着危险。线路值班员通过关闭某一路段来阻止列车进入已经被其他列车占据的铁轨。欧洲和日本的一些铁路段已经安放了高级列车保护装置，在这些铁轨上运行的火车能够接收相关铁轨的信息，并通知驾驶员应该以怎样的速度行进；如果驾驶员未能及时做出反应，火车就会自动减速。美国正在开发高级列车控制系统，这套系统将依赖卫星及其他一些高科技通讯设备实现相应的功能。

铁路旁轨

列车驾驶员无法自由操纵列车行进的方向，因而有时候，列车必须改行其他铁轨才能改变行进的方向。铁路上有一些岔口，此处原来的铁轨经道岔尖轨分支出两条新的铁轨，各自通往新的方向。这两条新的铁轨称为铁路旁轨。当火车行至此处时，由先前的轨道平稳地滑向新的轨道，就能改变行车的方向。两个道岔尖轨的一端为枢轴，另一端的下方有一个滑行器，滑行器由电磁铁驱动着缓慢滑动，使道岔尖轨的另一端滑向原铁轨，火车从而能够平稳地从原来的行进方向过渡到新的行进方向。

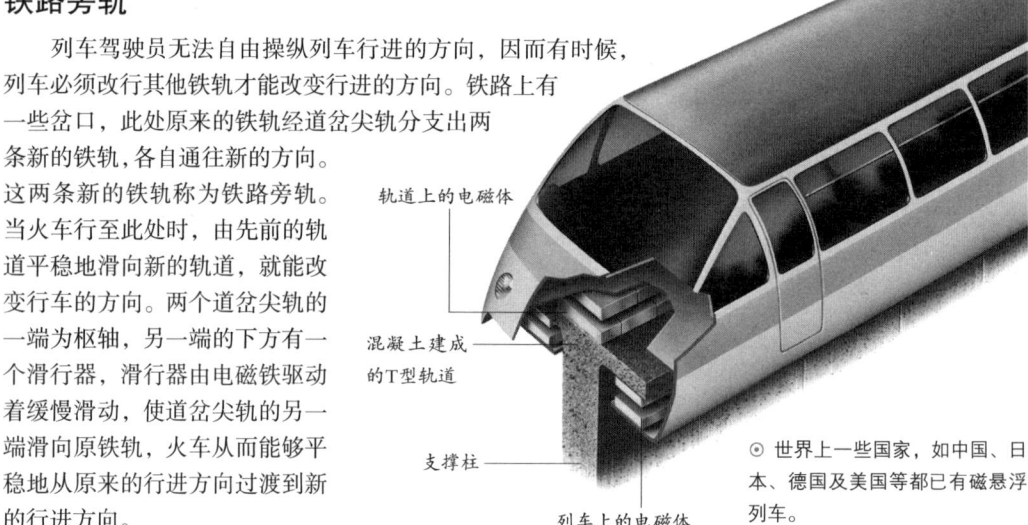

⊙ 世界上一些国家，如中国、日本、德国及美国等都已有磁悬浮列车。

磁悬浮列车

两个同名磁极靠近时会互相排斥。磁悬浮列车正是利用这种同极磁体间的斥力，使列车悬浮在铁轨之上运行。铁轨上使用的电磁铁的磁性极强，能将整个列车托起，使其悬浮在距离铁轨几厘米的空中。该系统完全消除了列车与地面的摩擦，因而磁悬浮列车能够以每小时480千米甚至更快的速度平稳而安静地运行。美国和日本分别拟建从加利福尼亚的阿纳翰通往拉斯维加斯，从东京通往大阪的高速磁悬浮铁路线。但是鉴于磁悬浮系统的修筑费用极高，而可靠性又不是很好，因而目前仅用于短程、低速的铁路系统，例如中国上海就有专门开往浦东机场的磁悬浮列车。

> **知识档案**
>
> 日本的新干线子弹列车是世界上最快的定期班车，它从广岛开往小仓，全程192千米，耗时仅44分钟，时速达261.8千米。
>
> 全世界的铁路线总长约为130万千米。
>
> 历史上最长的火车是一列货车，拥有660节车厢，全长7.3千米，于1989年8月从南非的沙丹那驶向西城。
>
> 历史上最长的客车有70节车厢，全长1732米，于1991年4月从比利时的根特开往奥斯坦德。

公路运输

当今世界上的汽车总量已超过5亿辆，并且仍以2辆/秒的速度不断增加。机动车辆多种多样，从自带行李箱的豪华客车，到能够翻山越岭的四轮越野车，再到速度极快的摩托车，都属于机动车。虽然机动车的外形各不相同，但是它们的生产过程却大致一样。它们都需要有刹车系统，都由引擎或电动机驱动，都有一套传动装置来控制引擎产生的驱动力。

传动装置

汽车引擎只能在一定的速度范围内高速运转，而车轮的转速却可以随时改变，因此大多数汽车引擎和车轮之间都有一套传动装置，能改变引擎和车轮之间的连接情况，使匀速转动的引擎能够驱动车轮以不断变化的速度行进。将引擎调到低档，以增加其驱动力，从而使较小转速的引擎能够驱动重型车辆行进。在汽车加速或爬坡时，司机通常将引擎打到较低档来增加其推动力。对于那些有自动传动装置的汽

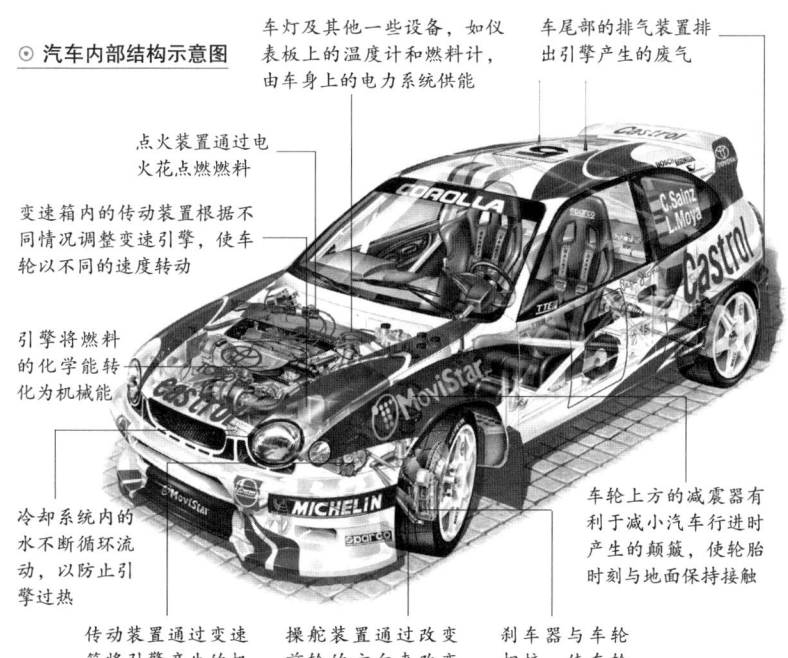

◎ 汽车内部结构示意图

车灯及其他一些设备，如仪表板上的温度计和燃料计，由车身上的电力系统供能

车尾部的排气装置排出引擎产生的废气

点火装置通过电火花点燃燃料

变速箱内的传动装置根据不同情况调整变速引擎，使车轮以不同的速度转动

引擎将燃料的化学能转化为机械能

冷却系统内的水不断循环流动，以防止引擎过热

传动装置通过变速箱将引擎产生的机械能传输到车轮

操舵装置通过改变前轮的方向来改变汽车行进的方向

车轮上方的减震器有利于减小汽车行进时产生的颠簸，使轮胎时刻与地面保持接触

刹车器与车轮相接，使车轮的转动减慢

知识档案

1994年全球共制造了4997万辆机动车,其中包括3600万辆汽车。

1908年的福特T型车是世界上第一款销量超过100万辆的汽车。

美国人杰伊·奥尔伯格专门设计出世界上最长的车,它全长30米,有26个轮胎,车上甚至配有游泳池及跳水板。

1997年,英国的喷气式超音速汽车"推动号"打破了声障,以超过1220千米/小时的速度穿越了美国西部的内华达州的大沙漠。

车,系统会自动选取右边的档位为最低档。

汽油发动机

汽油发动机的作用是将气缸内汽油和空气的混合物燃烧产生的化学能转化为机械能。火花塞产生的电火花引燃气缸内的混合物,其体积急剧增大,这一过程产生极大的压力,推动活塞沿气缸向下运动,带动曲轴转动,进一步通过变速箱引起车轮的转动。4个气缸(其中有2~3个气缸引擎)分时工作,构成引擎的4个冲程,即1个周期。

转弯时车身要倾斜

与汽车司机一样,骑摩托车的人转弯时也会将车的前轮向内拐,不仅如此,他们还会尽量倾斜车身,将整个车子和人的重量都集中在车轮的边缘。如果他们不这样做,而是保持着车身与地面的垂直,摩托车高速前进时产生的动量有使车保持直线行进的趋势,这样车和人都会被重重地甩向曲线之外,这是极为危险的。因此,骑摩托车的人总是倾斜车身以抵消转弯时产生的强大的离心力。

刹车系统

要想停住一辆正快速行驶的汽车,必须有足够强大的刹车系统。当司机踩下刹车踏板后,制动液经细细的管道冲进各车轮上的钢瓶,液体的强压力将车轮上一种特殊的垫子——制动垫压向制动圆盘,这一过程中产生的摩擦力迫使车轮转速降低,最终停止转动。

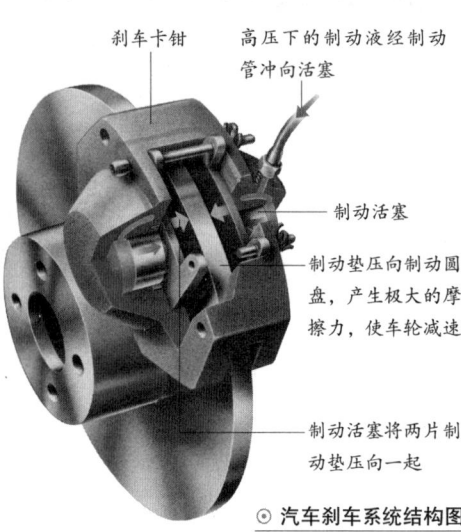

刹车卡钳　高压下的制动液经制动管冲向活塞

制动活塞

制动垫压向制动圆盘,产生极大的摩擦力,使车轮减速

制动活塞将两片制动垫压向一起

⊙ 汽车刹车系统结构图

许多汽车内都配置了ABS(防抱死制动系统),它通过电脑瞬间自动控制刹车过程,从而有效预防通常刹车造成的车轮被锁及刹车中断。

水上运输

一些轻的物体,如木头,其密度比水小,因此能够漂浮在水面上。轮船通常由钢铁等很重的材料制成,却依然能够漂浮着,这是因为船体内部通常都是空的,被空气所占据,船体的重量等于其排开的水的重量,因而船身能够漂浮在水面上。水上运输系统的方式多种多样。帆船依靠风的推力前进;水翼船的船身连有类似翅膀的结构,当船前行时有助于减小阻力使整个船身浮出水面;

知识档案

水上速度通常用"节"(海里/小时)来度量,因为航海员航行时会在船身后放一条计速绳,绳上每隔一定距离有一个结,航海员以单位时间内通过多少结来计量船的航行速度。

水上速度1节(1海里/小时)约合陆上速度1.852千米/小时。

油轮"海洋巨人"是人类历史上最重的轮船,它于1976年投入使用,满载时质量超过585015吨。

1978年10月,肯尼思·沃比驾着"澳大利亚之魂号"快艇创造了水上速度之最——511.11千米/小时。

潜水艇在压舱箱装满水后，就能够潜入水下运行。

轮船是如何漂浮起来的

轮船下水后，将水推向两旁，而这些水由于惯性会反冲回来，形成一种向上的冲力。推出去的水越多，反冲力就越大。船体内部是空的，使得相同体积的船体的密度要小于水，船体不断下沉直到所受的浮力与重力平衡，于是轮船就漂浮在水面上。

⊙ 轮船的推进系统示意图

动力和阻力

大多数轮船上都配有水下螺旋推进器，推进器上的桨叶不断缓慢转动，推动船体前进。这套推进系统的功能非常强大，是轮船前进的动力源，而水的阻力使船速降低，构成阻力源。一些小汽艇上没有这种推进系统，而是在其尾部配有高速喷水装置，使汽艇能够以更快的速度前行。

帆船的工作原理

⊙ 气垫船利用一个巨大的风扇将船体周围的空气向下吹，从而使船身漂浮在水面上。

海上帆船凭借风力前行。除了直接逆风前进外，帆船几乎可以朝着任何方向前进，因为事实上并不仅仅是海风的推力使船体前进，而且还有其吸力。当风吹过帆形成的曲面时，风速加快，但是压强却下降，这样就产生一种吸力，正如飞机的机翼一样。然而，帆与船体的角度必须保持绝对精确。通常，帆船开始航行时，船员会不断地转动帆，直至它与船体的角度合适为止，接着用绳子将帆固定起来。

水上飞行器

水的阻力会减缓船速，而水翼艇则有效地解决了这一难题。水翼艇的翼片由支柱连在船身下。这些翼片不停地旋转以抬升船体，如同机翼一样。整个船体只有翼片部分浸在水下，受到的阻力很小，因而水翼艇的航行速度极快，可达 90 千米/小时。

水下设备

深潜器主要用于一些深海探测工作，如海底科学研究、海洋事故调查等。水下遥控作业载具指一些智能仪器，操作人员通过照相机及虚拟现实系统控制这些智能仪器。深潜器能够改变自身的浮力，在水下自由升降，以便进行工作。

空中运输

飞机是最快的交通运输工具，它能在几个小时内完成陆上、水上交通要花几天时间才能完成的行程。现在大多数飞机都由喷气式发动机驱动。这种发动机的功率很大，能够驱动某些军用飞机以3倍以上的音速，即3000千米/小时的速度飞行。直升机的水平旋翼不停地转动，使机体能在空中盘旋。并非所有的空中运输工具都需要发动机，例如热气球，它们依靠热空气上升或下降。

> **知识档案**
>
> 一架大型喷气式客机每秒钟能够吸入1000立方米空气。
>
> 1986年12月，美国"航行者号"试验飞机，成功地围绕地球飞行一周，中途未曾着陆。

直升机的飞行原理

直升机能够垂直起飞并长时间地在空中盘旋，这些功能还要归功于其巨大的动叶片。所谓动叶片是指机身顶部长长的、薄薄的、像机翼一样的装置，它们高速旋转，切割周围的空气，从而产生强大的升力，使机体上升。同时，动叶片也可以看做是巨大的螺旋推进器，能够改变飞机飞行时的位置，使之前进或后退。

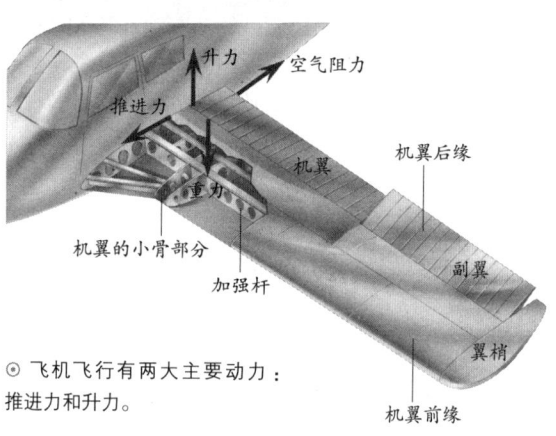

⊙ 飞机飞行有两大主要动力：推进力和升力。

机翼的工作原理

飞机飞行时，空气从机翼上、下表面流过，这种气流能够将机身抬起。由于机翼的上表面呈弧形，当空气流经机翼的上表面时，速度增加，压强减小，从而产生一种推进力。当空气流经机翼下表面时，速度减小，体积缩小，压力增大，从而产生一种升力。这种升力的大小取决于机翼的角度和形状，以及飞机飞行的速度。

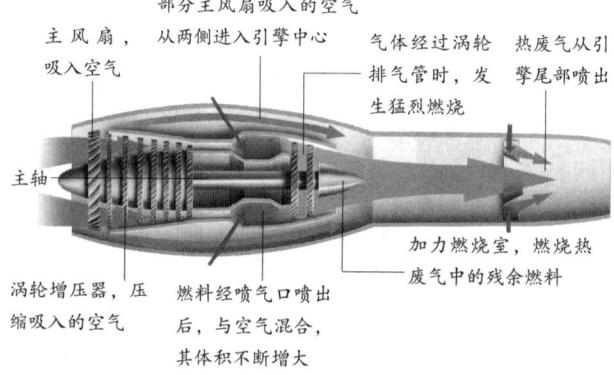

⊙ 在典型的涡轮喷气飞机中，气体从发动机尾部高速喷出，速度超过1600千米/小时。

喷气机的工作原理

涡轮喷气机是最简单的喷气机，它们从尾部喷射出一种热气流，从而推动机体前行。这种类型的发动机主要应用于超音速客机，如协和式飞机，以及一些高速军用喷气机。大多数客机都采用具有消音功能的、成本更低的涡轮风扇式发动机。这种发动机能够综合利用热气流和多叶旋转风扇产生的气流，以较低的速度生成较大的推力。

热气球

热气球主要由球囊、吊篮和加热装置组成。球囊很大，采用极轻的材料制成。由于热空气的质量和密度要小于冷空气，加热装置产生的热空气进入球囊后，使球囊不断上升，带动与之相连的加热装置、吊篮及吊篮中的乘客也向上升。当球囊中的空气渐渐变凉，热气球也会慢慢下沉。为使热气球的高度不变，气球驾驶员必须不断点燃加热装置，以保持球囊中空气的温度。

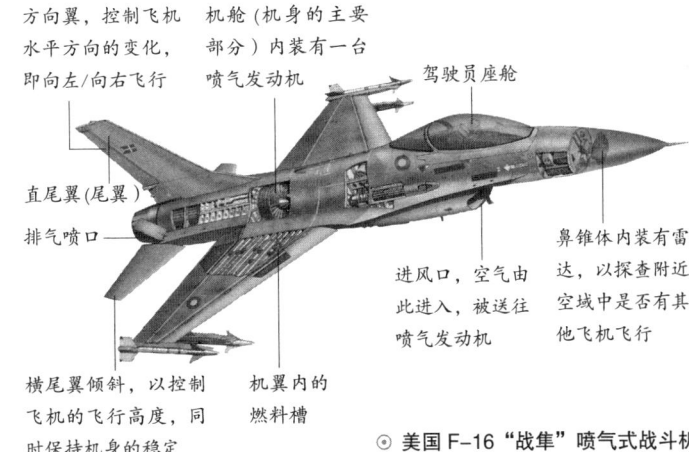

⊙ 美国 F-16 "战隼" 喷气式战斗机

军用飞机

当今，几乎所有的军用飞机都采用喷气式发动机驱动。喷气式发动机能够产生强大的推进力，因此这些飞机的机翼比那些采用螺旋桨驱动的飞机的机翼要小，飞行时受到的阻力也小。飞机的航行方向由操纵台面控制。操纵台面是指机翼、横尾翼和直尾翼上的活动翼面。

运河的开凿与作用

在铁路诞生之前，在内陆运送笨重货物的唯一途径便是运河。18世纪末期，工业革命刚刚兴起，煤、木材、铁矿石等原材料的需求量激增，这些物资及工业制成品均借助运河网络，以马匹为动力，沿运河拖拽装满这些物资的驳船运送到各地。

2000年前，中国的工程师便建造了世界上最早的运河用于交通运输。在印度北部和中世纪的荷兰，运河系统被广泛用于排水和灌溉。1757年，由英国工程师亨利·贝瑞主持修建、位于英国北部圣海伦斯的桑基布鲁克运河竣工后，运河体系被首次应用于工业化运输方面。

英国曼彻斯特附近的布里奇沃特运河是第一条具有重要经济价值的运河，它由英国著名工程师詹姆士·布林德利主持修建，1761年竣工。该运河最狭窄河段仅8米宽，不过这是一条顺流而下的运河，因此运河上并未修建船闸。其他运河则需要船闸来应付地势的倾斜，需要开凿隧道以穿越山岭，以及需要引水渠通过峡谷等。

布林德利后期修建的运河采用了船闸系统，但这些船闸仅有4米宽，因此航行在该运河上的驳船的宽度必须小于4米，不过这些货船的长度却可达到22米，因此人们称这些驳船为"窄船"。这些船能够装载30吨的货物。

不久，欧美掀起了开凿运河的风潮。1773年，英国政府委托苏格兰工程师詹姆士·瓦特考察苏格兰境内运河开凿线路，拟修建一条连接苏格兰境内诸多淡水湖、连通北海以及

知识档案

1757年 桑基布鲁克运河完工
1761年 布里奇沃特运河完工
1779年 克欧特·杜·莱克运河完工
1825年 伊利运河完工

北大西洋的运河。1803 年，该运河在苏格兰工程师托马斯·泰尔福特的主持下动工修建，并于 1822 年竣工。1819 年，第一条可让远洋货轮行驶的运河竣工，此运河自英国西南部城市埃克赛特起，一直通向大西洋。

在北美，第一条拥有船闸的运河也许是魁北克短途航道——克欧特·杜·莱克运河，它由英国工程师威廉·特维斯于 1779 年主持修建，以疏通圣劳伦斯河延长段水域。1825 年，伊利运河竣工，从此，美国五大湖区的谷物可以借助哈得孙河运往纽约。伊利运河全长 583 千米，河道宽 12 米，深 1.2 米，在特洛伊湖西部高地共有 83 个船闸，保证货船畅行。10 年内，运河通行费收益就达 700 万美金，偿还了建造成本。该运河扩建后成为纽约州运河系统的一部分，甚至能够通行 2000 吨级的货船。

蒸汽机车的诞生

火车是现代社会极为重要的一种交通、运输工具，对社会经济的发展起着巨大的作用。世界上第一辆火车是由英国工程师斯蒂文森发明的。

1781 年，斯蒂文森出生，他的父亲是一名煤矿的蒸汽机司炉工。一家 8 口人就靠父亲一人的工资生活，因此日子过得很艰难。

14 岁时，斯蒂文森也来到煤矿，成了一名见习司炉工。他聪明、好学，不久便成了一名熟练的机械修理工。1808 年，技艺日渐成熟的斯蒂文森升任机械师，1813 年又晋升为工程师，被当地的蒸汽机行业尊为权威。

⊙ 早期的火车是由烧煤来驱动的。这是第一辆火车诞生时人们观看的情景。

蒸汽机车的研制在斯蒂文森之前就已经开始了，但均未成功。

前人失败的教训为斯蒂文森提供了宝贵的经验，他在研制蒸汽机车的过程中，对产生蒸汽的锅炉进行改进，将立式锅炉改为卧式锅炉。他决定把蒸汽机车放在轨道上行驶，这是一个极有远见的重大决断。为了防止火车出轨，他计划在车轮的边上加轮缘，又把一条有齿的轨道加装在承重的两条路轨间。蒸汽机车行驶在轨道上，不会碰到在一般道路上因机身太重而行走困难的问题，但是在轨道上会出现车轮打滑的现象。为了防止事故发生，他便在机车上装上齿轮，让它滚动于有齿的第三轨上，并带动机车向前行驶。

斯蒂文森的蒸汽机火车头终于在 1814 年诞生了。这个铁家伙重 5 吨，车头上有一个可以利用惯性帮助机车运动的巨大飞轮，斯蒂文森把这个发明叫做"布鲁克"。他又用了 10 年的时间造了 11 个与布鲁克相似的火车头。

当然，斯蒂文森的新发明尚需改进。1821 年，正在筹划铺设从斯托克顿到达灵顿供马拉车用的

⊙ 1814 年，斯蒂文森发明的第一辆由蒸汽牵引的机车在英国铁路上行驶。

铁轨的皮斯先生，委托斯蒂文森制造一台火车头。斯蒂文森接受了这一委托，并加快了工作步伐。不久，一辆新的更先进的蒸汽机车问世了，这辆蒸汽机车被斯蒂文森称做"旅行号"。

1825年9月27日，英国的斯托克顿周围被前来看热闹的观众挤得水泄不通。铁轨边整齐地排列着铜管乐队，满怀希望的人们眺望着那蜿蜒而去的铁路。忽然，随着一声激昂的汽笛声，疾驶过来一辆吞云吐雾的机车。机车后面拖着12节煤车，另外还拖着约450名旅客的20节车厢。世界上第一列火车由它的发明者——斯蒂文森亲自驾驶着驶来了。被惊呆了的观众根本不敢相信自己的眼睛，他们怀疑

⊙ 子弹头高速火车是现代科技发展的产物。

眼前的这个铁家伙哪来的这么大的力气。从达灵顿到斯托克顿，这列火车以24千米/小时的速度行进，铁路运输事业就此开始了。

有趣的是，火车虽然是斯蒂文森发明的，但铁轨却早在火车发明之前就出现了。

在16世纪下半叶英国和德国的矿山和采石场，行走在用木材做成的路轨上的车是靠人力或畜力推动的。1767年，英国的金属价格暴跌，许多铁加工厂里的生铁堆积如山，一家老板别出心裁，把这些既卖不出去、又占用很多地方的生铁浇铸成长长的铁条铺在工厂的道路上，打算等铁价上涨的时候再抛售出去。然而，人们发现车辆在铺着铁条的路上行走，不但省力，而且平稳。铁轨就这样比火车先一步诞生了。在后来的实践中，人们又几次改进了铁轨，将其下面加宽，使它与汉字的"工"字形非常相像，由于这种形状的轨道既稳定又可靠，一直到今天人们仍在使用它。

火车的优越性是很明显的，它不仅速度快，而且平稳、舒适，安全可靠。火车发明之后，一个修建铁路、建造机车的热潮随即在英国和美国掀起。美国仅1832年这一年就修建了好几条铁路。在这段时间前后，蒸汽机车也得到了很大的改进。一开始斯蒂文森建造的机车有2对轮子，后来发展到5对，甚至6对。作为这个划时代的运输工具的发明者和倡导者，斯蒂文森又解决了诸如火车铁路建筑、桥梁设计、机车和车辆制造等许多问题。他还担任了国内外许多铁路工程的顾问。很快，世界各地都出现了火车的身影。

海上航行

在广阔海洋上的船员们必须知道自己的确切位置与行进方向。尽管指南针可以指示方向，而且从12世纪起，磁罗盘便广为应用，但是要想精确定位就必须知道经度与纬度，事实证明，这比较困难。

纬度代表某位置偏离赤道以北或以南的距离，用"度"表示。例如：费城所处的位置是北纬40度。同样，我们也可以测量水平线之某特定天体的角度，再根据星表或天文历确定纬度。例如，测定夜间北极星或者正午太阳的角度后，再根据相应的星表就能确定纬度。早期航海家们使用各式各样的工具来测量这些角度，而最早应用于这一领域的便是直角器，海员在移动一根横木时沿着一根1米长的杆观测天空，直至直角器下端

知识档案

1594年　反向高度观测仪问世
1731年　八分仪问世
1735年　精密计时器问世
1757年　六分仪问世
1759年　哈里森因制造精密计时器而获奖金

⊙ 17世纪，在六分仪发明之前，海员测量纬度的方法包括直接观测太阳或某颗恒星等。但是在甲板上使用这一方法测量纬度却远非想象的那么简单。

呈水平，而上端恰好指向特定的恒星或太阳。随后根据杆上的校准刻度，即可读取该天体的角度。这最初是由法国天文学家利瓦伊·本·格尔绍姆(1288～1344年)于1330年发明，直到18世纪才逐步退出了历史舞台。

1594年，英国海员约翰·戴维斯发明反向高度观测仪，它指向反方向，操作者不再需要直视太阳。四分仪同反向高度观测仪相似，除了海员、天文学家外，炮手等也常常使用它定位坐标角度或瞄准目标等。

1731年，英国数学家约翰·哈德利(1682～1744年)发明八分仪，当时，人们常常将其误称为"哈德利四分仪"。与此同时，发明家托马斯·戈弗雷(1704～1749年)在美国费城也独立发明了八分仪，该仪器在一条枢轴臂上安着一块反光镜，可移动，与连线上另一块反光镜制造出太阳影像，第二块反光镜也能提供水平方向的视野。但是八分仪的最大观测角度仅为45°。1757年，苏格兰海军军官约翰·坎贝尔根据八分仪的设计原理发明了六分仪(其最大观测角度为60°，为360°的1/6)。在此后的250余年间，六分仪一直是海上航行的标准配置，后来甚至还应用在飞机上。随着科技的进步,六分仪最终被无线电导航系统以及GPS(全球定位系统)所取代。

1884年，一次国际性会议通过决议，将穿过英国伦敦格林尼治天文台的格林尼治子午线设为本初子午线，即经度为0°的经线。但是，根据格林尼治子午线定位其他的经度(位于格林尼治子午线的东边或者西边)远比确定该地区的纬度要困难。在长达几个世纪的时间里，海员只能通过测量月球与其他天体间所成的角度，以及参考星历表确定自身的经度。德国天文学家约翰·穆勒于1474年首次绘制专门用于定位经度的星历表。1766年，该星历表经英国天文学家内维尔·马斯基林修正后，收录于《航海天文历》一书，此后每年，该天文历都会做一次修订。

但是精确定位经度这一问题直到精密计时方法出现后才得以解决，因为本地时间同本地经度息息相关。如：英国伦敦处于正午12点整时，则美国费城恰好处于上午7时整(费城位于西经75°)，所以如果我们知道当伦敦处于正午12点整时某位置的本地时间，即可推算出当地的经度。因此，这就需要精确的计时器。1714年，英国政府悬赏

⊙ 约翰·哈里森的第5个精密计时器在10个星期的时间里走时仅仅误差4.5秒。即使是在海洋上，该计时器也远比陆地上的其他任何钟表精确得多。

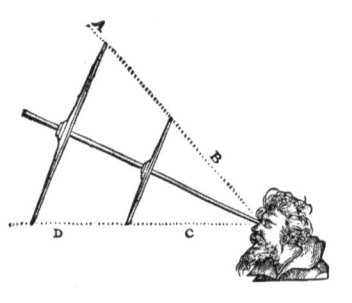
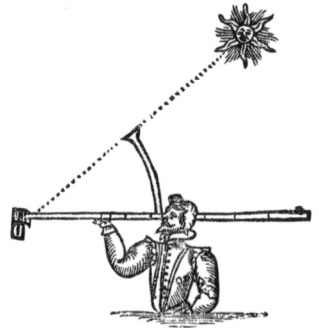
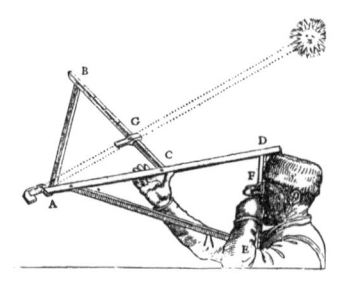

⊙ 测量太阳在天空中的角度在航海中极为重要，早期的测量仪器包括(从左向右)：直角器、反向高度观测仪、四分仪。

2万英镑,奖励能够制造这种计时器的人。由此引发了一场"海洋钟"制作竞赛,参赛路径为大不列颠岛至西印度群岛共6个星期的航程,航行结束之后,计时器偏差小于2分钟的即为优胜。

英国钟表匠约翰·哈里森(1693～1776年)参加了这一竞赛,并于1735年制造了首台精密计时器。但是直至1759年哈里森制造了第四台精密计时器才使其最终赢得了这一奖项(或许英国政府保留了另一半奖金,直至哈里森证明他的这台精密计时器能够被复制才能发放剩余的这部分奖金)。1773年,英国国王乔治三世了解到哈里森的处境后(即未获得全额的奖金),为其所遭受的待遇深表同情,才使得哈里森最终获得了这部分剩余的奖金。

蒸汽船的发明与应用

詹姆士·瓦特制造出实用蒸汽引擎后,一些发明家将蒸汽引擎装在轮子上,制造蒸汽机车。另一些科学家则尝试将蒸汽机作为轮船的动力装置,这一想法看似简单——只要将蒸汽引擎连接船桨即可,但经历了数次失败,直到1807年才获得成功。

18世纪末期,人们开始热衷于尝试建造蒸汽船。1775年,法国发明家雅克·皮埃尔曾在巴黎的塞纳河上试验自己设计的蒸汽船。1783年,法国工程师克劳德·茹弗鲁瓦·德·埃本斯建造了重达180吨的明轮蒸汽船——火船,并在里昂的索恩河上进行了短暂的测试航行。1785年,美国发明家约翰·菲奇建造了蒸汽船模型,随后建造实体船,采用蒸汽引擎驱动机械桨前进,于1787年在特拉华河上首次试水。但他的这些蒸汽船均与普通轮船的推进系统相似,因此无一能够称得上完全成功。同样在1787年,美国工程师詹姆士·诺姆希采用了截然不同的方法,他在船上安装由蒸汽机驱动的强力水泵,在船身前体抽水,同时将水从船体后部喷出,以此获得推动力。随后,他在美国东部波托马克河试验了这艘喷水推进器式蒸汽船。

之后,苏格兰工程师威廉·塞明顿于1788年设计建造了新式蒸汽船。尽管在苏格兰达尔斯温顿海湾的试验中,该船达到了每小时9千米的航行速度,但是塞明顿并不满足,选择继续挑战自己。1802年,在苏格兰福斯-克莱德运河公司总裁邓达斯伯爵的资助下,塞明顿建造了著名的蒸汽拖船"夏洛特·邓达斯号",该船装载了两台双缸蒸汽机,在福斯-克莱德运河上的一次试航中,该船以每小时5.5千米的速度拖动两艘大型驳船航行了约32千米。不幸的是,当时的航运公司认为该拖船运行时激起的水浪损坏了运河河堤,因此塞明顿在坚持数年后,不得不放弃了继续试验的计划。

⊙ 由伊桑巴德·布鲁内尔设计建造的这艘"大不列颠号"成为第一艘采用一个推进器进行远洋航行的蒸汽船。但最初的版本仍保留了船帆结构以备不时之需。

> **知识档案**
>
> 1775年　首艘实验用明轮船问世
> 1787年　菲奇式机械桨蒸汽轮船问世
> 1788年　塞明顿式明轮翼蒸汽船问世
> 1802年　"夏洛特·邓达斯号"蒸汽船问世
> 1807年　富尔顿成功制造商用蒸汽船
> 1838年　蒸汽船首次穿越大西洋
> 1845年　"大不列颠号"穿越大西洋

美国工程师罗伯特·富尔顿成功建造了第一艘商用蒸汽船。1803年,富尔顿在法国建造了试验蒸汽船,其中一艘在塞纳河上试航时达到了每小时7千米的航行速度。1806年,富尔顿返回美国后,着手设计"克莱蒙特号",随后在流经纽约的东河上建造。1807年,"克莱蒙特号"建造完工并在哈德孙河上首次试航,仅用了32个小时就从纽约驶到奥尔巴尼市,速度达到每小时8千米。此后该船定期往返于两地,接送乘客。1808年,美国工程师约翰·史蒂文斯设计制造的"凤凰号"明轮翼蒸汽船在特拉华河上首航并出海,运行240千米,从纽约到达费城。

1812年,苏格兰工程师亨利·贝尔建造重达30吨的"彗星号"蒸汽船,取得大的突破。之后,在克莱德河上定期航行,开启了欧洲蒸汽船航运的时代。在长达8年的时间里,"彗星号"一直定期往返于格拉斯哥与海伦斯堡之间用于客货运,直到1820年失事损毁。1814年,美国国家河流管理负责人亨利·施里夫专门为密西西比州与俄亥俄州境内的河道设计建造浅吃水货轮,并采用高压蒸汽机引擎作为动力。同年,富尔顿建造的"富尔顿一世号"下水,用做沿海防御战舰,并成为世界上第一艘蒸汽军舰。

1838年,英国工程师伊桑巴德·布鲁内尔建造远洋蒸汽明轮船。同年,两家英国蒸汽船制造商同时派出远洋蒸汽船首航纽约。布鲁内尔的"大西部号",通过14天的航行,仅比早4天出发的"天狼星号"晚了几个小时成功到达目的地。随着时间的推移,蒸汽船推进装置逐步演化为推进器驱动船,1845年,采用该推进器的"大不列颠号"成功跨越大西洋。蒸汽船主宰了整个海运,直到20世纪航海用柴油机发展起来,蒸汽船才逐步退出历史舞台。

改变世界的电报

电报技术是除人声之外的首项远距离即时通信技术。在此之前,人们曾使用视觉信号作为即时通信媒介,如美洲土著人使用的烟信号、英国海军使用的旗语等,而后者则与铁路信号较为相似。

昏暗与低能见度使视觉信号毫无用处。但当条件合适,视觉信号却是最快捷的通信方式——它在发送人与接收人之间以光速传播。其次,沿着导线传播的电流也能达到很快的速度。1804年,意大利物理学家亚历山德罗·伏打发明电池后不久,加泰罗尼亚科学家唐·弗朗西斯科·沙尔瓦·康皮奥设计出25线电解电报机,其每一根导线均代表字母表中的一个字母(除了"K"以外),并连接到一管酸溶液中的一个电极上,一根导线在溶液管内与其他电极相互连接,并绕回到发报者处,当发报者将这根导线及其他导线中的一根与电池相连时,电流在接收者这端引发水的电解反应,于是在电极上出现水泡,接收者只需查询冒泡电线所代表的字母即可获取电报内容。

> **知识档案**
>
> 1804年　25线电解电报被发明
> 1816年　两线电解电报被发明
> 1829年　改进式电磁石被发明
> 1833年　两线单针式电报被发明
> 1838年　单线电磁电报被发明
> 1855年　单传打字电报被发明

1809年，德国物理学家萨缪尔·冯·萨墨林设计制造类似原理的电解电报，共使用35根电线，能够在3千米之内进行即时通信。随后，1816年，英国发明家弗朗西斯·罗纳德斯改进了萨墨林的系统，使其只需要两根电线即可。随后他将这一发明献给英国皇家海军，但海军军官们却不为所动，依旧使用古老的旗语进行即时通信。

物理学方面的一个个重大发现进一步推动了电报的发展。1820年，丹麦物理学家汉斯·奥斯特发现通电导线产生的磁场使得附近的指南针发生偏转。1829年，美国物理学家约瑟夫·亨利制造了强力电磁石，具有很大的

◉ 图为位于伦敦的一家电报事务所，同时也是除商店、工厂外最早雇佣女工的机构。

提升力。1835年，亨利制作了一个实验性电报机，用电脉冲代表字符代码。接收端的电磁石与电脉冲作用，导致一块小铁片发出清脆的"嘀嗒"声。之后，美国发明家萨缪尔·莫尔斯改进了亨利的这一设计。

与此同时，1832年，俄罗斯发明家帕维尔·希林利用奥斯特的发现，制造了首台磁化针式电报，它共使用6根电线，电流磁化线圈，产生磁场，使安装在其上方的磁针偏转。希林的发明在圣彼得堡之外几乎不为人所知，但是德国物理学家卡尔·高斯以及威廉·韦伯得知希林的发明后，对此进行改进，并于1833年成功使用两线单针电报把信号发送到3千米之外。4年后，英国物理学家威廉·库克以及查尔斯·惠斯通取得针式电报机的专利权，该电报机有5根指针，指示着钻石形板上不同的字母组合，它共需6根导线，其中5根导线连接5根指针，另有1根用于电流回路。1838年，大西部铁路线的一段安装了该电报机。1854年，该电报机减少到3根导线；而1845年经过改进的电报接收机仅需要1根指针，大大简化了电报机结构。到1852年，全长约6500千米的英国铁路线全部装备了这一电报通信系统。

1838年，莫尔斯演示了他发明的单线电报机，并于1844年首次将其应用于商业领域，在华盛顿至巴尔的摩全长60千米的铁路线上安装了莫尔斯电报机。莫尔斯电报机仅仅是在亨利的想法的基础上做了小小的改进，他的贡献在于发明了"点"与"划"的编码方式，即"莫尔斯电码"。很快，这一编码便广泛应用于电报信息传递领域（稍后出现的无线电通信也同样使用莫尔斯电码）。莫尔斯电码最终版本的完善工作主要是由莫尔斯的助手阿尔弗雷德·维尔完成的。

很快，电报线缆便覆盖了北美洲以及欧洲的绝大部分地区。之后又将铺设工作转向水下，如1845年横跨纽约港的水下电报线缆以及1851年横跨英吉利海峡的水下电报线缆等。1855年，美籍英裔发明家大卫·休斯发明单传打字电报机，发报者只需轻击键盘，收报端

◉ 1855年，大卫·休斯发明的打字电报机的键盘非常像钢琴键盘，能够在纸带上逐字符打印信息。

一台相似的机器就能自动将接收的信息打印出来。1856 年，纽约密西西比河流域打印电报公司正式更名为西部联盟电报公司，以表示连接横跨美国东西部的电报线网络。从此，电报成为国内国际间通行的主要即时通讯媒介，直到后来被电话以及无线电通信替代为止。

用电来传递声音——电话的发明

当今社会，电话与人们的工作、生活息息相关。人们之所以能够通过电话用真切的话语互相交谈，是因为电可以传递声音。提出这一奇想并将其付诸实践的就是电话的发明者贝尔。

贝尔于 1847 年 3 月诞生于英国苏格兰爱丁堡。

一次在做描绘声波曲线的实验中，贝尔意外地发现，每当因实验中电源开关被打开或关上，在导通和截断电流的刹那间，一个实验线圈会发出声音。假如对这一规律加以利用，使电流的变化与声波的变化一样，只要能传送出这种变化的电流，也就能够随之而送出声音。

贝尔立即开始做试验。他把电磁开关装在薄金属片上，然后对着薄金属片讲话。他认为，薄金属片会因为人讲话而随着声音颤动。装在金属片上的电磁开关会由于这种振动连续地开和关，而有规律的脉冲信号就这样形成了。当时贝尔还没怎么深入研究电学，因此他不知道声音的频率很高，这种方法根本不管用。

贝尔准备开始电话研究时，偶然遇见了一位叫做沃特森的电气技师。沃特森非常认同贝尔关于电话的想法，他决定与贝尔合作，一起把研究搞到底。

1875 年 6 月 2 日这天具有非常特殊的意义。这一天，贝尔与沃特森按照惯例很早就开始工作了。他们先对机器装置作了检查，然后就来到各自的房间，沃特森与贝尔分别负责发出、接收讯号。十几个小时后，贝尔突然听到一阵断断续续的声音，他立刻放下手中的东西，起身就向隔壁沃特森所在的房间冲去。

贝尔对机器的结构进行了分析，思考着声音是怎么发出来的，认为膜片由于受到了沃特森发出的声音的振动，下面的 U 型永久磁铁的磁场便发生了变化，感应电流就会在绕在磁铁上的线圈中产生。通过连接两台机器的导线，感应电流传送到了受话器端的相同装置内的线圈，受话器永久磁铁磁场因此而发生变化，膜片也就随之而振动。贝尔知道自己终于找到了一种可以把声音变成电流的机械装置，用电来传递声音的梦想就这样变成了现实。

1876 年 2 月，贝尔为这种可以传送声音的机器申请了专利，并称其为"音频电报"。1877 年，贝尔电话公司经贝尔筹资正式成立，电话机的商业性生产从此开始了。电话投入使用后，慢慢将其强盛的生命力展现在世人面前。1878 年，英国在贝尔的协助下建设了电话线路。1879 年，法国巴黎也实现了电话通话。到 19 世纪 80 年代初，电话交换台相继在欧洲以及美国的一些大城市建成。

⊙ 亚历山大·格雷厄姆·贝尔（1847～1922 年）在为聋人担任语言教师之后研制了电话机。这个画面就是他正在通过纽约到芝加哥的电话线打第一个电话。1876 年，贝尔取得了实用电话的发明专利。

第一辆汽车

汽车的发明是人们对机械化交通工具的渴求并经过不懈探索的结果。早期的汽车只能使用蒸汽引擎，因为这是当时能够获得的唯一动力来源。第一次成功制造汽车的尝试出自一位法国的军事工程师。

知识档案

1770　古纳制造出第二辆蒸汽动力拉炮车
1829　制造出蒸汽动力路行机车
1865　制造出轻型蒸汽四轮汽车
1885　制造出奔驰三轮汽车
1886　制造出戴姆勒四轮汽车
1893　制造出奔驰四轮汽车
1896　第一辆美国造汽车(杜里埃)上市
1908　生产出T型汽车

1770年，法国军事工程师古纳制造了一辆三轮蒸汽牵引机，用来拉大炮，这是他建造的第二辆蒸汽引擎的机车。这辆牵引机由安装在单前轮上的双缸蒸汽机提供动力，车速可达5千米/小时。这辆车也制造了世界上第一起机动车交通事故——撞坏了一堵墙。1835年，德国工程师查尔斯·迪茨设计建造了另一辆非同寻常的三轮机车，其最大的特点是机车上安装了一对摇摆式汽缸，其转动曲柄带动链条驱动齿轮，从而使机车前进。

后继的蒸汽机车实验目的主要是建造拖拉机或可载多人的四轮机车——公交车，而非单人交通工具。1784年，苏格兰工程师威廉·慕尔朵克制造出一辆蒸汽动力公路汽车模型。1789年，美国发明家奥利弗·艾凡思将他设计的高压引擎安装在了一辆可在路上行驶的四轮汽车上。1801年，英国工程师特里维欣科设计建造了一辆相似的四轮汽车，这辆车安装有两个较大的驱动后轮，前轮可独立转向，车速可达16千米/小时。1829年，英国发明家格尼爵士制造了一辆最早投入使用的蒸汽四轮汽车，当时这辆车以24千米/小时的平均速度在伦敦和巴斯间提供常规运输服务。

1865年，纽约人理查德·杜俊设计建造了一辆轻型的蒸汽机车。1873年，法国工程师博来设计了拥有12个座位的"顺从号"客车。1878年，他设计了"拉芝塞勒"蒸汽机车，前置的蒸汽引擎驱动后轮前行，车速可达40千米/小时。但是，正当汽车成为最有效的交通工具时，铁路出现了，它使得蒸汽汽车的主导地位受到了挑战，发展势头一度下滑。

德国两位工程师卡尔·本茨和格特利普·戴姆勒开创了汽车发明史上的又一个里程碑。他们意识到新出现的汽油发动机作为公路汽车动力来源的巨大潜力。本茨设计的第一辆三轮汽车出现在1885年，这辆汽车装有1马力的发动机，最大时速为13千米/小时。

1886年，戴姆勒设计了他的第一辆由汽油引擎提供动力的重型四轮汽车。起初，戴姆勒只是为其他汽车制造商提供汽油引擎，1889年，他研制出功率为3.5马力的汽油引擎。1891年法国工程师班哈德和勒瓦瑟仿效戴姆勒设计汽油引擎并建造具有底盘的汽车。"班

1885年的第一辆奔驰汽车
1886年戴姆勒设计的四轮汽车
1894年班哈德和勒瓦瑟制造的汽车
1908年的福特T型车

⊙ 最早的汽车只有3个轮子，但是不久，工程师设计制造了更具稳定性的四轮车。T型车上市后，方向盘取代了舵柄操纵杆。

⊙ 1894年法国的驾车司机就组织起来进行汽车速度和稳定性的角逐,"汽车之父"戴姆勒大获丰收,其中有9辆赛车搭载着由格特利普·戴姆勒设计的班哈德－勒瓦瑟引擎。

哈德汽车"采用前置的戴姆勒发动机驱动后轮,并且装有现代的阿克曼(双枢轴)转向驾驶盘、一个齿轮箱和一个摩擦离合器。1893年,本茨制造了配有3马力汽油发动机且更加稳定的四轮汽车。同年,美国的第一辆汽油引擎汽车由发明家杜里埃和他的兄弟弗朗克制造成功。1896年,第一辆美国制造的汽车开始在市场上销售。一年后,即1897年,马萨诸塞的斯坦利兄弟——弗朗西斯和弗里兰推出斯坦利蒸汽机后,蒸汽引擎曾经有一段短暂的复兴。

20世纪初,美国实业家亨利·福特通过采用批量化生产技术完成了汽车制造业革命性的转变——在流水装配线上,一个新的汽车底盘进入时,工人们按顺序给底盘装配发动机、传动装置、轮子,最后安装车身。1908年,数以百万计的T型车受到公众的追捧。福特说:"任何顾客可以将这辆车漆成任何他所喜欢的颜色,只要它的底色是黑色的。"于是,汽车时代开始了。

改变世界的飞机

在发明轻于空气的飞行器如热气球和飞艇之前,人们就想模仿鸟类在天空中飞翔。因此,许多早期飞行器的设计,如约1500年的达尔文画的飞机草图,机身上都带有振翼。大约过了500年,人们这个愿望才得以实现。

带有振翼的飞行器称做扑翼飞机,但除了模型外,历史上还没有建造真实扑翼飞机的记载。即使扑翼飞机被建造,由于要靠人的肌肉提供动力推进,飞行也是实现不了的。近期,已经成功地建造出人力飞机,但都是依靠现代的空气动力学、机械学和材料学等方面知识的支持才实现的。

早在约公元前1000年,中国人就发明了风筝,这是世界上第一种重于空气的飞行器。19世纪后期,人们建造了载人风筝,其中包括1894年英国士兵贝登堡设计的用于军事的风筝,以及1901年美国马戏团老板萨缪尔·科第对其作的

⊙ 1903年12月17日,威尔伯·莱特和奥维尔·莱特兄弟俩在美国的北加利福尼亚州基尔·戴维山进行了人类的首次持续飞行试验,对由奥维尔改进的装有汽油发动机的"莱特"号滑翔机进行试飞,飞机飞行了30米后稳稳着陆。45分钟后,奥维尔又飞了一次,飞行距离达52米。第3次试飞中,奥维尔用时59秒,距离达到255米,这标志着人类历史上第一次驾驶飞机连续飞行的成功。

改进版。现在，滑翔风筝和机动滑翔飞翼飞行器都沿承了这样的设计理念。但是，在飞机领域取得的真正进展是从滑翔机的飞行试验开始的。

> **知识档案**
>
> 1808年　无人驾驶滑翔机问世
> 1848年　蒸汽动力飞机模型问世
> 1853年　载人滑翔机问世
> 1890年　非人工操纵的蒸汽动力飞机问世
> 1891年　可操纵的载人飞机问世
> 1903年　可持续飞行的汽油引擎的飞机问世

英国发明家乔治·凯利爵士是滑翔机先驱之一，1808年，他试飞了无人滑翔机，其机翼面积近30平方米。1853年，他建造了另一架重达135千克的载人滑翔机，这架滑翔机的乘客就是凯利的男仆——并未意识自己将是世界上第一位在重于空气飞行器上的飞行员。三年后，法国海军军官让玛利·李·布瑞斯在法国北部海滩进行了一次短途滑翔飞行。1895年，苏格兰飞行家皮尔彻利用他的悬吊式滑翔机"蝙蝠号"做了一次部分控制的滑翔飞行。一年后，皮尔彻建造了第四架滑翔机——"老鹰号"，滑翔机的舵柄连接到四桨叶的方向舵上，以控制滑翔机的飞行。1897年，他的"老鹰号"打破了飞行器飞行距离的世界纪录，达到了250米。1899年，皮尔彻在"老鹰号"坠毁时受了重伤并逝世。

德国航空学先驱奥托·利林塔尔是世界上仔细研究滑翔机并制造可控滑翔机的第一人。1891年，他进行了首次操控滑翔机的飞行。利林塔尔早期的滑翔机设计都是模仿鸟类翅膀，但是后来他给滑翔机加上了一条尾翼以保持稳定性，同时他提出了安装两对翅膀(一对在另一对的上方)的想法，飞行员吊在滑翔机的翅膀下面，就像现代滑翔伞运动一样。双翅膀的设计(后来称做双翼飞机)保留了几乎所有早期飞行器的一个共同特征。1893年，利林塔尔尝试制作类似鸟的连接翅，但是以失败告终。1896年，他驾驶的滑翔机坠毁，利林塔尔则遇难身亡。美国的莱特兄弟——威尔伯·莱特和奥维尔·莱特了解了利林塔尔所做的先驱工作，受到了很大的震撼和鼓舞。同时，法裔美国发明家奥克塔夫·沙尼特在1896年建造了一架特别稳定的滑翔机，引起了莱特兄弟的关注。1903年，莱特兄弟建造了更加完善的载人滑翔机。

到了20世纪早期，工程师着手设计我们现在所知的"机身"，但他们缺少合适的动力来源。当时，蒸汽发动机是唯一的选择。早在1842年，英裔美国工程师威廉·汉森取得了单翼飞机的发明专利，该飞行器包括蒸汽发动机、助推器和可承载几个人的机舱。但是汉森只能造出一架非功能型模型来。1848年，英国发明家约翰·斯特林费洛建造了一架蒸汽动力的飞行器，但是飞行了一小段距离后就坠毁了。1890年，法国工程师克莱门特·阿德尔建造了一架全尺寸蒸汽动力单翼飞机"Eole号"，飞机依靠本身的动力只飞行了50米，但是阿德尔还没有设计出控制飞机飞行的方法。

由美裔英国发明家海勒姆·马克西姆建造的巨型飞机取得了短暂的成功。1894年，马克西姆建造的双翼飞机装有两台蒸汽发动机，每台驱动一个推进器。沿着一条轨道起飞后，飞机可以攀升到距地面1米的高度。两年后，美国天文学家萨缪尔·朗利建造了一架大型蒸汽动力飞机模型，这架飞机飞行了90秒，飞过的距离为800米。

蒸汽发动机对于飞机飞行来说太重了，汽油发动机是更好的选择。1903年秋季，朗利建造了一架配有汽油发动机的全尺寸飞

⊙ 人类历史上首次有官方记载并得到正式承认的载人持续性飞行的创造者，是美国人威尔伯·莱特(右)和奥维尔·莱特(左)兄弟。正是这一对天才的努力，才使得人类第一次实现飞翔之梦。

机。但是，在华盛顿，两次从大型驳船上起飞的尝试飞行都以失败告终——每一次都坠入波托马克河里。莱特兄弟用轻质的铝材制造了汽油发动机并将之安在他们的滑翔机上。1903年12月17日上午，在美国北卡罗莱纳州小鹰城，弟弟奥维尔·莱特驾驶着"飞行者1号"进行了世界上首次动力飞行。这是第一次由人控制飞机的起飞和降落的全过程的飞行。"飞行者1号"共进行了4次试飞，第一次飞行距离36米，持续时间12秒；最后一次飞行距离260米，持续时间59秒，这是公认最早的空中持续动力飞行，并给世界航空史带来了一场历史性革命。这次成功的飞行预示着重于空气的飞行时代的到来。3年后，1906年，巴西飞行家桑托斯－杜蒙特驾驶自己设计的装配了发动机的滑翔机进行了一次短时飞行。

飞机发展的另一个关键就是制造飞机的材料问题。钢铁和其他的合金代替了木材制造飞机机身。铝材面板取代漆布包裹机身。在莱特兄弟首次成功飞行之后的44年，载有汽油引擎的喷气式飞机飞行的速度超过了声速，这也就是我们说的超音速喷气式飞机。

第一台电视机

1925年10月，苏格兰电气工程师约翰·洛吉·贝尔德在伦敦的工作室中传送了第一张电视图像。与美国工程师斯福罗金的后来发展出的电子式系统不同，贝尔德电视机系统的拍摄和接收基本上是机械式的。

约翰·洛吉·贝尔德于1888年8月出生于苏格兰西部，并在格拉斯哥接受教育。第一次世界大战爆发后，贝尔德由于体弱多病而免于兵役，但他因健康的原因而失掉了电气工程师的工作。在

⊙ 贝尔德正在调整早期的接收装置。在图中央位置就是尼普科夫盘，随着圆盘转动，圆盘上螺旋形的一系列孔能有效地扫描图像。

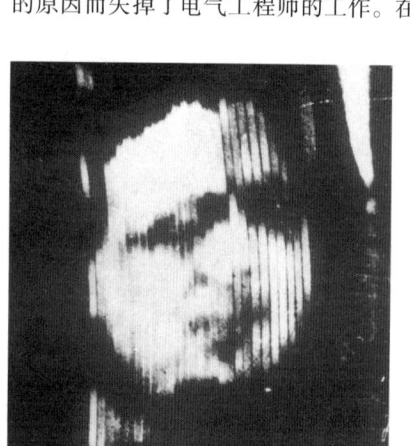

⊙ 这是一张大约在1926年利用贝尔德机械式电视系统扫描的一个模糊的男孩脸。这张闪动的图像只由30线（扫描线）组成。

遭受了三次生意失败的打击后，1922年贝尔德去了英国南部海岸的海斯汀修养，就是在这里，他开始了关于电视的实验。所有的电视摄像机都具有扫描图像功能的某些方法，贝尔德将具有高转速的尼普科夫盘——波兰电气工程师尼普科夫发明并获得专利——用在他的电视系统之中。尼普科夫盘是一个按螺旋形打了一系列孔的圆盘（贝尔德用的是纸板），当圆盘转动时，观察者可以通过圆盘上的孔看到物体变成了由许多的曲线或扫描线组成的图像，图像中的每一条线都是由圆盘上不同的孔产生的。1925年贝尔德扫描的第一张图像是一位口技表演者的玩偶图像。贝尔德电视扫描的第一个运动的对象是他位于伦敦的研究室的一位行政助理。

起初，贝尔德通过导线来传输电视图像。贝尔德的"红外线摄像机"利用红外线来扫描，这样就可以在黑暗处拍到图像。1927年，贝尔德通过电话线在伦敦与格拉斯哥之

间进行了图像传输，一年后，又通过大西洋海底电报电缆将图片发往纽约。

1929年9月，英国广播公司(BBC)开始尝试用贝尔德机械式电视系统播放电视节目。起初，闪烁模糊的电视图像由30线组成，后来增加到60线，最后达到了240线。1932年，贝尔德用无线电短波进行了电视图像信号的传送，试验性的播出一直持续到1935年。商业性的电视播出在英国从1937年才真正开始，当时BBC用的是由英国Marconi-EMI公司开发的405线电子式电视系统。但是由于第二次世界大战的爆发，电视播出不得不暂停。在第二次世界大战结束前夕，贝尔德制造出了彩色电视机，拥有三维画面宽屏系统(利用投影)以及立体声。在他逝世后，电视播放又恢复了，这时的电视所采用的全是电子式的电视系统。

⊙ 一台1936年的英国电视接收机内部装有一个垂直的阴极射线管和一个水平的屏幕，通过一块已设置好角度的镜子将影像反射到观看者眼中。这样的电视机价值约90几尼(160美元)——相当于当时的一辆家庭轿车的价钱。

1908年，苏格兰电气工程师阿兰·阿奇博尔德·坎贝尔-斯文顿提出了电子电视摄影系统的原理，但当时的设备还无法将他的想法变成现实。后来，他设想将阴极射线管用在电视的摄像机和接收装置中。他认为图像信号可以借助电线传送，或借助新发明的无线电技术，只要在电视播放发射的范围内就可以接收到图像的信号。

在美国，俄裔美国电气工程师斯福罗金从研究的开始就摒弃了贝尔德圆盘技术路线，而转向了电子式路线，1923年，斯福罗金将阴极射线管发展成了光电摄像管，利用电子束来扫描图像。摄像机透镜将外部场景的光聚焦在用铯-银细粒镶嵌的信号板上，每颗金属细粒释放出的电子数量与投射光的量成比例，而光电摄像管的电子束在扫描信号板时，会不断补充电子。于是，从信号板放出的电子流会随着光的强度的变化而变化，现在我们将这种输出的信号称为视频信号。1927年，美国发明家菲洛·法恩斯沃思开发了一台相似的摄像机(1930年获得专利)。斯福罗金后来加入到美国无线电公司，并在随后几年里对自己的电视系统做了改进。从1939年起，美国无线电公司却不得不向法恩斯沃思缴纳专利使用费。1941年，哥伦比亚广播公司开始在纽约的一家电视台尝试彩色电视广播，但直到1951年，彩色电视信号才开始定期播出。

个人电脑的发明与普及

第一代微型计算机只有那些懂得如何装配的很少一部分人购买。然而，仅仅过了20年，个人电脑就已经从一种新奇的事物转变成世界各地的人们日常生活中普遍使用的一种工具。

生活在现代世界中的人们对个人电脑再熟悉不过了，个人电脑的强大功能使它成为当今最有用的工具之一，人们可以用电脑玩游戏、写信，还可以管理家庭以及生意上的账户收支。电子邮件只需几秒钟就可以将信息和图片从地球的这一端传送到另一端。个人电脑可以用于购物、旅行行程安排、酒店预订和购买电影票等方面。现在，我们很难想象如果没了电脑，世界将会变成什么模样。

然而，个人电脑仍是相当新的事物。第一台全电子计算机于1946年在宾夕法尼亚大学研制出来，被称做埃尼阿克，意思是电子数字积分器和计算器，包含1.8万只真空管，使用功率为100千瓦。

早期所有的计算机都采用的是真空管或电子管，这些机器体积庞大，占用整个房间且计算结果并不可靠(因真空管或电子管失效)，因此许多工程师不得不时常手动调试，使它们正常运行。发

知识档案

- 1946年 发明埃尼阿克电脑
- 1947年 发明晶体管
- 1958年 发明集成电路
- 1964年 开发出BASIC程序语言
- 1972年 开发出小型计算机的CP/M操作系统
- 1975年 发明Altair 8800型计算机
- 1980年 开发出MS-DOS操作系统
- 1980年 发明ZX80计算机
- 1981年 IBM生产了第一台个人电脑
- 1990年 出现万维网

明于1947年的晶体管取代了真空管,使计算机的体积大大缩小并且运行更稳定。而1958年发明的集成电路使计算机的微型化成为可能。计算机开始"瘦身"。

即使如此,直到1975年,才出现了体积足够小且普通家庭有能力购买的计算机。美国新墨西哥州阿尔伯克基的MITS公司推出了Altair 8800型计算机,品牌机销售价格495美元,而组装机则只售395美元。Altair 8800型计算机的尺寸为43厘米×46厘米×18厘米,采用2兆赫兹的英特尔8080微处理器,没有显示器、键盘和打印机,内存容量只有256比特。人们只能通过机箱前的开关控制它的运行,以映射到前面板的闪光图案读取输出结果。1976年,MITS公司将20厘米的软盘驱动装配到他们的计算机中用于数据储存。

只要计算机能够与存储设备如磁盘驱动器进行信息交流,计算机软件——应用程序如文字处理工具或游戏等就可以运行。这个过程需要一种操作系统形式的特别软件。1972年,美国计算机科学家加里·基尔代尔开发了PL/M(程序语言/微处理器),它允许计算机工程师编写程序然后加载入英特尔4004的只读内存中。这些处理器可以用来控制交通灯和家用电器如洗衣机等设备。1973年,基尔代尔编写了能从磁盘中读取和写入数据文件的软件,他将之称为CP/M(控制程序/微型计算机),这是第一个应用到微型计算机中的操作系统——CP/M很快取得了成功,但是当国际商用机器公司(IBM)需要在他们开发的小型电脑上安装一个操作系统时,IBM有两种选择——CP/M和MS-DOS(磁盘操作系统)。MS-DOS是由美国微软公司的计算机程序员比尔·盖茨于1980年开发的,成为CP/M的强劲对手。微软公司的MS-DOS最后胜出并占据了市场主导地位,但还是有部分计算机爱好者仍在使用CP/M。

文字之星(WordStar)软件于1979年面世,是第一种流行的文字处理程序。最初,软件在CP/M上运行,但后来的文字之星版本在MS-DOS上运行。

在1980年英国工程师克里维·辛克莱开发出ZX80计算机之前,计算机仍很昂贵。ZX80型品牌计算机整机在英国的售价只有95.95英镑,组装机更便宜——只有79.95英镑;品牌机在美国的售价也仅为199.95美元。ZX80计算机大小为20厘米×20厘米,随机存储器(RAM)容量为1千比特,配置了膜键盘。ZX80与一台电视接收器相连,作为该计算机的显示器。一年后推出的ZX81计算机功能则更为强大,并采用了音频卡带存储设备。

1981年,IBM公司开发了其第一台小型计算机,称为个人电脑。在1~2年内,IBM的竞争对手们向市场推出了价位更低的模仿机——IBM克隆机。所有这些上市的计算机都模仿IBM,并且都安装MS-DOS。现代计算机就是这些"克隆机"的"直系后裔"。

计算机按照二进制编写的机器代码指令处理任务,一套计算机程序由许多页的"0"和"1"组成。机器代码很难编写而且更难对运行的错误进行调试。计算机程序员需要一种既容易编写又易调试的代码。第一种这样的代码出现在1957年:IBM公司的计算机程序员约翰·巴克斯开发出第一种高级程序语言FORTRAN,标志着程序设计的新时代的开始。但FORTRAN语言是一种面向科学家和数学家的编程语言。教师仍需要一种学生可以较容易掌握的语言。1964年,美国计算机程序员约翰·凯莫尼和托马斯·库尔兹在新汉普郡达特茅斯大学宣布他们成功解决了这一问题,即开发出了初学者通用符号指令代码——BASIC语言。

个人电脑的性能取决于处理器的运行速度和内存的容量大小,这两项指标都得到迅速提高,并仍在不断增强,使得现代电脑的性能远远高于以前。第一台多媒体个人电脑出现在1991年,英国计算机科学家蒂姆·伯纳斯·李在1990创造了万维网,如今,宽带网让用户可以从网络上下载音乐和电影了。

磁悬浮铁路及其应用前景

我们通常所见到的火车都是有轮子的，但也有一种会"飞"的火车，它不需要轮子就可以在轨道上行进，这就是磁悬浮列车。磁悬浮列车的发明者是海曼·肯佩尔。

海曼·肯佩尔出生在位于德国与荷兰边境的下萨克森州的一个小镇拉腾。一天，肯佩尔异想天开，希望火车也可以像天上的飞机一样，没有轮子就能够飞行于地面之上。他为了实现自己的梦想，努力钻研电学知识。功夫不负有心人，最终他从电磁铁的特性中获得了灵感。

大家都非常熟悉磁铁，磁铁具有同性相斥、异性相吸的特点。如果是电磁铁，断开电源，铁芯由于没有了电流立即去磁，也就不会发生相斥相吸的现象了。由此，肯佩尔想，如果把很多电磁铁装在火车及地面的轨道上，这样火车就会因为它们产生相互排斥的力量而浮起来。如果再找到可以令悬浮的火车前进的方法，那火车就可以抛开轮子了，而且这样的行驶速度定会远远大于普通火车。

因此，肯佩尔开始在自己家的地窖里创造高速火车模型。他把发动机的部件——转子（转子是电动机的转动部分，由转轴、转子铁芯、转子绕组、风扇等部分组成）和定子线圈（定子是电动机的不动部分，由定子铁芯、定子绕组和机座等构成）平铺在地面上，并且让10万赫兹的振荡电流通过它，果然和预想的一样，电磁力使火车模型悬浮了起来。1934年，肯佩尔申请并获得了磁悬浮列车的专利。

1969年，第一台磁悬浮列车在德国研制成功。

1974年，日本研制出小型磁悬浮列车，并于1985年在国际科学技术博览会上进行现场表演，总计约有11万人次试乘。

1994年，世界上第一条从柏林到汉堡的磁悬浮铁路列车正式开始动工修建。运行于其上的列车速度快于高速列车2/3，而票价则与高速列车相差无几。

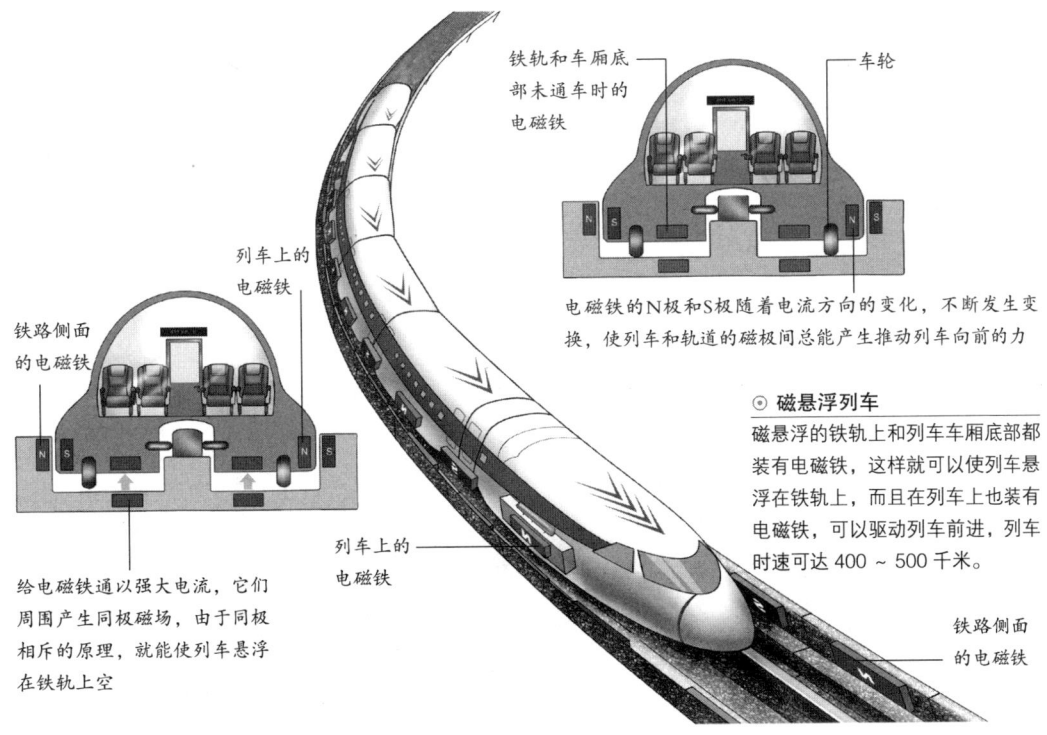

⊙ 磁悬浮列车

磁悬浮的铁轨上和列车车厢底部都装有电磁铁，这样就可以使列车悬浮在铁轨上，而且在列车上也装有电磁铁，可以驱动列车前进，列车时速可达400～500千米。

磁悬浮列车的发展前景十分美好，如今，它正朝着超导磁悬浮列车和真空隧道磁悬浮飞车方向发展。超导磁悬浮列车用的是没有电阻的超导电磁线圈，即使经过很长时间，电流量也不会衰减，又进一步提高了列车速度。真空隧道磁悬浮飞车是设想修建一条长距离被抽成真空的地铁隧道，由于运行中几乎没有空气阻力，列车速度可达2.3万千米/小时。当理想变成现实以后，磁悬浮列车便会真的飞起来。

通讯方式

通过长途通讯设备，我们几乎能同世界各地的人谈话和交流。诸如电话、传真和电子邮件之类的通讯工具是一对一式的，即一个发射者对应一个接收者；广播和电视节目经无线电波发送出去后，能被数以百万计的听众或观众接收，即一对多式的；而有线电视和因特网广播则综合了前两者的特征，既能以一对一的方式工作，又能以一对多的方式工作。表面看来，这些通讯方式各不相同，但是它们的工作原理却大致一样。

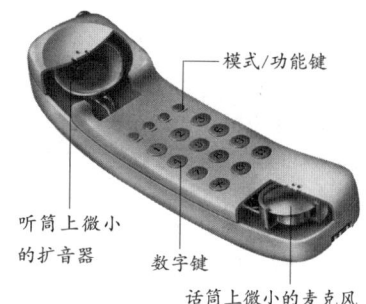

◉ 固定电话机的结构示意图

固话线路

电话能够将声音转换成电信号。当我们对着话筒讲话时，声波能引起话筒内微小麦克风的振动，从而产生强度不断变化的电流。电流的强度与声音大小成正比，并经过电话线传送至接收方的听筒上。在接收方，变化的电信号触发听筒内的扩音器工作，引起周围空气的振动，从而将电流还原成声波。如今，很多信号以激光脉冲的形式通过一种特殊的玻璃纤维（光缆）进行传输。当然，也有一些信号以无线电波的形式在空中传播，经卫星反射后，到达接收方。

移动电话

移动电话或手机利用低功率的无线电波来发射信息。在这种移动通讯系统中，全世界被划分为许

◉ 形形色色的通讯方式

多小的网络单元，每个单元内都有一个中转站，用来接收和发射信息，从而实现本单元手机与其他单元手机之间的通讯。世界上的中转站非常多，分布也非常广，因而能够允许几百万人同时使用手机通讯。

电子邮件

电子邮件，是当今一种快捷而方便的通讯方式。发信人只需在电脑或者是某些移动电话上敲出信件内容，将它发送至另一个电子邮件地址即可。电子邮件经调制解调器转换后，通过网线传送到因特网服务提供商（ISP）的中央电脑上。邮件信息就存储在那里，直到收信人在任何一台电脑上登陆，并打开邮箱查看信件为止。

实时信件

Fax（传真）是 facsimile 的缩写，其意义即为拷贝（copy）。传真机发出一束光线，按一定的顺序对文件进行扫描，文件上方有一排光敏传感器。文件上的空白部分反射光线，相应的传感器为"开"状态；而有内容的部分颜色较暗，呈黑色，不反射光线，相应的传感器为"关"状态。这样就产生了一系列的开/关信息（电信号），并传输至接收方。接收方传真机利用热敏传感器收取传输过来的电信号，并在热敏纸上还原出原文件。较为先进的传真机接收方利用静电将调色粉末吸引在纸上，因而可以直接使用普通白纸。

信号的传输

所有的长途通讯系统至少由三部分组成：发送器，如电话；通信连接装置，如天线或卫星；接收器（目的地），如电子邮件地址或接收方电话号码。发射方发出的信息可以通过电缆或光缆以无线电波的形式进行传输，直至到达目的地。

光导纤维的发明与信息高速公路

电报、电话的发明可谓人类通讯史上的里程碑，但人们在使用中发现，要想传输高质量、大容量的通信信号，这些通信方式还具有明显的局限性。而光导纤维的发明解决了这一问题，使信息走上了"高速公路"。

光导纤维的发明得从激光说起，因为光纤通信技术中用于传输信息的光，不是普通的光，而是激光。

1960年，年轻的美国物理学家梅曼发明了世界上第一台红宝石激光器，他还用这种激光器发出了一种神奇的激光。从此，光通信有了发展。光谱线很窄的激光是纯度极高的单色光，其特性是：振动规则、频率单一、能量高度集中、方向性好、亮度极强。信息可以通过它传输。

1970年，美国首次制成光衰减率为20分贝/千米的玻璃丝。光以这种拉得很细的玻璃丝——光纤——作为"导线"，可以从一端传到另一端。科学家做了许多实验后发现，无论玻璃丝弯曲到何种程度，只要有合适的入射光角度，在玻璃丝内来回反射的激光便会沿着导线传到很远很远的对端。人们把这种玻璃丝称作光导纤维，光纤是对它的简称。

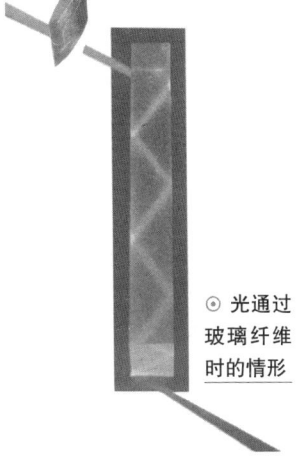

⊙ 光通过玻璃纤维时的情形

光纤包括两层,中间的一层是直径只有几微米的纤芯,外面的"包层"是用玻璃或石英制成的,这层对光具有极强的反射能力,光纤的外层还裹有厚厚一层保护光纤的塑料。光纤就这样紧紧地"封闭"住光,让其经过多次反射后到达另一端。

信息传递的速度由于光纤通信而大大加快,信息从此走上了"高速公路"。在一根比头发丝还细的光纤中,可以同时传输几千套电视节目或者几万路电话。这样大的通信容量的确令人吃惊。而最先进的"光波复用"技术,还可以将其提高几十倍。

移动电话的发明

移动电话是通过电磁波输送信息的,我们所说的无线电覆盖区域就是电磁波所能达到的地区。这几年,移动电话的数量迅速增长,而相对于有限的无线电频率资源来说,不免产生"僧多粥少"的麻烦。所以人们给电视、广播及各处无线电通信规定了一定的频率范围,就像交通管理部门把马路划分成快车道、慢车道和人行道一样,以有效地减轻或防止信息传输中的"塞车"。无线电波也被分成不同的频段,指派了不同的通信业务。而分配给移动通信的频率范围是比较窄的,在同一地区,要是不同用户使用同一个频率,就会产生干扰。

为充分利用无线频率,解决频率"拥挤"的问题,美国贝尔实验室的通信专家于1947年率先提出了建立"蜂窝"式移动电话系统的设想。直到1979年,"蜂窝"式移动电话系统研制成功后,"僧多粥少"的矛盾才得以缓解。

⊙ 移动电话的进一步发展使人们可以看到"移动中"的朋友。

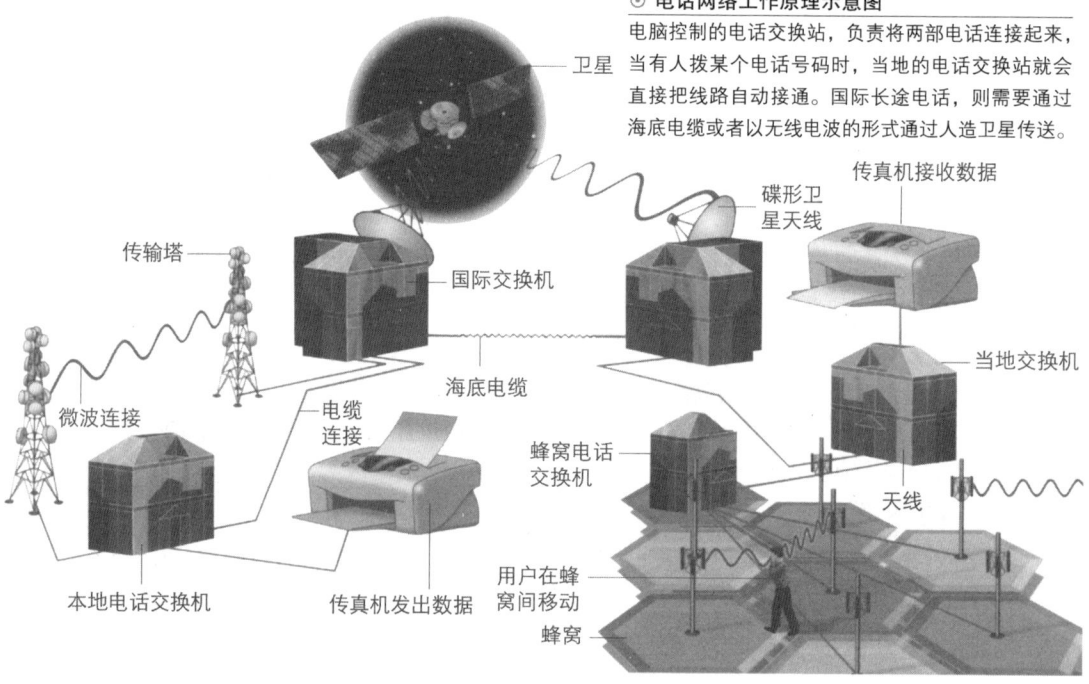

⊙ 电话网络工作原理示意图

电脑控制的电话交换站,负责将两部电话连接起来,当有人拨某个电话号码时,当地的电话交换站就会直接把线路自动接通。国际长途电话,则需要通过海底电缆或者以无线电波的形式通过人造卫星传送。

为什么要将无线小区划分为蜂窝状呢？让我们先看看蜂窝是什么样的。蜂蜡是蜜蜂的分泌物，遇到空气后变成蜡片。蜡片是制造蜂巢的原料，在建造蜂巢时，工蜂们一只拉着一只，拉成一长串。然后，将分泌并存在腹部的蜂蜡用腿拨下来，用口咀嚼后，粘在蜂房上，接着再加工一番，最终成为正六角形的柱状蜂房。蜂房的形状和结构是非常科学的，因为它占的空间最小，容量最大。

⊙ **六角形的蜂窝**

蜂窝的正六角形结构启发科学家将这种结构应用于无线电频率的分配上，从而成功解决了移动电话与国内外任何一台电话通话的难题。

蜂房的六角形结构给科学家以很大启示，他们将这种结构应用到了无线电频率的分配上。这种结构的好处在于能够减少重复建设，发挥最大的效用。而且，无线电波可以通过控制其所发射的强度，将它限制在小区的范围之内。同时，在相邻的小区中，选用不同的频率进行通话，就不会发生干扰。而相隔一定距离的小区，又可以使用同一种频率。频率的重复使用，解决了频率不足的难题。

目前的移动电话，主要采用的就是蜂窝系统。蜂窝移动通信是把一个通信区域划分成一些规则的六角形小区，就像蜂窝一样，小区边长几千米到几十千米不等。每个小区内都设有一个无线基地台，每个基地台都有专线与移动电话局连接，再由移动电话局通过有线线路与市区电话局及长途电话局联系起来。这种蜂窝移动电话系统不仅能使用户相互通话，而且能在全地区自动进入公共电话交换网，与固定电话用户通话，这样就能够使移动电话与国内国外任何一台电话通话。

第一代蜂窝移动电话采用的是模拟技术，第二代蜂窝移动电话就是现在人们生活中最常采用的"GSM"数字移动电话，它采用的是数字技术。"GSM"是欧洲移动通信特别小组的英语缩写，它制定了统一的欧洲数字蜂窝移动通信系统标准。现在，中国采用此系统开通了138、139"全球通"数字移动电话网。与模拟系统相比，数字系统的优势在于频谱利用率高、手机体积小、省电、安全保密，而且能够提供数据、文字信息业务。

正六边形无线电覆盖区域的形状如同蜂窝，这就是"蜂窝式无线电小区"和"蜂窝式移动电话"名字的由来。

近年来，移动通信给人们带来很多方便，其发展之快、应用之广是任何人都始料不及的。

大众传媒

媒体多种多样，但它们的主要作用都是与广大人群进行交流，向人们提供一些娱乐、实时新闻或是广告信息。人们最熟悉的媒体当属广播、电视、报纸、杂志、电影及互联网等。印刷机的出现，使得各种信息以纸张的形式传播，从而大大增加了信息的影响范围和传播速度。计算机综合了不同媒体方式的特点，形成所谓的"多媒体"，进而产生了计算机游戏、光盘与光驱、交互式电视以及电脑仿真电影等技术，较之以往的同类技术更为生动、逼真。

当工作人员以很短的时间间隔连续播放一系列差别微小的

⊙ **电脑绘制出的动画模型**

静态图片时，会使观众产生画中景物或动物在运动的错觉，这就叫做动画。在过去，这些图片都是由工作人员手工画出来的，极为费力，也浪费了大量的时间。现今，计算机动画的广泛应用加快了绘图速度。因为电脑能够将所有的影片角色以及它们的活动情况以三维图像的形式保存下来，动画制片人只需将这些角色拖到屏幕上的相应位置，就能生成一幅新的画面。

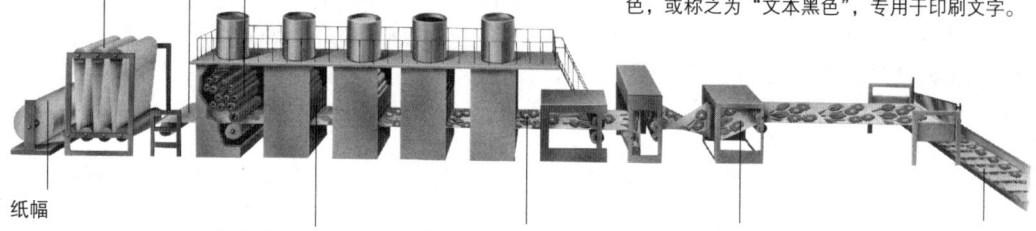

卷轴
印刷过程中可以根据情况改变卷轴的次数，因而不会浪费时间

递纸辊
将纸张紧紧地拉直，以确保所有的印刷内容都被准确地印在纸幅上相应的位置，并且纸张在印刷机内没有产生相对滑动

上墨滚筒
确保油墨均匀地涂在纸面上，滚筒的外表面由橡胶或者金属制成

⊙ 全彩色石版印刷机只有4种颜色的油墨：青色（C）、品红（M）、黄色（Y）以及黑色（K）。印刷过程中，这些极小极小的油墨点密密地落在纸上，形成各种颜色的图像。大多数杂志、书籍和报纸都采用这种四色印刷，即 CMYK 印刷术。此外，还有第5种油墨色，它是一种特制的混合色，或称之为"文本黑色"，专用于印刷文字。

纸幅
印刷机内一种很长的连续的纸面，印刷过程中，图像信息印在纸幅上。当印刷结束后，纸幅被分成一段一段独立的部分，从印刷机末端出来

印刷机内安放着一张平板，其上携带着需要印刷的图像的信息，这些信息随后被转移到转轴的橡胶垫上。印刷过程中，转轴从纸上均匀地转过，将图像信息传递到纸上

干燥剂，使印刷在纸上的油墨快速变干，这样，在工作人员随后将这些纸卷起来时，也不会弄脏它们

已经变干的纸张经过折叠单元，被折叠起来。随后工作人员将那些已经折叠好的纸张从印刷机中取出，即刻进行包装

折叠后的纸张还需裁剪为合适的大小，以便将它们装订到一起，运输至零售商店，进行销售

神通广大的全球定位系统

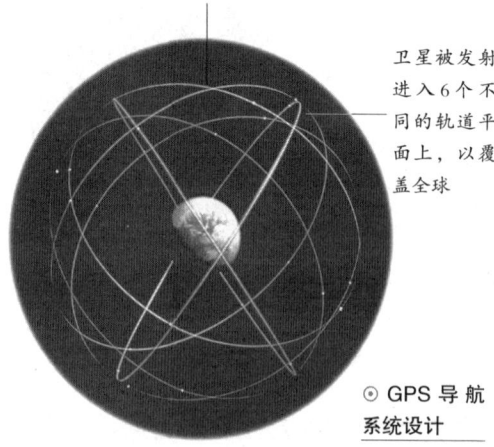

每个GPS轨道有4颗卫星，使得地球上任意地点最少也能接收到4颗卫星的信号

卫星被发射进入6个不同的轨道平面上，以覆盖全球

⊙ GPS 导航系统设计

战国时期，我国发明了指南针，从此它便被广泛应用于航海中，以辨别方向，不久，指南针传到国外，也备受欢迎。1000多年过去了，科技越来越发达，指南针被更先进的仪器所代替，它就是神通广大的全球定位系统。

全球定位系统的英文名字是"Global Position System"，简称 GPS 系统。该系统是以卫星为基础的无线电导航定位系统，它能测出地球上任意一点的精确坐标，包括精确的时间、经度、纬度和误差在1米之内的速度定位，GPS 系统代替了古老的指南针，被人们赞誉为"电子指南针"。

GPS 全球定位系统是继"阿波罗登月飞船"和"航天飞机"之后美国第三大航天工程。美国国防部投资200亿美元，花了近20年时间来研制它。

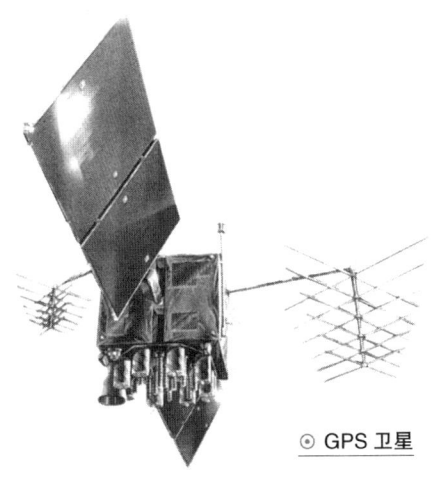

⊙ GPS 卫星

专门为配合飞机、导弹、船只和士兵运动的军用定位和导航系统，是目前世界上最先进的卫星导航系统。GPS 全球定位的成功研制和使用把传统的导航定位技术一下推进到了电子信息导航的新时代。

GPS 系统主要由 3 大部分组成，它们是导航卫星、地面监控站和 GPS 用户接收机。导航卫星由 24 颗卫星组成一个卫星星座，均匀地分布在围绕地球的 6 个轨道平面上，与地球同步运行，其中 21 颗是工作卫星，3 颗为备份卫星。地球上任意一个地方至少能同时观测到 4 颗卫星。在 20810 千米的高空，每颗卫星上都装有 7 万年误差不超过 1 秒的原子钟和一台遥测发射机。它把有关卫星的遥测数据发向地球，同时也把来自地球的与导航定位有关的各种信息接收进去。地面监控站承担对卫星发射和导航信号的观测任务，由设在科罗拉多斯平士的联合空间执行中心的主控站和 3 个分设在大西洋、印度洋和太平洋美军基地的注入站、监测站组成，并将计算机中各颗卫星的星历和导航电文发射到卫星上，把卫星上的导航数据进行更新。GPS 用户接收机则由天线、接收器、数据处理器和显示屏组成，外形就像一台重量仅有 800 克的小型计算器。它是一台多信道单向接收设备，能够 24 小时不间断地提供全球定位服务。同时，它的性能非常好，既能抗振动、抗湿气、抗沙暴，又能抗电磁干扰。经过改良，目前 GPS 军用定位精确度已经达 1 米。

1991 年美国部队把 7000 多台 GPS 接收机运用在海湾战争中。飞机、坦克、导弹在 GPS 的导航下，弹无虚发，命中率大大提高，从而使得大片的伊拉克固定或移动军事目标像一个个棋子一样落入美军计划好的棋盘中。

全世界的军事专家通过海湾战争都认识到 GPS 系统的神奇威力。一些国家纷纷制订计划，准备配备 GPS 系统来提高自己的战斗力。

标准定位服务被广泛应用在海洋捕鱼、海洋船队监控、远洋轮船导航、飞机导航、地质勘探等工作中。由于标准定位误差很大，在工作过程中常常造成不必要的损失。于是，静态的测地型 GPS 接收机应运而生，把固定物体的定位精度提高到 $10^{-6} \sim 10^{-8}$。紧接着又研究出动态差分 GPS 接收技术，把物体在运动状态下的定位精度从 100 米提高到 1 厘米。所谓差分 GPS 系统就是固定的卫星基准站进行 GPS 观测。通过已知的基准站精密坐标，把基准站到卫星的真正距离计算出来，再修正接收到的 GPS 误差定位信息并发送出去。用户把定位信息和修正数值一起接收，再对误差信号进行修正，计算出用户的精确位置。从此，像标准定位服务那样出现的误差，几乎没有了。差分 GPS 最早应用在海洋和内河航运方面。我国海岸线辽阔，航运事业发达，每天进进出出的远洋船舶和各国的远洋货轮繁多，非常需要准确的导航。在海面能见度很低

⊙ GPS 定位系统被广泛地运用在军舰上，图为美国的"莱希"导弹巡洋舰。

时，船舶的导航尤为重要。现在只要把 GPS 接收机安装在船舶驾驶舱进行差分 GPS 定位，自动导航就实现了。

最近几年，GPS 还被活跃地应用在地面车辆的定位监控上。我国公安部门和科技单位合作，成功地开发出为银行运钞车监控用的车载 GPS 定位跟踪系统。他们把 GPS 系统与电子地图地理信息系统以及集群无线通信系统相结合，使得该系统能同时监控 75 辆银行运钞车和 50 辆警车，系统监控能力达 600 辆。这样，运钞车在工作时就安全多了，不论出现什么情况，都会及时地采取措施。出租车的客运调度、工程抢修车、特快专递车、城市急救车、消防车等都可以运用车载 GPS 系统来提高工作效率。GPS 与电子地图相结合，成为计算机化的电子地图，使汽车驾驶员轻而易举地知道自己在哪里，成了"永不迷路"的向导。把 GPS 汽车导航系统与移动电话结合使用，能够访问因特网上一些 Web 站。它的内容与导航密切相关，能让你在很短时间内了解你所处的环境，以及所需要的服务信息。

令人难以置信的是，GPS 系统能对农作物的精耕细作起到极大的推动作用。运用了 GPS 全球卫星定位系统接收器，一位农民能够改变千百年来日耕夜息的习惯，在农作物生长最旺盛的夜晚工作而毫无差错。在 21 世纪，全球卫星定位系统将被安装在自来水管道、煤气管道、通信线路和电力网上。到时，无论哪条管线发生故障，服务部门的人员都会及时发现并且迅速赶到出故障地点去排除。83 秒的接警反应记录就是美国利用全球卫星系统首创的。目前，我国地质测绘、航空拍照、飞机导航、防治虫害、长途运输、无线寻呼等领域也应用了 GPS。

全球定位系统已渐渐地在生活的各个方面被运用，它就像一个电子指南针一样，给人们的生活和工作带来了很多方便。

传真技术的发明与进步

传真就是一种通信方式，即采用扫描和光电转换技术，将文字、图纸、照片等通过有线或无线通信电路传送到千里之外的另一方，在接收端又复制出文件原样。之所以称这种通信方式为"传真"，顾名思义是因为它所传递的信息内容能保留原件的真迹。

与电话、电视相比，传真技术的发明要早几十年。早在 1843 年，一位苏格兰科学家贝斯就提出了传真通信的设想。而一直到法国物理学家贝兰发明传真机以后，传真技术才得以正式应用。1894 年，年仅 18 岁的贝兰获得了一种"秘密照相机"的发明专利。从此，他又全身心地投入到电报图像传输技术的研究中。

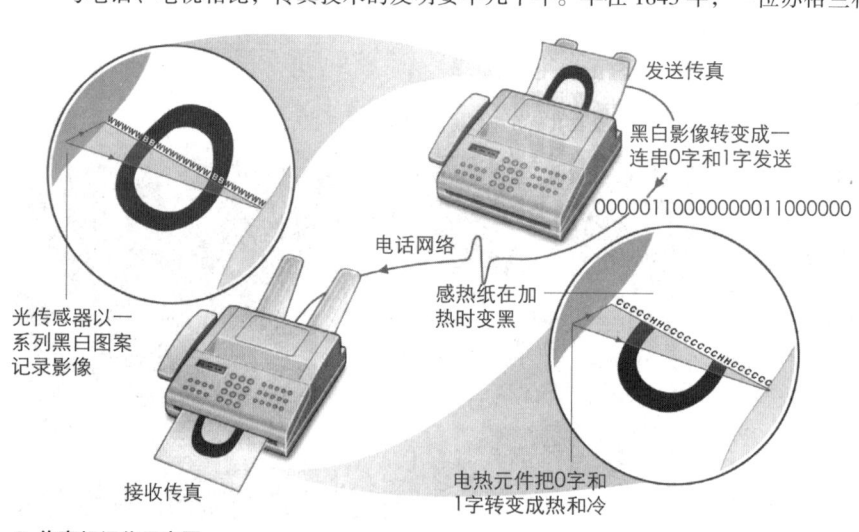

传真机运作示意图

经过13年的艰苦努力，1907年11月18日，贝兰首次成功地进行了图像传真的实验，传真电报就此诞生了。1913年，贝兰又成功研制出第一台专供新闻采访用的手提式传真机。次年，用这部传真机传送的第一幅"传真照片"刊在了法国巴黎一家报纸上。1924年，在美国华盛顿和法国巴黎之间第一次成功地用传真机进行了国际间手稿真迹的传输。

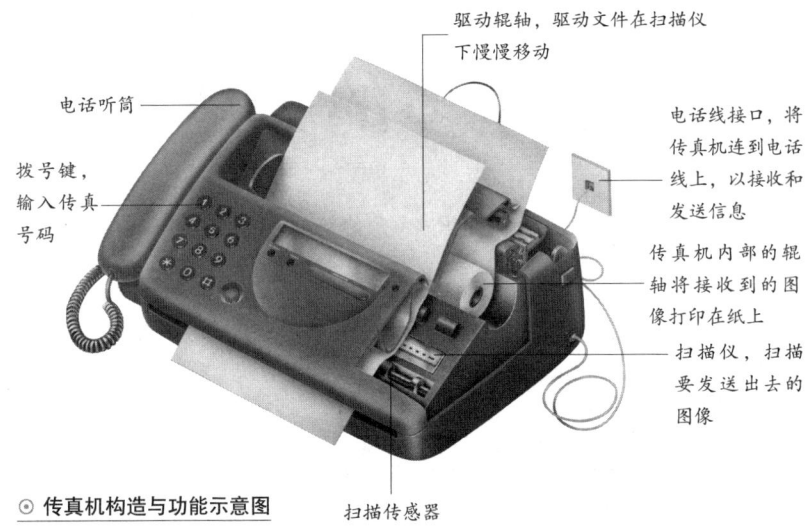

⊙ 传真机构造与功能示意图

那么，文件或图像是怎样通过传真机传送给对方的呢？假如你拿放大镜仔细观察报纸上的黑白传真照片，你会发现无论内容多么复杂的照片都是由许多深浅不一、密密麻麻的黑白小点儿组合而成。如果点子多而且密，照片就会更清晰。传真通信的原理与此如出一辙。

传真时，文件图像被分解成一个个像素，在扫描设备和光电转换器件的作用下，这些深浅不同的小点子变换成为相应强弱不同的电信号，然后放大调制，将其变成适于通信传输的传真信号送到对方。接收端与发送端刚好相反，接收端将电信号经过放大解调还原成强弱不同的光点，然后按发送的先后顺序排列组合、还原成像，再通过静电复印、照片或热敏打印等方式进行复制。这样，远在异地的对方收到的文件、图像就与原稿一模一样。

在传真通信中要注意这样一个问题，即发送端的图像分解和接收端的图像合成必须步调一致、同步进行。具体说来，就是扫描图像要有相同的起始点顺序，扫描图像的分解和合成要有一致的速度。否则，复制出的图像就会失真，甚至连辨认都比较困难。

传真机扫描顺序是从上到下，从左到右。现代扫描设备采用的是以电子方式进行的平面扫描，这种设备结构简单，扫描速度快，可靠性也高。

那为什么一直到近几十年，它才取得了长足发展并得到广泛应用呢？这是因为传真技术与电子、机械、光学、化学等多个领域中的先进技术息息相关，而且发送一页传真，要占用长途电话线路的一段时间，因而将耗费许多资金，所以传真机的普及和发展受到了技术上和经济上的限制。

随着通信技术的发展，如今人们已经开始广泛使用传真通信，因而各种各样的传真机被研制开发出来。按占用电话线路来分，可分为单路传真和多路传真；按传送文件、图像的色彩来分，则可将其分为相片传真机、真迹传真机和彩色传真机；按某些特殊用途来分，又可分为用户传真机、气象传真机、报纸传真机和信函传真机。此外还有将录音电话和传真功能相结合的多功能传真机。

在电脑时代，传真技术得到了极大的改革。把一块传真功能卡和相应的收发传真的软件安装在电脑上，就能对传真机的功能加以模仿，计算机数据代码也就变成了传真信号，这样就能按照人们设定的程序，通过电话线收发传真了。用电脑发送传真的功能有很多令人难以想象的地方，不管是发送或接收传真，电脑都可以处理其内容。

人们现在正在研制与笔记本电脑配合使用的传真卡。外出办事的人可以将笔记本电脑连上移动电话或车载电话，通过空中信道，随时随地发送传真。如今，除了在工作领域广泛地使用传真通信以外，传真还进入了生活领域，为人们的生活提供了极大的便利。

种类繁多的人造卫星

随着科技的发展,世界上许多国家不断传来人造卫星发射成功的消息。在各个轨道运行的人造卫星们组成了一个大家庭,在这个家庭中包含着各个不同的成员。

人造卫星也叫人造地球卫星,其实它是由人工制造、在空间轨道上环地球运行的一种无人航天器。世界上第一颗人造地球卫星是1957年前苏联发射成功的。自此到1999年的40多年来,全世界有5000多颗包括载人飞船和太空探测器及卫星在内的航天器被发射到太空中。其中,9%左右就是种类繁多的人造地球卫星。

以偷窃军事情报为主侦察卫星,像一个间谍一样在太空运转,成为发射国家获取情报的有效工具,自1960年左右出现后,成为现代作战指挥系统和战略武器系统的重要组成部分。按执行的任务和侦察设备的不同,侦察卫星又可分为照相侦察卫星、电子侦察卫星、海洋监视卫星和导弹预警卫星。侦察卫星是世界上发射数量较多的一种卫星,它占卫星总数的40%~60%。

有一种卫星专门为地面、海洋、天空的空间用户导航定位服务。第一颗这类卫星"子午仪"在1960年4月由美国发射后,10颗各种类型的此种卫星已由世界各国相继发射,现在它们成为了飞机、导弹、潜艇、舰船等各种用户的"向导",它就是导航卫星。

还有一种卫星叫做测地卫星。它们为洲际导弹发射测定准确的目标位置,主要用来测定地面点坐标、地球形状和地球引力场参数;对地面观测设备的观测目标或定位基准,它起的作用也很大。20世纪60年代初,地球扁率的推算,观测站坐标的测定,计算地球重力场,都是靠观测人造卫星完成的。从此,美、苏、法等国相继发射了测地卫星。

卫星成员中,能迅速、全面、经济地提供有关地球资源情况的卫星是地球资源卫星。美国于1972年7月发射了世界上第一颗地球资源卫星。它利用20世纪60年代的航空遥感技术,调查森林、水文、耕地种植和农作物生长等情况,帮助人们寻找地下的丰富矿藏,对资源开发和国民经济起到了重要作用。地球资源卫星分为陆地资源卫星和海洋资源卫星。

在看天气预报时,我们经常看到的反复变化的云层,是气象卫星拍摄后送回到地面的。气象卫星就是专门用来进行气象观测的。继1960年第一颗气象卫星被美国发射后,太空中已经运转着上百颗气象卫星了。云、海水温度、大气温度、湿度和地球表面温度的垂直分布等这些气象资料都是利用气象卫星获得的。气象部门根据这些资料和拍摄到的照片、云图等,做出了天气预报。此外,气象卫星还能找出冷暖海洋交界处,从而找到鱼饵丰富、鱼儿集中的渔场。

通信卫星,它也叫地球静止轨道卫星。因为它在离地35 860千米高空的地球赤道平面内与地球同步运转,所以看起来好像静止地悬挂在空中。1963年美国发射第一颗同步通信卫星,其覆盖面积大约为地球表面积的40%。1984年,中国成功地发射第一颗通信卫星,它使电视、电话、电报、传真图片等在大范围内得到迅速转播。人们坐在家里就能收看全世界任何一个电视台的节目。通信卫星还可以用于军事、航空、航海和飞机、船舶的导航等。全球通信的实现是将3颗通信卫星等距离分布在赤道上空的同步轨道上。还有一种根据各自的任务选择不同

⊙ 各种卫星的相继应用极大地方便了人们对世界地理、环境、及新闻的了解。上图分别为:通讯卫星(左)、导航卫星(中)和气象卫星(右)。

高度的椭圆轨道的卫星是非静止轨道卫星。

在卫星大家庭中还有以观测太阳为主的太阳观测卫星、探测太阳系以外的天体为主的非太阳探测卫星、X射线天文卫星和γ射线天文卫星、紫外天文卫星等。还有一种专门用于拦截敌方卫星的反卫星等。

卫星的种类还有很多，远不止上面介绍的这些。目前多个国家正在争先恐后地进行着卫星的研制和开发。

改变世界的万维网

多年来，人们一直梦想有一个世界共享的信息数据库。这个梦想终于在1990年实现了，全球信息网络——万维网的建立使世界各地的用户能获得海量的数据信息，并且用户只需点击鼠标就可以实现即时的交流。

万维网利用电话线或无线电将计算机连接到世界范围的网络里，用户可以即时访问上亿页文档以及视频、电影、音乐。英国计算机科学家蒂姆·伯纳斯-李率先设计了万维网。

早在20世纪70年代，计算机互联技术就已经存在，高级研究计划局网络是由美国国防部的高级研究计划局（ARPA）的科学家开发的世界上第一个运营的包交换网络，它是全球互联网的始祖。1972年，（ARPA）阿帕开始允许外部用户访问该网络。斯坦福大学在1974年开发了第一个商业版ARPA网络，在接下来的几年中又一些其他网络也开始运营。

1981年，纽约城市大学开发了BITNET（国际学术网）投入使用，在美国东部大学的所有科学家都可以使用BITNET网络，而与使用该网络的研究所无关，也与计算机使用科学规范无关——倘若他们使用的是IBM主机。1982年，EUNET（欧洲网）出现，它将英国、斯堪的纳维亚半岛国家和荷兰的计算机网络相互连接起来。欧洲版的BITNET在1984年投入使用，被称做欧洲学术与研究网络（EARN）。

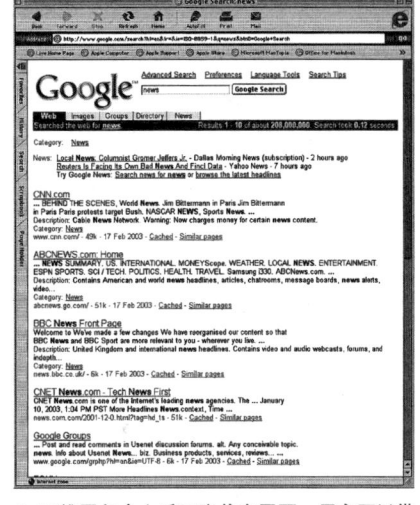

⊙ 万维网包含上千万张信息网页。用户可以借助它找到从新故事到可以购买到最新时尚品地点的几乎所有信息。搜索引擎，如Google，会列出包含用户寻找信息的所有相关网页的地址。

这些网络系统都存在着一个弊端，就是一台计算机以某种形式生成的信息模式很难被另一台计算机读取。这一问题很容易在每一个独立的网络系统里解决，但是属于不同网络系统的计算机却不能相互访问，所以这种网络系统仍然很小。

早在1974年，ARPA和斯坦福大学的科学家就已经设计了一种称做TCP/IP协议（传输控制协议/网络协议）的系统。按照此协议，处于不同网络系统中的计算机就可以相互传送数据。ARPA在1982年才采用了TCP/IP协议。自此以后，所有的网络都可以相互连接在一起，因特网（或称互联网）就这样产生了，伴随它产生的还有电子邮件系统。连接到网络的计算机叫做主机，并且电子邮件证明网络已相当流行，到1984年，全世界已经有超过1000台主机，给网络带来了明显的"交通拥挤"。

计算机之间的信息交流有一定的路径，这就意味着每一台主机必须分配到一个唯一的地址。起初，为每一台主机设置一个名字还绰绰有余，但是到了1984年，由于引入了域名服务器，网络系统结构

知识档案

- 1980年 伯纳斯-李公布ENQUIRE
- 1981年 BITNET投入使用
- 1982年 EUNET建立；因特网诞生
- 1984年 EARN建立；引入域名；JANET建立
- 1985年 NSFNET建立
- 1990年 伯纳斯-李命名万维网
- 1991年 NSFNET对公众开放；互联网向公众开放
- 1992年 启动信息高速公路工程
- 1993年 开发出Mosaic X——第一种互联网浏览器
- 1993年 万维网被欧洲核研究中心注册，用做公共域名。

变得更复杂。域名服务器指的是一台存储了域名列表的计算机，并且可以根据域名寻找到链接路径。域名包括 Http://(超文本传输协议)、www（万维网）、com（商业机构）、net（网络服务机构）、gov（政府机构）、mil（军事机构）、org（非盈利性组织）、edu（教育部门）和 int（国际机构），另外还包括国家标示符，比如 uk（英国）、de（德国）、fr（法国）和 nl（荷兰）等。

1984年，拥有英国政府背景的联合学术网 (JANET) 服务于英国的大学。1985年，美国国家科学基金会建立了 NSFNET（美国国家科学基金会网），将因特网的应用拓展到美国每一个校园的所有权人。各联邦政府机构负责分担建立所有这些连接设备的费用。NSFNET 管理者与其他网络的所有者达成一致，并且将 TCP/IP 作为所有加入者指定使用的协议。1988年，NSFENT 升级了网络系统，从每秒传输 5.6 万比特提高到 154.4 万比特。随着 NSFNET 的开放，尽管实际上仍只有科研和教育人员才允许访问网络，但是因特网用户已从 1986 年的 5 000 个迅速增加到 1987 年的 2.8 万个。

1991年，NSFNET 对私人计算机开放，并且在 1992 年阿尔·戈尔提出了高通量计算技术，俗称"信息超级高速公路"计划。

从 1980 年起，伯纳斯-李在欧洲核研究中心粒子物理实验室一直从事软件开发工作，他也在寻找使身在不同国家且使用不同计算机系统的物理学家相互交流的方式。蒂姆·伯纳斯-李设计的第一个程序完成于 1980 年的 6 月到 12 月间，它允许某些类型的计算机利用超文本传输协议交换数据，该协议连接不同计算机上的文档，使计算机用户可以迅速从一台转移到另一台进行访问。直到 1989 年，伯纳斯-李才得到欧洲核研究中心的支持，将此程序发展成更大的系统。到 1990 年底，伯纳斯-李编写了实现这一目的的程序，并命名为万维网。

他将自己编写的程序透露给欧洲核研究中心的工作人员，并且在 1991 年 8 月将其在因特网上公开，任何人都可以免费使用。万维网就这样诞生了。两年后，欧洲核研究中心确认该网络为公共域名。但其发展很慢。

1993年底，只有不足 150 个站点和它连接。但在这一年，位于伊利诺伊州的美国国家超级计算机应用中心的马克·安德森公布了第一个浏览器——Mosaic X，后来更名为 Netscape 浏览器。浏览器可以隐藏文档间的连接。用户不用敲入所需文档的地址而只需简单地点击一下用不同颜色文字表示的超文本链接就可以找到相关文档。因特网连接计算机的地点就是万维网连接文档的地点。如今，互联网大概共有超过 4 000 万个网站和超过 43 亿张网页。

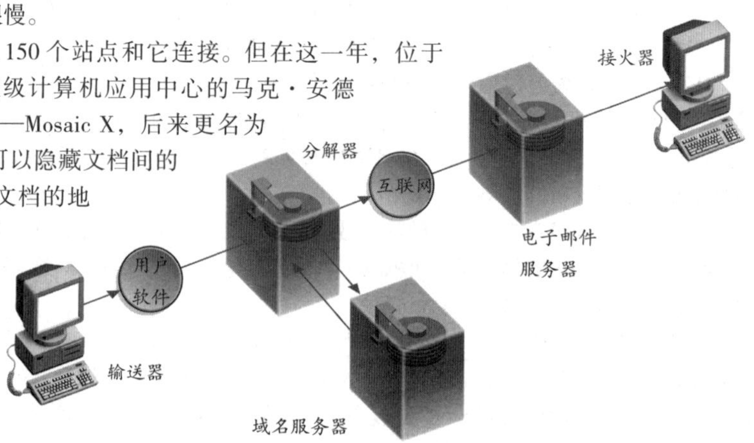

○ 信息传过用户计算机软件到因特网服务供应商的分解器上，分解器从域名服务器上下载有关的信息。分解器将信息送入网络协议地址注册表。这些信息会传回到用户计算机上，两者由此建立了联系。于是，信息就可以传送。在图中，信息传到了电子邮件服务器上，一直会保存到接收器来下载。

科学未解之谜
Unresolved Mysteries of Science

宇宙中真的存在反物质吗

从中学时代我们就知道，世界是由物质组成的。但是，如今科学家提出了"反物质"的概念，对传统观点提出了挑战。那么，反物质是什么？宇宙中是否真的存在反物质呢？

反物质和物质是相对立的。它们是两个不同的概念。众所周知，物质构成了世界，而原子构成了物质，原子核位于原子的中心。原子核由质子和中子组成，带负电荷的电子围绕原子核旋转。原子核里的质子带正电荷，电子与质子所携带的电量相等，但一正一负。质子的质量是电子质量的1840倍，它们在质量上形成了强烈的不对称性。这引起了科学家的关注。因此，有一些科学家在20世纪初就认为二者相差十分悬殊，因而应该存在另外一种电量相等而符号相反的粒子。如：存在一个同质子质量相等但携带负电荷的粒子和另一个同电子质量相等但携带正电荷的粒子。这就是"反物质"概念的最初观点。

狄拉克是英国青年物理学家，他根据狭义相对论和量子力学原理，于1928年提出了这样一个设想：在自然界中，存在着带负电的电子，同时还存在着一种与电子一样但能量与电荷都为正的正电子。这种电子可以称为电子的"反粒子"。狄拉克认为，物质和反物质一旦相遇，就会互相吸引，并发生碰撞而"湮灭"，各自的质量也消失了，并释放出大量能量，这些能量以伽玛射线的形式出现。在我们周围的物质世界中不可能有天然的反物质存在的原因就在于此。

狄拉克的这一设想，对科学界震动很大，科学家们认为这种设想极有道理，因而，他们极力寻找和制造反物质。

1932年，美国物理学家安德森研究了一种来自遥远太空的宇宙射线。在研究过程中，他意外地发现了一种粒子，这种粒子的质量和电量都与电子完全相同，唯一不同的是在磁场中弯曲时，其方向与电子相反，也就是说它是正电子。这一发现论证了狄拉克的设想，并大大激励了人们的研究热情，他们纷纷投入到寻找反物质粒子的工作中。1955年，在美国的伯克利，钱伯林和西格雷两位科学家利用高能质子同步加速器发现了反质子。西格雷等人于1957年又观察到了反中子。

欧洲一些物理学家于1978年8月，成功地分离了300个反质子达85小时，并成功地储存了这些反质子。1979年，美国新墨西哥州立大学的科学家进行了一个实验，在实验中，把一个有60层楼高的巨大氦气球，放到高空，气球在离地面35千米的高度上飞行了8个小时，捕获了28个反质子。关于反质子的发现层出不穷，这些发现激发了人们的兴趣。反中子和中子一样都不带电，但它们在磁性上存在差别。中子具有磁性且不断旋转，反中子也不断旋转，但其旋转方向与中子恰恰相

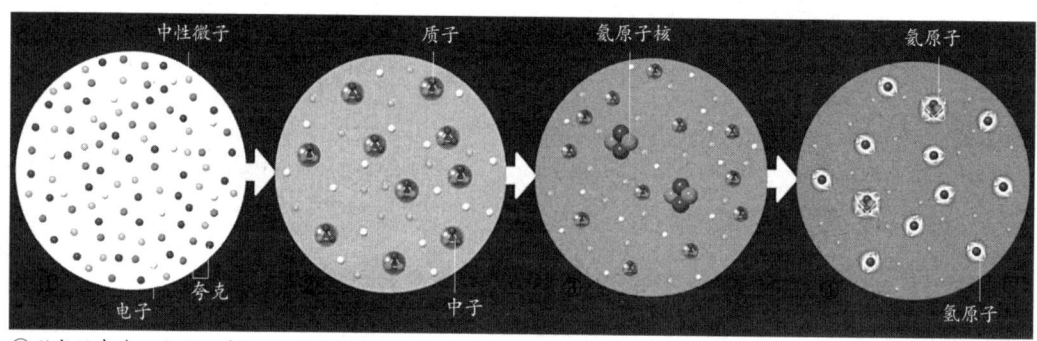

①形成了夸克、电子、中性微子等。　②夸克相互附着，形成质子和中子。　③由质子和中子形成氦原子核。　④质子、氦原子核抓住电子，形成氢原子和氦原子等（宇宙的膨胀）。

◎ 物质的诞生示意图

反。顺着这个线索,物理学家们继续寻找下去,结果,发现了一大群新奇的粒子。到目前为止,已经发现了300多种基本粒子,这些基本粒子都是正反成对存在的,也就是说,任何粒子都可能存在着反粒子。

这样,用人工的方法把反质子、反中子和正电子组成反物质原子这一设想在理论上是成立的。在实践中人们利用粒子加速器人工制造出由一个反质子和一个反中子组成的反氚核,这个反氚核是人工制造出的第一类反原子核,它是美国布鲁克海文实验室研制成功的。由两个反质子和一个反中子组成的反氦-3核是第二类反原子核。前苏联在塞普霍夫加速器上曾获得5个反氦-3核。而反原子是由正电子与这些反原子核相结合而得到的。1996年1月,欧洲核研究中心宣告德国物理学家奥勒特等利用该中

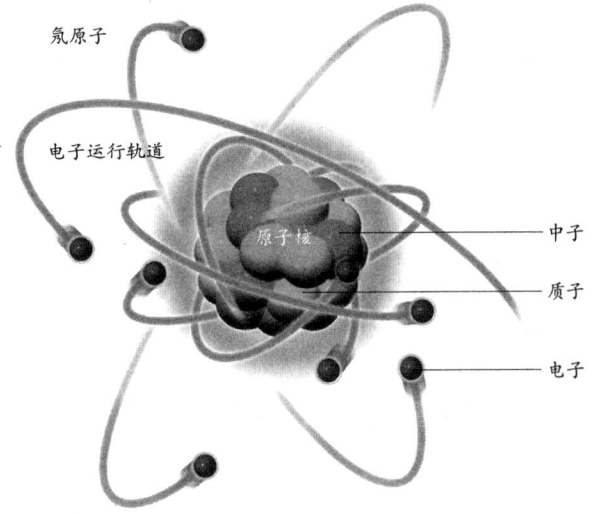

◉ 原子和分子模型构造示意图

所有的物质是由原子构成的,而原子则是由质子、中子和电子构成的。质子和中子形成原子核,而电子则围绕原子核不断地旋转。原子与原子经过化学结合则构成了分子。

心的设备合成得到第一类人工制造的反原子,即11个反氢原子。由于这一科研成果意义重大,欧洲核研究中心专门开会庆祝反原子的人工合成。物理学家们预言,技术上进一步的改进将会使大量生产反物质原子的设想成为可能。

对于反物质在自然界中究竟有没有的问题,人们观点各异。以往的一些理论认为,在宇宙中,正物质和反物质是对称的、同样多的。虽然,反物质在地球上只能出现在实验室里,且时间短暂,但是在茫茫宇宙中的某些部分却有可能存在一些星系,这些星系由反物质构成。在那些星体上反物质的存在是极其"正常"的,而正物质却很少在那些星体上存在。物质与反物质在电磁性质上相反而其他方面均相同,那么,在宇宙总磁场影响下,它们各自向宇宙的相反方向集中,分别形成星系与反星系。根据这种观点,宇宙应该一分为二,由正物质和反物质两部分构成。可以想象,由反物质构成的星系应该距离我们极其遥远。但是,至今我们也无法获得关于反星系分布的直接证据,因为由反物质组成的星系与正物质组成的星系发出的光谱完全相同,而我们今天的天文观测手段还较落后,没法将它们区分开来。

宇宙中应该存在一个反物质世界,这从理论上讲是行得通的,可事实上并不这么简单。自然的反粒子和反物质在地球上是不存在的。科学家们研究发现,核反应中产生的反粒子被大量正常粒子包围着,所以产生出来没多久就会和相应的正常粒子结合,两者结合后,反粒子便不存在了,它转化成了高能量的光子辐射。可人们至今还没有发现这种光子辐射。在地球上很难找到反物质,因为普通物质无处不在,而反物质一旦遇到它就会湮灭。事实上,反物质仍能以自然形态存在于地球以外的宇宙中。由于反物质发出的光与物质发出的光一样,所以人们无法从恒星发出的光来判断它是物质还是反物质。因此人们推断,完全可能有反物质构成的恒星存在于宇宙中,或者在距别的星球足够远的孤立空间中,甚至在银河系中。自然界是有对称性的,所以,其中必同时存在着由物质组成的星体和由反物质组成的星体。当然,物质和反物质不可能同处在一个星体中,因为二者碰到一起就要湮灭。

到底在宇宙中有没有自然存在的反物质,还有待于科学技术的进一步发展去证实。物理学家们努力搜寻反物质,希望能在宇宙中寻找到它们。

能不能直接观测太阳系以外宇宙中的反物质呢?可以,但目前只有一个办法,那就是研究宇宙射线。

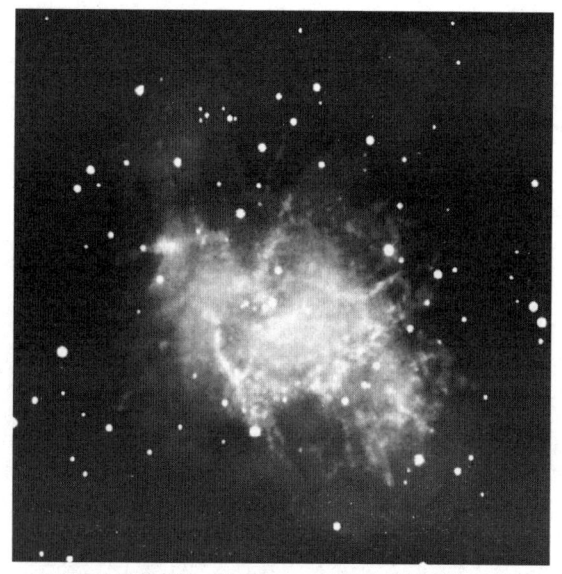

⊙ 自然界喜欢对称性，在宇宙中完全有可能有反物质构成的恒星存在于宇宙中，甚至在银河系中，也存在由反物质构成的星体。

在地面实验室中很难探测到宇宙射线中的反物质，因为有一个稠密的大气层在地球上空。穿越大气层时，宇宙射线会与大气碰撞而产生次级粒子，这些次级粒子又会与大气粒子碰撞产生更次级的粒子，这样几经反复，地面上测不到原始的宇宙射线，因此也无法确定宇宙射线中反物质存在的情况。为此，人们想方设法把探测器送上大气的最高层，并一直希望能将探测器送到太空。过去，人们多次用高空气球把高能反物质望远镜等探测器送到高空，探测宇宙射线中的正电子与反质子，但收获不大，从未发现过比反质子更重的反原子核。现在，随着航天技术的发展，到太空中去寻找反物质的愿望终于可以实现了。

1998年6月，美国"发现号"航天飞机载着阿尔法磁谱仪，从肯尼迪航天中心发射升空。"发现号"航天飞机的成功发射，标志着探索宇宙反物质的重大科学实验的开始。值得一提的是阿尔法磁谱仪主要由中国科学家参与研制。

阿尔法磁谱仪的英文名字是Alpha Magnetic Spectrometer，简称AMS，它主要由上下各两层的闪烁体、永磁体、紧贴永磁体内壁的反符合计数器、内层的六层硅微条探测器以及契伦科夫探测器等各种探测器组成。

在阿尔法磁谱仪中，由钕铁硼材料制成的永磁体是其主体结构，其重量约2千克，高1米、直径1.2米、长0.8米，是一个空心圆柱体，其中的磁场强度为1400高斯，能长期在太空中稳定工作。根据磁场反应的粒子电荷以及粒子的速度、轨迹、质量等信息，AMS可以推断粒子的正与反。可以说，当今最先进的粒子物理传感器就是AMS。

航天实验证明，阿尔法磁谱仪经受住了发射升空时的剧烈震动和严酷的太空工作环境的考验，运行状况良好，捕捉到许多带电粒子的踪迹，这些粒子是由次宇宙射线发出的。

人们如此热切地探求反物质，其目的不仅在于要证实理论的正确与否，而更实际的则是在于获取巨大的能量。

任意半吨物质与半吨反物质相遇，则发生"湮灭"，并且会放出能量，这种能量将是燃烧1吨煤所放出的能量的30亿倍。只要用正、反物质各1吨发生"湮灭"，"湮灭"所产生的能量就可以解决全世界1年所需的能量。而且"湮灭"后不留残渣和任何有害气体。因此，反物质是极干净的超级能源，同时更是最理想的宇宙航行能源。据计算，10毫克的反质子只有一粒盐那么大，却可以产生相当于200吨化学液体燃料的推进能量。通过这些能量，可以轻而易举地将巨型航天器送入太空。科学家们设想造一艘头部装一面巨大的凹面反射镜的光子巨船，要使飞船开动时，就将燃料库中的物质和反物质分别有控制地输送到凹面镜前，让它们在凹面镜前适当位置接触、"湮灭"，再转化为极其强烈的伽马射线，即光子流。这种光子流被凹面镜反射出去，产生巨大的反作用力，就像气体从火箭喷口喷出一样，推动飞船前进，实现星际航行。

尽管至今我们仍不能确定宇宙中有反物质，但我们也不能过早予以否定。因为距离我们100多亿光年的天体是人类已观测到的最遥远的天体，但这并不是宇宙的边缘，也许在更遥远的太空中会有反物质存在。也可能确实有反物质存在于我们已经观测到的宇宙中，只是由于某种原因使我们无法看到这些反物质。

地球生命来自何处

地球上有各种各样的自然现象，其中最美丽、最动人的要数生命现象了：小到昆虫，大到体型庞大的鲸；从最简单的单细胞生物，到最复杂、进化程度最高的人类……无一不绽放着生命的艳丽之花。然而，生命是怎样产生的呢？

几千年来，人类一直渴望揭开这个秘密，并为此付出了努力，可直到今天，人们仍没有找到这个问题的答案。生命之谜太神奇了。

科学家们进行了许多艰苦的探索和实验，希望能科学地解释生命的起源，并提出了各种各样的假说和理论。其中"自然发生说"就是最古老的假说之一。

公元前4世纪，亚里士多德就认为从非生命的物质中，生命可以自然地产生出来。按照他的说法，蜜蜂、萤火虫或蠕虫这样的生物可能是由黏液和早晨的露水或粪土的混

> **知识档案**
>
> **关于生命起源学说的疑问**
>
> 并不是所有的科学家都认为生命起源于地球上。英国天文学家霍伊尔认为生命起源于地球的可能性几乎是零。他认为生命起源于宇宙的其他星球上，虽然他并没有解释生命是如何起源的。令人奇怪的是，在宇宙的其他星球上确实发现了比较复杂的有机化学物质。不过，支持这种认为地球是从宇宙其他星球上获取种子的学说的人很少。
>
>
> ⊙ 英国天文学家霍伊尔

合物形成的。一直到13世纪，人们还相信亚里士多德的这种观点，认为从树上能长出小羊来。更有趣的是，17世纪的比利时医生范·赫尔蒙特还开了一个药方子，说是照方子中的办法就可以生出小老鼠来。方法很简单，就是把破衬衣用人体汗水浸透，然后和小麦放在一起，塞进一个瓶子里，等到它们发酵以后，小老鼠就会从发酵的破衬衣和小麦中长出来。这个荒谬的方子自然是不会成功的。

1864年，法国化学家巴斯德进行了著名的"曲颈瓶"实验：他把肉煮好捞起来扔掉，只留下煮沸的肉汤，再把肉汤倒入烧瓶里，然后把烧瓶的瓶颈弄成S形，以便通入新鲜空气，同时阻止任何细菌或微生物随空气飘入瓶子里。实验结果表明，即使在这样S形的长颈瓶子里，连最简单的生命——微生物都不会自然发生。这个实验说明了自然发生说的荒谬性，人们只能另寻解释生命产生的途径。

此外，还有一种观点是"宇宙发生说"。这种观点认为生命来源于太空，运载生命种子来到地球的"飞船"就是陨石，陨石通过撞击地球的方式，把生命种子播撒到地球上。由于地球的环境条件适宜生命活动，所以来自宇宙的生命就生存发展起来。

19世纪70年代，霍伊尔、维克拉玛辛等科学家在遥远的恒星周围的尘粒中发现了一些奇怪的物质，他们猜测这些物质是生命的遗痕。由此，他们做出以下推断：

一颗与太阳相仿的不知名的恒星，其轨道中运行着一颗体积极小的彗星。在这颗微小的彗星体内，有一个只能在显微镜下才能看到的孢子，它就是外星生命的"种子"。孢子正静静地躺着，处于休眠期。过了若干年，恒星的引力突然发生了变化，导致这颗彗星从原轨道上脱离出来，飞向太空。在后来长达1亿多年的时间中，它独自遨游在广漠、寂静而冰冷的宇宙空间里，直到它偶然闯进了太阳系。几颗巨大的气体状行星快速划过它身边，然后，一颗庞大的、夹杂着片片褐色的蓝色星球离它越来越近，这个蓝色的星球就是地球。这颗彗星与无数陨星碎片夹杂在一起，猛烈地撞击在地球上，彗星被撞得碎裂开来。在彗星体内休眠了几亿年的孢子被抛进了地球表面温暖的海洋中。这颗珍贵的生命种子，受到了某种催化作用，在经过了一系列化学反应和生物反应之后，形成了最原始的生命。从此，地球

⊙ 意大利物理学家雷迪（1626～1697年）

他是最早用实验证明自然发生说科学性的科学家之一。自然发生说认为生命起源于无生命有机物。

上有了生命。这种生命的原始起源大约发生在33亿年前，地球上从此开始了一个全新的、有生命的时代，从一个无生命的星球变成了有生命的行星，并且越来越美丽。

射电天文学和宇宙化学的迅速发展为人类研究生命起源提供了契机。20世纪60年代，科学家们发现在宇宙空间中有大量的有机分子，同时也在那些落入地球的陨石中发现了近20种氨基酸和10多种烃类物质。但是，宇宙发生说只解释了生命是从宇宙空间移居到地球上来的，并没有揭示出生命起源的真正原因。1953年，美国化学家做了一个关于生命起源的实验。从此，没有人再相信维克拉玛辛和霍伊尔等人的假说了。

斯坦利·米勒是美国圣迭戈大学的一位科学家，他于1953年进行了一个有趣的化学实验。他先把氨气、甲烷、氢气和水蒸气等气体，按照"地球原始状态"时的组成比例混合在一起，装入一个玻璃瓶中。然后，他用电流模拟闪电，轰击这些气体。闪电是今天常见的气候现象，同时它也很古老，它在地球最原始时期就存在了。一个星期后，米勒惊喜地发现，在玻璃瓶中出现了一种橘黄色气体，这是以前没有的。米勒对这种气体进行了测定，测出大量氨基酸等有机物质存在于这一气体中。此后，德国的科学家格罗茨和维森霍夫也进行了与米勒相类似的实验，他们先按照"地球原始状态"配置气体，然后用紫外线长时间照射这些气体，结果也得到了氨基酸。

在20世纪60年代，科学家奥罗利用氰化氢等物质，成功地合成了生命物质腺嘌呤，它是核酸的重要组成成分之一。1963年，波兰的佩鲁马等科学家利用紫外线照射，得到了一种在生命体中用于传输能量的重要物质ATP（腺嘌呤核苷三磷酸）。这些实验有力地证明：在一定的能量条件和物质条件下，无机物转化为有机物、简单的有机物转化为复杂的生命物质的进化过程，即使没有生物酶的作用，也完全有可能在地球上实现。

就这样，一种新的学说——化学进化说，开始被越来越多的人接受。

这个学说认为，早期地球的大气中存在着大量有机分子，这些有机分子在漫长的时间里逐渐产生了一种相互关联的结构，这种结构能临时组合在一起。又过了许久，这种分子周围出现一层黏稠状的东西，它能随着外界环境的变化，排放出一部分有机分子，也能接受另一类有机分子。这种复合化的分子被看做是最初的生命形式，它已经具备了最简单的代谢和繁殖功能，形成了生命的基本特性。这种最低级的生命形式结构极其简单，连今天最简单的微生物都比它复杂许多，但它们已经具备了生命的基本特征，能靠自然选择来进化成各种各样的高级生物体。

但是地球生命诞生的奥秘仍没有解开。科学家们发现，在太阳系的8大行星中，木星、土星、海王星和天王星的大气成分主要是氨气、甲烷，而火星、金星等类地行星的大气，则主要是二氧化碳。于是，有人提出了这样的问题：为什么就可以断定"原始状态"时的地球大气中，一定含有甲烷而不是二氧化碳呢？

德国和法国的两位科学家在格陵兰38亿年前形成的古老的石英岩层中，发现了单细胞有机物的内含物。这种细胞外观上呈椭圆形或是丝状体，一般具有鞘。它的内含物由生命物质组成；它的细胞壁和鞘的结构以及繁殖方式，与现代的酵母菌几乎相同。这样的单细胞有机物大约需要5亿年时间才能形成。因此可以推测，生命应该在43亿年前才开始形成。

根据最新的考察结果，人们认识到生命的出现与行星的诞生几乎是在同一时期实现的。

美国科学家经研究发现，在其所含有的能量的作用下，普通的泥土也可以合成氨基酸等生命物质。科学家还发现，地球上凡是有深而大的断裂带的地方总会有许多大型油气藏。这表明在地球内部曾经发生过有机物的大规模合成。

虽然地球生命诞生的奥秘目前仍无法解开，但是我们有理由相信，终有一天人类将解开生命起源之谜。

生命的形成

在科学家米勒设计的装置中,为了模仿远古时代地球的大气环境,米勒在密封舱内装满混合气体;为了模仿原始海洋的环境,他在一个体积不大的玻璃长颈瓶中装满纯净水。米勒通过接通电源的两极在"大气"中放电,以期得到闪电那样的效果。实验进行仅仅1周以后,米勒就发现实验中产生了大量的有机化合物。在真实的环境中,化学反应早在几千万年之前已经开始进行,而且在这个反应过程中,产生了更加复杂的有机化合物。在这个漫长过程中,有些化学物质能够自我复制。这一复制过程偶尔会出现错误的情况,这种错误在生物进化过程中是不可避免的,同时正是因为这种错误推动了生物的变异和进化,这一过程在生物学领域叫做化学选择。生命并不是突然出现的,它是从无生命物质中通过缓慢地进化而出现在地球上。

⊙ 理论和实验

科学家斯坦利·米勒(上图)是19世纪以来第一位对当时人们普遍接受的生命起源学说进行实验证明的科学家。英国科学家达尔文猜想生命起源于一个"温暖的池塘",还有俄罗斯生化学家猜想地球上合适的化学环境催化了地球生命的起源的进程。

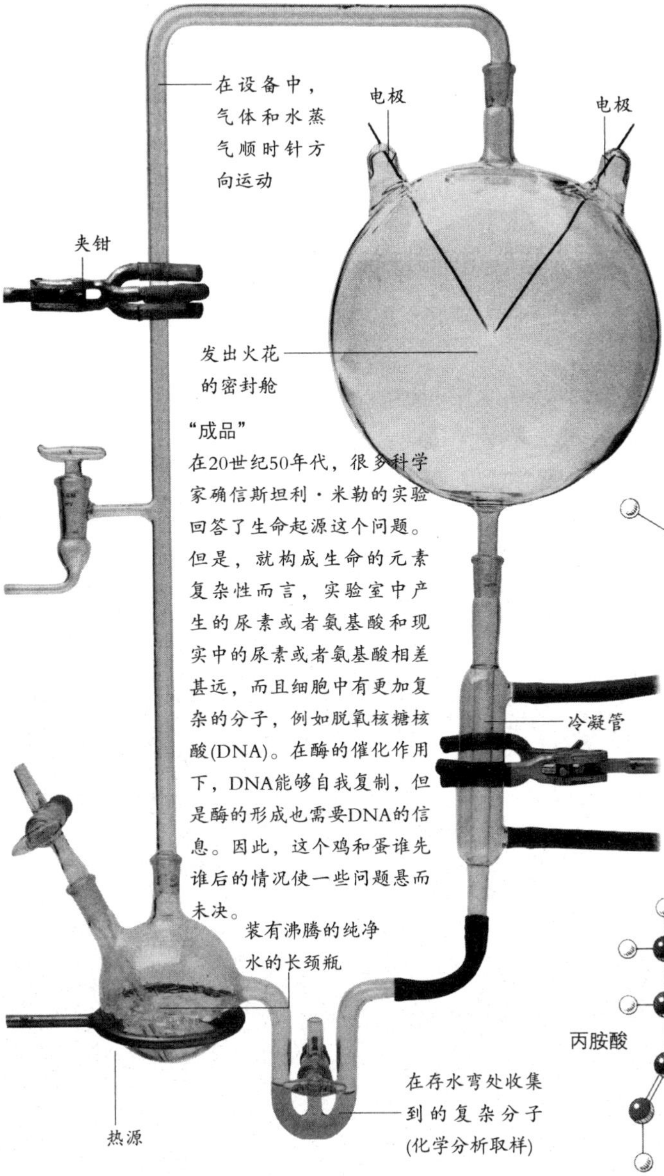

- 在设备中,气体和水蒸气顺时针方向运动
- 电极
- 电极
- 夹钳
- 发出火花的密封舱

"成品"

在20世纪50年代,很多科学家确信斯坦利·米勒的实验回答了生命起源这个问题。但是,就构成生命的元素复杂性而言,实验室中产生的尿素或者氨基酸和现实中的尿素或者氨基酸相差甚远,而且细胞中有更加复杂的分子,例如脱氧核糖核酸(DNA)。在酶的催化作用下,DNA能够自我复制,但是酶的形成也需要DNA的信息。因此,这个鸡和蛋谁先谁后的情况使一些问题悬而未决。

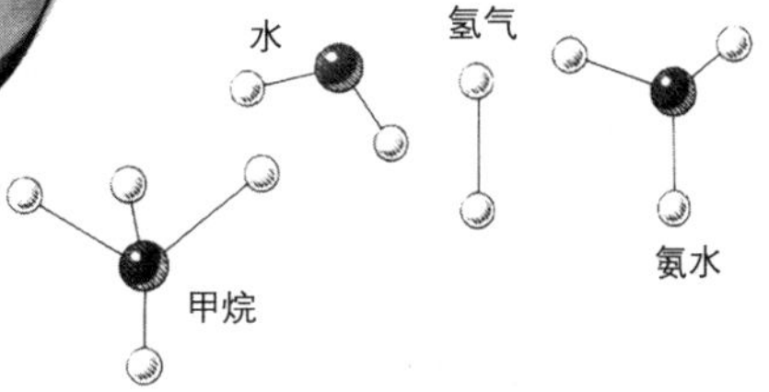

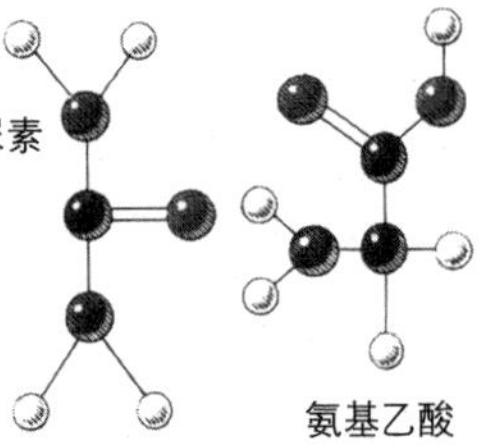

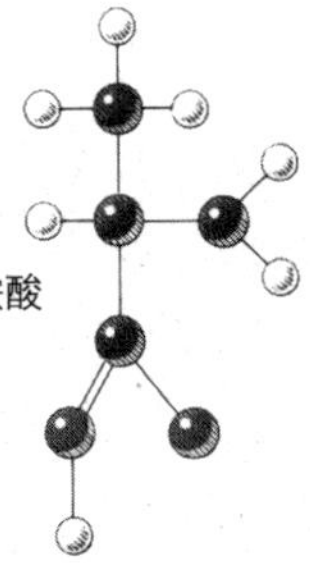

- 冷凝管
- 装有沸腾的纯净水的长颈瓶
- 热源
- 在存水弯处收集到的复杂分子(化学分析取样)

- 水
- 氢气
- 甲烷
- 氨水
- 尿素
- 氨基乙酸
- 丙胺酸

原料

在米勒最初的实验中,他使用简单的无机"养分",如水和氨水。米勒认为这些无机物在地球的早期已经存在。通过在设备中不断供应能量,这些物质能够发生化学反应,并能够产生大量更加复杂的有机化合物。

暗物质之谜

宇宙大爆炸理论认为：宇宙诞生之前，没有时间，没有空间，没有物质，也没有能量。约150亿年前，一个很小的点爆炸了，逐渐膨胀，形成了空间和时间，宇宙随之诞生，并经过膨胀、冷却演化至今，星系、地球、空气、水和生命便在这个不断膨胀的时空里逐渐形成。

最近的天文观测和膨胀宇宙论研究表明，宇宙的密度可能由约70%的暗能、5%的发光和不发光物体、5%的热暗物质和20%的冷暗物质组成。也就是说，宇宙中竟有九成是看不见的暗物质，其中被称作可能是宇宙早期遗留至今的一种看不见的弱相互作用的重粒子——冷暗物质正是支持膨胀宇宙论的关键。

正因为宇宙中的暗能、暗物质至今尚未被发现，所以科学家们给我们留下了一系列关于宇宙中的暗物质问题的谜团。人类共同关心的问题是：宇宙中的暗物质究竟有多少？它们在宇宙中占有多大的比例？目前天文学家还无法确知。只是给出了一些估计的数字：在宇宙的总质量中，重子物质约占2%，也就是说，宇宙中可观测到的各种星际物质、星体、恒星、星团、星云、类星体、星系等的总和只占宇宙总质量的2%，98%的物质还没有直接观测到。在宇宙中非重子物质的暗物质当中，冷暗物质约占70%，热暗物质约占30%。

紧接着，下一个问题又来了：宇宙中存在的大量非重子物质的暗物质组成成分究竟是些什么粒子？它们的形成及运动规律又是怎样的呢？于是寻找暗物质，探求暗物质的性质就成了世界高能物理研究的热点之一，寻找的途径包括在超大型加速器上的实验，还包括在地下、地面和宇宙空间对宇宙线粒子的测量。中国科学院高能物理研究所在寻找暗物质的研究方面在国际上一直处于领先地位。1972年高能所云南高山宇宙线观测站曾观测到一个奇特现象，即观察到一个从宇宙射线中来的能量大于3 000亿电子伏特的粒子碰撞石墨中的粒子后，产生了3个带电粒子。分析表明，其中一个是介子，一个是质子，还有一个是能量大于430亿电子伏特、寿命长于0.046纳秒的带电粒子。许多科学家认为若此事能被证实，它将肯定是超出标准模型的新粒子，而这个新粒子就可能是暗物质的粒子。

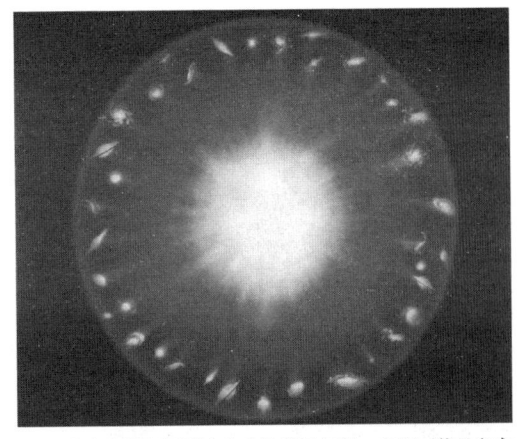

⊙ 科学家能够探测到太空中的背景辐射，它们可能是宇宙大爆炸时遗留下来的。20世纪20年代，天文学家埃德温·哈勃（1889～1953）发现，除了银河之外还有别的星系。地球和每一个星系之间的距离都以不可思议的速度在增大。

1979年，科学家发现，在仙女座背景方向的温度比天空其他方向的要高，那里存在着巨大的未知质量。"失踪"的物质哪里去了呢？按照牛顿物理万有引力定律，星系中越往外的行星绕该星系中心的转动速度越慢。太阳系中的行星运转正是这样的。但已观测到有许多星系，其外边缘行星比中心附近行星绕转得更快。这说明除看得见的星系或星系团外，还有大量暗物隐藏在其中，它们像晕一样包围着星系和星系团。那么这些像晕一样的东西是由什么物质构成的呢？有人认为是X射线和星系际云，但它们远没有估算的暗物质那么多；也不是年老的恒星，如体积很小的中子星和白矮星，它们行将死亡时会抛出大量物质，但人类并未观测到。英国剑桥大学的物理学家霍金认为有可能是黑洞。还有不少科学家认为是"中微子"。并提出了暗物质的"中微子"模型。但研究这个模型还存在一定的困难，例如，按此模型只有在超星系团周围才有晕，但实际上在星系周围也观测到晕；而且中微子是否有质量，科学实验也未最终确认。

20世纪80年代，美国和前苏联的一些科学家提出了暗物质的"轴子"模型。按照这个模型，混沌伊始（宇宙爆炸后不久有一个混沌不分的时期），宇宙就如一坛重子和轴子混合交融的块汤。后来重子由于辐射能量，慢慢地转移到团块中心去了，结果普通发光物质的核被冷子晕包围，形成了星系似的天体。这个模型简洁美妙，有人用计算机对这种模型进行了模拟演算，最终得到的宇宙演化图像与我们今天观测到的宇宙十分吻合。但这个模型毕竟是假想的产物，它能否成立，还需要更多的实验来验证。

从理论上说，冷暗物质粒子应该具有一种质量很重的中

阿贝尔2218星系团（产生透镜化的星系团）中最亮的星系在30亿光年之外

100亿光年以外的星系，由于受到透镜作用而变亮

⊙ 宇宙幻景

这张哈勃图像上发光的弧弦就像宇宙蜘蛛网的一缕缕网线。这为暗物质的存在提供了强有力的证据。阿贝尔2218是距地球30亿光年的一个星团，它相当于一个引力透镜。通过它的来自更遥远星系的光的射线受到其引力的影响，聚集而成为明亮的曲线。聚集光所需的引力要比可见星系提供的引力强10倍，所以这个星团90%的质量必定存在于暗物质上。

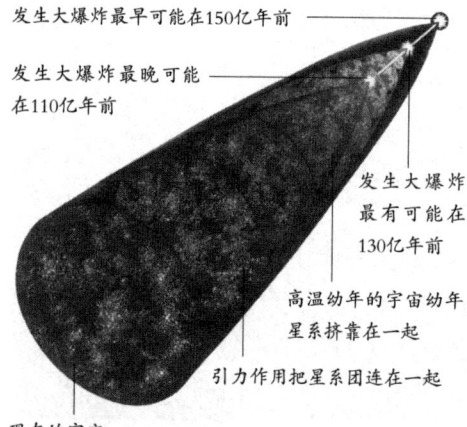

◉ 创世大爆炸示意图

约150亿年前，宇宙经过一次巨大的爆炸，即"创世大爆炸"，开始了它膨胀和变化的过程，而这种膨胀和变化至今仍在继续进行着。经过千百万年之久逐渐形成了星系、恒星以及我们今天所知道的宇宙。

性稳定粒子，它不直接参与电磁相互作用，但可以参与弱相互作用和引力相互作用。这种粒子肯定是超出标准模型的粒子，如果能在实验中直接观测到这种粒子，将是探讨物质微观世界结构和基本规律方面的重大突破。目前中科院高能所参加了由意大利罗马大学牵头的意中科学家组成的研究小组的冷暗物质粒子研究。为了避免各种信号干扰，意大利国家格朗萨索实验室建在一个高速公路穿过的山洞下，岩石厚度有1000米。中、意科学家研制的100千克低本底碘化钠晶体阵列安装在意大利格朗萨索国家地下实验室，经过8年的实验，已经探测到这种物质粒子偶尔碰撞碘化钠晶体中的原子核时发出的微弱光线，已获得了这种信息的3个年调制变化周期，并据此推算出这种粒子很重，它的质量至少是质子的50倍。实验的初步结果提供了宇宙中可能存在一种重粒子，即冷暗物质粒子的初步证据。

科学家们认为，这种粒子的存在将非常有力地支持暴涨宇宙论和超对称粒子模型，困扰天文学家70多年的谜团就能澄清，粒子物理、天体物理、宇宙学将会有突破性发展。但实验上要确认冷暗物质的存在及特性，尚需进一步的观测数据和可靠证据，我们期待着关于暗物质的一系列谜团早日揭开。

外星人之谜

1950年美国在新墨西哥州回收了几具外星人尸体，这是地球上的人类首次有记载的发现外星人尸体的事件。这年年底，在该州的一个空军基地，降落了一个不明飞行物。二三辆吉普车迅速朝那个不明飞行物驶去，发现那是一个非常典型的圆状飞碟。飞碟里走出一个乘员，上了一个军官的吉普车，接着就开往了该基地的指挥部。这个乘员在指挥部待了约一个小时就回到了飞碟上，不久飞碟垂直起飞离开了地球。这显然是一次面对面的直接接触，但是没有人出来证实这件事。直到1989年11月末，才有一位科学家出来证实此事。这位科学家曾参与外星人的尸体处理工作。他说，有4具外星人的尸体一直保存在俄亥俄州的空军基地里。当时在任的杜鲁门总统曾下令所

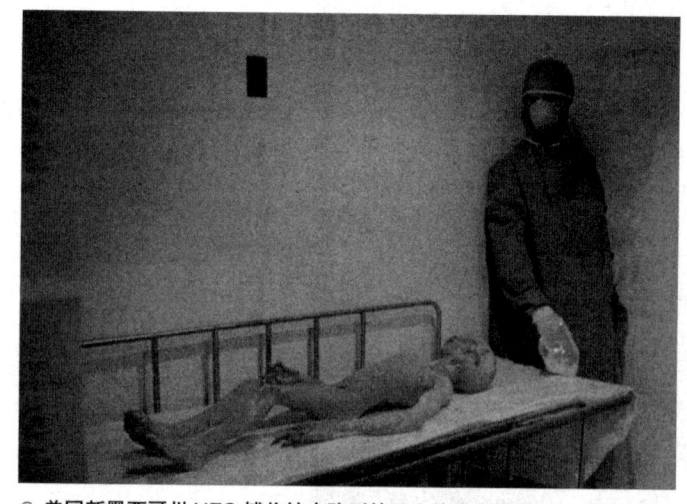

◉ 美国新墨西哥州UFO博物馆中陈列的死亡外星人模型

有相关人员严守这一机密,并同意对外星人的尸体进行研究。

透露这条消息的科学家叫斯通·弗里德曼,当年他直接参加了对外星宇宙飞船残骸及外星人尸体的处理工作。据他讲,这四个外星人个头很小,呈深灰色的皮肤满是皱纹,但头和眼睛都很大。他们的耳朵和鼻子深陷于脸内部,从手肘到手腕的那截手臂特别短。

⊙ 根据专家的判断,这张拍摄于1967年俄亥俄州村庄上空的照片展示的是一种外星人的交通工具。

⊙ 出现在美国得克萨斯州某农场上空的不明飞行物

此后,美国又发现了数具外星人尸体。1953年夏,在美国亚利桑那上空一个飞碟发生了故障,其中一部分碟体陷在沙子里。美国军方派人赶到时,发现里面有5个外星人。这几个人和地球人长得比较像,只是胳膊特长,而且每只手只有4个手指,指间还有蹼,看起来像青蛙的蹼。其中一个还活着,但伤得很重,不久就死了。

另一艘坠毁于1962年的飞碟直径有17米,由一种在地球上找不到的金属制成。在飞碟残骸里发现两个类人的生命体,身体比地球人矮,只有1米左右,但头比地球人的头大,鼻子只有小小的突起,嘴唇很薄,还有一对没有耳廓的小耳朵。

据美国"20世纪不明飞行物研究会"主席巴利先生透露:目前,美国回收并加以冷藏处理的外星人尸体至少有30具,分别放在几个秘密的地方。

外星人的尸体在世界其他许多地方也被发现过。1950年有一个飞碟坠毁在阿根廷荒无人烟的潘帕斯草原。这个飞碟的圆盘高约4米,直径约为10米,座舱高约2米,有舷窗,表面光亮严整。这个飞碟正好被驱车经过的建筑师塔博博士发现了。在强烈的好奇心的驱使下,他停车走近,从圆形物体的舷窗往内看,发现舱内有四张坐椅。其中三张各坐着一个小矮人,他们一动也不动,显然已经死了。这些小矮人长得与地球人差别不大,有鼻子、眼睛和嘴巴,头发呈棕色,长短适中,皮肤黝黑,穿一身铝灰色的服装。只是第四张坐椅空着。

第二天,等到他与朋友们再来看时,地上只留下了一堆灰烬,温度很高,站在旁边也能感觉到。他的一个朋友抓起了一把灰,手立刻就变紫了。后来,塔博博士患上了一种非常怪的疾病,连续发高烧,好几个月不退,皮肤破裂,像老树皮一样,一直无法治愈。

这三个外星人的尸体被人们发现却未能回收到。于是就有人推测,可能第四张坐椅上的那个外星人当时还活着,为了不让自己和飞碟落入地球人之手,就把飞碟和三个外星人的尸体悉数烧掉了。

前苏联科学家杜朗诺克博士在前南斯拉夫宣布:前苏联一支科学探险考察队于1987年11月在戈壁沙漠中发现了飞碟。当时,它的一部分已埋在沙堆中,直径有22.78米。让人吃惊的是,这次发现的外星人尸体达14具之多,而且都没有腐烂,可能是沙漠中气候干燥的缘故。

设在法国巴黎的"UFO报告真实性科学协会"主席狄盖瓦曾经在喜马拉雅山峰的冰雪中发现一个飞碟残骸和6个外星人的遗体。当时法国政府大力支持他们回收外星人遗体和飞碟残骸的工作,回收工作持续了数月才结束。从回收的外星人遗体看,它们身材矮小,只有1米左右,四肢瘦弱,但头和眼睛都比地球人大很多。他们还收集到许多金属残片,大的有2~3平方米,而这些金属在地球上仍没有发现。

在这一回收过程中,他们还找到了一些动物,如马、牛、狗、鱼,甚至还有一头大象和几百个鸟蛋,

⊙ 在1966年3月的一次记者招待会上，美国空军蓝皮书作业组织的顾问海奈克展示了一幅密歇根UFO目击者所绘的草图。美国政府自此开始调查UFO事件。

这让人感到莫名其妙。由于这些残骸都是被冰雪封冻起来的，因此很难确定其失事的时间，可能是几年前，也可能是在几千年甚至上万年前。

回收飞碟和外星人尸体数量最多的是美国，日本著名作家矢追纯一曾经拜访过一些回收过外星人尸体的科研人员，从而掌握了大量相关资料，写成了《外星人尸体之谜》一书。该书受到世界飞碟研究界的高度重视。在这本书中，他详细叙述了自己在美国调查访问的情况。他认为这些年来美国回收飞碟和外星人尸体的事件有46起之多，现在存放在美国的外星人尸体仍有数十具，被冷冻在地下室的秘密器皿中；美国对外星人的尸体进行过解剖；等等。

外星人真的存在吗？那些尸体又是从何而来的？目前尚未找到答案。

寻找消失的大西洲

公元前4世纪，柏拉图曾在他的两本对话集《蒂迈乌斯篇》、《克里提亚斯篇》中提到一个大西洲的故事。这个故事立即引起了人们的兴趣：世界上真的有大西洲吗？大西洲是一个什么样的陆地呢？

柏拉图在故事中讲道：远在古代，在海的对岸，有一个名叫阿特兰蒂斯的岛屿。它是海神波塞冬赐给长子大西的礼物，后来大西在岛上建国，取名为大西国。于是，阿特兰蒂斯岛变成了大西洲，而大西洋就是大西洲四周的海。

据柏拉图说，大西洲的所在地位于直布罗陀海峡对面的大西洋中部。根据这一说法，大多数大西洲学专家推测，失落的大西洲应该就位于大西洋中部。和其他后来的许多学者一样，美国考古学家康纳利认为亚速尔群岛一定是这片湮灭大陆的唯一的幸存者，它之所以幸存，是因为它是全城的最高峰。但是，尽管考古学家们对亚速尔群岛进行过详细勘探，海洋学家也对毗邻的海床进行过认真勘察，但还是没能找到任何能够证明那里曾经有一个王国或大岛的证据。

柏拉图在书中对大西洲的描述几

⊙ 大西洲遭地震和洪水想象图

柏拉图的著作中说道，大西洲经过了空前的辉煌后，"大西洲人内心充满了过于膨胀的野心和权力"。大西洲人不再视美德高于金钱，陷入了道德的沉沦。他们派出大量军队去征服雅典和东部，以攫取财富，无休止的奢华终于迎来因果报应。众神之王宙斯对他们发出了令人颤栗的惩罚，"恐怖的地震和洪水一夜之间突然降临，大西洲……被大海吞没，消失了"。

◉ **大西洲想象图**
这是依据柏拉图的描述绘制的。

A 中心岛上有王宫与海神庙
B 内港
C 小环岛有运动区与庙宇
D 大环岛有赛马道与兵营
E 大港
F 运河
G 外城
H 外城城墙
I 海上运河入口

近完美：大西洲位于副热带，全岛面积大约在 40 万平方千米左右，人口估计有 2 000 万。岛的北部有绵延不断的崇山峻岭，是全岛的天然屏障。大西国的鼎盛时期大约在公元前 1.2 万年左右，当时风调雨顺，国泰民安，因此很快成了文明世界的中心。

对岛国的情况柏拉图是这样描绘的：大西洲的面积大于小亚细亚和利比亚之和。那里物产丰富，人们会冶炼、耕作和建筑。那里道路四通八达，运河交错成网，交通发达，贸易兴盛。他们凭借强大的经济势力四处扩张，他们的船队曾经征服了包括埃及在内的地中海沿岸的大片区域。但盛极必衰，就在此时，大西洲突然间天降灾祸，一场强烈的地震和随之而来的海啸铺天盖地，使整个大西洲遭到了毁灭性的打击。一切曾经代表繁荣的都市、寺院、道路、运河及所有的国民，在顷刻间沉陷海底，不复存在。

柏拉图 2 000 多年前的描述使人们一直为大西洲的神秘所深深吸引。人们一直在问：大西洲真的存在过吗？如果存在过，那么究竟是什么力量使得大西洲毁于一旦呢？

1882 年，依内提乌斯·康纳利写了一本名叫《大西洲：大洪水前的世界》的书。在该书中，他十分肯定地认为大西洲确实存在，而且他还指出，大西洲位于大西洋上，世界文明最早就是在这里发祥的。

通过对欧洲和美洲的动植物以及化石的大量比较，康纳利发现了一个有趣的现象：在大西洋两岸都有骆驼、穴熊、猛犸和麝牛的化石；埃及的金字塔也并非独一无二，在它的对岸，墨西哥、秘鲁也有与之相似的金字塔；西班牙的巴斯克人和南美的玛雅人都有一个大大的鹰钩鼻，而且所使用的松土泥锹也一模一样……所有这些，都不难证明世界上有过这样一个大陆，它将欧洲、美洲和非洲全都联系起来了。

1898 年，人们又意外地发现，在亚速尔群岛周围海域有一块海底高地，其大小、形状都与柏拉图笔下的大西洲十分相像。勘探人员将取出的岩石送到科研中心鉴定，结果证明这一带海域在 1 万年之前确实是一片陆地。

1968年，在巴哈马一带海域的水面下人们发现了规模很大的城墙和金字塔，其中城墙约有1 600米长，金字塔约有200米高，底边长达300米。1974年，前苏联的一艘海洋考察船又拍摄了这一带的许多海底照片。从照片上人们可以清晰地看到许多古代建筑的断墙残垣以及从墙缝中长出的海藻。

这一切似乎已经证实了大西洲的真实存在。如果真是这样，大西洲又怎么会突然沉没了呢？

康纳利认为同时发生的火山爆发、地震和洪水泛滥是大西洲毁灭的原因。但是现代物理学家对此提出了质疑，他们认为这一类灾变不可能毁灭整个大洲，更不可能使一片大陆在48小时内毁于无形。而德国物理学家穆克则认为大西洲的毁灭源于火星和木星轨道间的一颗大行星的撞击。但这些都是无法证实的假设。

但也有不少人对大西洲的存在持否定态度。他们指出，如果真如柏拉图所说，大西洲当时已经达到高度文明，并且也已经懂得使用金、银、铜制品，那么为什么考古学家至今找不到这方面的任何证据？另一方面，如果大西洲的确存在，那么必然会有一些商品，诸如陶器、大理石雕刻、戒指和其他装饰品等随着商品贸易流通到邻近地区，可类似的遗物人们一件也没找到。而且根据大陆漂移说，现有的大陆都能巧妙吻合连接成一个完美的整体，这样大西洲似乎又成为多余的了。

◎ 康纳利

美国人，于1882年出版了《大西洲：大洪水前的世界》一书。他研究过大西洋两岸古文明在神话、语言和习俗方面的相似之处，认为在新世界与旧世界之间陆沉的阿特兰蒂斯是两地文化的桥梁。他又把大西洲沉没的时间定在冰河时期末，约公元前8000年，当时冰河融化，海面上升至前所未有的高度。

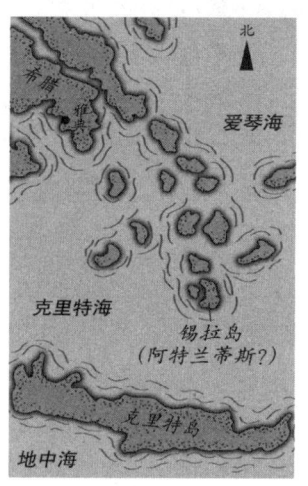

◎ 阿特兰蒂斯推测位置示意图

这里标示的阿特兰蒂斯推测地点是希腊的锡拉岛。根据考古发现的爱琴海青铜器时代（公元前3000～前1500年）文物，与柏拉图有关阿特兰蒂斯的描述，有颇多相似之处。而在公元前1500年左右，锡拉岛火山爆发，被大海吞噬。

地质学家认为大西洋里是不可能存在着沉没的大陆的。按照地质学说，在1.8亿年至2亿年前，南北美洲与欧洲、亚洲、非洲是连在一起的整块大陆，之后，由于天体引潮力的作用，熔融物质从地壳的一条巨大裂缝中涌出，它不断推动大板块分裂开来。熔岩穿过海底裂缝从炽热的地球中心向上涌出，在这个过程中，熔岩逐渐冷却变成岩石，堆积在两边，新涌上的熔融物质不断堆积，造成岩石沿东西向不断延伸，形成海底平原。由于冷却熔岩不断增长所产生的推力与天体引潮力的共同作用，整块的大陆开始逐渐分裂，裂缝越来越大，最终形成了今天的五大洲。从这种理论出发，那么大西洋里是不可能存在沉没的陆地的。

目前，大西洲之谜仍然没有完全被人类解开，各种各样的争论仍在不断进行，但结果并不重要，人类对未知事物强烈的好奇心和执著顽强的探索精神才是永远闪耀的珍宝。

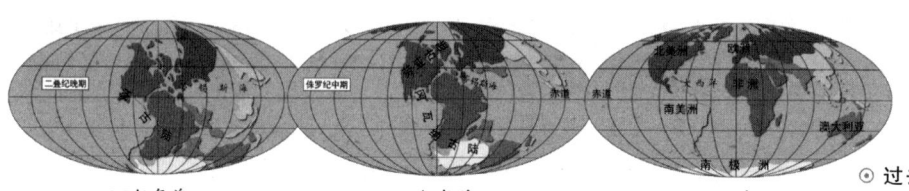

2.5亿年前　　　1.75亿年前　　　现在

◎ 过去2.5亿年间各个大陆变化图示

太阳系地外生命探疑

地球是幸运地拥有生命的唯一天体吗？人类是孤独的吗？在广袤无垠的宇宙中，是否还有同样具有生命的天体？

自从人们知道了地球不是宇宙的中心，就开始猜测有地外文明的存在，也创造出了关于外星生命的神话传说。

随着现代天文学、生物学、无线电技术和航天技术的日益发展，更多的人开始接受这样的观点：宇宙中的天体数目如此庞大，其中不可能没有适合生命生存的另一个天体，不可能没有与我们地球人相似的、有智慧的、能创造自己文明的生物存在；甚至很有可能有些地外生物创造出的文明比我们地球上的人类文

⊙ 通过登月探测，月球基本排除了存在生命的可能。

明更为先进，更为优秀。对地球外文明的研究早已不是人们所传说的神话故事，而成为一门严肃的科学。

人类对地外生命的研究由来已久，离地球较近的月球首先进入了人类的视野。早年有人猜想月球很可能是一个空心体，里面居住着外星人。其主要理论依据是因为当年阿波罗登月飞船在月球上登陆的时候，指令舱中的记录仪记录到的持续震荡波长达 15 分钟，这一结果使科学家感到极为惊异。有学者认为，如果月球是实心体，那么在碰击后产生的震荡波不会回荡这么长时间，至多维持 5 分钟。由此，便出现了月球可能是空心体的设想。但在仔细研究月岩标本后，科学家发现其中金属含量较高，而且其中的亲氧金属如铁等并没有被氧化。据此有人居然得出了一个大胆的结论，说月球很可能是一个空心体，而且是外星人人工制造的。也有了诸如月球的内部可能是一个奇特的生态系统，也许居住着一些比人类更文明的"月球人"，那里可能是外星生命为了监视地球而设置的一个巨大的航天站等各种奇思妙想。但是这种种设想都被无情的事实推翻了，一切不过是人类依据科学观测所做出的主观猜想，也可以认为是半真半假的神话故事。

而在 19 世纪 30 年代，曾出现过一个"月亮骗局"的故事，影响极大，轰动一时。事情的经过是这样的：1835 年 8 月美国新创办了《纽约太阳报》，该报为吸引读者和打开销路、扩大销量，便诚邀英国作家洛克为自己撰稿。当时英国天文学家约翰·赫歇耳正前往非洲南部的开普敦去观测研究南天星空。洛克便选中了这件事，用自己的生花妙笔杜撰出了一个神奇而又引人入胜的月亮的理性生物的故事。他在故事中说，赫歇耳的望远镜在不久以前已能分辨出月球表面有约 18 英寸，即大小约 45 厘米的物体。用这样高分辨率的望远镜，他看见了月亮上有鲜花和紫松等树木，也有一个碧波千里的湖泊，还有一些类似野牛、齿鲸等动物的大型动物。他还惊讶地看到了一种长有翅膀并且外貌有些像人的动物。文章这样写道："他们的姿势看上去充满了热情而且很有力度，因此我们推论

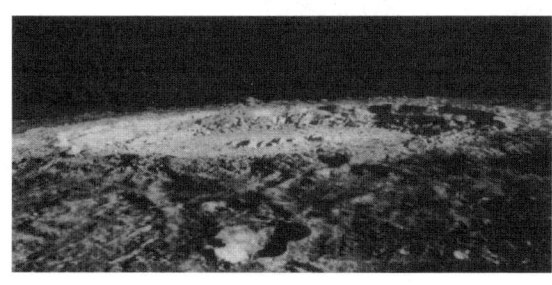
⊙ 月球表面

这种生物是有理性的。"结果许多人对这一重大新闻深信不疑,人们奔走相告,该报一度成为当时最畅销的报纸。

天文学家们很快把这个骗局拆穿了。科学证明,如果要把月面上45厘米大小的物体分辨出来,光学望远镜的口径至少需要570米,这么大的望远镜到今天人们仍没有能力造出来。同时,当时虽然还没有一位天文学家登上月球亲眼目睹月球的样子,但由地面天文观测分析也能推知,月球上没有水,也没有大气,是一个死气沉沉的荒凉世界。

随着科学技术的发展,人类对地外生命的研究也变得更加科学。为了寻找地外生命,科学家们首先研究了地球人的进化过程。他们认为:地球人虽是"万物之灵",具有很高智慧,但起源也和地球上的动植物一样,是从地球上进化出来的。换言之,地球上的碳、氢、氧、氮等元素,先是发生了长期的化学变化和物理变化,后来又经历了复杂而漫长的生物演化过程,最后才演化出了人类。科学实验也已经证明,人类生命的化学基础是蛋白质和核酸,而蛋白质又是由各种氨基酸构成的,氨基酸则是由复杂的有机分子组成的。在宇宙中,不仅碳、氢、氧、氮等元素广泛存在,而且在温度极低的星际空间也发现了几十种复杂的有机分子,在许多陨石中甚至还找到了十几种重要的氨基酸的存在。这就可以认定,只要地球外的星球环境适于生命体的存在,那么很可能会发生大量的有机体演化。

当然,如果以我们地球生命的形成、演化历史作为标准,还需要很多条件才能从氨基酸逐渐演化成生命。如合适的温度、足够厚的大气层的保护、水的存在、液态的氨或甲烷的存在、足够长时间而且较为稳定的光和热。

在宇宙中,地球只是一个再平凡不过的行星,但对于我们人类来说,它是我们生命的摇篮,是最重要也是最熟悉的天体。地球是如此适合我们人类生活,有充足的水,空气中富含氧气,温度不冷不热,这与它距离太阳的位置等条件有关。譬如水星和金星是离太阳最近的两颗行星,水星的白天热得如火,夜晚却冷得比冰还凉;厚厚的金星大气成分以二氧化碳为主,温室效应很明显,导致环境极为恶劣,任何生物根本就生存不下去。火星在地球轨道以外,虽说距离太阳并不是很远,但比起地球来,不但气候极其寒冷,而且根本没有水,生物在这种情况下也不可能生存下去。土星和木星上没有任何生命存在,这一点十几年前宇宙飞船的空间探测就已证实了。位于太阳系边远空域的两颗大行星是天王星、海王星,科学家们通过空间探测以及各种地面观测知道,它们同样不具备适宜智慧生命生存的环境。到目前为止,所有

宇宙的微小部分,约由30个星系构成的星系团

银河系由1000亿个恒星组成,太阳只是其中一颗

太阳系由太阳连同它的八大行星共同组成

地球是生命体存在的家园

⊙ 渺无边际的宇宙

的太阳系探测结果都表明,太阳系中的行星中只有地球是适于像人类这种智慧生命生存繁衍的星球。

不过一些科学家,尤其是化学家认为,生命可能不需要以碳和水为基础。在高温情况下,生命的化学基础有可能是硅。另一种有理性的生命不一定有物质外壳,其可能是以能的形式存在。

由此看来,太阳系中是否存在有生命的星球,至今仍无定论。不过,随着科学技术日新月异的发展,人类探索太空的足迹将会出现在更多的星球上,到那时这个问题一定会有答案。

金星上的城墟之谜

据人类目前所知,相对于火星来说,金星的自然环境要严酷得多。其表面温度高达500℃,大气中的二氧化碳占到90%成以上,时常降落巨大的具有腐蚀性的酸雨,还经常刮比地球上12级台风还要猛烈的特大热风暴。金星的周围是浓厚的云层,以致20余年(1960~1981年)间从地球上发射的近20个探测器仍未能认清其真面目。

20世纪80年代,美国发射的探测器发回的照片显示金星上有大量城墟。经分析,金星上共有城墟两万座,这些城墟建筑呈"三角锥"形金字塔状。每座城市实际上只是一座巨型金字塔,门窗皆无,可能在地下开设有出入口;这两万座巨型金字塔摆成一个很大的马车轮形状,其圆心处为大城市,呈辐射状的大道连着周围的小城市。

研究者认为,这些金字塔式的城市可以有效地避免白天的高温、夜晚的严寒以及狂风暴雨。

前苏联科学家尼古拉·里宾契诃夫在比利时布鲁塞尔的一个科学研讨会上首次披露了在金星上发现城墟的消息。1989年1月,前苏联发射了一枚探测器。该探测器带有能穿透浓密大气的雷达扫描装备,也发现了金星有两万座城墟这一重大秘密。

◉ 金星大气层示意图

金星不是靠太阳最近的行星,却是最热的行星。因为它厚厚的大气层有效地留住了太阳的热量。

刚开始的时候,人们还不敢断定这就是城墟,认为可能是探测器出了问题,也可能是大气层干扰造成的海市蜃楼的幻象。但经过深入研究,人们确信这些是城市的遗迹,并推测是智能生物留下来的。不过,这些智能生物早已绝迹了。

里宾契诃夫博士在会上指出,我们渴望弄清分布在金星表面的城市是谁造的,这些城市是一个伟大的文化遗迹。这位前苏联科学家详细地介绍说:"在那些以马车轮的形状建成的城市的中间轮轴部分就是大都会。根据我们推测,那里有一个庞大的呈辐射状的公路网将其周围的一切城市连接起来。"他说:"那些城市大多都倒下或即将倒塌,这说明历史已经很悠久了。现在金星上不存在任何生物,这说明那里的生物已绝迹很久了。"

由于金星表面的环境极差,因此不具备派宇航员到那里实地调查的条件。但里宾契诃夫博士强调说,前苏联将努力用无人探险飞船去看清楚那些城市的面貌,无论代价多大,都在所不惜。

◉ 金星的构造

金星内部熔融状的铁镍核被岩幔所包围,岩幔外面是岩石壳体。

而在 1988 年，前苏联宇宙物理学家阿列克塞·普斯卡夫则宣布：金星上也存在"人面石"，这一点与火星一样。联系到金星上发现的作为警告标志的垂泪的巨型人面建筑——"人面石"，科学家推测，金星与火星是一对难兄难弟，都经历过文明毁灭的悲惨命运。科学家还说，800 万年的金星经历过地球现今的演化阶段，应该有智能生物的存在。后来，金星中的大气成分中二氧化碳越来越多，以至于温室效应越来越强烈，进而使得水蒸气散失，也最终使得金星的环境不再适合生物的生存。

迄今为止，人们在月球、金星、火星上都找到了文明活动的遗迹和疑踪，甚至在距离太阳最近的水星的表面也有一些断壁残垣被发现。地球、月球、火星、金星上都存在金字塔式的建筑。人们将这些联系起来后认为，地球并不是太阳系文明的起点，而是其终点。

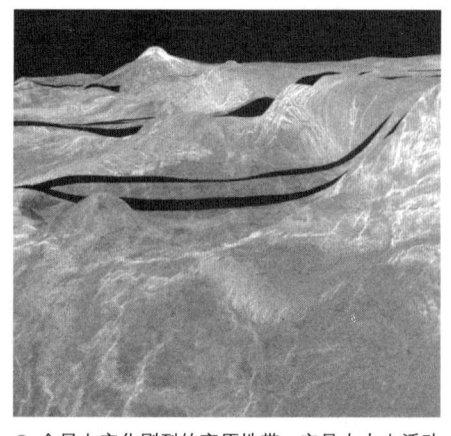
◉ 金星上变化剧烈的高原地带，它是由火山活动和熔岩流所形成的。

恐龙灭绝之谜

在 21 世纪的今天，人类可以自然地说，自己是地球的主宰。可是，在遥远的远古时代，在地球上称王称霸的，却是当之无愧的巨无霸——恐龙。通过大量影视媒介的宣传，人们现在对恐龙已经都不陌生了，但是这种庞然大物为什么忽然在地球上销声匿迹了呢？这个问题一直在困扰着科学家们。

恐龙的发现也是近代科技发展的产物。1824 年夏天，英国牛津郡的某个采矿厂的工人们发现了一个巨大的尖牙，这颗牙有 3 厘米的直径、9 厘米长！这个东西引起了牛津大学教授巴克兰的注意。他首先断定这是一只动物牙齿的化石，然后他将它和已知的各种动物的牙齿作了比较。在大小上，它介于象牙和虎牙之间，但它比象牙尖锐，又不具备虎牙那种咬断、切开肉类的特点；在形态上，它很像爬行动物的牙，但又似乎比爬行动物的牙齿大得多。巴克兰把它与当时生存于南太平洋岛屿上的巨大蜥蜴作了比较，推断出这个牙的"主人"至少有 9 米长！他把这种动物称为"巨龙"，意为巨大的爬行动物。这是人类关于恐龙的最早的信息。

无独有偶，1822 年，英国一个名叫曼德尔的化石爱好者，偶然在路边石缝中发现了一块化石，曼德尔认为它很奇特，便包好交给法国著名古生物学家居维业。但居维业对之没有给予足够的重视，认为它不过是某一种哺乳动物的化石。曼德尔平时对哺乳动物的牙齿颇有研究，居维业的鉴定并没有使他感到满意。于是他决定独自弄清楚这一化石的来历。功夫不

◉ 图为暮色中正在进食的盐龙，盐龙庞大的身躯使得它们不得不每天花上十几个小时来进餐，盐龙通常高达 15 米以上，因而无论哪种植物都无法逃避盐龙的嘴。

负有心人，三年后，他终于鉴定出这一化石属于一种早已灭绝了的古代爬行动物，他将之命名为"禽龙"。巴克兰和曼德尔的成果一经发表，世界上立即兴起了寻找古代动物化石的热潮。于是，在欧洲、亚洲和北美等地，人们又陆续发现了许多奇异的爬行动物化石。它们大多相当庞大，面对这许多巨大的怪兽，英国另一位古生物学家欧文认为其模样

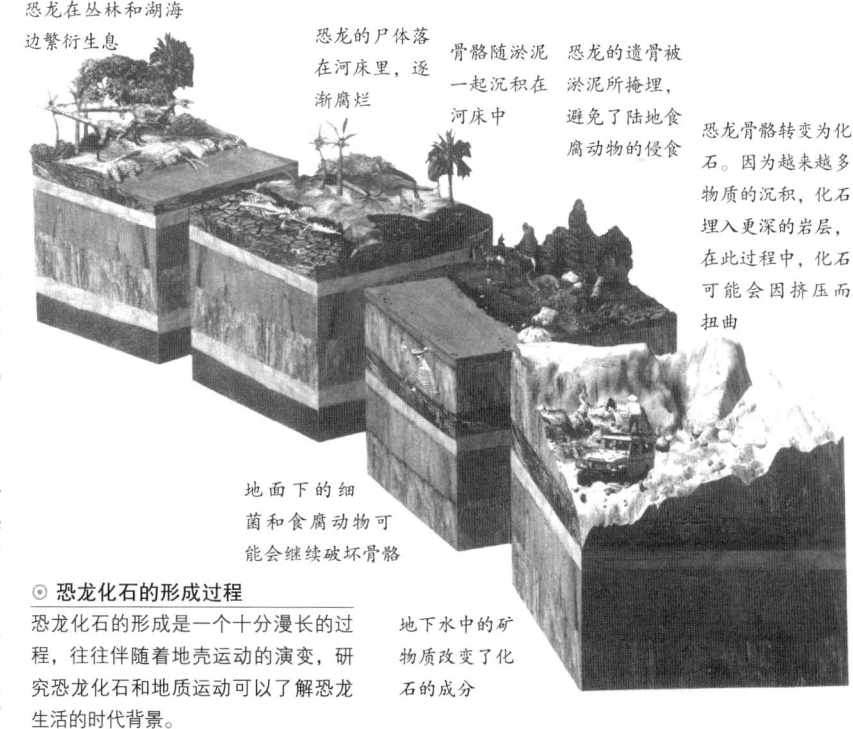

◎ 恐龙化石的形成过程

恐龙化石的形成是一个十分漫长的过程，往往伴随着地壳运动的演变，研究恐龙化石和地质运动可以了解恐龙生活的时代背景。

也一定是相当可怕的，因而称之为"令人恐怖的蜥蜴"，其拉丁文学名为 Dinosaur，现代西方文字中基本都用这个词，汉语译为"恐龙"。

现在人们所知的最早的恐龙大约出现于 2.3 亿年前的三叠纪地层中，最晚的恐龙生活在此期间 6 500 万年前的白垩纪末期。科学家们认定，这种庞然大物在地球上生存了有 1.6 亿年之久。现在，关于这种至今人类所知的最大的陆生动物，最使科学家们感到不解甚至震惊的是，在白垩纪末期，即距今 6 500 万年，所有的恐龙，以及与之亲缘较近的翼龙、鱼龙、蛇颈龙等在较短的时间里突然灭绝，在新生代的地层中至今没有找到任何上述动物的化石。其灭绝之快是如此让人不可思议，人们不禁要问：为什么在地球上繁荣了 1.6 亿年之久的恐龙突然间走向了末日？到底是什么原因使之灭绝的呢？这就是所谓的"恐龙灭绝之谜"。从恐龙一发现起，古生物学家、地质学家、物理学家以及各方面的学者就一直试图解开这个谜。

最初，一些科学家依据达尔文的进化论，认为导致恐龙最终灭绝的原因是恐龙自身种族的老化，以及在与新兴的哺乳动物的进化竞争中的失败。在几千万年前，正当恐龙称霸于地球时，出现了一种新兴的高等动物——哺乳动物。哺乳动物的体型当然无法与庞大的恐龙相比，可它们却依靠能够隔热和保温的毛皮和脂肪层、高度发达的大脑和非常高的幼仔成活率，成功地在地球环境变化中生存下来。而体型庞大的恐龙在这场残酷的生存竞争中失败了，它们只能退出生存的历史舞台。

还有一些生物学家认为恐龙是由于慢性食物中毒才灭绝的。原来，为了保护自身的生存和繁衍，曾吃下中生代遍布全球的苏铁、辛齿等裸子植物，在自己体内产生了一些有毒的生物碱，如尼古丁、吗啡、番木鳖等。当一些食草恐龙吞入这些植物时，也就相当于吞下了"毒药"。由于食物链的关系，食肉恐龙也间接中毒。就这样，恐龙体内的毒素越积越多。在毒素的侵袭下，恐龙神经变得麻木，直到最后整个种群都消失殆尽。

除此之外，还有氧气过量说、便秘说等，但这些观点都是纯粹从生物角度提出来的，现代科学家们认为，它们都有一个不足之处：生物学意义上的物种灭绝是需要一段极为漫长的时间的，而根据人们目前已经掌握的资料判断，恐龙是在距今大约 6 500 万年"很短"的一段时期内突然灭绝的。因此，

这些生物学假设现在备受冷落。

现在，越来越多的科学家支持是宇宙天体物理变化导致了恐龙灭绝这种观点。1979年，美国加州大学伯克利分校著名物理学家、诺贝尔奖获得者路易斯·阿尔瓦雷兹提出了著名的"小行星撞击说"，为人类探讨恐龙灭绝之谜开辟了一条新的道路。

1983年，美国物理学家理查德·马勒、天文学家马克·戴维斯、古生物学家戴维·罗普和约翰·塞考斯基，以及轨道动力学专家皮埃·哈特等人，根据各自的研究，共同提出了"生物周期性大灭绝假说"，也叫"尼米西斯假说"。他们认为，地球上类似恐龙消失这种"生物大灭绝"是周期性发生的，大约每隔2 600万年会在地球上上演一次。这是因为，银河系中的大多数恒星都属于双星系统，太阳当然也是如此，它有一颗人类从未见过的神秘伴星——"尼米西斯星"。"尼米西斯星"大约每隔2 600万～3 000万年，就会从太阳系的外围经过。受其影响，冥王星周围飘荡着的近10亿颗彗星和小行星就会脱离原来的轨道，组成流星雨进入太阳系，其中难免有一两颗不幸撞击或者落在地球上，使一些生物遭到灭顶之灾。

还有一些科学家认为，是太阳系在银河系中的"死亡穿行"引起了恐龙的灭绝。太阳系围绕着银河系的中心旋转，旋转一周得需要2.5亿年时间。由于受从中心释放出的强烈的放射性物质的影响，在银河系的一部分地区便形成了一块"死亡地带"。在距今6 500万年至7 000万年前，太阳系刚好穿行于这个"死亡地带"中，所有的地球生物因此都受到放射性射线的袭击，恐龙也惨遭灭顶之灾。

另外，一些科学家提出，人们根本无法看见的宇宙射线才是引起6 500万年前这场灾难的罪魁祸首。前苏联科学家西科罗夫斯基认为是太阳系附近一颗超新星的爆发导致了恐龙的灭绝。据科学家们计算，刚好距今7 000万年前，就在距太阳系仅32光年的地方，发生了一次非常罕见的超新星爆发。爆发释放出巨大的能量以及许多宇宙射线射向了整个宇宙，包括地球在内的整个太阳系都未能幸免于难。地球的臭氧层和电磁层完全被强烈的辐射摧毁了，地球上所有的生物都陷入了这场"飞来横祸"之中。在宇宙射线的侵蚀下，就连庞大的恐龙都几乎完全丧失了自我防御的能力，只能任凭自己的躯体慢慢坏死，最后，在折磨中痛苦地死去。幸存者只是那些躲在洞穴或地下的小型爬行动物和哺乳动物。

但有人也提出，这场灾难是由地球本身的改变造成的，并非完全来自天外。科学家们发现，地球约每20万年就会发生一次地磁磁极反转的现象。在这个可能长达1万年的过程中，地球上的恐龙因不适应这种情况的变化而逐渐消亡。然而为何至今还有许多大型的动物存在着，这个现象至今不能得到合理的解释。看来，这些观点都无法圆满地解答恐龙灭绝之谜，仍需继续探索。

⊙ 巨喙翼龙

和所有的翼龙类一样，它的翅膀由延长的第4趾支撑起。趾上的3指相当大且有爪，可以用来攀岩爬壁。翅膀由肌肉、弹性纤维和皮肤构成，最早出现在三叠纪，在侏罗纪末期灭绝。

尼斯湖怪兽到底是什么

1933年8月的一天清晨,英国兽医学者格兰特骑摩托回家,半途上看见一只水怪,长有4.5米到6米,他从车上跳下来观看,只听见水怪鼻中呼呼作声,随即跳入水中不见了。差不多与此同时,一对到这里旅行的约翰·麦凯夫妇和修路的工人也看到了它。这个神秘的怪物在湖中游弋着,弄得湖水哗哗作响。它露出了两个驼峰似的脊背,皮肤呈灰黑色,有点类似大象,满是皱纹。它时而伸出像蛇一样细长的脖子,时而又沉入水中。发现它的人对它的巨大身体特别感到吃惊。根据他们的推算,怪兽大约有15米长,很像早已绝灭了的蛇颈龙一类的动物。

⊙ 安东尼·希尔斯于艾顿父子看到"怪兽"14年后拍摄到的照片。照片中的形象很像他们看到的那个动物。

不久格兰特和约翰·麦凯夫妇惊人的奇遇就轰动了英伦三岛,也引起了全世界人们的好奇。人们第一次听说,一个湖里居然还生存着我们从来不认识的庞然大物!一时间,尼斯湖闻名天下,好奇的英国人、记者、旅游者、生物专家们纷纷云集现场,希望目睹一下这个怪物。有些科学家干脆住在湖边,希望发现它并加以考察。《泰晤士报》则派出记者和聘请来的画家,带着摄影机,举着画板准备为它写出惊人的报道。但是,这个怪兽却像有意捉弄人似的,除了偶尔在什么地方突然露一下脊背,或者伸出它的长颈在湖面晃晃外,便长时间地销声匿迹了。人们给这个怪兽起了个好听的名字——尼西,意即尼斯湖里有趣的怪物。但使记者和画家们失望的是,尼西的具体面貌始终未曾见到。

其实,发现尼斯湖怪兽的并非只是格兰特和约翰·麦凯夫妇以及后来的一些目击者。当人们探访尼斯湖怪兽的来龙去脉之后才发现,尼斯湖怪兽的传说已持续了将近1500年。在湖中有某种奇怪动物的说法,一直被当地居民作为生活中的神秘事物之一所接受。早在1802年,就有记录在案,一个叫亚历山大·麦克唐的农民就曾经见过"尼西"。当时这只怪兽离他不过四五十米,他看得很清楚,身躯庞大的"尼西"突然露出水面,用短而粗的鳍划水……

1880年初秋,一只在尼斯湖上航行的游艇,突然间被一只有着细长脖子、长着三角形脑袋的黑色怪兽给弄翻了,船上的游客全部丧生……

同一年,有人潜到岸边的湖底,寻找一艘沉船,突然这个人从湖底发出求救信号。当人们把他拖到岸上时,只见他脸色煞白,神情恍惚,一句话也说不上来。事后,过了好几天,他才说出了使他惊恐万状的事。原来在沉船附近,他看到了一个巨大的怪物,趴在湖底的岩石上,看上去像一只有20米长的怪蛙。

说也奇怪,英国最早的一部叙事诗就和怪兽有关。传说英国盎格鲁—萨克逊时代,有个名叫贝奥伍尔夫的瑞典英雄,他打死了一头巨大的像龙一样的怪兽,保护了人民。这一传说至今仍在斯堪的纳维亚半岛传诵。7世纪末时,英国人将此写入了史诗,书名就以这位英雄的名字命名。被他杀死的像龙的怪兽被描绘得有点像尼西。

人们不禁要问,即使我们接受了报纸上的说法,湖中有可能存在着怪兽,那么一个巨大的动物隐藏在尼斯湖的泥潭水中,其存在的证据又是什么呢?

1934年4月,一位英国的外科医生在尼斯湖畔,终于拍摄到了第一张尼斯湖怪兽的照片。这张照片不仅使关心尼西的人欣喜若狂,而且在整个20世纪的大多数时间里,引起了人们对尼西热情地

● 尼斯湖神秘莫测的自然风光

这是一张本无二致的风景照片,然而系列的怪兽传闻和真伪难辨的照片,使得尼斯湖秀丽的风光变得神秘莫测。

寻觅,并且至今也没有迹象表明这种热情在衰退。这位居住在伦敦哈利街的医学顾问(哈利街是伦敦市最著名医生们的居住街)罗伯特·肯尼斯·威尔逊博士也是一位尼西迷,他经常在尼斯湖畔开车巡视,希望与尼西碰面。4月的一天,他开车到尼斯湖畔的因弗莫里斯顿附近,突然看见湖面游着一个从未见过的动物。尽管离得很远,他还是迅速地举起相机按下了快门,一连拍了4张照片,其中的两张后来保存了下来。这两张中就有那张轰动了世界的尼西影照。照片上呈现了一个长拱形的颈部耸立水面、厚厚的身体浮于湖面的涟漪中的景象,看上去像是一个长脖子、小脑袋的不明动物在湖中游着,湖水因它的游动而向四周扩散着圆弧形的波纹……也许因为威尔逊太希望得到一张尼西的照片了,也许尼西发现有人在窥视它,很快就潜下湖去了。

总之,威尔逊只成功地拍摄了几张照片而没有来得及仔细观察怪兽的模样。不久这张照片刊登在英国的《每日邮报》上,立刻引起了人们广泛的兴趣,同时也引来了激烈的争论。一些物种学家说,那张照片上露出水面的不过是潜水的水獭的尾巴放大了尺寸而已,而一些人则争辩,照片上动物的概貌有力地支持了几十个目击者描述的可靠性……直到今天这个争论仍然没有结束。

是否存在"野人"

● 这是美国华盛顿州的一名森林巡逻官在执勤时拍摄到的野人照片。当时"它"正在水边玩耍,看到人也很吃惊。但这些照片是否真实,专家们仔细考察后仍无结论。

千百年来,关于"野人"的记载,在许多的历史古籍中都出现过,而且还有许多的人坦言目击过"野人"。"野人"既是古代神话和民间传说的题材,也是自然科学的研究对象,人类揭示了很多的真理,但是"野人"之谜至今仍未揭晓,现有的研究"野人"的状况、材料、证据,让科学家们既不能肯定也不能否定,它仿佛是一个"半睡半醒的梦"。人类持之以恒地探索"野人"的问题,是因为"野人之谜"的揭开将对研究人类的起源具有重要的科学价值。无数考察人员、科学工作者和人民群众,为了披露"野人"的秘密,有组织地或自发地进行了长期而艰苦的努力。

中国是世界上传闻"野人"比较多的国家之一。"野人"在我国流传的历史大约有

3 000多年。有人考证，在世界上有关"野人"最早的传说，是我国古代的《周书》。《周书》中记载说，周成王曾抓到过"野人"。在比《周书》稍晚的《山海经》中，也出现过"野人"的记载。

尽管关于"野人"的记载出现得很早，但是对于"野人"的研究却是近几十年的事。我们所谓的"野人"究竟是怎么来的呢？

在我国明清两代编纂的湖北《房县志》中，多次提到在房县一带有"毛人"出没的传闻。这种"毛人"身材高大，满身是毛，并且经常"食荤"，"时出啮人鸡犬"，《房县志》中所描绘的"毛人"的子孙或许就是现今传疑的"野人"。但是还有的人认为，这种说法是毫无科学性的，他们认为，"野人"是人类远祖腊玛猿或南猿残存下来的后代，也有人认为它是人猿科范围的生物，更有可能是在中国南部地区繁盛的巨猿或褐猿残存的后代。

⊙ 埃德蒙·希拉里爵士得到的所谓雪人头皮和指骨。很多居住在喜马拉雅山区的农民都说曾经见过雪人，然而科学家在鉴定之后更倾向于羚羊骨头。

我国对于野人的考察也进行了多年。在刚刚解放的时候，国家组织了对野人的大规模的考察，虽然历尽千辛万苦，但是却没有得到令人满意的结果。

1959年的5～7月，我国派出的考察队在西藏进行了调查，据说曾获得了一根"雪人"的毛发，长16厘米，经过显微镜的检定，认为它和猩猩、棕熊、牦牛的毛发在结构上都不相同，但是也没有办法证明它就是"雪人"的毛发。

1961年，传说在西双版纳的一个筑路工人击毙了"野人"，据说这个"野人"身高在1.2～1.3米之间，全身覆盖着黑毛，能够直立行走，手、耳、乳等都和人类相似。但是，经过中科院有关单位的考察没有获得直接的证据。有人认为，传说中的"野人"有可能是生活在原始森林中的长臂猿。

1977年中科院组织考察队对鄂西北、陕南地区进行了为期一年的考察，但是只是获得了一些疑为"野人"的脚印、毛发和粪便，并没有找到关于"野人"真实存在的证据。

在欧洲，关于"野人"的文字记载开始于12世纪，进行形象的描述却开始于13世纪中叶。1820～1843年，英国派驻尼泊尔的驻扎官霍奔森首次在西方的文献中提到"野人"。1953年，英国的约翰·亨特勋爵曾经率领探险队到珠穆朗玛峰地区考察"野人"的踪迹。他确信有"野人"的存在。他在一本关于"野人"的书中写到，"我相信有'耶提'，我看到过他们的足迹，听到过'野人'的喊叫声，还吸取过当地有声望的人提供的第一手资料……这些证据迟早会起作用，使那些持怀疑看法的人放弃成见。"

但是，仍然有人对于亨特勋爵确信有"野人"存在的证据——那些印在雪地上的脚印，表示了不同的看法，认为那些脚印不过是印度的朝圣者们留下的。因为这些不穿衣服的苦行僧们在西藏很少见，他们住在高山的洞穴中，依靠瑜伽功来抵御严寒。修炼的地方离住处是很远的，所以，这些僧人留下的脚印，很可能就被登山运

⊙ 雪人脚印

人们在亚洲的其他山脉上也见到过雪人的脚印——不只在喜马拉雅山区。这幅照片上的雪人脚印是朱利安·弗里曼·阿特伍德在蒙古的一条冰川上看到的。阿特伍德特意在脚印旁放一把冰斧以示大小比例，这幅照片使人们更加留意传说中的雪人。有些科学家说雪融后，足迹会变形和扩大，但他们无法指出哪种已知的动物能有这样的脚印。

动员发现,误认为"野人"的脚印。

随着科学技术的发展,世界各国关于"野人"的研究已经不仅仅是局限于目击者的表述,而是采取了一些科学的手段。1972年,一位加利福尼亚州的记者艾伦·贝利,用录音机录下了一段"沙斯夸之(流传于美国北部的野人)"的叫声。录下来的叫声听起来音域很广,有些像人的声音,又有些像口哨的声音,通过对磁带的研究,从音调的范围和呼叫的长度上看,可以得出这个动物的发音系统比人的发音系统宽广得多的结论。

无独有偶,在1978年的9月,一位妇女开着小车在俄亥俄州西边的一个地方,与3米多高的野人相遇,并且录下了他的声音。他的声音听起来像狗叫,又好像是人在痛苦的时候的叫声,很难听。经过专家的鉴定认为,这种声波的范围属于动物,不是机械声或人声,有可能是一种灵长类动物的叫声。

⊙ 人类学家格洛伐·克朗兹拿着据说是大脚板的42厘米的脚印石膏模型和他自己的30厘米的鞋底作比较。克朗兹从石膏模中推断那只脚的骨骼结构和人类不同——他认为那样的结构才能承受有大脚板那样巨型动物的重量。

到目前为止,现有的资料还不能证明"野人"的存在,但是关于"野人"的传说和资料又找不到可以否定的依据,所以,"野人"的存在与否仍然是一个未解之谜。但是我们相信,随着时间的推移,"野人"之谜终究会被人们揭开的。

神秘冰人奥兹之谜

冰人的发现地点在奥兹山谷,因此人们将他称为冰人奥兹。他年约30岁,身上有很多文身,对于当时恶劣的环境来说,他的服装显得较完整。由于他看来较完整,被冻在冰层里,人们一开始以为他刚刚死去,甚至没有想到要咨询考古学家的意见。

结果研究发现奥兹属于青铜时代(公元前3500年~前1000年)。他死时埃及的金字塔还未建好,欧洲人正在尝试车轮的发明。他死后不久被冻结在冰中,当人们发现他时,阿尔卑斯山上的冰雪已经把他制成了木乃伊。他身体上皮肤的孔仍清晰可见,甚至连眼球都保存完好。他身高约为1.59米,身上穿着由羊皮、鹿皮和树皮及草制成的三层服装,戴着帽子和羊皮护腿。他身旁还放置了一把铜制的斧头和一个装有14支箭的箭袋。

研究家们试图利用这些线索发现他以何为生,从何处来,受到什么样的袭击,最后一餐吃了些什么,而死因究竟是什么。奥兹是目前保存最完好的史前人遗体。在奥兹身上不断获得的发现,总会引起广泛的关注,而他的死因则始终是科学家争论的一大焦点。一些科学家认为奥兹在死后

⊙ 1991年9月发现冰人时,尸体仍然半裹在冰中,第一次挖掘只挖出了到臀部的上半身,在尸体运到因斯布鲁克法医学院后才弄清他的真实年龄及其重大意义。

不久就被冻结在冰中,所以遗体才能保存得如此完好。他们发现奥兹的结肠里有花粉,由此猜想他死于夏末。最后被秋季的一场突如其来的暴风雪袭击,在寒冷恶劣的天气里变成了冰人。

但奥地利因斯布鲁克大学古人种学家奥格教授的研究使得从前有关奥兹死因的猜测受到了质疑。他通过对冰人结肠内的物质用显微镜分析发现,从奥兹结肠中提取的内容物含有完整的蛇麻草角树的花粉颗粒。这种树在3~6月开花,并且只生长于低海拔的温暖地区。由于花粉在空气中分解得很快,因此可以推断奥兹应该死于春季或初夏。花粉应是在奥兹离开蛇麻草角树后才被吸收,附近最近的蛇麻草角树位于南边的一个山谷,徒步走大约需6个小时。另外,对他的皮肤分析表明,奥兹的躯体在冻成冰人前,曾在水中浸泡了几个星期。奥格教授相信,奥兹在死前8个小时正通往山谷,在那里吃的最后一餐是未发酵的单粒小麦面包,一种草或绿色植物、肉。由于单粒小麦并非天然在欧洲生长,这说明当时农业社会的一些状况。小麦是被研成粉做成面包,而不是做成麦粥。

新的证据还促使研究人员重新思考奥兹是如何陈尸于高山之上的。奥兹的死亡之旅依然显得相当神秘。一些研究人员甚至猜测,他是作为新石器时代的某种献祭被拽到那里的。然而奥格教授的思绪并没有走那么远:"我们可以肯定的是,在奥兹死前的12小时中,他曾在长有蛇麻草角树的山谷底部呆过,他是在一天之内来到他的长眠之地的。"

⊙ 全身披挂的冰人复原图
芦苇或秸秆制的大氅在18世纪欧洲部分地区仍被人们穿用。

另外,科学家们还吃惊地在冰人的身上发现了47处文身,其背部和腿部的文身甚至接近于或者就在缓解背疼或腿疼的针灸位置。X射线分析表明奥兹的骨关节炎曾对针灸有过反应。问题是针灸起源于2 000~3 000年前的中国,冰人的发现说明针灸或类似针灸的治疗法在5 300年前就在远离中国的地方出现。

奥兹的帽子是由熊的皮毛制成的,当时此地较现在有更多的熊出没,人们也许会组成狩猎队猎捕熊。奥兹的鞋引起了研究者的较大兴趣,其具有较佳的保暖性、保护性,在高山上还能防水。其底部较宽且防水,说明是专门用于在雪地行走用的。鞋底用熊皮制成,鞋面则用鹿皮制成。

奥兹身上最令人吃惊的莫过于那把铜斧。因为科学家们一直以为人类在4 000年前才掌握这样的熔炉及成型技术。此外,对奥兹头发的分析显示他参加过冶炼铜的工作。这个冰人令考古学家不得不重新考虑青铜时期的问题。这把铜斧长2英尺,斧把由浆果紫杉木制成。斧的顶部不到4英寸,斧头边略弯。斧头表面的分析表明其含99%的铜、0.22%的砷、0.09%的银。含砷和银说明此种铜来自当地的铜矿。

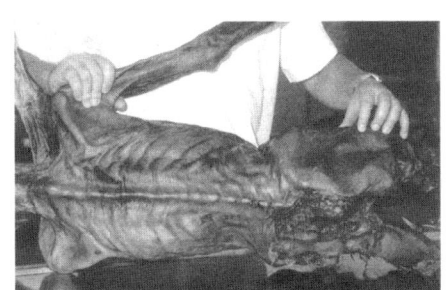
⊙ 冰人身上的脚踝、膝盖、脚等部位还发现了类似于他后背上的这种文身。X光透视显示这些区域的骨骼都有恶化的迹象。这些文身是由炭粉糅进割开的小口形成的,可能它被认为是一种减轻痛苦的治疗手段。

据意大利考古博物馆的研究人员认为,奥兹是在雪地里睡着了冻死的或是死于雪崩。而有的报道则称,在对冰人经过一种被称作层面X线照相术的技术测试后,科学家发现冰人的左肩下有一枚箭头,在骨骼上还发现箭头射入他身体后留下的痕迹。

研究人员称,奥兹很可能是死于战争,因为他身上武装着斧头、刀和弓箭。箭头进入体内的角度表明他是被人从下方击中的。这柄箭不到1英寸长,穿过他的背部,切断臂上的神经和血管,停在肩膀和肋骨之间。由于箭没有射到任何重要器官,研究人员估计奥兹流了很多血,最后在痛苦中死去。

迄今为止,神秘的冰人不仅因其神秘的死亡留给了科学家发挥想象的巨大空间,还因而留下了无休无止的争论和无穷无尽的探索。攀登科学高峰的道路是无止境的,关于冰人死亡的争论和猜测还会进行下去。但重要的也许不是结果,而是这种在追求真理过程中所感到的快乐。

人类起源之谜

你知道我们人类是从哪里来的吗?到目前为止,除了一些美丽的传说和各种未经证实的推测之外,并没有一个真正的答案。它与宇宙的起源、地球的起源并列为三大起源之谜。

关于人类的起源在我国流传着这样的神话故事:盘古开天辟地之后,不知道过了多久,忽然在天地间出现了女娲。女娲在荒凉的天地中无依无伴,十分寂寞,她来到水边,看见自己的倒影,忽发奇想,就照自己的形体用水边的泥巴捏出泥偶,放在地上,迎风一吹便活了,后来女娲给他起名为"人"。

埃及同我国一样也是一个文明古国,而它的人类起源的说法则更为奇特。据《埃及神话》的说法,人类是神呼唤出来的。埃及人认为全能的神"努"在埃及、在世界出现之前就已存在,他创造了天地的一切,他呼唤"泰富那",就有了雨;呼唤"苏比",就有了风;呼唤"哈比",尼罗河就流过非洲大地。他一次次地呼唤,世界便因此丰富起来,最后,他喊出"男人和女人",转眼间,就出现了许多人,这些人又创建了埃及。造物工作完成,努就将自己变成男人外形,统治大地与人类,成为埃及第一位法老。

日耳曼神话中说日耳曼人的祖先是天神欧丁和其他的神创造的,众神在海边散步时看到沙洲上长了两棵树,其中一棵挺拔雄伟,另一棵风姿绰约,于是砍下两棵树,分别造成男人和女人。欧丁首先赋予其生命,其他的神分别赋予其理智、语言、肤色和血液等。

⊙ **人类进化模拟图**
左起依次为:南猿〉能人〉直立人〉海德堡人〉尼安德特人〉
现代人〉现代智人

而在信奉基督教的西方国家里，人们大都相信上帝造人说。《旧约·创世记》中记载：上帝花了5天时间创造了天地万物，到第6天，他说："我要照着我的形体，按着我的样式造人……"于是把地上的尘土捏成人形，将生气吹进人的鼻孔后，造出了男人，取名亚当。上帝见亚当一个人生活得很孤独，就用他的一根肋骨造成一个女人，亚当说："这是我骨中的骨，肉中的肉，就叫他女人吧。"

然而，传说毕竟只是传说，缺乏令人置信的科学依据。因此这个话题依然众说纷纭。

19世纪，达尔文提出了进化论学说，这成为19世纪人类探寻自身起源的一个新的线索。

达尔文是19世纪英国学术界破旧立新的大师。他身患痼疾，为探索自然规律，一生孜孜以求。1859年他的《物种起源》一书问世，这本书是他对自己多年在世界各地亲自观察生物界现象的总结，书中阐述了自然选择在物种变化上起的作用，提出了物种的起源和进化的一般规律。

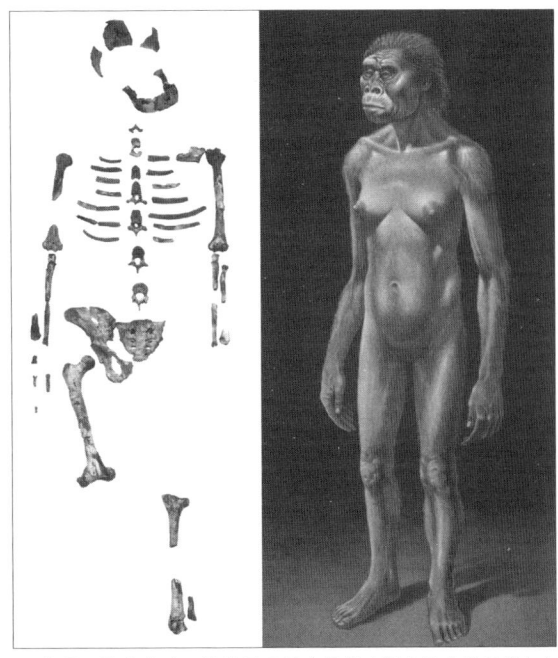

⊙ 发现于埃塞俄比亚的这具几乎完整的人科家族女性骨骼（上左图），被确证生活于320万年前。骨盆构造表明她已直立行走，身高1.2米左右，是非洲南方古猿的一种。上右图为她的复原图。

《物种起源》的发表从根本上打击了上帝造人的宗教神话和靠神造论来支持的封建伦理。当时保守势力的反扑顽抗和社会思想界的巨大震动，使一贯注意不越自然科学领域雷池一步的达尔文也兴奋不已。为了用客观事实来揭示人类起源的奥秘，他发愤搜寻各种事实依据，终于在1871年，即《物种起源》出版后12年，又发表了《人类的由来》这本巨著。达尔文认为，物种起源的一般理论也完全适用于人这样一个自然的物种。他不仅证实了人的生物体是从某些结构上比较低级的形态演变进化而来的，而且进一步提出了人类的智力、人类的心理基础等精神文明的特性也是像人体结构的起源那样，由低级向高级逐渐发展。《人类的由来》奠定了人类学研究的基础。

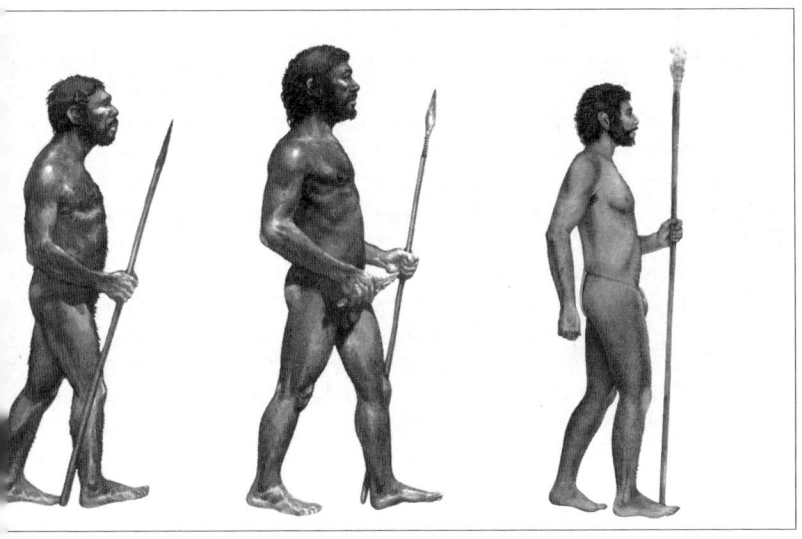

达尔文认为人类起源于古猿。经过一番激烈的学术的和宗教的争论之后，科学界渐渐接受了这个理论。后来的科学家又经过不断探索，在达尔文学说的基础上形成了现代的人类起源说。他们认为，人类是古猿在数百万年的漫长时间里，在大自然的影响下逐渐进化而来的。作为一种学说，进化论有着许多合理的科学内核，然而毕竟是一种假说，也有其缺陷，考古学上的许多发现都无法用进化论的理论解释。

例如：

1913 年德国的人类学家在坦桑尼亚一个峡谷 100 万年以前的地层中发现了一具完整的现代人类骨骼。

美国科学家麦斯特则在犹他州羚羊泉的寒武纪沉积岩中发现了一个成人的穿着便鞋踩上去的脚印和一个小孩的赤脚脚印，就在一块三叶虫的化石上面。而三叶虫是 2.5 亿～5.4 亿年前的生物，早已绝迹。经过犹他大学的化学专家们鉴定这的确是人的脚印。

在中国云南富源县三叠纪岩石面上发现有四个人的脚印。据考证，这些脚印是 2.35 亿年前留下的。

1976 年，著名考古学家玛丽·D.利基也曾发现了一组和现代人特征十分类似的脚印。这些脚印在火山灰沉积岩上，据放射性测定，火山灰沉积岩有 340 万～380 万年的历史，古生物学家证实，其软组织解剖特征明显不同于猿类。

这些考古发现又是怎么回事呢？它们似乎有悖于达尔文的生物进化论中的观点。根据达尔文进化论假说，森林古猿经过千百万年的进化才成为今天的人类，可是科学家至今却无法找到这千百万年的中间过程，也找不到任何猿与人之间的人存在的证据；按照通常的认识，人类大约在距今 1 万年左右才发展到最原始的状态，有文字记载不过 5 000 年时间。按照达尔文进化论假说，几亿年前不可能有人类存在，至于高度的人类文明就更是天方夜谭了。

随着时代的发展和科技的进步，科学家们不断提出新观点，对人类起源问题发表自己的看法。

1960 年，英国人类学教授爱利斯特·哈代爵士提出了一种新的假说，他根据在距今 400 万～800 万年前这一时期的化石资料几乎空白这一事实，认为这一时期内人类祖先不是生活在陆上，而是生活在海中；在人类进化史上存在着几百万年的水生海猿阶段，至今仍能在人类身上找到那一阶段留下的许多"痕迹"，如人类的许多解剖生理学的特征在别的陆地灵长目动物身上都找不到，而在海豹、海豚等水生哺乳动物身上却同样存在。例如：所有陆地灵长目动物体表都有浓密的毛发，唯独人类皮肤裸露，这一点与海兽相同；灵长目动物都没有皮下脂肪，而人类却有厚厚的皮下脂肪，这一点又与海兽相同；人类胎儿的胎毛着生位置，明显不同于别的灵长目动物，而与水兽胎儿的胎毛位置相当；人类泪腺分泌泪液、排出盐分的生理现象，在灵长目动物中是绝无仅有的，而海兽却都具有。

哈代爵士查阅了大量史料，指出在 400 万～800 万年前，海水曾淹没了非洲的东部和北部的大片地区。海水分隔了生活在那儿的古猿群，其中的一部分为了适应急剧变化的自然环境，进化成为海猿。几百万年以后，海水退却，已经适应水生生活的海猿重返陆地，又经过几百万年的进化，成为人类。海猿历经沧桑，在水中的生活进化出了向人类方向发展的特征，这些特征为以后的直立行走、解放双手、进行语言交流等重大进化步骤创造了条件。这使得他们在返回陆地上后有了更

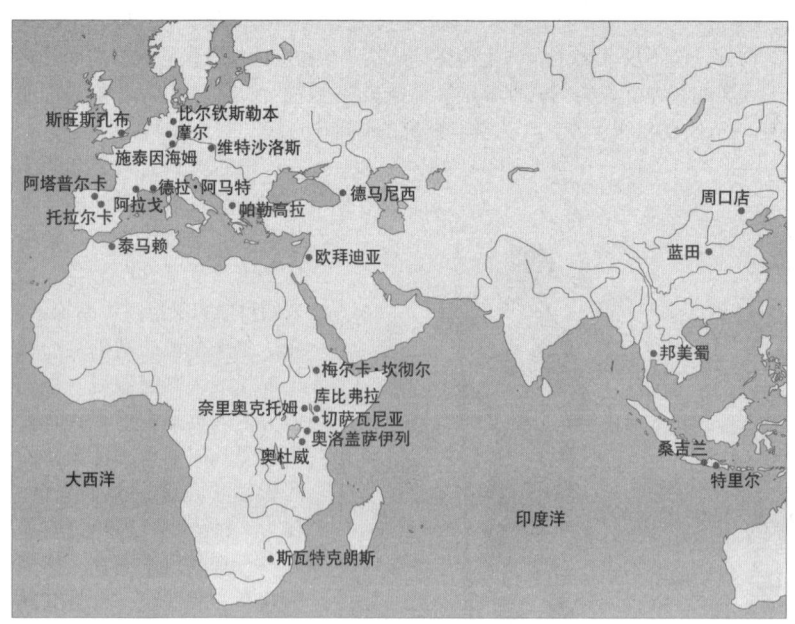

⊙ 早期人类分布图

直立人被确证为最早属于人类的人种，除非洲以外还散居于亚欧的一些地方。

明显的优势,超越了其他猿类,进化成为地球上最高等的智慧动物。

此外,美国加州圣-克鲁兹大学的生物学家大卫·迪默则认为地球上的生命,或者说生命的早期形态有可能起源于浩瀚宇宙。

国际生物界一致认为:生命的起源在很大程度上依赖于细胞膜的作用。迪默在实验中发现,即使是在寒冷、充满辐射的真空宇宙环境下,细胞膜仍然具有"生命力"。这说明恶劣的宇宙条件并未阻止生命的演化,生命起源于地球以外的浩瀚宇宙也是完全有可能的。

面对这么多假说、矛盾、谜团,人们不禁要问,人类到底是怎样起源的呢?相信一定能解开这个秘密,也许就在明天。

⊙ 复原后的史前小屋

发现于乌克兰,它由385块猛犸骨搭成,距今有2万年历史。有了可以躲避灾祸的房子,人类就可以定居下来,过上稳定的社会生活。

法老陵墓的造访者离奇死亡之谜

1912年4月,世界上最大的游轮——"泰坦尼克"号从英国首航美国,在途中不幸沉到大西洋里。这艘豪华游轮上的游客和工作人员1 500多名遇难或失踪,这是人类历史上最惨重的海难事件。事件引起了各国的广泛关注,许多专家从不同途径寻找造成"泰坦尼克"号沉没的原因。在人们提出了种种猜想仍得不到一致意见的时候,有人想起了船上曾有一具石棺,棺上附有咒语,最后一句是:

"凡是碰到这具石棺的人都不会有好的结果,将沉没于水底。"

难道这只是巧合吗?这具石棺是12年前一群考古学家从埃及的古墓中发掘出来的,后来一位富裕的美国实业家买下了大英博物馆的这具石棺以及棺中的木乃伊。恰好这时,"泰坦尼克号"要开始其首次航行,这位美国实业家便委托船长将石棺运往美国。

科学家们并不相信真有传说中的咒语存在,更不相信它能改变人的命运,然而后来接二连三的类似事件,让科学家们也一筹莫展。其中最让人不寒而栗的事件莫过于挖掘图坦卡蒙金字塔的考古学家们在很短的时间内接连死去。

英国人卡纳冯勋爵和他的助手霍华德·卡特于1914年来到埃及王陵谷,他们在此处经过锲而不舍的努力挖掘,终于在8年之后,即1922年11月,发现了一座从未被人挖掘过的地下陵墓。这就是图坦卡蒙法老的陵墓,他仅

⊙ 王陵守护神阿努比斯

仅活了 18 岁，但拥有举世罕见的美貌。此墓的富丽豪华程度实在出人意料，人们光清理随葬的奇珍异宝就花了一年的时间。后来人们打开神龛，一睹图坦卡蒙法老的真面目。法老的石棺盖子是用玫瑰色的花岗岩做成的，而整个石棺是用一整块质地细密的淡黄色花岗石凿成的。石棺里是一具镀金木棺，上面雕刻着年幼法老的金像。而最内层竟是用纯金制成的，纯金厚为 0.15～0.21 英寸，棺材内放着法老的木乃伊。

在图坦卡蒙法老的陵墓中，卡特等人发掘出 5 000 多件工艺品、家具、衣服和兵器，但接下来这些掘墓者遇到了一连串他们预想不到的怪事。1923 年 2 月，卡纳冯勋爵突患重病死去，死前他曾花巨资支持卡特的发掘工作。他的姐姐在回忆录中写道："临死之前他在高烧当中连声叫嚷：'我听见他呼吸的声音，我要随他而去了。'"据说当初卡纳冯勋爵正要步入图坦卡蒙陵墓大门的时候，一只蚊虫突然叮咬了他一下，被叮咬的地方逐渐形成为一个肿块，越来越痛，也越来越大。在一次刮胡须时，他的刮胡须刀片竟然刮破了这个肿块，最终导致了败血症。卡纳冯勋爵死后几个月，他同父异母的弟弟奥布里·赫巴德上校——也曾经进过法老的陵墓——后来突患精神分裂症自杀身亡。一位在埃及开罗医院曾经照料过卡纳冯勋爵的护士很快也死去了。

美国铁路大王杰艾·格鲁德也在参观图坦卡蒙王陵之后不久突然死去；南非一位叫威尔夫·尤埃尔的人在参观了图坦卡蒙王陵后从一艘豪华游艇的甲板上跌入河中溺死；亚齐伯尔特·理德教授全身发高烧并很快死亡，他曾用 X 光检查图坦卡蒙王的木乃伊；后来，卡纳冯勋爵的妻子伊丽莎白也死于一只不明蚊虫的叮咬。参与王陵发掘工作的人接二连三地死亡，这让人们对图坦卡蒙王陵的咒语谈虎色变。

据说法老公主看中了图坦卡蒙的稀世美貌，因而选他为驸马。在法老死后，图坦卡蒙与老臣阿伊共执国政，但在他 18 岁时猝死。悲痛欲绝的王后决定以盛大的仪式将其厚葬。还有人说，王后在图坦卡蒙死后不久就不知去向，年老的阿伊登基称王。甚至有人说，图坦卡蒙死得不明不白，他死亡的背后隐藏着一个惊人的秘密和莫大的冤屈。多少世纪以来，有关图坦卡蒙陵墓的富丽豪华在全世界传得沸沸扬扬，但许多盗墓者无缘得见。

等到人们真的进入图坦卡蒙的陵墓时，被陵墓的宏大和华丽震惊的同时，也发现了陵墓中的咒语：
谁扰乱了这位法老的安宁，
展翅的死神将降临到他的头上。
我是图坦卡蒙的保卫者，
是我用沙漠之火驱赶那些盗墓贼。

神秘的咒语和莫名其妙的死亡并没有让科学家就此止步，一个叫阿瑟·美斯的教授和一个叫埃普森·霍瓦伊特的博士就没有被吓倒，他们毅然决定与卡特合作发掘王陵谷。但是，就在美斯教授进入安置图坦卡蒙法老的棺枢的房间时，突然全身瘫软，浑身无力，失去了知觉，并很快停止了呼吸。而

⊙ 法老的石棺里装有 3 层形如木乃伊的内棺，其中第 1 层和第 2 层为贴金木棺，上嵌宝石；第 3 层则是纯金打造，重约 110.4 千克，里面躺着木乃伊，头部和上半身覆盖着一个纯金面具，同样镶嵌了宝石和彩色玻璃。据说法老凭借这 9 层包装（石棺外面还有 5 层木樟木棺），法老就可以避开那些盗墓者的侵扰并进入天国。

纯金棺椁

贴金木椁

刚从图坦卡蒙棺柩房出来的霍瓦伊特博士也忽然感到浑身不适，他梦呓般地告诉别人："我已经看过法老的木乃伊，同时也受到了法老的诅咒，我必须从这个世界上消失。"他不久便自杀。

活到65岁才去世的卡特博士是一个例外，他曾经主持过发掘工作。但他最钟爱的小女儿伊布琳·怀特却死于自杀——她曾随父亲一起最早进入图坦卡蒙王陵。她死前写下谜一般的遗书，遗书中称"我再也无法忍受诅咒对我的惩罚了"。这实在让人奇怪。

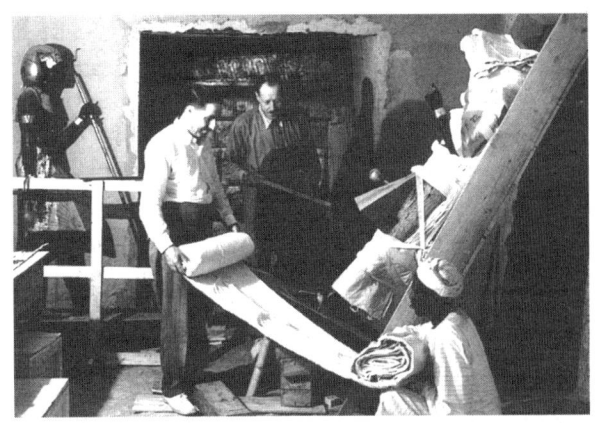

人们一直以来无法解释为什么发掘金字塔的考古学家接二连三地神秘死亡。尽管很多人认为诅咒之说不可信，但种种从科学角度做出的解释，又实在让人无法信服。

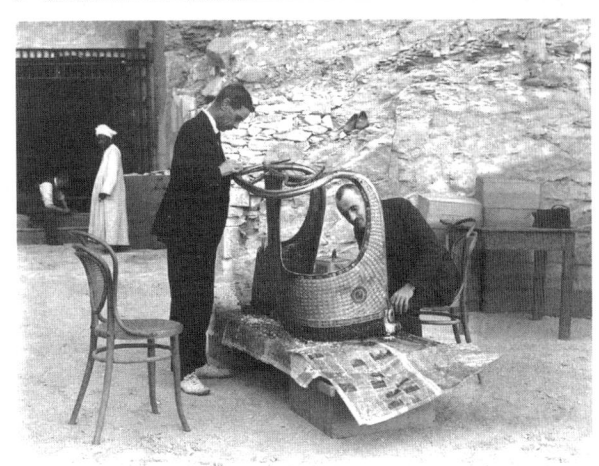

有人认为是陵墓中某种具有放射性物质，然而，这种说法站不住脚，因为参与挖掘工作的埃及工人却能平安无事；还有人认为可能是法老们为了防止后人盗墓，特地在安置棺木的房间的各个角落涂上毒剂；有人认为某些人在发掘王陵时吸入了能引起矽肺病的石粉，可这种现象似乎仅仅在卡特的助手亚博·麦司身上发生。参观者不可能吸入石粉，那么他们又是怎么死的呢？还有人认为木乃伊内存在着能使人的呼吸系统发炎的曲霉细菌，感染者除了呼吸系统发炎外，还伴随着皮肤上出现红斑，最后因呼吸困难而死亡。可是这不能解释为什么只有少数人死于呼吸困难，而且这种曲霉细菌对参与挖掘陵墓的埃及工人根本不发生作用。

金字塔在过去曾一直被认为是古代埃及法老们为自己建造的陵墓，但目前在许多地方都发现了类似金字塔的方底尖顶的方锥形石砌建筑物的踪迹，如非洲的苏丹，美洲的墨西哥、危地马拉、洪都拉斯和巴西，亚洲的中国，甚至有人声称在百慕大区域的海底、月球以及

⊙ 卡特和他的助手正在包裹图坦卡蒙陵墓守护者的木质雕像，在整个清理过程中，他们使用了超过1英里长的棉絮和32包廉价棉布用于物品的运输，以防受损。从背景可以看到法老巨大石棺外层的木椁。

火星与金星等神秘的地带也有发现。到底是什么人，在什么时间，为了什么目的在如此广大的范围内建造了如此宏大的建筑呢？难道神乎其神的法老咒语也与此有关吗？

人类为何会得癌症

癌症这个词现在频繁出现在人们的嘴边，可谓谈癌色变。它夺去了无数人的生命，已经成为威胁人类健康的最可怕的"杀手"之一。有资料显示，全世界每年因癌症死亡的多达几百万，近年来，儿童患癌率显著增加，这一现象令医学家们大为震惊。癌症如此可怕，不禁令人们疑惑：究竟是什么导致人类会得这种致命的绝症呢？

带着这个疑问，科学家们进行长期的研究，现今已经了解和掌握了一定的规律，并取得了一些临床治疗上的进展，得了癌症，已经不再意味着就是走向死亡了；但是科学家们并未把致癌症的真正原因找到，每年仍有大量的人因患癌症而死亡。所以说，要想彻底攻克这个难关，并揭开它的秘密，还要有相当长的路程要走。

◉ 癌细胞示意图

科学家们首先把注意力放在了寻找致癌物质上。他们研究了患肿瘤的动物，通过研究发现，诱发癌症的主要因素有：一定的化学物质和物理、环境方面的因素。举例来说，许多日本人在广岛的原子弹大爆炸中因核辐射患血癌、长期工作在铀矿的矿工患肺癌的几率大大高于普通人，而且死亡率也相当高。

然而，科学家们在进一步的研究中发现，日常生活中也不乏患癌症的人，那么日常生活用品中自然也含有致癌物质，到底哪些物质含有致癌物呢？经过统计发现，诱发癌症的因素还有煤油、润滑油、香烟中的尼古丁、发霉的苞米花和粮食中的黄曲霉素等等。

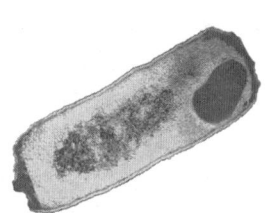

◉ 电子显微镜下的大肠埃希氏菌

它综合了自然发生癌症治疗中人的白细胞介素-2，被广泛应用于生物技术和分子遗传学研究。

还有一些科学家提出，癌症还与遗传因素有关，致癌物可能通过基因突变传给后代。根据一部分医学工作者研究的结果，有一种癌症属于"遗传性癌"，它是直接由遗传决定的。进一步的研究之后，医学专家们又发现，那些属于非遗传型的癌症，竟也呈现出明显的遗传倾向。比如，胃癌患者的子女得胃癌症的几率比一般人高出4倍；母亲患乳腺癌，女儿的乳腺癌发生率也比一般人要高。很显然，遗传因素对癌症所起的作用是不容忽视的。相关研究还表明，某些人对癌症具有易感性，主要因为体内某些酶的活性降低，染色体数目异常或畸变。总之，遗传上的缺陷很有可能促发癌症。但遗传因素是怎样促发癌症的，却仍然令医学家们感到费解。

近年来，对有一些医学专家提出，绝大多数癌症与环境因素有关，例如，土壤中镁的含量低的地区，胃癌的发病率就相对较高一些；皮肤癌的发病率和饮用水受砷污染的

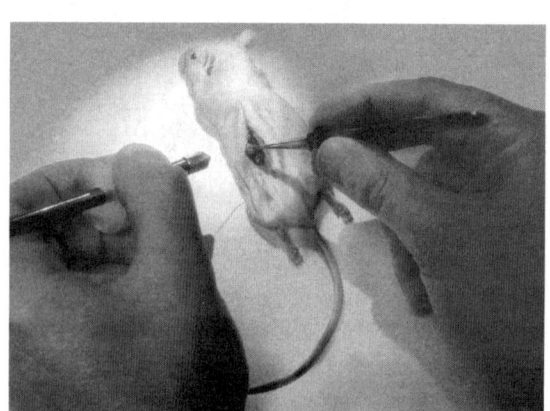

◉ 图为对一只老鼠进行基因注射，通过基因处理使其感染癌症，然后进行癌症治疗实验。在癌症还没有被征服前且基因技术的可靠性仍受到质疑时，以其他哺乳动物作为研究对象也是一种不得已的选择。

程度密切相关；饮用水中的碘的含量如果过低，甲状腺癌的发病率就会上升等。可见，环境因素对癌症的发生起着不可忽视的影响。

综上所述，我们看到，诱发癌症的因素很多，但是这些致癌因素之间并没有什么共同点，这到底是为什么呢？经过一系列临床研究实验后，医学家们又发现，同样的致癌因素，并不一定都能诱发癌症。也就是说，所有的致癌因素可能都不过是外在因素，还有可能存在着内在的因素。因此，科学家们又开始了致癌的内在原因的探寻过程，经研究发现，癌组织是由正常组织细胞病变而来，具体来说，人的机体内都存

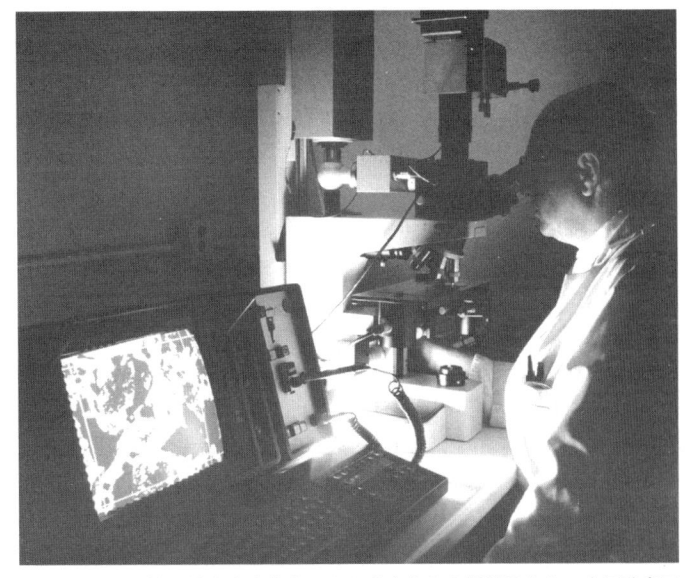

⊙ 科学家利用基因技术治疗癌症，为人类攻克癌魔指引了方向，由于致癌因素的复杂性，这项工程任重道远。

在着克服致癌因素的抑癌因素，在这种抑癌因素的作用下，细胞才会健康发展。如果抑癌因素的作用减少或消失，正常细胞就会发生基因突变，代谢功能紊乱，细胞也因此无限地分裂、增生。一般的说，正常细胞演变成癌细胞，再引发癌症是一个相当漫长的历程，大约需要10年多的时间。同时，科学家们又发现人体基因内存在着癌基因，这是造成正常细胞癌变的关键。其实，人体内不仅存在有癌基因，还有抗癌基因。抗癌基因的发现，使人类对癌症的研究有了突飞猛进的进展，是人类最终战胜癌症的前提。科学家们把培养的抗癌基因注入动物体内，并取得了初步成功。如果研究能够再深入一步的话，有望在不远的将来把这种方法应用于人类的癌症治疗上。将这种抗癌基因注入人体后，将可以有效地阻止癌细胞生长。

一部分医学专家在不断研究细胞癌变的过程中还发现，癌细胞的氧含量很低，而蛋白质含量却很高，而且癌细胞的表层组织越深入其裂变能力越差，直至坏死。因此，细胞缺氧可能也是诱发癌症的因素之一。当局部组织受到损坏，并进入窒息状态时，会改变其生存方式，癌细胞由此生成。

尽管关于癌症的成因，可以说是林林总总，莫衷一是，但这些都只是具体细节方面的分歧，大体上来说，都有一定的合理成分在其中。但从根本上讲，人们并没有把癌症的病因彻底弄清楚，仍处于推测假说阶段。面对着癌症这个疯狂的病魔的肆虐，医学家们在大多数情况下仍然是束手无策，无能为力。但"魔高一尺，道高一丈"，随着科学的进步，经验的累积，研究的深入，相信终有一天，人类会彻底弄清楚癌症的病因，彻底地降服这个恶魔。那时，癌症就会像伤风感冒打喷嚏一样平常，不再那么可怕。那一天迟早会到来。

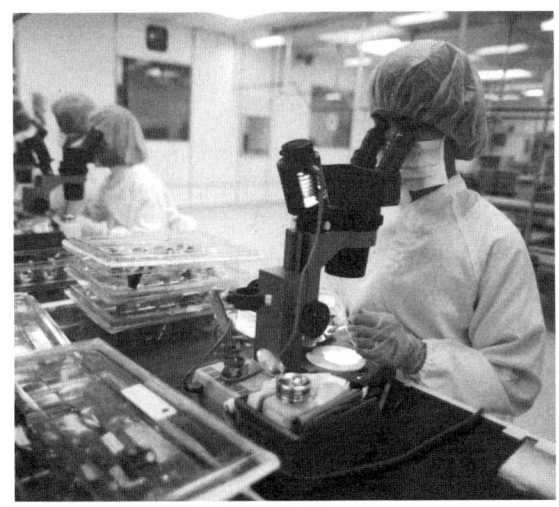

⊙ 随着科技的不断发展，也许不久以后人类就能研制出彻底治疗癌症的药物。

艾滋病从何而来

◉ 艾滋病病毒模型

人类在同大自然的斗争中遇到过一个又一个的绝症，从肺结核、麻风到癌症。如今，肺结核、麻风对人类来说早已不再是绝症，在人们把精力集中到解决癌症上的时候，又一种绝症出现了，它就是艾滋病。

自从1978年在美国纽约发现第一例艾滋病人以后截至1999年11月26日，世界卫生组织根据各国官方提供的统计数字表明，全世界已有163个国家和地区报告发现了艾滋病人。据世界卫生组织的专家们估计，全世界艾滋病实际患者已达3 400万。全世界已有1 600万人死于艾滋病。对于艾滋病的病因，许多科学家进行了大量的研究，但是至今还没有弄清楚。大多数的科学家认为艾滋病的发病与一种T细胞有关。

1983年5月，法国巴斯德研究所的吕卡·蒙塔尼埃研究组从病患者体内的淋巴结里分离出了艾滋病病毒。这是人类首次发现艾滋病病毒。这种病毒能够附着T细胞的表面进行繁殖，受感染T细胞很快就会停止生长，丧失免疫功能而死亡。而新繁殖的艾滋病病毒又释放到血液中，寻找新的T细胞。这样循环往复的进行导致患者的免疫力下降，最终失去抵抗力。

◉ 关于艾滋病的起源问题，目前较为一致的说法是来自中非的灵长类动物。

也有少数的科学家认为，艾滋病并不是仅仅由一种病毒引起的，很可能还有其他的因素在起作用。

1986年上半年，世界卫生组织决定将艾滋病病毒定名为"人体免疫缺损病毒"，英文缩写为HIV。艾滋病即由HIV潜伏性和作用缓慢的病毒引起的疾病，英文缩写为AIDS。中文音译为艾滋病。1988年，世界卫生组织为了唤起世界各国共同对付这种人类历史迄今出现的最厉害的病毒，定每年12月1日为"世界艾滋病日"。

关于艾滋病的来源，说法也是各种各样。起初人们认为艾滋病是由同性恋引起的。因为在美国一些大城市中的同性恋中艾滋病患者居多。可是，经过许多学者的研究后，发现早在古希腊罗马时代，西方国家就已存在同性恋问题，而在东方国家的古代社会里，也同样存在这一问题，如果因同性恋导致艾滋病的产生，那么必定在古代就流行了，为何在当代才传播开呢？从而得出同性恋并非艾滋病起源的结论。

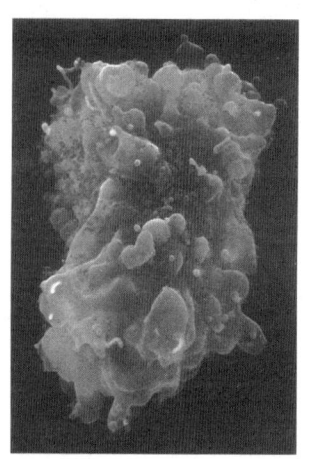

◉ 电子显微镜下，人类免疫缺损病毒（蓝色）正在袭击一个T-4淋巴白细胞。科学家们在20世纪60～70年代发展的细胞生物学基础上，对HIV的研究已取得了很大的进展，然而由于HIV感染的迅速蔓延，医学科学尚不能制止人们患病和防止那些感染了HIV的人们发展成为艾滋病。

甚至有人称艾滋病病毒是美国细菌战研究的产物。他们认为艾滋病是美国生物战研究中心利用遗传工程基因重组的新技术制造出来的新病毒。尽管美国有关方面否认这一说法，但一些人还是将美国与此问题联系起来。

还有两位英国科学家曾提出过"外空传入地球"的假说，认为艾滋病病毒可能早在外空中存在，但因千百年来缺乏传播媒介，所以人类一直没感染上。后来由于一颗飞逝的彗星撞击了地球，将这种可怕的病毒带到地球来，祸害了人类。这种假说还没有找到可靠的事实依据来证明。

目前，人们又提出了"猴子传给人类"的假说。科学家经过研究后发现，在猴子身上存在与人类艾滋病患者相同的病毒，被发现的猴子生活在非洲。研究者们从血液接触可以感染上艾滋病病毒，以及中非地区高发病率与奇特生活习俗等方面联系起来，假定艾滋病病毒是猴子传染给人类的。根据现有的资料显示，早在美国出现艾滋病之前，中非地区的卢旺达、乍得等国家和地区就流行过艾滋病。有人推测类似艾滋病病毒的东西最早存在于当地的猴群中，由于当地人经常被猴抓伤以及吃猴肉等原因，这种病毒就进入了人体，逐渐演变成了艾滋病毒。据一些专家估计，携带艾滋病病毒者可能高达非洲中部城市人口的10%。

⊙ 红丝带
代表了人类与艾滋病抗争的决心和对病患者的关爱。

在20世纪80年代，扎伊尔的金沙萨市在对千份血液样本加以检验后，发现其中6%～7%带有艾滋病病毒。赞比亚首都卢萨卡也做过一次广泛的调查，发现18%的输血者带有艾滋病病毒，在赞比亚1987年间便约有6 000名儿童接受艾滋病治疗。而非洲某些地区5%的新生婴儿都带有艾滋病病毒，其中一半至2/3的人在两年内会演变成艾滋病。法国一位研究人员偶然了解到中非地区有些居民有以下生活习俗：将公猴血和母猴血分别注入男人和女人的大腿和后背等，以刺激性欲；有些居民还用这种方法治疗不孕症和阳痿等病。许多的专家认为，艾滋病就是这样传染给人类的。但是中非部分居民的奇特生活习俗的历史无疑长于艾滋病流行史。研究者们进而假设：可能在很早以前，猴子就将艾滋病病毒传给人类，但因偶然的原因几度自生自灭。在现代，由于大量欧美人员到过非洲，传染上了这种病毒，并把艾滋病病毒带回欧美，加之性生活混乱和吸毒等流行，所以艾滋病在欧美地区就广泛传播开来。

目前，人类对艾滋病的研究已取得许多重大成就，但它究竟怎么起源，至今各说其是，很多专家认为这种争论还只是一个开始，要想弄清艾滋病的来源仍需要相当长的时间。

⊙ 华盛顿广场前举行的悼念艾滋病死难者的活动。截至2003年，全世界感染艾滋病的患者已超过3 000万，几百万人不治而亡。时至今日，艾滋病已成为人类的最重大的医学难关之一。

人为什么会做梦

梦究竟是怎样产生的？它究竟能不能预卜吉凶？它是否受人世间自然力量的安排和支配呢？这些问题一直都吸引着历代学者去探讨。然而真正系统而比较准确的研究还是近现代的事。

1900年，世界著名心理学家弗洛伊德从心理学的角度解释梦的原因。他认为，梦是一种愿望的满足。在多种多样的愿望中，他更为重视性的欲望。认为性欲是人的一种本能，而本能是一种需要，需要是要求满足的，梦就是满足的形式之一。弗洛伊德还认为，梦是有意义的精神现象，是一种清醒的精神活动的延续。借助梦可以洞察到人们心灵的秘密。梦是无意识活动的表现，人在睡眠时，意识活动减弱，对无意识的压抑也随之减弱，

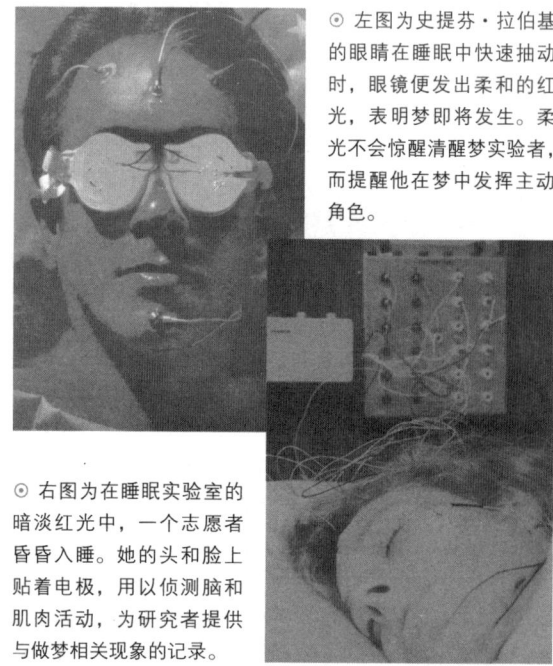

⊙ 左图为史提芬·拉伯基的眼睛在睡眠中快速抽动时，眼镜便发出柔和的红光，表明梦即将发生。柔光不会惊醒清醒梦实验者，而提醒他在梦中发挥主动角色。

⊙ 右图为在睡眠实验室的暗淡红光中，一个志愿者昏昏入睡。她的头和脸上贴着电极，用以侦测脑和肌肉活动，为研究者提供与做梦相关现象的记录。

⊙ 梦见灾难

"'泰坦尼克'号的灾难在我5岁那年4月的一个夜晚发生。"英国名作家格林在自传《这样的一生》中写道，"我梦到轮船沉没，一个意像萦绕在我脑海中60年之久：一个身穿油布衣裤的男人在巨浪的扑击下，身体在升降口扶梯旁断为两截。"在事件发生的前一个多礼拜，伦敦商人米窦顿由于梦见了那场大灾难而临时取消了行程。1912年4月14日的夜晚，"泰坦尼克"号撞上冰山，1500多人遇难。关于这场灾难至少还有19宗由梦、迷睡和幻见预知个案。

于是无意识乘机表现为梦境的种种活动。

弗洛伊德的学生阿德勒则认为，做梦是有目的的。梦是人类心灵创造活动的一部分，人们可以从对梦的期待中，看出梦的目的。梦的工作就是应付我们面临的难题，并提供解决之道。梦和人类的生活是息息相关的。每个人做梦时，都好像在梦中有一个工作在等待他去完成一般，都好像他在梦中必须努力追求优越感一般。梦必定是生活样式的产品，它也一定有助于生活样式的建造和加强。人在睡眠时和清醒时是同一个人，由白天和夜里两方面表现结合起来才构成了完整的人格。人在睡梦中并没有和现实隔离，仍在思想和谛听。梦中思想和白天思想之间没有明显的绝对界限，只不过做梦时较多的现实关系暂被搁置了。梦是在个人的生活样式和他当前的问题之间建立起联系，而又不愿意对生活样式作新要求的一种企图。它联系做梦者所面临的问题与其成功目标之间的桥梁。在这种情况下，梦常常可以应验，因为做梦者会在梦中演习他的角色，以此对事情的发生作出准备。

弗洛伊德的另一名学生荣格认为，梦就是集体潜

意识的表现。重视潜意识，尤其是集体无意识，是理解和分析梦的前提，梦具有某种暗示性。梦所暗示的属于目前的事物，诸如婚姻或社会地位，这通常是问题与冲突的根源所在。梦暗示着某种可能的解释。同时，梦还能指点迷津。

可以说，弗洛伊德、阿德勒和荣格对梦的心理机制，梦的成因以及梦的作用和意义等方面，都有自己独到的见解和贡献。

世界著名生理学家巴甫洛夫从生理机制方面解释了人为什么做梦的问题。他认为，梦是睡眠时的脑的一种兴奋活动。睡眠是一种负诱导现象。大脑皮层兴奋过程引起了它的对立面——抑制过程，抑制过程在大脑皮层中广泛扩散并抑制了皮层下中枢，人便进

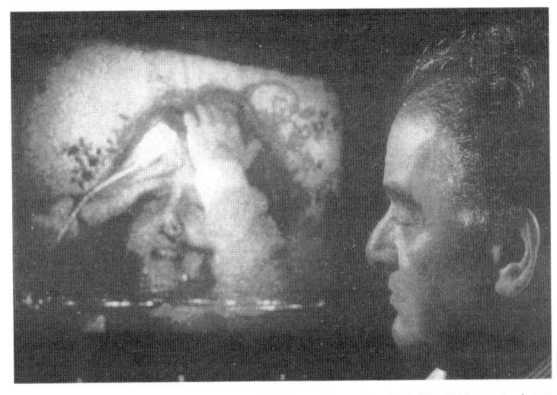

⊙ 睡眠疾病专家米尔顿·克莱麦医生正通过监控系统研究志愿者梦境产生的机理。目前较为科学的说法认为梦是快速的眼球运动中"意像"的集合。人在快速眼球运动状态下的睡眠便会产生梦境。

入了睡眠状态。人进入睡眠时，大脑皮层出现了弥漫性抑制，也就是抑制过程像水波一样扩展，当人熟睡时，弥漫性抑制占据了大脑皮层的整个区域以及皮层更深部分后，这时就不会做梦，心理活动被强大的抑制过程所淹没。当浅睡时，我们大脑皮层的抑制程度较弱，且不均衡，这便为做梦提供了条件。

现代科学发达，可以通过实验分析来逐步揭开梦的奥秘，有的科学家认为：梦是快速眼球运动中"意像"的集合，在快速眼球运动睡眠就会产生梦境，此时脑电波振幅低、频率快，呼吸和心跳不规则，周身肌肉张力下降。这时候叫醒睡眠者，他会说："正在做梦中。"如果不断地叫醒（打断其梦），会使其情绪低落、精神不集中，甚至暴躁和性急。

有的科学家做过这样的实验：将乙酰胆碱类药物注射到猫的脑干里，此时猫眼快速运动进入睡眠状态。经研究当脑干里某神经元放出乙酰胆碱进行沟通信息时，另一种神经元就停止放出去甲肾上腺素和羟色胺，前一种神经元将信息传至大脑皮层，皮层的高级思维和视觉中心，借助已存的信息去解释、编织成故事，梦就产生出来。在梦境里为什么只见"境像"，尝不出五味，闻不到香臭，这是因为快速眼球运动期间发射出的是视神经元，而不是味觉、嗅觉神经元。为什么梦醒片刻就记不住梦的内容，这是由于梦的储存仅在短暂记忆里，而长期记忆库的去甲肾上腺素和羟色胺处在封闭状态。

随着心理学和生理学的发展，当代和未来的心理学和生理学家们会对梦作出更准确、更完善的解释。

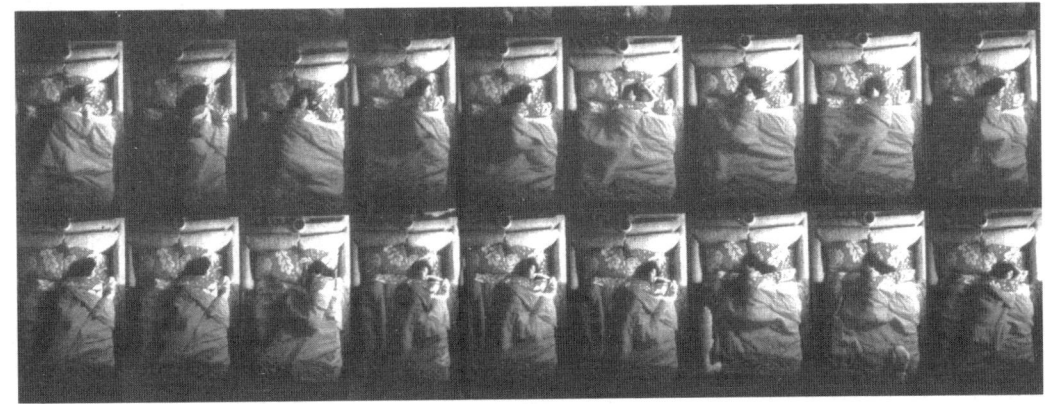

⊙ 摄影师席尔多里·斯巴尼亚拍下的一系列关于睡眠的定时照片。每帧照片隔15分钟。他拍摄它们是为艺术创作，但神经生理学家霍伯森指出这些照片对睡眠研究的价值，因为图中人的姿势变化与脑的变化吻合。有一连几帧姿势没有变化——例如从上排第五帧起，其后睡姿发生变化，统称表示快速眼动睡眠或开始做梦。

破译人体辉光之谜

在自然界里,很多东西都能发光。除了我们所熟知的海洋里的鱼类和浮游生物能发光外,一些细菌菌丝也能发光。现代科学证明:每个人的身体都能发出不同程度的辉光,只是一般人发出的光太弱了,肉眼根本无法看见。

人们曾在中国古代的一些宗教画中发现一些周身总是笼罩着一层薄薄光辉的圣人形象。在早期的西方,基督徒将他们神圣的始祖——耶稣用美丽的光环来围绕。在其他一些国家的古老宗教图画中这种光环也会被看到。

那些圣人们是否周围真的有一层辉光,我们不得而知。但是到了近代,却屡屡有人发现人体辉光的现象。

丹麦著名医生巴尔宁早在1669年就发现一个身体会发光的意大利女子。在20世纪30年代,意大利也发现过一个发光的女子。她的全身好像有光环环绕,特别在她晚上外出时,光环就更为明显。

这些奇特的现象引起了人们极大的关注。

为了证明人体光环是否存在,英国伦敦的华尔德·基尔纳医生做了一个实验。他用一块用一种双青花染料刷过的玻璃观察人体,结果发现的确有一圈约15毫米宽的光晕存在于人体周围,若隐若现,色彩丰富,非常奇妙。而且随着人的健康状况的变化,光晕的具体形状和色彩也会发生改变。

后来很多仪器被科学家们发明出来,用来观察人体辉光。在对人体辉光的进一步研究中,科学家们取得了不少成果。

在20世纪80年代以后,美、日等国的许多科学家在对人体辉光的研究中大量使用了高科技仪器。日本的科学家就成功得到了人体辉光的图像显示,他们所采用的光电倍增管和医学装置,是世界上灵敏程度最高的,可用于检测微弱光线,现在这一学术研究成果已被医学和保健所广泛采用。

前苏联生物学家塞杰耶夫用其发明的一种仪器将与心电图相连的静电和磁场变化进行了完全记录,这种仪器发现了人体某些部分显示出明亮闪光点,而令人惊奇的是针灸图上的741个穴位与这些点的位置完全一致。

科学家们对人体辉光的研究已不仅仅作为一种出于好奇所作的人类探索或科学研究,而是一种具有很高的实用价值的科学行动。

有人曾对一个饮酒者的手指进行辉光拍摄,结果发现

⊙ **拿石榴的圣母**
在圣母、子头顶有一层光环笼罩,表现了基督教的神圣与肃穆。

⊙ 研究表明,经常参加锻炼的运动员身体发出的辉光要强于普通人的辉光。

在饮酒过程中,此人的手指辉光是逐步变化的。开始饮酒时,此人手指辉光发亮、清晰,而后辉光逐渐不调和,并开始向暗淡发展,随着饮酒者饮入酒量的增多,辉光便无力地闪烁。

日本医学专家稻场文夫教授发现饮食不同的人其辉光也不相同。他是通过一种能准确计算物质光子个数的仪器得到这一结果的。北欧、北美人生活水平高,其辉光较亮;生活水平低的南美人,其辉光则相对较暗。

科学家们随后又发现,人体不同部位、同一人体所处不同状况时,辉光都存在着巨大的差异。如手臂辉光较人的头部浅蓝色的光晕稍深,为青蓝色,胳膊、腿、躯干的辉光亮度相对手脚辉光亮度要弱。人在不同精神状态下辉光也不同,如平静的时候,为浅蓝色辉光,发怒时呈橙黄色辉光,恐惧时辉光为橘红色。另外,年龄的变化也会使辉光发生相应变化,辉光会随年龄的增长而增强,到中年以后辉光呈减弱趋势。此外,普通人的辉光弱于身体强壮的运动员的辉光。

有趣的是,人体辉光还可用以衡量爱情达到的程度。美国学者曾在一家照相馆用一种高科技微光检测仪对准备结婚而来拍结婚照的男女进行观测,发现女性指尖上的辉光会在双方挽手时特别亮,并向男方的指尖延伸;男性指尖上的辉光顺应女性光圈向后缩。双方彼此的辉光在拥抱接吻时格外明亮。还有一个同样有趣的发现,当单恋的人与对方在一起时,两人的辉光会一暗一亮、一弱一强,出现正好相反的现象。因而科学家们得出结论,可以利用人体辉光检测出恋人是否真心相爱或能否组成家庭。

科学家还发现,随着行为意向、思维方式的改变,人体辉光也会相应变化。若一个人产生用刀子去捅死另一个人的想法时,会有红色的辉光出现在他的指尖;与此同时,有预感的受害者会在指尖出现一团橘红色,产生十分痛苦的弯曲状,此人的身上也会出现蓝白色的辉光。当犯人说谎时,身上则会交替闪耀各种色彩的辉光。辉光呈红亮色说明身体健康,辉光呈灰暗色则说明病情严重。健康状态下的人体辉光类似太阳的"日冕",辉光为很强的"之"字形则表明此人已得了癌症。

教练员在体育比赛或训练时,可利用人体辉光了解运动员的身体状况。然而科学家们至今也无法解释神秘的人体辉光是怎么产生的。

有的科学家持这样的观点,认为人体发光仅仅是荧光现象。原因是这些人血液里含有特别强的有丝分裂射线,这种射线能激发体内的某些物质,于是荧光便产生了。还有人认为,人体辉光的产生是由于体表的某种物质射线和空气的复合。有的科学家则提出,辉光产生于人体盐分和水汽以及人体高频电场的作用。当然也有人认为,当虔诚的信徒全神贯注在宗教信仰之中的时候,神经系统高度兴奋,皮肤也会发出光来。另有观点认为,人体的光导系统或经络系统的外在显现是产生辉光的原因所在。

无论何种解释,都没有充分的科学证据来说明辉光的真正成因,至于为什么只有少数人才能发出可见光来,更是一个不解之谜。

⊙ 能使灯泡闪亮的人

威廉·布莱恩有一种奇异的功能,他在没有电源的情况下,仅靠摩擦几下自己的身体就可以使灯泡闪亮,而本人与常人无异。不知这种能力是否与辉光有关。

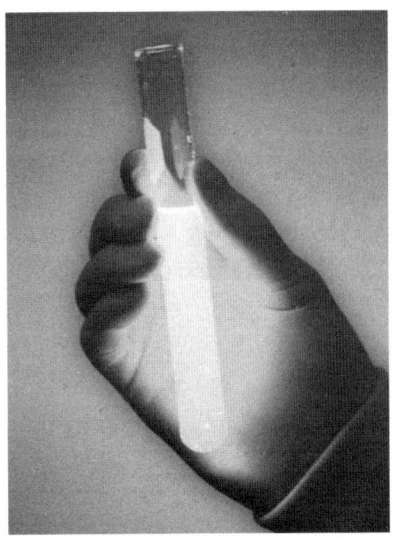

⊙ 尽管关于人体辉光目前仍无确切定论,但随着研究的不断深入,总有一天会找到答案。

肉身不腐之谜

人死后都要化作尘土,这几乎是一个常识。然而科学家们却发现了许多死了很多年的人,仍然保持着身体的完整性,这究竟是怎么回事呢?

其实在很早以前,中国僧人就开始用秘方保存肉身,唐代高僧无际禅师的肉身就是一个活生生的例子。虽然经历了1 000多年,至今我们仍能看见他的肉身完好无缺地摆放在那里,仿佛他生前坐着一般。这不能不被认为是学术界的一大奇迹。

无际大师法名希迁,是唐代著名高僧,他生于700年,广东端州人,卒于790年。他精通佛学,一生云游天下,阅历深广,著有《参同契》。唐天宝初年他43岁时,在南岳前山的一块巨石上建了一个茅庐,从此便住在石头上,被后人称为石头和尚。无际大师是他死后唐德宗赐的谥号。

790年,90岁高龄的无际禅师自知时日不多了,他返回到湖南衡山的南台寺,停止进食。他还带回了数百种自己搜集的草药,熬成汤剂。汤剂制成后奇香无比。他每日都要喝这种汤药数十次,喝后小便频繁,大汗不止。僧徒们以为此药对身体不好,纷纷前来劝阻,无际禅师笑而不答,照旧每日饮用这种汤药。一个月后,他开始减少饮用的次数。令人惊奇的是,无际禅师清瘦了

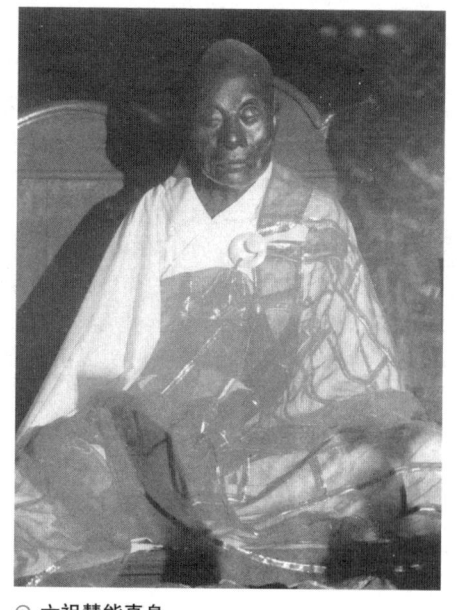

⊙ 六祖慧能真身
此像为慧能大师圆寂后,其门人将肉身胶漆成像,一代高僧宝相庄严无比,呈禅定之状,令四众心生无限敬仰。

不少,但是脸面变得润如枣色,两眼炯炯有神。一日他口念佛经,安详地圆寂了。

几个月过去了,禅师的肉身一点儿也没腐烂,而且周身还散发着香气。门下弟子非常惊讶,以为这是禅师的功德无量,地方的乡绅也引以为奇,特地筹款建造了一座敬奉大师肉身的寺庙,让善男信女烧香供奉,千余年来,香火不断。

20世纪30年代,中国战乱频繁,时局动荡。有个叫渡边四郎的日本牙医,潜伏在湖南一带。他实际上是一个日本间谍,早就知道禅师肉身的价值,便想方设法毒昏寺内的小和尚,偷偷地将无际禅师的肉身隐藏在寺外。在兵荒马乱中,该寺庙被火烧掉了,世人都感到很惋惜,以为禅师的肉身已经葬身火海。

后来,渡边四郎将无际禅师的肉身偷偷运回日本,直到1947年才公诸于世。1975年6月,香港一家报纸发表了一篇《无际大师肉身供奉东瀛》的快讯,该文披露了无际大师肉身的所在地,是日本横滨市鹤见区曹洞宗总部,虽然过了1 100多年,但无际大师的肉身仍完好无损。

对无际大师的身体进行检查后,人们发现禅师腹内没有任何污物,防腐药物遍布体内,这些可能是肉身不朽的原因之一。而且他们还惊讶地发现,禅师的嘴和肛门都被东西封住了。现在,我们已经无法考证大师临终前饮用的汤药中的草药成分了,实在是令人遗憾。

除了无际大师外,还有许许多多身体死而不腐的人,这些就是众所周知的木乃伊。意大利西西里岛的古老遗址具有非常悠久的历史,至今还保留着有旧石器时代绘画的驿罗萨里奥洞窟教堂。它外表虽然很普通,可是它却是一个非常神秘的地方,常人可能无法想象竟然有8 000具木乃伊在它的地底下!

它的地下实际上是一个墓室，令人吃惊的是，里面密密麻麻的木乃伊，它们整整齐齐地立在墓壁两侧，让人毛骨悚然。使这座地下墓室闻名于世的还不止是这8 000具木乃伊，还有一个年仅4岁的名叫巴尔特·劳托丽亚的女童木乃伊。

这个女童单独"安睡"在一个玻璃棺内，从外面看过去，会觉得她是在睡觉，而不是死去了。所有看见女童的人，都会以为她还活着，人们小心地走动着，生怕惊醒了她。

据推测，这名女童死于1920年，她的母亲痛失爱女，内心十分悲痛。她不忍心见女儿花一样的容貌变得丑陋，就请来了巴勒莫的一位名叫萨拉菲亚的医生。她说："我唯一的心愿是让我孩子的遗体永远鲜活，您能想想办法吗？"萨拉菲亚医生答应了可怜的母亲的要求，他用数十种药剂作为配方，为这个女童做了特殊的注射。如今，几十年过去了，女孩的面庞仍然红润、丰满，肌肤也非常粉嫩、光滑，仿佛仍然活在世上。事实上，这仍是一个众多科学家无法破解的谜。

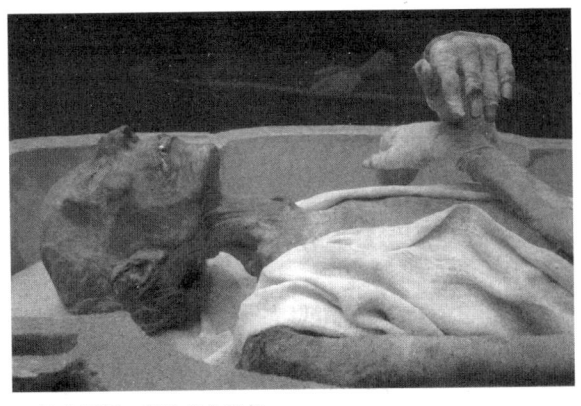
⊙ 拉美西斯二世法老木乃伊
古埃及的木乃伊是世界上保存最完整、最丰富的古代尸体，为现代人研究肉身不腐提供了第一手资料。

然而，那位萨拉菲亚医生不久却猝然死去，无人知道他的死因。至于保存遗体的秘方，他在生前也没对任何人提起，这个秘密随医生的死而长眠于地下。

1992年，在中国河北发生的一件事则更令人惊奇。有一位居住在河北的老人平静地死去。在自然环境中，她的遗体至今没有腐烂，而且她的遗体没有经过任何防腐处理。

这位老人享年88岁，如今在她生前居住的地方，我们仍能看到她的遗体。一进院门，就能看见两间矮小的砖木结构平房。这是一个非常普通的农家小院，房间的窗户上挂着厚厚的窗帘。拉开窗帘，透过窗户，就能看到一个老人躺在一张铺着锦缎的灵床上，上面是一个透明的玻璃棺形罩。老人的身材不高，面容安详，穿着蓝色衣褂和深青色裤子，仿佛是在睡觉。由于长期的自然风干，老人的肌肉丧失了大量的水分，已呈塌陷状，但人们能清楚地看见全身骨骼的轮廓。

老人长年食素，而且有非常规律的生活习惯，她早睡早起，过着平凡的农家生活。据周围的人介绍，老人家生前为人正直，忠厚善良，恪守孝道，大家都对她十分尊重。然而从老人儿孙的叙述中能发现许多不正常的地方，好像老人在逝世之前已经在为自己的后事做准备了。

老人一直住在位于北京的长子家，长达16年之久。1992年春节后，老人就执拗地要回香河。儿女劝阻无效，只好把她送回老家安居。1992年11月，在长达20天的时间里，老人开始禁食，从呕吐、排泄、咳痰到净口、净身，老人有条不紊地安排着整个过程，似乎在为身体的不腐做着准备。

在此期间，老人还因急性肺炎住过一段时间的医院。仅过4天，老人就要求出院。后来又吃了1天的食物，但是她的饮食习惯却发生了很大的变化，只吃凉饭，喝凉水，吃完后大量地排泄。过了6天，老人神智清醒地拔掉了家人为其准备的氧气管，安详地离开了人世。然而老人死后，一天内体温并没有下降。随后身体排出大量的液体，一直到次年这种液体的分泌量才

⊙ 1972年，科研人员在格陵兰岛发现了一具距今约500余年的女尸，身体各部分及头发都保存完好。

开始减少。

直到现在,在自然条件下,老人的遗体经历了数载严寒酷暑的考验,无论是盛夏34℃的高温,还是冬季低至0℃的室温,都没有对其产生任何影响,老人的尸体仍然完好。

老人的这一奇特现象引起了科学家的高度重视。1993年11月16日为老人进行心电图测试时发现,其心电图波形是一连串而且有规律的细微曲线,时常还有一段密集的小波间隔出现,而不是像别的尸体一样是条直线。在检查其全身皮肤时,发现她的皮肤很完整,上身及四肢略有弹性,呈透明的深紫色蜡状,下腹部皮肤则呈淡黄色,在额头及印堂穴处还有微小的油脂状渗出物。

对于科学考证和史料记载进行分析,科学家总结出四种使人类遗体长期保持不腐的状况:一是用各种现代医学防腐处理后对尸体进行保存,例如前苏联的列宁的遗体,至今未腐,就是此类;二是冰冻保存遗体;三是木乃伊,一般存放在极其干燥的沙漠地区或金字塔内;四是在宗教中,教徒修炼到最高层次后形成的肉身,一般是封缸塔葬,或是人工处理。然而这四种情况都不能包括香河老人的肉身不腐的现象,肉身不腐之谜尚有很多疑点有待破解。

球形闪电之谜

夏天,雷电交加的晚上雷声隆隆,火花在天空中闪亮,一道道明亮刺眼的闪电划破寂静的夜空。闪电是人们司空见惯的一种自然现象。专家计算过,全世界平均每秒钟就要发生100次闪电。人们常常见到的闪电大多是分岔的枝条状而非平直的线条状,科学家对此有着不同的解释。

荷兰科学家曼努埃尔·艾里亚斯解释说,大气放电过程中存在两种媒介,即中性气体和一个充斥着电离气体的"通道","通道"在一定的时机会成为一个导体,放电时电流进行自由的流动,而电离气体和中性气体由于界限的不稳定就会出现交融,因而出现了分岔的枝条状现象。

科学家还解释说,分枝现象是否出现取决于电场的强度。如果电场强度大,也有可能使阴极和阳极气体迅速形成"枝繁叶茂"的闪电现象。

除了树枝状的闪电以外,还有一种球形闪电也是多年来科学家研究探索的现象之一。几乎所有的报道都表明,球状闪电出现在雷暴天气下,且尾随于一次普通闪电之后。它出现时常漂浮在离地面不远的空中,接触地面后常反弹起来,而被接触的物质通常会被烧焦,目前,国内外有很多关于球形闪电的报道。

10多年前,出现在西德的球状闪电却很奇特。人们看到一个大火球自天而降,击在一棵大树顶上,当即分散成10多个小火球,纷纷落地,消失了,犹如天女散花一样。

在前苏联的一个农庄,两个孩子在牛棚的屋檐下躲雨。突然,屋前的白杨树上滚落下一个橙黄色的火球,直向他们逼来。慌乱中一个孩子踢了它一脚,轰隆一声,奇怪的火球爆炸了,两个孩子被震倒在地,但没有

⊙ 一般情况下,像空气这样的气体并不导电,因为空气中没有带电荷的原子和分子。不过,气体受热或遇到强电场时就会导电,这种情况下,中子从中性原子和分子上被剥离下来,形成等离子体。等离子体是不带电的离子、中子和正离子的高温混合物,等离子体中带电荷的离子可以导电。

受伤。事后，人们才知道那个火球是罕见的球状闪电。

在美国一个叫龙尼昂威尔的小城里发生了一件怪事：一位主妇清楚地记得，她放进冰箱的食品是生的，可是在她从市场回到家里，打开电冰箱一看，发现所有的食品都成了熟食。后来，经过科学家的研究才明白，这是球状闪电开的玩笑。不知怎么搞的，它钻到电冰箱里把冰箱变成了电炉，奇怪的是，冰箱竟没有损坏！

一位名叫德莱金格的奥地利医生，在钱包被盗的当天晚上，被请去为一个遭雷击的人看病，他发现那个人的脚上印着两个"b"字，同自己丢失的钱包上的"b"字大小相同，结果钱包就在这个人的口袋里。

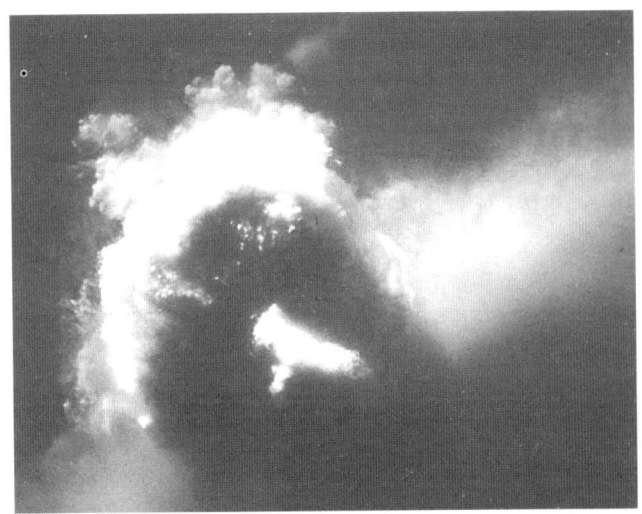

⊙ 暖湿空气迅速上升，急剧降温，就形成了雷暴云。在雷暴云的内部，部分水分结成冰，强烈的气流使冰晶和水滴相互碰撞，冰内的带电粒子电子即受撞后产生电荷，通过闪电的形成释放出去。闪电可使周围的空气达到30 000℃的高温，是太阳表面温度的5倍。巨大的热能使空气迅速膨胀，以致膨胀速度比声速还快，并因此产生爆裂的雷声。

1962年7月的一天傍晚，中国科学工作者在泰山顶上对雷暴进行研究时，亲眼目睹了一次奇怪的球状闪电。随着一声巨响，在窗外冒雨工作的科学工作者，发现一个直径约15厘米的红色火球从西边窗户的缝中窜入室内，大约几秒钟后，又从烟囱里飘出。在离开烟囱口的瞬间，发生了爆炸，火球也消失了。桌子上的热水瓶、油灯都被震碎，烟囱也被震坏。火球所经过的床单上，留下了10厘米长的焦痕。

1979年1月，在中国吉林市，有人曾经看到一个落地球状闪电在气象站办公室转了数圈，然后又腾空而起，往东方飞去。它像个大探照灯，一路照得通亮，最后落入松花江里消失了。

1981年7月，随着一声惊雷，人们看到两个橘红色的大火球，带着刺耳的呼啸声，从乌云中滚滚而下，坠落在上海浦东高桥汽车站。两个火球在地面相撞，发生一声巨响，消失了。

1993年9月，江苏省滨海县城天气异常闷热，气压很低，突然一条红火龙从该县东坎镇东村东园组的村东向西飞来，飞到杨某家周围上空时，变为一只火球窜进屋内，紧接着一声巨响，一人遭雷击身亡，身上衣服头发均被烧光，还有两人被击昏在地，身上多处烧伤，后经抢救脱险。

球状闪电这种罕见的自然现象给充满好奇心的人类带来了无尽的遐想。古人在很长一段时间只能借想象来解释它。把它描绘成骑着火团的矮精灵，或者是口吐火焰、兴风作雨的怪物。

在19世纪初，科学家们开始了对球状闪电的漫长的探

⊙ 闪电在空中被高耸的埃菲尔铁塔塔尖上的避雷针导入地下。

索。球状闪电虽然罕见,但两个世纪来,人们还是得到了大量的直观资料,其中包括一些科学家的目击纪录。球状闪电是一种奇特的闪电,但它的形成原因至今尚未弄清。有人认为它是一团旋涡状的高温等离子体;有人认为它本身就是一种特殊形式的大气放电等。

最新的科学进展导致了一些科学家将分形理论引入球状闪电的研究,提出分形球状闪电模型:在普通闪电的一次放电瞬间产生的颗粒极小的高温微尘与周围介质碰撞并粘结成一种错综复杂的网状结构——一种分形结构。它有相对稳定的形状,但密度极小,绝大部分体积是空隙。正是这些空隙储存了球形闪电的能量,它是一种化学能,能量的释放可能是一个链式的化学反应。

从人类已掌握的自然规律出发,科学家们已提出了几十种模型,他们都能不同程度的解释球状闪电的一部分性质。然而,因为不能在实验室中对球状闪电直接研究,无法获得充分的数据,而目击报告中许多现象又似乎矛盾重重,所以,能得到普遍认可的模型至今还没出现。两百年已经过去,自然界仍在炫耀它的天才的创造。它里面究竟隐藏着什么奥秘,相信总有一天人类能够解开球状闪电之谜。

水存在着一种新的形态吗

人类受到汪洋大海的包围,而海洋是如何形成的,海洋水到底是什么物质,我们都还茫然无知。

古希腊的哲学家们看到流水源源不断,就得出结论说:水同土、空气和火一样,也是一种元素。地球万物都是由这四种元素构成的。直到17世纪以前,人们都觉得他们的说法无懈可击。

在1770年以前,人们把气体混合物的爆炸视为壮观的景象。点燃氢和氧,燃烧后自然生成了水。可是当时没有谁留意到进行这种反应时生成的那一点水分。人们只顾争论水能不能变成"土"的问题了,为了观察水能不能变成土,法国化学家安图安·罗兰·拉瓦锡用三个月的时间,连续做着水的蒸馏试验。

水分子结构示意图

⊙ 恩贝多克利

公元前5世纪的古希腊哲学家及政治家,他的宇宙观与巴美尼德斯的假定一致,即存在物是永恒、不可分且不变的,世界是众多变化现象中的一种。他认为一切物质均由四种不同的成分构成,即土、水、空气和火,而由爱与斗争两种力量来控制,"存在"与"毁灭"是爱和斗争相互影响使基本组成产生合或分想象的结果。

当时,以毫无根据的假设为依据的"燃素说",由于受到名人的推崇而名赫一时,它阻碍了人类认识的发展。"燃素说"论者认为,燃烧着的物质能够释放出"燃素"。尽管也是这位拉瓦锡已经发现了金刚石是由碳组成的,还分析了矿泉水的成分,但他却信奉着"燃素说"。

詹姆斯·瓦特这位工程师和蒸汽机的发明家,最先认清了水的本质。他虽然不是化学家,也没有进行过相应的试验,但他却不固守偏见。詹姆斯·瓦特于1736年生于苏格兰,他在各个方面都表现出了出众的才华并取得了杰出的成就:制成了数学运算器、天文仪器、蒸汽机的模型。他热衷研究着技术上的新方向——后来得名的工艺学。瓦特成功地发明了完备的蒸汽机,但是关于水他也许只懂得由水可以制取蒸汽。恰恰由于不受偏见的束缚,瓦特才最先意识到自己的同时代人所进行的试验的意义所在。1783年

4月，他在给 J. 波里斯特利（1733～1804年）的信中写道："难道不应当认为水是由燃素（氢）和非燃素气体（氧）组成的吗？……"

他的说法得到了人们的支持。英国的学者们对他的发现笃信不疑。是年7月，一个年轻的助手作为科学小组的成员访问了法国，并将瓦特的新见解告诉给了拉瓦锡。拉瓦锡重新做了主要的实验并领悟了这一发现的重大意义，当即将实验结果上报给了法兰西科学院。在报告中他对英国学者的研究成果只字不提。结果，拉瓦锡在欧洲大陆上获得了头功，

⊙ 现在我们知道水是由氢氧两种元素组成的，然而在整个18世纪，"燃素说"却得到了广泛的支持，瓦特将水看作是燃素气体和非燃素气体的化合物，而当年卡文迪什在水中分离出氢气时，误认为容器中是燃素。只有拉瓦锡在通过系列实验证明空气对燃烧是不可或缺的，无论富含多少燃素，没有一种能在缺氧的状态下燃烧。在新见解的启发下，最终影响100多年的燃素说消失了。

赢得了盛名。围绕发明优先权属于谁的"水之争"从此开始，持续了几十年。瓦特早在1819年去世，到1835年他的发明优先权才得到了最后的确认。

当时，革命的风暴正在震撼着欧洲，1794年5月，拉瓦锡被送上了断头台。战争爆发，帝国瓦解，学校和教学计划都重新改组，但除了瓦特的发明外，并没有产生任何新的东西。

其实，水完全不是发明家瓦特所说的那种简单的化合物。后来人们才逐渐看到，在正常温度下并不存在水的单个分子，虽然可以无可置疑地说水属于流体，但它却具有固定的结构，一定量的 H_2O 合成了井然有序的浓缩物。水是彼此呈晶型聚合的 H_2O 集团组成的液体。

要具有一种液体能够溶化"水的晶体"，如同溶化盐和糖那样，人们就可以更细致地研究水了。然而谁也没有找到这种液体。时至今日科学家们还在猜测着：水的晶体里是由8个还是12个、或者300个单个的 H_2O 组成？也许是由大的或是小的集团组成？难道水的组成取决于水的温度吗？哪些测定方法令人置信？科学家们相信"精诚所至，金石为开"，水分子的奥秘终有一天会被揭开。为此，他们付出了更多的努力。

1970年，物理化学家鲍里斯·捷利亚金提出了不同以往的"聚合水"的新理论。

捷利亚金用石英毛细管冷却水蒸气，实验显得平淡无奇。实验中他似乎觉得自己制得了从未见过的一种新的水。这种水的比重比普通水重40%，在500℃的温度下不发生变化，而在700℃的高温下能够变成"正常的水"，在－40℃温度下凝结成玻璃状的冰。科学家们以为聚合水是实验纯度不佳、做法错误出现纰漏的产物。后来，当各国报刊对"聚合水"纷纷进行报道的时候，捷利亚金的发现才引起了科学界的重视。

理论家们开始感到，电子计算机的运算和某些原理可以证实聚合水的存在。经过实验人们发现捷利亚金的结论是正确的！水确实存在着一种新的形态。于是，西欧的学术刊物用大量篇幅报道了聚合水。对于聚合水的存在，有人狂热地支持，也有人激烈地反对。

人们凭常识就可以解释聚合水的产生：像塑料中无数单个的分子能够形成聚合物，乙烯的分子能够合成聚乙烯那样，水的分子聚合形成聚合水。

初看起来，科学家们可以通过实验轻而易举地解决这场"简单的"争论。如果准确地按照捷利亚金的方法进行实验，所得结果就与捷利亚金的相同；一旦实验稍有改变，其结果就完全各异，甚至截然相反。人们因此不得不采取了折中的解释：如果水放置在毛细管里，那么就能产生一层特殊的水，

其厚度为千分之几毫米，它便是水的特性现成因。

1973年夏，科学家聚集马尔堡大学城讨论水的问题。大会学术论文业已安排就绪，会刊又发表了其他学者对新型水的研究成果。不料突然从莫斯科传来消息说，捷利亚金已经放弃自己原来的观点，他以为自己的发现与水的结构可能毫不相干。

时至今日，聚合水的争论也没有就此而止。测定的结果依然无法解释。我们期待着这个看似平易实则艰辛的难解之谜早日被揭开。

神秘巨石阵的含义

在英格兰威尔特郡的索尔兹伯里平原上，矗立着一组奇特的巨石阵，巨石阵的主体是由100块巨石组成的石柱，这些巨大的石柱排列成几个完整的同心圆。石阵的外部是环形的沟和土岗，直径约90米。土岗内侧紧挨着的是56个圆形坑，这些坑呈等距离分布，里面填满了夹杂着人类骨灰的灰土。坑群内竖立着两排残缺不全的蓝砂岩石柱。其中最壮观的部分是石阵中心的砂岩圈，由高4米、宽2米、厚1米、重达25吨的30根石柱组成，上面还架有横梁，形成一个封闭的圆圈。内侧有砂岩三石塔5组，也称为拱门，呈马蹄形排列于整个巨石阵的中心线上，开口处正对着仲夏日出的方向。巨石圈的东北向竖立着一块高4.9米、重约35吨的砂岩巨石。每到夏至和冬至这天，从巨石阵中心向这块巨石望去，一轮红日渐渐隐没于其后，为巨石阵增添了更多的神秘色彩。

这些石头建筑遗址群规模宏大，不是被包围在古代的城市中，而是被环绕在现代的高速公路中，并向东延伸，一直到伦敦。这些独具特色的惊人建筑是用什么方法建造的呢？又是出于何种原因来建造这些史前巨石柱的呢？

回溯到12世纪，蒙默斯的牧师威尔士·杰佛里曾经对石柱的建造者进行了考察，他认为是亚瑟王的宫廷男巫建议建造的史前巨石柱，并且指出那个男巫名叫默林。杰佛里在《不列颠国王的历史》里指出，亚瑟王的叔叔是一个名叫奥里利厄斯·安布罗修斯的人，是他委托亚瑟王建造的纪念碑。安布罗修斯想纪念反盎格鲁－撒克逊侵略战争的伟大胜利，而且这种方式要非常适当并永垂不朽。默林建议造一个纪念碑，他们从爱尔兰的一个名为基拉罗斯的地方取出一些石头作为造纪念碑的基本材料，然后再把它运到不列颠。

◉ **英格兰巨石阵遗迹近景**

英格兰的历史和史前时代深受地理影响。由于它曾是某些欧洲通道的必经之路，所以在那儿发现了多种巨石文明墓穴建筑，这种建筑分为两种：第一，长方形的坑塚，状如小山丘；第二，宗教性的建筑，以斯通亨治史前巨石柱为代表。

人们在接下来的一些年代里，试图把史前巨石柱归功于除不列颠以外其他地方的建筑师。就像人们认为古代凯尔特牧师是德鲁伊特人一样，他们的支持者中有丹麦人、比利时人和盎格鲁—撒克逊人。

但是这些说法很快也被人否定了。在20世纪60年代有人发明了一种新的放射性碳元素测定年代法，表明史前巨石柱的年代比原先设想的还要古老，任何地中海文明都比它晚，不可能对它产生任何影响。

考古学家对石柱进行了大量考察，他们发现威尔士东北150英里以外的普里斯里山上提供了人们建造史前巨石柱所用的石头。这些重达5吨的石头又是怎样被索尔兹伯里平原上的人们从威尔士运到英格兰的呢？

考古学家斯图尔特·皮戈特设想说，至今还深留在人们的脑海里的民间传说中有一部分可能是真实的。毕竟，杰佛里曾经有过默林从西方获取石头的记载，虽然据他记载石头并非从威尔士运来，而是从爱尔兰运来的。据流传的民间传说，只有通过爱尔兰海这一途径，那些石头才能漂流到现在它们所在的位置，杰佛里对此也有过记载。然而，有大量其他种类石头存在于索尔兹伯里平原附近，人们为什么要跑那么远去取石头，来建造这些石柱呢？如此众多的石头是怎样从普里斯里山运到索尔兹伯里平原的呢？据估计，这些石头至少有85块，甚至更多。

人们猜想史前巨石柱的建造者们可能相信有某种魔力存在于这些岩石中。

关于这些石块是如何运达目的地的问题，以G.A.凯拉韦为代表的地理学家们争辩说，这些蓝砂石不是由人力搬运的，而是通过冰川运到这里的。但是，凯拉韦的观点并没有得到大部分专家的认可，因为他们认为最近的冰川作用是不可能向南延伸到普里斯里山或者索尔兹伯里平原上的。即使的确如此，冰川运动集中了威尔士一小片地区的蓝砂石后，把它们沉积在英格兰的一小片地区而不是把它们散落于各地，这似乎不大可能。另外，布里斯托尔海峡的南部或东部没有任何其他的蓝砂石，这也否定了冰川理论。

对于史前石柱是谁建造的以及建造原料如何搬运的问题，人们仍然争论不休，没有一个统一、确切的答案。这时，一个新的疑问又吸引了科学家的注意：这些石柱是用来做什么的呢？

1953年7月，理查德·阿特金森偶然涉足了这个问题。当时，他准备给一块石头上的一些17世纪刻画拍照。他一直等到下午才拍照，因为希望得到光影的对照。当阿特金森透过照相机镜头看的时候，发现了一些雕刻位于17世纪的刻画下面。其中有一个刻的是一把匕首指向地面，附近是四把大约史前巨石柱建造时期在英格兰发现的那种类型的斧头。

天文学家第一次发表见解的时候并不是在20世纪50年代。威廉·斯蒂克利早在18世纪就曾注意到史前巨石柱的主线与太阳有一定的联系，刚好是"白天最长时太阳升起的地方"，而且许多人研究该纪念碑时，发现它的方向是面向太阳、月亮或者星星的。

阿特金森就史前巨石柱问题写了专著《史前巨石柱上的月光》。阿特金森认为史前巨石柱上的天体准线只是偶然出现的，并没有什么规律。就现代意义而言，许多人非常赞同这一观点，纪念碑很可能作为史前宗教仪式的一部分，虽然没有被用作天文台，但建造史前巨石柱的人们很可能从那儿观测过太阳。

目前，多数科学家认为巨石柱是用来观测天象的，但人们还没有找出确凿的证据来证明这一点，关于巨石柱的谜题仍有待后人研究探索。

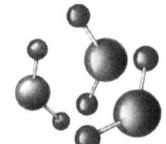